Paul Gilbert

Mitgefühl

Paul Gilbert

Mitgefühl

Wie wir Mitgefühl nutzen können,
um Glück und Selbstakzeptanz zu entwickeln
und es uns wohl sein zu lassen

Übersetzt von Peter Brandenburg

arbor

Arbor Verlag
Freiburg im Breisgau

By arrangement with Constable & Robinson Ltd, London

Die Originalausgabe erschien unter dem Titel:
The Compassionate Mind – A New Approach to Life's Challenges

1. Auflage 2011

Lektorat: Lothar Scholl-Röse
Gestaltung Buchcover: Dirk Henn
Gestaltung Buchinnenseiten: Susanne Jäger
Druck und Bindung: Kösel, Krugzell

Dieses Buch wurde auf 100 % Altpapier gedruckt und ist alterungsbeständig.
Weitere Informationen über unser Umweltengagement
finden Sie unter www.arbor-verlag.de/umwelt.

www.arbor-verlag.de

ISBN 978-3-86781-055-5

Wichtiger Hinweis
Die Ratschläge zur Selbstbehandlung in diesem Buch sind vom Autor und vom Verlag sorgfältig erwogen und geprüft worden. Dennoch kann eine Garantie nicht übernommen werden. Sie brauchen psychotherapeutische Hilfe, wenn Sie sich durch die Übungen von Emotionen und Erinnerungen überwältigt fühlen. Bei ernsthafteren und/oder länger anhaltenden Beschwerden sollten Sie auf jeden Fall einen Arzt oder einen Heilpraktiker Ihres Vertrauens zu Rate ziehen. Eine Haftung der Autoren und des Verlages für Personen-, Sach-, und Vermögensschäden ist ausgeschlossen.

Inhalt

Teil 2 Wie man ein mitfühlendes Selbst aufbaut
Fähigkeiten und Übungen

Einleitung

Mitgefühl kann man auf vielerlei Weise definieren, aber im Wesentlichen ist es eine tiefe Freundlichkeit mit einem klaren Bewusstsein vom eigenen Leiden und von dem anderer Lebewesen, verbunden mit dem Wunsch und dem Bestreben, es zu erleichtern. Auch wenn Menschen sich sehr grausam und gefühllos verhalten können (wenn man auf die Menschheitsgeschichte zurückblickt, sieht man, dass sie das oft getan haben), hat man seit mehr als 3000 Jahren Mitgefühl als eine sehr wichtige und kennzeichnende Eigenschaft des menschlichen Geistes gesehen. Mitgefühl wurde in vielen Religionen als Ziel spirituellen und moralischen Strebens verstanden und als ein wichtiger Heilungsprozess für unseren bewegten Geist und unsere unruhigen Beziehungen gesehen.

Die meisten Religionen erkennen zwar die Kraft des Mitgefühls an, aber in den östlichen Traditionen – und besonders im Mahāyāna-Buddhismus – wurden besondere Übungen und mentale Praktiken entwickelt, um es in sich auszubilden. In diesen Traditionen ist man der Auffassung, dass man Mitgefühl so entwickeln kann, wie man lernt, ein Musikinstrument zu spielen – es ist eine Kunst, die mit entschlossener Hingabe und Übung verbessert werden kann. Wenn man Mitgefühl entwickelt, hat das aus der Sicht dieser Traditionen auch weitreichende Konsequenzen dafür, wie sich der Geist organisiert, wie wir uns und die Welt erleben und sogar die Wirklichkeit dessen, was wir unter Selbst verstehen.

Bis vor Kurzem kamen die Anstöße für die Entwicklung von Mitgefühl und die entsprechenden Anleitungen vor allem aus spirituellen und religiösen Traditionen. Es ist äußerst spannend, dass etwa während der letzten 30 Jahre die wissenschaftliche Psychologie und die Erforschung des menschlichen Gehirns angefangen haben, Mitgefühl, liebevolle Fürsorge und prosoziales Verhalten in den Vordergrund der Entwicklung von Wohlbefinden, psychischer Gesundheit und unserer Fähigkeit zu stellen, harmonische Beziehungen mit anderen und mit der Welt, in der wir leben, zu fördern.

Kurz nach dem Zweiten Weltkrieg begannen Forscher wie Harry Harlow (1905 – 1981), der mit Affen arbeitete, und der Kinderpsychiater John Bowlby (1907 – 1990) die Wirkungen der frühen Beziehungen zu studieren, die Kinder mit ihren Müttern haben. Man fand heraus, dass Liebe und Zuneigung einer Mutter einen großen Einfluss auf die emotionale Entwicklung des Säuglings, des heranwachsenden Kindes und später auf das Leben des Erwachsenen haben. In den 1950er und 1960er Jahren beschrieb John Bowlby seinen Ansatz zum Verständnis menschlicher Entwicklung, den er „Bindungstheorie“ nannte. Diese hatte die Qualität der Bindungsbeziehung zum Gegenstand, und zwar hinsichtlich der Zugänglichkeit und Zuneigung des Elternteils beim Beruhigen und Regulieren der Emotionen des Säuglings. Wir haben sicher alle schon gesehen, wie kleine Kinder verzweifelt werden, wenn sie den Kontakt mit ihrer Mutter verlieren, und wie der Säugling sich beruhigt, wenn die Mutter zurückkehrt. Bowlby half uns erkennen, dass unser Gehirn *biologisch darauf angelegt* ist, vom Tag unserer Geburt an auf die Liebe und Freundlichkeit anderer zu reagieren. Tatsächlich hat seine Arbeit unser Verständnis der Bedeutung von Zuneigung in vielen Phasen unseres Lebens revolutioniert. Wenn wir verzweifelt sind, hilft uns Freundlichkeit, wenn wir mit Schicksalsschlägen wie dem Verlust eines geliebten Menschen konfrontiert sind, hilft die Freundlichkeit anderer, und wenn wir unserem eigenen Tod begegnen müssen, ist das Gefühl, geliebt und gewollt zu sein, wichtig für unsere Fähigkeit und Bereitschaft, uns dem Tod zu stellen. Wir wissen jetzt, dass enge Freundschaften und liebevolle Beziehungen für unsere psychische Gesundheit und unser Wohlbefinden eine große Rolle spielen und einen Einfluss auf die Funktionsfähigkeit unseres Körpers haben. Zum Beispiel zeigen Menschen in liebevollen Beziehungen niedrigere Niveaus an Stresshormonen und höhere an sozusagen „glücklichen“ Hormonen als Menschen in Beziehungen, die konfliktreich und schwierig sind. Die Forschung hat auch gezeigt, dass die Art und Weise, wie wir uns *uns selbst* gegenüber verhalten – ob wir uns freundlich und liebevoll betrachten oder uns kritisch sehen und ablehnen –, einen wichtigen Einfluss auf unsere Fähigkeit haben kann, die Schwierigkeiten des Lebens zu überwinden und in uns ein Gefühl des Wohlbefindens zu erzeugen. In der ganzen Welt haben Forscher auf vielen verschiedenen Gebieten begonnen, die Macht der Freundlichkeit und Zuneigung zu erforschen, sowie Möglichkeiten, sie zu nutzen.

Dies geschieht natürlich genau zur rechten Zeit. Wir sind mit beträchtlichen Krisen konfrontiert, die mit einem Mangel an Mitgefühl und Fürsorge füreinander und für unsere Umwelt verbunden sind. Wir sind in die Falle einer von Konkurrenz bestimmten Welt geraten, die nur nach Effizienz und Gewinnmaximierung strebt. Jeder von uns hat ein Gehirn, das sich im Verlaufe von Millionen Jahren entwickelt hat und sehr sensibel für den sozialen Kontext ist, in dem es lebt. Während wir also in manchen (kooperativen und unterstützenden) Umgebungen mitfühlend, freundlich und selbstlos leben können, ist es möglich, dass wir in anderen (von Konkurrenz bestimmten und auf Bedrohung fokussierten) rücksichtslos, grausam und sehr eigennützig handeln. Wenn wir verstehen, wie wichtig Zuneigung dafür ist, wie unser Gehirn und unser Körper funktionieren und wie moderne Kultur sich auf unsere Psychologie und unser Gehirn auswirkt, je nachdem, welchen Stellenwert Mitgefühl in ihr hat, dann sehen wir immer deutlicher, wie wichtig es ist, Mitgefühl bewusst zu nutzen und uns ihm zuzuwenden.

Eine persönliche Reise

Mein eigenes Interesse an Mitgefühl und schließlich daran, dieses Buch zu schreiben, entstand aus einer Reihe verschiedener Stränge oder Fäden in meinem Leben. Lassen Sie mich Sie also hinter die Kulissen mitnehmen und ein paar dieser „Stränge“ betrachten. Es begann vor 40 Jahren, als ich mein Abitur machte und Jungianische Konzepte der Archetypen kennenlernte. Dies waren die Tage der „Freien Künste“, und wir hatten einen faszinierenden jungen Lehrer, der aus seiner eben beendeten Dissertation etwas über „Eine Jungianische Analyse des Romans“ vortrug. Wir schauten uns die Handlung und die Hauptfiguren verschiedener Bücher im Hinblick auf die ihnen zugrunde liegenden Archetypen und die allgemeinen Themen der menschlichen Geschichte an, wie den Helden, den Bösewicht, die Opfer von Liebe und Loyalität, Rache an Verrat, den Tod des Helden und so weiter – toller Stoff. Archetypen, wie George Lucas sie in seinen Filmen *Star Wars* verwendete, sprechen zu den angeborenen Aspekten unseres Geistes, der Quelle der endlosen Begierden und Beziehungen, die Menschen immer beschäftig und in der Geschichte deutliche Spuren hinterlassen haben. Wir werden später in diesem Buch darauf zurückkommen.

Obwohl ich schon als Teenager Psychologe werden wollte, (für den Fall, dass ich es mit meiner Rockband nicht schaffen würde), lag der spätere Schwerpunkt meines Studiums auf Politik und Wirtschaft. Ich interessierte mich sehr dafür, wie ökonomische Beziehungen sich auf den Lebensstil und die Lebensqualität auswirken – ein Thema, mit dem sich auch Karl Marx befasste. Marx war auch ein großer Anhänger von Darwin, und Darwin fühlte sich „geehrt“, als er im Jahr 1873 eine Ausgabe von Marx' *Das Kapital* bekam. Er schrieb ihm, dass „wir beide ernsthaft die Erweiterung des Wissen wollen und dass dies auf lange Sicht mit Sicherheit zum Glück der Menschheit beitragen wird“. Marx' Biograph Francis Wheen schreibt zum 17. März 1883: „Als Marx' Sarg in die Erde des Friedhofs von Highgate hinabgesenkt wurde, erklärte Engels: ‚So wie Darwin das Gesetz der Evolution in der menschlichen Natur entdeckte, so entdeckte Marx das Gesetz der Evolution in der menschlichen Geschichte.‘“ [1]

Die Beziehung zwischen unserer in der Evolution entstandenen Psyche und den ökonomischen Systemen, in denen wir leben, hinsichtlich der Entstehung oder der Wirkung in Gestalt von Elend oder Glück, ist nie gut formuliert worden. Unglücklicherweise sollte dieser evolutionäre Ansatz in der Folge der Überbetonung von Medikation und der Pathologisierung menschlichen Elends – etwas, wovon er sich ständig zu distanzieren versucht hat – verunsichert werden. Wie Sie sehen werden, durchsetzt der Gedanke dieser Beziehung – zwischen unserer in der

Evolution geformten Psyche und den sozialen Bedingungen bei der Entstehung von Mitgefühl oder Grausamkeit, Glück oder Unglück – das ganze Buch.

Hier sei nur soviel gesagt, dass mich selbst und meine Freunde ökonomische Gerechtigkeit und Gleichheit sehr beschäftigten und bewegten. Aber mein Traum, Psychologe zu werden, war noch stärker geworden, und zu meinem Glück hatte ich die Chance, in den Jahren 1973 bis 1975 an der Universität Sussex zusätzlich Psychologie zu studieren. Leider wurde meine Arbeit auf dem Gebiet der Neuropsychologie nicht angenommen, und ich musste ein weiteres Jahr studieren. Dies passte ziemlich gut zu meinem Stil als legasthenischer, akademischer Limbotänzer – dem es nur darum ging, irgendwie durchzukommen. Also arbeitete ich nachts als Psychiatriepfleger, lernte meine spätere Frau kennen und spielte viel Kricket. Scheitern hat oft auch eine gute Seite. Ich bin immer noch glücklich verheiratet und spiele hin und wieder Kricket und während der Zeit, als ich auf einer psychiatrischen Station arbeitete, habe ich eine Menge über das Leiden an psychischen Störungen gelernt. Meine Dissertation in Edinburgh hatte Depression zum Gegenstand, und 1980 machte ich dann meinen klinischen Abschluss und wurde auf eine ahnungslose Welt losgelassen.

Ich war seit Langem von Jung und den Archetypen fasziniert, und diese Faszination führte zu dem, was dann als evolutionäre Psychologie bekannt wurde. Für mich führte sie zu Studien, wie unsere in der Evolution geformte Psyche uns für alle möglichen Probleme und Schwierigkeiten, wie Angst, Depression und Paranoia, empfänglich macht. Ich hatte das Glück, Professor Aaron Beck, den Pionier der Kognitiven Therapie, kennenzulernen und mit ihm eine Reihe von Gesprächen zu führen. Auch er war an der tiefen evolutionären Dynamik unseres Geistes interessiert, aber er war der Meinung, wir sollten mit unserer therapeutischen Arbeit bei den bewussten Gedanken der Menschen ansetzen und ihnen Möglichkeiten aufzeigen, wie sie sich selbst helfen können. Seiner Ansicht nach wirkt sich das, was jemandem *heute* durch den Kopf geht, auf sein Leiden aus, und nicht so sehr Reflexionen über die Vergangenheit. Dies bleibt eine kontroverse Position, und während viele Psychologen immer noch anerkennen, wie wichtig die Vergangenheit und die Arbeit damit ist, wurde der Commonsense-Ansatz der Kognitiven Therapie bei einer Reihe von Therapeuten sehr populär – nicht nur bei Psychologen, sondern auch bei Angehörigen anderer helfenden Berufe wie bei Pflegern, Psychiatern und Sozialarbeitern. Die Psychologen, die diesem Ansatz folgten, machten sich dann schnell daran, Grundlagen für seine Erforschung zu entwickeln.

Obwohl die Arbeit mit den gegenwärtigen Gedanken der Menschen, ihrem Verhalten und ihren Gefühlen immens hilfreich ist, gibt es das kleine Problem des menschlichen Gehirns und der Tatsache, dass es gemacht ist, auf Freundlichkeit und Zuwendung zu reagieren. Meine eigene Forschung konzentrierte sich nun sehr auf Themen um Gefühle der Unterlegenheit und der Niedergeschlagenheit. Mein zweites Buch über Depression hatte dann den Titel *Depression: The evolution of powerlessness.* Einige meiner Ideen waren von meinem Wirtschaftsstudium beeinflusst, das mich zu der Überzeugung gebracht hatte, dass das Gefühl der Beengung mit psychischer Störung verbunden ist. Daher war ich daran interessiert, die Mechanismen zu verstehen, durch die unser Gehirn mit Gefühlen der Unterlegenheit, des Scheiterns und der Beengung verbunden ist. Dies führte mich weiter zum Studium von Scham und entwertender Selbstkritik – der Weise also, wie wir uns selbst einengen und bedrücken können. Das Thema der *Freundlichkeit* aber, auf das mich sowohl die Bindungstheorie als auch mein Interesse am Buddhismus aufmerksam gemacht hatten, ließ mir bei meiner therapeutischen Arbeit keine Ruhe, und ich wusste, dass es notwendig war, es in die Therapie und die Modelle psychischer Störung zu integrieren. Ich hatte das Glück, mit zwei talentierten Doktoranden, Steve Allen und Chris Irons, zusammenzuarbeiten, die die Interaktion von Bindungserfahrungen und den Erfahrungen von Macht und Unterwerfung untersuchten. Ihre Arbeit und unsere vielen Gespräche halfen mir, mein Denken zu schärfen.

Ich hatte auch das Glück, mich in den 1980er Jahren regelmäßig mit Leuten treffen zu können, um Ideen darüber auszutauschen, wie die Interaktion und Wechselwirkung der angeborenen Aspekte unserer Psyche mit unseren frühen sozialen Umgebungen das Beste oder das weniger Gute in uns an die Oberfläche bringen kann. Zu den Teilnehmern gehörten:

meine Frau Jane, die soziale Hierarchien bei Kakerlaken untersucht hatte und später qualitative Studien mit depressiven Menschen und schizophrenen Patienten durchführte; der Verhaltensforscher Michael Chance, der verschiedene Arten von sozialen Hierarchien bei Affen untersucht hatte; der Psychiater John Price, der der Erste war, der die Verbindung zwischen affektiven Störungen und Gefühlen der Unterlegenheit und Niedergeschlagenheit als evolutionsbedingten Sicherheitsstrategien hergestellt hatte; Leon Sloman vom Clarke Institute, Toronto, der Johns Ideen mit Ansätzen der Bindungstheorie integrierte; der Jungianische Analytiker Anthony Stevens, der in den 1960er Jahren Bindungsbeziehungen in einem griechischen Waisenhaus untersucht hatte, und zwei andere Psychologen: Dave Stevens, dessen Gebiet der Buddhismus und die buddhistische Praxis war, und Dennis Trent, der das studiert hatte, was man „Pseudobindungen" nennt. John und Anthony begannen ihr Buch *Evolutionary Psychiatry*[2] zu schreiben, worin sie die Ansicht vertraten, dass das Streben nach Status und nach Figuren (Gestalten, Menschen), mit denen eine Beziehung von Verbundenheit/Bindung besteht, mächtige archetypische Prozesse in jedem von uns sind. Ebenso, dass Probleme psychischer Gesundheit entstehen können, wenn dieses Streben in der einen oder anderen Richtung scheitert oder entstellt wird. Diese Gruppengespräche waren aufregend und spannend – die Besprechung von Forschungsergebnissen neben den gewöhnlichen Klagen über die Welt … und zu vielen Schokoladenkeksen.

1983 schrieben zwei italienische Therapeuten, Victor Guidano und Giovanni Liotti, ein sehr einflussreiches Buch[3], das frühe Bindungsbeziehungen mit verschiedenen Prozessen in Verbindung brachte, die Kognitive Therapeuten untersucht hatten – damit, wie wir über uns selbst und andere denken und wie wir sie sehen. Ein paar Jahre später hatte ich das Glück, Giovanni kennenzulernen und mich mit ihm anzufreunden. Ich lernte viel von seinen Einsichten darüber, welche Rolle frühe fürsorgliche, liebevolle Beziehungen bei späteren Problemen und Schwierigkeiten spielen.

Ich war an der Frage interessiert, wie ich diese Ideen bei meiner grundlegenderen kognitiven und verhaltensorientierten Arbeit nutzen konnte. Ich ließ mich in Kleinianischer Psychoanalyse ausbilden (nicht so mein Ding) und in den 1990er Jahren hatte ich Gelegenheit, vier Jahre in einer Tagesklinik zu arbeiten, die an C. G. Jung orientiert war. Ich mochte die offeneren und an Zusammenarbeit orientierten Aspekte der Kognitiven Verhaltenstherapie und verbrachte ein paar glückliche Jahre damit, mit Menschen auf der Straße unterwegs zu sein, die unter Agoraphobie litten, und Selbsthilfegruppen aufzubauen. Es besteht kein Zweifel, dass sowohl sanfte Exposition mit den Dingen, die Angst auslösen und vermieden werden, als auch Üben, anders zu denken, in einer unterstützenden Atmosphäre hilfreich sind. Während einige Kognitive Therapeuten aber zunehmend an Techniken interessiert waren – Patienten Logik beizubringen und Argumente für ihre Überzeugungen zu überprüfen –, war ich mehr zu der Überzeugung gelangt, dass das nur ein Aspekt war. Für mich war das Entscheidende, wie Menschen dahin gelangen konnten, sich „sicher" zu fühlen und sich selbst zu beruhigen.

Dafür musste ich mich mit dem Aufbau des Gehirns beschäftigen, und das brachte mich zur Neurophysiologie, zur Bindungstheorie und zu meinem Interesse an buddhistischem Mitgefühl zurück, und schrittweise führte ich die Idee der Freundlichkeit in die Therapie ein. Zum Beispiel half ich Menschen, die negative Gedanken über sich selbst hatten, die Gültigkeit solcher Gedanken zu überprüfen, um zu sehen, mit welchen archetypischen Mustern sie verbunden waren (z. B. mit der Angst vor Verlassenheit, mit dem heroischen Bedürfnis, Erfolg zu haben, mit dem beschämten Selbst und seiner Reparatur und Heilung), oder zu entdecken, ob sie andere, noch beängstigendere Muster verbargen. Wir versuchten dann, verschiedene Alternativen zu entwickeln und sie – mit Übung und Praxis – in das wirkliche Leben zu bringen. Manchmal jedoch sagten die Patienten: „Ich verstehe die Logik und ich stimme zu, dass ich kein Versager bin, aber ich *fühle* mich immer noch so." Warum hatte ihnen ihr offensichtliches Verständnis ihres Problems nicht geholfen, sich besser zu fühlen?

In meinem Buch aus dem Jahr 1989, *Human Nature and Suffering*[4], hatte ich die Forschungsergebnisse ausgewertet, die belegten, dass wir besondere Gehirnsysteme besitzen, die uns befähigen, ein Gefühl der Sicherheit, Bestätigung und angenehmer, annehmender Erleichterung zu empfinden, und dass dieses Gefühl damit verbunden ist, dass für uns gesorgt wird und dass wir Zuwendung erhalten. Langsam fiel der Groschen: Wenn das Emotionssystem, das uns befähigt, Bestätigung, Erleichterung und Sicherheit zu empfinden, nicht funktioniert oder zugänglich ist, kann es tatsächlich so sein, dass man etwas versteht, aber dass dieses Wissen einem keine Erleichterung vermittelt. Das ist genauso, wie man sexuelle Bilder im Kopf haben kann, aber nichts im Körper passiert, weil die Hypophyse auf diese Bilder nicht reagiert. Weitere Groschen begannen zu fallen: Es wurde klar, dass wir viel mehr in der Richtung machen mussten, Menschen *positiven Emotionen* auszusetzen und ihnen zu helfen, sie zu entwickeln und zu fühlen. In einer faszinierenden Wendung begann die Forschung deutlich zu zeigen, dass es verschiedene Arten positiver Emotionen gibt. Eine hat mit Trieb und Erregung und eine andere mit Gefühlen der Bestätigung, Beruhigung, Sicherheit und ruhiger Friedlichkeit zu tun. Ich erkannte, dass wir als Therapeuten diese zwei Systeme positiver Emotionen in unserem Denken sehr deutlich unterscheiden müssen, weil sie zwar integriert sind, aber auch auf sehr verschiedene Art und Weise funktionieren. Tatsächlich werden manche Menschen genau aus dem Grund versuchen, Leistungen zu erbringen und Spannung und Erregung in ihrem Leben zu erzeugen, weil ihnen ohne sie ihr Leben leer erscheint oder weil sie es ohne sie schwer finden, sich sicher oder zufrieden zu fühlen. Bei Mitgefühl geht es besonders darum, das zweite der emotionalen Systeme zu stimulieren. Für mich begannen also der Buddhismus, die Evolution, Bowlbys Bindungstheorie und Untersuchungen über das Gehirn und positive Emotionen ein Gesamtbild zu ergeben. Ich gelangte zu der Überzeugung, dass man dafür sorgen musste, dass der Patient die Intervention, gleich welche man verwendet, mit Gefühlen der Freundlichkeit und Wärme erlebt.

Es stellte sich aber heraus, dass es nicht immer leicht ist, Menschen zu helfen, Mitgefühl für andere und besonders für sich selbst zu entwickeln. Tatsächlich haben manche Menschen Angst davor und empfinden einen Widerstand gegen diese Vorstellung. Sie sehen Selbstmitgefühl und Freundlichkeit gegenüber sich selbst als Schwäche oder als Luxus. Für sie bedeutet es, dass man weich wird oder sich nicht schützt und unvorsichtig wird. Wenn sie anfingen, Freundlichkeit oder Mitgefühl sich selbst gegenüber zu empfinden, konnte das Gefühle der Trauer oder des

Kummers auslösen, weil sie dann merkten, wie allein sie sich so lange gefühlt hatten. John Bowlby meinte, dass man bei einem Patienten Erinnerungen an seine frühe Bindung aktivieren kann, wenn man Freundlichkeit in der Therapie zeigt. Wenn diese Erinnerungen Vernachlässigung oder Unfreundlichkeit zum Inhalt haben, können die damit verbundenen Gefühle wieder auftauchen. Weit davon entfernt, den Therapeuten oder das Geschehen oder Vorgehen als freundlich zu empfinden, erleben die Patienten sie durch ihre emotionalen Erinnerungen – sie fühlen sich ungeschickt, ängstlich und im Widerstand gegen Mitgefühl.

Dies wird verständlich durch die Verhaltenstherapie, die auf die Arbeit von Iwan Pawlow (1849 – 1936) und seine Hunde zurückgeht. Lassen sie mich ein Beispiel geben. Kinder haben ein natürliches Verlangen, zu spielen. Aber angenommen ihre Eltern bestrafen sie jedes Mal, wenn sie zu spielen anfangen, und entziehen ihnen ihre Zuneigung. Mit der Zeit werden die Kinder lernen, dass ihr Verlangen, zu spielen, dazu führt, dass sie bestraft werden, und so werden sie ihr Verlangen unterdrücken oder Angst bekommen, wenn sie es in sich empfinden. Wir können aufgrund dessen, wie andere auf unsere Gefühle in der Vergangenheit reagiert haben, lernen, Angst vor diesen Gefühlen zu bekommen. Schauen wir uns das Verlangen nach Liebe und Zuwendung an. Was passiert, wenn das Verlangen von Kindern nach Liebe und Zuwendung zu Vernachlässigung, Ablehnung oder sogar Missbrauch führt? Ich denke, Sie sehen das Problem. Wenn der Therapeut sich also freundlich verhält, kann es sein, dass dadurch das (angeborene) Verlangen des Patienten nach Liebe und Zuwendung wieder aktiviert wird. Aber diese Gefühle sind natürlich assoziativ mit großer Angst verbunden, und das kann die Patienten überfluten – und sie wenden sich von Freundlichkeit ab. Diese Einsicht hat mich und mein Team zu unserem jüngsten Forschungsprojekt angeregt: Gegenstand ist die Angst vor Mitgefühl. Es hat sich gezeigt, dass aus allen möglichen Gründen Mitgefühl für Menschen schwierig sein kann.

Das ist also der Hintergrund dieses Buches und meines Denkens. Ich wollte ein Buch schreiben, um mit Ihnen meine Begeisterung und Leidenschaft für die moderne psychologische Forschung zu teilen, wenn diese im Detail erforscht, wie wir mehr prosoziales Verhalten entwickeln und Mitgefühl und Freundlichkeit in unserer Welt und in uns selbst herstellen können. Viele Jahre lang standen Aggression, Angst und Depression im Mittelpunkt unserer Forschung, aber das ändert sich jetzt.

Ich wollte Ihnen auch von den Schwierigkeiten erzählen, die wir haben, wenn wir mitfühlend mit uns selbst und anderen sind. Sie werden viele Selbsthilfebücher finden, die Ihnen sagen, wie wichtig es ist, sich anzunehmen und lieben zu lernen, aber sie erklären Ihnen nicht, warum das so wichtig und so schwer sein kann. Dieses Buch unterscheidet sich insofern, als es versucht, Ihnen eine Menge Detailinformationen darüber zu geben, wie unser Denken und unsere Psyche funktionieren. Es untersucht mit Ihnen die Aufgaben im Leben, denen wir uns alle stellen müssen: aufgrund der Weise, wie wir uns in der Evolution entwickelt haben, und aufgrund der Gesellschaften, die wir geschaffen haben. Es ist nicht leicht, einem mitfühlenden Weg zu folgen, und gelegentlich verlangt es Mut (was nicht meine Stärke ist). Aber die Beweislage ist jetzt ganz eindeutig: Wenn man Liebe und Mitgefühl für sich und andere empfindet, ist das tief heilend und beruhigend, und es hilft einem, sich den vielen Herausforderungen und Aufgaben zu stellen, denen man im Leben begegnet.

In der ganzen Welt ist jetzt eine Suche nach einer Lebensweise zu beobachten, bei der Mitgefühl als Wert einen höheren Rang einnimmt. Wir haben zwar gelernt, effiziente Systeme zu entwickeln und aufzubauen, unsere Kosten zu senken und Dinge immer preiswerter herzustellen, aber so lebt es sich nicht sehr angenehm. Es ist möglich, dass wir in einer effizienten Welt landen, die unbewohnbar ist – außer für die relativ wenigen Reichen. Wenn man Mitgefühl entwickelt, ist das also vielleicht nicht die effizienteste Weise zu leben, aber sie wird zu unserem Wohlbefinden beitragen. Wenn wir uns heute umschauen, sehen wir tatsächlich, dass wir mit einer Welt krasser Ungerechtigkeit und großen Leidens konfrontiert sind. Wir werden weiterhin die Erfahrung machen, dass es schwer ist, Mitgefühl zu empfinden und mit Mitgefühl zu handeln, weil dies in unserer Gesellschaft eigentlich keine Rolle spielt. Wir müssen darüber nachdenken, warum das so ist und was wir als Gemeinschaft tun können, um unsere Lebensweise zu verändern. Aber zunächst müssen wir entscheiden, dass es das *ist*, was wir wollen: mitfühlendes Denken und Gesellschaften entwickeln, in denen Mitgefühl gelebt wird.

Dieses Buch

Dieses Buch hat zwei Hauptabschnitte: In Teil I (Kapitel 1 – 6) versuche ich, Ihnen meine Begeisterung darüber zu vermitteln, wie Wissenschaft das Funktionieren unseres Denkens und unseres Gehirns erhellt und warum Mitgefühl so ein mächtiger Heilungsprozess sein kann. Um Mitgefühl zu entwickeln ist es hilfreich, genau zu wissen, warum es so wichtig ist und wie es wirkt. Teil II (Kapitel 7 – 13) enthält eine Reihe von Diskussionen und Übungen, die Sie ausprobieren können, um bei sich mitfühlendes Denken zu entwickeln, und zu sehen, ob sie helfen.

Teil I: Der wissenschaftliche Hintergrund von Mitgefühl

In Kapitel 1 werden einige der üblichen Weisen erforscht, wie wir unser Leben heutzutage erleben, besonders unser Getriebensein in unserer schnelllebigen und an Wettbewerbsvorteilen orientierten Gesellschaft. Emotionen, Begierden und Ängste können mit uns „durchgehen" und es kann sein, dass wir die Erfahrung machen, dass es schwierig ist, einen Sinn in unserem Leben zu entdecken. Es ist auch schwierig, uns nicht vom Getriebe des Alltags mit seinen Sorgen mitreißen zu lassen und uns als emergente Wesen auf diesem Planeten, in diesem Universum zu sehen, das heißt als Wesen, die aus dem „Strom des Lebens" auftauchen. Wir können uns von diesem Strom des Lebens getrennt fühlen, von dem wir ein Teil sind und zu dem wir gehören. Unsere Begierden und Emotionen haben sich jedoch in diesem Strom gebildet und wir haben sie mit anderen Lebewesen gemeinsam. Wenn wir verstehen, woher unsere Begierden und Gefühle stammen und wie sie funktionieren, kann uns das helfen, wenn wir uns auf den Weg zu Mitgefühl machen. Wir lernen, dass viel von dem, was in uns vor sich geht, nicht unser Fehler ist und sicher nicht unsere Absicht.

In Kapitel 2 betrachten wir die Implikationen und Auswirkungen der Tatsache, dass wir uns im „Strom des Lebens" entwickelt haben und ein Teil davon sind. Es werden zehn Aufgaben beschrieben, mit denen wir konfrontiert sind. Sie beziehen sich auf die Tatsache, dass wir ein in der Evolution geformtes Gehirn voller altmodischer Leidenschaften und Begierden und einen „neuen Geist" und Verstand haben, der diese Gefühle, Bedürfnisse und Begierden aktivieren und verstärken und über sie phantasieren kann. Unsere Fähigkeit, so zu denken und zu phantasieren, bedeutet, dass unsere Ängste und Begierden extrem gesteigert werden können. Wie oben erwähnt, hat unsere Entwicklung in der Evolution dazu geführt, dass wir enorme Mengen an Liebe und Zuwendung brauchen, die unser Gehirn beeinflussen. Wir sind eine Spezies, die nach Individualität, aber auch nach Verbundenheit, Konformität und Zugehörigkeit strebt. Wir haben ein Empfinden von *Selbst*-Bewusstheit, das Segen und Fluch zugleich sein kann. Wir können uns bewusst werden, dass das Leben für uns selbst und für die, die wir lieben, voller Leiden und Schicksalsschläge in Gestalt von Krankheit, Verletzung und Tod und von Verlusten verschiedener Art sein kann. Die letzte Aufgabe hat unsere Angst und Furcht vor Mitgefühl und Freundlichkeit zum Gegenstand. Mitgefühl, Fairness und Gerechtigkeit haben ihren Preis, man bekommt sie nicht umsonst. Wenn man Mitgefühl entwickeln will, muss man lernen, sich Mühsal, schweren Umständen und manchmal Elend und Not zu stellen.

In Kapitel 3 beschäftigen wir uns mit der Tatsache, dass wir uns mit einem Gehirn vorfinden, das von Genen gebildet wird, die sich über Millionen von Jahren entwickelt haben – nur um Begierden, Leidenschaften und Möglichkeiten zu verfolgen, wie wir miteinander in Beziehung sein können, und dass wir uns in Familien und Kulturen vorfinden, die wir uns niemals ausgesucht haben. Wir werden die Natur unseres Geistes betrachten, der sich in der Evolution entwickelt hat, und die Tatsache, dass Stammesverhalten und Grausamkeit ebenso zu unserem angeborenen Potential gehören wie Freundlichkeit. Mit der Evolution liebevollen, fürsorglichen Verhaltens, besonders zwischen Müttern und Kleinkindern, kam zum ersten Mal die Fähigkeit in die Welt, ein anderes Lebewesen zu beschützen und liebevoll zu umsorgen. Diese Fähigkeit sollte in verschiedenen Formen von Mitgefühl zur Blüte gelangen. Je mehr wir verstehen, wie unser Leben manchmal von Archetypen und Mentalitäten bestimmt ist, um so mehr kann es uns gelingen, eine Ich-Distanz ihnen gegenüber einzunehmen, sie zu kontrollieren und die zu entwickeln, die wir entwickeln möchten.

In Kapitel 4 wird einer der wichtigsten Mechanismen unseres Denkens untersucht: unsere Fähigkeit, Gefahren zu erkennen und auf sie zu reagieren. Alle Lebewesen müssen das können. Dieses System, das Emotionen der Angst, der Wut und des Ekels enthält, kann andererseits die Ursache großer Schwierigkeiten sein. Wir werden sehen, dass unser System zur Bewältigung von Gefahr, obwohl es dem Selbstschutz und dem Schutz unserer Lieben dient, ziemlich kompliziert ist und in unserem Leben zu einem dominierenden Prozess werden kann. Das hat zur Folge, dass wir leicht ängstlich, gereizt oder depressiv werden. Wir werden weiter sehen, dass es um so schwieriger werden kann, Mitgefühl zu empfinden und als innere Haltung zu leben, je mehr wir unter dem Einfluss von Gefühlen stehen, dass wir in Gefahr oder bedroht sind.

In Kapitel 5 werden wir zwei verschiedene Systeme positiver Emotionen kennenlernen. Eines steht in Beziehung zu Trieben und angenehmen Erfahrungen: Wenn wir in einer Lotterie gewinnen, Urlaub machen oder wenn wir uns verlieben, kann das bei uns freudige Erregung auslösen. Es ist wichtig, zu wissen, dass wir künftig etwas genießen können und dass dies unser Leben verbessern wird; nur dadurch werden wir veranlasst, die notwendige Anstrengung aufzubringen, es zu erreichen. Wir werden auch unser System für Zustände der Zufriedenheit und Selbstberuhigung betrachten. Dazu gehören Friedlichkeit und Empfindungen von Ruhe und Wohlbefinden, die oft mit einem Gefühl der Verbundenheit assoziiert werden – sich in der Welt mit Menschen sicher und von anderen wertgeschätzt zu fühlen. Vom Tag unserer Geburt an beruhigen uns Freundlichkeit, Liebe und Zuwendung und helfen uns, uns weniger bedroht zu fühlen. Wir gelangen also zu der faszinierenden Entdeckung, dass unser System für Zustände der Zufriedenheit auch mit Zuneigung und Freundlichkeit zu tun hat. Ein wichtiges Thema dieses Buches ist, wie man die Möglichkeit erlernt und nutzt, sich selbst zu beruhigen, indem man Freundlichkeit und Mitgefühl mit sich selbst entwickelt.

In Kapitel 6 wird untersucht, wie unsere Fähigkeit der Imagination und Phantasie genutzt werden kann, um bestimmte Gehirnsysteme zu stimulieren. Nach diesem Prinzip üben wir Mitgefühl, denn wir lernen verstehen, wie Bilder, die Mitgefühl verkörpern, und mitfühlendes Denken das System für Zustände der Zufriedenheit und für Selbstberuhigung stimulieren können. Wir werden natürlich sehr klar in Bezug darauf sein müssen, was wir meinen, wenn wir den Begriff „Mitgefühl" verwenden. Wir werden also buddhistische und andere spirituelle Auffassungen von Mitgefühl heranziehen, bevor wir es aus einer mehr westlichen, wissenschaftlichen Sicht betrachten. Wir sehen, dass Mitgefühl aus verschiedenen Attributen besteht, wie der Motivation, sich jemandem liebevoll zuzuwenden und für jemanden zu sorgen, Sympathie zu empfinden, unsere eigenen Emotionen zu ertragen, empathisch zu sein und zu verstehen, was wir fühlen, und nicht zu werten oder zu verurteilen. Es gibt auch verwandte Fähigkeiten, die man erwerben oder lernen kann: mitfühlende Aufmerksamkeit, mitfühlendes Denken und Verhalten und wie man Gefühle, die von Mitgefühl getragen sind, erzeugen kann.

Dieses Kapitel ist das letzte in unserem Abschnitt über den wissenschaftlichen Hintergrund von Mitgefühl. Teil I ist natürlich keine erschöpfende Darstellung von Mitgefühl, und in den kommenden Jahrzehnten werden wir noch weit mehr darüber erfahren und verstehen, wie unser Gehirn funktioniert und wie wichtig Mitgefühl ist. Aber diese sechs Kapitel werden Ihnen einen Eindruck davon vermitteln, und sie können eine Hilfe dafür sein, wie Sie sich selbst neu sehen können, und sie werden Sie auf die kommenden Übungen vorbereiten.

Teil II: Aufbauen eines mitfühlenden Selbst: Fähigkeiten und Übungen

Teil II bringt uns zu den Übungen, die Ihnen helfen werden, mitfühlendes Denken zu entwickeln.

In Kapitel 7 beginnt die Reise mit dem Verständnis, warum das, was man jetzt *Achtsamkeit* nennt, so wichtig ist. Dies bedeutet, dass Sie lernen, auf eine besondere Weise aufmerksam zu sein, und erkennen, wie Ihr Gehirn mit Ihrem Denken und Ihrer Phantasie in alle möglichen Richtungen abschweifen kann. Bei der Achtsamkeit lernen wir, unsere Aufmerksamkeit „im gegenwärtigen Moment" zu halten und dabei nicht zu werten, was wir wahrnehmen. Sie werden sehen, dass Ihr Geist von Natur aus dazu tendiert, in alle Richtungen abzuschweifen, und dass es sehr schwer ist, konzentriert zu bleiben, aber dass man mit *Übung* einen „ruhigen Geist" entwickeln kann. Alle Übungen, die im Buch vorgestellt werden, werden „achtsam" ausgeführt – das heißt, wenn wir innerlich abschweifen, bringen wir den Geist sanft und freundlich, ohne zu werten und ohne Kritik, zu seiner Aufgabe zurück. Ohne Training ist „Abschweifen" die Art und Weise, wie sich der Geist von Natur aus verhält, so wie sich unsere Finger, wenn wir ein Musikinstrument lernen, zuerst nicht so bewegen, wie sie sollen.

Kapitel 8 führt uns ein, wie man Bilder verwenden und bestimmte Phantasien erzeugen kann, um verschiedene Emotionssysteme zu stimulieren. So wie man Phantasien sexueller Art erzeugen kann, die den Körper stimulieren, so kann man auch die Phantasie nutzen, um Bilder zu erzeugen, die das System für Zustände der Zufriedenheit und für Selbstberuhigung und das System, das für Zuneigung zuständig ist, stimulieren. Es gibt viele Möglichkeiten dafür, aber der Schlüssel besteht darin, dass man lernt, *wie* man übt, dass man aufmerksam ist und dass man Gedanken und Bilder in sich erzeugt, die dazu bestimmt sind, Gefühle von Mitgefühl und das System für Zustände der Zufriedenheit und für Selbstberuhigung zu stimulieren.

In Kapitel 9 werden wir mitfühlendes Denken erforschen. Sehr leicht bringen uns unsere Emotionen dazu, auf eine ängstliche, ärgerliche, besorgte oder lustvolle Weise zu denken. Mitfühlendes Denken ist eine Weise, wie Sie Ihre Gedanken so lenken können, dass sie für Sie hilfreich sind. Wir untersuchen Vorstellungen und Auffassungen der Kognitiven Therapie und anderer Ansätze der Psychotherapie dahingehend, wie uns unser Denken ermöglicht, auf mannigfaltige Weise eine eigene Welt zu konstruieren. Wenn wir lernen, den Inhalt unserer Gedanken zu erkennen, und wie wir von ihnen zurücktreten und sie anders sehen können, dann kann uns das sehr dabei unterstützen, Mitgefühl und mitfühlendes Denken zu entwickeln.

Kapitel 10 bringt uns zu einem zentralen Thema: die Beziehung mit uns selbst und wie wir mit uns umgehen. Leider gibt es in der westlichen Welt sehr viele Menschen, die mit sich selbst nicht zufrieden oder unglücklich sind, die sich selbst entwerten oder mit Selbstvorwürfen überhäufen. Wenn man sich selbst unfreundlich und entwertend behandelt, ist das nicht gut für das Gehirn, denn es führt zu allen möglichen Arten von Stress. Deshalb sprechen wir dieses Thema sehr direkt an und untersuchen, warum wir dahin kommen, uns in entwertender Weise zu kritisieren, und was wir tun können, um dies zu ändern. Wenn Sie, geleitet von dem Wissen um das Funktionieren des Gehirns (siehe Teil I), Selbstmitgefühl entwickeln, dann kann Sie das entscheidend voranbringen.

In Kapitel 11 geht es um die Emotionen, die eine Menge Probleme verursachen: um die Emotionen der Angst und der Wut, die dem Selbstschutz dienen. Wir werden darüber nachdenken, wie wir mitfühlend mit ihnen umgehen können, denn die Bewältigung dieser Emotionen erfordert ganz neue Herangehensweisen.

Kapitel 12 nimmt uns mit auf eine Reise in komplexere Regionen mitfühlenden Verhaltens. Sie werden dann verstehen, warum mitfühlendes Verhalten keine weiche oder leichte Option ist oder darin besteht, dass man einfach nur nett ist. Die Schwierigkeit besteht darin, dass es nötig sein kann, dass wir uns manchen unserer Begierden oder Impulse entgegenstellen und uns weigern müssen, bestimmten Gelüsten oder Ängsten entsprechend zu handeln. Es kann auch bedeuten, dass wir anerkennen müssen, dass unser intensives Verlangen nach Zugehörigkeit und Verbundenheit (z. B. zu „unserem Stamm" zu gehören) und die Verteidigung unserer Interessen die Quelle großer Grausamkeit und Gewalt sein kann. Die harte Seite bei mitfühlendem Verhalten besteht darin, uns unserer eigenen inneren Neigung zu Grausamkeit zu stellen. Selbstmitgefühl selbst kann wichtig sein, wenn wir sehen, dass unsere Fähigkeit zu Grausamkeit darin gründet, dass unser Gehirn auf Selbstschutz sowie genetische Verbesserung und Weiterentwicklung angelegt ist. Das ist nicht unser Fehler, aber wenn wir Mitgefühl für genau diese Tatsache empfinden, ermöglicht uns das, Kontrolle zu übernehmen und uns diesem Anteil von uns entgegenzustellen.

In Kapitel 13 wird reflektiert, wie wir eine mitfühlende Orientierung in unser Leben bringen und schließlich anfangen können, Gesellschaften aufzubauen, in denen mehr Mitgefühl gelebt wird. Die Aufgaben, die vor uns liegen, sind schwerwiegend und ernst, aber zugleich sollte uns bewusst werden, dass wir alle hier sind, ohne uns dafür entschieden zu haben, erfasst vom Strom des Lebens, und dass wir, wenn wir lernen, die Kraft der Freundlichkeit und des Mitgefühls zu nutzen, anfangen können, mehr Kontrolle auszuüben und eine Welt zu schaffen, in der man mit mehr Freude und Harmonie leben kann. Wir entwickeln allmählich die Wissenschaften, die Geist und Psyche erforschen, so dass wir mit der Zeit bessere Voraussetzungen haben, Lebensstile zu entwickeln, die zu mehr physischem und psychischem Wohlbefinden führen. Das bedeutet, dass neue Formen gefunden werden müssen, wie wir unsere Arbeit organisieren und belohnen, denn eine Ökonomie, die auf „Wettbewerbsvorteilen" beruht, macht uns wirklich alle ein wenig verrückt.

Es ist ein langer und schwieriger Weg, aber ich hoffe, es ist ein Weg, der Sie neugierig macht, und ein Weg, der Sie dazu inspiriert, mehr Mitgefühl in Ihr Leben zu bringen. Und denken Sie daran, dass es hier nur um *Training,* um Üben geht. Es wird ihnen oft so wie mir gehen, dass Sie stolpern, hinfallen und ausrasten oder in Panik geraten, nur auf sich selbst bezogen sind und nur das Falsche essen. Aber so ist das Leben, und wir können alle lernen, auch dafür Mitgefühl zu entwickeln.

An vielen Stellen habe ich Fallbeispiele in das Buch aufgenommen, um bestimmte Dinge deutlicher zu machen. Um eine Identifikation zu vermeiden, wurden die Namen und Tatsachen geändert oder es wurde eine Fallstudie aus der Kombination verschiedener Fälle zusammengestellt.

TEIL 1

Der wissenschaftliche Hintergrund von Mitgefühl

1 Mitgefühl
Der Beginn unserer Reise

Das Leben kann hart und verwirrend sein. Die menschliche Geschichte ist voll von Geschichten und Reflexionen über Schicksalsschläge und Leiden sowie über Freuden und Triumphe im Leben. Angesichts der vielen Herausforderungen, die das Leben uns in den Weg stellt, ist es kaum überraschend, dass Dichter, Dramatiker, Autoren, Künstler, Philosophen und spirituelle Sucher – also eigentlich die meisten Menschen – darüber nachgesonnen haben, wie man das Leben verstehen und sinnvoll und glücklich leben kann. Die wesentlichen Herausforderungen und Aufgaben sind die Bewältigung unserer Emotionen der Angst, Furcht, Wut oder Depression, des Verlusts geliebter Menschen, der Enttäuschung in Bezug auf unsere Pläne, schwieriger Beziehungen oder schmerzhafter Erinnerungen. Dazu kommt das Problem unserer Fragilität und Verletzlichkeit angesichts von Viren, Bakterien, genetischen Belastungen und Verletzungen, die unser Leben oder das der Menschen, die wir lieben, zu schmerzhaften Prüfungen machen und uns an unsere Vergänglichkeit und den unvermeidlichen Tod erinnern. Man kann verstehen, warum Menschen sich gefreut haben, als sie den Rotwein entdeckten!

Auch wenn wir persönlich mit uns selbst im Frieden sind, sind wir uns zunehmend des immensen Leidens in der Welt bewusst und fühlen uns innerlich aufgerufen, eine fairere, gerechtere und nährendere Umgebung für uns alle herzustellen. Unser Streben nach Sinn, Gerechtigkeit und Glück ist heute ebenso sehr ein Teil von uns, wie schon vor

Jahrhunderten, als Menschen zum ersten Mal über diese Dinge nachdachten. Wir können natürlich auf alle möglichen Weisen Trost finden angesichts der Angst und der Wut, die wir darüber empfinden, dass das Leben eben so ist, wie es ist. Auch wenn wir jetzt im Westen in einer Welt mit fortschreitender medizinischer Wissenschaft und materiellen Annehmlichkeiten leben, sehnen wir uns immer noch danach, tieferen Sinn und Quellen inneren Friedens und der Freude zu finden.

Dieses Buch bietet eine Art Besichtigung der Möglichkeiten, wie diese Suche angegangen werden kann. Zuerst müssen wir erforschen, welche Art von Spezies wir sind und woher wir kommen – das heißt, was ist die Basis unseres Wesens? Unsere Suche wird uns erkennen helfen, dass alte spirituelle Weisheiten und neue Erkenntnisse der Psychologie und Hirnforschung auf dieselbe Quelle von Sinn und Glück verweisen: auf die Kultivierung von Mitgefühl für uns und für andere. Wir werden uns also auf den Nutzen der Entwicklung von Mitgefühl konzentrieren, mit einem besonderen Fokus auf Freundlichkeit und Selbstmitgefühl.

Der Weg zu Mitgefühl

Obwohl viele spirituelle Traditionen die große Bedeutung von Mitgefühl für unser Wohlbefinden und gute Beziehungen mit anderen Menschen betonen, ist es noch nicht lange her, dass Forscher herausgefunden haben, *wie* Mitgefühl seine wohltuende Wirkung ausübt. Das ist äußerst spannend. Ein Weg dorthin war, dass sie das Gehirn von Menschen untersucht haben, die in Mitgefühl entweder sehr geübt waren oder Gedanken und Phantasien in sich kultivierten, die Mitgefühl zum Inhalt hatten. Sie sind sich wahrscheinlich dessen schon bewusst, dass die Gedanken, Vorstellungen und Phantasien, auf die wir uns konzentrieren, sehr mächtige Wirkungen auf unser Gehirn, auf unsere körperlichen Zustände und auf unser Verhalten haben können. Sie wissen zum Beispiel, dass Ihre sexuellen Gedanken, Bilder und Phantasien (auch wenn Sie allein zu Hause sind) „interessante Dinge“ mit Ihrem Gehirn und Körper machen können. Es wird Sie also nicht überraschen, wenn Sie erfahren, dass es auch „interessante Dinge“ mit unserem Gehirn und

Körper macht, wenn wir über Mitgefühl phantasieren und nachdenken. Wenn wir uns auf Freundlichkeit sowohl uns selbst als auch anderen Menschen gegenüber konzentrieren, werden tatsächlich Bereiche des Gehirns und des Körpers in einer Weise stimuliert, die für Gesundheit und Wohlbefinden sehr förderlich sind. Forscher haben auch entdeckt, dass von dem Tag an, an dem wir geboren werden, bis zum Tag, an dem wir sterben, Freundlichkeit, Unterstützung, Ermutigung und Mitgefühl von anderen eine gewaltige Wirkung darauf haben, wie sich unser Gehirn, unser Körper und unser allgemeines Gefühl des Wohlbefindens entwickeln. Liebe und Freundlichkeit, besonders im frühen Leben, beeinflussen sogar, wie einige unserer Gene ausgedrückt werden![1] Es zeigt sich also, dass Freundlichkeit und Mitgefühl tatsächlich Wege zu Glück und Wohlbefinden sind.

Alte Vorstellungen über das Wesen des Leidens

Im Laufe der Jahrhunderte sind viele spirituelle Traditionen dahin gelangt, dieses Leben als wesentlich von Leiden geprägt zu sehen, dem wir zu entkommen suchen:

Muslime glauben, dass wir von Gott getrennt sind und danach streben, zu ihm zurückzukehren. Die Musik der Sufis kann den Kummer der Getrenntheit und die Sehnsucht und das Suchen berühren, wieder mit ihm verbunden zu sein.

Christen glauben, dass Leiden in dieser Welt mit unserer Beziehung mit Gott eng verbunden ist und dass wir nur durch Gott und die Rückkehr in den Himmel das Leiden beenden können.

Gnostiker meinen, dass die Schöpfung des materiellen Universums und allen Lebens ein Fehler war, der möglicherweise durch eine böse Gottheit begangen wurde. Leiden kommt vom „Fleisch" und seinen Begierden, denen wir entsagen sollten.

Hindus glauben, dass wir im Kreislauf ständiger Wiedergeburt und Tod gefangen sind und Erlösung suchen müssen. Sie glauben, dass wir mit Hilfe von Shiwa und von guten Werken den Kreislauf von Tod und Wiedergeburt verlassen können.

Buddhisten glauben ebenfalls an die Wiedergeburt. Für sie entsteht Leiden aus unseren Anhaftungen und dem Festhalten an Dingen und Handlungen, und wir können uns nur befreien, wenn wir einen erleuchteten Geist entwickeln. Wir tun dies, indem wir anerkennen, dass der Geist, mit dem wir geboren wurden, chaotisch ist und zum Festhalten neigt, aber wenn wir ihn in Achtsamkeit und Mitgefühl üben, können wir eine andere Realität erfahren.

Andere spirituelle Traditionen erklären Leiden dadurch, dass Gott die Menschen geprüft, für mangelhaft befunden und sie deshalb verstoßen habe. Andere glauben, dass die Seele durch Leiden spirituelle Lektionen lernen muss und dass sie deshalb immer wieder reinkarniert wird. Die Seele muss eine Entwicklungsreise unternehmen: In manchen Leben steigt man auf, in anderen sinkt man wieder hinab. Viele Religionen drohen mit schlimmen Strafen für eine üble Lebensführung.

Alle diese Traditionen haben wenig über genetische Variation, über Hirnschädigung oder darüber zu sagen, wie das Wachstum unseres Gehirns und die Entstehung unseres (schlechten) Verhaltens davon beeinflusst wird, ob wir in eine liebevolle oder in eine missbräuchliche Familie geboren werden. Die, die an Wiedergeburt glauben, erklären auch nicht, warum man gerade in dem Moment, in dem man ein gewisses Maß an Weisheit erlangt hat, stirbt, alles vergisst und ganz von vorn anfangen muss! Einige Wissenschaftler haben mit Nachdruck gegen den Glauben dieser Traditionen argumentiert, als sie entdeckten, dass Gene und Evolution die Grundlage für alle Lebensformen und „männlich" und „weiblich" ziemlich junge genetische Lösungen für das Überleben der Gene sind. Diesen Traditionen wurde niemals faktische Relevanz zugeschrieben. Vielmehr entstanden sie als eine Hilfe, um ein hartes, leidvolles Leben zu bewältigen und Menschen in einer gemeinsamen Bewegung auf ein Ziel zu vereinen.

Mitgefühl und Freundlichkeit

In *all* diesen Traditionen werden Sie aber auch eine starke Betonung der Bedeutung und der Macht von Mitgefühl finden, sowohl als spiritueller Fokus als auch eine Weise, unsere sozialen Beziehungen, unsere Beziehung mit uns selbst und unser Glück zu fördern. Besonders im Buddhismus steht die bewusste Entwicklung von Mitgefühl im Vordergrund.[2]

Innerhalb des Buddhismus haben „Mitgefühl" und „Freundlichkeit" verschiedene Bedeutungen:

- *Mettā* ist Liebende Güte oder freundliche Anteilnahme, eine Orientierung sich selbst und anderen gegenüber.
- *Muditā* ist Wertschätzen und Freude daran, „in diesem Moment" lebendig zu sein (z. B. in Gestalt der Freude an den Farben der Wolken, eines Regenbogens oder Sonnenuntergangs, am Geschmack von Speisen). Dieser Begriff bezieht sich auch auf „sympathetische Freude" – Freude am Wohlbefinden anderer. Muditā ist eine Quelle friedvollen Wohlbefindens.
- *Karunā* ist Mitgefühl, das moralisches Verhalten, Geduld und Großzügigkeit in Verbindung mit Handeln umfasst.
- *Upekkhā* ist Gleichmut und eine Empfindung von Verbundenheit und Ähnlichkeit mit anderen Menschen und allen Lebewesen – insofern alle gleichermaßen nach Glück streben und Leiden vermeiden wollen.

Die westliche Psychologie unterscheidet zwischen verschiedenen Arten positiver Gefühle, ihren in der Evolution entstandenen Funktionen und ihrem Fokus. Bedenken Sie auch, dass zu „Empfinden von Mitgefühl" Traurigkeit und Kummer über die Tragödien gehören können, mit denen wir Lebewesen unausweichlich konfrontiert sind.

Bei Mitgefühl geht es nun nicht nur um einen moralischen Standpunkt oder so etwas Einfaches wie „Wenn ich nett zu dir bin, bist du nett zu mir", sondern es ist eigentlich ein Training, das wichtige neue Verknüpfungen im Gehirn schafft.[3] In der zweiten Hälfte dieses Buches finden Sie eine Reihe von Übungen, die Ihnen helfen werden, Mitgefühl für sich und andere zu entwickeln und Ihre Gefühle der Sicherheit, Akzeptanz, Friedlichkeit und Zufriedenheit anzuregen.

Das ist also die gute Seite. Es stellt sich aber heraus, dass der Weg zu Mitgefühl kein leichter ist. Wenn es so wäre, würden wir angesichts der Tatsache, dass wir seit Tausenden von Jahren den Wert von Mitgefühl kennen, in einer weit schöneren Welt leben, als wir es in Wirklichkeit tun. Wir müssen uns also mit einem Verständnis von den *Herausforderungen* ausrüsten, die uns zu Beginn unserer Reise der Entwicklung unseres mitfühlenden Geistes bevorstehen; diese werden wir in den nächsten Kapiteln untersuchen. Wir werden auch sehen, dass Mitgefühl Mut erfordern kann, aber Mut ist leichter aufzubringen, wenn wir Mitgefühl haben (siehe Kapitel 11).

Leben in Eile

Wenn Sie auch nur entfernt so sind wie ich, werden Sie das Leben wahrscheinlich ein bisschen schwierig finden – also wenigstens manchmal. Auf der einen Seite gibt es viele Dinge im Leben, die wir lieben und genießen: die Zuneigung derer, die uns nahe sind, Aufwachen an einem ersten Urlaubstag, Wandern in den Bergen, wenn die Luft frisch und der Himmel von einem klaren Blau und Weiß ist, Sex, Essen und natürlich das Glas Wein am Ende eines harten Tages – das ist ziemlich viel, wenn man es recht bedenkt. Auf der anderen Seite können wir Tage erleben, an denen wir uns gehetzt und unter Druck, ein bisschen verloren, blockiert, müde, ängstlich, frustriert und bedrückt fühlen, und an denen das Leben irgendwie ziellos und sinnlos erscheint. Dazu gibt es die ständigen Nachrichten von all den Kriegen, Traumata, Konflikten und Problemen in der Welt. Trotz unseres Verlangens, glücklich, wohlhabend und gut zu sein, haben viele von uns Gefühle, Emotionen und Stimmungen, die wir nicht besonders mögen, die aber einfach kommen und über uns hinweggehen. Es kann sogar sein, dass wir sie an diesem Urlaubstag fühlen. Sie kennen so etwas. Vielleicht wachen wir auf und fühlen uns irgendwie gereizt, wir merken, dass heute leicht unsere Sicherung durchbrennen kann, oder wir sind ängstlich und müde oder niedergeschlagen. Unsere Stimmungen scheinen manchmal zu schwanken, ohne dass wir einen besonderen Grund dafür angeben könnten – wir haben einfach gute Tage und weniger gute Tage. Oder es kommt vor, dass wir den Tag gut beginnen, und dann geraten wir unter Zeitdruck, oder es passiert etwas Frustrierendes – und schon sind wir in einer schlechten Stimmung.

Das Problem ist, dass sich die Dinge automatisch weiter verschlechtern können, wenn wir einmal in einer schlechten Stimmung sind. Es kann passieren, dass wir anfangen, uns gehetzt zu fühlen und Dinge zu vergessen, und das nervt uns dann noch mehr. Wir kommen nach Hause und sind gereizt, und unser Partner reagiert wiederum gereizt, was natürlich nicht überraschend ist. Es kann sein, dass wir uns auf einen Abend erotischer Intimität gefreut haben, und jetzt geht alles schief. Oder es kann sein, dass wir sehr müde sind und die Kinder anfahren, weil sie Sonderwünsche haben, meckern oder sich streiten. Wir sind von ihnen frustriert, frustriert mit uns selbst und frustriert über das Leben – sogar mit der Katze. Wir merken vielleicht, dass wir einfach auf Dinge mit den Emotionen reagieren, die im Moment zu passen scheinen. Auch wenn wir uns bewusst sind, dass wir das eigentlich nicht fühlen oder tun wollen, und eine Stimme in unserem Kopf vorschlägt, uns anders zu verhalten, scheinen uns unsere Emotionen einfach weiterzuziehen, weil sie anscheinend so sehr „im Körper" und an unserer Wurzel sind. Und im Nu sind wir durch den Tag geeilt und hinterlassen einen Wirbel von halb fertigen Dingen, aufgegebenen Hoffnungen und persönlichen Enttäuschungen. Als ein Freund dieses Kapitel las, lächelte er und meinte: „Und das sind noch die guten Tage." Das Leben ist nicht immer richtig schlecht, aber manchmal kann es *wirklich* schwierig sein.

Es ist ziemlich seltsam, weil viele von uns in einer Welt nie da gewesenen Reichtums und Komforts leben. Doch trotz unseres scheinbar unersättlichen Dranges nach Effizienz, des Strebens nach Wettbewerbsvorteilen und des sog. „Geschäftsmodells", die alle Aspekte unseres Lebens beeinflussen, gibt es keine Hinweise darauf, dass uns all das glücklicher macht, als wir vor 50 Jahren waren. Vielmehr spricht manches dafür, dass wir in dem Maß unglücklicher und reizbarer werden, wie das allgemeine Stressniveau in unserer schnelllebigen Gesellschaft ansteigt.

Nach dem Zweiten Weltkrieg lag der Fokus auf allgemeiner Wohlfahrt und dem Aufbau besserer Gesellschaften. In Großbritannien haben wir daher den National Health Service (NHS, der Nationale Gesundheitsdienst), neue Universitäten und ein Eisenbahnsystem aufgebaut, das tatsächlich funktionierte und in dem Leute nicht wie Vieh behandelt wurden. Dies waren Institutionen, die in vielerlei Hinsicht den Neid der

Welt erregten. In den 1960er Jahren wurden wir dann zu dem Glauben verleitet, dass Wissenschaft und Technologie unsere Freizeit und unsere Zeit für die Familie stetig anwachsen lassen und uns ermöglichen würden, immer früher in Rente zu gehen, und dass sie sich allgemein darauf konzentrieren würden, menschliches Wohlbefinden zu steigern.

Diese Philosophie des Aufbaus von Gesellschaften für unser „Wohlbefinden“ ist jetzt fast ganz passé, und an ihre Stelle trat die Notwendigkeit, „Wettbewerbsvorteil“ aufrechtzuerhalten und Leistungspotentiale zu steigern. Dahinter standen die Angst vor Arbeitslosigkeit und die Probleme von zunehmend komplexeren und teureren Dienstleistungen auf den Gebieten Gesundheit, Ausbildung und Transport. Im Grunde erleben wir genau das Gegenteil einer Erleichterung der Plackerei und des Zeitdrucks durch Arbeit. In ihrem provozierenden Buch *Willing Slaves* zeigt Madeline Bunting[4], dass wir länger arbeiten, dass die Altersgrenze für Arbeit angehoben wurde, die Unsicherheit eines Arbeitsmarktes mit Kurzverträgen schlimmer denn je ist und man von immer mehr Berufsgruppen Klagen hört von zu schneller Veränderung, zu knappen Ressourcen und zu wenig Zeit, um auf Qualität zu achten. Es gibt eine deprimierende Verschiebung weg von einer Politik, die auf Wohlfahrt und „Lebensqualität“ fokussiert ist, in Richtung des Geschäftsmodells, das an Dividenden für die Aktionäre und „Leistungspotential“ orientiert ist, oft auf Kosten von Qualität und Rücksicht auf menschliche Wohlfahrt.[5]

Seit den 1970er Jahren hat das Geschäftsmodell der Gewinnmaximierung tatsächlich nach und nach jeden Aspekt unseres Lebens besetzt. In vielen Bereichen unseres Lebens sind wir ganz damit beschäftigt, Ziele zu erreichen – die Dinge zu tun, von denen wir das Gefühl haben oder von denen man uns sagt, wir müssten sie tun. Eine Freundin, die die Konzentration auf individuelle Ziele und das Verschwinden unterstützender Arbeit in ihrem Job beklagte, bemerkte mit einem halben Lächeln: „Weißt du, neulich habe ich mich dabei ertappt, wie ich über mein Sexleben als Ziel nachdachte – und ob ich die 2,5 Mal pro Woche im Schnitt aufrechterhalten kann! Ich denke, im Moment schaffe ich nur 0,5 – und natürlich habe ich mich ein bisschen als Versagerin gefühlt.“ Ich habe nie wirklich herausgefunden, wie man sich diese 0,5 konkret vorstellen kann.

Trotz unseres Reichtums und Komforts wird die Hälfte von uns an einem bestimmten Punkt in irgendeiner Form psychische Probleme haben, wobei Depression, Angst, Alkoholabhängigkeit und Essstörungen ganz oben auf der Liste stehen. Die WHO (Weltgesundheitsorganisation) hat herausgearbeitet, dass im Jahr 2020 Depression die Störung sein wird, die der Intensität der Belastung nach an zweiter Stelle steht, und andere psychische Störungen werden unter den ersten 10 anzutreffen sein. Zu dem Zeitpunkt, zu dem ich dies schreibe, sind es nur noch 12 Jahre bis dahin, und wenn Sie dieses Buch lesen, sind es noch weniger. Bei Frauen zwischen 15 und 45 stellt Depression schon die bei Weitem größte Belastung dar.

Wir haben also immer weniger Vertrauen und unser Gefühl der Bedrohung wächst. Meine Frau wurde in den 1960er Jahren in Röntgenologie ausgebildet, als es noch vollkommen unbekannt war, dass Angestellte in einer Notaufnahmestation eines Krankenhauses physisch bedroht wurden – nicht einmal von Betrunkenen. Jetzt muss in manchen Krankenhäusern Sicherheitspersonal anwesend sein, besonders nachts, weil es so häufig zu gefährlichen Situationen kommt. Es gibt überall Überwachungskameras, und die Tage, als man seine Tür unverschlossen lassen konnte, sind lange vorbei.

Warum machen uns also alle unsere Fortschritte und die Möglichkeiten, die Welt zu bereisen, eben mal zum Supermarkt zu fahren und alle möglichen Dinge zum Essen zu kaufen, die phantastischsten Flachbildschirme mit Hunderten von Kanälen zu haben – warum machen uns diese Dinge nicht vollkommen glücklich? Man hat dafür viele Gründe genannt. Nach Madeline Bunting sind wir zu „willigen Sklaven" von Buchhaltern und der Notwendigkeit, zu konkurrieren, geworden. Oliver James meint, dass wir unter „affluenza" (Wortspiel: eine Kombination der englischen Worte „affluence" (Überfluss) und „influenza" (Grippe))[6] leiden – einer Sucht nach Überfluss und einem Bedürfnis „nach immer mehr". John Naish[7] sagt im Wesentlichen das gleiche. Er stellt fest, was Evolutionspsychologen seit langer Zeit sagen, nämlich dass unser Gehirn sich entwickelt hat, um mit Mangel umzugehen, nicht mit Überfluss und Reichtum, und dass wir geborene „Sucher" und Menschen sind, die immer etwas brauchen, weil das Millionen Jahre lang der Zustand war, in dem wir uns befanden. Während wir also einen in der Evolution geformten Geist besitzen, der nach immer mehr strebt, kämpfen wir auch damit, „Nein“ zu unseren Bedürfnissen zu sagen, und damit, dass „genug genug ist“. Nehmen Sie zu dieser kleinen evolutionären Panne die Tatsache hinzu, dass wir eine Marketingindustrie haben, die jedes Jahr Milliarden ausgibt, um dafür zu sorgen, dass wir nicht zufrieden sind und dass wir immer mehr wollen … dann sehen Sie das Problem.

Alle diese Ansichten haben viel für sich. Es gibt jedoch zwei andere Aspekte, die noch erwähnt werden müssen. Zum Ersten haben wir nicht gelernt, wie wir unser Denken auf Glück und Zufriedenheit ausrichten und ausbilden können. Darüber hinaus bekommen wir in unseren Familien, in der Schule und bei der Arbeit immer die Botschaft, dass wir nicht zufrieden sein sollen, denn das hieße, dass „wir uns auf unseren Lorbeeren ausruhen“, was irgendwie nach Faulheit oder Mangel an Ehrgeiz oder „Rückgrat“ schmeckt und uns angeblich zu einer Existenz am Rande des Lebens verurteilt. Man betrachte nur die Geschäftswelt: Wer würde eine Firma für ein gutes Unternehmen halten, die mit sich zufrieden ist, null Prozent Wachstum aufweist oder vielleicht sogar bereit wäre zu schrumpfen?

Zweitens haben wir ein entscheidendes Argument vergessen, das Karl Marx vor eineinhalb Jahrhunderten vorgebracht hat: Danach formen die Produktionsmittel unser Bewusstsein. Aber natürlich muss man kein Marxist sein, um zu verstehen, dass unser Arbeitsleben so zeitraubend und stressig geworden ist, dass wir denken, diesen Aufwand an Lebenszeit und diesen Stress nur ausgleichen zu können, wenn wir immer mehr haben. Wie oft hört man, dass Leute sagen: „Ich habe so hart gearbeitet, ich verdiene diese Gehaltserhöhung (ein neues Auto, einen besseren Urlaub, abends ins Restaurant gehen).“ Es ist seltsam – wir haben das Gefühl, dass wir uns belohnen müssen, weil wir uns so schlecht behandelt haben und total geschafft sind. Und wir sind darin gefangen, weil wir Raten abzahlen und einen Lebensstil aufrechterhalten müssen und keine andere Möglichkeit dafür haben, als unsere Seele an das Geschäftsmodell zu verkaufen. Es ist also nicht nur unser Streben nach Überfluss, das uns ein bisschen verrückt, gereizt, aggressiv, erschöpft und selbstbezogen macht, sondern auch die Tatsache, dass unser von Konkurrenz bestimmtes Leben *unglaublich reich an Stress* ist. In unserer Erschöpfung verlieren wir den Kontakt miteinander. Fernsehen ist leichter geworden, als gesellig zusammen zu sein, eine Flasche Wein zu trinken ist leichter geworden, als Entspannung oder Meditation zu üben. (Mein Lieblingswein ist übrigens der Merlot.) Die am meisten verbreitete Beschwerde, die Allgemeinärzte zu hören bekommen, ist: „Doktor, ich bin so müde" und einer der Gründe, warum das meist stumpfsinnige Fernsehen so populär ist, besteht darin, dass gerade die Passivität dabei genau das ist, was einen anspricht, wenn man so müde ist. Unser Lebensstil erschöpft uns körperlich, geistig und spirituell – und wir wissen es!

Karens Geschichte

Karens Geschichte ist ziemlich typisch. Sie arbeitete an einem Universitätsinstitut, und als ein Kollege wegging, wurde sein Posten infolge der Kürzung des Budgets nicht ersetzt; daher mussten andere die Arbeit einfach mit übernehmen. Ein Jahr später passierte dasselbe. Langsam wurde das Institut von dem Effekt „schleichender Mehrarbeit" heimgesucht, und eine Mischung aus Sorge und Ärger machte sich breit. Innerhalb von ein paar Jahren war ein Institut, in dem es eine Freude gewesen war zu arbeiten, wo Leute Zeit füreinander gehabt und einander bei ihren Aufgaben geholfen hatten, zu einem Ort geworden, an dem es ununterbrochenen hieß: „Tut mir leid, ich habe heute wirklich keine Zeit für dich" und „Wie kommt es, dass du den Bericht immer noch nicht fertig hast?" Die Leute wurden bei ihrer Arbeit zynisch und waren nicht mehr stolz darauf. Ihre Einstellung war etwa: „Mach dir nicht so viele Gedanken über den Bericht – alles ist gut. Morgen wird bei irgendeiner weiteren Reorganisation sowieso wieder alles verändert." (Beim National Health Service ist diese Art Denken sehr verbreitet.)

Bei meiner Arbeit als klinischer Psychologe bin ich immer wieder Menschen begegnet, die mir erzählten, dass beim Streben nach Gewinn und Wettbewerbsvorteilen ständig Qualität geopfert wird. Aber Menschen beziehen eine gewisse Befriedigung daraus, *Zeit damit verbringen zu können,* Qualität herzustellen. Wir beziehen Freude aus dem, was wir erschaffen und herstellen, und es ist unser tiefes Bedürfnis, Wertschätzung in den Augen anderer zu sehen. Das „Geschäftsmodell" ist natürlich mehr an Wachstum und befriedigenden Anteilseignern interessiert, nicht an der Befriedigung durch Arbeit oder am Wohlbefinden seiner Arbeiter.

In Karens Abteilung wurden junge, harte Manager eingestellt, um schwierige, harte Entscheidungen zu treffen. Dabei grenzte ihr Verhalten an Mobbing. Karen hatte das Gefühl, dass das Ziel, für eine gute Ausbildung zu sorgen, durch die Notwendigkeit ersetzt wurde, „sich im Wettbewerb auf dem Markt zu behaupten". Alle hatten zunehmend das Gefühl, dass der Grund für ihre Existenz nur noch darin bestand, billiger und schneller Arbeitskräfte zu produzieren.

Nun ist dies in unserer Gesellschaft keine ungewöhnliche Geschichte. In unserem Innersten wissen wir, dass das alles problematisch ist. Ökonomische Systeme geraten immer mehr in Widerspruch zu dem, was wir innerlich und bei unseren sozialen Beziehungen eigentlich brauchen: ein Gefühl von Verbundenheit, Sicherheit und Wohlbefinden. Welchen Sinn hat es, eine Welt mit immer luxuriöseren Autos und Wohnungen, mit mehr Fernsehkanälen, noch strahlenderen Supermärkten und mit Fertigmahlzeiten zu schaffen, wenn die meisten von uns so müde, auf ihre Arbeit fixiert, gestresst und elend sind, dass sie das alles ohnehin kaum wahrnehmen – oder es nur als wohl verdienten Ausgleich für ihre harte Arbeit sehen? Noch problematischer ist, dass wir in dem Maß, in dem wir mit Stress kämpfen, wirklich anfälliger für psychische Probleme werden und *uns selbst entwerten,* wenn wir nicht mithalten können.

Als die Monate vergingen, bemerkte Karen, dass sie viel leichter frustriert wurde und dass auch ihre Angst zunahm. Im Hintergrund gab es oft eine Sorge, ob sie alles getan hatte, was man von ihr erwartete – hatte sie etwas vergessen? Früher war sie an den Sonntagen glücklich und entspannt gewesen, aber jetzt hatte sie oft Angst und war unruhig, dachte an die Arbeit, die am Montag auf sie zukommen würde, und was sie alles zu tun hatte. Sie fing an, sich an ihrem Arbeitsplatz eingeengt zu fühlen, und fragte sich, wie sie etwas verändern könnte. Sie nahm auch wahr, dass ihre Angst sie manchmal einfach aus dem Nichts überfiel: Wenn sie auf einen Zug wartete, von dem sie wusste, dass er wahrscheinlich voll war, machte sie sich heftige Sorgen, dass sie vielleicht keinen Platz bekommen würde oder dass er eine Panne haben und ausfallen könnte. Außerdem wurde sie zunehmend klaustrophobisch. Wenn sie zu einer Sitzung ging, begann sie panische Angst davor zu bekommen, sie müsste vielleicht ganz von vorne um ihre Position kämpfen, weil Budgets zunehmend schmaler wurden und die Finanzleute schon lange jedes Interesse an Qualität verloren hatten – es ging jetzt nur ums Überleben.

Bis vor ein paar Jahren hatte Karen die „intimen Momente" mit ihrem Mann genossen und vor dem Einschlafen ein Buch gelesen. Jetzt war sie für Intimität oft zu müde und konnte nur eine Seite lesen, bevor sie einschlief. „Ich habe fast ein Jahr gebraucht, um einen einzigen Roman zu lesen", sagte sie traurig. „Das Problem ist, wenn ich an sein Ende komme, kann ich mich nicht mehr daran erinnern, was am Anfang passiert ist!" Und im Hintergrund war die ständige Sorge, dass ihre Beziehung zu ihren Kindern litt, und zwar wieder aufgrund des Mangels an Zeit und ihrer Müdigkeit. Aber die Familie brauchte ihr Gehalt dringend, um die Hypothek abzuzahlen. Unter Tränen sagte sie: „Wissen Sie, die Jahre vergehen so schnell. Im Handumdrehen werden meine Kinder ausziehen und dann sehe ich, dass ich sie kaum kenne."

Karen erlebte die Wirkungen dieses zunehmend verbreiteten Problems: in einer Gesellschaft zu leben, die ohne die geringste Rücksicht auf ihr Wohlergehen ständig immer mehr von ihr verlangte und die ihre Systeme zur Bewältigung von Gefahr und Stress überstimulierte. Ihre milde Depression war eine *natürliche, normale* Folge davon. Ihr Verlust an Selbstvertrauen bestand eigentlich darin, dass ihr Gehirn ihr sagte: „Gib auf, steig aus diesem Kampf aus" – aber dann stellte sich natürlich die Frage, wie sie die Hypothek abbezahlen sollten.

Wie Karen sind viele jetzt in einer Kultur gefangen, die vom Geschäftsmodell und dem Bedürfnis nach Profit getrieben ist und nicht an einem menschlichen „Psychologiemodell" oder menschlichem Wohlergehen oder einem Modell des Wohlbefindens orientiert ist. Wir sind so in dem Drang nach Profit und Effizienz gefangen, dass wir den Kontakt miteinander und zu den Dingen verlieren, die uns in unserem Leben nähren und unterstützen. Ich habe sogar daran gedacht, ein Buch mit dem Titel *Warum Effizienz schlecht für Sie ist!* zu schreiben. Denken Sie an all die Dinge im Leben, die nicht mehr sehr lustig wären, wenn wir nur auf Effizienz fokussieren würden. Der Drang nach Effizienz macht unser Leben eigentlich sinnlos.

Natürlich ist das moderne Leben dem unserer Vorfahren überlegen. Die lebten in feuchten Höhlen, waren oft nahe am Verhungern, mussten sich gegen wilde Tiere wehren und waren einer Reihe von Krankheiten ausgesetzt, die heute leicht zu heilen sind. Und natürlich wurden die meisten anderen sozio-politischen Systeme, die es in der menschlichen Zivilisation gegeben hat, von Despoten regiert. Konkurrenz der einen oder anderen Art zwischen Tyrannen hielt die Menschen arm, in feudaler Abhängigkeit und zwang sie zu Kampf und Verteidigung. So haben uns bürgerliche Freiheiten, Erfindungen, Innovation und Unternehmergeist auf verschiedene Weise geholfen. Unglücklicherweise wird der Trieb nach Profit und Wettbewerbsvorteilen (was letztlich die Motivation der Tyrannen war) jetzt zwischen Firmen und Konzernen ausgetragen, die diese Qualitäten quasi besetzt haben, und sie versäumen auf schwerwiegende Weise, für unsere menschlichen Bedürfnisse zu sorgen. Wir erzeugen zunehmend geteilte, an materiellem Besitz interessierte Umwelten, die für unser Wohlbefinden und Glück nicht dienlich sind. In den kommenden Jahrzehnten müssen wir als Gesellschaft darüber nachdenken, worin der Sinn all dieser Arbeit besteht. Was tun wir eigentlich jeden Tag mit diesen Milliarden und Abermilliarden Arbeitsstunden und den Anstrengungen all der Menschen in der ganzen Welt? Unsere Anstrengung, der Schweiß auf unserer Stirn wird hauptsächlich für die Herstellung von Nebensachen verschwendet.

Ein mitfühlender Ansatz zum Leben ruft uns dazu auf, uns diesen Themen direkt zu stellen, und auf unserem Weg zu Mitgefühl werden wir einer ganzen Reihe von Problemen und Aufgaben begegnen. Jeder von uns wird gründlich nachdenken müssen, wobei sich Lösungen einstellen, wenn Menschen zusammenarbeiten und ihre Ideen, ihr Wissen und ihre Talente zusammenführen. Aber letztlich weisen alle Lösungen für diese Probleme und Aufgaben in dieselbe Richtung: Sie verweisen darauf, wie wichtig und dringlich es ist, für uns und für andere Mitgefühl zu entwickeln. Jede der Aufgaben, die ich in den nächsten Kapiteln besprechen werde, hat wichtige Konsequenzen für unser eigenes persönliches Leben, für unser Gefühl der Zufriedenheit und für unser Wohlbefinden; auch dafür, wie wir uns als Gruppen von Individuen und Gesellschaften, die auf diesem Planeten mit begrenzten Ressourcen leben, organisieren. Bei Mitgefühl geht es nicht nur darum, auf Dinge zu reagieren, die passiert sind, sondern auch darum, „zu versuchen, uns schöpferisch für die Zukunft zu engagieren“.

Der Strom des Lebens

Viele Bücher über Mitgefühl sind aus einer buddhistischen Perspektive oder der einer anderen spirituellen Tradition geschrieben. Dieses Buch unterscheidet sich insofern davon, als es diese Einsichten mit unserem modernen Verständnis von den Ursprüngen und Funktionen des Gehirns integriert. Es beruht im Grunde auf einer Anerkennung der Geschichte unserer Evolution – auf der Anerkennung dessen, womit uns die Evolution ausgestattet hat –, die neue Einsichten in die dringende Notwendigkeit eröffnet, dass wir Mitgefühl mit uns und mit anderen entwickeln. Tatsächlich sind viele der Probleme und Aufgaben, denen wir im Folgenden begegnen werden, zum Teil dadurch bedingt, wie sich unser Geist entwickelt hat und wozu er sich entwickelt hat. Wenn wir verstehen, wie unser Geist zu dem geworden ist, was er ist, und warum wir diese Bandbreite an Emotionen, Begierden und Leidenschaften haben, dann kann das eine äußerst wertvolle Hilfe dabei sein, zu ihnen auf Ich-Distanz zu gehen und zu erkennen, dass wir sie nicht so gemacht haben, wie sie sind – wir müssen einfach verstehen, wie sie leben und durch uns fließen. Indem wir verstehen, wie unser Geist und unsere Psyche funktionieren, können wir sehen, womit wir es zu tun haben.

Der Hauptkontext vieler Herausforderungen, denen wir gegenüberstehen, besteht also darin, dass wir *von der Evolution geprägte Wesen* sind.[8] Dies bedeutet, dass wir aus dem *Strom des Lebens* auf diesem Planeten aufgetaucht sind. Wir sind das Ergebnis der Kämpfe von Millionen anderer Lebensformen, von denen jetzt 99 Prozent ausgestorben sind.

Eine wichtige Botschaft, die uns die moderne Wissenschaft vermittelt, besteht darin, dass ein in der Evolution entstandener Bauplan nicht notwendigerweise ein guter Bauplan ist. Damit sich eine Strategie oder eine bestimmte Eigenschaft entwickeln kann, muss sie sich gegen andere Formen durchsetzen. Es gibt einen alten Witz: „Du musst nicht schneller als der Wolf laufen. Du musst nur schneller als dein Freund laufen.“ Okay – das ist also nichts, was die Freundschaft fördert, aber es zeigt, dass manches, was die Evolution Tieren mitgegeben hat, um ihnen einen Vorteil auf einem Gebiet zu verschaffen, ihre Fähigkeiten auf einem anderen Gebiet einschränken kann. Diesen Kompromiss kann man bei dem Schwanz der Pfauenmännchen, der sogenannten Schleppe, erkennen, der eine wunderbare Wirkung hat, wenn es darum geht, Partner anzuziehen, der aber ein Handicap ist, wenn der Pfau Raubtieren entkommen möchte. Oder Sie sehen, wie Giraffen sich anstrengen müssen, wenn sie mit ihrem Kopf zum Boden kommen wollen, um Wasser zu trinken. Sex ist für sie auch nicht besonders leicht. Jeder Bewohner von einem anderen Stern, der auf unsere Erde käme, würde Giraffen als bizarre Tiere betrachten – wie konnte es dazu kommen, dass sich ein Tier so entwickelt hat? Dann entdecken wir, dass der lange Hals eigentlich eine Anpassungsleistung ist, die Giraffen ermöglicht, Blätter von den höheren Zweigen der Bäume zu fressen. Ein Vorteil auf einem Gebiet kann also zu wirklich ernstzunehmenden Nachteilen auf anderen führen.

Dafür gibt es auch viele Beispiele in unserem menschlichen genetischen Profil und in unserer Psychologie. Das Gen, das Schutz vor Malaria verleiht, ist dasselbe Gen, das die Entstehung von Sichelzellenanämie begünstigt – einer furchtbaren Krankheit, die Menschen verschiedener ethnischer Gruppen befallen kann.[9] Wenn wir die Psychologie betrachten, begegnen wir auch da Kompromissen dieser Art. Zum Beispiel haben sich unsere Stress-Systeme entwickelt, um mit relativ kurzlebigen Stressoren wie mit Raubtieren oder mit kurzen Kämpfen oder Zusammenstößen umzugehen, aber *nicht* mit chronischem Stress. Es gibt Belege dafür, dass das Stresshormon Cortisol für kurzzeitiges defensives Verhalten nützlich ist, weil es Fette mobilisiert, den Körper energetisiert und die Aufmerksamkeit fokussiert, aber das Immunsystem und das Gehirn schädigen kann, wenn sein Spiegel zu lange erhöht bleibt.[10] Unsere großen Gehirne sind die Basis für unsere Intelligenz.

Ein großes Gehirn zu haben bedeutet aber auch, dass man einen großen Kopf hat, was wiederum den Gebärvorgang erschwert und für die Mutter sehr schmerzhaft sein kann und das Risiko erhöht, dass die Mutter bei der Geburt stirbt. Milliarden Frauen sind als Folge dieser Anpassungen gestorben. Und doch werden wir klein und vollkommen hilflos geboren und brauchen eine lange Phase der Bindung und Fürsorge. Unsere Abhängigkeit und die Interaktionen mit unseren Eltern regen unser Gehirn an, auf verschiedene Weise zu wachsen. Unsere Abhängigkeit macht uns aber auch dafür empfänglich, dass uns unsere Pflegepersonen Schaden zufügen können, wenn sie sich missbräuchlich verhalten oder uns vernachlässigen. Die Art von Pflege, die wir in unserer Kindheit bekommen, wirkt sich auf die Reifung unseres Gehirns aus.[11]

Ein anderer Grund, weshalb die Evolution nicht immer gute Lösungen liefert, liegt in ihrer Vorgehensweise, schon existierende Baupläne anzupassen. Sie kann nicht zum Reißbrett zurückkehren und von vorn anfangen. Sie kann nicht die Löschtaste für frühere Entwürfe drücken. Deshalb erscheint unser Gehirn nicht als etwas ganz Neues, sondern es ist das Ergebnis von Millionen von Jahren Evolution. Dies bedeutet, dass neue Anpassungen auf alte stoßen und Probleme verursachen können. In unserem nächsten Kapitel werden wir dies genauer betrachten. Dort werden wir den Unterschied zwischen „alten Gehirnen“, die die Bandbreite der Emotionen und sozialen Verhaltensweisen reflektieren, die wir mit vielen anderen Tieren gemeinsam haben, und dem „neuen Denken“ besprechen, das uns ermöglicht, auf komplexe Weise zu denken. Unsere menschliche Imagination kann wunderbare Kunstwerke, aber auch die schrecklichsten Formen von Folter hervorbringen. Unsere hoch entwickelten Gedanken und Phantasien können von viel älteren, primitiven Begierden und Emotionen gesteuert werden, die sich lange vor Imagination und vor komplexem Denken entwickelt haben.

Wir sollten uns auch bewusst sein, dass sich viele unserer menschlichen Anpassungsleistungen während der Evolution herausgebildet haben, um in soziale und ökologische Kontexte zu passen, die vor vielen Tausenden von Jahren existierten, als es bei Kindern eine hohe Sterblichkeitsrate gab, als Menschen in kleinen, eng verbundenen, isolierten Gruppen lebten, die einander vielleicht feindlich gesonnen waren, als ein Mensch während seines ganzen Lebens mit denselben wenigen Menschen (vielleicht nur 100 bis 150) interagierte und als die Lebensform primär die von Jägern und Sammlern war. Daher reflektieren eine ganze Reihe der typischen Kategorien, mit denen wir jetzt Beziehungen verstehen (z. B. in Kategorien von Verwandtschaft, Freundschaft, Feindschaft), Formen, soziale Informationen zu organisieren, die zu diesem alten Lebensstil passten.[12]

Das moderne Leben kann uns vielleicht in vielerlei Hinsicht gut tun, aber es kann auch zu einer *kontextuellen Überlastung* führen. Zum Beispiel können moderne Lebensstile physiologische Systeme überladen – das Herzkreislaufsystem war nicht dafür bestimmt, mit sehr fetthaltiger Nahrung, wenig körperlicher Betätigung und Belastung durch Rauchen umzugehen. Fettleibigkeit ist für uns ein Problem, weil wir uns in einer Welt des Mangels entwickelt haben, in der wir ständig in Bewegung sein mussten, wenn wir nach Nahrung gesucht haben. Wir haben keine inneren Mechanismen für Zurückhaltung entwickelt. Wir leben jetzt in einer Welt des Überflusses, von Supermärkten und Autos und mit Lebensmittelherstellern, die Milliarden ausgeben, um appetitliche „Süchte" zu erzeugen. Wir haben auch Welten geschaffen, in denen wir uns in künstlichen chemischen Substanzen aus vielfältigen industriellen Prozessen und der Nahrungsmittelherstellung baden, und wir haben kaum eine Vorstellung davon, welche Wirkungen sie auf uns haben. Die Forschung hat mittlerweile nachgewiesen, dass einige dieser chemischen Substanzen in unserer Umwelt und in unserer Nahrung negative Wirkungen auf unsere Stimmungszustände und auf das Verhalten besonders von Kindern haben.

Es ist wahrscheinlich, dass einige unserer Grundverhaltensweisen wie Konkurrenzverhalten, soziales Vergleichen, soziale Angst und Furcht vor Ausschluss in kleinen, eng verbundenen, vertrauten und stabilen Gruppen möglicherweise ganz anders funktionierten, als sie es heute in unseren großen und sich ständig verändernden Gruppen und Großgesellschaften tun.[13] Moderne Umwelten können auch *kontextuelle Zwänge* schaffen, wenn neue Umwelten die Entwicklung adaptiver Verhaltensweisen verhindern. Zum Beispiel streifen die meisten Primaten frei umher, leben in Gruppen im Freien, wo Weibchen und ihr Nachwuchs im Großen und Ganzen aggressiven Individuen aus dem Weg gehen können. Wir Menschen aber haben die Ehe, Häuser und Haushalt erfunden, die uns alle Nähe aufzwingen und es extrem schwer – wenn nicht gar unmöglich – machen können, aggressiven Individuen auszuweichen. Häusliche Gewalt wird in gewissem Maß dadurch verursacht, dass Menschen wie eingepfercht zusammenleben. Ein anderes Beispiel für eine Beschränkung einer natürlichen Möglichkeit, auszuweichen und sich vermeidend zu verhalten, besteht in der Notwendigkeit, ein teures Haus abzuzahlen. Das kann einen zum Beispiel davon abhalten, einen hoch bezahlten, aber mit viel Stress verbundenen Job aufzugeben. Solche ausweglosen Situationen sind tatsächlich oft an der Entstehung von Depressionen beteiligt.[14]

Unsere modernen Umwelten können auch in der Evolution entstandene Bedürfnisse frustrieren, weil sie unzulängliche oder falsche Signale oder Inputs liefern. Kinder brauchen Liebe, Zuwendung, Fürsorglichkeit und Schutz, und viele Studien, besonders solche mit Kindern, die in Waisenhäusern Vernachlässigung erlebt haben, haben gezeigt, dass schwere Vernachlässigung eine schädliche Wirkung auf die Reifung ihres Gehirns haben kann.[15] Obwohl das Bedürfnis nach Zuwendung und Liebe in der Kindheit am größten ist, haben sich Menschen so entwickelt, dass sie Liebe, Zuneigung und Mitgefühl in verschiedenem Maß während ihres ganzen Lebens brauchen. Diese „Inputs" nähren unser Gehirn zum Teil deshalb, weil Zuneigung, Unterstützung, Freundlichkeit und Mitgefühl die Ausschüttung von Endorphinen, Opiaten und Hormonen wie Oxytocin auslösen, die für unser Wohlbefinden und für Gesundheit sorgen. Viele Umwelten können diese Inputs auf vielfältige Art und Weise einschränken und eine Stimulierung des Gehirns bewirken, die nicht wirklich hilfreich ist. Einige Autoren gehen sogar so weit zu sagen, dass die modernen Stressoren des „Wettbewerbs" und der „Konkurrenz" das Maß an Erschöpfung, die unsere Arbeitsstile und die Fernsehprogramme, die wir sehen, mit sich bringen, sowie die Computerspiele, die wir und unsere Kinder spielen, alle zu dem Stress beitragen, der das Gehirn tatsächlich schädigen kann.[16] Einige Kritiker wenden vielleicht ein: „Sicher, aber war das Leben vor hundert Jahren nicht härter?", und die Antwort lautet: „Natürlich war es das." Aber das war auch eine Zeit, als eines von sieben

Kindern starb und die durchschnittliche Lebenserwartung in Londons East End zwischen 45 und 50 Jahren lag. Natürlich gibt es viele Lebensstile, die viel härter als unsere, und manche, die besser sind. Hier geht es darum, wie das kapitalistische Modell einen Keil zwischen das treibt, was wir materiell wollen, kaufen und verkaufen können, und das, was wir als Quellen von Wohlbefinden wirklich brauchen. Die Interaktion zwischen unseren im Laufe der Evolution entstandenen Dispositionen und unserer Kultur ist sehr stark und geht weit über das Persönliche hinaus.[17] Dies bedeutet, dass gerade unser Identitätsgefühl, also die Art Mensch, der man zu sein spürt oder der man sein möchte, in unseren Gesellschaften und Kulturen geformt wird. Wo Menschen in gefährlichen Gebieten jagen – wo es also viele Raubtiere gibt – oder wo es andere feindliche Gruppen oder eine starke Konkurrenz unter Männern gibt, tendiert die männliche Identität zu Verhaltensweisen, die mit Tapferkeit, traditionellen Macho-Werten und klaren Geschlechtsunterschieden zu tun haben.[18] Diese sozialen Umwelten wirken sich auch auf die Kindererziehung aus, die dann durch Strenge und Bestrafung gekennzeichnet ist.[19] Die Weise, wie man von sich als Person denken lernt, und die Werte, die man für wichtig hält, werden also im eigenen sozialen Kontext geformt. Wenn Sie in einer sicheren, liebevollen Umgebung aufwachsen, werden Ihre Werte anders sein, als wenn Sie in einem Milieu aufwachsen, wo Gewalt und Gewaltbereitschaft vorherrschen. Wenn man in einem buddhistischen Kloster aufwächst, werden die eigenen Werte andere sein, als wenn man in einer fundamentalistischen christlichen oder muslimischen Familie aufwächst. Wir möchten gern Individuen vor uns haben und unseren Blick allein und ganz auf sie richten, wenn sie sich richtig oder falsch verhalten, aber die Herausforderung besteht darin, zu erkennen, dass wir weit mehr *geschaffen* sind, als dass wir die *Schöpfer* unserer eigenen Identität wären.

Im nächsten Kapitel werde ich zeigen, dass uns dies zu einigen persönlichen Implikationen bringt. Im Grunde haben weder Sie noch ich uns dafür *entschieden,* hier zu sein. Weder haben wir uns dafür entschieden, geboren zu werden, noch haben wir die Art Gehirn gewählt, die wir haben. Wir haben uns nicht die Emotionen ausgesucht, mit denen wir umgehen müssen (das heißt unsere Fähigkeit zu Angst, Wut und sexuellem Verlangen). Wir haben uns nicht ausgesucht, wie unser Gehirn und unser Körper ausgebildet werden würden, und haben auch nicht die Werte gewählt, die wir schließlich übernommen haben. Wir haben weiterhin nicht bestimmt, dass wir in diesem Land und nicht in einem anderen geboren wurden oder ob in eine christliche, muslimische, hinduistische oder atheistische Gruppe. Wenn wir also etwa im Alter von zwei Jahren in das Bewusstsein auftauchen, *finden wir uns einfach hier vor* und versuchen, dies alles zu verstehen, so gut wir können. Wir wachsen gemäß der uralten Vorgaben unserer Gene und der Einflüsse unserer sozialen Beziehungen quasi automatisch auf.

Zusammenfassung

Die Wissenschaft hilft uns jetzt, Sinn darin zu finden, „hier zu sein", weil sie uns mit dem *Strom des Lebens* verbindet, und das bringt uns zu unserer ersten Aufgabe. Man kann unser Leben mit Straßenkarten vergleichen, mit Ausgangspunkten, mit übersichtlichen oder schwer zugänglichen Landschaften, mit Straßen, die genutzt, und solchen, die gemieden werden sollten, mit blockierten Straßen, Sackgassen und mit gewählten oder zufälligen Zielen – und natürlich können wir auch darüber nachdenken, welche Wege man einschlagen muss, wenn man zu den erwünschten Zielen gelangen will. Im nächsten Kapitel werden wir einige der Aufgaben und Probleme ausführlich untersuchen, mit denen wir auf unserem Weg zur Entwicklung von Mitgefühl konfrontiert sind, und auch, wie Mitgefühl uns dabei helfen wird, diesen Aufgaben und Problemen zu begegnen und sie zu bewältigen.

Entwickeln von Mitgefühl wird als ein Schlüsselprozess gesehen, der uns hilft, Glück und Sinn zu entwickeln.[20] Kürzlich haben Forscher gezeigt, dass Wohlbefinden viele Aspekte hat, bei denen es darum geht, „das Leben voll zu leben".[21] Während Glück primär ein Gefühl und ein emotionaler Ansatz ist, beleuchten Mitgefühl wie auch „volles Leben des Lebens" unsere Gefühle von Kontrolle, von Identität, von persönlichem Sinn und Motivation. Ansätze, die Mitgefühl in den Vordergrund stellen, erstrecken sich auf beide.

Wir werden sehen, dass Mitgefühl manchmal verlangt, mutig zu handeln und Ängste zu überwinden. Wenn wir Mitgefühl mit uns selbst und anderen entwickeln, kann uns das bei vielen Aufgaben und Problemen des Lebens helfen: wie wir mit starken Emotionen umgehen können, die in uns und bei Konflikten mit Menschen auftauchen, und auch dabei, wie wir mit Weltproblemen umgehen. Ein Fokus auf innerer Entwicklung von Freundlichkeit mit uns selbst und von sozialer Verbundenheit und Zufriedenheit wird uns auf unserem Weg helfen.

2 Die Aufgaben des Lebens

Unser Weg zu Mitgefühl beginnt damit, dass wir im Detail die Konsequenzen zu verstehen versuchen, die dadurch entstehen, dass wir emergente Wesen *im Strom des Lebens* und Teil der Evolution sind. Indem wir wertschätzen, wie unser Geist und unser Körper geschaffen wurden und sich in der Evolution entwickelt haben, können wir die Aufgaben und Probleme in unserem eigenen Leben verstehen, sowie jene, mit denen wir konfrontiert sind, wenn wir mitfühlendere Gesellschaften aufbauen. Einige dieser Herausforderungen und Probleme werden Ihnen sehr vertraut sein, weil sie Ihnen jeden Tag begegnen. Es kann gut sein, dass Ihnen noch verschiedene andere Aufgaben aus Ihrem täglichen Leben einfallen, deshalb verstehen Sie dies nicht als eine vollständige Liste.

Aufgabe 1: Altes Gehirn und alter Körper

Die erste Aufgabe besteht darin, uns (wieder) mit dem *Strom und der Vielfalt des Lebens* auf unserem Planeten, in diesem Sonnensystem und in diesem Universum zu verbinden und anzuerkennen, dass unser Geist das Produkt dieses Stromes ist. Unser Gehirn enthält eine Reihe potentieller Gefühle, Phantasien und Begierden, deren Ursprung sich weit in die Zeit zurückerstreckt und die im Laufe des Lebens besonders geformt wurden. Viele Tiere scheinen die Grundemotionen von Wut und Ärger, Angst und Lust zu haben, obwohl sie sie wahrscheinlich ganz anders erleben als wir. Viele Studien haben gezeigt, dass die Bereiche des Gehirns, die diese Emotionen bei Tieren regulieren, denen in unserem Gehirn ähneln.

Die Wissenschaft hat ebenfalls gezeigt, dass es in unserem Gehirn mindestens drei Hauptsysteme zur emotionalen Regulierung gibt. Jedes dieser drei Systeme hat eine andere Funktion, gleichzeitig wirken sie aber zusammen, balancieren einander aus und bringen sich in ein Gleichgewicht.[1] Unsere *Erfahrungen* von Emotionen und Begierden tauchen aus den *Mustern* auf, die sie in unserem Gehirn und Körper erzeugen. Wenn Sie also einen bestimmten Gedanken oder ein bestimmtes Gefühl haben, leuchtet ein Muster – eine Anordnung von vielen Millionen Gehirnzellen – in Ihrem Gehirn auf, und wenn Sie etwas anderes fühlen, wird ein anderes Muster, eine andere Anordnung aktiviert. Wenn wir an den Übungen in Teil II arbeiten, werden wir sehen, dass es möglich ist, mehr Kontrolle über diese „Muster der Gehirnaktivität" zu haben.

Diagramm 1 zeigt die drei miteinander interagierenden Systeme emotionaler Regulierung. Wir werden sie in den Kapiteln 4 und 5 detaillierter untersuchen, da sie eine wichtige Rolle dabei spielen, wie wir Mitgefühl und Ausbildung von Mitgefühl verstehen.

Dies ist natürlich eine vereinfachte Sicht dieser komplexen Systeme mit ihren vielen Komponenten. Im Rahmen dieser drei Systeme zu denken kann sehr hilfreich sein, wenn wir die Entstehung verschiedener Gefühle, Begierden und Triebkräfte wie Ärger und Wut, Angst, Erregung und verschiedener Begierden und Lüste, ebenso wie auch Mitgefühl in unserem Gehirn erforschen. Betrachten wir sie also der Reihe nach.

1. *Das System zur Bewältigung von Gefahr und für Selbstschutz*

Die Funktion dieses Systems besteht darin, Gefahren schnell wahrzunehmen und dann Schübe oder Ausbrüche von Gefühlen wie Angst, Wut, Ärger oder Ekel bei uns auszulösen. Diese Gefühle gehen wie Wellen durch unseren Körper, versetzen uns in einen Alarmzustand und drängen uns dazu, etwas gegen die Bedrohung oder Gefahr zu unternehmen, um uns zu schützen.

Dieses System aktiviert uns dazu, wegzulaufen oder zu kämpfen, oder uns zu blockieren, so dass wir erstarren, uns unterwerfen oder gar nichts tun. Es wird auch aktiviert, wenn die Menschen, die wir lieben, unsere

Drei Arten von Systemen zur Regulierung der Affekte

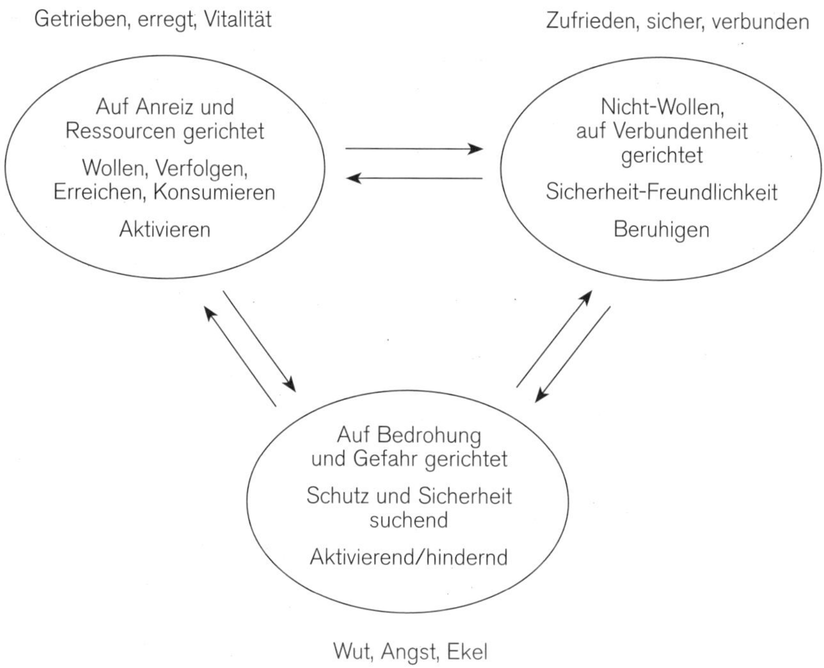

Diagramm 1: Die Interaktion zwischen drei Hauptsystemen emotionaler Regulierung

Freunde oder unsere Gruppe bedroht oder in Gefahr sind. Es ist zwar eine Quelle von schmerzhaften und schwierigen Gefühlen (z. B. Angst, Ärger oder Wut, Ekel), aber man darf nicht vergessen, dass es sich als ein Schutzsystem entwickelt hat. Eigentlich ist es überraschend, dass das Gehirn der Bewältigung von Gefahren Priorität vor angenehmen Dingen gibt. Das Bedrohungssystem scheint mit besonderen Netzwerken des Gehirns zu arbeiten, von denen eines die *Amygdala* ist. Man hat auf jeder Seite des Gehirns je eine dieser Gruppen von Neuronen hinter dem Ohr. Die Amygdala ist ein schnell wirkender Prozessor, der Dinge wahrnimmt, die für uns wichtig sind, besonders solche, die eine Bedrohung oder Gefahr darstellen. Das Stresshormon *Cortisol* spielt ebenfalls eine wichtige Rolle bei unserer Sensibilität für Bedrohungen und Gefahren und wie wir sie erleben, sowie für unsere allgemeine Empfindung von Angst.

2. *Das System für die Motivation zur Suche von Ressourcen*
Die Funktion dieses Systems besteht darin, positive Gefühle in uns auszulösen, die uns leiten, motivieren und ermutigen, Ressourcen zu suchen, die wir für uns und unsere Lieben brauchen, um zu überleben und zu gedeihen. Wir sind von Lust motiviert und empfinden sie, wenn wir schöne Dinge (z. B. Essen, Sex, Komfort, Freundschaften, Status, Anerkennung) anstreben, erreichen und genießen. Wenn wir einen Wettbewerb gewinnen, ein Examen bestehen oder es schaffen, mit einem begehrten Menschen auszugehen, werden wir wahrscheinlich Gefühle der Erregung und Lust erleben. Wenn Sie in der Lotterie gewinnen und Millionär werden, kann es sein, dass Sie so energetisiert sind, dass Sie kaum schlafen können, Sie rasen vielleicht innerlich, und möchten nur noch Partys feiern. Der Grund dafür ist, dass Ihr System, das für die Motivation zur Suche von Ressourcen sorgt, aus dem Gleichgewicht geraten und in gewisser Hinsicht übererregt ist. Menschen mit manischer Depression können mit diesem System Probleme haben, weil ihr Aktivierungspunkt von zu hoch zu extrem niedrig schwanken kann. Wenn sich dieses System mit den anderen beiden Systemen in einem Zustand des Gleichgewichts befindet, kann es uns aber zu wichtigen Zielen im Leben führen. Stellen Sie sich vor, wie das Leben ohne dieses System wäre: Sie würden keine Motivation, keine Energie und keine Begierden haben. Menschen in einer Depression können wirklich die Gefühle abhanden kommen, für die dieses System sorgt. Wenn es aber überstimuliert ist, kann es uns dazu treiben, „immer mehr" zu wollen, und zu Frustration und Enttäuschung führen. Wenn Blockierungen unserer Wünsche und Ziele zu einer „Bedrohung" werden, schaltet sich das Bedrohung/Selbstschutz-System mit Angst oder Frustration bzw. Ärger oder Wut ein.

Das System, das für die Motivation zur Suche von Ressourcen sorgt, ist vor allem aktivierend und gibt den Impuls, sich aufzumachen und sich zu verschaffen, was man will. Eine Substanz im Gehirn, das

Dopamin, ist für unsere Triebe wichtig. Viele Dinge können einen Schub von Dopamin bewirken, zum Beispiel, wenn man sich verliebt oder wenn man das Ziel vor Augen hat, ein Examen zu bestehen oder etwas Begehrtes zu bekommen. Wir streben nach diesen Dingen, weil sie mit Lust verbunden sind. Menschen, die Amphetamine oder Kokain nehmen, versuchen das gute Gefühl zu bekommen, energetisiert und aufgedreht zu sein, das Dopamin in natürlicher Weise hervorruft. Wenn die Wirkung nachlässt, erlebt man natürlich das Gegenteil.

3. *Das System für Selbstberuhigung und Zustände der Zufriedenheit*
Dies ist das System, das am schwersten zu beschreiben ist. Es ermöglicht uns, uns auf eine bestimmte Weise selbst zu beruhigen und uns in einen Zustand des inneren Friedens zu bringen und damit unser Gleichgewicht wiederherzustellen. Wenn Tiere sich nicht gegen Bedrohungen verteidigen und nichts erreichen oder tun müssen, weil sie genug von allem haben, können sie ruhig und zufrieden sein. „Zufriedenheit" bedeutet, glücklich damit zu sein, wie die Dinge sind, und sich sicher zu fühlen, nicht nach etwas streben zu müssen oder etwas zu wollen. Es ist ein innerer Friede, ein positives Gefühl, das sich sehr unterscheidet von der forcierten Erregung durch das System, das für die Motivation zur Suche von Ressourcen sorgt. Es unterscheidet sich auch von Gefühlen, die oft mit Langeweile oder einer Art Leere assoziiert werden. Wenn Menschen meditieren und „langsam werden", dann berichten sie von diesen Gefühlen: von dem Gefühl, nichts zu wollen oder zu brauchen, von innerer Ruhe und einer Verbundenheit mit anderen.

Das Komplizierte an diesem System ist, dass es auch mit Zuneigung und Freundlichkeit zu tun hat. Wenn zum Beispiel ein Baby oder ein Kind verzweifelt oder irgendwie in Not ist, wird das Kind durch die Liebe der Eltern getröstet und beruhigt. Zuneigung und Freundlichkeit von anderen können auch uns Erwachsene beruhigen, und uns in unserem Alltag ein Gefühl von Sicherheit vermitteln. Diese Gefühle des Trostes und der Sicherheit scheinen durch Vernetzungen des Gehirns bewirkt zu werden, die denen ähneln, die friedliche Gefühle in Verbindung mit Erfüllung und Zufriedenheit hervorrufen.[2] Das Hormon *Oxytocin* ist mit unseren Gefühlen sozialer Sicherheit verbunden und vermittelt uns neben den Endorphinen die Empfindungen von Wohlbefinden, wenn wir uns geliebt, gewollt und mit anderen sicher fühlen. Dieses System für Beruhigung wird bei unserem Training von Mitgefühl der zentrale Fokus sein, weil es für unser Gefühl von Wohlbefinden entscheidend ist.

Wenn man die Natur und die Ursprünge unserer Emotionen versteht, gewinnt man Einsichten darüber, wozu sie bestimmt sind und worin ihre Funktion besteht.

Die erste ist, dass viele negative Emotionen wie Angst, Wut und Ärger, Ekel und Traurigkeit zu unserem normalen emotionalen Repertoire gehören. Diese Emotionen, die dem Schutz dienen, spielen eine Hauptrolle in unserem Gehirn und können positive Emotionen leicht übertönen: Wenn Sie im Park Ihr Mittagessen genießen und ein Löwe auftaucht, dann ist es besser, wenn Sie Ihr Interesse am Genuss des Mittagessens verlieren und weglaufen! Diese Emotionen haben sich entwickelt, um uns zu helfen, Bedrohungen zu erkennen und mit ihnen umzugehen; aber in unserer Gesellschaft, die bekanntlich auf Glück fixiert ist, haben wir manchmal das Gefühl, dass etwas mit uns nicht stimmt, wenn wir sie in einem gewissen Maß erleben. Wichtig ist festzuhalten, dass unser Gehirn sich nicht entwickelt hat, damit wir glücklich sind, sondern um für unser Überleben und unsere Vermehrung, das heißt für die Erhaltung unserer Art zu sorgen. Deshalb müssen wir lernen, wie wir schwierige Emotionen oder gedrückte Stimmungen akzeptieren, ertragen und mit ihnen arbeiten können. Sie sind kein Hinweis darauf, dass etwas mit uns nicht stimmt, sondern können ziemlich normale Reaktionen auf Dinge sein, die in unserem Leben passieren.

Zweitens folgt ganz natürlicherweise, dass unsere Emotionssysteme vielleicht vollkommen normal funktionieren, aber dass die Inputs problematisch sind. Jemand, der sich zum Beispiel in einer lieblosen Beziehung gefangen fühlt, wird möglicherweise depressiv. Die Depression kann eine *normale* Folge dieser Situation sein, in der sich jemand befindet. Wie wir in den Kapiteln 10, 11 und 12 sehen werden, verlangt mitfühlendes Verhalten manchmal den Mut, Veränderungen in unserem Leben vorzunehmen. Das Leben mancher Menschen *ist tatsächlich* reich an Stress – deshalb empfinden sie Stress – oder sie haben Tragödien oder Verluste erlebt und sind deshalb niedergeschlagen oder sie trauern. Natürlich können wir etwas tun, um die Qualität unseres Lebens und unserer Gefühle zu verbessern, und wir werden untersuchen, wie mitfühlendes Denken und Verhalten und Gefühle des Mitgefühls uns dabei helfen können. Aber es ist wichtig, zu erkennen, dass manche unserer unangenehmen Gefühle und Reaktionen gewöhnlich nicht anormal sind und wir uns nicht dafür schämen sollten.

Das dritte Thema besteht darin, zu erkennen, dass wir gestresst und unglücklich werden, wenn unser System für die Motivation zur Suche von Ressourcen und das System zur Bewältigung von Gefahr und für Selbstschutz mit dem System zur Selbstberuhigung aus dem Gleichgewicht geraten. Die modernen Gesellschaften überstimulieren auf vielerlei Weise sowohl unser System zur Bewältigung von Gefahr als auch unser System, das für Motivation sorgt („mehr wollen" und „mehr tun müssen").[3] Glück besteht aber nicht darin, dass man diese Muster der Gehirnaktivität stimuliert, sondern dass wir unsere Emotionen und Begierden ausbalancieren, die Höhen und Tiefen erkennen und lernen, wie man das System zur Selbstberuhigung stimuliert und entwickelt. Letzteres lässt Gefühle des Friedens entstehen und hilft, die auf Bedrohung beruhenden Gefühle von Angst, Ärger und Wut, Ekel und Depression und die übersteigerten Gefühle von „brauchen und wollen" zu regulieren. Das System zur Selbstberuhigung reagiert auf Freundlichkeit, wie wir in den Kapiteln 4, 5 und 6 sehen werden, und wenn wir lernen, bewusst freundlich gegenüber uns selbst und anderen zu sein, ist das sehr hilfreich, wenn wir es stimulieren wollen. Ein großer Teil der zweiten Hälfte dieses Buches ist Übungen gewidmet, mit denen man lernen kann, genau das zu tun und diese Systeme in Ausgewogenheit zu bringen.

Die frühen Wurzeln unserer Emotionen liegen also tief in der Vergangenheit der Evolution und gehen sogar bis auf die Reptilien und frühen Säugetiere zurück. Natürlich wissen wir, dass unsere Emotionen wunderbar sein können, weil sie unserem Leben Farbe und Struktur verleihen: Sie vermitteln uns die Freuden der Liebe, werden von Musik und Sonnenuntergängen berührt und bewirken die Freude, die Sie empfinden, wenn ein Freund Ihnen einen neuen Witz erzählt. Sie lösen die freudige Erregung aus, wenn man jemanden, den man gerade erst kennengelernt hat, zu einem Date trifft, und lassen einen auch Ängste und Ärger oder Wut empfinden. Manche Theoretiker glauben, dass Emotionen tatsächlich der Schlüssel zum Verständnis des Bewusstseins sind. Für sie beruht Bewusstsein im Grunde auf Emotionen. Tatsächlich hat die Forschung mit Menschen, die eine Verletzung der Teile des Gehirns erlitten haben, die Emotionen wahrnehmen, gezeigt, dass sie schwer behindert sind.[4] Man könnte denken, dass sie ohne Emotionen, um die sie sich kümmern müssen, klar, logisch und präzise wären – aber weit gefehlt. Ohne Emotionen kann man leicht in Verwirrung geraten, man kann Mühe haben, Entscheidungen zu treffen oder abzuwägen, wie wichtig etwas ist. Es kann passieren, dass man keine Motivationen empfindet, sich von anderen getrennt fühlt und das Leben allgemein ziellos, grau und öde findet und so die Fähigkeit verliert, zu funktionieren.

Wie bei allen Dingen, die sich durch Evolution entwickelt haben, bringen unsere Emotionen auch Herausforderungen und Probleme mit sich. So wunderbar und wichtig sie für unser Funktionieren sind, unsere Emotionen können uns auch ernsthaft Probleme bereiten – besonders wenn wir von ihnen überwältigt werden. Erinnern Sie sich an die schlechte innere Verfassung, die wir in Kapitel 1 beschrieben haben, als wir frustriert und gereizt waren? Das sind Emotionen des „alten Gehirns“, die das Ruder übernommen haben. Leute kommen scharenweise in die Psychotherapie, weil sie Probleme mit Ihren Emotionen und Gefühlen haben. Manche verhalten sich aufgrund ihrer Emotionen und Gefühle oder auch ihres *Mangels* an Gefühlen gegenüber anderen unmoralisch oder handeln grausam. Tatsächlich denken Philosophen und religiöse Menschen seit Tausenden von Jahren über die Probleme nach, die daher kommen, dass menschliches Verhalten von eher primitiven Emotionen bestimmt wird, und was wir tun können.

Soziales Leben

Einige unserer Grundpotentiale für Emotionen haben also ihre Wurzeln in Systemen des „alten Gehirns/Denkens“, die auf diesem Planeten seit vielen Millionen Jahren ihr Wesen treiben – tatsächlich lange vor dem Erscheinen des Menschen. Aber wenn Sie genauer hinschauen, werden

Sie sehen, dass es nicht nur Emotionen sind, die seit Äonen den Lauf der Dinge bestimmen – dies gilt auch für eine ganze Vielfalt sozialer Beziehungsstile und Muster. Wenn man zum Beispiel eine Spezies betrachtet, die unserer sehr ähnlich ist, wie die Schimpansen, dann sieht man, wie sie einer Reihe sozialer Aktivitäten nachgehen und Formen von Beziehungen bilden, die auch wir kennen. Man kann beobachten, wie sie sexuelle Gelegenheiten nutzen, einander im Interesse von Status und sozialem Rang bekämpfen und herausfordern, enge Freundschaften und Bindungen eingehen, für ihre Jungen sorgen, auf Notsignale reagieren und aneinander hängen, wenn sie Angst haben, ihre Konflikte lösen und in Gruppen zusammenarbeiten, wenn sie jagen. Leider hat man sie auch bei kriegsähnlichem Verhalten beobachtet, als eine große Gruppe sich in zwei kleinere Gruppen spaltete und dann eine Gruppe die andere auslöschte.[5] Alles in allem sind diese Verhaltensweisen das, was wir *archetypische Lebensmuster* nennen, oder in der Sprache der Evolutionsforscher *Strategien.* Wie wir im nächsten Kapitel sehen werden, sind sie auch bei uns wirksam.

Ich werde jetzt für den Moment und der Einfachheit der Diskussion halber diese Grundemotionen und Beziehungsstile als Fähigkeiten oder Attribute des *alten Gehirns/Denkens* bezeichnen. Das sind die uralten Motive, die uns leiten und bestimmen (wie sie das auch bei anderen Tieren tun), um sexuelle Beziehungen, Status, Freundschaften, familiäre Verbundenheit und unsere eigenen Kinder zu haben. Unsere Emotionen helfen uns, dabeizubleiben, um uns das alles zu verschaffen. Deshalb haben wir positive Gefühle, wenn uns dies gelingt, zum Beispiel, wenn wir uns Status und Freundschaften verschaffen und ein Gefühl von Verbundenheit mit Freunden und unserer Familie haben. Aber wir können auch sehr negative Emotionen erleben, wenn uns diese wichtigen Aspekte unseres Lebens verschlossen bleiben und wir uns als Außenseiter und von Familien und Freunden getrennt fühlen oder das Gefühl haben, als wären wir zu einem niedrigen Status degradiert und weniger wert.

Unsere erste Herausforderung besteht also darin, Begierden, Motive und Dispositionen zu erkennen und damit umzugehen, die vor langer Zeit *für* uns, und nicht *von* uns angelegt wurden, und die auch in vielen unserer Vettern in der Tierwelt wirksam sind. Wenn wir uns in den *Strom des Lebens* stellen, werden wir uns bewusst, dass wir in unserem Kampf um

Überleben und Arterhaltung Akteure auf diesem Planeten sind, die sehr ähnliche Rollen spielen wie andere Lebensformen. Wir sind mit anderen Lebensformen verwandt und wir nehmen wieder Verbindung mit dem Strom des Lebens auf. Wie wir auch sehen werden, beeinflussen neues Denken und unser selbst-bewusstes Gehirn sehr stark unsere Grundgefühle und die Bedeutung, die unsere sozialen Beziehungen für uns haben.

Aufgabe 2: Neues Gehirn und neues Denken

Die zweite Aufgabe ist in gewisser Weise das Gegenteil der ersten. Es geht darum, der Tatsache gerecht zu werden, dass wir uns auch sehr von allen anderen Lebensformen auf diesem Planeten *unterscheiden.* Das liegt daran, dass wir das haben, was man Attribute und Kompetenzen des *neuen Gehirns/Denkens* nennen kann.

Betrachten wir also genau, wie wir uns von allen anderen Arten, auch den Schimpansen, mit denen wir mehr als 98 Prozent unserer Gene gemeinsam haben, unterscheiden. Etwas ist in der Evolution des menschlichen Geistes vor ein paar Millionen Jahren passiert, was unseren Geist radikal anders geformt hat als den anderer Arten. Wissenschaftler denken nicht, dass es ein einzelnes Ereignis war, das dafür verantwortlich ist, sondern eine Reihe miteinander verbundener Anpassungsleistungen.[6] Menschen haben sich schließlich zu dem Primaten entwickelt, der mit dem Reifungsprozess seines Gehirns am längsten abhängig bleibt – viel länger als bei allen anderen Arten.

Um einzuschätzen, wie weit sich Menschen in dieser Richtung entwickelt haben, bedenken Sie einmal, dass zum Zeitpunkt der Geburt das Gehirn unseres nächsten lebenden Verwandten, des Schimpansen, ein Volumen von etwa 350 Kubikzentimetern hat. Während der Reife wächst es bis auf etwa 450 Kubikzentimeter heran – die Form des Schädels lässt nicht mehr zu. Vor etwa zwei Millionen Jahren erschien zum ersten Mal ein früher Hominide, bekannt als *Homo habilis,* der eine Gehirnkapazität von 650 bis 700 Kubikzentimetern erreichte. Diese Hominiden gingen aufrecht, lebten in familienähnlichen Gruppen, entwickelten einfache Werkzeuge, führten ein Leben von Jägern und Sammlern und haben vielleicht schon einfache Behausungen gebaut. Nach dem *Homo habilis* brachte die Evolution den *Homo erectus,* den Neandertaler und den *Homo sapiens* (uns) hervor. Heute liegt unsere Hirnkapazität bei etwa 1500 Kubikzentimetern. In nur zwei Millionen Jahren wuchs das Gehirn, und besonders der Cortex, der äußere eingerollte oder gefaltete Bereich, schnell und bedeutend. Das Verhältnis von Cortex zum Gesamtgehirn wird bei Affen auf 67 %, auf 75 % bei Menschenaffen und auf 80 % beim Menschen geschätzt. Ein großer Teil dieser zusätzlichen kortikalen Masse betrifft die Bereiche, die für die Bewegung und die Fertigkeiten subtiler Koordination zuständig sind, und den frontalen Cortex, wo unsere Fähigkeit zu Empathie und Imagination ihren Sitz hat und wo die Internalisierung sozialer Regulatoren (Werte und soziale Regeln) stattfindet. Große Gehirne und die Kompetenzen, die sie unterstützen, brauchen Energie und bringen hohe Kosten mit sich, deshalb muss es wichtige Vorteile geben, wenn sie entwickelt werden: Sie sind das, was uns intelligent macht.

Die Entwicklung des menschlichen Gehirn beginnt beim Säugling mit etwa derselben Größe wie bei einem kleinen Schimpansen, mit etwa 350 Kubikzentimetern, aber während seiner ersten vier Jahre der Entwicklung verdreifacht es seine Größe und wächst dann langsamer, bis es etwa 1500 Kubikzentimeter erreicht. Nicht nur gibt es nach der Geburt eine schnelle Zunahme an Größe, sondern auch eine beträchtliche Entwicklung bei der Verzweigung und dem Eingehen von Verbindungen von Neuronen (Nervenzellen). In den ersten Lebensjahren macht das Gehirn eine radikale Transformation durch, wenn Millionen und Abermillionen neuer Verbindungen gebildet werden und Tag für Tag in immer komplexere Netzwerke eingehen. Die reifenden, sich verzweigenden, vernetzenden und organisierenden Bahnen des Gehirns lassen in einer Vielfalt sozialer Formen zunehmend komplexere Potentiale für Denken, Fühlen und Verhalten entstehen. Zwei Hauptprozesse steuern diese Fähigkeiten: die Gene, mit denen wir geboren werden, und unsere Erfahrungen im Leben. Wenn sich etwas ereignet, reagiert das Gehirn und Neuronen feuern in komplexen Mustern wie ein Feuerwerk. Wenn sie das tun, fangen sie an, miteinander Verbindungen einzugehen. Ein bekanntes Forschungsergebnis wurde so zusammengefasst: „Neuronen, die zusammen feuern, werden verschaltet“.

Man kann sich also vorstellen, in welchem Ausmaß das Gehirn eines Säuglings, der Trost und Zuneigung bekommt, verschaltet wird, im Vergleich zu dem eines Säuglings, der wenig Trost bekommt und auch vernachlässigt wird oder häufigem Stress ausgesetzt ist.

Gene verleihen uns unsere Grundfähigkeiten – z. B. sprechen zu lernen und Bindungen mit unseren Eltern eingehen zu können – und haben Einfluss auf unsere Persönlichkeit, aber die Art der Sprache, die wir lernen, und wie wir diese Sprache bei unserem Denken verwenden, hängt von unseren Erfahrungen und davon ab, wo wir aufwachsen. Wir wissen auch, dass Erfahrungen, die Stress auslösen, sich unterschiedlich auf unser Gehirn auswirken. Starke frühe Erfahrungen, geliebt oder gestresst zu sein – und auch die Umwelt des Uterus –, können tatsächlich Gene „an- und abstellen". Unsere Erfahrungen können also sehr große Wirkungen haben, indem sie uns prägen und sogar unseren genetischen Ausdruck beeinflussen, d. h. welche Art Mensch wir werden. Unser genetisches Potential nennt man den *Genotyp,* die Weise, wie unsere Erfahrung uns formt und beeinflusst; was wir tatsächlich fühlen und tun, nennt man den *Phänotyp.* Menschen können sehr ähnliche Genotypen haben, aber sehr verschiedene Phänotypen. Man kann den Genotyp eines Weltklasseathleten haben, aber in Armut aufwachsen, anfangen zu rauchen und zu trinken und niemals die phänotypische Möglichkeit, Goldmedaillen zu gewinnen, verwirklichen. Außerdem können unsere Gedanken, Werte und sozialen Bindungen bei unseren Verhaltensweisen und dem phänotypischen Ausdruck eine sehr große Rolle spielen. Aufgrund unseres neuen Gehirns und unserer Kultur kennen wir eine viel größere Bandbreite phänotypischer Möglichkeiten als jedes andere Tier.

Diese kontrollierenden Prozesse – unsere Gene und Erfahrungen – sind interdependent. Da sind nicht auf der einen Seite die Gene und auf der anderen die Lebenserfahrungen. Kürzlich hat man entdeckt, dass sich das Gehirn während des ganzen Lebens durch Lernen verändert. Man nennt dies *Neuroplastizität* – Zellen, die zusammen stimuliert werden und zusammen feuern, werden *während des ganzen Lebens* miteinander verschaltet. Worauf man die Aufmerksamkeit richtet, was man hofft und *übt,* wirkt sich also auf das Gehirn aus, und das gilt auch für die Ausbildung von Mitgefühl. Wir wissen zudem, dass wir jeden Tag neue Gehirnzellen produzieren (etwa 5000) – ein Prozess, der *Neurogenese* genannt wird. Unser Phänotyp verändert sich also in gewissem Grad ständig.

Wir sehen also, dass Erfahrung und Lernen für die Bildung und Entwicklung des Gehirns ganz entscheidend sind. Und der Evolution verdanken wir unser „neues Gehirn/Denken", das mit gewaltigen Vorteilen für uns und für unsere Fähigkeit verbunden ist, zu denken, zu imaginieren, zu lernen und Symbole und Sprache zu verwenden. Man sieht, wie bedeutsam diese neuen Qualitäten sind, wenn man sich vorstellt, wie schwierig es wäre, Schimpansen zu dressieren, etwas zu tun, was die meisten Menschen ziemlich leicht lernen, zum Beispiel Auto fahren. Dazu braucht man eine außerordentliche Fähigkeit, Kompetenzen wie Gedächtnis, konzeptuelles Verstehen, Kontrolle der Aufmerksamkeit und motorische Koordination zu integrieren, und doch können wir dieses Niveau an koordinierter Aktivität stundenlang aufrechterhalten! Wir könnten sogar unsere Handys benutzen, während wir das tun. Stellen Sie sich vor, welche außerordentliche Fähigkeit zu diszipliniertem Üben, Gedächtnis und subtiler motorischer Koordination man braucht, um ein Klavierkonzert von Rachmaninow spielen zu können. Oder nehmen Sie etwas Banaleres – wie die Regeln eines Fußballspiels und die Ausdauer, um ein Spiel 90 Minuten lang durchhalten zu können, über das dann die ganze nächste Woche geredet und räsoniert werden kann: „Wenn Sam nur X gemacht und Joe Y gemacht hätte" und „Sollte man nicht endlich den Manager rausschmeißen?" Mein Lieblingssport ist Kricket, da kann ein Spiel fünf Tage dauern, aber ich bin nicht sicher, ob das ein Maß für Intelligenz oder Ausdauer ist. Entscheidend ist, dass wir in der Lage sind, verschiedene Elemente unseres Geistes und seine Kompetenzen auf eine außerordentliche Weise zu koordinieren. Es scheint so zu sein, dass unser Gehirn als *System* ein wenig anders funktioniert als das anderer Lebewesen und dass viele andere Kompetenzen entstehen, weil es auf diese integrierte Art und Weise funktioniert.[7]

Aber das ist noch lange nicht alles. Unsere Verwendung von *Sprache* und *Symbolen,* unsere Fähigkeit, *Begriffe zu bilden* und in Systemen zu denken – darüber nachzudenken, wie Dinge funktionieren, und Regeln zu verstehen, worin die fundamentale Fähigkeit besteht, die Wissenschaft und Fortschritt möglich macht –, haben einen ganz neuen Raum für den

„Geist“ im Universum eröffnet. Wir haben ein Gehirn, das reflektieren, abwägen und die Welt begrifflich erfassen kann. Wir können Beobachter und Experimentierende sein, sinnvolle Interventionen vornehmen, um zu sehen, *was* passiert, und herausfinden, *wie* die Dinge funktionieren. Wir können unter die Oberfläche der Dinge schauen, Theorien bilden und sie überprüfen. Weil wir eine so komplexe, Sinn und Bedeutung vermittelnde Sprache haben, können wir unser Wissen weitergeben, so dass wir jetzt immer mehr in einer Welt leben, die durch menschliche Kreativität und ein Wissen geformt wurde, das über Tausende von Jahren angesammelt wurde.

Das menschliche Gehirn ist auch äußerst kreativ, und wir versuchen permanent, unsere Schöpfungen und Erzeugnisse zu verbreiten. Das kann Musik sein, oder es sind Lieder, Geschichten, Gedichte, Malerei und Skulpturen oder wissenschaftliche Entdeckungen. Wie oft fragen wir uns, was andere Menschen davon halten, was wir getan haben oder was wir ausdrücken. Wenn Sie zum Beispiel Koch sind, werden Sie versuchen herauszufinden, wie Sie Zutaten so miteinander kombinieren und verbinden können, dass neue Geschmäcke und neue Texturen und Gerichte mit einem neuen ästhetischen Reiz entstehen. Sportler treffen schnelle Entscheidungen und versuchen, bei ihrem Spiel und in ihrer Leistung innovativ zu sein. Wir haben den starken Wunsch, Neues zu erschaffen und kreativ zu sein, Dinge zu verbessern, dabei originell zu sein und dafür geschützt oder gelobt zu werden.

„Phantastisch“, sagen Sie vielleicht, und das ist wirklich wahr. Unser „neues Gehirn/Denken“ hat die Landwirtschaft und eine komplexe Nahrungsmittelproduktion, Wissenschaft, Fernsehserien und Handys, Medizin, Kultur, Geschichtenerzählen, Geschichtsschreibung, die Künste und ein zunehmend tieferes Verständnis unseres eigenen Denkens (und, ja, auch Kricket) entstehen lassen, und eines Tages wird es vielleicht auch möglich sein, auf anderen Planeten zu leben. Aber wie ist es mit der Kehrseite? Welchen Preis haben diese Fähigkeiten? Oder wenn Sie eine spirituellere Fragestellung vorziehen: Welche Verantwortung ist mit diesen Fähigkeiten des „neuen Gehirns/Denkens“ verbunden? Sie sehen, dass dies etwas ist, was wir immer wieder feststellen werden, wenn wir die Geschichte der Evolution betrachten – dass

Vorteile oft von potentiellen Nachteilen begleitet oder Kompromisse sind. Die Schattenseite ist in diesem Fall nicht schwer auszumachen. *Das Problem stellt sich ein, wenn man Dispositionen, Emotionen, Wünsche und Begierden des „alten Gehirns/Denkens" mit Talenten des „neuen Gehirns/Denkens" kombiniert.*

Ich vermute, dass unsere Fähigkeit, zu imaginieren und zu phantasieren, vor unserer Fähigkeit da war, in den oben beschriebenen Weisen unsere Aufmerksamkeit, unsere Gedanken und Gefühle zu integrieren. Aber wie immer unsere Fähigkeit, zu phantasieren und zu imaginieren, sich entwickelt hat: Sie verschafft uns wichtige Vorteile. Zu einer Innovation kann es zwar auch durch Zufall kommen, aber häufiger geht sie auf unsere inneren, mit einer Absicht verbundenen kreativen Handlungen und Phantasien zurück. Die prähistorischen Hersteller der ersten Speerspitzen aus Feuerstein hatten eine Vorstellung davon, was sie machen und erreichen wollten. Wir Menschen reagieren nicht einfach auf innere Signale – wir versuchen, unseren Phantasien und bildlichen Vorstellungen eine Existenz zu verschaffen. Zum Beispiel nehme ich meine Gitarre mit einer ungefähren Vorstellung von einem Lied im Kopf und versuche dann, es auszuarbeiten.

Leider können unsere Phantasien und Vorstellungen auch eine Quelle großer Enttäuschung und großer Konflikte sein. Wir können von dem Leben phantasieren, das wir leben möchten, von den Karrieren, dem Geld und den Häusern, den Freunden und den Liebhabern, und von den Kindern, die wir haben möchten. In unserer Vorstellung bewundern uns unsere Geliebten uneingeschränkt, sie sind immer bereit zu physischen Genüssen und niemals müde, knurrig, sie haben nie Kopfschmerzen und furzen nie. Und unsere Kinder benehmen sich immer gut und respektvoll und lernen fleißig, sind nie rebellisch und kommen auch nicht betrunken nach Hause und kotzen auf den Küchenboden. Wir stellen uns für uns das Beste vor und wollen immer mehr davon – wir sind nie zufrieden, weil wir uns immer vorstellen können, noch mehr oder noch Besseres zu haben. Phantasien nähren unsere Gier. Das kann dazu führen, dass wir ständig enttäuscht sind, weil die Realität nie so ist, wie wir sie gern hätten – meine Lieder sind niemals so gut, wie ich sie mir vorgestellt hatte.

Phantasien können auch eine Quelle der Angst und des Ärgers sein. Vor dreißig Jahren lebten meine Frau und ich in einem einsamen Haus auf dem Land in Schottland. Es gab keine anderen Häuser in der Nähe. Wenn sie im Krankenhaus Nachtdienst hatte, war ich allein im Haus. Manchmal hörte ich mitten in der Nacht Geräusche auf dem Dachboden oder draußen, und ich bekam Herzklopfen, wenn meine Phantasie mit mir durchging. Ich sagte mir, ich wäre schließlich Psychologe und ein Mann und sollte vernünftig sein, aber das half mir leider nicht wirklich. Ich war einfach sehr leicht zu erschrecken. Menschen können aufgrund ihrer Phantasien darüber, was ihnen zustoßen könnte, alle möglichen Angststörungen entwickeln. Manche Menschen glauben, dass wir durch unsere Phantasiewelt mit Gott in Verbindung sind. Alle möglichen Schwierigkeiten und Probleme gehen daher auf Phantasien und unsere Fähigkeit zurück, zu imaginieren und Vorstellungen zu entwickeln. Und natürlich können wir Phantasien und Gedanken darüber haben, was andere über uns denken und uns gegenüber empfinden, ohne eine besondere Vorstellung davon, ob sie wahr sind oder nicht.

Obwohl unser „neues Gehirn/Denken" uns vielleicht noch vor Umweltkatastrophen bewahren und uns helfen kann, den Wert zu sehen, Mitgefühl zu lernen und zu üben, kann es uns auch umbringen. Überlegen Sie, was passiert, wenn die Talente unseres „neuen Gehirns/Denkens" von Motivationen des „alten Gehirns/Denkens" wie denen einer Stammespsychologie in den Dienst genommen werden. Viele Tiere leben in Gruppen und verteidigen die Grenzen dieser Gruppen; sie sind sozusagen an ihrer Sippe orientiert und können Fremden gegenüber sehr aggressiv sein. Wir brauchen nicht erst nach genetischen Erklärungen dafür zu suchen, warum das so ist. Wir wissen es einfach. Dieselbe Motivation dafür, zu verteidigen, Vergeltung zu üben und andere anzugreifen oder zu zerstören, wird sehr problematisch – sogar schrecklich und tragisch –, wenn sie von Kompetenzen des „neuen Gehirns/Denkens" in Dienst genommen wird. Viele Grausamkeiten, zu denen es in den letzten paar tausend Jahren gekommen ist, waren das Ergebnis der Verbindung von Kompetenzen des „neuen Gehirns/Denkens" mit Motiven und Abwehrmechanismen des „alten Gehirns/Denkens". Wir können sogar Kompetenzen unseres „neuen Gehirns/Denkens" nutzen, um unsere Handlungen zu rechtfertigen und uns sehr ausgeklügelte Möglichkeiten zu verschaffen, sie auszuleben. Tiere verteidigen ihre Gruppen und Territorien immer, aber nur Menschen können darüber nachdenken, wie sie das mit Gewehren oder auf sadistische Weise durch Folter derjenigen tun können, die nicht zu ihrer Gruppe gehören oder die sie verraten haben. Mindestens ein Drittel der auf der Welt vorhandenen Forschungsgelder werden für die Entwicklung von Waffen ausgegeben. Reiche Nationen verkaufen armen Nationen Waffen und schaden damit ihrer Ökonomie, halten Tyrannen an der Macht und verursachen unsagbaren Schaden, wobei der Gewinn der Waffenverkäufe natürlich zu den reichen Nationen zurückfließt. Das ist natürlich katastrophal, aber es ist die Folge davon, dass ein phantastisches „neues Gehirn/Denken" nicht in der Lage ist, die an Stammesdenken orientierten Motive des „alten Gehirns/Denkens" – Gier und ein Glaube an die Wichtigkeit aggressiver Macht – zu erkennen. Sogar Religionen können Verhältnisse unterstützen und nähren, die diese Tragödien ermöglichen.

Dies sind nur ein paar Beispiele für unsere Probleme, die auf Interaktionen zwischen dem „alten Gehirn/Denken" und dem „neuen Gehirn/Denken" zurückgehen – Inszenierungen dieser Tragödien erleben wir jeden Tag. Auf persönlicher Ebene kann die Art und Weise, wie wir unser „neues Gehirn/Denken" nutzen und über uns selbst nachdenken, starke, primitive Emotionen und Gefühle stimulieren, die uns dann besetzen und tief in Angst und Depression treiben können.[8] Die Lehre daraus ist natürlich, dass wir eine sowohl durchdachte als auch allgemein anerkannte Form an Wohlfahrt orientierter sozialer Organisation brauchen, um unser potentielles Stammesdenken und missbräuchliche Machthierarchien zu begrenzen. Wir müssen auch sehen, dass wir Probleme bekommen, wenn wir unser Denken nicht verstehen und nicht sehr sorgfältig ausbilden und wenn wir uns nicht der Gefahren bewusst sind, wenn Kompetenzen des „neuen Gehirns/Denkens" von Leidenschaften des „alten Gehirns/Denkens" bestimmt werden.

Mitgefühl lädt uns ein, unser „neues Gehirn/Denken" auf eine neue Weise zu nutzen – zu einigen unserer primitiven Leidenschaften und Begierden wie Stammesdenken auf Distanz zu gehen und uns daran zu erinnern, dass wir alle Menschen im Strom des Lebens sind, die Schmerz empfinden und die auf die gleiche Weise leiden können. Wir sind alle nur irgendwie „hier angekommen“ und Figuren der Geschichten des Lebens. Der Dalai Lama drückt das gern so aus: „Wir wollen alle Glück und wir wollen kein Leiden.“ Es ist eine Meditation, der wir später in diesem Buch begegnen werden. Mit unserem „neuen Gehirn/Denken“ haben wir eine Wahl – es ist der Biss in Adams Apfel –, aber wir haben noch nicht wirklich verstanden, wie wir es ausbilden und nutzen können.

Sie sehen also, dass wir zwei Arten von Gehirn und zwei Arten von Denken haben. Dies macht das Leben für uns sehr kompliziert, weil beide nicht immer gut zusammenarbeiten. Das „alte Gehirn/Denken“, das viele Millionen Jahre alt ist, wirkt durch schnell funktionierende Netzwerke des Gehirns, die mit unseren Emotionen und Begierden verbunden sind. Unsere Gefühle sind mehr oder weniger automatisch, sie strömen mit wenig Reflexion oder bewusstem Denken durch uns hindurch, und wie bei vielen anderen Lebewesen warnen sie uns vor Gefahren, aktivieren Emotionen und führen uns zu wichtigen Lebenszielen (Nahrung, Sex, Bündnisse und Status). Im Gegensatz dazu ist unser zwei Millionen Jahre (oder noch weniger) altes „neues Gehirn/Denken“ langsam und reflexiv, kann Symbole verwenden, Begriffe bilden, Konzepte entwickeln und verstehen, wie Dinge funktionieren, es ist kreativ und verbessert sich ständig. Es erzeugt Vorstellungen und Bilder von Bedürfnissen und Wünschen oder von Dingen, die zu fürchten sind. Unser „neues Gehirn/Denken“, besonders der frontale Cortex, sorgt auch für einen großen Teil unserer Fähigkeit, sich in Menschen einzufühlen und ihre Gedanken und Gefühle zu verstehen, und macht uns zu einer besonders sozialen Spezies, deren Individuen sich gegenseitig beeinflussen.

Die Beziehung zwischen diesen zwei Arten von „Gehirn/Denken“ ist äußerst komplex. Unsere einsichtsvolle Fähigkeit, uns in andere einzufühlen und sie zu verstehen, kann genutzt werden, um ihnen zu helfen oder herauszufinden, wie man ihnen Angst machen und sie bedrohen und da „treffen kann, wo es ihnen wehtut“. Die Leidenschaften, Motive, Bedürfnisse, Gelüste, Ängste und Rachebedürfnisse unseres „alten Gehirns/Denkens“ können die Fähigkeiten unseres „neuen Gehirns/Denkens“ besetzen. Wenn sie das tun, finden wir Mittel und Wege, diese Begierden zu befriedigen und Gründe dafür zu finden, dass wir fühlen, was wir fühlen, und unsere Vorurteile zu bestätigen. Emotionen können ihre eigenen, sich selbst rechtfertigenden Gründe nahelegen. „Ich *fühle* es, deshalb muss es wahr sein", sagen wir. „Ich *empfinde* Angst, daher muss dies hier gefährlich sein, und ich sollte es vermeiden." „Ich *empfinde* Ekel, und das bedeutet, es ist schlecht." „Ich *fühle,* dass dies falsch ist; deshalb ist es so." „Ich *fühle,* dass ich dir nicht trauen kann; deshalb bist du für mich gefährlich." Wir stellen nicht in Frage, was wir fühlen oder tun, weil wir „Bauchgefühle" und die Neigung haben, anzunehmen, dass wir recht haben.

Wir können sogar aktiv nach Gründen suchen, die unsere Gefühle bestätigen und uns darin bestärken, alternative, vernünftigere Ansichten zu ignorieren und zu verwerfen. Viele Formen der Psychotherapie versuchen Menschen zu helfen, mehr auf ihr reflexives Denken zu achten, sich von ihren Gefühlen zu distanzieren und die Fähigkeiten ihres „neuen Gehirns/Denkens" zu nutzen, um Emotionen zu regulieren und zu verändern (siehe Kapitel 9). Es ist aber auch wichtig, mit den Motiven und Emotionen unseres „alten Gehirns/Denkens" zu arbeiten, zu lernen, sie besser zu verstehen und sie zu tolerieren und nicht auszuleben. Wir können lernen, gegen sie zu handeln und sie durch neue Motive und Emotionen zu ersetzen, die darauf hin orientiert sind, mit mehr Mitgefühl zu leben und zu sein. Bedenken Sie aber trotzdem, dass viel Leiden, das darauf zurückgeht, dass wir Menschen dieses andere Gehirn haben, *nicht unser Fehler* ist, denn bisher hatten wir wenig Einsicht oder Verständnis davon, wie sich unser Gehirn im Laufe der Evolution entwickelt hat und wie es funktioniert. Vielmehr waren die Leidenschaften und Ängste des „alten Gehirns/Denkens" darauf *angelegt,* sehr mächtig zu sein und nicht leicht übertönt oder außer Kraft gesetzt zu werden.

Aufgabe 3: Der Fluch des Selbst

Der Fluch des Selbst ist der Titel eines faszinierenden Buches von Mark Leary, einem der führenden amerikanischen Sozialpsychologen.[9] Es beleuchtet unsere dritte Aufgabe, die mit der zweiten in enger Beziehung steht. Neben den erstaunlichen Anlagen unseres Gehirns, seine

Vernetzungen auf zahlreiche Weise – neben anderen lebenswichtigen Aufgaben – für Autofahren, Klavierspielen und Pizzabacken zu koordinieren und zu organisieren, haben wir Fähigkeiten entwickelt, die uns ermöglichen, uns *unserer selbst bewusster* zu sein. Die Eigenschaften des „neuen Gehirns/Denkens" können jetzt von uns genutzt werden, uns ein Gefühl von uns selbst, ein Identitätsgefühl zu verschaffen. Wir können ein Identitätsgefühl, ein Gefühl von „Ich-heit" mit einer Empfindung dafür entwickeln, wer wir sind, wer wir sein wollen und wie wir von anderen Menschen gesehen und von ihnen behandelt werden möchten. Weil wir unserer selbst bewusst sein können, können wir auch wertschätzen, dass wir „lebendig sind". Wir können uns die Sterne am Nachthimmel anschauen und in Ehrfurcht vor dem Universum fühlen und wissen, dass wir „hier" existieren. Tolle Sache. Es bedeutet auch, dass wir eine gewisse Kontrolle über unsere Gefühle ausüben können. Zum Beispiel kann ich mir vornehmen, meine Essgewohnheiten zu verändern, weil ich schlank oder gesund sein oder noch besser aussehen möchte (O. K., lachen Sie nicht – nicht sehr aussichtsreich, aber hoffen kann man immer). Selbst-Bewusstheit hat also viele Vorteile für uns, aber wie so viele Dinge, ist sie mit einer Herausforderung verbunden und mit dem Aufkleber „Vorsichtig behandeln!" versehen.

Es stellt sich heraus, dass wir einen organisierenden Prozess brauchen, weil unser Gehirn sehr komplex ist und auf vielfältige Weise Systeme und Fähigkeiten integrieren kann; sonst sind wir mit zu vielen Möglichkeiten, Werten und Konflikten in Bezug auf das, was wir tun oder denken, konfrontiert. Wir brauchen eine Möglichkeit, wie wir einzelnen unserer verschiedenen Potentiale Priorität geben können. An dieser Stelle ist das Gefühl eines Selbst und ein Identitätsgefühl von Bedeutung. Unser Selbst-Gefühl ist mit dem Gedächtnis und mit einer Empfindung von Konsistenz und Beständigkeit in unseren Werten, Verhaltensweisen und Emotionen verbunden. Mein Gefühl von mir selbst ist daher an die Person geknüpft, die ich gern sein würde oder die ich nicht sein möchte, an die Person, die ich sein kann, und natürlich an meine Erinnerung an mein „Ich-sein" von gestern, am Tag davor und so weiter.[10] Mein Gefühl von mir selbst umfasst eine Reihe von Fähigkeiten – Introspektion, ein Bewusstsein davon, was man fühlt, und die Fähigkeit zu betrachten, wie man sich in der Zukunft fühlt und wie man in der Zukunft existiert (oder nicht existiert). Diese Fähigkeiten, sich seiner selbst bewusst zu sein und über sich zu reflektieren, können eine sehr starke Wirkung auf Emotionen des „alten Gehirns/Denkens" haben. Ich meine, ich gewöhne mich gerade daran, hier, in diesem Leben, das ich mir nicht selbst ausgesucht habe, mit Gefühlen und Begierden zu sein, die ich nicht gesucht habe, und dann entdecke ich, dass mein Körper verfällt und ich bald nicht mehr hier sein werde. Mein Leben dauert etwa 25 000 bis 30 000 Tage – das heißt, wenn ich Glück habe. Ich liebe meine Frau und meine Kinder von ganzem Herzen und dann sehe ich, dass auch sie nicht länger hier sein werden; wir werden einfach alle verschwinden. Es sieht wirklich wie ein ganz lausiges Geschäft aus.

Aber es gibt andere Probleme, die damit verbunden sind, wenn man zu einem Identitätsgefühl erwacht. Das liegt daran, dass wir mit unserem „alten Gehirn/Denken" sehr *sozial* bewusst sind und Fähigkeiten des „neuen Gehirns/Denkens" in Dienst nehmen, um uns in Beziehung zu anderen zu sehen. Es ist also gut möglich, dass ich mich *verglichen* mit anderen für weniger wert und für einen Versager halte und auf diese Weise Gefühle der Depression aktiviere. Es ist möglich, dass ich mir Sorgen darüber mache, dass ich nicht dazugehöre oder dass die Leute mich nicht mögen oder mich für schwach halten. Mein Geist, der seiner selbst bewusst ist, kann sich auch Sorgen darüber machen, wie ich meine *zukünftigen Probleme* und *mich, wie ich in der Zukunft sein werde,* kontrollieren kann. Ich kann mir Sorgen machen, wie ich das Darlehen abzahlen kann, ob ich bei meiner Arbeit durchhalte, oder über mein Gewicht, über mein Aussehen – sogar über mein Gitarrespielen! (Ja, in den 1960ern wollte ich Rockgitarrist werden und ging dann nur auf die Universität, weil ich nicht gut genug war.) Tiere werden wegen solcher Dinge normalerweise nicht depressiv. Sie können wie wir depressiv werden, wenn sie von anderen besiegt werden oder wenn sie in ihren Beziehungen schwere Verluste erleben – sie reagieren auf die Welt so, wie sie sie erleben. Aber wir Menschen können auf die Welt reagieren, die wir *in unserem Kopf geschaffen,* die wir imaginiert haben und über die wir nachdenken, und wir können *uns* in dieser Welt in unserem Kopf erleben. Unsere Selbst-Bewusstheit und die Fähigkeit, „über uns selbst nachzudenken", zum Beispiel uns so zu sehen, wie wir vielleicht nicht sein wollen, oder zu sehen, dass wir beschämt oder in einem Zustand sind, in dem wir uns „weniger als wir selbst" fühlen, oder zu sehen, dass wir „außer Kontrolle" sind – alle diese Reflexionen können unser Leiden beträchtlich verstärken.

Obwohl Selbst-Bewusstheit also eine phantastische Leistung der Evolution und der Komplexität des Gehirns ist, wird gerade dieses Gefühl der „Ich-heit", das die Buddhisten das „Ego-Selbst" nennen, sich verteidigen, sich schützen, sich fördern und sich Freuden zukommen lassen wollen, und es kann sich selbst bewerten, entwerten und sogar attackieren. O. K., seien wir ehrlich: Alle Tiere sind egozentrisch, weil sie auf ihre eigenen Bedürfnisse fokussiert sind und ihr Territorium, ihren sozialen Rang, ihre Nachkommen verteidigen und so weiter. Die Begierden und Wünsche des Ego-Selbst sind also in den fundamentalen Mechanismen zum Überleben und zur Fortpflanzung verwurzelt, die in *allen Lebewesen* existieren. Die Tatsache, dass wir dieses Ego-Selbst haben, macht alle unsere Bemühungen und Kämpfe im Leben jedoch sehr persönlich, und wir streben nun danach, das Ego-Selbst *selbst* zu verteidigen und zu stärken, auch wenn es eigentlich nur aus Mustern chemischer Kommunikationen durch Botenstoffe in unserem Gehirn entsteht. Sie können in mein Gehirn schauen, so viel Sie wollen (natürlich nicht buchstäblich, denn ich hänge ziemlich daran), alles, was Sie finden werden, sind Hirnzellen, die einander Signale schicken, außerordentliche Muster von Millionen Zellen, die in einer Form von Mosaik feuern. Aber es gibt kein „Ich", das irgendwo in einem Labyrinth lauert. Meine Erfahrung von „mir" *ist* das Muster, und sie ist nirgendwo anders. Wenn die Muster sich verändern – zum Beispiel aufgrund einer Verletzung des Gehirns –, dann verändert sich die Essenz von „mir", und es ist möglich, dass ich ein ganz anderer Mensch als der werde, der ich jetzt bin. Bedenken Sie auch, dass kein einziges Atom von denen in meinem Körper übrig ist, mit denen ich geboren wurde. „Ich-heit" ist keine Entität, sie besteht aus einer ungeheuer großen Anzahl komplexer Muster neuraler Verbindungen, dem Feuern von Hirnzellen in ihren Millionen Beziehungen. Die Empfindung von „Ich-heit" ist eine emergente Erfahrung innerhalb des Bewusstseins.

Nun meinen manche Wissenschafter, dass Bewusstsein eigentlich durch das Gehirn in seinem komplexen Netz von Verbindungen erzeugt wird. Andere sagen, dass das Gehirn Muster *innerhalb* des Bewusstseins erzeugt – Bewusstsein sei in gewisser Weise eine Eigenschaft des Universums. Demnach kann mein Muster durch meine physische Form erzeugt werden und dann irgendwie als ein Muster im Bewusstsein existieren. Wer hat recht – oder haben beide unrecht? In diesem Punkt wird man wahrscheinlich abwarten müssen, wahrscheinlich wird man diese These noch debattieren, wenn Sie und ich schon lange abgetreten sind. Wenn Sie den Begriff „Bewusstseinsforschung" in eine Suchmaschine eingeben, werden Sie auf eine phantastische Reise mitgenommen. Ich erwähne das hier nur, um zu zeigen, welche Fragen unsere Empfindung von Selbst-Bewusstheit aufwerfen kann.

Ein zentrales Problem mit einem Identitätsgefühl und mit Selbst-Bewusstheit besteht darin, dass praktisch jedes Problem damit zu tun haben kann. Wenn ich zu sehr an Gewicht zunehme, weil ich mein Essverhalten nicht kontrolliere, wenn ich Fehler mache, wenn ich mich abgelehnt fühle, wenn andere mich kritisieren, wenn ich mich damit abmühe, zu verstehen, wie mein Computer funktioniert, während das anderen leicht zu fallen scheint – fast alles kann dazu führen, dass ich mich bewerte und negativ erlebe. Ich habe dann zwei Probleme: den Ärger oder die Enttäuschung über *die Sache selbst* und die Erfahrung, dass *ich* irgendwie schwach, schlecht, unterlegen, ungeliebt oder in irgendeiner Weise unzulänglich bin. Der Ärger oder die Enttäuschung über die Sache selbst lösen sich vielleicht schnell auf, aber meine Grübeleien über mich selbst als schwach, inkompetent, willensschwach oder was auch immer können Stunden, Tage, Wochen oder sogar Jahre anhalten und mein Glück ständig unterminieren.

Außerdem können Gefühle über uns selbst, je nachdem, ob es uns gut geht oder schlecht, damit in Verbindung gebracht werden, wie andere uns angeblich wahrnehmen. Wenn wir uns darüber übertrieben Sorgen machen und uns dann bewerten, kann uns das vieler Dinge im Leben berauben. Zum Beispiel kann es sein, dass jemand in den Park geht und malt, Freude an der Aktivität, der Landschaft, den Farben und daran hat, wie das Licht in den Bäumen tanzt, am Geruch der Luft, dem Anbringen der Farbe auf Leinwand oder Papier. Jemand anders aber fängt zu malen an und denkt dann vielleicht: „Es ist nicht besonders gut – wenn jemand vorbeikommt, wird er das nicht gut finden“ und er wird befangen und möchte nicht, dass man das Ergebnis seiner Arbeit sieht. Er packt also seine Sachen ein, ist enttäuscht und geht nach Hause und fühlt sich elend. Diese Selbstbewertung hat die Person im zweiten Beispiel der Fähigkeit beraubt, sich einfach der Freude am Malen hinzugeben. In Teil II werden wir sehen, dass uns Selbstmitgefühl helfen kann, wieder in die Freude „der Aktivität“ zurückzukommen und das Gefühl von uns selbst aufzuheben – zum Erleben selbst zurückzugelangen, statt uns zu beurteilen.

Bewusstsein von Schmerz

Sowohl unsere neue Art Bewusstsein als auch unsere Selbst-Bewusstheit sind von Stimmungen und Gefühlen des „alten Gehirns/Denkens“ gefärbt und strukturiert. Soweit wir wissen, können Tiere Angst haben und wütend und deprimiert sein, aber sie wissen nicht wirklich, dass sie das sind, denn sie haben kein Gefühl von sich selbst, das ihnen sagt, dass sie sich in diesen Stimmungszuständen befinden. Wenn wir körperliche Schmerzen haben, haben wir ein deutliches Bewusstsein von diesem Schmerz, und das kann Angst und Depression hervorrufen. Einer der Gründe, weshalb Morphium so wirksam ist, besteht darin, dass es die Erfahrung von Schmerz und unsere Gefühle dazu verändert.

Zum Beispiel ist Depression ein innerer Zustand, bei dem die Aktivität der Systeme in unserem Gehirn, die positive Gefühle regulieren, gedämpft ist, und die Systeme, die negative Emotionen regulieren, aktiviert sind. Dieses Muster der Gehirnaktivität hat sich möglicherweise entwickelt, weil es Tieren hilft, gefährliche Umgebungen zu bewältigen: Es ist eine Reaktion im Sinne von „Geh nach hinten in die Höhle und bleib da, bis es wieder sicher ist“. Aber wenn ein Gehirn Selbst-Bewusstheit besitzt, das in diesen Zustand oder in dieses Muster gehen kann, dann bedeutet das, dass damit eine ganz andere Ebene von Leiden möglich wird.

Die Evolution hat dies nun nicht mit der Absicht so eingerichtet, uns das Leben schwer zu machen. Die Möglichkeiten des „neuen Gehirns/Denkens“ haben sich entwickelt, weil sie uns viele Vorteile verschaffen, mit Bedrohungen und Gefahren und mit Beziehungen zu anderen Menschen umzugehen, aber die Evolution kann nicht bestimmen, wie diese neuen Fähigkeiten genutzt werden oder welche Nachteile sie haben. Es ist, wenn man so will, eine Panne und zwar eine ziemlich ernste, weil Selbst-Bewusstheit und Bewusstsein von Emotionen des „alten Gehirns/Denkens" wie zum Beispiel der Depression besetzt und strukturiert werden können. Und wenn sie das tun, erleben wir die Welt mit verstärkten Gefühlen von Angst und Not – eine albtraumhafte Welt. Wir merken nicht, dass unser bewusstes, seiner selbst bewusstes Denken von einem alten Programm der Abwehr besetzt ist, und wir fangen an, uns damit zu beschäftigen, wie schrecklich es uns geht, wie erschöpft wir sind und wie schlimm die Zukunft aussieht, und wir erzeugen schreckliche Gedanken und Phantasien über uns. Auf diese Weise entfernen wir uns noch weiter von positiven Emotionen.

Manchmal hilft es, wenn man erkennt, dass unser „altes Gehirn/Denken", vielleicht aufgrund von Stress oder einem Mangel an sozialer Unterstützung oder aus einem anderen Grund, zu dem zurückkehrt, was aus seiner Perspektive ein vollkommen sinnvolles Abwehrmuster ist. Es weiß nichts von unserem neuen, seiner selbst bewussten Gehirn und lässt einfach sein Programm ablaufen, stellt Systeme positiver Emotionen ab und aktiviert Systeme, die auf Bedrohung und Gefahr reagieren. In späteren Kapiteln werden wir sehen, dass Mitgefühl darin besteht, sich von diesen Emotionen und Stimmungszuständen, zum Beispiel Depression, Angst oder dem Drang nach Vergeltung, zu distanzieren und sie weder zu pathologisieren noch ihnen nachzugeben. Eher sollten wir unsere Aufmerksamkeit darauf richten, was wir tun müssen, um die Emotionen als „normale, aber unerwünschte" Aspekte unserer Psyche zu sehen, während wir uns zugleich bemühen, die Muster der Zustände unseres Gehirns zu solchen zu verändern, die eher Akzeptanz, Zufriedenheit und Wohlbefinden begünstigen. Bei manchen Menschen kann dazu eine Behandlung mit Medikamenten gehören, die chemische Substanzen im Gehirn verändern und neue „innere Zustände" hervorrufen. Bei anderen kann das mit Psychotherapie und einer Veränderung des Denkstils bewirkt werden, und bei wieder anderen geht es darum, dass sie ihren Lebensstil (z. B. mit Stress verbundene Arbeit reduzieren) oder den Stil ihrer sozialen Beziehungen (z. B. mehr oder weniger Betonung auf Selbstbehauptung legen oder nachsichtiger und toleranter werden) verändern. Entscheidend ist hier, dass unsere Selbst-Bewusstheit, obwohl sie in Zuständen unseres Gehirns und durch sie hindurch fließt, sich auch von ihnen unterscheidet.

Alleinsein

Evolutionspsychologen haben auch auf einen anderen traurigen Nachteil von Selbst-Bewusstheit hingewiesen. Letztlich leben wir in unseren eigenen individuellen, getrennten Köpfen. Wir sind uns unserer selbst bewusst, aber wir sind uns auch bewusst, dass wir allein sind. Wir können auf andere zugehen, wir können sie berühren, wir können mit ihnen sprechen, ein Gefühl davon bekommen, was sie über die Welt und über uns denken. In einem anderen Sinn sind wir jedoch in unseren Schädeln allein – wir werden geboren und sterben, jeder für sich. Aber wir hungern nach Beziehung, nach Verbundenheit. Wir möchten Dinge in Teams machen – in einem Orchester spielen, an Projekten arbeiten –, ein Gefühl von „Wir-heit", nicht nur von „Ich-heit" haben.

Viele spirituelle Traditionen sprechen dieses Gefühl von Getrenntheit und Alleinsein an und, außer bei extrem introvertierten Persönlichkeiten, unsere Sehnsucht nach Verbundenheit. In manchen Traditionen geht es um den Wunsch, zu einer Beziehung mit Gott zurückzukehren; bei anderen ist es der Wunsch, sich selbst zu transzendieren, die Grenzen des Egos aufzuheben oder ozeanische Gefühle von Verbundenheit zu erleben. Unser Gefühl der Getrenntheit ist der Preis dafür, dass wir ein Gehirn haben und die Empfindung, ein individuelles Selbst zu sein.

Manche glauben, dass wir, wenn wir unseren Geist auf bestimmte Weise trainieren oder ausbilden (wozu Meditation gehört), Einsichten in diese ganze Geschichte um das „Wesen des Selbst" haben können. Wir sehen es dann vielleicht eher als Illusion, und verstehen, dass sich das Gefühl von einem getrennten Selbst zum Teil entwickelt hat, um jene Systeme des „alten Gehirns/Denkens" in ihrem Interesse an Überleben und der Reproduktion von Genen lenken und regulieren zu helfen.[11] Raffiniert, nicht wahr? Wenn man sich von dem Gefühl, ein individuelles Selbst zu sein, distanziert und erkennt, dass man die Quelle von Leidenschaften und Gefühlen ist, die uns seit Millionen von Jahren umtreiben, dass sie in gewissem Sinn *durch einen* leben, aber dass man *nicht* mit ihnen identisch ist, dann kann man neue Einsichten in das Wesen der Psyche gewinnen. Wenn die „Ich-heit von mir" ein Muster des Feuerns in meinem Gehirn ist, dann könnte ich auch mein Gehirn darin ausbilden, bestimmte Muster anzunehmen, die mir Erfahrungen von Wohlbefinden und ganz andere Erfahrungen von „Ich-heit" verschaffen. Ich könnte in der Lage sein, eine gewisse Kontrolle über die Muster auszuüben, die in mein „Feld des Bewusstseins" eingetragen werden. Wir werden jetzt auf einiges näher eingehen, aber wenn Sie diese Ideen weiter verfolgen wollen, könnten Sie sich an Menschen wenden, die in Formen der Meditation erfahren und geübt sind.

Kommen wir also zu unserem eigentlichen Thema zurück – dem Fluch des Selbst. Dank der Fähigkeiten unseres „neuen Gehirns/Denkens" können wir – im Gegensatz zu Tieren – unsere Gefühle von Glück, Angst, Ärger und Wut, Eifersucht, Depression und so weiter auf viele Weise formen, konstruieren, mischen, vergrößern, unterdrücken und komplexer machen. Unser Feld des Bewusstseins, das sich seiner selbst bewusst ist, kann von Emotionen und Stimmungen gefärbt sein nach Mustern, die von unserem „alten Gehirn/Denken" erzeugt wurden. Wir können vorausdenken, über Dinge grübeln, die wir bedauern, uns schämen oder uns schuldig fühlen und uns ganz allgemein auf negative Dinge (an uns selbst) konzentrieren. Wir können sie in unseren Gedanken „halten" und damit ständig negative Emotionen stimulieren. Nichts davon ist besonders mitfühlend oder förderlich. Die Herausforderung besteht darin, unsere Psyche und unser Denken zu verstehen und zu erkennen, dass die Art, wie wir uns sehen – ob wir streng oder freundlich mit uns sind –, eine wichtige Rolle dabei spielt, wie einige unserer Emotionen und Gefühle des „alten Gehirns/Denkens" in uns ausagiert werden. Das wird Einfluss darauf haben, wie unser Körper und unsere Emotionen funktionieren. Wir erkennen auch, dass es in jedem von uns irgendwo ein Gefühl des Alleinseins gibt und dass wir uns gelegentlich sogar danach sehnen.

Die Sehnsucht nach Verbundenheit dagegen ist eines der Motive von Menschen, die spirituellen Sinn suchen – die Sehnsucht danach, mit etwas verbunden zu sein, was größer als sie selbst ist.

Wenn wir uns vornehmen, Mitgefühl zu entwickeln, dann folgen wir der Grundidee, dass wir bestimmte Systeme in unserem Gehirn stimulieren, wenn wir lernen, unsere Aufmerksamkeit, Gedanken und Verhaltensweisen auf Mitgefühl zu konzentrieren, uns als mitfühlend vorzustellen und daran zu denken, wie wir für andere Mitgefühl empfinden können. Tatsächlich gibt es dafür viele Belege (siehe Kapitel 8). Es stellt sich heraus, dass diese Systeme des Mitgefühls, wenn man sie in seinem Gehirn aktiviert und wirksam werden lässt, Gefühle von Frieden, Ruhe und Verbundenheit bewirken, und darüber hinaus Einsichten in das eigene Wesen und die eigene Rolle im Strom des Lebens ermöglichen. Ferner wirken sich die physiologischen Veränderungen, die man in seinem Körper hervorruft, auf das Immunsystem und auf andere Systeme, die mit Gesundheit zu tun haben, aus.[12] Die eigentliche Aufgabe besteht also darin, eine mitfühlende Orientierung zu entwickeln, die einen nährt und Geist und Körper in bestimmter Weise stimuliert – im Gegensatz zu dem von Wut und Ärger geprägten, frustrierten, enttäuschten, selbstentwertenden Stil, der so typisch ist für unsere schnelllebige Gesellschaft, und der uns zwingt, uns auf Ziele hin zu orientieren. Aber es gibt keinen Zweifel: Effizienz ist letztlich schlecht für uns.

Aufgabe 4: Die Bedeutung von Liebe und Anteilnahme

Die vierte Aufgabe hat mit dem zentralen Aspekt unserer wechselseitigen Abhängigkeit voneinander zu tun. Man denkt vielleicht, dass unser „altes Gehirn/Denken“ nur die schwierigen Emotionen von Wut und Ärger, Angst, Stammesdenken und so weiter enthält. Die Evolution der Säugetiere hat aber neue Emotionen und Motive der Fürsorge für andere geschaffen. Nun war natürlich die Weise, wie frühe Säugetiere ihre Nachkommen versorgten und umsorgten, automatisch und instinktiv, d. h. ihre Gehirne reagierten lediglich auf bestimmte Signale oder Stimuli, wie zum Beispiel die Schreie der Küken im Nest. Aber es waren erste Vorboten eines Gehirns, das dann ein Nest bauen sollte, um einen Säugling zu schützen, und das seine Notrufe wahrnehmen und erkennen und auf sie reagieren und sich so verhalten würde, wie es für einen Säugling gut ist. Sein Verhalten war mit anderen Worten darauf gerichtet, ein anderes Lebewesen (einen Säugling) zu unterstützen, zu schützen und ihm zu helfen und nicht nur sich selbst. Gut, manche würden sagen, dass dieses Verhalten darauf zielte, die Verbreitung der eigenen Gene zu unterstützen und zu schützen. Millionen Jahre lang war diese Strategie der Fürsorge aber so erfolgreich darin, genetische Abstammungslinien zu erhalten, dass sie sich zu komplexen Potentialen im menschlichen Gehirn entwickelt hat und letztlich auch unsere Fähigkeiten zu Mitgefühl hat entstehen lassen.

Unser menschliches Gehirn hat sich dahin entwickelt, in einem Ausmaß *fürsorglich zu sein* und selbst *Fürsorge und Anteilnahme zu brauchen,* dass die Weise, wie es sich während des ganzen Lebens formt und verschaltet, also das Muster seiner wechselseitigen Beziehungen, beträchtlich von der Zuneigung, Liebe und Fürsorge beeinflusst wird, die es bekommt.[13] Elterliche Fürsorge tröstet und beruhigt Kinder nicht nur, wenn sie in Not sind, sondern sie hilft ihnen auch verstehen, wie sie innerlich funktionieren. Sie können über ihre Gefühle und über die Dinge sprechen, die sie erlebt haben. Wenn sie wissen, dass sie im Denken und der Psyche anderer als geliebte Person existieren, stimuliert das ihr System für Selbstberuhigung und Zustände der Zufriedenheit, und hat zur Folge, dass sich ihre Welt sicher anfühlt. So funktioniert unser Gehirn: Wir brauchen Anteilnahme und Liebe.

Kinder (und Erwachsene), die Freundlichkeit, Sanftheit, Wärme und Mitgefühl bekommen, haben mehr Selbstvertrauen, fühlen sich sicherer und sind glücklicher und weniger anfällig für psychische und physische Probleme. Sie sind zudem fürsorglicher und respektvoller anderen gegenüber.[14] Empfängt man Freundlichkeit, Sanftheit, Wärme und Mitgefühl, bekommt das Gehirn die Botschaft, dass die Welt sicher ist und dass andere Menschen wohlwollend und nicht gefährlich sind. Man kann sich ruhig und gelassen fühlen und besser schlafen. Freundlichkeit, Sanftheit, Wärme und Mitgefühl sind für unsere Psyche wie Vitamine, die die Grundlage von Gesundheit bilden.

Von den ersten Stunden unseres Lebens an bis zu unseren letzten Augenblicken sind Freundlichkeit, Sanftheit, Wärme und Mitgefühl also die Dinge, die uns erhalten und uns helfen können, Rückschläge, Tragödien und Leiden in unserem Leben zu ertragen. Dies alles ist mittlerweile psychologisches Standardwissen.[15]

Liebe und Zuneigung stimulieren das System für Selbstberuhigung und Zustände der Zufriedenheit, und das Gefühl der Sicherheit hilft, negative Emotionen abzuschwächen. Eine der Hauptschwierigkeiten für Kinder, die aus benachteiligten Verhältnissen stammen, ist ihre Unfähigkeit, sich sicher zu fühlen. Untersuchungen haben gezeigt, dass ihre Niveaus an Stresshormonen (z. B. Cortisol) ziemlich hoch sein können und dass Teile des Gehirns, die mit Freundlichkeit und Empathie für andere zu tun haben, möglicherweise nicht so gut wie bei den Kindern entwickelt sind, die aus liebevollen Familien stammen.[16] Das Aufwachsen in einer bedrohlichen Umgebung erfordert ein Gehirn, das in der Lage ist, mit Gefahr umzugehen. Das Gehirn dieser benachteiligten Kinder wird also für Gefahr und Abwehr organisiert, und das bedeutet, dass es auch auf Aggression und Angst eingestellt ist, die zwei Emotionen, die dem Schutz dienen. Wenn wir diesen Kindern helfen wollen, ihr Gehirn mit einer stärkeren Orientierung an Freundlichkeit gegenüber anderen und gegenüber ihrem eigenen Wohlbefinden zu entwickeln, müssen wir ihnen helfen, sich sicher, geliebt und gewollt zu fühlen. Wir müssen die Wissenschaft von der Reifung des Gehirns so weit entwickeln, dass wir dafür sorgen können, dass das Gehirn dieser Kinder bekommt, was es als Nahrung braucht. Die Priorität sollte darauf liegen, dass diese Kinder Sicherheit erleben und Freundlichkeit, Sanftheit, Wärme und Mitgefühl bekommen (dabei kann Mitgefühl auch bedeuten, dass man ihnen feste Grenzen setzt). Wir können viele Aspekte des Körpers und des Gehirns von Kindern so kontrollieren, dass ihr Stressniveau sinkt und ihr frontaler Cortex (ein wichtiger Bereich für emotionale Entwicklung) so reift, dass ihr eigenes Wohlbefinden und die Entwicklung von Empathie und Freundlichkeit anderen gegenüber gefördert werden. Wir sind aber noch weit davon entfernt, im gleichen Maße für die emotionale Gesundheit unserer Kinder zu sorgen wie für ihre körperliche.

Wenn wir über das Ende unseres Lebens nachdenken, darüber wie wir altern und mit Vergänglichkeit und dem Tod fertig werden, dann sehen wir, dass auch dies stark davon beeinflusst ist, in welchem Maß wir Liebe, Freundlichkeit und Zuneigung um uns herum erleben. Die Begegnung mit dem großen Unbekannten kann noch erschreckender sein, wenn wir uns von den Menschen in unserer Umgebung ungeliebt und getrennt fühlen und uns auf Freundlichkeit und Unterstützung von anderen nicht verlassen können. Wir alle kennen das in unserem Inneren, und deshalb müssen wir uns darum bemühen, Gesellschaften aufzubauen, die diese Qualitäten in den Vordergrund unserer Bemühungen stellen. Stattdessen sind wir aber mehr mit Gewinnstreben und den „Gesundheitspflegekosten" beschäftigt. Wir müssen uns noch mehr den Problemen um Patientenverfügungen stellen, und beim Sterbeprozess brauchen wir mehr Entscheidungsfreiheit. Auch wenn wir es schwierig finden, wissen wir alle – und jeder, der seine Eltern langsam und qualvoll hat sterben sehen, weiß das bestimmt –, dass es alles andere als mitfühlend ist, wie wir in unserer Gesellschaft mit dem Tod umgehen. Die Medizin kann den Sterbeprozess verlängern und den Tod hinausschieben, aber das ist nicht dasselbe wie Verlängerung des Lebens.

Wir müssen also etwas sehr Fundamentales an uns selbst erkennen: *Wir sind eine Spezies, die sich entwickelt hat, um mit Freundlichkeit und Mitgefühl zu gedeihen.* Unsere Aufgabe besteht darin, die Bedeutung von Freundlichkeit und Zuneigung anzuerkennen und sie in das *Zentrum* unserer Beziehung mit uns selbst, mit anderen und mit der Welt zu stellen. Fragen Sie sich deshalb selbst: Stehen für Sie wirklich Wärme, Sanftheit, Freundlichkeit, Unterstützung und Mitgefühl im Mittelpunkt Ihrer Beziehung zu sich selbst und Ihrer Versuche, sich durch die Tragödien des Lebens zu helfen? Haben Sie diese Qualitäten in das Zentrum Ihrer Beziehungen mit anderen gestellt, auch mit Menschen, die Sie nicht besonders mögen? Wenn Sie glauben, dass Sie das getan haben, ist das ganz wunderbar, aber ich habe den Verdacht, dass viele von Ihnen wissen, dass das gar nicht der Fall ist und dass Sie zu anderen nicht immer so liebevoll und freundlich sind, wie Sie sein könnten. Und natürlich habe auch ich meiner Familie gegenüber schon die Kontrolle verloren. Meine Frau glaubt sogar, ich würde trotz meiner Anstrengungen ein wenig zu einem mürrischen alten Mann werden. Mitgefühl ist eine ziemlich schwere Arbeit.

Aufgabe 5: Vernetzung und wechselseitige Abhängigkeit

Menschen haben viele Fähigkeiten ihres „neuen Gehirns/Denkens" im Laufe der letzten paar Millionen Jahre entwickelt. Während dieser Zeit lebten sie in relativ kleinen isolierten Gruppen von vielleicht 100 bis 200 Individuen. Zwischen den meisten Menschen gab es ein paar genetische Verbindungen, und natürlich waren einem alle Mitglieder der eigenen Gruppe vertraut und man hatte irgendeine Art von Beziehung mit ihnen. Viele Forscher glauben, dass diese Gruppen relativ egalitär waren zu der Zeit, als das Überleben davon abhing, dass man miteinander teilte und sich gegenseitig unterstützte. Tatsächlich könnte der Status innerhalb einer Gruppe davon bestimmt gewesen sein, wie altruistisch man war – davon also, dass man teilte, ehrlich und zuverlässig war –, und daneben andere Talente wie Geschicklichkeit bei der Jagd oder Weisheit besaß. Ferner entwickelten viele unserer „neuen Gehirne" die Fähigkeit, auf komplexe kooperative Weise über andere „Gehirne" nachzudenken und mit ihnen zu kooperieren. Ein anderer Aspekt von Mitgefühl ist also, dass man anerkennt, dass wir aufeinander angewiesen sind.

Die große Bedeutung des Gefühls, dass anderen etwas an uns liegt, strukturiert während des ganzen Lebens viele unserer Beziehungen und Gefühle. Vor ein paar Jahren haben die Sozialpsychologen Roy Baumeister und Mark Leary[17] einen bemerkenswerten Artikel über unser Bedürfnis veröffentlicht, uns „zugehörig" zu fühlen. Sie trugen eine Menge Beweismaterial zusammen, um die Sicht zu untermauern, dass wir Menschen ein sehr tiefes Bedürfnis nach einem Gefühl der Zugehörigkeit und einer Gruppenidentität haben. Stellen Sie sich vor, dass Sie vor 10 000 Jahren in einer kleinen Gruppe lebten und auf die Jagd gingen. Sie wissen, dass Mitglieder der Gruppe sich Sorgen um Sie machen werden, wenn Sie nicht zu einer bestimmten Zeit zurückkommen, und dann vielleicht nach Ihnen auf die Suche gehen. Sie fühlen sich wahrscheinlich weit sicherer, als wenn

Sie denken würden, dass sich niemand darum kümmert, ob Sie zurückkommen oder nicht – das heißt, wenn die Menschen in Ihrer Gruppe nicht unfreundlich oder entwertend, aber ziemlich gleichgültig gegenüber Ihrem Schicksal wären. Menschen möchten, dass man an sie denkt, wenn sie außer „Sichtweite" sind, und dass sie nicht vergessen werden. Wir haben ein Bedürfnis danach entwickelt, *positiv im Inneren anderer zu leben* – eine andere Form wechselseitiger Verbundenheit. Erinnern Sie sich daran, wie viele Geschichten und Drehbücher davon handeln, dass es für eine Gruppe ein Wert, eine Art Tugend ist, wenn sie umkehrt und das Gruppenmitglied sucht, das sich verlaufen hat oder zurückgelassen wurde. Menschen sind für außerordentlichen Heldenmut bei solchen Rettungsaktionen bekannt. Es ist mit Sicherheit unsere Abhängigkeit und gegenseitige Unterstützung gewesen, die uns die letzten paar Millionen Jahre haben überleben lassen.

Vernetztheit gibt uns die Grundlage für positive Beziehungen, für ein Gefühl von Zusammengehörigkeit und Freundschaft. Unsere Fähigkeit, zu kooperieren und zusammenzuarbeiten, voneinander zu lernen und einander zu unterstützen, ermöglicht uns, Wissenschaft zu treiben, Technologien zu entwickeln und Menschen auf den Mond zu bringen. Wir beziehen eine enorme Freude daher, dass wir Dinge zusammen machen – sei es Spielen in einer Fußballmannschaft oder in einem Orchester, oder wenn wir zusammen mit Freunden oder der Familie einen Film anschauen. Das vermittelt uns ein Gefühl von „Wir-heit", nicht nur „Ich-heit". Menschen mögen freundliches Zusammensein und streben danach. Wie schon bemerkt, kann die Art und Weise, wie wir voneinander abhängig sind und die Bedeutung von Zuneigung von anderen für die Entwicklung unseres Gehirns und für unser Gefühl von Sicherheit und Wohlbefinden entscheidend sein.

Es gibt zahlreiche Hinweise darauf, dass Freundschaften und das Gefühl, innerhalb eines Netzwerks von Individuen unterstützt und wertgeschätzt zu werden, für die psychische und physische Gesundheit wichtig sind. Wir wissen, dass Stress abnimmt und unser Immunsystem gestärkt wird, wenn wir in einem Netzwerk wertgeschätzt und unterstützt werden. Denken Sie an Viren: Sie haben in der Evolution eine sehr große Rolle gespielt – sie haben sogar unsere DNA beeinflusst – und waren dafür verantwortlich, dass einige Arten ganz verschwunden sind.

Die Grippeepidemie von 1918/19 hat mehr Menschenleben gefordert als der Erste Weltkrieg. Deshalb ist alles nützlich, was uns in unserer Fähigkeit, Viren zu bekämpfen und unser Immunsystem zu stärken, einen Vorteil verschafft. Positive soziale Beziehungen sind nicht nur Voraussetzung dafür, dass man Menschen hat, die sich bei Krankheit um einen kümmern, sondern sie haben auch unmittelbar eine Wirkung auf unser Immunsystem. Einige Ökonomen verwenden den Begriff „Sozialkapital", um die Vorteile zu benennen, die uns aus unserer Bereitschaft, uns wechselseitig zu unterstützen, und aus unserer Verbundenheit erwachsen. Aber es ist natürlich auch nützlich, an die physiologischen Vorteile unterstützender, vernetzter Beziehungen zu denken. Solche Beziehungen haben eine große Wirkung auf das System für Selbstberuhigung und Zustände der Zufriedenheit.

Zwischen der Steinzeit und dem Zeitalter des iPods liegt eigentlich nur eine relativ kurze Zeitspanne – gerade mal 10 000 Jahre. Ausgehend von kleinen isolierten Gruppen sind wir zu einer globalen Gemeinschaft geworden. Während wir aber ständig versuchen, wieder Netzwerke herzustellen, die uns miteinander verbinden, sind wir oft nicht in der Lage dazu. Zunehmend leben wir in abgetrennten Gemeinschaften. Die Vorstellung, dass sich junge Mütter zu Hause um ihre Kinder kümmern, hätte ein Gehirn der Steinzeit abscheulich gefunden; ebenso, dass viele ältere Menschen isoliert werden und allein leben, oft von der Familie getrennt. Wie wir unsere Kinder und Heranwachsenden in Schulen abtrennen, sie außerhalb der erwachsenen Gemeinschaft erziehen und versäumen, ihnen irgendein Gefühl von Zugehörigkeit zu bieten, ist eine weitere Anomalie. Und die gewaltigen Unterschiede an Ressourcen, die durch individuelles, egoistisches Streben erlangt werden können, das eindeutig verhindert, dass man miteinander teilt, ist auch eine Verirrung. Es gibt natürlich auch deutliche Vorteile, wenn man in einer modernen Gesellschaft lebt, aber jeder historische Überblick zeigt uns, wie elend in den letzten 10 000 Jahren das Leben der Armen in den meisten Gesellschaften gewesen ist: Zu viele Menschen lebten ein isoliertes, armseliges Leben, gefangen in elenden Umständen. Von Zeit zu Zeit gibt es im menschlichen Denken und in der Politik Impulse und Bewegungen, unsere Gesellschaften egalitärer zu machen, aber immer wieder werden diese Bemühungen von Gruppenkonflikten, protektionistischen Eliten, Konkurrenz und der Neigung, Ressourcen unter die eigene Kontrolle zu bringen, zunichtegemacht. Die Verschiebung in Großbritannien von der an Wohlfahrt orientierten Politik der 1950er und 1960er Jahre hin zu der Politik, die sich an der „Notwendigkeit orientiert, Wettbewerbsvorteile aufrechtzuerhalten", ist ebenso tragisch wie typisch. Leider löst der Ansatz des „Wettbewerbsvorteils" möglicherweise in fast jedem Bereich unseres Lebens die Vernetzung langsam auf. Zum Teil liegt das daran, dass Menschen weit weniger Zeit dafür haben, ihre unterstützenden Netzwerke zu pflegen.[18] Üblich ist es, nach Hause zu kommen, eine Flasche Wein aufzumachen und sich starrenden Blickes vor den Fernseher zu setzen. Aus genau diesem Grund ist auch Alkohol zu einem wichtigen und zunehmenden Problem geworden.

Es ist auch besorgniserregend, wie viele ältere Menschen einschneidende Veränderungen des Gefühls von Verbundenheit an ihrem Arbeitsplatz wahrgenommen haben. Dies ist das Ergebnis des Verfalls der Verhältnisse, die einst durch Gruppensolidarität unterstützt wurden und die durch ein konkurrenzfähigeres Ich-zuerst-Denken ersetzt wurden. Dem fällt oft als Erstes die Zeit zum Opfer, z. B. Probleme mit Kollegen zu durchdenken. E-Mails, mit denen auf einen Notfall nach dem anderen reagiert wird, werden ohne viel Nachdenken abgeschickt. Die elektronische Kommunikation bedeutet den Verlust von Färbungen der Stimme und Signalen, die der Gesichtsausdruck vermittelt, die normalerweise im Gehirn die Amygdala stimulieren, die dafür unverzichtbar ist, wie wir Mitteilungen interpretieren und empfinden. Wir können nicht unterscheiden, ob die Person, die die Botschaft sendet, humorvoll, kritisch oder einfach unter Stress ist. Zudem gibt es ständig Reorganisationen, die verändern, mit wem man zusammenarbeitet und in Beziehung ist, und die damit Stabilität untergraben – und das alles in dem Versuch, Wettbewerbsvorteil zu finden und Effizienz zu steigern.

Der National Health Service pflegte als eine komplexe, vernetzte Gruppe von Menschen zu arbeiten, die zu kooperieren versuchten. Jetzt ist er in Geschäftseinheiten oder Gruppen aufgespalten, die miteinander konkurrieren. Das Konzept, dass Ärzte und Patienten, primäre und sekundäre Versorger und freiwillige und institutionalisierte Sektoren miteinander kooperieren, wurde von einer Regierung nach der anderen als *etwas Schlechtes* gesehen. Vielmehr sollten sie miteinander konkurrieren und versuchen, einander zu unterbieten. Es gibt natürlich zahllose Geschichten von Betrügereien – zum Beispiel durch Umcodieren von Trolleys zu Betten –, aber es liegt vor allem an dem von Konkurrenz bestimmten, zielgetriebenen System, das Menschen einen Anreiz bietet, sich auf so eine unmoralische Weise zu verhalten, nicht unbedingt an den Menschen selbst. Viele praktische Ärzte beklagen den Zerfall der „Familien-Medizin" – das heißt der Beziehungs-Medizin – zugunsten einer schnellen mechanischen Körpermedizin, bei der es nicht darauf ankommt, wer der Arzt ist. Die Zeit, wirklich zuzuhören und mit den Patienten Beziehungen zu entwickeln, wird sehr stark beschnitten. Die Regierungen hoffen, dass Privatunternehmen (die sich natürlich die Rosinen herauspicken) effizienter sind – und natürlich definieren sie die Parameter der Effizienz, die selten auf die Langzeitwirkungen schaut. Unglücklicherweise müssen wir feststellen – ob wir die Eisenbahnen, Trinkwasserversorger oder andere nationale Dienstleister betrachten –, dass Wettbewerb und private Unternehmerschaft wirklich schlechte Qualität produzieren. Damit nationale Dienstleistungen erbracht werden können, ist es in Wirklichkeit nötig, dass Menschen kooperieren und nicht in kleine miteinander konkurrierende Gruppen fragmentiert werden. Die Gefühle, die wir bekommen, wenn wir entweder in kooperativen oder in konkurrierenden Gruppen leben, haben sehr unterschiedliche Wirkungen auf unsere Psyche, auf unsere Werte und darauf, wie unser Gehirn und unser Körper funktionieren. John Seddon zeigt in seinem neuen Buch, *Systems Thinking in the Public Sector*[19], in brillanter Weise, dass der Fokus darauf, Ziele zu setzen, falsch ist. Damit werden die Menschen miteinander und mit ihren Kunden in konträre Positionen gebracht. Ist seelenlose Effizienz wirklich das, was wir wollen? Es ist eine große Herausforderung, weil wir natürlich stattdessen keine ineffizienten Systeme haben wollen, die schlechte Qualität produzieren. Aber wie Seddon sagt, wir müssen radikal überdenken, wie wir uns zu kooperativeren, interdependenten Netzwerken organisieren können.

Die Krise geht aber noch tiefer. Vor ein paar Monaten bestieg ich auf meinem Weg zum Flughafen einen überfüllten Zug und konnte keinen Sitzplatz bekommen. Beim Einchecken geriet ich dann aufgrund schlechter Organisation in lange Warteschlangen. Einige Leute wurden zunehmend ärgerlich, und die Dame hinter mir sagte: „Weil wir wenig bezahlen, behandeln sie uns wie Vieh." Mir fiel auf, dass das eine verbreitete Erfahrung ist. Ob man versucht, jemanden über eine Hotline zu erreichen, einen Termin bei einer Behörde zu bekommen oder auch nur mit dem Zug oder mit dem Flugzeug zu reisen – weil Dienstleistungen so unterfinanziert sind, machen wir alle die Erfahrung, gering geschätzt und wie Vieh behandelt zu werden. Wir sind Waren, die auf einem Fließband bearbeitet werden. Wir erleben unsere Welt als zutiefst lieblos und gleichgültig. In jedem Bereich unseres Lebens haben wir das Gefühl: „Wir sind ihnen einfach egal", auch wenn wir nicht immer genau wissen, wer „sie" sind. Am Gewinn orientierte Effizienz verkrüppelt unsere Herzen. Wir können Dinge billig herstellen, aber wir werden dann auch so behandelt. Das Gefühl, in unserer Gruppe wertgeschätzt zu werden, verblasst schnell, und das verstärkt noch das Gefühl, dass wir versäumen, eine Welt zu schaffen, die dazu beiträgt, dass wir glücklich leben.

Ein anderer Grund, weshalb Vernetzung um uns herum lückenhaft ist, besteht darin, dass wir jetzt mit so vielen verschiedenen Arten von Publikum arbeiten müssen. Vor zehntausend Jahren wuchs man in seiner Gruppe auf und man kannte jeden von dem Tag an, an dem man geboren wurde, bis zu dem Tag, an dem man starb. Beziehungen beruhten auf Ehrlichkeit, auf Leistungen für die Gruppe und auf Beständigkeit und Zuverlässigkeit. Heute geht es bei Beziehungen mehr darum, andere zu beeindrucken. Menschen fühlen sich oft wie Schauspieler auf einer Bühne und ihr Leben gleicht immer mehr einer Aufführung, die einer öffentlichen Beurteilung ausgesetzt ist, und Richter – offene oder verdeckte – sind überall.

Wie kann man andere mit seinen Talenten und seiner Nützlichkeit beeindrucken? Sozialer Vergleich schleicht sich hier ein. Jane wurde oft von Fragen wie dieser geplagt: „Halten mich meine Freunde für eine gute Mutter?" und „Sollte ich mehr mit meinen Kindern machen?" Unser Gehirn wurde von der Evolution sehr sensibel dafür gemacht, was andere über uns denken, denn alles, was gute Beziehungen mit anderen fördert, ist auch gut für unsere mentale und körperliche Gesundheit. Aber wenn wir auf einem Gebiet mit vergleichsweise Fremden übersensibel sind, riskieren wir, den theatralischen Aufwand, den wir treiben, und die Beurteilungen unserer Auftritte überzubewerten.

Gute Beziehungen

Statt zu versuchen, Menschen damit zu beeindrucken, wie talentiert, kompetent und souverän wir sind, gibt es eigentlich eine bessere Möglichkeit, gute Beziehungen zu fördern, eine, die uns glücklicher machen kann. 1939 schrieb der Geschäftsmann und Pädagoge Dale Carnegie das Buch *How to Win Friends and Influence People*[20], das ein Bestseller mit vielen Millionen verkauften Exemplaren wurde. Es ist ein ungewöhnliches Buch – einfach, direkt und klar. Seine Botschaft lautet: „Lerne zuzuhören und interessiere dich ehrlich und aufrichtig für andere Menschen und konzentriere dich *auf sie*." In gewisser Weise knüpfte Carnegie an die alte spirituelle Tradition an, eine mitfühlende Orientierung auf andere hin zu entwickeln. Nach Carnegie sollten wir diese Art und Weise, bei anderen Menschen zu sein, nicht deshalb fördern, weil sie von irgendeinem göttlichen Wesen verlangt wird. Wir wissen, dass Carnegie absolut recht hatte: Pflegen liebevoller Beziehungen mit anderen ist ganz entscheidend für unser Glück und Wohlbefinden. Wir haben aber Gesellschaften aufgebaut, die dies weder lehren noch dazu inspirieren. Selbst bei unseren Unterhaltungsspielen geht es zunehmend um Spannung, Gewalt und brutale Kämpfe zwischen Gut und Böse.[21]

Kehrseite

Aber – Sie ahnen es schon – viele Dinge, die die Evolution uns hinterlassen hat, können sowohl Segen als auch Fluch sein, und so ist es natürlich auch mit der Verbundenheit. Die Kehrseite ist, dass wir schrecklich leiden, wenn wir uns getrennt, isoliert, allein, ungewollt und ungeliebt fühlen. Unser Bedürfnis nach Verbundenheit bringt uns sogar dazu, uns mit anderen zu vergleichen und uns zu fragen, ob wir „wie" sie sind und ihren Erwartungen entsprechen, ob wir von ihnen akzeptiert werden, ob wir passend sind und ob wir zum Team gehören.

Oder sind wir unwichtige Außenseiter, die sich immer anstrengen müssen, um sich als „wert“ zu beweisen? Je nach dem Auf und Ab unserer Stimmungen haben wir dann vielleicht das Gefühl, zu unserer sozialen Welt zu gehören oder nicht. Wenn wir deprimiert sind, kann es sein, dass wir das schmerzliche Gefühl haben, nicht dazuzugehören, und dass wir uns nicht als Teil unserer Welt fühlen und von anderen getrennt und abgeschnitten. Diese Gefühle können extrem schmerzhaft sein.[22] Die Aufgabe besteht also darin, zu lernen, wie wir diese Aspekte von uns selbst verstehen können, und die Fähigkeiten für Gefühle und Verhaltensweisen zu lernen, die wechselseitige Verbundenheit und Beziehung ermöglichen, und sie dann zu leben.

In späteren Kapiteln werden Sie einer Reihe von Übungen begegnen, mit denen Sie lernen können, Gefühle der Verbundenheit zu imaginieren und auf andere zuzugehen. In vielen spirituellen Traditionen fokussieren Menschen auf Verbundenheit mit spirituellen Wesen. Im Buddhismus kann man sich zum Beispiel auf Verbundenheit mit den „Drei Juwelen“, d. h. dem Buddha, der Lehre und der Gemeinschaft konzentrieren. Zugleich sollte man aber an Verbundenheit und Beziehung nicht wie an einer Droge hängen oder „sie unbedingt haben müssen“. Man kann lernen, wie man auch die Erfahrung der Getrenntheit akzeptieren kann. Wir werden dies viel leichter finden, wenn wir in uns Freundlichkeit und Wärme uns selbst gegenüber haben.

Eine andere Kehrseite unseres Bedürfnisses, zu kleinen Gruppen zu gehören, ist die Tatsache, dass wir manchmal glauben, wir müssten, um uns verbunden zu fühlen, unsere Individualität aufgeben und mit der Gruppe verschmelzen und ihre Werte, ihre inneren Haltungen und Verhaltensweisen annehmen, damit wir wie sie sind. Wir kleiden uns wie die Menschen um uns herum, essen dasselbe, hören dieselbe Musik und nehmen dieselben religiösen Werte an. Es ist leicht für uns, andere Kulturen zu betrachten – zum Beispiel Kinder in Uniform, die Fähnchen schwenken und Loblieder auf ihren Präsidenten oder Führer singen – und den Schluss zu ziehen, dass sie einer „Gehirnwäsche“ unterzogen wurden. Wir können andere Menschen beobachten, wie sie wie Schafe geführt werden und sie in vieler Hinsicht als eine unterwürfige Menge betrachten. Aber wir schauen nicht auf uns selbst und erkennen, dass wir genau demselben Druck zum Opfer gefallen sind, dass unsere Werte in hohem Maße von anderen für uns geschaffen wurden und dass wir, wenn wir in jenen Kulturen lebten, uns ebenso verhalten und denken würden wie sie. Wir würden auch Fähnchen schwenken und wir würden uns mit ihren Augen sehen. Was meinen Sie, warum ist die Modeindustrie Milliarden wert? Warum sind Menschen so sehr damit beschäftigt, sich miteinander zu vergleichen und dieselben Dinge zu wollen? Woher kommt das Verlangen, eine bestimmte Körperform zu haben? Wir alle unterwerfen uns aufgrund unseres Bedürfnisses nach Verbundenheit Gruppennormen – aber dieses Bedürfnis birgt Risiken. Das offensichtliche Risiko besteht für unser Identitätsgefühl, aber ein Bedürfnis nach Konformität kann auch, wie oben besprochen, zu Stammesdenken führen, und das ist (und war immer) eine der Quellen für unsere schlimmsten Gräueltaten. Es wird geschätzt, dass allein im letzten Jahrhundert Menschen in diversen Kriegen und Konflikten über 200 Millionen Artgenossen getötet haben, ganz zu schweigen von denen, die gefoltert und psychisch vernichtet, eingesperrt und misshandelt wurden.

Sie sehen also, dass das Bedürfnis nach Verbundenheit und Beziehung an der Wurzel einiger der wunderbarsten Gefühle ist, die wir erleben können, und wenn wir zusammenarbeiten und einander unterstützen, können wir viel erreichen. Aber ohne Anteilnahme kann es auch der Stoff von Albträumen sein: von Entfremdung, tiefer Einsamkeit, Verzweiflung, Zerstörung, Stammesdenken und Hass. Unsere fünfte Aufgabe besteht also darin, die enorme Bedeutung unseres Bedürfnisses und unseres Verlangens nach Verbundenheit und auch ihre Gefahren zu erkennen.

Aufgabe 6: Die Bedeutung der individuellen Unterschiede

Menschen bilden natürlich eine einzige Spezies, und in vielerlei Hinsicht sind wir miteinander identisch und unterscheiden uns sehr von anderen Tieren. Wenn wir uns nicht vorstellen könnten, dass andere Menschen Dinge so sehen oder verstehen, wie wir das tun, wären wir einander fremd, aber das sind wir eben nicht. Einer der Gründe, weshalb wir so kommunizieren und kooperieren, wie wir das tun, besteht darin, dass wir unseren eigenen Geist benutzen, um über das zu urteilen, was im Geist anderer Menschen vor sich geht. Hier liegt aber das Problem – diese Annahme der Ähnlichkeit kann Verwirrung verursachen. Wie oft haben wir gedacht: „Wenn ich in der Haut dieses Menschen steckte, hätte ich das nicht getan, gesagt oder gefühlt"? Wir benutzen unsere eigene innere Erfahrung von Gefühlen und unser Identitätsgefühl, um einen anderen Menschen zu beurteilen – obwohl seine Werte und Denkweisen und Gefühle vielleicht ganz anders sind als unsere. Die Forschung hat gezeigt, dass sich Radfahrer und Fußgänger deshalb über rücksichtslose Autofahrer ärgern, weil sie von sich glauben, sie seien doch gut sichtbar, während das aus der Perspektive der Autofahrer ganz anders aussieht. Die Forschung meint auch, dass wir, wenn wir jung sind, von der Annahme ausgehen, dass Menschen die Welt genauso sehen wie wir. Wenn wir dann reifer werden, sehen wir allmählich, dass dies nicht wirklich der Fall ist, und so müssen wir unsere Wahrnehmung ändern und anfangen, über alle die Möglichkeiten nachzudenken, wie andere Menschen ganz anders sein können als wir – von ihrem Geschmack, ihrer Persönlichkeit, ihren Werten und Urteilen bis hin zu ihrer Anfälligkeit für Krankheiten. Diese Fähigkeit, *Empathie für Unterschiedlichkeit* zu haben, für Unterschiede offen zu sein, daran zu denken, wie andere Menschen sich vielleicht von einem selbst unterscheiden, ist ein sehr wichtiger Schritt auf dem Weg zu Mitgefühl – und er ist nicht immer leicht.

Wenn man zum Therapeuten ausgebildet wird, lernt man sich vorzustellen, der Klient zu sein und die Welt mit seinen Augen zu sehen. Es kann sein, dass man sich sehr darum bemühen muss; es funktioniert nicht automatisch – aber es ist möglich. Ein anderes wichtiges Erfordernis für den Therapeuten besteht darin, die dunkleren Bereiche der eigenen Psyche zu erkunden. Therapeuten, die Angst vor ihren eigenen problematischen Begierden und Phantasien haben, und sie nur in der Psyche anderer und nie als Teil der in der Evolution entstandenen Psyche von uns allen sehen, werden es mit manchen Patienten schwer haben. Es ist wichtig, zu verstehen, dass unsere Psyche eine „Schattenseite" hat, wie C. G. Jung es nannte. Das ist auch der Grund, weshalb manche Menschen z. B. von Horrorfilmen angezogen sind – sie wollen diese Schatten als Handlung anderer sehen, so dass sie zu Zuschauern werden und sich für solche Phantasien oder Leidenschaften nicht verantwortlich fühlen müssen.

Schatten werden zum Teil dann erzeugt, wenn unser Identitätsgefühl in sozialen Gemeinschaften geformt wird. Die Spartaner, die vor über 2000 Jahren in Griechenland lebten und für ihre Kampftüchtigkeit berühmt waren, hatten kein Problem mit homosexuellen Gefühlen und lobten sie sogar, wohingegen viele Christen es tief verstörend fänden, wenn sie solche Begierden in sich entdeckten. Sie würden versuchen, sie loszuwerden oder zu verdrängen. Jungs Auffassung war, dass manche Menschen, die vehement gegen bestimmte Dinge sind, „ihre Schatten projizieren" könnten – in anderen Menschen Dinge sehen und angreifen, die sie in sich selbst nicht konfrontieren können. Dazu würde zum Beispiel der Mann gehören, der seine Frau kritisiert oder sie meidet, wenn sie weint, weil das durch Resonanz eine tiefe Traurigkeit in ihm selbst zum Schwingen bringt. Er hat Angst vor seiner eigenen Verletzlichkeit und davor, dass er selbst in Tränen ausbrechen könnte. Deshalb möchte er solche Gefühle nicht wahrhaben oder möchte nicht, dass jemand ihn daran erinnert. Menschen unterscheiden sich also darin, was sie in sich selbst konfrontieren können und was sie möglicherweise projizieren.

Wir gehen auch von Annahmen der Ähnlichkeit aus, wenn es um Themen von Freiheit und um Rechte geht. Historisch haben Menschen natürlich immer wieder versucht, andere Menschen zu beherrschen, und manche Gruppen als unterlegen und minderwertig gesehen. In vielen Kulturen und Gesellschaften wurden Verachtung und Hass gegenüber anderen kultiviert, um ihre Unterwerfung, Ausbeutung, Versklavung und Vernichtung zu rechtfertigen.[23] Die Menschen haben lange dem armen lieben Gott die Schuld gegeben. In einer bestimmten Periode der Geschichte hat man geglaubt, dass Gott über das Leben der Menschen entscheidet und bestimmt – dass der König König sein sollte und der Bauer Bauer, dass Männer über Frauen und Weiße über Schwarze herrschen sollten. Und danach war es natürlich auch Gottes Wille, dass ein Stamm einen anderen verfolgte und versklavte, den er in dem Moment gerade nicht begünstigte. Die Dinge haben sich allmählich verändert, und manche Gruppen haben jetzt entschieden, dass Gott eigentlich etwas anderes im Sinn hat: „In den Augen Gottes sind alle gleich geschaffen."

Nun ist es wichtig, dies als eine moralische Aussage darüber zu sehen, wie wir einander behandeln, wertschätzen und respektieren. Ebenfalls wichtig ist das buddhistische Prinzip, dass wir alle nach Glück streben und niemand leiden will. Diese moralischen Perspektiven sind entscheidend, weil wir *nicht* alle gleich geschaffen sind. Unsere Gene umfassen einen großen Bereich von Ungleichheit und Unterschiedlichkeit, weil sie bestimmend für unsere Fähigkeiten und für unsere Anfälligkeit z. B. für Krankheiten sind.

Es gibt Untersuchungen über eineiige (monozygotische) und zweieiige (dizygotische) Zwillinge, die zeigen, wie wichtig unsere Gene sind. Identische Zwillinge stammen aus derselben Eizelle und haben zu 100 Prozent dieselben Gene. Dies erlaubt Forschern, verschiedene Eigenschaften zu vergleichen und die Unterschiede bei identischen Zwillingen zu erforschen, die nach der Geburt getrennt wurden und sich erst später wieder begegneten. Diese ersten Begegnungen haben den Stoff für ein paar außergewöhnliche Geschichten geliefert, wie zum Beispiel, dass Brüder entdeckten, dass ihre Frauen dieselben Vornamen und Berufe hatten oder dass sich herausstellte, dass sie sehr ähnliche Kleider bei demselben Outlet gekauft hatten – ein paar wirklich erstaunliche Einzelheiten. Sie glauben möglicherweise, dass *Sie* es sind, dem der blaue Rock oder die pinkfarbene Bluse mit dem dunklen Jackett gefällt – aber was meinen wir mit „Sie“ oder „ich“, wenn unsere Gene hier eine Hauptrolle spielen? Seltsam, nicht wahr?

Diese Zwillingsstudien haben uns auch ermöglicht, Anfälligkeiten für Krankheiten wie Krebs und auch wichtige Unterschiede in unseren Persönlichkeiten zu untersuchen. Forscher haben fünf entscheidende Dimensionen der Persönlichkeit unterschieden: Neurotizismus, Gewissenhaftigkeit, Offenheit für Erfahrung, Extroversion und Verträglichkeit. Menschen unterscheiden sich darin, wie sie diese Eigenschaften erleben und ausdrücken und auch, wie diese in Mustern kombiniert in Erscheinung treten. Verträglichkeit scheint mit einer Tendenz zu Mitgefühl verbunden zu sein, während Neurotizismus mit einer Tendenz assoziiert ist, die Welt eher als bedrohlich zu erleben und für Angst und Depression anfällig zu sein. Es gibt zunehmend Belege dafür, dass einigen extremen destruktiven Verhaltensweisen, wie jenen, die man bei psychopathischen und paranoiden Persönlichkeiten beobachtet, eine genetische Komponente zugrunde liegt. All das erfordert natürlich für eine differenzierte Betrachtungsweise von Themen um Verantwortung für Verbrechen und um Strafe.

Eine andere Dimension der Persönlichkeit, die von Simon Baron-Cohen und seinen Kollegen im Zusammenhang ihrer Forschung über Autismus untersucht wurde[24], ist die Unterscheidung von „Empathikern" (empathizers) und „Systematikern" (systematizers). Sie kann auch dafür relevant sein, wie leicht es jemand hat, Mitgefühl zu entwickeln. Das Gehirn von Empathikern ist darauf hin orientiert, die Psyche anderer zu verstehen und ihre Gefühle intuitiv zu erfassen und auf sie einzugehen. Systematiker anderseits sind gut im Verstehen von Systemen und mechanischen Dingen. Sie können sehr schnell Muster in Systemen und Regelmäßigkeiten erkennen. Sie sind wie Computer und können ihr Auto reparieren, aber sie sind vielleicht weniger gut darin, mit komplexen Emotionen und sozialen Beziehungen umzugehen. Empathiker und Systematiker erleben die Welt und ihre Beziehungen deshalb sehr unterschiedlich. Es ist wenig erforscht, wie leicht oder wie schwer sich Empathiker und Systematiker mit der Entwicklung von Mitgefühl tun, oder ob sie Mitgefühl vielleicht auf unterschiedliche Weise empfinden und ausdrücken.

Unternehmen haben auch verschiedene Ansätze, wie sie individuelle Unterschiede verstehen. Sie sind sich bewusst, dass manche Menschen gute Führungskräfte sind und inspirieren können, und dass andere gute Offiziere abgeben, gewissenhaft sind, auf Details achten und dafür sorgen, dass Dinge korrekt ausgeführt werden. Und wieder andere sind kreativ und haben Ideen. Gute Firmen arbeiten mit den Qualitäten, die die Leute mitbringen, statt zu versuchen, sie zu etwas zu machen, was sie nicht sind. Probleme entstehen natürlich, wenn man Dinge machen will, die einem nicht wirklich liegen. Zum Beispiel streben manche Menschen nach Führungspositionen, weil sie gern bestimmen und viel Geld verdienen möchten, trotz der Tatsache, dass ihre Führungsqualitäten sehr dürftig sind. Sie sehen, dass wir die individuellen Unterschiede anerkennen und respektieren sollten. Wenn wir einfach davon ausgehen, dass wir die Welt alle auf dieselbe Weise sehen, bekommen wir Probleme. Wenn wir aber lernen, Unterschiede wertzuschätzen, können wir darauf aufbauen.

Individuelle Unterschiede wirken sich auf die Beziehungen zwischen Jung und Alt und natürlich auch auf die zwischen Männern und Frauen aus, die im Laufe der Evolution unterschiedliche sexuelle Strategien entwickelt haben.[25] Eine Frau wählt die Gene für ihre relativ wenigen Nachkommen sehr sorgfältig aus. Ein Mann auf der anderen Seite kann Tausende von Kindern zeugen, und deshalb ist es in seinem genetischen Interesse, weit weniger wählerisch und opportunistischer zu sein. Viele Selbsthilfebücher über Beziehungen haben diesen Unterschied und die Tatsache angesprochen, dass Männer und Frauen über Sex und tatsächlich auch über Beziehungen sehr unterschiedlich denken. Wenn Paare dies erkennen und daran arbeiten und wenn sie bereit sind, Kompromisse zu suchen, kann alles gut gehen. Jeder Partner möchte aber, dass der andere freundlich und nicht unfreundlich ist, mitfühlend und nicht kalt und herzlos, Interesse zeigt und nicht gleichgültig ist – er soll Qualitäten haben, die die Beziehung erhalten, und nicht nur sexuell attraktiv sein.

Individuelle Unterschiede sind sehr wichtig, wenn es um medizinische Behandlung, besonders um Medikation geht. Man denke zum Beispiel daran, wie unterschiedlich Menschen auf Alkohol reagieren. Manche Menschen, besonders die aus bestimmten asiatischen Ländern, haben ein Gen, das sie sehr krank macht, wenn sie auch nur kleine Mengen zu sich nehmen. Manche trinken und schlafen dann ein (zu denen gehöre ich – ich wache dann ein paar Stunden später mit einem Kater auf). Manche werden immer enthemmter – und witzig oder peinlich, je nach Sichtweise –, andere brauchen nicht viel Alkohol, bis sie aggressiv werden. Leider sind die Gefängnisse voll von Menschen, die eigentlich ganz verträglich sind, wenn sie nicht trinken, die aber streitlustig und gefährlich werden, wenn sie etwas trinken. Häusliche Gewalt geht zum größten Teil auf Alkohol zurück. Wenn Alkohol so unterschiedlich wirkt, dann erinnert das an Antidepressiva: Manche Menschen profitieren davon, während sie bei anderen starke Nebenwirkungen haben und weit weniger guttun. Neuere Untersuchungen haben mögliche genetische Unterschiede zwischen denen, die auf ein bestimmtes Antidepressivum reagieren, und denen, die nicht darauf reagieren, zum Gegenstand.

Wir wissen auch, dass Menschen sehr in ihren Talenten und Fähigkeiten variieren. Ich wäre sehr gern Rock-Gitarrist geworden. Es gibt einen anderen Paul Gilbert, der wirklich ein ziemlich brillanter Gitarrist ist, aber leider bin ich das nicht, weil ich kein musikalisches Gehör habe, mit Zeitintervallen und Takt meine Mühe habe und überhaupt musikalisch nicht sehr talentiert bin. Es macht mir trotzdem Spaß, wenn ich so für mich hin spiele. Ich wäre zudem gern Kricketspieler geworden, aber auch darin war ich ziemlich schlecht, obwohl ich mein Bestes gegeben und viel trainiert habe. Es kann eine ziemlich traurige Erkenntnis sein, dass wir für die Dinge, die wir liebend gern täten, vielleicht gar nicht geeignet sind. Natürlich schlägt das allen ziemlich dümmlichen Vorstellungen ins Gesicht, die sagen, man könnte alles tun oder sein, wenn man es nur intensiv genug will. Wie oft haben Lehrer und Eltern Kindern das gesagt und ihnen damit das Gefühl vermittelt, dass mit ihnen etwas nicht stimmen kann, wenn sie es nicht schafften. Es hat keine Rolle gespielt, wie sehr ich in den Kricketnetzen trainiert habe oder wie viele Stunden ich mit meiner laut gestellten Gitarre verbracht und die Nachbarn damit genervt habe – es sollte für mich einfach nicht sein. Wir können dieselbe Sicht gegenüber unserer körperlichen Erscheinung, unseren technischen Fähigkeiten und so weiter einnehmen. Im Grunde ist es ein sehr wichtiger Schritt in Richtung Mitgefühl, wenn wir diese Unterschiede anerkennen, sowohl bei uns als auch bei anderen. Wir leben nicht in einer Welt der Gleichheit. Unsere Gene und unsere Lebenserfahrungen machen uns ungleich.

Das Verständnis, dass wir in so vielerlei Hinsicht individuell verschieden sind, führt nun zu einer Reihe von Aufgaben und Problemen auf unserem Weg zu Mitgefühl. Wir müssen lernen, wie man für das Denken und die Psyche anderer Menschen empathisch ist und Neugier entwickelt. Wir müssen anerkennen, dass Werte, Wahrnehmungen und Denkweisen sehr verschieden sind. Es gibt zum Beispiel Hinweise darauf, dass eine genetische Komponente eine Rolle dabei spielt, warum manche Menschen von rechter Politik und autoritären Führungsstilen angezogen sind, während andere an egalitären Prinzipien und liberalen Werten orientiert sind. Manche Menschen können für die Gefühle anderer sehr sensibel sein, während anderen diese Sensibilität völlig zu fehlen scheint. Manche scheinen in der Lage zu sein, auf den Höhen und Tiefen des Lebens wie Korken auf dem Meer zu schwimmen, während andere ziemlich leicht untergehen. Aufgrund ihrer Persönlichkeiten kann es für manche Menschen viel leichter sein, Mitgefühl zu entwickeln, als für andere. Das bedeutet aber nicht, dass letztere diese Qualitäten überhaupt nicht entwickeln können. Ich bin vielleicht kein toller Gitarrenspieler, aber ich kann ein bisschen spielen und ich genieße jetzt mein eigenes Können dabei.

Die Anerkennung der Tatsache, dass wir individuell verschieden sind, bedeutet auch, dass wir mit Neid umgehen lernen und *unsere Begrenzungen akzeptieren* müssen. Neid ist mit unserer Tendenz verbunden, uns mit anderen zu vergleichen und zu wünschen, wir wären wie sie. Manchmal versuchen wir, uns an Menschen zu orientieren, die wir bewundern, oder an solchen, von denen wir meinen, dass sie mehr im Leben stehen als wir. Das ist zwar verständlich, es kann aber leicht zu Selbstentwertung führen, wenn wir nicht in der Lage sind, unsere Grenzen zu akzeptieren, uns so zu akzeptieren, wie wir *in diesem Moment – genau jetzt* – sind. Manchmal kann es uns ärgerlich oder wütend machen, wenn wir materielle Lebensqualität bei anderen sehen, die verglichen mit unserer eigenen viel höher zu sein scheint. Es kann also wirklich sehr schwer sein, sich mit diesem „so bin *ich*" und „dies ist das Leben, in dem *ich* bin" abzufinden. Wir müssen aber sehen, dass wir leichter Frieden und Zufriedenheit in uns finden, wenn wir uns so, wie wir sind, und das Leben, so wie es ist, annehmen. Dies ist absolut kein Standpunkt passiver, niedergeschlagener Resignation, sondern es geht dabei eher darum, was wir jetzt mit dem, was wir haben, machen können. Es geht darum, „im Moment zu sein", und nicht in einem Zustand des Bedauerns und mit „Wenn ich nur …" oder „Ist das nicht unfair?" oder „Ich hätte …" oder „Ich sollte besser, fähiger oder kompetenter sein … Warum reicht es bei mir nicht?" und so weiter zu leben. Aber wie anfangs gesagt, dies ist eine große Herausforderung: Es ist nicht leicht.

Als ich meine Ausbildung zum Therapeuten machte und Menschen zu helfen versuchte, pflegte ich zu meiner Supervisorin zu sagen, dass es meinen Patienten viel besser gehen würde, wenn sie mit jemandem mit viel mehr Erfahrung arbeiten würden, als ich damals hatte. In gewissem Sinn war das natürlich wahr. Meine Supervisorin, eine weise und freundliche ältere Dame, wies aber darauf hin, dass dies die Essenz des Lebens ist. Wir können das Leben im Schatten eines „wenn nur" leben, oder wir können das Beste daraus machen und wertschätzen, wo wir in diesem Moment sind. Die Frage lautete für mich also nicht: „Wie kann ich am ersten Tag 20 Jahre Erfahrung haben?", denn das war nicht möglich. Jeder muss genau denselben Weg gehen, den ich damals gehen musste: von unerfahren zu erfahren. Es gibt keine andere Möglichkeit. Meine Supervisorin wollte, dass ich mir vielmehr die Frage stellte: „Wie kann ich der beste junge, unerfahrene Therapeut im Rahmen meiner gegebenen Möglichkeiten sein?" Es war in gewisser Hinsicht eine harte Lektion, aber sie half mir, mich der Realität meiner Grenzen zu stellen: Ich konnte nur sein, was ich sein konnte.

Wir müssen nicht nur mit unseren Beschränkungen fertig werden, wir müssen auch anerkennen, dass andere auf manchen Gebieten wirklich besser *sind* als wir. Dies ist eigentlich der Grund, weshalb wir genießen, ins Theater zu gehen, Musik zu hören oder Sport zu sehen. Wir hören oder sehen, wie Menschen etwas erschaffen und Dinge machen, die wir selbst nicht machen können, und wir schätzen sie dafür – obwohl wir natürlich im Sport, wenn sie nicht gewinnen, weit von jeder Wertschätzung entfernt sein können. Die Fähigkeit, die Talente, Eigenschaften und Attribute anderer wertzuschätzen, ist ein entscheidendes Element von Mitgefühl, sie kann aber auch von Neid und Selbstunsicherheit untergraben werden. Zu Mitgefühl gehört deshalb, dass man lernt, Talente anderer wertzuschätzen, und *sich für die anderen zu freuen.*

Individuelle Unterschiede zwischen uns sind also in vielen Bereichen unseres Lebens äußerst wichtig. Die Ursache für solche Unterschiede liegt in unseren Genen, darin, wie sie kombiniert sind und interagieren, wie unsere Lebensgeschichte mit unseren Genen interagiert und unser Gehirn und unseren Körper formt, in der Art sozialer Arenen, in denen wir aufgewachsen sind, und den Werten, die wir angenommen haben, und den Dingen, die wir gelernt haben – und das ist nicht alles. Aber es ist so, wie der Dalai Lama sagt: „Alle streben nach Glück, niemand nach Leiden."

Aufgabe 7: Innere Beziehung und Verbundenheit in uns selbst

Unsere siebte Aufgabe führt uns dahin, wie wir denken und was für eine Beziehung wir zu unseren eigenen Potentialen, Emotionen, Motivationen und so weiter haben. Viele Selbsthilfebücher fokussieren darauf, dem Leser zu zeigen, wie er denkt oder Dinge interpretiert, wie seine Gefühle funktionieren und wie er Verhalten plant und angeht, das für ihn voraussichtlich nützlich sein wird, und ihm zu helfen, seine Fertigkeiten und Fähigkeiten zu entwickeln. Dies ist soweit alles gut und schön. Vor dem Hintergrund der Tatsache aber, dass sich unser Gehirn für soziale Beziehungen entwickelt hat, ist es nützlich, zu berücksichtigen, dass unsere innere Welt voller Beziehungen ist, die „sozialen Beziehungen gleichen". Mit anderen Worten, es geht darum, wie Teile von uns oder verschiedene Systeme in unserem Gehirn miteinander in Beziehung sind.

Es ist so, als hätten wir eine Reihe verschiedener potentieller Figuren in unserem Kopf, die alle lernen müssen, wie sie miteinander interagieren können. So kann ich meine Gedanken, die von Ärger oder Wut geprägt sind, als Teil meines ärgerlichen oder wuterfüllten Selbst sehen (das mit einem bestimmten Aktivierungsmuster in meinem Gehirn verknüpft ist). Wenn wir uns zum Beispiel selbst entwerten oder verurteilen, sind wir durch den Teil des Selbst mit uns selbst in Beziehung, der von Konkurrenz bestimmt und verächtlich ist, und wir stimulieren ein besonderes Muster, in dem unsere Gehirnzellen feuern. Wenn wir uns aber den Worten, Motiven und Wünschen des Selbst, das von Mitgefühl bestimmt ist, zuwenden, uns in sie einfühlen, sie üben und auf sie hören, können wir in unserem Gehirn ganz andere Aktivierungsmuster erzeugen, die sich dann auf unsere Gefühle, Verhaltensweisen und Gedanken auswirken.

Manche Menschen können von ihren Emotionen und Erinnerungen überwältigt werden, sie können ihnen Angst machen. Sie glauben möglicherweise, dass ihre Gefühle anormal sind und dass sie von anderen beschämt würden, wenn sie herausfänden, was sie fühlen. Andere fürchten vielleicht, dass ihre Gefühle sie verrückt machen oder dass sie die Kontrolle über sie verlieren könnten. Um mit der Macht solcher Gefühle des „alten Gehirns/Denkens" umzugehen, versuchen sie möglicherweise, sie zu vermeiden oder auf eine wenig hilfreiche Weise damit umzugehen, wie mit Alkohol oder Drogen oder auch mit Selbstverletzung. Soweit wir wissen, können nur Menschen sich dafür entscheiden, Gefühle zu vermeiden, oder versuchen, sie zu kontrollieren. Die Forschung zeigt jedoch, dass Vermeiden im Allgemeinen zu mehr Problemen führt. Wenn wir lernen, Mitgefühl für unsere Gefühle zu entwickeln, ist das ein wichtiger Schritt in Richtung einer Auseinandersetzung und Arbeit mit ihnen. Deshalb ist es eine wichtige Aufgabe, die Macht der Gefühle in den Systemen unseres „alten Gehirns/Denkens“ anzuerkennen und sich ihnen zu stellen.

Ein anderer wichtiger Grund, wirklich auf Selbstmitgefühl zu achten, ist, dass Selbstentwertung und Selbstablehnung anscheinend in einem alarmierenden Ausmaß und Tempo zunehmen. Ich sage „anscheinend“, weil es schwer ist, genaue Daten über solche Entwicklungen zu bekommen. Vor Kurzem hat ein Kollege für eine unserer Studien über „Selbstmitgefühl als Mittel gegen Selbstkritik“ Medizinstudenten gesucht. Es gab viele Interessenten. Er war überrascht, wie viele zugaben, Probleme mit entwertender Selbstkritik zu haben, und sich als selbstentwertend sahen – und zwar soweit, dass es sie ängstlich machte und ihr Selbstvertrauen untergrub. Als der Dalai Lama zum ersten Mal in den Westen kann, war er betroffen davon, wie sehr die Menschen unzufrieden mit sich und enttäuscht von sich waren und wie sehr sie sich selbst entwerteten und ablehnten. Trotz all unserer Technologie und aller Annehmlichkeiten, die es im Westen gibt, begegnete er hier Menschen, die in starkem Konflikt mit sich selbst waren.

Sehr wenigen Menschen, die eine Psychotherapie beginnen, geht es gut mit sich selbst, sehr wenige akzeptieren sich, haben Selbstvertrauen und sind in Frieden mit sich. Normalerweise herrscht ein Gefühl von Unzufriedenheit mit sich selbst vor, ein Gefühl, mangelhaft oder in gewisser Weise unfähig zu sein. Wenn man ein Rezept haben wollte, wie man sich unglücklich machen kann, bestünde es darin, sich auf die Dinge zu konzentrieren, die man an sich kritisiert oder nicht mag. Wenn man sieht, wie sich unsere Gedanken, Bilder und Phantasien auf unser Gehirn auswirken, kann man sich vorstellen, was es mit unserem Kopf macht, wenn wir unsere Aufmerksamkeit ganz auf die Dinge richten, die uns an uns nicht gefallen. Aber Menschen tun dies – tagaus, tagein. Die neuere Forschung hat tatsächlich gezeigt, dass Menschen, die Probleme mit psychischer Gesundheit haben, häufig die Selbstentwertung gemeinsam ist. Das kann von milder Enttäuschung über sich selbst bis zu ausgesprochenem Selbsthass reichen.[26]

Es waren die vielen Gespräche, die ich während der letzten 30 Jahre mit depressiven, ängstlichen, verlorenen und einsamen Menschen geführt habe, die mich davon überzeugten, dass das eine Kernelement, das ihnen anscheinend fehlte, die Fähigkeit war, freundlich, sanft, warm und mitfühlend mit sich selbst zu sein. Ich beschloss deshalb, ihnen diese Fähigkeiten beizubringen und zu sehen, ob sie ihnen wirklich halfen. Das bedeutet nicht eigentlich, den Buddhismus neu zu erfinden, für den Mitgefühl natürlich zentral ist. Der Ansatz, mit dem ich arbeite und den wir in diesem Buch anschauen werden, beruht darauf, wie unser Gehirn funktioniert, und wurde in Zusammenarbeit mit meinen Patienten entwickelt, die mich sehr viel über den Weg zu Mitgefühl gelehrt haben, wenn man sich deprimiert, erschreckt oder paranoid fühlt. Auf der anderen Seite gibt es nur sehr wenige Aspekte des Ansatzes mit Mitgefühl, den ich hier beschreibe, die nicht von der Weisheit einer vom Buddhismus geprägten Psychologie beeinflusst sind.[27]

Die Botschaft für Sie lautet: Wir können Muster in unserem Gehirn stimulieren, die uns nähren, unterstützen, ermutigen und beruhigen. Bei allem, was wir tun, um uns selbst zu helfen, können wir üben, in unserem Inneren eine Erfahrung (Muster der Gehirnaktivität) von Wärme, Freundlichkeit und Unterstützung als unsere *primäre Ausgangsposition* herzustellen. Wenn wir dies tun, können wir die Erfahrung machen, dass sich die Dinge für uns ein wenig verbessern.

Bei der siebten Aufgabe geht es also darum, unsere (manchmal mächtigen) Gefühle und Impulse und unsere inneren Beziehungen mit den verschiedenen Teilen von uns zu verstehen. Wir erkennen, dass wir uns oft aus Enttäuschung oder Angst entwerten. Wenn wir aber freundlich zu uns sind, sind es nicht nur unsere Gedanken, sondern auch unsere *Gefühle* der Freundlichkeit, die entscheidend sind. Die Aufgabe besteht darin, fördernde Beziehungen mit den vielen Teilen von uns herzustellen, damit kein Teil abgespalten, vergessen, ignoriert, abgelehnt oder vermieden wird. Im zweiten Teil dieses Buches werden wir auf diese Aufgabe noch häufiger zurückkommen.

Aufgabe 8: Die Schicksalschläge des Lebens

In gewisser Hinsicht liegt unsere achte Aufgabe im Kern unseres Leidens. Wir wissen, dass das Leben im Grunde tragisch ist. Angefangen bei den großen Autoren der antiken griechischen Tragödien und den alten spirituellen Denkern bis zu modernen Schriftstellern und Philosophen lautete und lautet die große Frage noch immer: „Warum ist das Leben so voller Leiden?“ Wir haben uns gerade ein bisschen eingelebt und glauben, wir haben ein oder zwei Dinge über das Leben gelernt, doch dann müssen wir uns an die Vorstellung von Verfall und Tod und daran gewöhnen, nicht mehr hier zu sein. Ein befreundeter Arzt meinte neulich, dass wir Menschen Medikamente gegen Herzanfälle geben und sie dann später doch an Demenz oder Krebs sterben. Bei vielen von uns geht es nicht so sehr um die Angst vor dem Tod, sondern um die Art des Sterbens. Von Woody Allen berichtet man den Ausspruch: „Mir macht Sterben nichts aus. Ich möchte nur nicht da sein, wenn es soweit ist.“ Aber wie oben bemerkt, kann die Begegnung mit dem Tod leichter sein, wenn wir das Gefühl haben, dass man sich um uns kümmert und wir mit dem Strom des Lebens verbunden sind, statt allein und davon entfremdet zu sein. Es ist auch leichter, wenn wir sanft und freundlich zu uns selbst sind, wenn wir auf unser Leben zurückschauen, und nicht streng entwertend und enttäuscht.

Nachdenken über die Allgegenwärtigkeit der menschlichen Tragödie ist einer der ersten Schritte und eine wirkliche Inspiration auf unserem Weg zu Mitgefühl. Es mag seltsam erscheinen, dass es bei manchen Menschen zu der ersten Bewegung in das Mitgefühl durch ihre Wut auf das Leiden in der Welt und ihren Gerechtigkeitssinn kommt. Leider bleiben viele da stehen, drehen sich immer weiter in Kreisen der Wut, statt ihre Gefühle als einen *Aufruf zu Mitgefühl* zu verstehen. Ein Klient stellte am Ende seiner Therapie fest, dass er das Leben als eher unangenehm gesehen und sehr viel Wut über sein eigenes Leiden und das anderer Menschen empfunden hatte. Aber dann hatte er erkannt: „Wenn man in der Hölle ist, kann man weiter darüber toben, aber das macht die Hölle nur noch höllischer. Man kann sich aber auch nach einem Eimer Wasser umsehen. Wenn jeder von uns einen Eimer Wasser auftreibt, können wir vielleicht einen Teil des Feuers löschen.“ Für ihn war der Eimer Wasser das Entwickeln von Mitgefühl.

Manches Leiden entsteht einfach aus den Kompromissen, die die Evolution schließt. Die Form des Skeletts entwickelte sich ursprünglich im Meer und ist nicht gut an den aufrechten Gang angepasst. Dies ist der Grund, weshalb wir mit unseren Knien, Hüften und unserem Rücken Probleme haben, und zwar aufgrund des Gewichts, das sie tragen müssen. Zahllose Frauen sind bei der Entbindung gestorben, weil die physischen Anforderungen des aufrechten Ganges die Form des Geburtskanals komplizieren können – Babys können stecken bleiben, weil die körperliche Gestalt ungünstig ist. Viren, Bakterien und Parasiten, die Krankheiten verursachen, sind auch Lebensformen, die sich entwickeln und mit unseren interagieren. Sie können sowohl für milde Unpässlichkeiten (zum Beispiel Grippe, die man am ersten Tag eines lange ersehnten Urlaubs bekommt) als auch für tragische Behinderung und Tod verantwortlich sein – der Grippevirus von 1918/19 forderte mehr Menschenleben, als Menschen im Ersten Weltkrieg getötet wurden. Individuelle Viren, die ihre Wirte blind machen, verkrüppeln oder tatsächlich töten, bevölkern die Erde zu Milliarden in *ihrem* Bemühen, zu überleben und sich zu vermehren. Die meisten Experten diskutieren, *wann* und nicht *ob* der nächste Killervirus mit allem Leiden und Kummer für uns zuschlagen wird.

Unsere Körper bestehen aus den Bausteinen, die von Genen erzeugt werden, aber es kommt zu Fehlern, und auch Gene können ernstes Leiden verursachen. Es gibt viele genetisch bedingte Krankheiten, die das Leben früh beenden oder zu einem Leben mit Schmerzen und Leiden führen. Es waren wahrscheinlich die Gene, die das Leben der 48-jährigen geliebten Frau eines Kollegen *und* das seiner ebenso geliebten 26-jährigen Tochter forderten, kurz nachdem sie ihren Doktor gemacht hatte. Beide starben an Brustkrebs. Solche tragischen Geschichten sind nicht selten. Und noch vor ein paar hundert Jahren wäre es überraschend gewesen, wenn man nicht ein paar seiner Kinder verloren hätte, bevor sie das Erwachsenenalter erreichten. In manchen Teilen der Welt ist das immer noch so.

Wir sind auch deshalb eine tragische Spezies, weil wir dieses erstaunliche „neue Gehirn/Denken" haben, das auf alten Leidenschaften sitzt. Wir berücksichtigen nicht immer, wie die Veranlagung des Menschen für Grausamkeit, Krieg und Gewalt (als Lösungen komplexer Probleme gesehen), damit zu tun hat, wie sich unser Gehirn entwickelt hat und in sozialen Beziehungen genährt wurde. Die menschliche Geschichte kennt unzählige Führer, die ihre Anhänger dazu anregten, schreckliche Dinge zu tun. Sie haben gehorcht, weil für sie wie für uns alle Stammesdenken und unterwürfige Gefolgschaft mächtige Kräfte sind. Solche Beobachtungen sind alles andere als neu, und seit Jahrhunderten haben wir darum gerungen, Sinn darin zu finden und sie zu verstehen (siehe Kapitel 12). Manche Menschen glauben, dass die Welt von einem gütigen Gott erschaffen wurde und dass unser Leiden eines Tages enden wird. Sie gehen davon aus, dass Gott seine eigenen Motive hat, die über den menschlichen Verstand hinausgehen, und dass es deshalb sinnlos ist, sie ergründen zu wollen – wir müssen das Leiden einfach ertragen. Für einige Menschen ging dieser Glaube in den Konzentrationslagern der Nazis unter. Schlimmer ist der Glaube anderer, die meinen, dass Leiden eine Strafe Gottes ist. Als Ende 2005 der Tsunami im Indischen Ozean mehr als 250 000 Tote forderte und zahllosen Menschen schlimmes Leid brachte, behaupteten einige religiöse Führer, dies sei Gottes Strafe für die Dekadenz der Welt. Das war wahrlich kein Ausdruck von Mitgefühl. Die Gnostiker, eine frühe christliche Sekte, meinten, die Erde und das materielle Universum seien aus Versehen oder von einer übel wollenden Gottheit geschaffen. Leidenschaften des Fleisches und Besitzgier würden zu ihrem Spiel gehören und sollten deshalb vermieden werden. Sie wurden später als Katharer bekannt und im dreizehnten Jahrhundert von der römisch-katholischen Kirche als Häretiker ausgelöscht, und zwar in einer Weise, die man heute als Völkermord bezeichnen würde.

Heute gibt es zunehmend Versuche, das Konzept des „intelligent design“ (intelligenten Plans), eine Form des Kreationismus, zu retten. Als im Strom des Lebens während der Evolution entstandene Wesen sind unser Körper und Geist erstaunlich, außerordentlich und phantastisch. Aber wenn wir wirklich von Gott oder einem anderen Wesen geschaffen wären, müsste man sagen, dass dieser Plan eindeutig furchtbar war! Nicht nur ist der Körper in vieler Hinsicht kümmerlich gemacht (denken Sie an die hohen Sterberaten nach der Entbindung, weil unser aufrechter Gang den Geburtskanal in Mitleidenschaft gezogen hat), sondern ebenso das Gehirn. Wenn es einen Planer gab, warum sollte er oder sie dann ein System erschaffen, in dem die Kompetenzen des „neuen Gehirns/Denkens“

Motive, Emotionen, Stammesdenken und weiß Gott was noch alles des „alten Gehirns/Denkens“ verstärken? Warum einen Körper erschaffen, der so anfällig für Viren, Parasiten und genetische Fehler ist? Für mich ergibt das keinen Sinn, ich ziehe es vor, mir den Menschen als Teil eines Prozesses vorzustellen: Wir befinden uns im Strom des Lebens, und in diesem Strom entstehen spirituelle Fragen. Das ist für mich der Schlüssel zu Mitgefühl – die Erkenntnis, dass *wir nicht Teile eines Plans sind,* sondern dass wir uns alle einfach hier vorfinden, und zwar nicht, weil wir (oder eine andere Macht) beschlossen haben, dass wir hier sind. Wir müssen daher unser „neues Gehirn/Denken“ nutzen, damit wir in den Tragödien des Lebens einander unterstützen und helfen. Der Kampf zwischen Gut und Böse, an dem religiöse Menschen so sehr hängen, stellt sich eigentlich als der Kampf heraus, der zum Teil auf die Interaktion zwischen unserem „alten“ und dem „neuen Gehirn/Denken“ und zum Teil auf verschiedene angeborene Strategien in uns zurückgeht.

Manche Psychologen glauben, dass unser außerordentlich intensives und leidenschaftliches Streben nach Lust, Komfort, schnellen Autos und schönen Häusern an der Tatsache liegt, dass wir die Realität des Lebens als Tragödie mit unserem Denken nicht wirklich erfasst haben. Im Herzen des Buddhismus steht die Erkenntnis, dass das Leben und alle Dinge vergänglich und Schmerz und Leiden unvermeidlich sind. Der Strom des Lebens im Universum ist leidvoll. Tatsächlich sind 99 Prozent der Lebewesen, die jemals auf diesem Planeten existiert haben, ausgestorben. Alles vergeht, alles verändert sich. Im Mittelpunkt des Buddhismus steht jedoch nicht nur, diese Tragödie gelassen zu beobachten, mit einem distanzierten Ansatz nach dem Motto „Man muss nur damit klarkommen und weitermachen“, sondern eine tief im Herzen empfundene Anerkennung des Leidens, das wir als Folge dessen erleben, dass wir „hier sind“. Dass wir anerkennen, dass wir nur für einen kurzen Moment im Strom des Lebens auftauchen. Mitgefühl gründet in der Einsicht, dass das Leben eine Tragödie ist. Diese Einsicht bildet die Grundlage eines großen Teils der Ausbildung in mitfühlendem Denken.

Der Buddha meinte auch, dass die Art und Weise, wie wir mit dem Leiden und den Tragödien des Lebens umgehen, unabsichtlich zu noch mehr Schwierigkeiten für uns und für andere führen kann. Wenn wir zum

Beispiel materiellen Besitz anstreben und unseren Komfort genießen, müssen wir weder an die Realitäten des Lebens noch an die Tragödien und das Leiden der überwältigenden Mehrheit der Menschen auf diesem Planeten denken. Industrielle Produktion zerstört unsere Umwelt, und ungeahntes, kaum sichtbares Leiden wird geschaffen durch die Herstellung billiger Kleidung oder durch die Massentierhaltung. Es gibt Leiden, das oft nicht anerkannt wird und das die Folge unseres sozialen Vergleichens, unserer Selbstentwertung und der allgemeinen Unfähigkeit ist, uns selbst freundlich zu behandeln. Manchmal ist Leiden einfach so überwältigend und wir sind unfähig, etwas daran etwas zu ändern, dass es leichter ist, überhaupt nicht daran zu denken. Doch wir wissen, dass wir in einer leidvollen Welt leben, und die Gedanken, Gefühle und Ängste sind im Hintergrund unseres Denkens immer da.

Wir sind also eine tragische Spezies, weil wir von dem Tag an, an dem wir geboren werden, sterben, weil wir für so viele genetische und infektiöse Krankheiten anfällig sind, weil wir zwei Arten von Gehirn haben, die uns zusammen verrückt machen und Grausamkeiten und schreckliche Ungerechtigkeiten zulassen können, weil wir uns nach Verbundenheit und Beziehung sehnen. Aber die offene Anerkennung dieser Tatsache ist nicht der Weg in die Verzweiflung, sondern der Ruf nach Mitgefühl. Wenn das Leben so ist, wie können wir dann unser Gehirn so ausbilden, dass es Sinn und echte Freude in unser Leben bringt?

Aufgabe 9: Moral und Gesellschaften

Es gibt einen Aspekt des Lebens, zu dem Mitgefühl offensichtlich nahtlos passt, und das ist Moral und moralisches Denken. Nicht alle moralischen Fragen haben mit Mitgefühl zu tun, und Mitgefühl hat nicht mit allen Dingen zu tun, die moralisch relevant sind. Überlegungen und Fragen, was Moral eigentlich ist, wie wir sie entwickeln und praktisch leben, sind seit Jahrhunderten Gegenstand der Moralphilosophie.[28] Es besteht allgemeine Übereinstimmung darüber, dass unser Gefühl dafür, was richtig und was falsch ist, mit komplexen Interaktionen von genetischer Veranlagung, Lernen, Anpassung, gelernten sozialen Werten, dem „Gefühl für die Dinge“ und vernünftiger Überlegung zu tun hat. Natürlich können Menschen auch einfach moralische Standpunkte übernehmen, weil sie Angst haben, dominierenden Mitgliedern ihrer Gruppe den Gehorsam zu verweigern.

Moralisches Empfinden und Denken sind nicht statisch, sondern entfalten sich in dem Maß, wie wir uns entwickeln, oft in Stufen. Als Kinder haben wir eine Grundempathie für andere und ein Gerechtigkeitsgefühl, das durch Strafe und Lob durch die Eltern beeinflusst wird. Später werden wir uns der Werte, Regeln und Erwartungen unserer Gruppe an gutes Benehmen und Verhalten bewusst. Unser moralisches Empfinden ist mit den Werten dieser Gruppe verknüpft. Zum Beispiel wurde Moral und akzeptables Verhalten im frühen Rom ganz anders verstanden als bei uns. Wenn wir uns weiter entwickeln, gelangen wir zu einer distanzierteren, unparteilichen Sicht, durch die wir uns der weiteren Menschheit und der Tatsache bewusst werden, dass unser Stamm oder unsere Gruppe künstliche Grenzen um Teile der Menschheit geschaffen hat. Dies führt zu dem Gedanken, dass Freiheit im Allgemeinen und politische Freiheit im Besonderen, Respekt und Mitgefühl für die ganze Menschheit, und in manchen Traditionen sogar für alle Lebewesen da sein sollten. Diese Stufen gehen alle in das Gefühl der Identität ein.[29]

Wenn wir heranwachsen, dauert es nicht lange, bis wir erkennen, dass moralisches Denken oft mit Konflikten verbunden ist. Angenommen zwei Menschen suchen medizinische Hilfe: Einer hat ein eher harmloses Gesundheitsproblem, hat aber Geld für seine Versorgung in das Gesundheitssystem bezahlt. Der andere hat ein ernstes Problem mit seiner Gesundheit, aber hat nicht in das System eingezahlt, das heißt, er ist nicht versichert. Man kann nur einen der beiden behandeln. Ein Prinzip, das auf Gerechtigkeit beruht, würde verlangen, den medizinisch zu versorgen, der dafür bezahlt hat. Wenn man dieses Prinzip nicht aufrechterhielte, könnte das dazu führen, dass die Leute sich weigern zu zahlen, und das System als Ganzes könnte kollabieren. Ein Prinzip, das auf Mitgefühl und Fürsorge beruht, würde besagen, dass wir dem helfen sollen, der die Hilfe dringender braucht. Wie sollten wir einen armen Menschen behandeln, der zur Behandlung seines Kindes wirksame Medikamente braucht und sie stiehlt? Dieser Argumentationsstil beruht auf den Begriffen „Regeln“,

„verdienen" und „Bedürfnis".[30] Carol Gilligan[31] hat die Aufmerksamkeit auf zwei Arten moralischen Denkens gelenkt: die eine Form beruht auf Begriffen von Regeln, Fairness und Gerechtigkeit und die andere auf Gefühlen der Sorge und Anteilnahme für andere. Frauen liegt das Nähren vielleicht näher, weil sie eher gewohnt und auch in dem Sinn geprägt sind, in ihre Kinder zu investieren, und weil sie sich auf unterstützende, in der Verwandtschaft wurzelnde Bündnisse verlassen können.[32] Männer sind vielleicht mehr auf Probleme mit Konkurrenz und dem Bedürfnis nach ihrer Regulierung durch Systeme von Fairness und Rechten fokussiert. Themen, die mit Rechten (genommenen und verliehenen) und Systemen von Gerechtigkeit zu tun haben, drehen sich um die Anerkennung der Autonomie von Menschen, Ziele zu verfolgen und von Ausbeutung frei zu bleiben. Rechte sind für Kooperation und für die Prävention von Ausbeutung der Schwachen durch die Mächtigen wichtig, und oft wurden sie schwer erkämpft. Neuere Forschung stellt diese Geschlechtsunterschiede jedoch in Frage und lenkt die Aufmerksamkeit auf situationsbedingte Faktoren, die andere Formen moralischen Denkens verlangen.[33]

Ein interessanter Aspekt ist hier die Weise, wie Mitgefühl tatsächlich Gerechtigkeit wie auch eine liebevolle, fürsorgliche Orientierung in sich aufnimmt, obwohl Fürsorge und Gerechtigkeit wie bemerkt im Konflikt sein *können,* wenn wir auch sicher nicht annehmen würden, dass Mitgefühl ungerecht sein kann. Eine sozial und traditionell anerkannte Form von Gerechtigkeit für ein Opfer kann für den Täter eine sehr mitleidlose Reaktion sein. Gerechtigkeit verlangt nicht notwendigerweise Vergebung, während Mitgefühl das wahrscheinlich tut. Ein Ausdruck davon ist, dass Gerechtigkeit möglicherweise eher sozial und kulturell begründet ist als das Mitgefühl.

Wir wissen, dass verschiedene Menschen auf verschiedene Themen mit verschiedenen Prozessen reagieren, um moralische Fragen zu beurteilen. Manche sind durch zunehmende Bewusstheit von Leiden oder Ungerechtigkeit zu einer moralischen Sichtweise gelangt. Zum Beispiel entsteht bei manchen ein emotionales Interesse und Bemühen, das eigene Verhalten zu verändern, wenn sie sich des bei der Tierhaltung endemischen Leidens bewusst werden. Andere sind einfach deshalb Vegetarier, weil sie so aufgewachsen sind. Im ersten Beispiel wird Moral aufgrund einer emotionalen Reaktion auf Schmerz und Leiden eines anderen Lebewesens entwickelt und ist in diesem Sinn mit Mitgefühl verbunden. Es ist keine Moral, zu der man durch Vernunft gelangt, aber es ist auch keine Moral ohne Vernunft. So kann an der Entwicklung einer Moral eine komplexe Interaktion von Gefühl und vernünftiger Überlegung beteiligt sein. Und das ist wirklich das Problem, denn *verschiedene Arten von Emotionen* sind mit Moral verknüpft. Gefühle von Sympathie und Traurigkeit und Betroffenheit durch Leiden bilden eine Gruppe, und Ekel, Empörung und Angst eine andere. Zum Beispiel wird es als akzeptabel empfunden, Massentierhaltung zu betreiben und Tiere zu töten, um sie zu essen, aber als unmoralisch (das heißt, es wird als abstoßend empfunden), Sex mit ihnen zu haben.

Man argumentiert daher in sehr vielen Bereichen auf vielerlei Weise für eine *moralische* Position. Manche feiern die Homosexualität, während andere von ihr abgestoßen sind und sie als Sünde betrachten. Manche schaudert es vor Abtreibung, während andere für das Recht von Frauen kämpfen, selbst darüber zu entscheiden. Manche betrachten Waffenhandel als legitim für die eigene nationale Wirtschaft und für das Recht auf Selbstverteidigung, während andere ihn als korrupt und Schandfleck für die Menschheit betrachten. Manche glauben, dass Kriminelle auf den Elektrischen Stuhl gehören, gesteinigt oder gehenkt werden sollten, andere sind der Überzeugung, dass dies tief unmoralische Akte sind. Manche glauben, dass Folter eine legitime Form ist, mit Feinden umzugehen, während andere diese Frage als wichtigen moralischen Prüfstein einer Kultur ansehen. Manche glauben, dass alle Kulturen und Religionen frei sein sollten, ihren eigenen Überzeugungen zu folgen und sie zu praktizieren, während andere glauben, dass Menschenrechte – wie die Freiheit von Unterdrückung und das Verbot der Beschneidung von Frauen – über individuellen religiösen Vorschriften oder Praktiken stehen. Manche sind der Auffassung, dass religiöse Glaubensvorstellungen, die vor mehr als 2000 Jahren ihren Ursprung im östlichen Mittelmeerraum hatten, eine Quelle von Stammesdenken und Aggression sind, während andere glauben, dass sie grundlegend für Moral sind. Manche glauben, dass Züchtungen aus wenigen hundert menschlichen und tierischen Stammzellen die Tür zur Heilung vieler schrecklicher Krankheiten öffnen kann, während andere glauben, dass dies der Anfang einer Frankenstein-Welt bedeutet. Und so könnten wir weitermachen. Kein Wunder, dass Moralphilosophen alle Hände voll zu tun haben. Sie sehen, dass diese Kombination von genetischer Disposition, Lernen, Anpassung, gelernten sozialen Werten, dem „Gefühl von Dingen" und vernünftigen Argumenten komplexe Fragen aufwirft, wie wir konflikthafte Themen verstehen und zu moralischen Entscheidungen gelangen können.

Es ist daher nicht überraschend, dass Menschen von moralischen Gefühlen verwirrt sein können und oft auf Emotionen und soziale Vergleiche zurückgreifen, um etwas zu beurteilen. Dabei liefert ihre Denkfähigkeit leicht Rechtfertigungen für jedes moralische Prinzip, das sie angenommen, und für jede Empörung, die sie empfunden haben.[34] Manche suchen Orientierung oder Anleitung bei religiösen Texten wie der Bibel und gelangen so zu Entscheidungen darüber, was Gott zum Beispiel über Homosexualität oder irgendein anderes Thema denkt. Da man in diesen Texten Argumente zur Unterstützung oder Ablehnung von fast jedem Verhalten finden kann – weil sie für Gesellschaften und Kulturen verfasst wurden, die ganz andere soziale Probleme als die angesprochenen hatten –, ist man immer auf der Gewinnerseite. Man kann die Argumente oder Belege frei wählen. Wenn einem nicht gefällt, was man im Neuen Testament findet, kein Problem – dann geht man zum Alten, und umgekehrt. Für manche ist gerade das eine moralische Frage: Warum man sich an eine höhere Autorität wenden sollte, mit der man nicht diskutieren und sich auseinandersetzen kann und die auch nicht in Frage zu stellen ist. Und es ist aus dem Grund eine moralische Frage, weil man eine höhere Autorität benutzen wird, um jemandem zu drohen, ihn unter Druck zu setzen, zu belohnen, zu kontrollieren oder zu bestrafen, denn man weiß, dass die eigene Autorität und die Fähigkeit, zu überzeugen, nicht ausreichen. Daher ist es schon an sich ein moralisches Problem, alte religiöse Texte zu verwenden, die angeblich das Wort Gottes enthalten.[35]

Vielleicht können wir das Problem daher anders angehen und unsere Aufmerksamkeit stattdessen auf *prosoziales Verhalten* und darauf richten, wie wir Menschen helfen können, mitfühlend, freundlicher und empathischer zu werden.[36] Das kann ein Weg sein, wie wir an moralische Fragen herangehen und zu unseren eigenen Entscheidungen gelangen können. Es sieht so aus, dass Menschen, die einen liebevollen und fürsorglichen Hintergrund haben und bei denen Mitgefühl zu ihrem Leben gehört, anders über moralische Fragen denken, als jene, die aus einer vernachlässigenden oder missbräuchlichen familiären Atmosphäre kommen.[37] Wie Mitgefühl und Ausbildung von Mitgefühl uns vielleicht bei unserem moralischen Denken und Entscheiden helfen können, ist aber unklar und sollte dringend erforscht werden. Zum Beispiel ist oft darauf hingewiesen worden, dass Tibet zwar eines der entwickeltsten buddhistischen Systeme zum Verständnis von Mitgefühl und seiner Praxis hatte, aber auch eine der ärmsten und feudalsten Gesellschaften war, die von einem komplexen Kastensystem beherrscht wurde. Innerhalb dieses Systems war es besonders für die unteren Klassen wichtig, die Unterdrückung und das Leiden geduldig hinzunehmen, um dadurch Verdienste für das nächste Leben zu schaffen. Aus der Sicht mancher Beobachter war dies eine (vielleicht unbewusste) Form, Ehrerbietung gegenüber den höheren Ebenen der Hierarchie aufrechtzuerhalten.

Aufgabe 10: Widerstand gegen Mitgefühl und Selbstmitgefühl

Forschungsergebnisse belegen, dass die Übung von Mitgefühl mit anderen und mit sich selbst eine Reihe von Vorteilen für die Gesundheit hat und Beziehungen deutlich verbessert.[38] Unsere letzte Aufgabe bezieht sich jedoch auf die Tatsache, dass wir immer noch einen recht starken Widerstand dagegen empfinden können, den Weg des Mitgefühls zu gehen, auch wenn wir alles, was ich bisher vorgetragen habe, verstehen und vielen Punkten vielleicht zustimmen.

Nach Aristoteles und der griechischen Tradition sind die einzigen Menschen, die Mitgefühl verdienen, die, die ihr Leiden nicht verdienen. Dieses Empfinden, das buddhistischem Mitgefühl fremd ist, hat im westlichen Denken weitergewirkt.[39] Die Römer meinten, Mitgefühl sei eine Schwäche in einer Gesellschaft, die ständig ihre Macht beweisen musste. Gnade aber war anerkannt, weil sie vom Sieger erwiesen wurde. Als David Cameron, der Führer der Konservativen Partei in Großbritannien, kürzlich meinte, dass ein paar missratene Jugendliche wahrscheinlich nur mehr Liebe und Unterstützung brauchten, wurde er in der Presse als ein Politiker lächerlich gemacht, der die Kids bloß verwöhnen möchte. Er hatte natürlich recht, und wir alle wissen das, aber sprechen es nicht aus.

Was Selbstmitgefühl angeht, das mit einigen Übungen in der zweiten Hälfte dieses Buches Schwerpunkt sein wird, müssen wir einen Aspekt untersuchen, der im Buddhismus oder anderen spirituellen Traditionen, in deren Mittelpunkt Mitgefühl steht, nicht besonders thematisiert wird: Manche von uns haben einen starken Widerstand dagegen, Selbstmitgefühl zu entwickeln und zu üben (und natürlich auch, Mitgefühl mit anderen auszudrücken). Das hat mit dem zu tun, was wir oben im Zusammenhang mit den individuellen Unterschieden besprochen haben: Menschen unterscheiden sich in ihrem Verständnis von Mitgefühl und in ihrer Fähigkeit, es zu entwickeln. Unsere Gründe dafür, Mitgefühl zu suchen oder ihm Widerstand entgegenzusetzen, sind unterschiedlich. Manchen von uns wurde vielleicht beigebracht, dass andere immer Vorrang haben sollten. Selbstmitgefühl kann dann nach Verwöhnung oder sogar nach Selbstbezogenheit oder Egoismus schmecken. Ich habe oben erwähnt, wie Dale Carnegies *How to Win Friends and Influence People* die Bedürfnisse und Interessen anderer in den Mittelpunkt stellt (S. 86) – aber das bedeutet nicht, dass man sich selbst vernachlässigt und nicht für sich sorgt. Eigentlich gehen wahre Selbstfürsorge und Fürsorge für andere Hand in Hand. Wir werden aber sehen, dass Selbstmitgefühl etwas ganz anderes ist, als für sich zu werben, sich anzustrengen, besser als andere zu sein, eine Anspruchshaltung zu fördern oder einfach „schöne Dinge" für sich zu machen oder sich zu verwöhnen.

Manche Menschen meinen, dass sie schon ziemlich viel Mitgefühl mit sich haben. Ich habe das bei einigen meiner Patienten beobachtet: Erst, wenn man sie besser kennenlernt, erkennt man, dass ihr Selbstmitgefühl ziemlich oberflächlich ist und etwas von einem Schönwetterfreund hat. Sie sind wirklich freundlich zu sich selbst, wenn alles gut geht, aber sobald sie Fehler machen, bei etwas versagen oder in einen Konflikt geraten, sind sie weniger freundlich, verständnisvoll oder nachsichtig.

Für andere schmeckt Selbstmitgefühl nach Schwäche, Weichheit und Verweichlichung. Für Jack, einen ehemals erfolgreichen Geschäftsmann, waren schwere Zeiten angebrochen. Er war depressiv und aufgrund von

Angst, Erschöpfung und Konzentrationsschwierigkeiten arbeitsunfähig geworden. Er war „sehr enttäuscht“ von sich, weil er depressiv geworden war, und sah das als eine fundamentale Charakterschwäche. Die Vorstellung, er könnte freundlich zu sich selbst sein und Mitgefühl mit seiner Depression haben, war ihm unangenehm, es kam ihm sogar „ein bisschen dämlich“ vor. Weil er etwas über Kognitive Verhaltenstherapie gehört hatte (die ich viel verwende, aber mit einem Fokus auf Evolution und Mitgefühl), meinte er, ich könnte ihm beibringen, sein fehlerhaftes Denken zu verändern, um wieder *richtig* denken und auch wieder zur Arbeit gehen zu können. Seine Sicht, wie man Dinge tut, entsprach sehr dem bekannten Motto „Reiß dich einfach zusammen“. Jack dachte, Selbstmitgefühl würde ihn schwach machen und ihm sein Rückgrat brechen: „Sehen Sie, ich bin nicht dahin gekommen, wo ich heute bin, indem ich weich und mitfühlend mit mir war, sondern weil ich mich angetrieben habe. Je schwerer die Dinge werden, um so härter treibe ich mich an – das ist der Weg zum Erfolg.“ Er hatte das Gefühl, wenn er freundlich und sanft mit sich umginge, würde das seinen Antrieb schwächen, er würde faul werden und dann nichts mehr leisten können – eine seiner größten Ängste.

Jack hatte ein Problem, unter dem viele Menschen leiden. Sie sind so sehr damit beschäftigt, Dinge zu erreichen, ihren Wert zu beweisen und andere zu beeindrucken, dass sie ärgerlich, frustriert oder deprimiert werden, wenn sie nicht den erwarteten Erfolg haben. In der Therapie entdecken sie dann vielleicht schnell, dass sie nicht so richtig wissen, warum sie all das erreichen wollen und sich so bedroht fühlen, wenn sie das nicht können. Nicht selten beginnt es damit, dass sie Anerkennung der Eltern bekommen wollen oder einen Bruder oder eine Schwester zu übertreffen suchen. Sie stecken mit dem Versuch, Probleme aus der Kindheit aus einer erwachsenen Perspektive zu lösen, ziemlich fest. Es funktioniert natürlich nicht, weil Leistung nicht unsere innere Sehnsucht nach einer bestimmten Art Anerkennung und Zuneigung erfüllt. Nur wenn wir uns diesen Gefühlen unmittelbar stellen, können wir sie heilen.

Die vierzigjährige Mutter und Krankenschwester Jane hatte das Gefühl, wenn sie freundlich, sanft und mitfühlend mit sich selbst wäre, würde das bedeuten, dass sie es sich zu leicht machte. Wie Aristoteles glaubte sie, wir sollten für Not und Leiden nur dann Mitgefühl empfinden, wenn wir das Gefühl haben, dass der betreffende Mensch sein Leiden *nicht* verdient. Jane hatte dieses Gefühl, sie verdiente ihr Leiden *wirklich*. Im mittelalterlichen England hatte man kein Mitgefühl mit Menschen, die unter Höllenqualen litten, denn man glaubte, sie hätten sie verdient. Es gibt also eine lange Tradition im Westen, dass Freundlichkeit und Mitgefühl nur für die gelten sollten, die für ihre Leiden nicht verantwortlich sind – ihr Leiden ist nicht ihr Fehler und sie haben es nicht selbst über sich gebracht und nichts getan, was eine solche Strafe verdiente.

Jane war auch der Überzeugung, dass sie Selbstmitgefühl nicht verdiente. Das hatte mit Angst zu tun. Ihrer Meinung nach sollte man niemals Dinge nehmen oder Positionen anstreben, die man nicht verdient, weil sie einem wieder genommen werden können und man dafür gedemütigt wird, dass man auch nur daran gedacht hat, man hätte sie verdient. Carol hatte ein ähnliches Problem. Sie hatte ebenfalls Angst davor, Selbstmitgefühl zu haben und freundlich zu sich zu sein. Sie empfand Widerstand dagegen und sagte, dass sei das Letzte, wie sie werden wollte. „Schau", sagte sie, „ich versuche nett und all das zu sein, aber wenn du mich wirklich kennen würdest – wenn du wirklich wüsstest, was in mir vor sich geht –, dann würdest du wissen, weshalb ich kein Mitgefühl mit mir haben kann. Ich weiß, dass ich nicht so nett bin – überhaupt nicht so, wie ich tue. Solange, wie man diese schrecklichen Dinge nicht aus meinem Inneren wegnimmt und mich zu einem besseren Menschen macht, könnte ich nicht einmal daran denken, mich zu mögen oder Mitgefühl mit mir zu haben." Es war schwer für sie, statt ihre Gefühle und Phantasien loswerden zu wollen, sich vorzustellen, sich mit ihnen abzufinden und sie als Teil ihrer Seele anzunehmen.

Eine andere Form von Widerstand gegen Selbstmitgefühl kann hervorgerufen werden, wenn Sie die Übungen in diesem Buch machen, und wenn dadurch eine Sehnsucht freigelegt wird, die vielleicht lange Zeit in Ihnen begraben war. Das kann eine Sehnsucht nach Nähe oder nach Verbundenheit mit anderen sein, oder ein Verlangen, sich geliebt und gewollt zu fühlen. Wenn Selbstmitgefühl beginnt, Licht zu verbreiten, kann es große Traurigkeit und Sehnsucht in uns erhellen. Für manche Menschen kann das zunächst überwältigend sein, deshalb müssen wir Schritt für Schritt vorgehen – mit sehr viel Mitgefühl.

Bei anderen können die ersten Regungen von Mitgefühl Erinnerungen an Momente, Situationen oder Zeiten auslösen, als Menschen, die anfangs freundlich zu ihnen waren, sie später missbrauchten. Dies kann eine reale Verwirrung in ihnen in Bezug darauf hervorrufen, ob sie dem Mitgefühl trauen können. Bei diesen Menschen können Anfänge von Selbstmitgefühl Angst machen oder starke Gefühle reaktivieren. Man kann sich das so vorstellen: Jeder von uns hat ein System in seinem Gehirn, das für Erfahrungen naher Beziehungen codiert: das *Bindungssystem,* das mit unserem System für Beruhigen und Zufriedenheit verbunden ist und Erinnerungen an Erfahrungen von Liebe und Beruhigung speichert. Wenn wir aber Erinnerungen haben, wie andere uns verletzt oder geschadet haben, oder daran, wie wir selbst Angst vor ihnen hatten oder Wut empfanden, dann werden diese Erinnerungen reaktiviert, wenn ein Therapeut oder jemand anders freundlich zu uns ist. Statt uns von ihnen beruhigt zu fühlen, erleben wir die Angst oder die Wut erneut, weil das die Gefühle sind, die wir mit Nähe zu Menschen oder mit Menschen assoziieren, die freundlich hätten sein sollen, es aber nicht waren. Wir alle kennen Menschen, die sich so verhalten: Wenn man freundlich und liebevoll zu ihnen ist, ziehen sie sich scheu zurück, so als wäre das für sie eine Bedrohung.

Diese Menschen missverstehen Mitgefühl. Bei Mitgefühl geht es nicht darum, weniger fokussiert oder weniger fähig zu sein, sondern darum, *neu zu fokussieren* und *fähiger* zu werden. Wenn man Leute anschaut, die als sehr mitfühlend gelten wie der Buddha, Jesus, Gandhi und Mandela, würde man sie kaum als „Underachiever", als Menschen, die Erwartungen in Bezug auf ihre Leistung nicht erfüllen, bezeichnen. Mitfühlende Menschen können sogar oft besonders inspiriert sein, sich für eine Aufgabe einzusetzen. Entwickeln von Mitgefühl ist nicht einfach eine Sache, bei der man da sitzt und Nabelschau betreibt oder einfach schöne Gedanken von sich selbst hat. Entwickeln von Selbstmitgefühl kann schwere Arbeit sein und uns zu schwerer Arbeit inspirieren. Manche Buddhisten, die meditieren, stehen um vier oder fünf Uhr morgens auf, um zu praktizieren. (Keine Sorge, das werde ich hier nicht vorschlagen.) Der mitfühlende Geist ist natürlich auch darauf fokussiert, Mitgefühl mit anderen zu entwickeln.

Manchmal kann einen die Reise zu Selbstmitgefühl daran denken lassen, dass man möglicherweise therapeutische Arbeit mit einem Berater oder Psychotherapeuten braucht – die Übungen, die wir zusammen in diesem Buch durcharbeiten werden und die man allein für sich machen kann, sind natürlich kein Ersatz für eine professionelle Therapie. Selbstmitgefühl kann sich also als schwieriger herausstellen, als es auf den ersten Blick erscheint. Auf der einen Ebene können wir erkennen, dass Mitgefühl mit anderen und mit uns selbst hilfreich sein kann, aber auf einer anderen haben wir vielleicht alle möglichen Gründe dafür, Mitgefühl abzuwehren oder zu vermeiden.

Wir wollen diesen Bereich von Mitgefühl und Selbstmitgefühl nicht verlassen, ohne deutlich zu machen, wie wichtig der soziale Kontext ist. Zum Beispiel hat eine Reportage der BBC über bewaffnete Gangs in London kürzlich enthüllt, dass viele ihrer Mitglieder aus Familien stammen, die sich nicht um sie gekümmert haben. Sie hatten das Gefühl, ihr Leben wäre in ernster Gefahr, wenn sie nicht Mitglied einer Gang wären und sich mit Drogenhandel beschäftigen würden. Die Vorstellungen von Mitgefühl und Selbstmitgefühl waren für ihr Leben vollkommen irrelevant, denn es war einzig davon beherrscht, zu überleben und sich zu schützen. Die Sendung beschrieb ein Leben von einer immensen Grausamkeit, wo interne Strafen darin bestehen konnten, dass jemand mit Zigaretten gefoltert oder sogar getötet wurde. Die Wirkungen des Drogenkonsums steigern die Gewalttätigkeit noch und blockieren jede Regung von Mitgefühl.

Auch Evolutionspsychologen haben gezeigt, dass Menschen Strategien und Phänotypen entwickeln, die zu ihrer sozialen Nische passen. Misstrauen, Ausbeutung und Grausamkeit sind in der ganzen Welt verbreitete Züge, die Menschen in solchen armen und drogenverseuchten Umgebungen entwickeln können. Es ist lächerlich, ihnen diese Lebensweise jetzt vorzuwerfen, da wir wissen, wie unser Gehirn/Denken von Genen und der Kultur geprägt sind. Auch wenn ich persönlich nicht an Reinkarnation glaube, kann dieses Konzept doch eine sehr nützliche Vorstellung vermitteln: Wenn wir in unseren schönen Autos durch die verarmten Gegenden unserer Städte fahren und uns über zu hohe Steuern beklagen, sollten wir uns einmal vorstellen, dass wir in unserer nächsten Inkarnation vielleicht dort leben werden. Es ist ungewöhnlich, daran zu denken, dass es gleich um die Ecke von uns Orte gibt, wo das Licht des Mitgefühl erst noch entzündet werden muss, aber dringend gebraucht wird.

Mitfühlendes Denken

Warum nennen wir diesen Ansatz einen Ansatz des mitfühlenden *Geistes* (compassionate mind), statt nur einen Ansatz des Mitgefühls? Erstens ist es ein Begriff, der in verschiedenen spirituellen Traditionen sehr oft verwendet wird. Noch wichtiger aber ist, dass er uns hilft, im Blick zu behalten, dass unser Geist mit Hilfe von Mustern funktioniert. Wenn man ein Muster aktualisiert, macht man es damit schwieriger, ein anderes zu aktivieren. Wenn man sehr viel Angst hat, können dadurch Gefühle der Ruhe blockiert werden; wenn man sehr viel Wut hat, können (die Muster für) Gefühle der Freundlichkeit blockiert werden. Verschiedene Muster in unserem Gehirn schalten verschiedene Systeme an und ab. Man kann sich nicht entspannt und ängstlich oder ärgerlich und liebevoll zugleich fühlen. Man kann natürlich dazwischen hin und her wechseln, aber man kann sie nicht zur gleichen Zeit fühlen. Ein Muster negiert das andere oder hebt es auf.

In Kapitel 6 werden wir untersuchen, wie Ihr Geist, Ihre Psyche in einer bestimmten Weise organisiert wird und dadurch in den Milliarden Hirnzellen bestimmte Muster der Aktivierung hergestellt werden, wenn Sie sich auf Mitgefühl konzentrieren. Sie werden dann mit Aufmerksamkeit bei der Not und den Bedürfnissen anderer sein und möchten diese Not lindern oder helfen, ihre Bedürfnisse zu erfüllen. Zudem werden Sie offen dafür sein, Empathie und Verständnis für sie zu entwickeln. Ihr Verhalten wird dahin orientiert sein, etwas für sie zu tun, Ihre Gedanken werden bei ihnen und dabei sein, was Sie ihnen geben können, und Sie werden Gefühle der Anteilnahme und Sorge, Wärme und vielleicht Großzügigkeit haben. Wenn Sie *Selbstmitgefühl* entwickeln, werden Sie diese Fähigkeiten sich selbst gegenüber anwenden. Bei Ihren Gedanken, inneren Haltungen und Gefühlen, die Sie sich selbst gegenüber haben, wird es darum gehen, dass Sie sich um sich kümmern, sich unterstützen und ermutigen und nicht entwerten oder ablehnen (siehe Kapitel 8 und 9). Entwickeln eines mitfühlenden Denkens ist also eine Weise zu versuchen, bestimmte Muster in unserem Gehirn zu erzeugen, die unsere Motive, Emotionen und Gedanken so organisieren, wie es für unser eigenes Wohlbefinden und das anderer Menschen förderlich ist.

Zusammenfassung

Wir befinden uns in einer neuen, aufregenden und schwierigen Zeit unserer Geschichte. Das wissenschaftliche Studium der menschlichen Psyche hat viel über die Quellen von Glück und Unglücklichsein und die verschiedenen Zustände des Wohlbefindens herausgefunden. Es zeigt sich, dass uns die Verfügbarkeit von allen möglichen Annehmlichkeiten und Technologien (regendichte Häuser, Zentralheizung, bequeme Betten, Mikrowelle, Flachbildschirme, handgemachte Gitarren) zwar einen angenehmen Kick vermittelt, dass die sichereren Quellen des Wohlbefindens und von Glück aber darin bestehen, wie wir *unsere eigene Psyche und unser Denken* und die der anderen verstehen lernen. Mitfühlende Beziehungen mit uns selbst und mit anderen sind eine Quelle des Glücks und der Gesundheit. Die Forschung hat gezeigt, dass wir die Möglichkeiten haben, Glück für uns selbst und für andere herzustellen, wenn wir auf der Grundlage eines *klaren Verständnisses davon, wie unsere Psyche funktioniert,* Selbstmitgefühl, Freundlichkeit und Güte kultivieren können. Ich kann nicht versprechen, dass Gott Sie lieben und Sie reich und berühmt machen wird, wenn Sie ihm Ihr Herz öffnen, oder dass er Ihnen Widrigkeiten und schmerzhafte Tragödien im Leben erspart. Wenn Sie einige der Ideen, die dieses Buch vermittelt, ausprobieren, werden Sie aber möglicherweise die Erfahrung machen, dass Sie mehr Frieden mit sich selbst und Ihren eigenen Weg zum Glück und – wer weiß – vielleicht neue Wege finden, über spirituelle und existentielle Fragen nachzudenken.

Die nächsten vier Kapitel betrachten die wissenschaftliche Grundlage unserer Ausbildung von Mitgefühl. Wir werden genauer erfahren, wo unser Geist eigentlich herkommt und wie er funktioniert, und wir werden uns dem Wesen von Mitgefühl zuwenden.

3 Wir im Strom des Lebens

Die letzten zwei Kapitel haben uns gezeigt, dass wir ohne Training nicht die Kontrolle über unseren Geist haben können, die wir uns wünschen. Dies bedeutet, dass viel von dem, was in uns vor sich geht, in vielerlei Hinsicht eigentlich nicht unser Fehler ist – geschweige denn unsere Absicht. Dies war vor 2500 Jahren eine fundamentale Einsicht des Buddha. Eigentlich ist jetzt weitgehend anerkannt, dass wir Menschen aus der Interaktion zweier wichtiger bestimmender Prozesse entstehen, über die wir als Individuen absolut keine Kontrolle haben: dem unserer Gene und dem unserer frühen Umwelt. Diese Interaktion lässt uns als Individuen entstehen und uns die Erfahrung machen, „wir selbst zu sein". Wenn wir dies verstehen, hat das gewaltige Auswirkungen darauf, wie wir uns selbst sehen, auf unsere Reise zu Mitgefühl, auf unseren Weg zu Wohlbefinden und Erfüllung und – wenn Sie daran interessiert sind – auf unsere spirituelle Reise.

Wenn wir verstehen, wie und warum wir nicht viel von dem, was in uns vor sich geht, so bestimmt haben, dann können wir auf neue Weise *Verantwortung übernehmen* und lernen, mit so einem Geist zu leben und mit ihm zu arbeiten. Dies klingt vielleicht merkwürdig, aber eigentlich ist es gar nicht so seltsam. Schließlich haben Sie Ihren physischen Körper auch nicht selbst geschaffen – Ihre Gene haben das gemacht. Aber wenn man versteht, wie der Körper funktioniert, kann man ihn z. B. durch Training der Muskeln und des Herzkreislaufsystems und eine ausgewogene Ernährung gesund und fit erhalten. Vor zweihundert Jahren wussten die Menschen nicht, dass Mangel an Vitamin C zu Skorbut führt. Jetzt wissen wir es und können vorbeugen, indem wir Obst und Gemüse essen. In dem Maß, in dem wir mehr über unser Gehirn und unser Denken erfahren, wird uns klar, dass auch sie bestimmte Arten von „Input" brauchen, um gut zu funktionieren. Wir werden sehen, dass Mitgefühl wie eine Multivitamingabe für den Geist ist. In den kommenden Jahrhunderten wird ein besseres Verständnis der Arten von Input und der sozialen Beziehungen gebraucht, die das Gehirn „nähren" – neben dem politischen Mut, eine geistig gesunde Gesellschaft voranzubringen.

Im Strom des Lebens

Wahrscheinlich werden Sie wie ich keine Vorstellung davon haben, wie Sie hierher gelangt sind. Wir finden uns einfach plötzlich in der Welt vor. Die Reise in Bewusstheit und zu der Wahrnehmung, dass „wir existieren", beginnt langsam. Da alle Reisen in Selbst-Bewusstheit sich ähneln, möchte ich Ihnen erzählen, wie meine verlief.

Irgendwann gegen Ende des Jahres 1950 überließen sich meine Eltern einem Akt der Fortpflanzung. Der Grund, weshalb sie dies taten, liegt in einer Mutation, zu der es im Laufe der Evolution vor Milliarden Jahren in gekommen ist. Ursprünglich pflanzten sich lebende Organismen durch Zellteilung fort. Unterschiede von männlich und weiblich gab es nicht. Dann führte eine zufällige Mutation dazu, dass Organismen entdeckten, dass eine Kombination ihrer DNA mit einer anderen ihrer eigenen Art zu einer genetischen Variation führte, die günstig für ihr Überleben war. Fortpflanzung durch Sex war ein Ergebnis der Evolution – nicht dass meine Eltern sich jemals darum gekümmert hätten, natürlich nicht. Sie freuten sich einfach daran, ihre Lust an einem Prozess zu genießen, der Milliarden Jahre zuvor begonnen hatte. Jedenfalls waren innerhalb von ein paar Stunden ein Same und eine Eizelle miteinander verschmolzen und das hatte Folgen von außerordentlicher Komplexität. Millionen Spermien hatten versucht, die Eizelle zu erreichen und mit ihr zu verschmelzen – jedes von ihnen hätte dazu geführt, dass ich ein wenig anders ausgefallen wäre. Ich finde diesen Gedanken faszinierend und frage mich, ob es ein Spermium gegeben hat, mit dem ich mit dem Alter mein Haar nicht hätte verlieren müssen.

Als dann eine Samenzelle das Ei penetriert hatte, war das Rennen vorbei und die übrigen Millionen Samenzellen waren erledigt. Mein genetisches Muster war jetzt festgelegt, und infolge der Instruktionen der Gene der Samenzelle, die gewonnen hatte, und denen der Eizelle dieses Monats begann sich meine grundlegende biologische Form zu entfalten. Langsam wuchsen Gliedmaßen und innere Organe und dann mein Gehirn heran, wobei spezielle Zellen, Neuronen genannt, sich zu komplexen Mustern verbanden. Wie Ameisen einen Ameisenhaufen bauen, entsteht Emergenz aus den gemeinsamen kollektiven Handlungen und Interaktionen der „Bauarbeiter" – in unserem Fall sind das die Gene. Es gibt keinen Planer oder Supervisor des Ganzen. Der grundlegenden Instruktion der Gene für unsere Spezies zufolge, war ich bestimmt, ein Mensch und nicht zum Beispiel ein Fisch oder ein Kaninchen zu werden. Ich kann Ihnen nicht sagen, wie sehr ich mich darüber freue. Jedenfalls kam es den genetischen Anweisungen für meine Spezies und den spezifischen Anweisungen meiner Eltern entsprechend nach neun Monaten zu einer Reihe von Veränderungen im Uterus meiner Mutter, und dann war ich da, rosa, schreiend und wahrscheinlich sehr verwirrt. Die Umgebung des Uterus und die Hormone, die um mich herum zirkulierten, wirkten sich auf meine Entwicklung und darauf aus, welche meiner Gene an- und abgeschaltet wurden. Erstaunlich, dass Gene tatsächlich durch äußere Faktoren, auch durch die hormonelle Umgebung des Uterus, an- und abgeschaltet werden können.

Als ich dann angekommen war, waren die Verbindungen zwischen Neuronen in meinem Babygehirn, die eine Quelle von so vielem werden sollten, was ich denken, fühlen und tun können würde, noch ziemlich begrenzt, ebenso meine Fähigkeit, irgendein Gefühl davon zu haben, ein Selbst zu sein. Aber das sollte sich schnell ändern, weil mein Gehirn unter genetischer Anleitung und dem Einfluss äußerer Stimulation Hunderttausende von Verbindungen pro Tag herstellen würde. Manche Neuronen sollten sich zu komplexen Netzwerken bilden und andere sogar sterben, wenn sie nicht stimuliert und genutzt wurden. „Neuronen, die zusammen feuern, werden miteinander verschaltet", und so beginnt Erfahrung die Muster zu entwickeln, die im Gehirn in Erscheinung treten können. Diese Muster, die aus wechselseitigen Verbindungen bestehen, sind das, was „mich" ausmacht.

Aber halten wir hier einen Moment inne und betrachten wir die Implikationen. Offensichtlich hatte ich bei den Genen, die ich habe, nicht mitzubestimmen. Ich habe nicht beschlossen, dieser Spezies anzugehören oder auch nur dieses Geschlecht zu haben. Ich habe nicht die Farbe meiner Augen oder die Form meiner Ohren gewählt. Ich hatte nicht dabei mitzureden, ob ich Gene habe, die meine Anfälligkeit für bestimmte Krankheiten erhöhen würden, oder ob ich dick werden oder schlank bleiben oder mehr oder weniger zu Angst oder Depression neigen würde. Mit Sicherheit habe ich nicht die Emotionen ausgesucht, die mein Gehirn würde erzeugen können – meine Fähigkeit zur Liebe, zu Ärger und Wut, Angst, Ekel und so weiter wurde einfach für mich gemacht. Ich hatte dabei nicht mitzureden, ob ich das Potential zu einem Läufer von olympischem Niveau haben oder musikalisch begabt sein würde – was ich nicht bin! Vor dem Hintergrund der Tatsache, dass ich Rockgitarrist werden wollte, war das schon eine Enttäuschung. Die Tatsache, dass ich Sprache würde lernen und benutzen können, dass ich würde lesen, imaginieren und kreativ sein können – all das sollte von dem Gehirn abhängen, das für mich geschaffen worden war. Nichts davon habe ich mir ausgesucht.

Es sind aber nicht nur meine Gene, die ich nicht gewählt habe. Ich hatte auch nicht dabei mitzureden, wann oder wo ich geboren werden und dass ich bei diesen Eltern zu dieser Zeit in dieser Kultur ankommen würde. Wenn ich zum Beispiel 2000 Jahre früher in die römische Kultur geboren worden wäre, von Eltern mit einem hohen Status oder von Sklaven, dann wäre mein Identitätsgefühl ein vollkommen anderes als das, was es jetzt ist. Die Erfahrung, in eine liebevolle Familie oder in eine gestresste und missbräuchliche geboren zu werden, beeinflusst tatsächlich, wie das Gehirn reift, und auch die Verbindungen, die zwischen den Neuronen geschaltet werden. Es sind nicht nur meine „Werte", die von meinen Beziehungen mit anderen (z. B. meinen Eltern) auf eine bestimmte Weise geformt wurden, sondern auch mein Gehirn, aus dem meine Gedanken, Gefühle und Begierden entstehen, wurde von meinen

Beziehungen gebildet.[1] Wenn ich das Pech gehabt hätte und zum Beispiel in ein Waisenhaus alten Stils geboren worden wäre, wo Kinder den ganzen Tag in ihren Bettchen gelassen wurden und es wenig Fürsorge oder Interaktion gab, dann wäre das ganze Potential, das ich in mir habe und das dadurch hätte ausgebildet werden können, dass Liebe und Freundlichkeit mein Gehirn nährten – dieses Potential wäre einfach verkümmert. Ich hätte intellektuell abgebaut und Verfall erlebt. Mein Gehirn hätte nicht annähernd die Verbindungen, die es heute hat. Mein Potential, Psychologieprofessor zu werden, hätte sich in Luft aufgelöst. Doch alle diese Dinge, über die ich nicht bestimmt habe, sollten mächtige Formkräfte dafür werden, der ich werden sollte, für die Werte, die ich annahm und von denen ich mich leiten ließ, und für das Gefühl von mir selbst als Person. Mein Gefühl von „mir" ist also aus einem komplexen Zusammenspiel meiner Gene und meiner Umwelt entstanden. Ich habe mir nichts davon ausgesucht. Daraus folgt, dass viel von dem, was in mir auftaucht, nicht auf *meine* Entscheidung zurückgeht. Sie können wahrscheinlich auch spüren, dass das schwerwiegende Auswirkungen auf unser Mitgefühl mit anderen hat, und natürlich gilt genau dasselbe für Sie. Sie haben sich nichts von alledem ausgesucht.

Meine frühesten Erinnerungen sind undeutliche Bilder, wie ich mit bestimmten Spielsachen spielte und von Wolken an einem blauen Himmel fasziniert war. Ich muss etwa zwei oder drei Jahre alt gewesen sein. Den Himmel mit seinen sich ewig verändernden Mustern von Blaus, Weißtönen, Graus und Pinks habe ich immer geliebt. Im Alter von etwa zwei Jahren entwickelte sich also mein Gehirn, und ich wurde mir allmählich bewusst, dass ich hier auf der Welt war. Ich hatte keine Erinnerung an irgendetwas vor meiner Zeit auf der Erde, die im Jahr 1951 begann. Von da an waren mein Körper und Gehirn mit ihren genetischen Codes, die ständig in mir wirksam waren, damit beschäftigt, mich zu entwickeln. Ich machte die Erfahrung, dass ich mir wehtat, wenn ich hinfiel, und weinte. Ich machte die Erfahrung, dass ich Angst hatte, wenn Mama mit mir schimpfte – das mochte ich nicht. Ich bekam Angst, wenn Sally im Kindergarten versuchte, mir meinen Lieblingsteddy wegzunehmen, und ich verpasste ihr eine. Aber das kam ganz automatisch. Wenn Mama mir sagte, dass sie mich lieb hatte und mich hielt, dann gefiel mir das. Mein Gehirn baute für mich eine ganze Reihe von Gefühlen und Verhaltensweisen auf, die zur Verfügung standen und mir halfen, mit verschiedenen Situationen umzugehen, während ich mich durch das Leben bewegte.

Mit etwa 11 Jahren begann ich an seltsamen Stellen Haare zu bekommen, und neue Gefühle tauchten in mir auf. Wo um Himmels willen kamen die her? Eine Kaskade neuer Hormone war mit dem Beginn meiner Pubertät ausgeschüttet worden, und sie reorganisierten mein Gehirn auf eine komplexe Weise. Joe und ich wurden verhauen, weil wir hinter dem Fahrradschuppen geraucht und weil wir versucht hatten, uns in die Mädchendusche einzuschleichen – Mist. Lass dich das nächste Mal nicht erwischen! Wie sehr ich mich auch anstrengte, ich war oft nahe am Ende (fast der Schlechteste) der Klasse, aber ich wurde Kapitän der Rugbymannschaft. In Wirklichkeit hatte ich keines dieser Gefühle und Ziele gewählt – kein einziges –, sie passierten einfach in mir. Überall auf der Welt erleben Jungen meines Alters mehr oder weniger genau dieselben Veränderungen in sich. Obwohl man mir jede Menge Mathematik, Geographie und Geschichte beibrachte, und auch, wie man einen Rugbyball wirft, brachte man mir nichts über mein Gehirn und mein Denken bei. Ich musste einfach versuchen, damit zu leben und herausfinden, was in mir vor sich ging – eine Art Versuch und Irrtum. Ich versuchte, mit den anderen um mich herum Schritt zu halten, und beobachtete die Veränderungen auch bei ihnen. Ich wusste, ich wollte gemocht und akzeptiert werden, also schien das eine Art Anleitung zu sein. Deshalb wurde ich zu einer Art Mensch.

Wenn wir uns zurücklehnen und darüber nachsinnen, wie wir hierher gekommen sind und wurden, wer wir sind, dann sehen wir, dass wir in vieler Hinsicht einfach ankamen und im Strom des Lebens auftauchten. Wir sind alle wie kleine Wellen auf einem ungeheuer weiten Meer, das sich hebt und senkt. Für manche von uns ist dies ein ganz angenehmes Erwachen, aber für viele andere, die in arme, gestresste Familien geboren werden oder Gleichgültigkeit und Missbrauch erleben, ist es das nicht. *Dieses Verständnis ist der erste Schritt in Richtung eines mitfühlenden Verständnisses.* Es erlaubt uns, zu sehen, dass so viel von dem, was wir sind, in gewisser Weise wenig mit persönlicher Wahl oder Entscheidung zu tun hat. Daher ist es wenig sinnvoll, dass wir uns wegen einiger unserer Gefühle, Motive, Begierden oder Fähigkeiten oder des Mangels an ihnen oder dafür, wie sich die Dinge entwickelt haben, Vorwürfe machen. Wenn wir aufhören, uns (und anderen) Vorwürfe zu machen und uns (und andere) zu verurteilen – dafür plädiere ich in diesem Buch –, dann sind wir freier dafür, die Einsicht, das Wissen und das Verständnis zu entwickeln, das wir brauchen, um für uns und unsere Handlungen Verantwortung zu übernehmen. Lernen und Praktizieren von Mitgefühl helfen uns, zufriedener und mit uns in Frieden zu sein und uns auch mehr um andere zu kümmern. Keiner von uns ist dafür verantwortlich, dass er ein Gehirn hat, das große Angst, Wut oder alle möglichen sexuellen Begierden empfinden kann. Und wir sind auch nicht dafür verantwortlich, dass wir ein Gehirn haben, das verstehen kann, dass es ein Produkt der Evolution und der Erziehung ist. Unser „neues Gehirn/Denken" kann aber Verantwortung dafür übernehmen, dies zu entdecken und sich selbst auszubilden.

Wenn wir sehen, dass wir alle emergente Muster innerhalb des Stromes des Lebens sind, dann erkennen wir (wie der Dalai Lama so oft sagt): „Wir wollen nicht leiden. Wir alle wollen Glück." Wir sehen auch, dass andere Menschen in der Welt, die sich ebenfalls abmühen, vielleicht weniger Glück haben als wir. Aus meiner Sicht ruft uns das dazu auf, unser Herz für die zu öffnen, deren Emergenz nicht so glücklich wie unsere eigene war. Wir öffnen unsere Augen für das Leiden in der Welt und dafür, wie Menschen sich einfach in diesem Leben vorfinden.

Das Paradox

Hier ist also das Paradox. Auch wenn ich nicht verantwortlich dafür bin, dass ich Chips, Rotwein und Schokolade liebe, werde ich dick und habe Kopfschmerzen, wenn ich meinem Verlangen nachgebe – verdammt! Wenn ich im Bett bleibe und nicht zur Arbeit gehe und mir stattdessen eine Sportsendung anschaue, wird mir gekündigt. Wenn ich mich meiner Aggression überlasse, kann ich ins Gefängnis kommen.

Meine Frau und ich hatten vor einiger Zeit gemeinsam ein Erlebnis. Es war ein später kalter Dezemberabend vor Weihnachten, mit starkem Regen, und die Feuchtigkeit war bis zu unseren Knochen gedrungen. Wir versuchten, den Parkplatz eines Einkaufszentrums zu verlassen. Keines der Autos in einer Warteschlange ließ andere Autos hinein, und es gab einen großen Stau. Ein paar Leute fuhren ganz dicht auf, um andere Autofahrer daran zu hindern, sich langsam einzeln einzufädeln und nach und nach den Parkplatz zu verlassen. „Wäre es nicht toll, reich zu sein", dachten wir laut, „und einfach in sie hineinzufahren und ihnen zu sagen: ‚Das ist dafür, dass Sie so ein egoistisches Arschloch sind'?"

Wir können lernen, für einiges, was in unserem Kopf vor sich geht, offen zu sein, und können uns, wenn wir aufrichtig damit sind, sogar darüber amüsieren. Wenn wir von unseren Begierden, Wünschen, Ängsten oder Rachegefühlen überwältigt sind, kann es aber zu Problemen führen, wenn wir manche unserer Phantasien ausleben. Wir können aber lernen, uns unserer Gefühle und Impulse bewusst zu werden und sie gleichzeitig besser zu kontrollieren. Wir Menschen können verstehen, dass unsere Handlungen Folgen haben, und wir können diese auch oft absehen. Im Leben geht es darum, zu lernen, wann man seinen Begierden und Emotionen entsprechend handeln soll und wann nicht. Dies bringt uns zum Kern mitfühlenden Verhaltens, denn es geht dabei nicht nur darum, freundlich und warmherzig zu handeln. Es geht auch darum, uns und andere vor unseren eigenen destruktiven Begierden und Handlungen zu *schützen*. Es geht darum, sich zu behaupten, Unangenehmes auszuhalten und Mut zu entwickeln – wir werden dies in den Kapiteln 11 und 12 ausführlicher untersuchen.

Kommen wir zum Wein, zur Schokolade und zu den Chips zurück. Es ist interessant und wichtig, dass meine Gene für mich ein Gehirn ausgebildet haben, das wie kein anderes auf der Erde ist – es kann verstehen, dass es schlecht für mich ist, wenn ich zu viel trinke und Chips und Schokolade esse. Freud nannte diesen Teil der Psyche „das Realitätsprinzip". Es gibt kein anderes Gehirn außer dem des Menschen, das solche Zusammenhänge verstehen kann – dass zu viel Schokolade Gewichtszunahme bedeutet und dass dies schlecht für mein Aussehen und für meine Gesundheit ist. Toll – aber wenn ich das einmal weiß, kann ich einfach ärgerlich werden und fragen: „Warum müssen die Dinge, die ich so gern mag, so schlecht für mich sein?“ Eine andere Reaktion ist, mir streng zu sagen, dass ich vernünftig sein und einfach aufhören muss, diesen Mist zu essen, und dass ich weniger trinken sollte: Das gute alte „Werde erwachsen und reiß dich zusammen“. Eine weitere Reaktion besteht darin, nicht zu viel darüber nachzudenken und einfach weiter zu verleugnen und die guten Sachen des Lebens zu genießen (oft meine bevorzugte Reaktion, die man aber nicht nachahmen sollte). Ich habe einmal zu einem Freund gesagt, der immer noch Pfeife raucht: „Das ist sehr ungesund für dich, und du wirst daran sterben.“ Er antwortete: „Natürlich, aber wer möchte gesund sterben – was für eine Verschwendung!“ Es gibt viele Möglichkeiten der Verleugnung.

Eine andere Reaktion ist, mit Mitgefühl bei diesem Ärger oder bei der Verleugnung zu sein, und sie als vollkommen verständlich zu sehen – es ist wirklich sehr unfair, dass ich ein Gehirn habe (nicht nach meinem Plan oder aus eigenem Willen), das mich Dinge wirklich begehren und genießen lässt, die schlecht für mich (und andere) sind. Ich kann lernen, verständnisvoll und empathisch für meine Gefühle des Ärgers und des Verlustes zu sein, wenn ich nicht haben kann, was ich möchte. Als ich versuchte, mit Rauchen aufzuhören, hat mir meine Frau ein wunderbares Buch von Richard Klein mit dem Titel *Cigarettes Are Sublime*[2] geschenkt. Es hat die Freuden des Rauchens zum Thema – und dass ein ziemlich intensiver Trauerprozess dazugehört, wenn man damit aufhören will. Da wurde mir klar, dass ich weder die Notwendigkeit erkannt hatte noch darauf vorbereitet war, mich meinem Kummer und Verlust zu stellen und mit ihm umzugehen – mit dem Verlust des romantischen Paul, mit dem Jazz, dem Glas Wein und dem sanften Rauch. Deshalb war der Abschied vom Rauchen traurig – wenn ich ehrlich bin, war es eine Reihe von Abschieden –, und ich hatte Mitgefühl. Aber am Ende habe ich keine andere Wahl, als die Kontrolle über meine Freuden des Rauchens, Essens und Trinkens zu übernehmen, wenn ich Gesundheitsproblemen vorbeugen, nicht dick werden und keine Kopfschmerzen bekommen möchte. Es geht darum, *wie* ich das mache – das ist entscheidend. Es geht einerseits darum, das echte Verlangen danach zu kultivieren, mit Wärme und Freundlichkeit für uns selbst zu sorgen, und andererseits das Ausleben unserer Begierden mit Freundlichkeit und durch Verständnis zu begrenzen.

Wir werden sehen, dass diese Gefühle und diese Haltung für mitfühlendes Verhalten zentral sind (siehe Kapitel 11 und 12). Dasselbe Argument können wir genauso auf viele andere Themen anwenden. Wir lieben unsere Autos und die Produkte unserer Industrie und wir lieben es, um die Welt zu fliegen – aber dabei verändert sich unser Planet und stirbt langsam. Nicht die Psychologie der Schuld verdient unsere Aufmerksamkeit, sondern ein echtes Verlangen, zu nähren und zu reparieren. Ohne diese Aufmerksamkeit ist es leicht, in der Verleugnung stecken zu bleiben und einfach mit einem verärgerten „Wieso ich?" zu reagieren.

Mit diesen Ideen werden wir uns später genauer beschäftigen; sie geben uns aber schon einen Vorgeschmack auf die entscheidende Botschaft: Sie sind nicht verantwortlich dafür, wie Ihr Gehirn funktioniert, und auch nicht für die Emotionen, Gedanken und Begierden, die in ihm entstehen können. Wenn wir dies wissen, lernen wir, mit den inneren Prozessen zu arbeiten, mit denen wir nun einmal leben. Wir können z. B. unser mitfühlendes Denken pflegen, um andere Aspekte unserer Psyche zu unterstützen und unser Wohlbefinden zu fördern. Wir können uns auch bewusster werden, wie unsere Gesellschaft unseren selbstsüchtigen Teil des „Ich zuerst" mit unrealistischen Phantasien und Begierden stimuliert und uns dazu bringt, immer mehr zu wollen, zugleich aber enttäuscht zu sein und unter persönlichem Versagen zu leiden (siehe Kapitel 5).

Auftauchen aus dem Strom des Lebens

Hier sind wir nun also – wir finden uns einfach hier vor. Aber das gilt genauso für das Universum und es gilt ebenso für alle Lebewesen, die je existiert haben. Wir sind alle emergente Wesen. Um mehr Einsicht und Verständnis dafür zu entwickeln, wie unser Geist entstand und warum er voller schwieriger Gefühle wie Angst, Ärger oder Wut, Verzweiflung und hinderlichen oder destruktiven Begierden sowie natürlich Liebe und Freundlichkeit sein kann, sollten wir uns noch einmal klarmachen, dass wir auf unserem Planeten sind, weil wir *aus dem Strom des Lebens* auftauchen.

Die moderne Forschung zeigt, dass wir uns an einem bestimmten Punkt auf dem Weg der Evolution befinden. Selbst die Werbung hat das verstanden: Guinness hat einen tollen Werbespot, in dem drei Männer in einem Pub stehen und trinken, wobei die Zeit rückwärts läuft – wir sehen sie zu Affen und dann zu Ratten und schließlich zu Kaulquappen werden. Die Botschaft lautet: „Alles kommt zu denen, die warten".

Darwins brillante Erkenntnis unserer Emergenz aus der Evolution hat heute mehr denn je Eingang in unsere Kultur gefunden. Auch wir können uns also umdrehen und über unsere Schultern auf die zurückgelegte Strecke schauen, die uns mit unserem Gehirn und all den Begierden, Hoffnungen und Ängsten hierher geführt hat. Die Forschung der letzten 50 Jahre ermöglicht uns, uns eine Art Film über das Leben von seinen frühesten Anfängen bis heute anzuschauen. Begeben wir uns also zusammen auf eine Reise und stellen wir uns vor, dass wir in der Zeit bis kurz vor den Moment zurückgereist sind, als die ersten lebenden Organismen auf der Erde erschienen. Diese Reise soll uns zeigen, wie unser Geist und unsere Psyche beschaffen sind und wozu sie bestimmt waren und sind.

Die ersten Tage

Stellen wir uns also vor, dass wir wie im Zeitraffer zuschauen können, wie sich die Evolution des Lebens von den Mikroben bis zum Menschen *in einem einzigen Tag* entfaltet hat. Wir stehen auf einem Hügel und schauen hinaus über das Meer zu einem weiten blauen Horizont, als eine neue rötliche Sonne beginnt, einen Tag auf diesem jungfräulichen Planeten zu wärmen. Das Wasser ist klar und wir können in die Tiefe hinabschauen. Wir sehen, wie kleine Organismen an heißen Quellen um ihr Leben kämpfen. Sie wachsen und sterben zu Millionen, eine Generation nach der anderen, und langsam erscheinen neue Lebensformen, komplexer und vielgestaltiger als ihre Vorläufer. Sie nutzen nichts als den genetischen Code und langsame Mutationen. Sie haben nur zwei Ziele – zu überleben und sich fortzupflanzen. Manche meinen heute vielleicht, dass Gene selbstsüchtig sind, aber so ein Motiv kann es erst Millionen Jahre später geben. Hier sind die Gene einfach Vervielfältiger, Erbauer von Systemen.

Sie bilden Körper, die sie umhertransportieren können. Die Entstehung biologischer Systeme, die sich mit Absicht und gezielt bewegen können, ist ein bedeutendes Ereignis im Universum. Zudem statten Gene Körper mit spezialisierten Systemen dafür aus, von bestimmten Dingen angezogen und motiviert zu werden. Diese Systeme unterstützen Ernährung, Kämpfen, Fliehen und Fortpflanzung. Diese vier sind die Motive dafür, etwas *als Besitz zu erwerben* und zu *verteidigen* und zu *schützen.* In den Kapiteln 4 und 5 werden wir sehen, wie wichtige emotionale Systeme diese zwei Hauptziele grundlegend stützen. Diese einfachen Prozesse sind die Grundlage für den Bauplan allen Lebens, das sich geschlechtlich fortpflanzt. Mit dem Menschen kommt dann das Verlangen, Wissen und Verstehen zu *erwerben* und Sinn herzustellen – aber greifen wir nicht vor.

Um Mittag herum wimmelt das Meer vor Leben, von großen und kleinen Lebewesen. Wir halten den Prozess an und denken darüber nach, dass der Urknall des Universums aus dem Nichts kam. Aus den Atomen und Elementen, die dabei entstanden, ist nun ein Code und ein Muster von Atomen entstanden, die DNA. Damit gibt es dann die Möglichkeit der Evolution von Lebensformen und schließlich die Möglichkeit von Bewusstsein. Ist dies eine „großartige oder intelligente Gestaltung" (Intelligent Design)? Eigentlich nur, was die Tatsache der Möglichkeiten angeht. Nichts plant diese Lebensformen oder irgendwelche Veränderungen an ihnen – sie tauchen einfach mit der Zeit auf und spielen eine Reihe von Gesetzen und Prozessen durch und drücken sie aus. Warum das Universum so ist, dass *diese* besonderen Codes und Muster erzeugenden Systeme entstanden, wird noch lange nach uns debattiert werden. Wir können das hier also nicht vertiefen. Wir Zuschauer sind einfach Zeugen des Fortschreitens und der intensiven Kämpfe des Lebens. Wir sehen Arten kommen und gehen. Erinnern Sie sich daran: Fast 99 Prozent aller Arten, die auf unserem Planeten existiert haben, sind jetzt ausgestorben. Sogar die Neandertaler, die uns modernen Menschen sehr ähnlich waren, sind schon lange verschwunden, und nur ihre Knochen und Artefakte bezeugen, dass sie existiert haben.

Als der Tag voranschreitet, sehen wir, wie Kontinente auftauchen und wieder versinken, Wälder und Wüsten entstehen und vergehen, die Emergenz des Lebens an Land, Massenaussterben aufgrund der Eiszeiten, aufgrund von Dürren und Meteoriteneinschlägen. Das Leben ist rau und gnadenlos. Aber wir erkennen auch sich wiederholende Muster. Wir sehen, dass viele Lebewesen Sinnessysteme entwickelt haben, die Licht und Geräusche wahrnehmen. Wir sehen, dass viele von ihnen nach demselben Grundplan vier Gliedmaßen, einen Kopf mit Augen an der Vorderseite und Ohren an den Seiten haben. Viele haben ein Herzkreislaufsystem und Lungen und müssen andere Lebewesen fressen, um zu überleben. Wir können auch die ersten Strategien des Lebens beobachten, die sich im Meer entwickelten und jetzt in Gestalt von Reptilien an Land leben. Und wir erkennen sich wiederholende Verhaltensmuster. Dies sind die ersten Grundmuster entwickelten Geistes, die auch in uns widerhallen werden.

Reptilien, die vor etwa 500 Millionen Jahren im Strom des Lebens auftauchten, sind im Wesentlichen mit Fressen, mit Erobern und Verteidigen ihres Territoriums und mit Paarung beschäftigt – wieder die vier bekannten Ziele. Sie werden andere, die sie herausfordern, mit starren Gliedmaßen und starren Blicken bedrohen. Niemand hat ihnen das beigebracht, es gibt keine Schule für Reptilien, in der sie etwas über Status oder Zweikampf lernen. Sie werden über ihre Reptiliengehirne gesteuert, die Baupläne für Handlungen und Strategien enthalten, die in ihren genetischen Code eingebettet sind. Vielleicht wären sie amüsiert oder auch verzweifelt, wenn sie dieselbe Art Bewegung im militärischen Stechschritt oder bei kämpfenden, sich anstarrenden Männern, sowie ihrem Trieb nach Dominanz, Besitz und Territorien sehen würden. Also nicht so viel Veränderung! C. G. Jung sollte diese mächtigen angeborenen Muster von Fühlen, Denken und Verhalten (z. B. Streben nach Status, Kontrolle über ein Territorium und Partnersuche) später „Archetypen" nennen. Ihre Ursprünge reichen viele Millionen Jahre zurück.

Der berühmte Astronom Carl Sagan hat in seinem Buch *The Dragons of Eden* (1977)[3] sogar argumentiert, dass das Reptilienhirn eine Quelle einiger unserer Träume, Albträume und intrusiven Phantasien ist. Das Thema von Horrorfilmen, „wie eine Bestie" zu werden, ist die archetypische Angst davor, von den Leidenschaften des Reptilienhirns überwältigt zu werden – von einem Denken, das raubtierartig, kalt und aggressiv ist, dem Nazi-Albtraum. Kent Bailey[4] hat an der Virginia Commonwealth University untersucht, wie alte Muster der Gehirnaktivität uns heute beeinflussen können. Er hat gezeigt, dass es nicht schwer ist, eine Reptiliensicht der Welt anzunehmen, die auf impulsive Begierden, sexuelle Eroberungen, Aggression und Herrschaft fokussiert ist. Es ist auch interessant, wie oft wir das Böse in Horrorfilmen reptilienähnlich abbilden. Ein Reptil ist nur an Macht, Kontrolle, Fressen, Sex und persönlichem Gewinn interessiert – die Lebensstrategien und Interessen in ihrem Kampf um Fortpflanzung und Überleben. Das Reptiliendenken hat kein Interesse an Familienleben, Liebe, Spiel, Aufbauen vertrauensvoller Bündnisse oder Empathie (oder der Fähigkeit, diese Dinge anzuerkennen und zu genießen) – und das ist der Grund, weshalb es uns Angst macht. Dies sind Fähigkeiten, die sich erst mit den Säugetieren entwickelten. Vielleicht erlauben wir Dämonen, auf der Erde zu wandeln, wenn wir Fähigkeiten des „neuen Denkens" verwenden, um Reptilien-Leidenschaften zu nähren?

Die Strategien und Archetypen des Reptils werden so lange nicht aus dem genetischen Code entfernt, wie sie erfolgreich beim Weitergeben von Genen sind. Es gibt nichts, was daran an sich gut oder schlecht ist – so ist einfach die Evolution. Spätere Lebensformen passen diese Strategien an, formen sie um und fügen etwas hinzu, aber sie können nicht zum Zeichenbrett zurückgehen und von vorn anfangen; sie können nicht einfach die Löschtaste drücken. Veränderung durch Evolution kann nur anpassen, was vorhergegangen ist. In der einen oder anderen Form wird Interesse an Macht, Sex, Territorien und Kontrolle in und durch uns Menschen weiterleben. Individuen ohne mindestens ein gewisses Interesse daran, Ressourcen zu erwerben, sie zu verteidigen und sich fortzupflanzen, würden nicht viele Gene hinterlassen. „Intelligent Design", ein Verständnis, das von den Kreationisten bevorzugt wird, spricht nie an, wie arm und „zusammengestückelt" die Pläne unseres Körpers und unseres Denkens im Grunde sind. Sie erwähnen auch nicht, wie viele Leidenschaften wir von früheren Lebensformen her mitbringen. Die Emergenz von Bewusstsein war sicherlich komplex und Ehrfurcht gebietend, aber das bedeutet nicht, dass es einen guten Plan gegeben hat. Es ist vielleicht mehr wie bei der Guinnesswerbung. Wenn es irgendeine spirituelle Lektion in all dem gibt, dann ist es eben die Tatsache, dass es wirklich das Mitgefühl ist, das wir für uns, für andere und für unseren Planeten nutzen können, und das nach dem langen und schwierigen Weg für unsere Gehirne und Gene für die Zukunft von Bedeutung sein wird.

Kehren wir zu unserer Zeitreise zurück. Wir stehen immer noch auf diesem Hügel und beobachten, wie sich dieser Prozess der Entfaltung neuer Lebensformen vor uns abspielt, und dass es die Reptilienstrategien (das heißt die Archetypen) waren, die sie – und dann schließlich uns – hierher brachten. Es waren der Überlebenskampf des Reptils und im Laufe der Evolution entwickelte Lösungen, die den Gen-Strom beeinflusst haben. Sie und ihre Strategien sind nicht „böse", sondern ein Teil der Evolution von Leben und Geist und Psyche. Aus unserer Sicht sind sie vielleicht hart, wild und tragisch, aber sie umfassen auch die Grundlagen unserer eigenen evolutionären Reise.

Vor etwa 120 Millionen Jahren erschien eine neue Klasse von Lebewesen im Strom des Lebens: die Säugetiere. Mit den Säugetieren entwickelten sich neue Strategien, die mit Warmblütigkeit verbunden sind: Leben in Sippen, die dem Nachwuchs Fürsorge und Schutz bieten, und Leben in großen Gruppen zum allgemeinen Schutz. Statt territorialer Hierarchien bilden Säugetiere Hierarchien, die auf Status beruhen. Bei manchen Arten kann nur ein Weibchen Nachkommen haben, Konkurrentinnen werden unterdrückt, verjagt oder getötet. Das ist z. B. bei Meerkatzen üblich, auch wenn sie so sanft und süß aussehen. Bei Säugetieren wird daher sexuelle Konkurrenz ihr Leben strukturieren, das bedeutet, selbst sexuell aktiv zu sein und sich zu vermehren sowie andere von sexueller Aktivität abzuhalten. Lange bevor also Menschen im Verlaufe unseres Tages erscheinen, werden wir die Wirkung der Archetypen sehen, die sexuelle Konkurrenz, Loyalitäten und Verrat, Leben in Gruppen und Stammeskultur, Unterwerfung unter Führer und Angst vor dominanten Männern, das Streben nach Status und sozialem Rang, gemeinschaftlicher Jagd und Arbeit ermöglichen – alles Themen, die eine große Rolle im Denken von Menschen spielen. Ich finde es erstaunlich, dass so viele der Begierden, die durch mich und das heißt, durch uns alle hindurchfließen, nicht nur lange vor mir entstanden sind, sondern lange bevor es überhaupt Menschen gab.

Was wir wollen und gern tun

Wir sehen also, dass viele unserer Motive und Begierden mit Strategien und Archetypen zu tun haben, die seit Millionen Jahren gelebt werden. Aber wir müssen hier vorsichtig sein. Auch wenn Weitergabe von Genen an die nächste Generation der Schlüssel zur Evolution ist, sind Tiere *nicht direkt* motiviert, ihre Gene und ihre Vielfalt in folgenden Generationen zu vermehren. Dies ist zum Teil deshalb so, weil Erfolg bei der Weitergabe von Genen ein Ergebnis ist, das ein Tier nicht kalkulieren kann. Daher sind sie motiviert, Sex zu wollen, nach Gelegenheiten Ausschau zu halten und ihn zu genießen; Freunde zu wollen und zu suchen und Ablehnung und Ausgeschlossensein nicht zu mögen, Status zu wollen und zu genießen und nicht zu mögen, Außenseiter zu sein. Zu bestimmten Zeiten des Jahres werden manche Tiere zu Wanderungen motiviert sein oder Nester oder Erdhöhlen zu bauen. Wenn diese Aufgaben gut erfüllt sind, tragen sie zu Fortpflanzungserfolg bei und führen dazu, dass die Gene, die diese Verhaltensweisen unterstützen, an die nächste Generation weitergegeben werden. In uns sind diese Motive immer noch aktiv, weil sie seit vielen Millionen Jahren erfolgreich gewesen sind.

Wie ich jedoch im letzten Kapitel gezeigt habe, besitzen wir mit unserem „neuen Gehirn/Geist“ viele andere Fähigkeiten, z. B., dass wir Sprache und Symbole verwenden, Dinge durchdenken, argumentieren, reflektieren und uns neue Möglichkeiten und sogar Unmögliches (Science-Fiction) vorstellen können. Zum Teil liegt das an unserer Fähigkeit, vorausdenken zu können und uns von dem, was in unserem Denken, Fühlen und Tun vor sich geht, zu distanzieren und darüber nachzudenken, dass wir Dinge anders machen können als andere Lebewesen. Daher besitzen Menschen potentiell eine große Flexibilität darin, wie sie verschiedene Begierden und Motive *inszenieren.* Zum Beispiel können wir Verlangen nach Sex haben, aber dabei auch an Empfängnisverhütung denken. Wir können sexuelle Lust von den Konsequenzen des Aktes trennen, wir können uns für Karriere, Geld und Status und gegen Kinder entscheiden, oder wir können auf der Suche nach Erleuchtung sexuell enthaltsam leben. Noch komplexer wird es, wenn wir uns bei der Art der Empfängnisverhütung daran orientieren, was maßgebliche Männer unserer Religion dazu meinen. Heutzutage können Menschen ihre sexuellen Gefühle auch über das Internet stimulieren, ohne dass ein anderer Mensch wirklich anwesend wäre. Unsere Begierden haben sich im Laufe der Zeit nicht so sehr verändert, aber wir können mit unserem Gehirn Tausende von Möglichkeiten ersinnen, sie auszuleben oder auf sie zu verzichten – sowohl ein Segen als auch ein Fluch.

Strategien sind also wie die Spielpläne für das Leben. Sie sind die Komponenten des Geistes, die helfen, unsere Aufmerksamkeit, unsere Gefühle, Überlegungen und unser Verhalten zu lenken. Sie sind zudem in der Lage, bestimmte Arten von Information schnell aufzunehmen. Diese Strategien und Archetypen unseres Geistes können sehr schnell aktiviert werden, lange bevor wir uns ihrer auch nur bewusst sind oder erkennen, was in uns angeregt oder aufgewühlt wurde. Man kann z. B. Männern Bilder nackter Frauen so schnell zeigen, dass die Wahrnehmung der Bilder unterbewusst ist (subliminal, unter der Schwelle des Bewusstseins) und sie nicht „wissen", dass sie solche Bilder gesehen haben. Doch physiologisch reagieren sie. Unsere leitenden Strategien und Archetypen können ebenfalls eine verführerische Qualität haben, wir überlassen uns einfach ihren Gefühlen und Denkweisen. In diesem Sinn *denkt der Archetyp oder die Strategie durch uns.* Wenn wir dies wissen, kann uns das zu einigen sehr wichtigen Einsichten in das Wesen unseres Geistes führen. Zum Beispiel versuchen Religionen oft, Menschen dazu zu bringen, sich mit der Gruppe oder einem Führer eines lokalen Stammes zu identifizieren. Jeder, der sich mit diesem Gott oder einer Religion identifiziert, wird zu einem Teil einer Gruppe. Dies gilt besonders für die Religionen, die vor 2000 bis 3000 Jahren in den Stammeskonflikten des östlichen Mittelmeerraums entstanden. Sie unterscheiden sich sehr vom Buddhismus, dessen Gründer, ein verwöhnter Prinz, keinerlei Bedrohung im Leben ausgesetzt war.[5] Dieser auf der Stammeskultur beruhende Archetyp wird Leidenschaften entfachen und das Denken lenken. Er wird Verfechter, Anhänger, Schüler oder Gläubige sicher nicht auf das Risiko aufmerksam machen, seine Individualität zu verlieren, oder gar auf die damit verbundene potentielle Stammesgewalt. Er wird einfach das Verlangen nähren, sich an dem Stamm zu orientieren, sich zugehörig zu fühlen und ein Teil davon zu sein, d. h. nachzufolgen und sich anzupassen.

Was können wir also machen? Am wichtigsten ist natürlich, dass wir uns davor hüten, uns mit archetypischen Prozessen zu identifizieren. Stattdessen sollten wir uns zuerst als fühlende Lebewesen sehen, die ihre gegenwärtige Existenz, ihre Erfahrungen und Kompetenzen den Millionen anderen Lebewesen verdanken, die uns vorangegangen sind. Wir sind Menschen im Strom des Lebens, und wir sind alle einfach hier angekommen“ und versuchen, das Beste zu tun, was wir mit diesem Gehirn tun können – mit diesem Gehirn, das wir weder entworfen haben noch gänzlich verstehen. Wir sollten mit Mitgefühl unsere enormen Kapazitäten erkennen, sowohl gütig als auch böswillig zu sein. Erst dann können wir aus einer mehr regionalen Sicht über uns nachdenken, wie zum Beispiel über unseren Stamm oder die politische Gruppe, der wir vielleicht nahestehen. Unser im Laufe der Evolution entwickelter Geist hat natürlich schon in der anderen Richtung gewirkt, um starke Leidenschaften der Identifikation mit unserer lokalen Gruppe oder unserem Stamm anzufachen. Wenn wir verstehen, wie wir uns als Menschen gegen diese Leidenschaften stellen können, kann das zum Schlüssel für unsere Handlungen werden.

Skripte, die Archetypen und soziale Mentalitäten für das Leben schreiben

Schauen wir uns also unsere archetypische Psyche genauer an. Studien des Geistes und des Gehirns, die während der letzten 50 Jahre durchgeführt wurden, haben uns gezeigt, dass unsere Psyche eine sehr gemischte Sammlung von Strategien, Archetypen, Begierden, Motiven, Ängsten, Fähigkeiten und Talenten darstellt. Diese haben sich zu verschiedenen Zeiten entwickelt, um verschiedene Dinge zu tun, aber sie arbeiten nicht immer gut zusammen. Wir haben einen Verstand, der verstehen kann, dass „wir existieren“ und der die Natur des Universums erforschen kann. Wir sind zu großer Selbstlosigkeit, Liebe und Freundlichkeit, aber auch zu Zorn, Gewalt und grausamer Folter fähig. Kein Wunder, dass dieser Geist mit seinen unendlichen Möglichkeiten verwirrend und überwältigend sein kann.

Es wird oft gefragt, ob es unter all den Aspekten des Selbst ein „reales Selbst“ oder ein „reales Ich“ gibt, das man mag oder vielleicht ablehnt. Auch vom „wahren Selbst“ ist die Rede, das es zu entdecken gelte. Dies ist aber zum Teil eine Illusion. Es gibt kein „reales Selbst“, es gibt nur innere Zustände und Muster des Bewusstseins. Es gibt kein einziges Atom in Ihrem gegenwärtigen Körper, mit dem Sie geboren wurden. Sie verändern ständig das physische Gewebe Ihres Körpers und Ihres Gehirns. Die Erfahrung Ihrer selbst als Wesen taucht aus den Mustern, die in Ihrem Gehirn geschaffen werden, auf. Wenn ein Teil Ihres Gehirns aus irgendeinem Grund beschädigt oder verletzt würde, wäre Ihre Erfahrung Ihrer selbst eine ganz andere. Dies ist ein Paradox, mit dem sich die moderne Wissenschaft abmüht. Sehen Sie sich also statt als ein „reales Selbst“ eher als ein Muster von großer Komplexität, als einen vielfarbigen Regenbogen. Es geht bei der Entdeckung des Selbst nicht so sehr darum, eine besondere Farbe zu finden, sondern eher darum, zu lernen, wie man alle diese Farben mischen kann. Ein Garten besteht nicht nur aus den Blumen oder den Bäumen oder dem Gras oder der Erde – er ist all das zusammen. Stellen Sie sich also nicht als ein beständiges Selbst, sondern als ein Bewusstsein vor, dass von vielen Möglichkeiten, Facetten und Farben strukturiert ist.

Die Vorstellung von Archetypen ist sehr alt. Sie geht auf Plato zurück, und dann viel später auf Kant. Der Name, mit dem diese Vorstellung am häufigsten assoziiert wird, ist aber wahrscheinlich Carl Gustav Jung (1875 – 1961).[6] Jung war der Sohn eines Pfarrers und ein Zeitgenosse Freuds. Während im Mittelpunkt der Untersuchungen Freuds die Ströme libidinöser Energie standen, meinte Jung, der menschliche Geist bestünde aus einer Reihe sozialer Systeme, die unser Denken, unsere Motive, Gefühle, Phantasien und unser Verhalten um bestimmte Themen herum organisieren. Diese „Archetypen“, wie er sie nannte, entwickelten sich, weil sie hilfreich bei der Bewältigung der Grundaufgaben unseres Lebens seien. Zu diesen Aufgaben gehörte, dass Kinder sich ihren Eltern zuwenden, Bindungen entwickeln und Fürsorge, Pflege und Liebe von ihnen bekommen, und dass Erwachsene Beziehungen mit Gleichaltrigen eingehen, sich Gruppen anschließen und sie und die Grenzen dieser Gruppen verteidigen, sexuell interessiert werden und sich der Fortpflanzung widmen, für ihre Nachkommen sorgen, alt werden, Sinn suchen, (vielleicht) weise werden und sich auf den Tod vorbereiten.

Archetypen sind wie innere Führer, die uns auf bestimmte Dinge hin orientieren und uns in bestimmter Weise motivieren. C. G. Jung war der Auffassung, dass es viele Arten von Archetypen gibt. Zum Beispiel kann uns der *Mutter-Archetyp* zu liebevollen, fürsorglichen Figuren hin orientieren und ermöglichen, darauf zu reagieren, wenn man liebevoll behandelt, „bemuttert", wird. Die sexuellen Archetypen in Form der *Anima* (im Mann) und des *Animus* (in der Frau) bestimmen die Empfindungen der Begierden und Verhaltensweisen gegenüber dem anderen Geschlecht. Die *Persona* beeinflusst unsere soziale Selbstdarstellung und versucht, unseren Ruf sauber zu halten, so dass wir in unseren Gruppen Akzeptanz finden. Der *Schatten* repräsentiert jene Aspekte, die Informationen über unsere wahren Absichten und Motive vom Bewusstsein fernhalten. Der *Held-Archetyp* motiviert uns, Risiken auf uns zu nehmen, uns in den Augen anderer auszuzeichnen und uns voranzubringen. Dieser Archetyp kann mit sozialen Motiven, zum Beispiel als Helfer oder Retter zu handeln, oder mit dunkleren Motiven verknüpft sein, wie Streben nach Macht und Kontrolle.

Jung meinte, dass Archetypen in uns über- oder unterentwickelt sein können. Dafür ein klinisches Beispiel: Menschen mit einer Inflation des Persona-Archetyps organisieren einen großen Teil ihres Verhaltens um das Bedürfnis nach sozialer Anerkennung. Die Folge ist, dass sie nur an äußere Erscheinung und aktuelle Mode denken und das Gefühl ihrer Individualität sowie ihre Fähigkeit, sich gegen die Masse abzusetzen, verlieren können. Deflation der Persona kennzeichnet Menschen, die sich überhaupt nicht um das kümmern, was andere denken, womit sie riskieren, entweder mutige Kämpfer für Veränderung oder antisozial zu sein. Viel hängt davon ab, ob dieser Archetyp mit anderen Archetypen im Selbst im Gleichgewicht ist und wie sie sich mischen oder miteinander in Konflikt sind.

Weil die Archetypen dazu bestimmt sind, in verschiedener Weise in uns wirksam zu sein und verschiedene Ziele zu unterstützen, *können sie miteinander in Konflikt sein;* dies kann oft Neurosen verursachen. Weil sie Dispositionen oder Anlagen sind, die in der Evolution entstanden, haben sie alle Menschen gemeinsam, und in diesem Sinn sind sie kollektiv. Sie sind zum großen Teil unbewusst – wir fühlen sie einfach in uns, in unserer Fürsorge für andere, in unserem Verlangen nach Sex, unserem Wunsch nach Freunden und Zugehörigkeit oder danach, unsere Feinde zu zerstören.

Jung meinte auch, dass die Form, wie ein Archetyp reift und funktioniert, sowohl durch unsere Persönlichkeit (Gene) als auch unsere Erfahrung beeinflusst wird. Obwohl wir zum Beispiel einen Archetyp haben, der uns als Säugling zu Liebe und Trost in den Armen unserer Mutter inspiriert und leitet, können wir, wenn diese Beziehung nicht funktioniert, einen beschädigten Mutterarchetyp entwickeln. Anthony Stevens[7] bezeichnet dies als eine *durchkreuzte archetypische Absicht* (thwarted archetypal intent). In diesem Fall kann es dazu kommen, dass wir als Erwachsene einen großen Teil unseres Lebens damit verbringen, nach einer Mutter- oder Vaterfigur zu suchen – also jemanden zu finden, der uns wie Vater oder Mutter liebt und beschützt. Oder wir verschließen unser Bedürfnis nach Fürsorge und Liebe vollständig und gehen naher Anteilnahme aus dem Weg. Forscher, die diese frühen Beziehungen und das, was man „Bindungsverhalten" nennt, untersuchen, haben herausgefunden, dass es verschiedene Möglichkeiten gibt, wie Kinder (und Erwachsene) sich verhalten können: Sie können für Liebe und Fürsorge offen sein, oder Angst davor haben, die Liebe anderer zu verlieren, und Bestätigung brauchen. Oder sie vermeiden enge Beziehungen, aus Angst oder weil sie Nähe verachten und gering schätzen.[8]

Der Held-Archetyp wird mit der Pubertät und der Emergenz von Motiven und Impulsen aktiv, in Konkurrenz zu treten und einen Platz für sich in der Welt zu finden – sich einer Gruppe anzuschließen, Status zu erwerben und eine Partnerin zu finden. Dies ist die Zeit, in der wir anfangen, uns mit unseren Helden zu identifizieren (z. B. im Sport, in der Rockmusik oder in Filmen). Sie repräsentieren einen hohen Status, und wir wollen ihnen ähnlich sein und ähnliche Dinge tun wie sie. Wie alle anderen Archetypen kann der Held-Archetyp sich in verschiedener Weise entwickeln. Menschen, die selbstsicher sind, können versuchen, realistische Ziele zu erreichen und ihren Erfolg zu genießen, während andere bestrebt sein können, berühmt zu werden oder in irgendeiner Weise Hervorragendes zu leisten. Wenn der Held-Archetyp aber mit Ärger oder Wut verschmolzen ist (das ist oft der Fall, wenn sich ein Mensch entwertet, marginalisiert oder ungerecht behandelt fühlt), kann er sich Zielen wie z. B. Vergeltung zuwenden. Da der Held-Archetyp zur Imitation anderer neigt und dadurch Anerkennung sucht, ist es sehr leicht für dominierende Mitglieder einer Gruppe, solche Menschen – besonders wenn sie jung sind – zum Guten oder Schlechten zu inspirieren.[9] Die vielen Millionen, die im Kampf für ihre Ideale in Kriegen gefallen sind, sind ein Zeugnis sowohl für die Macht des Held-Archtyps wie auch für die tragische Leichtigkeit, mit der Stämme und andere Gruppen sich mit ihm identifizieren und wie Führerpersönlichkeiten sie besetzen und leiten können.

Archetypen sind nun nicht mehr als „Faustregeln", Vorstellungen, die mit den angeborenen Aspekten unseres Geistes verbunden sind. Die Persona, der Schatten, die Held-Archetypen und so weiter sind nur Weisen, verschiedene Aspekte von uns zu beschreiben und sie zu denken. Psychologen bemühen sich die Interaktionen dessen, was uns angeboren ist, und wie unser angeborenes Potential zu gelebter Erfahrung wird, zu verstehen und zu beschreiben. Es geht darum, darüber nachzudenken, auf welche Art und Weise archetypische Prozesse *in uns allen leben* und genutzt werden können, oft ohne dass wir uns ihrer ganz bewusst sind.

Bedeutung der Literatur als Spiegel

Jungs Freund, der Schriftsteller und Nobelpreisträger Hermann Hesse (1877 – 1962), hat nie wirklich verstanden, worum es bei der Kontroverse um Archetypen eigentlich ging. Er sagte, dass Schriftsteller sie seit Jahrhunderten kennen, und wenn sie nicht „verschiedene Archetypen in sich fühlen und in Kontakt mit ihnen kommen würden", keine Geschichten schreiben könnten. Um über einen „liebenden Menschen", „die Ängste des Helden", „die Liebe zu einem Kind", „ den Schmerz der Trauer" und das Verlangen nach „wilder Rache" und so weiter schreiben zu können, muss man ein gewisses Gefühl davon in sich selbst haben. Wenn man keine Vorstellung davon hat, wie es ist, zu lieben, wie der Wunsch, Hervorragendes zu leisten, sich anfühlt, wie sich Trauer anfühlt, wie es sich anfühlt, jemanden verletzen und ihm weh tun zu wollen und so weiter, dann kann man nicht überzeugend darüber schreiben.

Tatsächlich ist Geschichtenerzählen eine interessante menschliche Aktivität, von der wir viel lernen können. Wir sind zum Beispiel trotz Tausender Jahre Abstand und vieler Unterschiede des kulturellen Stils und der Sprache der alten Ägypter, Griechen, Inder und Chinesen in der Lage, die Themen aller Geschichten zu verstehen, die Menschen je geschrieben haben! Wie immer die Strukturen einer Kultur beschaffen sind, es sind immer Texturen der *Oberfläche,* die nicht die *tieferen* Bedeutungen menschlichen Lebens wiedergeben oder enthalten. Jung bemerkte, dass durch die Jahrhunderte hindurch sich Geschichten immer wieder mit denselben Themen befassten: mit Liebe und Familie, Verwandtschaften, Ehre, Loyalitäten und Verrat dem Stamm gegenüber, Angst und Mut, Kontrolle der Mächtigen über die Schwachen, die Prüfungen und Irrfahrten des Helden – nicht zu vergessen Lust und Sex. Durch diese Themen vermittelt die Literatur uns eine ganz neue Weise, wie wir die Struktur und den Inhalt unserer im Laufe der Evolution entstandenen Psyche verstehen können. Christopher Booker[10] hat ein faszinierendes Buch geschrieben, in dem er die elementaren Plots von Geschichten und Themen menschlichen Lebens untersucht hat – aus seiner Sicht gibt es nur sieben! Dazu gehören solche Dinge wie die Prüfungen, die Drangsale und Versuchungen eines Helden (bekannt in Filmen wie *Star Wars* und in Joseph Campbells Buch *Der Heros in tausend Gestalten*) und der eines Menschen auf der Suche nach Weisheit und Erleuchtung (die Geschichte der inneren Reise des Buddha).

Kürzlich haben Forscher die inspirierende und heilende Kraft von Geschichten untersucht, in denen Menschen mit den Tragödien des Lebens und schwierigen Gefühlen und Situationen ringen und mit ihren „dunklen Seiten" konfrontiert werden – z. B. Dr. Jekyll und Mr. Hyde. J. R. R. Tolkien schrieb seine gewaltige Trilogie *Der Herr der Ringe* zwischen 1937 und 1949 und zeigte mit seinen Charakteren und Geschichten die verzehrende und zerstörerische Kraft unserer Begierden nach Macht und Geld. Er hatte damit den Zweiten Weltkrieg, Stammesdenken und die Zerstörung der Erde infolge der Industrialisierung im Blick. Entscheidend ist, dass diese Lebens*themen* und -skripte durch Tausende von Jahren

Geschichte weiter gewoben werden und unseren Geschichten Farbe und Struktur verleihen, weil sie archetypisch sind. Mit ein wenig Abstand können wir deutlich sehen, dass sie durch uns hindurch wirken. Wir sind eine Art Bewusstsein, in dem sie fließen können, und wir sind Zeugen des Schmerzes, des Leidens und der Freuden ihrer Vorstellungen.

Dennoch eine Warnung: So erstaunlich unterhaltsam und spannend *Der Herr der Ringe* ist, wir werden irregeführt, wenn wir die Geschichte wörtlich nehmen. Zum einen tun Menschen selten wissentlich „Böses". Die Nazis oder Pol Pot sahen sich selbst nie als böse, ganz im Gegenteil. Für die Römer waren ihre Gladiatorenspiele niemals böse. Die wahre Ursache von Zerstörung besteht gewöhnlich darin, dass Menschen überzeugt sind, für eine *gute* Sache zu kämpfen. Hitler glaubte, er würde eine vollkommene und edle Gesellschaft mit vollkommenen Menschen erschaffen – und er war Vegetarier, weil er Grausamkeit gegenüber Tieren ablehnte. Es sind diese Individuen, die durch solche Rechtfertigung ihrer Handlungen am meisten Sorgen machen. Dies gilt sicher auch heute auf internationaler Ebene. Meiner Ansicht nach ist George Bushs Weigerung, den Einsatz von Foltertechniken wie „Waterboarding" (dabei wird ein Mensch gefesselt und sein Gesicht mit Wasser übergossen, um Ertränken vorzutäuschen) zu verbieten, ein Gutheißen von Grausamkeit. Dieses Verhalten ist besonders besorgniserregend, weil Bush alle Privilegien genossen hat, die eine westliche Erziehung und die Menschenrechte mit sich bringen. Und er behauptet, Christ zu sein, obwohl ziemlich offensichtlich ist, dass Jesus, wenn er heute lebte, niemals Folter billigen würde. Doch Bush ist in seinem Innersten davon überzeugt, Gutes zu tun und sein Land zu verteidigen. Man denke an den bekannten Spruch: „Die Straße zur Hölle ist mit guten Absichten gepflastert." Wir müssen daher vorsichtig sein, weil wir oft die Archetypen nicht sehen, die durch uns wirksam sind.

Der zweite Fehler, den wir bei Geschichten wie *Der Herr der Ringe* machen können, ist, Schlechtigkeit als hässlich darzustellen (wie z. B. die Orcs und die Uruk-hai). Es ist üblich, Feinde so abzubilden. Man stellt sie auch oft als deformiert dar oder so, als wären sie irgendwie „krank", was unsere archetypische Psychologie des Ekels auslöst sowie die Angst davor, wozu wir werden könnten. Das Verlangen, sie wie eine Krankheit auszurotten, ist die Konsequenz. Viele Tyrannen bezeichnen ihre Feinde als krank, als infektiös und als Gewürm. Hitler ist ein typisches Beispiel. Die Feinde sind aber gewöhnlich einfach Mitmenschen, die genauso angefangen haben wie Sie und ich – sie fanden sich einfach hier vor, und zwar in dieser Gruppe statt in einer anderen. Sie tun wie wir ihr Bestes, um in allem einen Sinn zu finden, geführt von ihren Genen und mit sozial geformten Gehirnen, Bedürfnissen und menschlichen Archetypen ausgestattet. Schlechtigkeit mit Hässlichkeit und Ekel in Verbindung zu bringen ist ein sehr alter Trick, und angewandt werden kann er im Prinzip auf jede Gruppe. Für Menschen mancher anderer Kulturen bedeutet z. B. unsere verschlingende, die Umwelt verschmutzende und ausbeutende westliche Gesellschaft, dass *wir* den Orcs und den Uruk-hai entsprechen.

Man hüte sich also vor Darstellungen von Bösem, die suggerieren, dass Böses Hässlichkeit erzeugt oder sogar danach strebt. Wenn man möchte, kann man sie im Kino genießen, aber man sollte sie nicht mit der Realität verwechseln. Eigentlich ist Hässlichkeit oft eine unbeabsichtigte Konsequenz. Destruktive Verhaltensweisen sind sehr selten bei Menschen, die versuchen, Hässlichkeit zu erzeugen. Für sich selbst wollen sie natürlich Schönheit. Die Mafia und andere Kriminelle zum Beispiel wollen die besten Häuser, die schönsten Autos und so weiter. Das ist gerade das Wesen des Problems, dass wir in dem Streben nach dem Besten und Schönsten gierig werden. Wir werden nicht gierig, weil wir Hässliches wollen. Wir streben nicht nach Macht, um Dinge hässlich zu machen. Mythen in Büchern können uns so davon abhalten zu sehen, dass es unsere Gier nach schönen Dingen ist, die für andere eine Quelle von Ungerechtigkeit und für ihr Streben nach Vergeltung sein kann. Wenn wir ständig diese falsche Gleichsetzung von gut mit schön und schlecht mit hässlich vornehmen, bleiben wir weiterhin blind für unsere Destruktivität, denn wir glauben dann möglicherweise, dass wir das Angenehme, das Schöne und das Gute verfolgen. Aus der Perspektive des Mitgefühls richten wir aber unsere Aufmerksamkeit darauf, was wir alle gemeinsam haben: der Konflikt in unserem Gehirn und Denken mit so vielen miteinander konkurrierenden Impulsen, Trieben und Gefühlen. Wir können unsere Augen dafür öffnen, wie leicht wir getäuscht werden oder Illusionen erliegen und die Realitäten übersehen, die wir um uns herum herstellen.

Soziale Mentalitäten

In den 1980er Jahren verband ich das Konzept der Archetypen mit dem der evolutionären Psychologie, um einen Ansatz zu entwickeln, von dem aus es möglich ist, über unseren Geist, unsere Psyche und unser soziales Verhalten nachzudenken: die *social mentality theory* (Theorie sozialer Mentalität).[11] Soziale Mentalitäten beziehen sich auf die Weise, wie sich unser Geist oder unsere Seele einen anderen Geist oder eine andere Seele sucht, um in verschiedenen Formen miteinander zu interagieren. Wenn Sie zum Beispiel eine sexuelle Beziehung oder eine Freundschaft möchten, müssen Sie sich jemanden suchen, der bestimmte Eigenschaften hat und ebenfalls eine Beziehung mit Ihnen möchte.

Man kann von einer sozialen Mentalität feststellen:

- Sie lenkt Motive, Gefühle, Aufmerksamkeit, Gedanken und Verhaltensweisen so, dass man bestimmte Arten von Beziehungen findet und sie lebt;
- sie hilft einem erkennen, wann diese Beziehung für einen möglich oder da ist;
- sie vermittelt einem passende Gedanken und Gefühle, die der Entwicklung und Aufrechterhaltung dieser Beziehung dienlich sind;
- sie lässt positive Gefühle entstehen, wenn Beziehungen wie erwünscht funktionieren, und negative, wenn das nicht der Fall ist (z. B. sind wir glücklich, wenn wir als Freund oder Geliebter erwünscht oder gewollt sind, aber unglücklich, wenn wir diese Beziehungen nicht wie erwünscht herstellen können oder wenn wir von anderen abgelehnt werden).

Soziale Mentalitäten unterscheiden sich von Archetypen insofern, als sie wachsam auf die Handlungen anderer Menschen sind und auf das eigene Verhalten ihnen gegenüber. Wir können natürlich alle möglichen Phantasien und Träume von anderen und darüber haben, was in ihnen vor sich geht. Der „angeborene“ Aspekt besteht darin, dass es verschie-

dene Schlüsselrollen gibt, die mit anderen *gemeinsam herzustellen* wir motiviert sind, weil es sich im Verlaufe der Evolution für das Überleben und die Fortpflanzung als gut herausgestellt hat, wenn man in der Lage war, diese Rollen zusammen auszufüllen. Wir werden sehen, dass soziale Mentalitäten wie Archetypen sowohl positive Aspekte als auch potentiell hochdestruktive Aspekte haben.
Wir betrachten im Folgenden die, die am verbreitetsten sind:

Anteilnahme auslösen und suchen

Wenn Säugetierjunge geschützt und versorgt waren, gab ihnen das einen gewaltigen Vorteil im Kampf ums Überleben. Das führte bei uns Menschen dazu, dass wir heute vollkommen hilflos geboren werden. So wie unser Gehirn reift, wie wir Sprache lernen, wie wir in der Lage sind, zu denken, für welche Werte wir eintreten, sogar wie wir leben oder sterben – all dies wird davon beeinflusst, wie fürsorglich wir in unseren frühen Jahren behandelt wurden. Unser Gehirn ist hochsensibel dafür, das Verhalten anderer in vielfältiger Weise wahrzunehmen und darauf zu reagieren. Besonders der Gesichtsausdruck und die Stimme der Mutter haben starke Wirkungen auf das Gehirn eines Babys.

Wenn wir geboren werden, versuchen wir durch Signale Aufmerksamkeit und Fürsorge zu bekommen – das heißt, wir weinen oder schreien, wenn wir Schmerzen oder Hunger haben. Diese Signale veranlassen unsere Mutter, sich um uns zu kümmern. Unser Gehirn registriert, dass „wir Fürsorge bekommen“ und dass wir sicher sind, und dann beruhigen wir uns. Dies ist also die Abfolge:

1. Das Kind ist verzweifelt oder in Not;
2. ein Signal wird gesendet (Schreien/Weinen);
3. das Signal wird beantwortet (die Mutter nimmt das Kind auf den Arm oder gibt die Brust);
4. das Kind ist getröstet und beruhigt, die Not ist behoben.

Hier haben wir also gemeinsam eine Rolle geschaffen. Im Grunde beeinflusst die Interaktion zwischen einem Baby und der Mutter gegenseitig ihr Inneres und ihre Physiologie – sogar den Ausdruck der Gene des Babys. Wenn also bei uns die soziale Mentalität wirksam wird und Fürsorge sucht, empfinden wir ein Bedürfnis nach einer bestimmten Art Input von anderen.

Wenn wir reifen, verändern sich unsere Bedürfnisse und wir suchen und reagieren auf andere Arten von Fürsorge und auf andere Signale, die anzeigen, dass man sich um uns kümmert. Heute reagiere ich also nicht mehr darauf, dass ich aufgenommen und gewickelt werde, und schreie selten nach meinem Abendessen oder wenn ich müde bin und ins Bett gebracht werden möchte, sondern ich fühle mich umsorgt, wenn sich Menschen für mich interessieren und mir irgendwie helfen wollen, wenn sie mir zuhören und mich ernst nehmen, wenn sie eine freundliche Stimme haben und Zuneigung zeigen. Sich von fürsorglichem Verhalten anderer Menschen umsorgt und beruhigt zu fühlen, und wissen, dass es andere in der Nähe gibt, denen an uns und an unserem Wohlbefinden liegt, ist für das Wohlbefinden ganz zentral. Wenn wir älter werden, können wir diesen fürsorglichen Ansatz auf uns selbst anwenden und in der Tat ist dies ein erster Schritt in Richtung Mitgefühl (Wir werden in den Kapiteln 8 und 10 näher darauf eingehen.)

Die Kehrseite hiervon ist aber, dass wir abhängig und jahrelang unter dem Einfluss mächtiger anderer bleiben und deshalb für Vernachlässigung und Missbrauch und die Art und Weise, wie sie uns aufziehen, äußerst sensibel und verletzlich bleiben. Wie schon in Kapitel 2 bemerkt und wie wir in Kapitel 5 noch untersuchen werden, sind gerade die Verschaltungen unseres Gehirns und das Muster der Verbindungen von der Qualität der Fürsorge betroffen. Diese nach Anteilnahme oder Fürsorge suchende soziale Mentalität macht uns auch für bestimmte Arten emotionaler Erfahrungen empfänglich, wie die Sehnsucht nach Nähe und danach, sich umsorgt und geschützt zu fühlen. Wenn diese soziale Mentalität vernachlässigt wird, kann es sein, dass wir uns chronisch allein, abgetrennt, vernachlässigt und verloren fühlen. An der Wurzel vieler Depressionen und Ängste ist eine innere Erfahrung von Alleinsein und Getrenntheit von den Quellen der Fürsorge, von Schutz, Trost und Liebe.

Außerdem kann es sein, dass wir von mächtigen anderen angezogen sind und uns keine Gedanken machen, ob sie freundlich oder mitfühlend sind oder nicht, nur damit wir uns geschützt fühlen, wenn wir unsicher sind oder Angst haben. Man sieht dies in intimen Beziehungen, wo manche Frauen sich zu sehr harten Männern hingezogen fühlen, die anscheinend beschützen können und Ressourcen kontrollieren, aber möglicherweise nicht besonders freundlich oder warmherzig sind. Wir können dies auch in Gruppen und ganzen Nationen sehen, die harte Führerpersönlichkeiten wählen statt Menschen mit Mitgefühl und Freundlichkeit. Schutz und Erwerb von Ressourcen sind Schlüsselqualitäten, nach denen Menschen in ihren „Führern" suchen.

Anteilnahme und Fürsorge

Fürsorge für den eigenen Nachwuchs und genetisch Verwandte erhöht offensichtlich die Chancen ihres Überlebens und ihrer Vermehrung. Fürsorge dieser Art ist altruistisch, und wird, wenn sie auf Verwandte gerichtet ist, *Verwandtschafts-Altruismus* genannt.[12] Damit sich Fürsorglichkeit entwickeln kann, müssen sich auch Systeme im Gehirn entwickeln, die Motive und den Wunsch erzeugen, fürsorglich, aufmerksam und sensibel für die Bedürfnisse anderer zu sein und entsprechend darauf zu reagieren. Es gibt bei Fürsorge eine Reihe unterschiedlicher Aspekte:

- für *Schutz* sorgen und/oder vor Schaden bewahren
- *Versorgen* – anbieten, was nötig ist, damit man selbst oder andere gedeihen und wachsen können
- *emotionale Unterstützung* anbieten – beruhigen und bei Menschen Gefühle als gültig anerkennen, das heißt validieren

Manche Psychologen unterscheiden zwischen *instrumenteller Fürsorge* (die praktisch und an Aufgaben orientiert ist) und *emotionaler Fürsorge.* Man kann in einer Art von Fürsorge kompetent sein, aber nicht notwendigerweise auch in der anderen. Wir fassen hier in dieser Mentalität also eine Reihe verschiedener Elemente zusammen.

Wenn jedoch die fürsorgliche soziale Mentalität durch uns wirkt, verbindet sie unsere Aufmerksamkeit (z. B. für die Bedürfnisse anderer), unsere Denkweisen (z. B. wie wir helfen können), Gefühle (z. B. von

Sorge, Sympathie, Empathie, Freundlichkeit und Wärme) und unser Verhalten (z. B. Versuche, Leiden zu lindern oder jemandem zu helfen). Wie Sie sich fühlen und was Sie tun, hängt davon ab, wie der andere Mensch auf Ihre Bemühungen reagiert. Wir werden später sehen, dass diese soziale Mentalität sehr wichtig für die Anwendung von Mitgefühl und Selbstmitgefühl ist. Sie prägt unsere Gefühle, Gedanken und Verhaltensweisen in besonderer Weise und unterscheidet sich von denen anderer sozialer Mentalitäten.

Die Kehrseite dieser sozialen Mentalität ist, dass sie sehr leicht einzuschränken ist: Es ist viel leichter, für Menschen zu sorgen, mit denen wir intim vertraut sind, als für Fremde. Wir sorgen großzügig für unsere Kinder, während nur ein paar Tausend Meilen entfernt Kinder verhungern. Ferner werden wir in Kapitel 6 sehen, dass Fürsorge mit Mitgefühl tatsächlich sehr komplex ist und mehr als nur in der Absicht besteht, „nett und liebevoll" zu sein. Menschliche Fürsorge versagt, wenn wir nicht auch die Fähigkeit besitzen, unsere eigene Not und die anderer Menschen zu ertragen – man kann leicht versuchen, zu vermeiden, unter der Not anderer zu leiden, indem man sich davor einfach verschließt. Sie sehen, Fürsorge und Mitgefühl können tatsächlich instabil sein, deshalb brauchen wir Empathie und ein tiefes Verständnis dafür, wie andere denken und empfinden.

Kooperation und Gruppenbildung

Teilen mit anderen – manchmal auch als „reziproker Altruismus" bezeichnet – hat sich aufgrund der Vorteile entwickelt, die den Partnern Zusammenarbeit, Teilen und Kooperation bieten. Damit sich diese Kooperation entwickeln kann, müssen sich Systeme im Gehirn bilden, die die *Motive* und den *Wunsch* herstellen, mit anderen zu teilen, Bündnisse herzustellen, sich als einer Gruppe zugehörig fühlen zu wollen und sich von anderen wertgeschätzt und akzeptiert zu fühlen. Es besteht kein Zweifel daran, dass Menschen die Anlage haben, hervorragend zu kooperieren, und fast mit Sicherheit aus dem Grund, dass sie Fähigkeiten wie Sprache entwickelt haben. Von ganz klein an beginnen Kinder, gemeinsam Phantasien auszuspinnen und sie zu spielen, Rollen zu übernehmen und miteinander zu teilen (z. B. Cowboys und Indianer, Räuber und Gendarm). Damit Kinder solche Spiele spielen können, muss es eine „Verständigung der Psyche“ geben, ein wechselseitiges Verständnis der Welt und Einvernehmen darüber, wer was spielt.

Alle menschliche Kultur und Wissenschaft ist entstanden, weil wir eine Spezies sind, die kooperativ ist und miteinander teilt. Dieser menschliche Drang, miteinander zu teilen, ist so stark, dass wir über Generationen unser Wissen sammeln und weitergeben – und somit Fortschritt ermöglichen. Ideen, die ich in meinem Kopf hatte und die jetzt in diesem Buch stehen, können das Denken von jemandem beeinflussen, der noch nicht geboren ist und dies lesen wird, wenn ich schon lange tot bin. Teilen und Teilenwollen ist ein wesentlicher Bestandteil der Natur des Menschen.

Kooperatives *Verhalten* war also für Menschen von großem Vorteil, und dies ist der Grund, weshalb wir es genießen. Wir haben es gern, Dinge mit anderen zusammen zu machen, sei es Menschen zum Mond zu bringen oder in einer Fußballmannschaft oder in einem Orchester zu spielen. Ein Zugehörigkeitsgefühl (wie wir uns mit denen um uns herum fühlen und interagieren) ist dabei wichtig, so dass man sich sicher und wohlfühlt. Die kooperative soziale Mentalität prägt unser Gehirn in besonderer Weise, leitet unsere Motive, Gefühle, Denkstile und unser Verhalten. Sie orientiert uns dahin, mit anderen zusammen zu sein, die *wie wir* sind. Folge und Ausdruck davon sind, dass wir uns mit großen Menschengruppen identifizieren können (von denen wir die meisten vielleicht niemals zu sehen bekommen, ganz davon zu schweigen, sie jemals zu treffen), wenn wir meinen, dass sie „wie wir“ sind. Wir suchen andere mit gleichen Interessen, um mit ihnen zu kooperieren, zusammen zu lernen und zu wachsen und uns als Teil einer Gemeinschaft zu fühlen. Dies ist ein Grund, weshalb das Internet so wichtig für die menschliche Kommunikation geworden ist – wir teilen leidenschaftlich gern, teilen uns mit und suchen andere, die „wie wir“ sind.

Die kooperative Mentalität kann uns darauf hinorientieren, in unserer Denkweise egalitär zu sein. Neue Untersuchungen zeigen, dass egalitäre Haltungen gesündere Reaktionen hervorrufen, wenn man mit Stress auslösenden sozialen Begegnungen konfrontiert ist, als Haltungen, die von Voreingenommenheit oder Konkurrenz bestimmt oder nichtegalitär sind.[13] Es gibt auch immer mehr Hinweise darauf, dass kooperative Haltung und Verhaltensweisen (im Gegensatz zu konkurrierenden und individualistischen) bei Kindern und Heranwachsenden positive Beziehungen und verbesserte geistige und physische Gesundheit und höhere Leistungen fördern.[14] Zudem wird deutlich, dass kooperative Gruppen gegenüber konkurrierenden oder individualistischen Gruppen auf lange Sicht im Vorteil sind. Man macht im Geschäftsleben sogar die Erfahrung, dass das Internet eine gute Quelle für Problemlösungen ist, weil Menschen einfach gerne ihre Gedanken und Ideen frei mitteilen und austauschen! Es ist traurig, dass Regierungen angesichts dieser Tatsache weiter das „Geschäftsmodell" vertreten, wonach Wettbewerb zu Effizienz führt. Im NHS zum Beispiel sind wir zunehmend in kleine miteinander konkurrierende Gruppen, „Geschäftseinheiten" genannt, aufgespalten. Wenn man die Intensität der Kooperation fördern würde, wäre das weit besser.

Kooperation und Teilen ist die Grundlage für ein Gefühl von Zugehörigkeit. Eine der Tragödien des westlichen Lebens besteht darin, dass hier eine Gruppe von Menschen entstanden ist, die Heranwachsende genannt und die nicht mehr so in die Welt der Erwachsenen aufgenommen werden, wie das vielleicht noch vor hundert Jahren war oder wie es noch in anderen Gesellschaften mittels Initiationsritualen passiert. Die Fähigkeit, sich mit Vater und Mutter zu identifizieren und sich einer Gruppe von Vätern oder von Müttern anzuschließen – zum Beispiel durch Arbeit – und sich in der Welt der Erwachsenen willkommen zu fühlen, ist ein zunehmend seltenes Ereignis. Dazu, dass man in der Welt der Erwachsenen willkommen geheißen werden und ankommen kann, gehören natürlich auch die Verantwortlichkeiten und Erwartungen, die mit der Zugehörigkeit zu der Gruppe verbunden sind.

Wie bei vielen Aspekten unseres in der Evolution entwickelten Geistes und Körpers haben also auch Kooperation und Gruppenzugehörigkeit eine Kehrseite. Gruppen und Gruppenbildung sind für Menschen die Quelle ihrer größten Tragödien und Traumata. Zum Beispiel orientiert uns diese soziale Mentalität dahin, uns mit anderen in der Gruppe zu vergleichen und zu prüfen, ob wir uns als zugehörige Mitglieder einer Gruppe, akzeptiert und gewollt, oder als Außenseiter, ungewollt und unwichtig, fühlen. Unsere Gesundheitsdienste, die für psychische Gesundheit zuständig sind, sind voll von Menschen, die sich als Außenseiter fühlen. Ein suizidaler Patient erzählte mir: „Mein ganzes Leben hatte ich nie das Gefühl, dass ich irgendwo hineinpasste. Ich gehörte nie dazu. Es gibt auf dieser Welt keinen Platz für mich." Eines der Hauptthemen, dem Therapeuten ständig begegnen, ist die Erfahrung von Menschen, dass sie nirgendwohin gehören, dass sie sich in der Welt der Erwachsenen nie „willkommen" gefühlt haben und sich fragen, wie sie ihren Platz verdienen oder dieses Gefühl der Zugehörigkeit bekommen können. Diese Menschen suchen danach, dass wertgeschätzt wird, was sie *beizutragen* haben, sie möchten dringend wissen, dass ihre Existenz für die Gruppe zählt.

Ein anderes Problem besteht darin, dass die Neigung und Gewohnheit, zu teilen, sich im Kontext von kleinen Gruppen unter Menschen entwickelt hat, die miteinander vertraut waren; man wusste, mit wem man teilte und welche Dinge oder Leistungen gegeben und empfangen worden waren. Wertschätzung und Dankbarkeit wurden also geteilt. Dies bedeutet, dass dieses Miteinanderteilen auch Grenzen haben kann und wir in unserem Gehirn Mechanismen haben, mit denen wir prüfen, mit wem wir teilen könnten – wir prüfen auf Ähnlichkeit mit uns. So sind Menschen wie viele andere Säugetiere in hohem Maß an Stammeszugehörigkeit orientiert.

Es ist dieses Stammesdenken, das sich in eine vollkommene Antithese von Mitgefühl verwandeln kann. Dies gilt besonders, wenn Menschen ein Identitätsgefühl von ihrer Gruppe beziehen und deren Werte übernehmen. Die Forschung hat gezeigt, dass wir sehr schnell zwischen einer „In-Gruppe" und einer „Außenseiter-Gruppe" – „sie" und „wir" – unterscheiden, und wenn wir einmal eine „Außenseiter-Gruppe" identifiziert haben, wird sie zur Gruppe der „nicht wir". Langer Rede, kurzer Sinn: Wir können außerordentlich verächtlich, grausam und paranoid gegenüber denen werden, die wir zu der „Außenseiter-Gruppe" zählen. Möglicherweise sehen wir ihre Werte und ihren Lebensstil als potentiell gefährlich für unsere eigenen und versuchen dann, sie zu identifizieren, zu zerstören und auszurotten. Ob man dies als einen Archetyp ansehen will, als eine soziale Mentalität oder einen in der Evolution entwickelten Mechanismus, oder ob man genetische oder soziale Mechanismen in Betracht ziehen möchte –Tatsache ist, dass unsere Psychologie, unsere Vorurteile, unser Expansionismus und unser Interesse an Vergeltung an Stammeszugehörigkeit orientiert und die Quelle immensen Leidens gewesen sind, das Menschen anderen Menschen seit Tausenden von Jahren zufügen. Und weil wir natürlich wissen, dass andere Gruppen so hasserfüllt und so paranoid wie wir selbst sein können, haben wir Angst vor ihnen … und so geht der Kreislauf weiter, von den Drogengangs von Los Angeles bis zu den Genoziden der Welt. Unsere von Stammesdenken geprägte Psychologie und unsere Angst vor anderen Stämmen kann in dem entsprechenden sozialen Kontext Grund für uns sein, Grausamkeit als Tugend zu sehen (siehe Kapitel 12).

Manchmal hat man versucht, barbarisches Verhalten zwischen Gruppen mit „Ehrenkodizes" und einem „Kodex des Kriegers" zu regulieren. Die Genfer Konvention, internationales Recht und Strategien zur Konfliktlösung sind andere Anstrengungen in dieser Richtung, denen gegenüber viele Politiker traurigerweise eine sehr gleichgültige Haltung an den Tag legen. Von allen Herausforderungen, denen Mitgefühl in jeder neuen Welt gegenüberstehen wird, wird am schwierigsten sein, Möglichkeiten zu finden, die Stammespsychologie anzugehen. Auf internationaler Ebene bedeutet das, dass bestimmte Länder zugunsten internationalen Rechts Teile ihrer Macht aufgeben müssen. Für einen selbst bedeutet das, dass man sehr besonnen damit umgehen muss, welchen Gruppen man zugehören möchte, und wozu man bereit ist, wenn es um ihre Verteidigung geht. Traditionen und Werte – von Generation zu Generation weitergegeben – zu teilen, kann eine sehr dunkle Seite haben.

Konkurrenz, sozialer Rang und Hierarchien

Konkurrenz um Nahrung, Nistplätze, sexuelle Gelegenheiten usw. sind für die meisten Lebewesen auf diesem Planeten die Grundaufgaben des Lebens. Bei einigen gehen die Verlierer und weniger Starken einfach dem Stärkeren aus dem Weg – sie nutzen Raum, um Konflikte zu reduzieren und zu vermeiden. Es gibt jedoch auch Vorteile, wenn man in Gruppen lebt, und damit sich diese entwickeln konnten, musste es Möglichkeiten geben, das Potential ständiger Konflikte zu reduzieren. Das wurde mit der Evolution psychischer Mechanismen für Unterwerfungsverhalten erreicht und dadurch, dass dominante Tiere dieses Verhalten als Beweis dafür akzeptieren, dass ihre Vorherrschaft nicht in Frage gestellt wird. Die Bildung von *Rangfolgen sozialer Ehrerbietung* hat Tieren ermöglicht, ohne andauernden Kriegszustand zusammenzuleben. Das hat mit der Zeit größere Nähe und in der Folge die Evolution kooperativerer Verhaltensformen ermöglicht. So entstand unsere *Mentalität sozialen Ranges,* die zu einer wichtigen Weise werden sollte, uns und unsere sozialen Beziehungen zu verstehen und die Verteilung von Ressourcen zu regeln.

Zu unserer Mentalität sozialen Ranges gehören Interesse an und Sorgen für soziale Macht, Stellung und Kontrolle. Es gibt natürlich viele Möglichkeiten, wie wir Menschen unseren sozialen Rang definieren können – zum Beispiel durch Wissen, Erfahrung, Alter, Autorität, Tradition, Macht, Talent und attraktive äußere Erscheinung. Wir sind weit davon entfernt, Rang nur zu benutzen, um Aggression zu regulieren. Abgesehen von kriminellen Gruppen haben die meisten von uns wenig persönliches Interesse daran, zu konkurrieren und dabei Aggression und physische Bedrohung einzusetzen. Vielmehr wollen wir dadurch konkurrieren, dass wir als begabt, begehrenswert und wertvoll gesehen werden: Wir studieren, um einen anerkannten Abschluss zu bekommen, achten auf unsere Ernährung, um uns nach neuester Mode kleiden zu können, und spielen Rockgitarre – alles um zu beeindrucken. Ein Schulterklopfen hat eine starke Wirkung, weil wir uns wertgeschätzt und angenommen und somit sicher fühlen. Und wir haben es im Hinblick auf Kooperieren und Teilen von Wissen wirklich gern, wenn wir ein wenig Anerkennung und damit Status sowie das Gefühl bekommen, dass wir hilfreich oder nützlich waren.

Konkurrenz zeigt sich auf vielen Gebieten, wo wir die Zuneigung oder das Interesse potentieller Liebhaber, Freunde oder Arbeitgeber *gewinnen* möchten. Wir wollen einen Platz an der Universität oder ein Forschungsstipendium *bekommen.* Wir wollen in Kontexten etwas *bekommen,* wo andere dasselbe wie wir wollen. Unser Gewinn wird der Verlust eines anderen sein. Obwohl es keine aggressive Absicht sein muss, wenn wir konkurrieren, um für andere attraktiv zu sein, kann es dennoch vorkommen, dass wir Gereiztheit, Ärger oder Wut zum Ausdruck bringen und sogar mit Gewalt drohen oder sie tatsächlich einsetzen, wenn wir das Gefühl haben, dass der Wettbewerb unfair war (zum Beispiel aufgrund von Insidergeschäften oder einer anderen Form von Betrug) oder dass unser „Status" oder unsere „Machtposition" bedroht ist. Wir sind alle schon einmal dem wohlwollenden Arzt, Manager oder Chef begegnet, der die Ruhe und Gelassenheit selbst war, bis wir ihn irgendwie in Frage stellten. Im Grunde hat es niemand von uns gern, wenn seine „Position" angezweifelt wird.

Menschen können sich also sehr ihres sozialen Ranges bewusst sein. Die Mentalität, der es um sozialen Rang geht, lenkt unsere Aufmerksamkeit auf unsere soziale Stellung in einer sozialen Hierarchie. Sie lenkt sie darauf, über Beziehungen unter dem Aspekt von Hierarchien und sozialen Vergleichen zu *denken* – stark/mächtig vs. schwach/ohnmächtig, Gewinner vs. Verlierer, überlegen vs. unterlegen, dominant vs. untergeordnet, Führer vs. Anhänger, Kontrollierender vs. Kontrollierter – und sich zu verhalten, wie es in Hierarchien angemessen ist. Das bedeutet, dass man um Status konkurriert, diejenigen zu beeindrucken versucht, die Machtpositionen innehaben, sich unterwirft oder unterordnet, sich ehrerbietig zeigt und einem selbst Untergeordnete oder Konkurrenten unterdrückt.

Während Führerschaft, Respekt vor Autorität und Gefügigkeit für das Leben jeder Gruppe essentiell sind, hat diese Mentalität natürlich auch viele Kehrseiten. Depressive und ängstliche Menschen können sich in den Gefühlen und Gedanken verfangen, die sie charakterisieren, indem sie nämlich glauben, sie hätten einen niedrigeren Rang, sie seien schwach oder unfähig, im Vergleich mit anderen unwert oder unwürdig. Narzisstische Individuen auf der anderen Seite sind sehr konkurrierend, streben nach hohem Rang, wollen andere beeindrucken und als überlegen und mit mehr Rechten als sie gesehen werden. Beide Arten von Menschen können hoch motiviert sein, sich sehr darum zu bemühen, nicht in irgendeiner Hinsicht als unterlegen angesehen zu werden.[15]

Während manche narzisstischen Individuen auch relativ wohlwollend und fürsorglich sein können, können andere das nicht. Wir wissen auch, wie sich Macht und sozialer Rang auf das Denken und die Beurteilung anderer Menschen auswirken. Menschen in einer Machtposition sind oft an Menschen von geringerem Rang weniger interessiert und verhalten sich ihnen gegenüber eher geringschätzig. Macht kann wirklich korrumpieren, weil Ausnutzen der eigenen Position eine sehr alte evolutionäre Strategie ist, in die man leicht zurückfallen kann.[16] Und angesichts der Macht anderer tendieren wir dazu, unterwürfig und beschwichtigend zu werden – man lacht über die (oft nicht witzigen) Witze des Chefs, aber man vermeidet es, selbst einen zu erzählen. Im Deutschen sprechen wir hier von einem *Schleimer.* Sie sind nett und ehrerbietig zu denen, die über ihnen stehen, aber tyrannisch und launisch gegenüber Untergebenen. Sie sind oft extrem ehrgeizig und schaffen es, sich in Machtpositionen zu manövrieren. Einmal angekommen, können sie zu einer ernsthaften Bedrohung für kooperative und mitfühlende Arbeitsstile werden.[17] Weniger gut erforscht sind diejenigen, die Macht und Rang ablehnen und gering schätzen, und eine paternalistische Haltung gegenüber denen einnehmen, die in der Hackordnung unter ihnen stehen. Manchmal macht man die Erfahrung, dass Menschen, die sich für Benachteiligte und deren Rechte einsetzen, ebenfalls daran interessiert sind, gegen Autoritäten zu kämpfen. Alle diese Verhaltensweisen können auf Schwierigkeiten und Probleme der frühen Kindheit zurückgehen.

Zu dieser sozialen Mentalität gehören daher Motive, im Wettbewerb und in Konflikten um Ressourcen und sozialen Rang als Gewinner hervorzugehen und Konkurrenten zu unterwerfen. Die westlichen Gesellschaften haben die Rangunterschiede zwischen Menschen stark überbewertet, indem sie sie in „die, die haben", „die, die nichts haben", und „die, die viel haben", unterteilen. Dabei sind die, die nichts haben, einem viel größeren Risiko ausgesetzt, an einer Reihe physischer und psychischer Störungen zu erkranken und entweder Täter oder Opfer bestimmter Arten von Verbrechen zu sein. Die konkurrierende soziale Mentalität macht uns auch für die Empfindung von Neid und für Impulse empfänglich, andere schwächen oder ihnen schaden zu wollen, wenn es unseren eigenen Interessen nutzt. Von den Welthandelskonferenzen bis zu Straßengangs dominiert der Kampf um Wettbewerbsvorteile das Denken.

Der Archetyp Konkurrenz tendiert natürlich auch dazu, Muster in unserem Denken in den Hintergrund treten zu lassen, die Fürsorge fördern.[18] In Kapitel 4 werden wir dies ausführlicher untersuchen.

Sexualität

Im Laufe der Evolution haben Männer und Frauen gelernt, unterschiedliche sexuelle Strategien zu verfolgen. Männer sind in der Lage, Hunderte von Kindern zu zeugen; ob sie ihre Gene weitergeben, hängt von ihren Möglichkeiten ab. Wenn ein Mann in eine Frau und ihre Kinder investieren soll, braucht er eine gewisse Sicherheit, dass diese Kinder wirklich seine eigenen sind und er nicht betrogen wurde. Für Frauen ist die Aufgabe aber eine ganz andere. Sie wissen, dass ihre Kinder ihre eigenen sind, auch wenn der Sex erzwungen wurde. Sie wollen Gene von Männern, die gut für Ressourcen sorgen können, erfolgreich im Fortpflanzungsspiel sind und fähig, einen hohen Rang zu erreichen. Zudem sollen sie attraktiv und beliebt sein, weil dann ihre Söhne diese Gene erben und auch so werden und Mamas Gene verbreiten. Solche Männer werden aber wahrscheinlich auch betrügen und die Frauen nicht mit den Ressourcen und dem Schutz versorgen, die sie brauchen. Frauen müssen also zwischen diesen beiden Möglichkeiten abwägen, und diese Abwägung kann von ihrem Zugang zu ihren eigenen Ressourcen bestimmt sein. Wenn ihre Kontrolle über und ihr Zugang zu Ressourcen reduziert sind, kann die Entscheidung für einen „ehrlichen Kerl" die bessere Wahl sein. Wenn sie selbst Zugang zu großen Ressourcen haben, haben sie größere Wahlfreiheit – wie man an den Möglichkeiten weiblicher Filmstars sehen kann.

Diese Themen um die Sexualität bei Männern und Frauen werden heiß und nicht offen diskutiert, aber entscheidend ist, wie Sexualität, die Erfahrungen von Sexualität, sexuelles Verlangen und die sexuellen Verhaltensweisen von Individuen je nach Geschlecht, Kultur, Hintergrund, Zugang zu und Kontrolle von Ressourcen variieren.[19] Diese Dinge prägen unser Denken in bestimmter Weise. Natürlich kann man sich wie oben erwähnt dafür entscheiden, einem spirituellen Weg zu folgen und seine Sexualität überhaupt nicht leben. Dies bedeutet nicht, dass man sexuelle

Gefühle verliert, man entscheidet sich nur dafür, sie nicht auszuleben. Sexuelles Verhalten kann auch mit den anderen sozialen Mentalitäten gemischt sein. So kann sich jemand liebevoll und sanft gegenüber seinem sexuellen Partner verhalten, und jemand anders benutzt seine Sexualität vielleicht als ein Mittel, um zu dominieren, um Macht und Kontrolle zu bekommen. Für die meisten von uns gilt jedoch, dass wir mit dem Beginn der Pubertät mit dem Auftauchen sexueller Gefühle umgehen müssen, die ganz bestimmten Strategien folgen. Diese Gefühle und Veränderungen in unserem Körper in der Pubertät *stellen sich* einfach bei einem *ein* – man sucht sie sich nicht aus.

Zusammenfassung

Theoretiker haben die sozialen Mentalitäten und Archetypen allgemein betrachtet und erkannt, dass das „Angeborene" nur Potential ist und dass die soziale Welt, in der wir leben, und die Beziehungen, die uns umgeben, uns führen und unser archetypisches Potential entwickeln helfen. Soziale Mentalitäten entstehen ständig neu und prägen unseren Geist durch *Interaktionen.* Sie sind nicht nur Prozesse, die autonom in uns ablaufen. Dies bedeutet, dass auch unsere Kulturen und sozialen Strukturen unseren Geist aktivieren und prägen. So werden zum Beispiel die Beziehungen, die wir miteinander haben, und wie wir wechselseitig Geist und Körper beeinflussen, von der Kultur und der Gesellschaft beeinflusst. In unseren schnelllebigen, von Konkurrenz bestimmten Gesellschaften interagieren wir anders und stimulieren andere Muster in uns allen, als wenn wir in langsameren, mehr in sich ruhenden, zufriedenen Gesellschaften leben würden.

Wir müssen über Individuen und individuelles Denken und das Gehirn hinausdenken und uns als Wesen sehen, die *sich gegenseitig beeinflussen.* Auf einer einfachen Ebene verstärken Irritationen und Dissonanzen, die zwischen uns auftreten, Stress und Anfälligkeit für eine Reihe von Gesundheitsproblemen und soziale Konflikte, während andererseits unsere Freundlichkeit miteinander unseren Stresspegel senkt, unser Wohlbefinden positiv beeinflusst und unser Gefühl sozialer Sicherheit verbessert. Auf einer komplexeren Ebene entstehen psychische Störungen und Kriminalität aus komplizierten Wechselwirkungen von genetischen Faktoren, sozialer Mentalität und kulturell-sozialen Faktoren. Und auf einer noch höheren Ebene wird natürlich das Leben auch weit entfernt lebender Menschen davon beeinflusst und ihr Denken dadurch geprägt, wie unsere Gesellschaften funktionieren, wie sie Waren und Dienstleistungen verlangen, für Handelsabkommen sorgen und internationalen Konzernen ermöglichen, riesige Gewinne an Aktienmärkten zu machen und (wie der Börsenkrach vor Kurzem gezeigt hat) sie auszubeuten. Wir sind Wesen, die alle miteinander vernetzt sind.

Es ist jedoch klar, dass wir auch freie Entscheidungen treffen und wählen können. Wir können in einer Welt leben, in der wir uns dafür entscheiden, unsere von Stammesstrukturen geprägte Psychologie zu fördern oder uns zurückzulehnen, während sie sich in Bereichen der Armut und Ungerechtigkeit ausbreitet. Wir sind dann mit Gruppen konfrontiert, die voll aufgestauter Wut und Hass uns gegenüber sind. Wir können uns dafür entscheiden, unsere auf Konkurrenz ausgerichtete archetypische Seite zu entwickeln, nach dem Motto: „Ich muss der Beste sein und am meisten haben“ oder „Mein Interesse oder die Interessen meines Stammes sind wichtiger als deine“. Oder wir entscheiden uns für einen Ansatz mit Mitgefühl, der mehr Rücksicht auf andere nimmt. Ideal ist es natürlich, wenn wir diese Ansätze verbinden. Wir denken gründlich über unsere Werte nach und versuchen, „so gut zu sein, wie wir sein können“ – ohne Ausbeutung und Rücksichtslosigkeit.

Wie Strategien des Gehirns und Archetypen funktionieren

Wie funktionieren alle diese Strategien, Archetypen und sozialen Mentalitäten eigentlich in unserem Gehirn? Im Grunde funktionieren sie dadurch, dass sie in unserem Gehirn verschiedene Muster aktivieren. Mit anderen Worten, manche Systeme werden wie eine Weihnachtsbeleuchtung abgeschaltet und andere angeschaltet, wenn wir ein bestimmtes Muster von Strategien, sozialen Mentalitäten oder Archetypen in die Tat umsetzen. Wenn wir zum Beispiel eine mitfühlende und liebevolle Beziehung mit einem anderen Menschen eingehen wollen, wird der

Bereich des Gehirns eingeschaltet, der unsere Fähigkeit aktualisiert, für ihn Empathie und Verständnis zu empfinden. Wir haben dann Gefühle der Wärme und des Interesses für ihn, unsere Aufmerksamkeit ist darauf gerichtet, wie wir ihm helfen können. Die Bereiche des Gehirns, die Verlangen nach Aggression und danach, ihm zu schaden, hervorrufen, sind eindeutig abgeschaltet. Wenn wir in unser Gehirn hineinschauen könnten, würden wir sehen, dass verschiedene Teile als Mosaike von Aktivität aufleuchten.

Aber angenommen, diese Person, mit der wir zu tun haben, wird als Bedrohung oder als Feind gesehen. Das Muster in unserem Gehirn wird jetzt ganz anders sein. Die Systeme für Empfindungen von Empathie, Fürsorge, Sorge und so weiter werden dann ganz abgestellt. Die Lichter werden in diesen Bereichen des Gehirns ausgehen und die Systeme für Empfindungen von Ärger und Wut und für Verlangen nach Vergeltung oder danach, dem anderen Menschen Schmerz zuzufügen oder ihn sogar ganz zu beseitigen, werden eingeschaltet. Wir sehen dann ein ganz anderes Mosaik.

Dies lehrt uns zwei wichtige Dinge: Erstens haben die sozialen Mentalitäten, die in unserem Gehirn (durch Bilden von Mustern) wirken, wichtige Wirkungen auf das, was wir in sozialen Beziehungen angenehm oder lustvoll und lohnend finden. Schauen Sie sich an, wie es funktioniert: Wenn wir in der fürsorglichen Mentalität sind und für andere sorgen und ihnen helfen, dann fühlt es sich befriedigend an, wenn man sie gedeihen sieht, aber ihr Leiden empfinden wir als schmerzhaft. Wenn wir im Gegensatz dazu in der konkurrierenden sozialen Mentalität sind, mag es befriedigend sein, wenn sie es schwer haben oder wenn es ihnen schlechter geht als uns, und es kann unangenehm sein, wenn man sie glücklich und zufrieden sieht. Es könnte sein, dass wir uns nur gut fühlen, wenn wir sie leiden, untergehen oder zurückfallen sehen. Was uns anzieht und woran wir unsere Freude haben, kann uns also etwas darüber verraten, wie unser Geist von unseren Archetypen und von sozialen Mentalitäten geprägt wurde oder wird.

Wir können die Konflikte zwischen Mentalitäten natürlich auch erleben, wenn sie um Ausdruck und Kontrolle über unsere Handlungen konkurrieren. Wir sprechen ja manchmal davon, dass „ein Teil von mir dies fühlt und ein anderer Teil von mir jenes“: Ein Teil von mir ärgert sich zum Beispiel über meine Frau oder mein Kind und möchte kritisieren und Vorwürfe machen, während ein anderer Teil vernünftig, freundlich und nett sein möchte. Der Hintergrundzustand unseres Gehirns beeinflusst, welcher Teil die Kontrolle bekommt. Wenn wir gestresst und gereizt von der Arbeit nach Hause kommen, kann es mehr Überwindung kosten, freundliche und weiche Gefühle zu äußern (Ihr Partner drückt Ihnen daher ein Glas Rotwein in die Hand).

Soziale Mentalitäten können auch gemischt sein. So wie eine Mischung von Gelb und Blaugrün ergibt, lässt eine Mischung von Fürsorge, Kooperieren und Sexualität gefühlvolle und kommunikative sexuelle Erfahrungen entstehen, bei denen die Partner einander lieben und durch ihren Austausch eine Bindung aufbauen. Die meisten Psychologen glauben, dass die Fähigkeit, Mentalitäten, oder auch unsere Emotionen, zu mischen, so dass wir flexibel sind und viele Facetten leben können, für unser Wohlbefinden entscheidend ist. Wir verstehen, dass wir jemanden lieben und gleichzeitig auf ihn ärgerlich sein können, dass wir manchmal anderen nahe, aber ab und zu auch allein sein möchten. Menschen, deren Haltung gegenüber Dingen eher vom Schwarz-Weiß-Denken geprägt ist, denen es schwerfällt, mit Ambivalenz, Mischungen und Konflikten umzugehen, neigen eher zu emotionalen Problemen.

Archetypen und soziale Mentalitäten können auch Kontrolle über Gruppen ausüben. Wenn wir auf die Geschichte zurückblicken, dann sehen wir, dass sich Menschen von anderen Gruppen oft so bedroht gefühlt haben oder dass manche Individuen so von ihrem Streben nach Macht und Status besessen waren – wobei sich ihnen andere als loyale (und oft ängstliche oder hoffnungsvolle Anhänger) anschlossen –, dass es zu furchtbaren Grausamkeiten gekommen ist – von den Massenkreuzigungen der Römer bis zu den Folterkammern und dem Völkermord der Nazis. Während ich dies schreibe, hat ein Mob in Kenia eben eine Kirche angezündet, in die sich Familien und Kinder geflüchtet hatten. In diesen Fällen ist die Fähigkeit, vernünftig zu denken und sich von Unrecht abzuwenden, von den Leidenschaften und Impulsen der Archetypen völlig blockiert. Wir sind buchstäblich von ihnen „besessen“ – und daher blind für sie. Es ist wichtig, zu sehen, wie leicht die Archetypen, die durch uns leben, von den Werten und Leidenschaften der Gruppen, in denen wir leben, „herbeigerufen“ werden.

Wir können dann auch verschiedene Aktivierungsmuster in unserem Gehirn und die Strategien, die ihnen zugrunde liegen, erkennen, um *unseren Geist neu zu fokussieren.* Wollen wir wirklich, dass unser Geist vom Archetypischen in uns besetzt wird? Sollten wir Einspruch dagegen erheben, wie leicht unsere Leidenschaften angefacht werden? Es wird nicht leicht sein, uns zurückzuhalten und Widerstand aufzubieten, weil diese Muster und Strategien sehr starke Emotionen und Leidenschaften anregen. Aber wir haben auch die Wahl. Psychologen meinen, dass wir um so mehr in der Lage sind, Kontrolle zu übernehmen und bewusste Entscheidungen darüber zu treffen, was wir ausleben wollen und was nicht, je mehr unser „neues Gehirn/Denken“ in der Lage ist, die Emotionen und Leidenschaften zu verstehen und zu ihnen auf Distanz zu gehen. Das ist die eigentliche Prämisse der Psychotherapie einerseits und meditativer Praktiken und Übungen andererseits. Sie suchen uns zu helfen, uns mehr unseres Geistes bewusst und mit ihm vertraut zu werden und dadurch mehr Kontrolle zu haben. Es wird natürlich keine vollkommene Kontrolle sein, weil vieles außerhalb unserer Bewusstheit geschieht, aber es ist ein Schritt in die richtige Richtung. In den Kapiteln 7 und 9 werden wir dies näher betrachten.

Es gibt eine wunderbare Geschichte über einen Indianerstamm: Eines Tages ging ein alter Häuptling mit seinem Enkel den Fluss entlang und erzählte ihm, dass unser Geist wie der Fluss ist: immer fließend. Aber im Wasser gibt es verschiedene Strömungen, und so ist es auch in unserem Geist. In seinem Inneren, sagte der alte Häuptling, könne er manchmal zwei Wölfe spüren: Einer ist sanft und freundlich und ist ein Sucher des Friedens, während der andere voll Wut und aggressiv ist. Der Enkel schaute den alten Mann staunend an und fragte: „Aber wer wird denn gewinnen, Großvater?“ Der alte Häuptling antwortete: „Immer der, den ich füttere.“

Heute können wir erkennen, dass der Geist aufgrund der Evolution unseres Gehirns und dessen Fähigkeit, Emotionen und Motive an- und abzuschalten, tragische Potentiale in sich trägt. Grausamkeiten können geschehen, weil wir einfach unsere Fähigkeiten für Mitgefühl abschalten können. Wenn wir das tun, gehen wir das ernste Risiko ein, das Gleichgewicht zu verlieren und das, was essentiell ein intelligenter und kreativer Geist ist, an Strategien auszuliefern, die zwar dem Schutz dienen, aber äußerst destruktiv sind. Das ist die Gefahr für uns, die wir aber erheblich verringern können, wenn wir uns darauf besinnen, dass Fürsorge und Mitgefühl hilfreiche Mittel gegen Angst, Ärger und Wut sind.

Auch Selbstentwertung, Abneigung gegen uns selbst und sogar Selbsthass können uns grausam und gefühllos zu uns selbst werden lassen. Wir behandeln uns möglicherweise, wie wir das anderen im Traum nicht antun würden – besonders denen nicht, die uns wichtig sind. Wir behandeln uns ebenso wie Tyrannen und meinen, dies sei in Ordnung, und rechtfertigen die Unfreundlichkeit uns selbst gegenüber vielleicht sogar. Diesen wichtigen Aspekt untersuchen wir ausführlich in den Kapiteln 4 und 10.

Religion und Spiritualität

Wenn wir uns bewusst werden, wie unsere Motive, Gefühle und Gedanken eigentlich von angeborenen Strategien, Archetypen und sozialen Mentalitäten geleitet werden, kann uns das helfen, über Schlüsselthemen zu reflektieren, die mit Religion und Spiritualität zu tun haben, und die für viele Menschen wieder aktuell geworden sind. Dies sind keine Bereiche, die leicht zu erforschen sind. Viele Autoren haben bemerkt, dass religiöse Glaubensvorstellungen und Rituale einen so großen Einfluss auf unser Denken und unsere Kultur gewinnen, weil sie mit starken Gefühlen und Sehnsüchten archetypischer und sozialer Mentalität verknüpft sind und tiefe existentielle Ängste um Leben und Tod ansprechen.[20] Sie können Menschen das Gefühl vermitteln, dass sie Wurzeln und Traditionen haben oder dass im Universum für sie gesorgt ist. Mit dieser Intensität der Emotion wird Glauben überhöht, so dass Menschen Dinge sagen wie: „Ich fühle einfach tief in meinem Inneren, dass dies wahr ist." Man nimmt an, dass auch der Glaube der Azteken an den Wert ihrer Menschenopfer solchen Gefühlen der „Gewissheit" entsprang – wir müssen hier also vorsichtig sein.

Es ist diese „Verbindung mit dem Archetypischen“, die diesen Überzeugungen ihre emotionale Macht über uns verleiht. Daher kann man sich zu Gott, wenn er durch die Optik der Mentalität des sozialen Ranges gesehen wird, wie zu einem *dominanten Mann* verhalten, dem gehorcht werden muss; wenn man dies nicht tut, wird der Ungehorsam bestraft. In manchen Religionen nehmen Gläubige mit gesenktem Kopf eine unterwürfige Haltung ein und können Gott nicht in die Augen schauen (Blickkontakt kann als Drohsignal verstanden werden). Die gilt zwar als Geste des Respekts, aber die Mechanismen scheinen dieselben wie bei Unterwürfigkeit zu sein. Auch manche Aspekte des Buddhismus verraten eine Neigung zu dieser Psychologie der Ehrerbietung.

Wenn die Psychologie des Ranges die Orientierung und das Gottesbild eines Menschen oder einer Gruppe bestimmt, kann die Beziehung der Gläubigen zu ihrer Gottheit eine von Angst geprägte sein, aber sie kann auch ehrerbietig sein und den Wunsch haben, zu beeindrucken und sich als loyal zu erweisen. Sie können eine strenge Haltung gegenüber Untergeordneten oder gegenüber denen haben, die „nicht verstehen“, und unter Umständen werden sie „Gottes Feinde“ mit Härte verfolgen. Der Fokus liegt auf Macht, Unterwerfung und Gehorsam. Dies ist, wie viele Denker erkannt haben, kein netter oder „guter“ Gott, denn es kann sein, dass er wie im Alten Testament einfach beschließt, alle Lebewesen ertrinken zu lassen, er kann die Kinder der Ungläubigen töten, Plagen von Fröschen oder Hungersnöte schicken oder Menschen mit hemmungslosem Sadismus der Hölle bedrohen. Da kann man nur hoffen, dass man ihn auf seiner Seite hat. Es geht also nicht um einen an sich guten Gott, sondern um einen Gott, der zu einem hält. Dies ist der Grund, weshalb viele Menschen an dem Glauben festhalten, dass sie auserwählt sind.

Allein der Gedanke, dass Gott Lieblinge haben kann, sollte einen allerdings beschäftigen. Eigentlich sind dies unsere projizierten archetypischen Themen, unsere eigenen sadistischen Wünsche und Ängste, die wir in das Denken oder das Innere Gottes oder der Götter verlegen. Dies sind natürlich keine neuen Ideen – sogar in der fünften Folge von *Star Trek, The Final Frontier,* geht es darum, wie unsere Projektionen von Gott Horror erzeugen können. Bedenken Sie aber Folgendes: Es wird oft die Frage gestellt, warum der Gott des Alten Testaments so grausam zu den Kindern seiner Feinde sein konnte und sie abschlachtete. Aber es ist bekannt, dass die Männchen mancher Tierarten, wenn sie eine Gruppe von Weibchen übernehmen, die Jungen töten, um die Weibchen in Hitze zu bringen, also empfängnisbereit zu machen. Sieger in Kriegen haben Jahrhunderte lang die Kinder der Besiegten getötet, um eine genetische Linie zu unterbrechen und so eine Gefahr für ihre Herrschaft zu beseitigen. Herodes ist ein berühmtes Beispiel dafür. Warum sollte man Gott also solche Motive zum Vorwurf machen, wenn es eigentlich um eine genetische Strategie geht?

In vollkommenem Gegensatz dazu verlangt Liebe Blickkontakt wie zwischen Mutter und Kind, und dass vor allem Machtthemen aufgelöst werden. Die Verschiebung von einem auf Rang fokussierten Gott zu einem fürsorglichen ist natürlich der Übergang vom Alten zum Neuen Testament. Vergebung, tiefe Empathie, Sorge und Mitgefühl werden jetzt als Eigenschaften von Jesu gesehen (obwohl auch diese mit sozialen Mentalitäten verknüpft sind). Man kann sich also seine Zitate aus allen religiösen Texten herauspicken und so viele Aufrufe zu Mitgefühl finden wie zu heiligen Kriegen. Das Ergebnis ist, dass viele Gelehrte jetzt anerkennen, dass wir uns aufgrund unserer sozialen Mentalitäten durch unsere Imagination und unser archetypisches Denken ein Gottesbild schaffen und uns entsprechend verhalten.[21] Dies kann uns bei bestimmten psychischen Themen helfen, und wenn wir archetypische Prozesse aktivieren, können sie, wie Jung bemerkt hat, enorme emotionale Kraft für uns entwickeln. Man kann in der Religion großen Trost finden, und ich habe viele verzweifelte Menschen getroffen, die ein schweres Leben hatten und die durch ihren Glauben Stärke gefunden haben (auch wenn ich vermute, dass die Freundlichkeit ihrer Priester eine nicht unwesentliche Rolle gespielt hat). Religionen boten immer auch eine Möglichkeit von Zugehörigkeit zu einer Gruppe und für ihren Zusammenhalt und waren eine Quelle von Recht und moralischem Denken, aber letztlich sind sie archetypisch und Teil der Vergangenheit und unseres in der Evolution entstandenen Geistes. Man kann archetypische Gefühle nicht vermeiden, auch Mitgefühl beruht auf einem Archetyp, aber wir können uns ihrer dunklen Seiten bewusst werden. Wir sollten auch erkennen, dass sie uns wenig über die eigentliche Natur des Universums, des Bewusstseins, darüber, wie man Kranke heilen kann, über das Leben nach dem Tod oder über irgendein anderes wichtiges Thema dieser Art zu sagen haben.

Es gibt viele alternative Ansichten von Spiritualität, die weniger offen für die problematischen Aspekte von Rang und Stammespsychologie sind. Jung meinte, dass „Gottesbewusstsein" – „ein erwachendes Bewusstsein im Universum" – ein Gefühl von Partnerschaft und Moralität verlangt, und dass in dem Maß, in dem wir zu unseren Verantwortlichkeiten erwachen, auch das Gottesbewusstsein erwacht – ein Thema, das Jung in seinem Buch *Antwort an Hiob* bearbeitet hat. Eine andere Vorstellung von Spiritualität besteht darin, uns als Wellen auf einem Meer vorzustellen. Wir sind vom spirituellen Bereich nicht getrennt, wir sind Teil von ihm – eine Vorstellung, die in sehr alten pantheistischen Glaubensvorstellungen auftaucht. Der Buddhismus hat natürlich auch seinen eigenen einzigartigen Ansatz – einen reziproken Prozess, in dem man sich in dem Maß, in dem man mitfühlend und erleuchtet wird, automatisch der Erleichterung des Leidens aller Lebewesen zuwendet und Teil der Gemeinschaft erleuchteter Wesen wird.

Lassen Sie mich Ihnen schließlich eine mitfühlende Einsicht der modernen Wissenschaft mitteilen. Manche Menschen verhalten sich grausam, was traditionell als strafwürdig, als Sünde oder als schlechtes Karma betrachtet wird. Aber wie sieht es aus, wenn sie sich so aufgrund ihrer Gene verhielten, oder weil sie an einer psychischen Störung oder einer Schädigung des frontalen Cortex leiden? Wie wäre es, wenn sie sich so verhielten, weil ihre Mutter Alkoholikerin oder drogenabhängig war, oder weil sie als Kind in schlimmer Weise missbraucht wurden oder unter schrecklichen sozialen Bedingungen aufwuchsen oder mit Toxinen kontaminierte Nahrung zu sich genommen haben? Dann kann man annehmen, dass man das in 50 Jahren alles beheben kann, weil es zum Beispiel neue Psychotherapieformen, Veränderungen sozialer Bedingungen oder neue Medikamente gibt. Sind diese Menschen dann nicht mehr grausam, sondern freundlich und kommen deshalb in den Himmel, nicht in die Hölle, erzeugen gutes Karma, nicht schlechtes? Wenn alles letztlich auf soziale Bedingungen, Gene oder Chemie im Gehirn zurückgeht, und wenn dann zum Beispiel Medikamente jemanden „freundlich“ machen und vor der Hölle bewahren, dann bin ich natürlich für die Medikamente. Aber denken Sie nur einmal an die Implikationen, daran, was das bedeutet – und auch an die spirituellen Vorstellungen, die uns so lange schon begleiten, aber deren Urheber von Evolution, Genen und Neurochemie buchstäblich keine Ahnung hatten. Wenn gutes und schlechtes Verhalten wirklich die Reflexe angeborener Strategien, von Chemie und sozialen Bedingungen sind, was bedeutet das dann für die traditionellen Anschauungen von Sünde, Karma und Strafe? Wenn wir so wenig Entscheidungsspielraum dafür haben, wer wir sind und was wir werden, was bedeutet das dann für die Vorstellung, dass wir eine Seele haben? He, gib mir die Medikamente, mach, dass ich mich mit mir und mit anderen gut fühle … ich will in den Himmel!

Mir scheint, dass die Alternative darin besteht, dass wir uns bewusst werden, wie unser neues Wissen uns in Wirklichkeit für eine ganz neue Spiritualität öffnet, die auf Mitgefühl beruht und die von den Ängsten und Leidenschaften befreit, die durch alte archetypische Formen vorgegeben sind. Es ist jedoch eine große Aufgabe für unser Mitgefühl, weil wir uns gerne als etwas Besonderes und als auserwählt, von dem Allmächtigen geliebt und berechtigt fühlen, „schlechte“ Menschen zu bestrafen. Wie Sie über diese Themen denken, wird Einfluss darauf haben, wie Sie an Mitgefühl herangehen. Wir haben eben erst begonnen, über die Implikationen unseres neuen Verständnisses von dem Einfluss der Gene und früher Liebe auf unser Gehirn und über die Macht des sozialen Kontextes und des Einflusses der Gruppe bei der Formung dessen nachzudenken, was wir fühlen, denken und tun. Wir verlieren hier das Gefühl für das individuelle Selbst, das die „Kontrolle“ hat. Sie sehen, dass ein Mitgefühl, das für unser neues Verständnis von Gehirn und Denken offen ist, kein leichter Weg ist. Die Wissenschaft und unser „neues Gehirn/Denken“ können uns aber helfen, wenn wir einmal von fürsorglichen und an einem Miteinander orientierten Mentalitäten motiviert sind.

Selbstbezogenheit und der Archetyp des Mitgefühls und soziale Mentalität

Bevor wir unsere Reise der Evolution verlassen, wollen wir zu dem wichtigen optimistischen Ton dieses Buches zurückkommen: Es sind zwar viele dunkle und grausame Potentiale im Kampf um das Leben entstanden, die in uns, in unserer Psyche leben können, aber wir sind auch zu Mitgefühl fähig. Auch Mitgefühl ist ein Potential unseres Geistes und unserer Seele, das sich erst im Laufe unserer Geschichte eingestellt hat und das der Natur abgerungen ist. Es ist leicht, nur die vielen dunkleren Archetypen unseres Geistes zu sehen und dabei zu vergessen, dass aus dieser Dunkelheit des Kampfes um Überleben und Fortpflanzung, aus Gefahr und Angst, unsere Fähigkeit für Fürsorge und Mitgefühl hervorgegangen ist. Der Weg, der zu Mitgefühl führt, beginnt dort, wo Lebewesen anfangen, sich für die Angehörigen ihrer eigenen Spezies zu interessieren und für sie sorgen. Das Wesen und die wichtigsten Elemente von Mitgefühl werden wir in den Kapiteln 5 und 6 untersuchen.

Mitgefühl und eigennützige Gene

Manche sind vielleicht der Ansicht, dass eigennützige Gene der Grund dafür sind, wenn Mitgefühl mit Fürsorge verbunden wird. Wenn eine Frau zum Beispiel in ein Krankenhaus kommt und ein Kind zur Welt bringt, möchte sie es mit nach Hause nehmen können, für es sorgen und *ihr* Baby lieben. Sie wäre nicht glücklich, wenn alle Babys, die an dem Tag geboren wurden, in einen Raum gebracht würden und sie sich dann eines aussuchen könnte. Auch wenn ihr jemand sagte, dass im Vergleich mit einem anderen Baby ihr eigenes ein bisschen weniger intelligent, weniger sportlich oder anfälliger für Brustinfektionen wäre, würde sie nicht abgeschreckt. Sie würde noch mehr Zuneigung zu ihrem Kind empfinden, weil sie sich um ihre Gene kümmern möchte. Eltern werden extrem verzweifelt, wenn sich nach Jahren herausstellt, dass sie nach der Geburt nicht ihr eigenes Baby aus dem Krankenhaus mit nach Hause genommen haben. So haben wir natürlich ein Interesse an allen möglichen Dingen – Arten von Nahrung, daran, Freundschaften zu schließen, an sexuellen

Beziehungen und an Fürsorge für unsere eigenen Babys –, und zwar, weil Gene unsere Physiologie so gemacht haben, dass wir für solche Dinge ein Gefühl haben. Und sie haben das so eingerichtet, weil Individuen, die von diesen Gefühlen motiviert waren, ihre Gene weitergegeben haben.

Wir wissen also, dass Fürsorge gewisse genetische Präferenzen hat: Es ist sehr viel leichter, für die eigenen genetischen Kinder, Verwandte und auch Freunde zu sorgen als für Fremde. Es spielt aber keine Rolle, dass unsere Anlagen für Mitgefühl nur als eine Strategie zur Vervielfältigung von Genen im Universum aufgetaucht sind. Richard Dawkins sagt dazu, dass „eigennützige Gene" nicht notwendigerweise dazu führen, dass auch die Menschen eigennützig sind. Wir können Einsichten in unsere Psyche gewinnen, uns ausbilden und die Diktate der Gene und eigennütziger Strategien überwinden.[22] Wir brauchen uns also nicht zu sehr bei der Tatsache aufzuhalten, dass die Ursprünge von Mitgefühl eindeutig auf genetische Politik zurückgehen und die Gefühle, Motive oder Prozesse des Mitgefühls unterminieren könnten. Wie wir Farben erfahren und erleben, wird durch unser Wissen, dass Gene den Augen die Fähigkeit verleihen, bestimmte Lichtfrequenzen wahrzunehmen, nicht berührt oder beeinträchtigt. Tatsache ist, dass wir jetzt die Systeme im Gehirn haben, die die „Erfahrung" von Mitgefühl möglich machen, und dass Mitgefühl unsere Muster der Gehirnaktivität in bestimmter Weise organisieren kann. Um Mitgefühl nutzen zu können, müssen wir sehen, wie wir ein Gefühl von Wohlbefinden und Sinn entwickeln können, indem wir an oder mit diesen Mustern der Gehirnaktivität arbeiten. Wir können unser „neues Gehirn/Denken" nutzen, um uns auszubilden, tiefer und für mehr Menschen Mitgefühl zu empfinden, als uns unsere biologische Veranlagung vielleicht nahelegt. Unsere Gene schränken uns nicht ein, sondern wir erhalten durch sie eine Basis, von der aus wir handeln können.

Tatsächlich ist es hilfreich, die motivationalen, archetypischen und sozialen Mentalitätsprozesse zu verstehen. Menschen werden Krankenpfleger, Ärzte, Sozialarbeiter, Lehrer, Heiler oder Therapeuten und riskieren ihr Leben, um anderen zu helfen und sie zu retten – man denke nur an solche Dienstleistungen wie die der Polizei, der Friedenstruppen, von Feuerwehr und Rettungsdiensten auf See und im Gebirge. Wenn wir eine konkurrierende, egoistische Sicht einnehmen und unsere

Geschichte von der dunkleren Seite unserer Natur, von Stammeskonflikten und dominierenden Männern sehen, vergessen wir leicht, dass viele von uns zwar selbst ein gutes Leben wollen, wir aber auch anderen helfen und für sie wichtig sein möchten. Wenn wir uns ganz darauf einlassen und annehmen, dass wir in einer Welt der Schönheit leben, aber auch in einer, in der viele Menschen unter höllischen Bedingungen leben, dann sehen wir, dass es trotz all unserer Wissenschaft, unserer Sozialpolitik und unserer Rechtssysteme noch viel zu tun gibt. Im Herzen vieler Menschen gibt es ein echtes Verlangen danach, die Lebensbedingungen der Menschen und eigentlich aller Lebewesen zu verbessern.

Was die Frage angeht, ob Eigennutz eine Grundlage von Mitgefühl ist, lautet die Antwort wieder: Natürlich ist das so. Der Dalai Lama bringt dies in vielen seiner Schriften klar zum Ausdruck. Nicht nur ist Mitgefühl gut für einen selbst, um sich gut zu fühlen und sich innerlich so zu organisieren, dass man für Glück offener wird. Mitgefühl ist auch gut für andere, und dies bedeutet, dass wir in einer glücklicheren Welt leben, wenn wir Mitgefühl pflegen. Wenn man mehr Mitgefühl mit anderen hat, hat man wahrscheinlich auch Mitgefühl mit sich selbst. Das hat natürlich auch viele persönliche Vorteile. Wenn Selbstmitgefühl und Mitgefühl für andere Ihren Blutdruck erhöhen würde, Ihr Immunsystem schädigen, Ihre Anfälligkeit für Herzkrankheiten, Infarkt, Depression oder Angst steigern und dazu führen würde, dass es weniger Spaß macht, mit Ihnen zusammen zu sein, dann würde ich Ihnen dringend davon abraten. Tatsache ist, dass es unser Stress, unser Ehrgeiz und unsere von Konkurrenz bestimmten sozialen Mentalitäten sind, die uns diese Probleme bereiten – ganz zu schweigen davon, was wir damit unserer Umwelt antun. Mitgefühl kann ein wunderbares Gegenmittel sein.

Zusammenfassung

In diesem Kapitel haben wir gesehen, wie wir „uns alle einfach hier vorfinden" – mit einem von Genen aufgebauten Gehirn voller seltsamer und sich widersprechender Begierden und Wünsche, Leidenschaften und Ängste, die durch die Beziehungen, in denen wir uns befinden, oft an- und abgeschaltet werden. Unser Geist fühlt sich für uns oft persönlich an, und zwar so sehr, dass wir das Gefühl haben, dass „ich“ dieser oder jener Aspekt bin. Doch gibt es nichts, was wir fühlen oder denken können (außer vielleicht kreative Akte in der Kunst oder der Wissenschaft), was Millionen andere nicht auch gefühlt und gedacht haben. Die Gefühle, die wir haben, beruhen auf unserer Programmierung, die wir gemeinsam haben – auf dem Menschsein, das uns allen gemeinsam ist. „Einfach ich“ ist nur mein Bewusstsein, das sich von Moment zu Moment in der Zeit erhält.

Von dem Hügel aus haben wir die Entfaltung des Lebens und der verschiedenen Begierden, Wünsche und Motive im Fluss des Lebens und im Bewusstsein beobachtet. Wir haben gesehen, wie Strategien, Archetypen und soziale Mentalitäten entstehen, komplexer werden und durchgespielt werden. Dabei helfen sie Genen, ihre Muster bildenden Talente durch die Zeit weiterzugeben, denn ohne Gene gibt es keinen Körper, kein Leben und keine Veränderung und das Universum würde verstummen. Ihre und meine Leidenschaften und Begierden stammen alle aus dem Fluss des Lebens. Dieses Wissen, das der Anfang von Einsicht, Erleuchtung und Weisheit und auf grundlegender psychologischer Wissenschaft gegründet ist, wird uns helfen, über die Aufgaben, die vor uns liegen, und darüber, wie wir an sie herangehen könnten, nachzudenken. Es wird uns helfen, unseren Geist und unsere Psyche nicht nur „persönlich“ zu verstehen, und zu erkennen, dass viel von dem, was darin vor sich geht, nicht unser Fehler und nicht unser Plan ist. Dies sind die ersten Schritte dahin, ein mitfühlendes Denken auszubilden und auf diese Weise innerlich ins Gleichgewicht zu kommen und für unser Handeln Verantwortung zu übernehmen.

Im nächsten Kapitel werden wir einen besseren Zugang dazu bekommen, wie wichtig Ausgewogenheit ist. Dazu werden wir betrachten, wie die Evolution unser Gehirn mit drei grundlegenden Systemen zur Regulierung der Emotionen ausgestattet hat, die bei unseren alltäglichen Gefühlen und für unsere psychische Gesundheit eine entscheidende Rolle spielen.

4 Gefahr und Selbstschutz
Das Gute, das Schlechte und das wirklich Schwierige

Es sind unsere Emotionen, die unserem Leben Farbe geben. Sie strukturieren und prägen alles, was wir tun. Mit Emotionen und Gefühlen sind die Dinge wichtig, ohne sie sind sie es möglicherweise nicht. Unsere Fähigkeit, zu fühlen, verbindet uns mit Dingen und Menschen, die wir wertschätzen. Manche Wissenschaftler glauben, dass das Bewusstsein selbst in Emotionen wurzelt. Bei all ihrer Wichtigkeit und was sie an Dringlichkeiten und Freuden mit sich bringen, muss man aber einräumen, dass sie als Genüsse, Glück und Freude, aber natürlich auch als Angst, Furcht, Frustration und Wut eine zwiespältige Angelegenheit sind. Emotionen haben sich entwickelt, weil sie verschiedenen Funktionen dienen, und diese *Funktionen* wollen wir im Folgenden betrachten. Wenn wir verstehen, wie sie durch uns wirken und wie sie funktionieren, dann haben wir einen besseren Ausgangspunkt dafür, um mit ihnen arbeiten zu können und um Selbstmitgefühl zu entwickeln und unseren Geist und unsere Psyche zu beruhigen.

Wie wir in Kapitel 2 schon festgestellt haben, werden unsere Emotionen durch *drei* Grundsysteme organisiert.[1] Schauen wir uns also genauer an, wie diese Systeme durch uns wirken. Sie sind zuständig für:

- Bedrohung, Gefahr und Selbstschutz
- Motivation und die Suche nach Ressourcen
- Beruhigen und Zufriedenheit

Wenn diese Systeme aus dem Gleichgewicht geraten oder in bestimmter Weise geprägt sind, kann es dazu kommen, dass wir leiden. In unserer modernen Gesellschaft kann es sehr leicht passieren, dass das System, das die Bewältigung von Gefahr und den Selbstschutz regelt, überaktiv wird. Es kann sein, dass wir Angst haben, unseren Job zu verlieren oder Fehler bei der Arbeit zu machen, von wichtigen Menschen kritisiert oder abgelehnt zu werden, oder dass wir einfach unter Zeitdruck stehen. Der Stress und die Zwänge des Lebens können zu Angst und Depression führen. Wir können leicht in einen überdrehten Zustand geraten, wenn wir unseren Wert beweisen und uns „dem Job gewachsen" zeigen wollen, und ständig nach mehr Freuden und Lust, nach mehr Komfort und Luxus, Erfolg und Leistung streben. Dann wird es schwer, sich zu entspannen, innezuhalten und Ruhe zu finden. Wenn das System, das für die Motivation zur Suche von Ressourcen sorgt, versagt, fühlen wir uns ausgebrannt, erschöpft und deprimiert. Der Antrieb und Schwung und der „Treibstoff" scheinen dem System ausgegangen zu sein: Wir sehen unsere Chancen schwinden und neigen dazu, aufzugeben.

Wir werden diese Systeme der Reihe nach betrachten, um zu erkennen, wie sie in und durch uns wirken und wie wir sie mehr ins Gleichgewicht bringen können. In diesem Kapitel geht es zunächst um das System, das die Bewältigung von Gefahr und den Selbstschutz regelt und eine stete Quelle für viele unangenehme Emotionen darstellt.

Leben ist gefährlich

Zu Beginn wollen wir untersuchen, wie das System zur Bewältigung von Gefahr und für Selbstschutz entstanden ist und inwiefern es für alle Lebewesen grundlegend ist. Lebensgefährliche Situationen und Lebensumstände hat es gegeben, seit sich die ersten einfachen Organismen auf der Erde entwickelt haben. Wie wir gesehen haben, war der Lebenskampf selbst auf einem so lebensfreundlichen Planeten wie dem unseren so schwer und gefahrvoll, dass die überwältigende Mehrheit der Arten, die es je geben hat, ausgestorben ist – über 99 Prozent!

Nehmen Sie zum Beispiel unsere nahen Verwandten, die Neandertaler. Sie lebten in Höhlen in Familienverbänden oder Sippen, sorgten für ihre Kinder, spielten mit ihnen und hatten Pläne für die Zukunft. Sie sind schon lange verschwunden und haben nur Knochen und Artefakte hinterlassen. Warum sie verschwunden sind, ist allerdings völlig unklar. Es ist möglich, dass sie von uns modernen Menschen verdrängt wurden oder durch Vermischung in unserer Spezies aufgegangen sind. Die Neandertaler waren hochkooperativ, und es ist wahrscheinlich, dass die Gene, die Sprache unterstützen, von ihnen stammen. Wir brauchen aber noch mehr Forschung dazu. Wir können uns jedenfalls nur schwer vorstellen, wie hart und gefährlich das Leben für sie gewesen sein muss. Ähnlich ist es aber in vielen Teilen der Welt für den modernen Menschen immer noch.

Es gibt natürlich alle möglichen Arten von Bedrohung – Raubtiere, Nahrungsmangel und unsauberes Wasser, Mikroben, die Krankheiten verursachen, das Risiko körperlicher Verletzungen, unzulängliche Behausung, Verlust von Freunden, die Feindseligkeit von Artgenossen. Tiere wie Menschen haben vielfältige *Abwehrstrategien* entwickelt, um diese Bedrohungen und Gefahren aufzuspüren und mit ihnen umgehen zu können. Manche dieser Strategien haben mit grundlegenden Körperfunktionen zu tun – zum Beispiel die Ausstattung mit Fell oder Federn zum Schutz gegen Kälte oder der Winterschlaf, um Energie zu sparen. Das sind Möglichkeiten, sich vor den Veränderungen des Klimas zu schützen. Unser Immunsystem ist dazu da, Bakterien oder andere schädliche Mikroorganismen, die in den Körper gelangen können, zu entdecken und unschädlich zu machen, und mit Hilfe unseres Verdauungsapparates können wir schädliche Substanzen durch Erbrechen oder Durchfall ausscheiden. Was Bedrohungen durch Artgenossen angeht, haben wir Möglichkeiten entwickelt, wie wir ihre wahren Gefühle und Absichten uns gegenüber herausfinden können. Bei Gefahr können wir ihnen dann entweder aus dem Weg gehen oder, wenn das nicht möglich ist und sie stärker sind als wir, uns unterwürfig verhalten und sie zu besänftigen versuchen.

Angst

Unser Gehirn ist die Quelle vieler Emotionen und Denkweisen, die Ergebnis der Evolution und Teil eines grundlegenden Selbstschutz-Systems sind. Dass wir Angst haben, wenn wir mit Dingen konfrontiert sind, die uns schaden könnten, und dazu den Impuls empfinden, vor ihnen wegzulaufen oder sie zu vermeiden, ist eine Strategie, die dem Selbstschutz dient. Menschen können Ängste vor allen möglichen Dingen entwickeln. Manche werden in Gegenwart von Hunden nervös, andere bekommen Angst, wenn sie fremden Menschen begegnen, wieder andere haben Angst davor, öffentlich aufzutreten oder zu sprechen. Viele der Dinge, vor denen wir Angst bekommen können, stellen seit Millionen von Jahren Gefahren dar, z. B. Schlangen oder Spinnen, andere, wie z. B. die Elektrizität, sind erst in jüngster Zeit entstanden. Dazu kommt die Angst vor Keimen und Schadstoffen. Die Wahrscheinlichkeit, dadurch zu Schaden zu kommen, ist viel größer, denn gefährliche Tiere sind in unserer modernen westlichen Gesellschaft relativ selten.

Wir werden nicht mit diesen Ängsten geboren, aber es sieht so aus, als gäbe es Unterschiede in unserer (genetisch bedingten) Sensibilität. Diese Unterschiede können einen Einfluss darauf haben, wie wir Ängste wahrnehmen und wie leicht wir sie entwickeln und intensivieren. Manchmal können Ängste einfach dadurch in uns entstehen, dass wir andere beobachten, die Angst zu haben scheinen. Etwa mit neun Monaten beginnen Kinder Angst vor Fremden zu entwickeln, und diese Angst wird intensiver, wenn auch die Eltern ängstlich sind und Kinder an ihren Eltern Anzeichen von „Angst in dieser bestimmten Situation" wahrnehmen.[2] Wie man mit Angst mitfühlend umgehen kann, ist unter anderem Thema in Kapitel 11.

Wut

Wut ist eine andere wichtige Emotion, die dem Selbstschutz dient und die wir mit anderen Tieren gemeinsam haben.[3] Sie kann aktiviert werden, wenn der Weg zu einem Ziel oder zu etwas anderem, was wir wollen, blockiert ist. Das Gefühl, das der Wut am häufigsten zugrunde liegt, ist Frustration. Viele Tiere, auch die bescheidene Laborratte, können ebenso darunter leiden. Je mehr wir das System, das für die Motivation zur Suche von Ressourcen sorgt (siehe Kapitel 5), durch unsere Wünsche und zeitlichen Zwänge aktivieren, umso leichter empfinden wir Frustration. Frustration und daraus folgende Wut bewirken, dass wir mehr Anstrengung in eine Aufgabe investieren und versuchen, etwas zu erzwingen. Diese Strategie – „Wenn nichts anderes hilft, dann versuch es mit roher Gewalt" – ist ziemlich alt.

Eine andere mit Frustration verbundene Form von Wut ist *auf Vergeltung gerichtet,* und entsteht aus dem Bedürfnis, Ressourcen, Status und soziale Position zu verteidigen. Wenn uns jemand herausfordert oder provoziert, zum Beispiel dadurch, dass er unsere Arbeit kritisiert, uns übervorteilt, uns betrügt oder sich irgendwie unfair verhält, können wir mit Ärger oder Wut reagieren und versuchen, es ihm „heimzuzahlen". Während Angst, die dem Schutz dient, die Wirkung hat, dass wir uns entfernen, weglaufen oder nachgeben, setzen wir uns bei Wut oder Ärger dafür ein, das Hindernis zu überwinden oder den Gegner zu besiegen. Wenn wir *Wut* empfinden, *die auf Vergeltung gerichtet* ist, möchten wir den anderen dazu bringen, so zu handeln, wie wir das wollen. Vielleicht verlangen wir nur eine Entschuldigung oder eine Geste der Unterwerfung oder wir möchten erreichen, dass auch er leidet. Warum? Weil wir uns diesem Menschen gegenüber dann natürlich sicherer fühlen und das Gefühl haben, dass wir ihn kontrollieren können. Wie sähe unsere Welt aus, wenn jeder uns demütigen könnte, ohne dass wir ihm das heimzahlen, wenn wir keine Möglichkeit besäßen, uns zu verteidigen, und andere uns leicht übervorteilen oder folgenlos betrügen könnten? Was wäre, wenn andere das Gefühl hätten, dass sie sich nicht in Acht nehmen müssen, weil wir uns nie wehren oder Vergeltung üben? Aus der Sicht der Evolution wäre das wenig sinnvoll. Diese Reaktionsweisen wurden uns also von der Evolution als Schutz mitgegeben. Aber wenn wir nicht aufpassen, kann unser „neues Gehirn/Denken" von Wut inspiriert und auf Vergeltung aus sein und schreckliches Leiden in der Welt verursachen. Manche Menschen kennen intensive Wut, aber haben auch Angst davor, die Kontrolle zu verlieren, und versuchen, sie zu unterdrücken. Wut und Ärger sind auf jeden Fall ein Aufruf zum Handeln, ein deutliches Signal, das unsere

Aufmerksamkeit verlangt. Dies bedeutet aber natürlich nicht, dass wir sie aggressiv ausleben sollten. Vielmehr sollten wir das Gefühl verstehen und dann entscheiden, wie wir damit umgehen wollen.

Wichtige Konzepte der Wut

Vor einiger Zeit hat der amerikanische Verhaltenspsychologe C. B. Ferster darauf hingewiesen, dass Kinder Angst vor Strafe entwickeln, wenn sie für ihre Wut und ihren Ärger bestraft werden. Mit der Zeit wird die Angst mit Ärger und Wut assoziiert, bis das Kind nicht mehr in der Lage ist, Wut wirklich zu verarbeiten. Wenn sich in ihm Wut entwickelt, kommt es stattdessen an einem sehr frühen Punkt zu einem Umschalten auf Angst. Viele depressive Menschen haben ebenfalls dieses Problem.

Im Grunde können alle Emotionen in dieser Weise assoziiert und miteinander verknüpft werden. Wenn kleine Kinder dafür bestraft oder beschämt werden, dass sie Spaß oder freudige Erregung zeigen, können sie als Erwachsene Angst vor Gefühlen der Freude entwickeln. Diese Konditionierung und ist ein sehr mächtiger Mechanismus für unsere Anpassung an die Umwelt. Obwohl Ferster überzeugter Behaviorist war, war er sich sicher, dass manche unserer Gefühle mittels Konditionierung verdrängt werden und dann unbewusst sind. Die Kinder, die dafür bestraft werden, dass sie Spaß haben oder einfach ausgelassen sind, könnten so lernen, unangenehme Gefühle (Angst) zu entwickeln, wenn es ihnen gut geht, aber ohne zu wissen, warum sie so fühlen.

Der Therapeut R. L. Leahy hat einige verbreitete Überzeugungen in Bezug auf Emotionen daraufhin untersucht, wie sie uns Probleme bereiten können. In Bezug auf Ärger und Wut gibt es zum Beispiel Glaubenssätze wie: „Wut ist schlecht“, „Für Wut muß man sich schämen“, „Wut ist destruktiv“, „Wut ist sadistisch“. Solche Denkweisen sind natürlich hinderlich bei der Verarbeitung von Ärger und Wut und ihrer Ursachen.

Nach Freud können depressive Menschen auf andere, von denen sie abhängig sind, sehr wütend sein, wenn sie sich von ihnen im Stich gelassen fühlen oder meinen, dass sie ihnen wehtun. Depressive Menschen haben aber auch Angst, dass sich andere zurückziehen und ihnen damit noch mehr wehtun, dass sie beschämt werden oder ihnen vermittelt wird, dass sie schlecht, undankbar und unerträglich sind, wenn sie Ärger oder Wut zeigen. Als Folge werden diese Gefühle dann verdrängt, weil sie zu bedrohlich sind.[4]

Wie wir schon angedeutet haben und in Kapitel 10 noch genauer untersuchen werden, können auch gegen einen selbst gerichtete Wut oder Ärger und Verachtung ernste Probleme sein. Wut gegen sich selbst gerichtet aktiviert dieselben Systeme im Gehirn wie die Wut gegen andere. Gegen sich selbst gerichtete Wut kann diese Systeme daher in einem hohen Erregungszustand halten und Zufriedenheit und Beruhigung sehr erschweren.

Denken Sie immer daran, dass die defensiven Emotionen der Angst und der Wut nicht dazu bestimmt waren, unsere Feinde zu sein. Sie sind zur Verteidigung da – ihre Funktion ist Selbstschutz. Sie entstanden in der Evolution lange vor unserer Fähigkeit, zu denken und zu imaginieren. Die Evolution konnte nicht vorhersehen, was passieren würde, wenn sich unsere „neuen Fähigkeiten“ mit diesen primitiven Impulsen und Abwehrmechanismen verbinden würden. Letztere können unser Denken und unsere Intelligenz so richten und lenken, dass wir völlig außer Kontrolle geraten.

Damit wir mit unserer Wut (oder jeder Emotion, die bei Gefahr dem Selbstschutz dient) arbeiten können, müssen wir zuerst verstehen, dass unser System, das die Bewältigung von Gefahr und den Selbstschutz regelt, nicht will, dass wir wehrlos sind. *Es kann sogar unserem Versuch, unsere Ängste, unseren Ärger oder unsere Wut zu beruhigen, Widerstand entgegensetzen.* Menschen, die Probleme mit Wut haben, frage ich oft: „Wovor hätten Sie am meisten Angst, wenn Sie Ihre Wut aufgeben oder deutlich reduzieren würden?“ Manche sagen: „Liebend gerne würde ich das tun – das wäre toll!“ Aber von anderen bekomme ich einen Wortschwall zu hören, mit dem sie ihre Angst ausdrücken: „Man würde nicht mehr auf mich hören und mich nicht mehr respektieren. Ich würde mich selbst nicht respektieren. Ich würde mich nicht verteidigen können. Ich würde andere ungestraft davonkommen lassen. Es gäbe keine Gerechtigkeit, wenn man nicht dafür kämpfen würde. Ich müsste hinnehmen, dass man mich schlecht und rücksichtslos behandelt. Man darf nicht zulassen, dass Leute mit so was davonkommen. Ich wäre schwach, ein Weichei und ein Kriecher. Ich muss zeigen, dass ich zähle – Schwächlinge werden ignoriert. Sie verdienen meine Wut und meinen Ärger. Nur durch Wut oder Ärger lernen die Leute." Ja, die Liste ist lang und sicher könnten Sie ein paar eigene Befürchtungen hinzufügen. Im Wesentlichen lassen sich diese Ängste aber in drei Punkten zusammenfassen:

- Es gibt die Angst davor, verletzt oder zerstört zu werden,
- es gibt die Angst davor, keine Kontrolle über die Ziele oder den Sinn des eigenen Lebens zu haben, und
- es gibt die Angst davor, abgelehnt, an den Rand gedrängt, ignoriert, ausgeschlossen oder isoliert zu sein.

Denken Sie daran, wie viele Probleme allein auf unsere Unfähigkeit zurückgehen, Wut zu kontrollieren, die Vergeltung will. Es gibt so viele Konflikte und so viel Gewalt in der Welt, weil ständig Wut, Wunsch nach Vergeltung und Ängste aktiviert werden. Besonders Männer machen die Erfahrung, dass es sehr schwer ist, aus diesem Teufelskreis auszubrechen. Ein schlechtes Vorbild ist dabei natürlich die Politik vieler Regierungen, die viel Geld damit verdienen, dass sie z. B. bei Konflikten Waffen an beide Seiten verkaufen. Oft sind Persönlichkeiten wie Gandhi oder Mandela nötig, um das System und das Muster zu verändern.

Ekel und Verachtung

Eine andere wichtige Emotion, die der Abwehr dient, ist *Ekel*. Er hat vor allem die Funktion, uns zu helfen, schädliche Substanzen zu erkennen, damit wir uns von ihnen fernhalten. Schon von Geburt an spucken Säuglinge und kleine Kinder alles aus, was bitter schmeckt; Süßes dagegen lieben sie. Der Grund ist, dass für Menschen ein bitterer Geschmack oft auf eine möglicherweise giftige Substanz hinweist. Man kann Ekel vor allen möglichen Dingen empfinden, das heißt von ihnen abgestoßen sein, natürlich auch von eigenem Verhalten und vom Verhalten anderer. Hier ist der Begriff *Verachtung*[5] treffender. Forscher meinen, dass wir oft dann fähig sind, schreckliche Dinge zu tun, wenn Ekel oder Verachtung mit Angst oder Wut verbunden sind. Wenn wir Feinde nicht nur als gefährlich, sondern auch als verachtenswert empfinden oder ihnen unterstellen, dass sie „unsere Lebensweise infizieren" oder „unsere Werte kontaminieren", dann können damit defensive Strategien von Aufspüren, Schützen, Vermeiden, Unterwerfen und Vernichten in Gang gesetzt werden. Diese Strategien sind sehr nützlich, wenn es darum geht, mit Krankheiten und wirklichen Schadstoffen umzugehen. Wenn sie sich aber gegen Menschen richten, können sie zu Grausamkeit und Genozid führen. Wenn wir Ekel vor Teilen von uns selbst empfinden, kann es dazu kommen, dass wir auch sie loswerden, uns von ihnen reinigen oder sie auf eine andere Weise auslöschen möchten. Ekel ist also ein archetypischer Prozess – ursprünglich als Strategie zum Selbstschutz entwickelt –, aber jetzt kann er uns ernsthaften Ärger bereiten.

Die Emotion des Ekels kommt ins Spiel, wenn man in Kategorien von Gut und Schlecht denkt und „reinigen", „loswerden" und „zerstören" will. In religiösem wie nicht religiösem Kontext hat man sie instrumentalisiert, um Menschen anzugreifen und zu vernichten, die als „Beschmutzer" gesehen wurden. Hitler bezeichnete die Juden als „Infektion", und wenn dieser Archetyp einmal eingesetzt wird, um andere damit zu identifizieren, bewegen wir uns auf einem Territorium, wo es um „Aufspüren, Beseitigen und Zerstören" geht und unsere Systeme für Mitgefühl im Gehirn ausgeschaltet sind.

Auf unsere Emotionen hören

Alle unsere Emotionen sind von (begrenzten) Anweisungen begleitet, was man in bestimmten Situationen tun sollte. Stellen Sie sich vor, was in Ihrem Körper passiert, wenn Sie die Wut gepackt hat. Was möchte Ihr Körper tun? Ihr Kiefer spannt sich an, die Muskeln spannen sich an, der Blick verengt sich, der Ton Ihrer Stimme verändert sich, der Impuls zu sprechen wird stärker. Wenn die Wut stärker wird, kann es sein, dass sich Ihnen Erinnerungen aufdrängen: „Und jetzt sage ich dir, was mich wirklich wütend macht!" Wenn die Wut noch intensiver wird, baut sich Druck auf und man hat das Gefühl, als würde man gleich explodieren. Vielleicht möchten Sie noch lauter werden und schreien, um sich schlagen oder gezielt auf jemanden einschlagen. Unser Wut-System ist dazu da, jemanden zu bedrohen, der uns bedroht oder behindert – um ihn dazu zu bringen, sich zu unterwerfen, zurückzuweichen oder überhaupt zu tun, was wir wollen. Das Entscheidende ist, dass die Wut, die zur Strategie des Selbstschutzes gehört, *zunehmend Kontrolle über Denken und Bewusstsein ausübt.* Das ist deshalb so, weil sie genau das tun soll. Wenn man müde ist und wenig Energie hat, passiert das noch leichter, weil das Gehirn dann in den Modus verstärkten Schutzes schaltet und einen jede Kleinigkeit in rasende Wut, zu Tränen oder in Angst treiben kann. Dies sind also gute Gründe dafür, warum wir uns unserer Emotionen, mit denen wir auf Gefahr reagieren, bewusst sein sollten und, statt sie auszuleben, uns von ihnen distanzieren sollten. Dasselbe gilt für die Angst. Wenn wir bei Angst immer weglaufen, kann es dazu kommen, dass wir die Fähigkeiten, die wir brauchen, um unser Leben zu bewältigen, nicht entwickeln.

Es ist natürlich verständlich, dass wir diese Emotionen haben, wenn wir Dingen oder Menschen begegnen, die uns wirklich Angst machen oder uns frustrieren. Weil wir aber eine soziale Spezies sind, die sich durch Rhetorik und Auftreten anderer leicht beeinflussen lässt, können diese Emotionen leicht in uns hervorrufen werden, wenn wir uns ihrer nicht bewusst sind. Manche Menschen möchten sogar, dass ihre Emotionen und Leidenschaften von bestimmten Personen stimuliert und entfacht werden. Aber ich meine, dass wir vorsichtig damit sein sollten, was wir von anderen an Gefühlen in uns auslösen lassen, statt das generell als positiv zu bewerten. Wir sollten uns unseren Emotionen nicht blind überlassen. Hitler ist an die Macht gekommen, weil er als inspirierender Führer gesehen wurde und die Fähigkeit besaß, bei seinen Zuhörern Leidenschaft und Stolz zu erwecken. Ohne diese Fähigkeit hätte er diese Wirkung kaum gehabt – aber es waren auch die Menschen selbst, die sich gern verführen ließen. Wir müssen also besser verstehen lernen, wie Emotionen in uns und durch uns wirken. Das wird leichter sein, wenn wir uns nicht mehr vorwerfen, diese Gefühle und Wünsche zu haben, und gleichzeitig sehen, dass sie mit der Entwicklung unseres Gehirns zu tun haben.

Denken Sie immer daran, dass das System, das die Bewältigung von Gefahr und den Selbstschutz regelt, die Funktion hat, Sie (und Ihre Gene, wenn Sie sie es so sehen wollen) im Strom des Lebens zu schützen. Diese sehr einfachen kleinen Mechanismen, die vielen Lebewesen seit Millionen Jahren dienen, sind mächtig und brauchen jetzt, in der modernen Welt, unsere Anleitung und ein „neues Denken", damit sie einen Rahmen bekommen.

Die schnellen Wege: Besser sicher als später bereuen

Wir haben festgestellt, dass sich unser System, das die Bewältigung von Gefahr und den Selbstschutz regelt, entwickelt hat (ohne Hilfe von Ihnen oder von mir), damit man eine Reihe von Gefühlen wie Angst, Furcht, Zorn, Hass und Verachtung haben kann. Dies sind natürliche Grundemotionen. Obwohl sie großen Schaden anrichten können, dürfen wir nicht vergessen, dass ihre Grundfunktion *Schutz* ist – vor allem sollen sie uns selbst schützen, aber auch die, die wir lieben, und andere Mitglieder unserer Gruppe. Sie haben sich nicht entwickelt, um allen das Leben schwer zu machen oder um die Erde mit Dämonen zu bevölkern. Sie sind oft mächtig und werden leicht und schnell in uns aktiviert – aber dazu sind sie da (es ist also nicht unser Fehler).

Das System, das die Bewältigung von Gefahr und den Selbstschutz regelt, ist auch die erste Anlaufstelle für viele Informationen, die wir bekommen. Dies ist so, weil das Gehirn Dinge erst prüft und dann aktiv wird, um uns zu schützen. Wenn man Vögel beobachtet, die sich an einem Futterhäuschen Körner holen, sieht man, dass sie ein paar Mal picken und sich dann umschauen und die Umgebung genau prüfen. Unser System, das die Bewältigung von Gefahr und den Selbstschutz regelt, funktioniert ähnlich und ist oft im Hintergrund aktiviert, ohne dass wir es bemerken. Dies ist der Grund, weshalb eine Mutter auf das Schreien oder Weinen ihres Babys reagieren kann, auch wenn sie schläft. Schutzsysteme, die zu langsam reagierten oder zu sehr an Denken gebunden waren, haben sich in der Evolution nicht durchgesetzt: „Oh, schau an, da kommt ein Löwe auf mich zu. … Hmm, vielleicht auch nicht. … Er schaut nicht zu mir her, also nicht so sicher … was mache ich jetzt am besten? Vielleicht weglaufen? … Nein, auf den Baum da klettern … oder könnte ich mich tot stellen? … Ich glaube, ich laufe weg … *Ahhhhhhhhh!*" (Tut mir leid, das wars für Sie!)

Einen anderen interessanten und nützlichen Aspekt dieses Selbstschutzsystems könnte man mit dem Motto charakterisieren: „Besser sicher als später bereuen." Wenn wir uns in einer Gegend befinden, in der es Löwen gibt, und ein Geräusch im Gebüsch hören, könnte es natürlich ein Löwe sein und wir sollten weglaufen, bevor wir einen zu sehen bekommen. Neun- von zehnmal werden uns unsere Sinne täuschen – es war kein Löwe im Gebüsch, sondern ein Vogel. Dieser Irrtum bedeutet, dass man unter Umständen einen gewissen Zeitverlust hinnehmen muss – man hätte stattdessen zum Beispiel etwas essen können. Man kann ihn aber später leicht ausgleichen, und man befindet sich dafür in Sicherheit. Die Wirkung eines Irrtums im anderen Fall kann man nicht rückgängig machen: Wenn man die potentielle Gefahr unterschätzt, kann man schnell selbst zur Mahlzeit werden. Das Entscheidende an dieser Geschichte ist ziemlich überraschend: *Das Gehirn ist tatsächlich gemacht, um Fehler zu machen!* Um Sie (und Ihre Verwandten und Freunde) zu schützen, kommt es zu schnellen Annahmen und kümmert sich dabei nicht darum, ob sie falsch sind. Es kann ganz leicht eine Bedrohung oder Gefahr überschätzen, wenn es kalkuliert, dass es weit besser für Sie ist, wenn Sie zehnmal vor einem möglichen Löwen weglaufen, als das eine Mal dazubleiben, wenn Sie wirklich weglaufen sollten. Die natürliche Tendenz, Bedrohung und Gefahr zu überschätzen – besonders in sozialen Situationen oder gegenüber Gruppen („Trau ihnen nicht!") –, kann wirklich Probleme bereiten, aber sie gehört zur natürlichen Funktion des Gehirns. Wir müssen unser Gehirn also sorgfältig ausbilden, wenn wir diese Tendenz abschalten oder reduzieren wollen.

Diese „vorschnellen Urteile" und „Annahmen des Schlimmsten" haben vielen unserer Vorfahren tatsächlich das Leben gerettet. Zum Beispiel wären diejenigen, die sich um ihre Kinder Sorgen gemacht haben, wenn sie außer Sichtweite waren und es eigentlich keinen Grund dafür gab, sich Sorgen zu machen, auch da gewesen, wenn sie tatsächlich gebraucht worden *wären.* Das Gehirn muss also schwierige Entscheidungen in Bezug darauf treffen, wann es von einer Bedrohung ausgehen muss und wann nicht, wann es vertrauen kann und wann nicht, wann es ein Risiko eingeht und wann nicht. Manchmal ist seine Einschätzung falsch, und tatsächlich gehen viele psychische Probleme genau darauf zurück –

dass das System, das die Bewältigung von Gefahr und den Selbstschutz regelt, überentwickelt, überempfindlich, voreingenommen oder verwirrt wird. Wenn wir Menschen helfen, sich ihren Ängsten auf eine bestimmte Weise zu stellen, helfen wir ihrem Selbstschutzsystem, sich wieder angemessen zu orientieren. Wenn Menschen lernen, sich den Dingen auszusetzen, die ihnen Angst machen, bringen sie dem Selbstschutzsystem in ihrem Gehirn schrittweise bei, dass wirklich alles in Ordnung ist und dass es zu dem gefürchteten Ereignis, vor dem sie weglaufen, nicht wirklich kommt. Sie machen die Erfahrung, dass sie lernen können, die bisher unerträgliche Angst auszuhalten – und dass sie so auch ihre „Angst vor der Angst", ihre Angst davor, Angst zu bekommen, reduzieren können.

Andererseits kann sich das Gehirn auch falsch verhalten, wenn es nicht sensibel genug ist. Manche Risiken schreien einem einfach ins Gesicht, aber wir tun wenig, um sie zu vermeiden, oder versuchen, sie zu ignorieren. Wir wissen, dass Rauchen sehr schädlich ist, aber viele tun es trotzdem. In Gruppen überlassen wir uns oft einem weit riskanteren Verhalten, als wir es täten, wenn wir allein wären. Es gibt also Momente, in denen wir eine Bedrohung oder Gefahr erkennen, sie aber leicht übergehen können, wenn nicht viel Emotion beteiligt ist. Im Grunde gibt es eine ganze Reihe von Bedrohungen und Gefahren, die fatale Folgen haben können, die wir aber ignorieren. Zum Beispiel wissen wir von der Klimaveränderung, der Wasserknappheit, die auf die Welt zukommt, und wir sind uns vieler Ungerechtigkeiten in der Welt, die zu Feindseligkeit, Konflikten und Aggression führen, bewusst, aber sie sind anscheinend von unserem persönlichen Leben zu weit entfernt, um unsere Emotionen ausreichend zu aktivieren, um sofort zu handeln. Erst wenn eine Bedrohung ein mächtiges Gefühl in uns auslöst, nimmt die Wahrscheinlichkeit zu, dass wir sie wahrnehmen und etwas unternehmen.

Wie das Selbstschutzsystem lernt, seine Aufgabe zu erfüllen

Unserem Gehirn steht eine ganze Palette an Möglichkeiten zur Verfügung, wie wir in Gefahrensituationen empfinden und uns verhalten können (z. B. wütend werden oder Angst bekommen und weglaufen), aber es muss auch *lernen,* was bedrohlich und gefährlich ist und was nicht und wie es die Grundmuster modifizieren kann, die im Gehirn erzeugt werden können. Gene bauen das Gehirn auf, das bestimmte Stimuli wahrnehmen kann (z. B. bitteren Geschmack, kleine, sich ringelnde Dinge, wütende oder glückliche Gesichter), aber auch aus Erfahrung lernen und dadurch verändert werden kann. Das Gehirn lernt also, indem es Erinnerungen speichert. Es kommt zu subtilen Veränderungen in unseren Hirnzellen und in Verbindungen zwischen Neuronen, die für uns codieren, was in der Vergangenheit passiert ist. Diese Informationen können abgerufen werden und helfen uns so, Bedrohungen und Gefahren zu erkennen, denen wir früher schon begegnet ist, und darauf zu reagieren. Und sie helfen auch, neue Handlungen zu entwerfen, wenn wir neuen Bedrohungen oder Gefahren begegnen. Wie wir sehen werden, können sich diese Erinnerungen sogar auf den ganzen Körper auswirken.

In der Forschung ist man der Auffassung, dass es für die Verarbeitung bedrohlicher Ereignisse eine Reihe verschiedener Gedächtnissysteme gibt.[6] Zum Beispiel fällt die *Amygdala* – der Teil des Gehirns, der Informationen unmittelbar empfängt – sehr schnelle und grobe, aber wichtige Urteile darüber, ob die neue Information eine Bedrohung anzeigt oder nicht; mit anderen Worten, sie fällt überlebensrelevante Entscheidungen. Wenn wir also diesen Schub an Angst oder Wut erleben, dann wird die Amygdala aktiviert, und wenn wir tage- oder wochenlang unter Stress stehen, kann sie sogar noch empfindlicher (in gewisser Hinsicht „entzündet" – aber nur metaphorisch) werden. Es gibt auch Gene, die die Sensibilität der Amygdala beeinflussen. Deshalb sind manche Menschen anfälliger als andere dafür, Ängste vor verschiedenen Dingen zu entwickeln.

Wichtig an diesem besonderen System im Gehirn ist, dass es *emotionale* Erinnerungen codiert, die durch körperweite physiologische Systeme wirksam sind. Angenommen, Sie gehen auf eine Party und trinken ein Glas Bier oder ein Gas Wein oder essen ein paar Meeresfrüchte, und Ihnen wird innerhalb von ein paar Minuten sehr schlecht – so schlecht, dass Sie sogar mehrfach die Toilette aufsuchen müssen. Sowohl Ihre Amygdala als auch Ihr Körper werden sich an diesen Vorfall erinnern. Auch wenn Sie sich ziemlich schnell erholen, kann das Ergebnis sein, dass das nächste Mal, wenn Sie auf eine Party gehen und Ihnen jemand ein

Glas Bier, ein Glas Wein oder Meeresfrüchte anbietet, allein schon der Geruch (ein Sinnessignal) oder der Anblick (ein anderes Sinnessignal) Übelkeit in Ihrem Körper auslöst. Für solche physiologischen Wiederherstellungen ursprünglicher Zustände oder Körpererinnerungen daran ist die Amygdala verantwortlich. Diese Signale lösen keine Emotionen aus, die mit Bedrohung und Gefahr zu tun haben, wie Angst oder Wut, sondern sie stellen die Muster für die Empfindung der Übelkeit wieder her – für das, was Sie gespürt haben, als Sie sich elend fühlten. Dieses Gedächtnis funktioniert also durch Erinnern und Wiederherstellen von körperlichen Mustern.

Im Gegensatz dazu codiert ein anderer Teil des Gehirns – der *Hippocampus* – Erinnerungen für das sogenannte „Episodische Gedächtnis" („event memory" oder „episodic memory"). Dieser Teil des Gehirns erzeugt keine physischen Empfindungen, um an ein unangenehmes Ereignis in der Vergangenheit zu erinnern, sondern er erinnert an Tatsachen: wo einem das letzte Mal schlecht wurde, oder dass man in der Vergangenheit schon einmal eine Menge Bier getrunken hat, es einem aber gut ging – man hatte an dem bestimmten Tag einfach Pech, deshalb ist es ungefährlich, wieder zu trinken. Wenn das System des Hippocampus nun aus einem bestimmten Grund auf diese Information nicht zugreift, dann wird einem auf der nächsten Party beim Geruch von Bier möglicherweise schlecht, aber man wird sich nicht richtig daran erinnern, warum man so empfindet. Man wird die Erinnerungen auch nicht mit der jetzt verfügbaren Information auf den neuesten Stand bringen und sagen können: „Das war damals, das war eine Ausnahme – jetzt ist es etwas anderes" und sich dann erlauben, das Gefühl mit dem Wissen zu übergehen, dass dieses Bier jetzt keine Gefahr darstellt. Mit anderen Worten, das Gedächtnis des Körpers dominiert.

Gut, das haben Sie jetzt verstanden. Viele unserer Erinnerungen, die dem Selbstschutz dienen, funktionieren so durch Erinnerungen an Körpergefühle und durch Erinnerungen an bestimmte Ereignisse. Dinge, die uns in der Vergangenheit Angst gemacht haben, können mit bestimmten Signalen assoziiert werden, und wenn diese Signale wieder wahrgenommen werden, reagiert unser Körper sofort und produziert eine Welle von Angst oder Wut. Das Problem dabei ist, dass es sich um Erinnerungen an eine hochgradige Bedrohung oder große Gefahr handelt, und wenn das System zur Bewältigung von Gefahr aktiviert ist, wird es schwierig, neue Informationen zu integrieren, weil dieses System das reflexive Denken abschaltet, schnell Schlüsse zieht und schnell reagiert. Es aktiviert auch das Hormon Cortisol, das den Verarbeitungsprozess des Hippocampus und auch des frontalen Cortex behindern kann.

Wir hätten diese Gefühle lieber nicht noch einmal, nicht nur weil sie sehr unangenehm waren, sondern auch, weil wir vielleicht gern wieder Bier und Wein trinken oder Meeresfrüchte essen würden. Solche nachvollziehbaren Wünsche haben möglicherweise keine Wirkung auf das emotionale Gehirn, das bei Gefahr für Selbstschutz sorgt, wenn wir es nicht trainieren. *Der Körper erinnert sich* an das, was das letzte Mal passiert ist, und versucht uns daran zu erinnern und zu schützen. Hier passiert etwas sehr Wichtiges mit der Regel „Besser sicher als später bereuen": Wenn einmal etwas Schlimmes passiert ist, funktioniert unser Selbstschutz-Gehirn nach einem Prinzip schneller unmittelbarer Erinnerung und „Gebranntes Kind scheut das Feuer".

Ich habe diese einfachen Beispiele mit Bier und Meeresfrüchten gewählt, um daran etwas zu verdeutlichen: Genau derselbe Prozess ist am Werk, wenn uns etwas ärgert, Angst macht oder bedrückt – der Körper kann sich erinnern und auf diese Gefühle und körperlichen Muster reagieren. Dies ist besonders wichtig, wenn es andere Menschen sind, die die Quelle unserer Wut, Angst oder Depression sind.

Wie andere unser Gehirn, das für Selbstschutz sorgt, prägen können

Viele der Gefahren, die unser System, das die Bewältigung von Gefahr und den Selbstschutz regelt, aktivieren, stimulieren und formen, gehen von anderen Menschen aus. Tatsächlich lernen wir in unseren Beziehungen, Zusammensein mit anderen Menschen zu verstehen, uns dabei wohlzufühlen oder Angst zu haben. Es sind andere Menschen, die uns auch helfen, uns mit unseren Gefühlen anzufreunden, sie zu verstehen und ihnen Sinn zu geben.

Stellen Sie sich ein junges Mädchen vor, das von den Eltern oder von einem tyrannischen Mitschüler wegen bestimmter Verhaltensweisen häufig kritisiert oder verletzt wird. Sie reagiert auf die Ereignisse, indem sie *zu ihrem Selbstschutz* Angst bekommt oder sich vermeidend verhält. Später kann jedes Ereignis und jede Situation, die sich ähnlich anfühlt oder in der sie riskiert, drangsaliert, entwertet oder verletzt zu werden, Angst hervorrufen – und das können Situationen sein, in denen das Mädchen, auch als Erwachsene, keine Angst haben möchte. Um auf das eben angeführte Beispiel zurückzukommen: Es ist so, als wollten Sie, dass Ihnen auf einer Party nicht übel wird, aber Ihr Körper besteht darauf, Sie wissen zu lassen, „was früher passiert ist". Aufgrund unserer emotionalen Erinnerungen, die auf Selbstschutz ausgerichtet sind, kommt es also sehr leicht dazu, dass vergangene Gefühle in die Gegenwart eindringen. Natürlich geht es bei der Psychotherapie zum großen Teil darum, Menschen genau bei solchen Problemen zu helfen – ihnen zu helfen herauszufinden, wie die Vergangenheit in die Gegenwart hineinwirkt und wie man vergangene Ängste loslassen und Körpererinnerungen beruhigen oder heilen kann.

Ein Gefühl, das dem Selbstschutz dient, kann ein anderes unterdrücken

Wir haben besprochen, wie eine Weise zu denken oder zu fühlen eine andere verdrängen kann. Wenn wir sehr wütend werden, ist es zum Beispiel schwierig, entspannt zu sein oder Mitgefühl zu empfinden. In manchen Situationen kann man sogar lernen, sich bestimmter Emotionen nicht bewusst zu sein.

Angenommen, Eltern bestrafen einen kleinen Jungen, wenn er Ärger oder Wut ausdrückt, und geben ihm zu verstehen, dass er schlecht ist. Der Junge lernt auf diese Weise, das Gefühl der Wut oder des Ärgers damit zu assoziieren, dass er bestraft wird. Mit der Zeit wird sein Gehirn ihn daran erinnern, dass Ausdruck von Ärger oder Wut zu Bestrafung führt. Angst, die *dem Selbstschutz dient,* stellt sich dann sofort ein, wenn er diese Gefühle empfindet. Wenn er heranwächst, wird es zunehmend schwieriger für ihn, Ärger und Wut zu verarbeiten oder sich zu behaupten, denn wenn er versucht, sie auszudrücken oder sich zu behaupten, stellt sich als *normale, natürliche* Reaktion wieder Angst ein, die dem Selbstschutz dient. Dies wird, wie bei dem Beispiel der Party deutlich wurde, eine Reaktion des ganzen Körpers sein. Weil der Junge keine Wut zu seiner Selbstbehauptung ausdrücken kann, kann sie sich ungehindert aufbauen, und es ist möglich, dass er intensive Angst davor entwickelt.[7] Je mehr er versucht, sie als schlecht oder böse zu verwerfen und loszuwerden (statt zu lernen, sie als normale, wenn auch unangenehme menschliche Emotion zu tolerieren), um so mehr wird er in Schwierigkeiten geraten.

Kay wurde ständig von ihrer Mutter kritisiert. Sie war unfreundlich zu ihr, und Kay hatte sich oft gewünscht, ihre Mutter wäre tot. Sie war aber streng religiös erzogen worden und konnte sich solche Gefühle nicht erlauben und hielt sich deshalb für „böse". Sie fürchtete Gottes Strafe dafür, dass sie so einen Wunsch hatte. Der Ansatz mit Mitgefühl hätte natürlich darin bestanden, diese Wünsche ganz und uneingeschränkt anzuerkennen und anzunehmen und sie als vollkommen natürlich, wenn auch unangenehm und traurig, zu verstehen (Kay hätte gern eine liebevolle Mutter gehabt, die sie nicht hätte umbringen wollen). Es wurde leichter, mit diesen Gefühlen zu arbeiten, als Kay aufhörte, sich ihretwegen zu verurteilen. Natürlich ist dies keine Einladung, sie auszuleben – der Weg würde ins Gefängnis führen. Wir müssen also lernen, wie man bei starken Emotionen mit Mitgefühl arbeitet: anerkennen, dass wir sie nicht gemacht, sie uns nicht ausgesucht und nicht gewollt haben, dass sie so geformt wurden, wie sie sind – aber auch nicht einfach passiv zu sein oder sie blind auszuleben.

Wir können uns alle möglichen Gefühle und Verhaltensweisen wie diese vorstellen. Angenommen, ein Kind sucht Zuneigung bei einem Elternteil, wird aber abgewiesen oder verletzend behandelt. Was meinen Sie, was das Kind schließlich fühlen wird, wenn es den Impuls und den Wunsch empfindet, Zuneigung auszudrücken? Der Teil des Gehirns, der dem Selbstschutz dient, wird es automatisch daran erinnern, dass es das letzte Mal, als es Zuneigung suchte, bestraft oder abgewiesen wurde. Und man darf nicht vergessen, dass diese Erinnerungen automatisch und unbewusst in unseren *Körpergefühlen* in Erscheinung treten. Wenn so ein Mensch also ein zartes Gefühl und den Wunsch in sich empfindet, anderen nahe zu sein und sich umsorgt zu fühlen, werden sich als Folge sofort Angst und das Verlangen einstellen, alles Gefühl abzuschalten und sich zu verschließen. Dieser Mensch ist sich nicht einmal ganz dessen bewusst, was in ihm passiert. Es geht ganz automatisch. Die verständliche Folge kann sein, dass man dann vermeidet, Zuneigung zu suchen, und unfähig ist zu lernen, wie man sie bekommen, auf sie reagieren oder sie ausdrücken kann. Man schneidet sich einfach von diesem System ab. Oder jemand möchte anderen manchmal nahe sein und Zuneigung empfinden und ausdrücken, aber wenn sie wirklich näher kommen, wächst die Angst und er zieht sich zurück. Diese Schwierigkeit – dass jemand wie ein emotionales Jojo reagiert – hat damit zu tun, dass verschiedene Systeme zur Regulierung der Emotionen auf verschiedene Dinge reagieren.

Zu einer anderen Komplikation kann es kommen, wenn ein Elternteil manchmal freundlich und in anderen Momenten entwertend und sehr streng ist. Das emotionale Gehirn des Kindes strengt sich jetzt sehr an, weil es nicht vorhersehen kann, worauf es sich einstellen soll. Soll es versuchen, den Eltern nahe zu sein und Trost suchen, oder sollte es sich fernhalten? Wenn es sich fernhält, ist es vielleicht sicher, aber es fühlt sich dann auch einsam und isoliert. Das System, das die Bewältigung von Gefahr und den Selbstschutz regelt, kann auch Ärger oder Wut auf den Elternteil erzeugen, der streng oder abweisend ist. Wenn das Kind aber Wut entwickelt und zeigt, kann das zu einer anderen Art von Bedrohung oder Gefahr führen – zum Beispiel zu Verlassenheit, weil es als schlechtes Kind gesehen und allein gelassen wird.

An diesen Beispielen wird deutlich, dass das Gehirn zu kontrollieren versucht, was das Kind fühlt und was es ausdrückt. Unglücklicherweise kann dies in direktem Widerspruch zu dem stehen, was es ausdrücken und fühlen *muss* oder müsste. Wenn wir heranwachsen, müssen wir in der Lage sein, Emotionen zu erleben und zu verstehen, und anderen Menschen erlauben, uns dabei zu helfen. Wie können wir das tun, wenn wir sie nicht in gewissem Maß ausdrücken und aus dieser Erfahrung lernen? Es ist so, als versuchte man, Radfahren zu lernen, ohne jemals ein Fahrrad zu besteigen. Emotionen können schwierig und heikel sein. Wenn wir versuchen Emotionen, die Ärger oder Probleme zur Folge haben könnten, zu unterdrücken, kann es sein, dass wir schließlich nicht mehr in der Lage sind, ausreichend Verständnis für unsere Emotionen zu entwickeln, um mit ihnen umgehen zu können.

Wir wissen auch, dass alle diese Einflüsse mit der genetischen Grundausstattung eines Kindes zusammenwirken. Manche Kinder sind genetisch anfälliger dafür, auf ein erhöhtes Bedrohungsniveau mit Gefühlen der Angst oder Wut zu reagieren oder sich zu verschließen. Andere scheinen gegenüber Strenge in früher Kindheit resilienter zu sein – obwohl die Gründe dafür sehr komplex sind. Kinder suchen sich ihre Reaktionen und Formen, in denen sie etwas zu bewältigen versuchen, nicht aus – sie entstehen in ihnen, wenn das Gehirn versucht, sich so zu strukturieren, wie es Gefahr und Bedrohung am besten bewältigen kann.

Der Ansatz mit Mitgefühl besteht immer darin, anzuerkennen, dass die Erfahrung der Emotion gerade eine Absicht der Evolution (und nicht unser Fehler) ist. Dadurch, dass wir die Tiefen, Strukturen und die Natur der Emotionen (so gut wir können) verstehen, lernen wir, mit ihnen umzugehen. Stellen Sie sich vor, dass Sie einen temperamentvollen Hengst reiten (Ihre Emotionen). Ohne Anleitung, Erziehung und angemessene Praxis wird so ein Pferd einfach losstürmen und Sie, den Reiter, abwerfen. Aber mit Verständnis, Freundlichkeit, Sanftheit und Training stellt es Ihnen vielleicht seine Kraft zur Verfügung. Wenn Sie versuchen, es mit Schlägen zu unterwerfen, es zu unterdrücken, es zu fesseln oder seine Kraft zu ignorieren, wird Ihnen das nicht helfen.

Das System zur Bewältigung von Gefahr und für Selbstschutz im Konflikt mit sich selbst

Mit Hilfe unseres Systems, das die Bewältigung von Gefahr und den Selbstschutz regelt, können wir unter einer Reihe alternativer Möglichkeiten wählen, wie wir uns (oder andere, die uns nahestehen) verteidigen wollen. Wir können zum Beispiel weglaufen *oder* kämpfen. Aber dies sind Möglichkeiten, die *genau entgegengesetzt* sind – man kann nicht zugleich weglaufen und kämpfen! Das Problem ist also, dass unser Selbstschutzsystem verschiedene und sich widersprechende Abwehrreaktionen anregen kann.

Stellen Sie sich vor, dass Sie sich mit einer Arbeit abgequält haben und Ihr Chef kritisiert sie. Es kann sein, dass Sie von vielen Gefühlen überrollt werden. Vielleicht sind Sie wütend und denken: „Wie können Sie! Ich wette, Sie haben sie nicht einmal genau gelesen, Sie …!" (Suchen Sie sich eine passende Bezeichnung aus.) Vielleicht haben Sie Angst: „Oh verdammt, denkt er vielleicht, dass ich in meinem Job nicht gut bin?" Vielleicht ist Ihnen nach Weinen zumute: „Ich habe mir solche Mühe gegeben. Es ist wirklich so unfair." Je nach Ihrer Reaktion könnten Sie Ihrem Chef eins auf die Nase geben, aus dem Zimmer laufen, eine Beschwerde einreichen, sich den Auftrag noch einmal vornehmen und versprechen, die ganze Nacht daran zu arbeiten, oder weinen und hoffen, dass Sie dem Chef vielleicht leidtun.

Sie können sich vorstellen, wie schwer es ist, wenn Ihr Selbstschutzsystem Sie mit allen diesen Optionen konfrontiert und Sie sich für eine oder mehrere und gegen andere entscheiden müssen. Und natürlich spielt sich dieser Entscheidungsprozess sehr schnell in Ihrem Kopf und Ihrem Körper ab. Sie wollen Ihre Haltung bewahren und eine Möglichkeit finden, die Situation zu bewältigen. Bei manchen Menschen ist diese Spannweite sich widerstreitender Gefühle und potentieller Handlungen ziemlich überwältigend. Es kann sein, dass sie weinen oder weglaufen oder die Kontrolle verlieren, auch wenn sie das nicht wollen. Oder, was häufiger vorkommt, auch wenn sie mit der Situation gut umgehen und Fassung bewahren, freuen sie sich danach nicht darüber, sondern grübeln über ihren Ärger oder ihren Mangel an entschlossenem Auftreten. Es kann ihnen auch noch schlechter gehen und sie verbringen eine schlaflose Nacht mit Grübeln darüber, wie sie sich zu ihrem Recht verhelfen können, oder warum sie ihren Chef damit haben davonkommen lassen. Wenn sie zu Selbstvorwürfen neigen und gern Konflikte vermeiden, fühlen sie sich vielleicht nutzlos und haben jetzt natürlich den Beweis, dass ihre Arbeit wirklich wenig wert ist.

Das Entscheidende ist aber, dass diese emotionalen Konflikte nicht auf unsere Unzulänglichkeit zurückzuführen sind, sondern darauf, dass unser Denken und unsere Psyche so angelegt sind, genau dies zu tun. Wenn also jemand versucht, Sie davon zu überzeugen, sie müssten sich behaupten und wissen, was Sie wollen, kann die Antwort nur lauten:

„Klar, aber ich habe drei oder vier verschiedene Stimmen in mir, die alle gehört werden wollen!" Es ist wichtig, dass Sie anerkennen, in welchem Maß Sie in der Lage sind, eine Situation zu bewältigen, statt darüber zu brüten, was Sie gern getan hätten.

Konflikte lassen Sicherungen rausfliegen

Unser Gehirn gerät schnell in Verwirrung, wenn es mehrere Dinge gibt, die wir zugleich tun oder erreichen wollen. Zum Beispiel mögen Sie Ihren Job vielleicht nicht, brauchen aber unbedingt das Geld, oder Sie sind in einer Beziehung unglücklich, aber nicht sicher, ob Sie sich trennen sollten, weil die Kinder zu berücksichtigen sind. Diese häufigen Konflikte sind natürlich mit sehr viel Stress verbunden.

In vielen Science-Fiction-Filmen geht es um einen Roboter, der mit zwei inkompatiblen Situationen konfrontiert ist. Er kann zum Beispiel mit der Regel programmiert sein, dass er niemals einen Menschen töten darf, aber eines Tages muss er zum Beispiel einen Tyrannen beseitigen, um das Leben von Menschen zu retten. Rauch steigt aus seiner Rückwand auf, und es kreischt: „Rechnet nicht! Rechnet nicht!" und er explodiert. Die Menschen, die er retten sollte, lässt er in der Gewalt des Tyrannen zurück. Vor vielen Jahren haben Forscher diese Art von Konflikten bei Ratten beobachtet. Eine Ratte wurde abgerichtet, in einem Labyrinth nach Futter zu suchen, wenn über dem Eingang zu dem Labyrinth ein roter Kreis aufleuchtete. Wenn ein blaues Viereck erschien, bedeutete dies, dass die Ratte in dem Labyrinth ein Elektroschock erwartete und sie deshalb besser nicht hineinlaufen sollte. Alles ging gut, wenn es einen deutlichen roten Kreis oder ein blaues Viereck gab. Aber dann nahmen die Forscher eine pinkfarbene Ellipse. Die arme Ratte – die jetzt schrecklich verwirrt war, weil sie nicht entscheiden konnte, ob sie sich das Futter holen oder den Stromschlag vermeiden wollte – zeigte einen hohen Grad an Angst, desorganisiertem Verhalten und Verwirrung. Diese Wirkung bezeichnet man als „experimentelle Neurose". Sie veranschaulicht, wie unser Gehirn in sehr konflikthaften Situationen in große Not und hohe Erregung geraten kann, wenn es mit inkompatiblen Alternativen konfrontiert ist.[8]

Das Entscheidende ist, dass sich unser System, das die Bewältigung von Gefahr und den Selbstschutz regelt, nach ziemlich einfachen Vorgaben entwickelt hat, um Gefahren zu entdecken und uns zu schützen. Das System kann jedoch im Zusammenspiel mit unserem „neuen Denken", mit unserer Fähigkeit, zu denken, zu reflektieren und zu grübeln, und weil wir uns selbst bewahren und andere beeindrucken und beeinflussen wollen, alle möglichen Probleme verursachen – wenn wir nicht aufpassen. Es kann sogar soweit kommen, dass wir die Gefühle hassen, die es in uns erzeugt – was die Dinge natürlich gewöhnlich verschlimmert.

Depression und Gefahr

Wir wissen, dass etwa 25 Prozent der Menschen zu irgendeinem Zeitpunkt ihres Lebens unter Depression leiden und viele gelegentlich sehr gedrückte Stimmungen erleben. Ich werde oft gefragt, wie es kommt, dass Depression, die sich so schrecklich anfühlt und so verheerend sein kann, etwas mit Selbstschutz zu tun hat.

Menschen haben wie andere Säugetiere ein Bedürfnis danach entwickelt, als Säuglinge und Kinder von anderen versorgt zu werden. Bei vielen Säugetieren und auch bei Menschen setzt die vorzeitige Trennung von der Mutter die Jungen dem Risiko einer Vielzahl von Gefahren aus. Wenn die Mutter da ist, signalisiert sie Sicherheit und ist eine Quelle von Unterstützung. Sie sorgt für Nahrung und Trost und hilft dem Säugling, sich zu beruhigen, wenn er Angst hat oder aufgeregt ist. Sie reguliert das System ihres Säuglings, das für Bewältigung von Gefahr und Stress zuständig ist, mit Beruhigen und Fürsorge, weil er das nicht selbst für sich tun kann. Wir wissen, dass diese Interaktionen eine Vielzahl von physiologischen Systemen beeinflussen und sich auf die Reifung eines Säuglings auswirken, unter anderem auch darauf, wie sich das Gehirn verschaltet.

Wenn die Mutter abwesend ist, wird die Welt bedrohlich, und das Kind reagiert mit *Protest und Verzweiflung*. Das gehört zur normalen Schutzstrategie, die wir Menschen entwickelt haben. Zu dem Protest gehören auch Verzweiflung, Angst, Weinen und das Streben, mit der Mutter wieder in Kontakt zu kommen. Der Säugling ist so programmiert, dass er dringend nach der Mutter sucht und seine Not signalisiert (z. B. dadurch, dass er nach ihr ruft, weint und schreit), um durch die Wiedervereinigung mit einem fürsorglichen „anderen", Hilfe, Schutz und Unterstützung zu bekommen. Diese „Protest"-Strategie im Interesse seines Schutzes kann wieder abgeschaltet werden, wenn der Säugling getröstet und beruhigt ist, d. h., wenn seine *Sehnsucht* erfüllt ist.

Die Dinge laufen aber möglicherweise nicht so gut. Angenommen, die Anstrengung, die für Schreien und Suchen aufgewendet wird, führt nicht zur Rückkehr der Mutter oder zu beruhigenden Signalen von ihr. Dies ist potentiell sehr gefährlich. Bei den meisten Säugetieren ist ein verzweifeltes, suchendes Junges, wenn es allein auf sich gestellt ist, in Gefahr, Raubtiere anzulocken oder verloren zu gehen, sich zu erschöpfen und zu sterben. In solchen Situationen besteht die beste Schutzstrategie für das Überleben darin, still zu sitzen und auf die Rückkehr der Eltern zu warten. *Verzweiflung* ist eine Form verhaltensbezogener Deaktivierung, wenn Protest nicht funktioniert. Positive Emotionen und Gefühle des Zutrauens sowie das Verlangen, zu erforschen und zu suchen, müssen gedämpft werden, um das Individuum daran zu hindern, Signale auszusenden und sich in der Umgebung zu bewegen, wenn das gefährlich ist. Diese Strategie sagt quasi: „Geh nach hinten in die Höhle und bleib da." Vielleicht ist es überraschend, aber sicher wahr: Unsere Vorfahren, die unter bestimmten Bedingungen ein wenig depressiv wurden und eine Weile „ausstiegen", haben vielleicht besser überlebt als die, die trotz allem weitergemacht haben.

Es gibt viele Ereignisse und Situationen im Leben – wie zum Beispiel schwere Niederlagen und Rückschläge oder Situationen, in denen man drangsaliert oder abgelehnt wird –, die die Wirkung haben, dass unser Gehirn in einen Selbstschutzmodus nach dem Motto „zurück in die Höhle" gehen möchte. Das *fühlt* sich schrecklich an, denn diese Strategie funktioniert dadurch, dass wir unsere positiven Emotionen abstellen und uns auf etwas Schlechtes konzentrieren. Diese Strategie hat sich entwickelt, bevor es Menschen gab, die in der Lage waren, über sich und ihre Zukunft nachzudenken und auch lange bevor sie Selbst-Bewusstsein oder Selbst-Bewusstheit entwickelten, die ermöglichen wahrzunehmen, wie unangenehm sich diese Gefühle „anfühlen". Depression verschlimmert sie noch, weil sie uns dazu bringt, uns für Versager und die Zukunft für dunkel und hoffnungslos zu halten. Und an der Wurzel hiervon wirkt eine primitive Schutzstrategie nach dem Motto: „Halt dich raus". Einige Menschen haben eine besondere genetische Sensibilität für diese Strategie, was zur Folge hat, dass sie leichter aktiviert wird und intensiver ausfallen kann. Bei den meisten von uns wird sie aber erst durch eine besonders schwierige Situationen aktiviert.

Wenn diese Strategie in einer sich selbst bewussten Spezies wie unserer aktiviert wird, können „Hirnzustände" von Protest und Verzweiflung das Gefühl nähren, von anderen abgeschnitten, allein und verletzlich zu sein. Manchmal sagen depressive Menschen, dass sie das Gefühl haben, dass es zwischen ihnen und anderen eine Barriere gibt. Sie fühlen sich wie in einem Traum von der sozialen Welt vollkommen abgetrennt – eine Empfindung, die auf Probleme in einem bestimmten System hinweisen könnte, das für positive soziale Emotionen zuständig ist. Sie grübeln vielleicht über diese Gefühle nach, versuchen herauszufinden, warum sie sich so fühlen, machen sich Vorwürfe, fühlen sich noch unterlegener, kommen zu der Überzeugung, dass sie anderen egal sind oder dass diese sie ablehnen oder sogar ausschließen wollen, und fühlen sich dann noch abgetrennter. Traurigerweise ist dies ein Beispiel dafür, wie unser „neues Gehirn/Denken" mit seiner Selbst-Bewusstheit uns eigentlich noch weiter in die Depression treiben kann. Wenn Menschen mit einer leichten bis mittelschweren Depression in der Lage sind, in sich hineinzuschauen, und darüber, was die Depression möglicherweise verursacht, nachzudenken, an sich zu arbeiten und eine Veränderung zu bewirken, dann kann die Depression einem guten Zweck gedient haben. Aber manche Depressionen schließen die Menschen in Spiralen von negativem Denken und Rückzug von der Welt ein und machen sie unfähig, überhaupt an den Problemen ihres Lebens zu arbeiten.

Der Grund, weshalb es uns schlecht gehen könnte und weshalb wir möglicherweise schlecht schlafen oder zum Beispiel Interesse an Essen oder Sex verloren haben, kann darin bestehen, dass unser Gehirn auf ein besonderes defensives Selbstschutzmuster umgeschaltet hat. Uns geht es also nicht nur wegen unserer Gedanken schlecht. Hätte die Evolution nicht so ein defensives Muster in uns angelegt, würden wir es nicht erleben. Unsere Gedanken können diese Schutzstrategie des „Rückzugs" vielleicht auslösen, verstärken oder aufrechterhalten, aber solche Strategien mit ihren Mustern von Motivationen, Emotionen und Verhaltensweisen sind Teil des in der Evolution entstandenen Plans, der im Gehirn angelegt ist. Mehr noch, sie können so schmerzhafte *archetypische* Gefühle hervorrufen, dass wir zu dem Schluss kommen können, unser Leben selbst wäre in Gefahr. Es kann so aussehen, als gäbe es keine Hilfe und man wäre vollkommen verloren. Wenn man depressiven Menschen hilft, zu erkennen, dass diese beängstigenden Gefühle auch angeboren und archetypisch (und vielleicht mit frühen Erinnerungen verbunden) sind, kann ihnen das ermöglichen, sich zu erden und sich von Selbstvorwürfen und Selbstverurteilungen abzubringen.

Andere natürliche Regulatoren positiver Emotionen sind *Niederlagen.* Wenn sie ernste Niederlagen erleiden oder ihr Verhalten, das ihrer Bewältigung dient, blockiert ist, zeigen viele Tiere eine Verringerung positiver Emotionen und depressives Verhalten, unterlegene Tiere verlieren zudem an Status. Deshalb ist es interessant, dass depressive Menschen sich oft einen sehr niedrigen Status zuschreiben und sich als minderwertig, wertlos und unfähig sehen. Dies legt nahe, dass ihre Depression zum Teil mit einer defensiven Strategie zu tun hat, die auf Niederlage und Zuschreibung eines niedrigen Status' beruht. Es ist die Strategie, die diese Gedanken des depressiven Menschen hervorruft, aber sie können natürlich auch ein Echo von Eltern sein, die ihnen einmal sehr unfreundliche Dinge gesagt haben. Wenn man depressiven Menschen hilft, sich von ihren selbstentwertenden Gedanken und Gefühlen zu distanzieren und sie als Teil des menschlichen Erbes zu sehen und ihnen zudem mit Freundlichkeit und Mitgefühl begegnet, kann das eine sehr große Hilfe sein.[9]

Gefangen in unserem Selbstschutzystem

Es kommt vor, dass wir uns in den Dringlichkeiten unserer Bedrohungs/Selbstschutz-Emotionen verfangen und dann nicht mehr in der Lage sind, sie zu beruhigen. Denken Sie an Menschen, die unter Panikattacken leiden: Auch wenn sie deutliche Hinweise darauf haben, dass die Empfindungen in ihrer Brust zum Beispiel auf Sodbrennen zurückgehen und nicht erste Anzeichen eines Herzinfarkts sind, kann man sie nicht beruhigen und sie bleiben ihrer Panik ausgeliefert. Oder Zwangsprobleme: Auch wenn diejenigen, die an solchen Problemen leiden, rational vielleicht wissen, dass Putzen sie nicht vor Keimen schützen kann, können sie nicht damit aufhören. Die Angst wird zu stark, wenn sie das tun. Und auch wenn jemand, der in Gesellschaft anderer Menschen ängstlich ist, vielleicht weiß, dass die anderen im Grunde freundlich sind, hat er trotzdem Angst davor, etwas zu tun, was zu Kritik einladen oder ihn der Lächerlichkeit preisgeben könnte. Deshalb bleibt er zu Hause und brütet über seine Einsamkeit.

Dies sind Situationen, in denen das arme alte System, das die Bewältigung von Gefahr und den Selbstschutz regelt, der Maxime „Besser sicher als später bedauern" folgt, und man es nicht umgehen oder ausschalten kann. Die Gefühle, die von der Bedrohung oder Gefahr hervorgerufen werden (z. B. Angst), werden so mächtig, dass man sich ihnen nicht entziehen kann und entsprechend handeln muss. Dies ist der Grund, weshalb moderne Therapeuten versuchen, ihren Klienten zu helfen, diese Gefühle zu erleben und zu üben, sie durch ihr Denken und durch Verhaltensänderung zu überwinden. Die Forschung hat gezeigt, dass zu ihrer Überwindung oft die Exposition der Angst wichtig ist – das heißt, dass man sich ihr stellt und sie konfrontiert. Dies muss natürlich vorsichtig und auf angemessene Weise geschehen, so dass die Person durch das, was ihr Angst macht, nicht überwältigt wird. Vielmehr versuchen wir, das System, das die Bewältigung von Gefahr und den Selbstschutz regelt, „umzuerziehen". Der Ansatz mit Mitgefühl baut auf diesen gesicherten Prinzipien auf und sorgt dafür, dass eine innere Empfindung von Freundlichkeit, Unterstützung und Ermutigung genährt wird, wenn man diese „Umerziehung" durchführt. Wenn man an der Bewältigung von schwierigen Gefühlen wie Angst arbeitet, können wir uns selbst Ermutigung und Unterstützung anbieten und üben, mit einer warmen, freundlichen Stimme zu uns selbst zu sprechen. Damit lenken wir unsere Aufmerksamkeit auf ein anderes Emotionssystem, das uns hilft, unsere Angst zu beruhigen. Wir werden später darauf zurückkommen.

Manchmal haben Menschen gelernt, Angst zu haben, aber die Gründe vergessen, die dahinterstecken. Kim hat zum Beispiel Panikattacken, weil sie meint, sie könnte einen Herzinfarkt bekommen. Sie „erinnerte sich irgendwie“ daran, dass ein geliebter Onkel bei einem Familienfest, als sie noch klein war, tot umgefallen war – aber an keine Einzelheiten. Sie verband seinen Tod nur insofern mit ihrer Angst, als sie sich Sorgen machte, sie könnte eine Anfälligkeit für einen Herzinfarkt geerbt haben. Ihr Therapeut regte sie dazu an, mehr über dieses Ereignis herauszufinden, und so sprach sie mit ihrer Mutter (deren Bruder Kims Onkel gewesen war). Ihr wurde klar, dass ihre Mutter diese Tragödie aufgrund ihrer eigenen Trauer und Schuldgefühle nie hatte besprechen wollen: Sie waren auf dem Fest betrunken gewesen und hatten alle viel Spaß gehabt, als der Onkel plötzlich umfiel. Es hatte eine Menge Verwirrung gegeben. Ein paar der Gäste hatten angenommen, er wäre einfach nur sehr betrunken, aber dann merkten andere, dass etwas Ernsteres passiert war, und sie bekamen Panik. Ihre Mutter war unsicher, ob die Person, die telefonisch einen Krankenwagen angefordert hatte, klare Anweisungen gegeben hatte, aber auf jeden Fall hatte er sich verfahren. Ein paar Jahre lang war Kims Mutter von dem Tod ihres Bruders auf dem Fest tief erschüttert gewesen, und wahrscheinlich war sie es immer noch. Kim sah schließlich, dass ihre Panikattacken mit einer Menge anderer Ängste assoziiert waren: „Du lässt es dir gut gehen und aus heiterem Himmel kann etwas Schreckliches passieren. Man möchte mir vielleicht helfen, aber sie können es nicht. Wenn ich sterbe, werden meine Kinder in tiefe Trauer gestürzt und niemand wird da sein, der sich um sie kümmert.“ Und da war ihre ungelöste Trauer darüber, wie der Tod des Onkels ihre Mutter getroffen hatte – sie wurde sich jetzt bewusst, dass sie in dieser Nacht einen Teil ihrer Mutter verloren hatte, weil sie sich aufgrund ihres Kummers in sich selbst zurückgezogen hatte. Die Arbeit an der Bedeutung der *körperlichen* Empfindungen in ihrer Brust half Kim, aber sie musste auch an der damit verbundenen *Angst* und *Traurigkeit* arbeiten.

Ich möchte hier deutlich machen, dass der Grund, weshalb manche Menschen in der Reaktion ihres Selbstschutzsystems stecken bleiben und es nicht mehr abstellen können, darin bestehen kann, dass eine Reihe vernetzter Probleme oder angsterregender Erinnerungen im Spiel sind. Als wir Kims Angst verstanden hatten, war uns ganz deutlich, wie abwegig es war, sie als „Pathologie“ oder „Krankheit“ im medizinischen Sinn oder nur als irrational bzw. als Ausdruck unklaren Denkens zu sehen.

Sie sehen, dass Ihr Verständnis Sie natürlicherweise in eine Position mitfühlenden Empfindens bringt. Dabei geht es darum, klar zu sehen, wie und warum das System, das die Bewältigung von Gefahr und den Selbstschutz regelt, aktiviert wird (das heißt nur sein Bestes tut), und zu untersuchen, wie man es beruhigen und deaktivieren kann.

Fallen und Blockierungen

Schließlich sollten wir festhalten, dass das System zur Bewältigung von Gefahr und für Selbstschutz vor langer Zeit in einem ziemlich einfachen Rahmen entstanden ist. Es war nicht für die moderne Welt bestimmt. Es ist ganz einfach: Etwas bedroht, man läuft weg und vermeidet es. Wenn man blockiert ist, wird man wütend und stemmt sich gegen alles, was einem im Weg ist, oder man schlägt drauf. Oft ist das aber nicht möglich. Wie Freud gezeigt hat, müssen Menschen aus allen möglichen Gründen ihre Impulse hemmen. Aber es gibt hier auch noch einen anderen Aspekt. Menschen, die drangsaliert werden, leben oder arbeiten oft mit ihren Tyrannen zusammen in Schulen, Wohnungen oder Büros. Sie sind wie eingesperrt. Wir sind keine Affen, die in freier Natur leben und sich am Rand der Gruppe halten können. Oft können wir auch keinen Abstand herstellen. Wir können sehr unter Stress geraten, wenn wir weiter arbeiten müssen, um einen Kredit abzubezahlen, obwohl wir den Job hassen. Solche *Fallen* sind wahrscheinlich unter anderen die größten Quellen von modernem Stress: Wir müssen in Umgebungen und Situationen bleiben, die wir nicht mögen, weil uns die Ressourcen fehlen, weggehen zu können, und weil wir keine Alternativen sehen. In diesen Fällen können die Impulse und Motive dafür, die belastende Situation zu vermeiden, sehr stark sein, gleichzeitig wird ihre Verwirklichung aber ständig verhindert. Das führt zu ernstem Stress.

Wenn man mit depressiven Menschen spricht, fällt auf, dass viele von ihnen eine Menge Ärger oder Wut haben. Bei blockierter Wut ist es wichtig, zu sehen, dass sie eine weitere aktivierte, aber blockierte Abwehr ist. Wenn unser Verlangen zu fliehen sehr stark ist oder wenn wir sehr wütend sind, es aber nicht ausdrücken und nicht entsprechend handeln können, ist das so, als würde man bei einem Auto im Leerlauf Gas geben und den Motor hochdrehen lassen – er läuft allmählich heiß.[10]

Unser altes emotionales Gehirn war für eine Welt bestimmt, in der wir in der Lage gewesen wären, uns von anderen zu distanzieren, und in der Beziehungen nicht so vereinnahmend und komplex waren. In unserer modernen Gesellschaft sind Beziehungen nun aber sehr komplex, und in vielerlei Hinsicht haben wir nicht die Freiheit, zu kommen und zu gehen. Es gibt in der Natur nichts, was mit einer westlichen Familie vergleichbar wäre, die in einem Haus eingesperrt ist und in der die Kinder möglicherweise frustrierten und aggressiven Eltern ausgeliefert sind. Paare können sich nicht leicht trennen, und ihre Kinder haben nicht die Freiheit, sich zu entfernen. Dies ist auch ein Grund, weshalb es so leicht und so häufig zu Missbrauch kommt.

Wir sind von unserem Lebensstil und der Notwendigkeit, zu arbeiten, gefangen, auch wenn wir nach Freiheit hungern. Tiere leben in der Welt der Sinne, in der sie „einfach unter freiem Himmel" sind – sie kennen natürlich nicht die Anforderungen einer Arbeit und haben keine Termine. Wir aber leben in einer Welt mit Terminen und müssen mit anderen zurechtkommen, auch wenn wir sie nicht mögen. Es ist nicht überraschend, dass unser armes äonenaltes System, das die Bewältigung von Gefahr und den Selbstschutz regelt, aus den Fugen gerät. Was ihm helfen und was es beruhigen kann, sind positive unterstützende Beziehungen und Freundlichkeit. Wenn wir in einer modernen Welt leben sollen, die uns leicht die Luft zum Atmen rauben kann, müssen wir wahrscheinlich noch viel mehr Mitgefühl entwickeln.

Zusammenfassung

Alles in allem sehen wir, dass unser System zur Bewältigung von Gefahr und für Selbstschutz mit Grundemotionen und Tendenzen zum Handeln auf einer Ebene einfach, aber auf einer anderen Ebene ziemlich komplex ist. Manche unserer Emotionen sind miteinander im Widerstreit darum, welche zum Ausdruck kommen darf. Wir können Angst vor ihnen bekommen oder die Kontrolle über sie verlieren. Das Verlangen, wegzulaufen oder standzuhalten und entsprechend zu handeln, kann blockiert werden – dann grübeln wir stattdessen. Was also im Strom des Lebens in Form ziemlich unbedeutender Abwehrmechanismen begann, ist in der menschlichen Psyche zu schwierigen, komplizierten und problematischen Mechanismen geworden.

Mitfühlendes Verständnis für diese Schwierigkeiten kann uns aber sehr voranbringen. Vergessen Sie nicht, dass es nicht Ihr Fehler ist, wenn Sie diese Schwierigkeiten haben – sie sind das Ergebnis einer dieser kleinen Einfälle der Evolution. Im nächsten Kapitel besprechen wir die zwei grundlegenden Regulationssysteme positiver Emotionen und sehen uns an, wie alle drei Systeme zusammenpassen.

5 Die Freuden und die angenehmen Seiten des Lebens: Die zwei Arten guter Gefühle und mitfühlendes Denken

Wie wir im letzten Kapitel gesehen haben, ist das System für die Bewältigung von Gefahr und für Selbstschutz für das Überleben aller Lebewesen zentral, aber es kann uns das Leben auch wirklich schwer machen. Obwohl wir motiviert und damit beschäftigt sind, Gefahren und unangenehme Dinge zu vermeiden, und dieses System die erste Anlaufstelle für die meisten ankommenden Informationen ist, sind wir doch einen großen Teil unseres Lebens bestrebt, Dinge zu verfolgen, die uns Lust verschaffen und uns glücklich machen.

Unser Geist ist voller Hoffnung, Ziele und Ehrgeiz. Wir wollen bestimmte sinnliche Genüsse oder sexuelle Erfahrungen, neue Jobs, neue Autos, neue Beziehungen und neue Aufgaben. Wir sind lieber mit Menschen zusammen, die uns mögen und wertschätzen, als mit solchen, die das nicht tun. Wenn alles gut geht und wir dem näher kommen, was wir wollen, schüttet unser Gehirn bestimmte chemische Substanzen aus, wie Dopamin – so lässt es uns wissen, dass wir uns auf dem richtigen Weg zu einem Wohl befinden, von dem unsere Gene immer profitiert haben. Wenn es uns gut geht, gehen Wellen durch unser Bewusstsein: Impulse, der Drang und die Gefühle des Systems für die Motivation zur Suche von Ressourcen.[1]

Die Puritaner hatten Angst davor, solchen Genüssen, bei denen man sich gut fühlt, nachzugehen. Sie hatten Angst davor, in Versuchung zu geraten. Manchmal wird gesagt, dass auch der Buddha eher gegen Begierden und Lust eingestellt war und dass er meinte, die Beseitigung von Begierden würde uns wirklich glücklich machen. Für mich ist das nichts – ich mag meine Genüsse eher! Ich meine, keinen Merlot mehr?! Aber ich bin dankbar, dass er das überhaupt nicht gesagt hat. Begierde spielt im Leben eine sehr wichtige Rolle. Ohne sie würden wir überhaupt nichts tun – „keine Lust", wie man sagt. Wir würden allmählich verhungern, und die Menschen würden aussterben.

Nein, das einzige Problem, das wir mit Begierden haben, ist höchstens, dass wir sie eigentlich nicht genug genießen. Zum Beispiel Essen. Wenn Sie sind wie ich, dann beschließen Sie vielleicht am Ende einer anstrengenden, vollen Woche, essen zu gehen – zum Beispiel in ein indisches Restaurant. Toll, Sie freuen sich darauf. Aber obwohl ich das Gespräch mit meiner Frau Jean genieße, werde ich ein bisschen gereizt, wenn es etwas länger dauert, bis das Essen kommt. Dann ist es da, und im Nu ist es schon wieder verschwunden. Ich habe so schnell gegessen, dass ich mich jetzt ganz voll fühle. Jean schaut mich mit einem sanften Blick an, der sagt: „Das hab ich dir gesagt". Wie viel besser wäre es gewesen, wenn ich gelassener gewesen wäre, es genossen hätte, einfach mit meiner Frau zusammen zu sein. Wenn ich doch langsam, Bissen für Bissen, gegessen hätte, „achtsam" auf alle Strukturen und Aromen gewesen wäre, mehr auf meinen Körper geachtet und so rechtzeitig aufgehört hätte, dass ich mich danach nicht so voll gefühlt hätte! Ich muss also wirklich lernen, das Essen, das der Koch aus den verschiedenen Lebewesen, die ihr Leben für mich gelassen haben, geschaffen hat, zu genießen.

Mark Epstein, Psychotherapeut und Buddhist, hat ein schönes Buch mit dem Titel *Open to Desire* geschrieben.[2] Sein Thema ist das Begehren im Buddhismus. Er lenkt die Aufmerksamkeit auf den Unterschied zwischen Genießen und Wertschätzen von etwas und dem aktiven Versuch, es zu verbessern und zu steigern. Er erzählt die Geschichte, wie er als junger Mann vor mehr als 20 Jahren in einer ernsten Beziehung war und er und seine Partnerin es kaum erwarten konnten, eine Droge zu verwenden, die angeblich ihre sexuelle Lust steigern würde. Sie sollte sie zu neuen Genüssen und Höhepunkten bringen. Sie hatten vor, sie während eines Urlaubs in Jamaika auszuprobieren. Leider stellte sich bei ihrer Ankunft in Jamaika das schöne Hotel mit Blick auf den Strand, das sie erwartet hatten, als ein dürftiges Zimmer mit Blick auf eine Garage heraus. Aber es gab ja noch die Droge. Leider war ihre Wirkung gering, außer dass ihnen sehr schlecht wurde und beide einen Ausschlag bekamen, der mit einer Reizung der Haut verbunden war und Sex unmöglich machte. … Soviel zum Thema Steigerung des Begehrens!

Die Pointe der Geschichte ist, dass das Ergebis eine herbe Enttäuschung gewesen war: Statt einander zu genießen, hatten sie nach etwas ganz Besonderem, nach einem absoluten Höhepunkt gestrebt. Wir können unsere Begierden überentwickeln und zu viel von ihnen erwarten und dann enttäuscht sein. Denken Sie einmal an das letzte Mal, als Sie etwas getan haben, was Ihnen wirklich Spaß gemacht hat. Sie haben es vielleicht genossen, aber wahrscheinlich hielt es nicht besonders lange an, weil das bei solchen Freuden gewöhnlich so ist. Eigentlich kommen Begierden *immer* an ein Ende. Wie oft haben wir im Nachhinein gedacht, dass die Vorfreude besser gewesen war als die eigentliche Erfahrung? Und manchmal rauschen Erfahrungen so schnell vorbei, dass wir ständig nach der nächsten Ausschau halten, weil wir nicht gelernt haben, einfach zu genießen, „was ist". Erinnern Sie sich an das letzte Mal, als Sie ein Verlangen befriedigt haben, indem Sie zum Beispiel wunderbar essen gegangen sind, einen schönen Urlaub oder eine sexuelle Erfahrung hatten? Sind diese Erfahrungen danach nicht einfach verblasst? Vielleicht haben Sie einen Ausbruch von Lust erlebt, aber dann hat sich alles wieder beruhigt.

Der Vajrayāna-Buddhismus, die *tantrische Tradition,* wird neben Theravāda (mit Fokus auf Achtsamkeit) und Mahāyāna (mit Fokus auf Mitgefühl) als dritte Schule des Buddhismus bezeichnet. Dieser tantrische Ansatz lädt Menschen zu der Erkenntnis ein, dass ihr Selbstgefühl nur ein Muster ist. Dies können sie erfahren, wenn sie absichtlich üben, andere Muster zu sein, indem sie sich vorstellen, dass sie zu einer anderen Art Mensch werden oder sich mit einer Gottheit identifizieren und/oder Rituale durchführen. (In Kapitel 8 werden wir dies ausführlicher besprechen.) Die Idee ist zu sehen, dass das Ego nur ein Muster im Bewusstsein ist und dass das, was wir für „uns" halten, die „Ichheit des Ichs" oder unser Ego, eigentlich wie kleine Wellen auf dem Meer ist. Diese Schule des Buddhismus fordert zur Erforschung von Kernelementen von Erfahrung auf, indem man ganz *in* der Erfahrung ist, und dazu gehört auch, *ganz* in der Lust zu sein.

Viele Menschen im Westen begegnen dem Vajrayāna-Buddhismus zum ersten Mal, wenn sie von tantrischem Sex hören. (Irgendwo muss man ja anfangen.) Ich erwähne dies aus dem Grund, weil ich betonen möchte, dass das, was Menschen bei dieser Form intimer Aktivität suchen, ein vollkommen anderer Ansatz zu Lust und Sex ist, als man ihn gewöhnlich bei westlichem sexuellen Verhalten beobachtet. Die Kommerzialisierung von Sex hat bei uns dazu geführt, uns ganz auf unser System für die Motivation zur Suche von Ressourcen zu verlegen und zu versuchen, die „Erfahrung" von Sex mittels eines Ansatzes zu intensivieren, der durch Sextoys und mit Schlangenöl eingeriebene Körperöffnungen nach Einnahme von Viagra charakterisiert ist (den Johannisbeergelee können Sie vergessen – das war ein Irrtum). Im Westen liegt der Fokus auf dem Orgasmus und der Befriedigung des Begehrens. Jeden Tag ist mein E-Mail-Postfach voll von Angeboten, mein Fortpflanzungsorgan um ein paar Zentimeter zu vergrößern (wenn ich alle angenommen hätte, würde es mittlerweile bis zum Boden reichen!). Es gibt Drogen, die mir ermöglichen, die ganze Nacht Sex zu haben und zu einem Prinzen der Lust zu werden (die zweite Vorstellung gefällt mir eigentlich ganz gut). Dies ist natürlich eine Anwendung des Ansatzes des „immer mehr" auf die Sexualität. Und weil wir kreativ und wissenshungrig sind – das macht uns menschlich –, möchten wir nicht immer wieder dasselbe wiederholen.

Im Gegensatz dazu geht es bei tantrischem Sex, bei dem der Orgasmus irrelevant ist oder sogar hinderlich sein kann, um Fokussieren, Genießen, Lernen und darum, ganz achtsam zu sein. Man lernt, „in dem Moment" sexueller Erregung zu sein, statt sie als bloße Vorstufe auf dem Weg zum Orgasmus zu sehen. Bei tantrischem Sex geht es nicht um persönliche Lust und Begierde, sondern um die Kommunikation und die Erforschung der beteiligten Personen, um die Wechselseitigkeit und Integration der Erfahrung und um die Aufmerksamkeit, die auf subtile

Empfindungen und Energien im Körper gerichtet ist. Es geht nicht so sehr um Begierde oder Verlangen, sondern darum, *wie wir Begierde und Verlangen nachgehen.*

Buddhistische Psychologien beruhen auf dem, was „der mittlere Weg" genannt wird. Auf Lust wird nicht verzichtet, sondern man geht mit ihr auf eine „geschickte" Weise um. Lust und Begierde kommen und gehen, alle Dinge sind vergänglich, auch unsere Beziehungen und unser eigenes Leben. Wenn wir Glück nur darauf aufbauen, dass unser Motivationssystem funktioniert und wir unsere Begierden befriedigen, wird das Leben wie eine Achterbahnfahrt kurzlebiger Freuden. Es ist von Habenwollen, Suchen und Frustration bestimmt, vom Wollen von immer mehr und Besserem bei zunehmender Anstrengung, unser eigenes Leben und das anderer zu kontrollieren, um uns den nächsten Kick an Lust zu geben. Diese Arten von Freuden sind davon abhängig, dass die Welt und andere Menschen uns auf eine gewisse Weise etwas geben. Außerdem laufen wir immer vor der eigentlichen Realität der Vergänglichkeit unseres Lebens und des Leidens in der Welt weg. Wir versuchen, uns selbst zu verlieren und diese Realität zu vergessen, indem wir uns der Lust überlassen. Und in gewisser Weise – was noch wichtiger ist – lenkt uns diese Lust von der Reflexion, der Erforschung und der Einsicht in das Wesen unserer Psyche und von unserer Erfahrung ihres Wesens ab. Darüber hinaus gibt es aber, wie wir sehen werden, verschiedene Arten positiver Gefühle, die auf Zufriedenheit, Nichtstreben, Achtsamkeit und Leben im gegenwärtigen Moment beruhen. Diese Gefühle werden auch dadurch stimuliert, dass wir Mitgefühl und Freundlichkeit in den Mittelpunkt unseres Lebens stellen.

Das System, das für die Motivation zur Suche von Ressourcen sorgt

Die buddhistischen Psychologien sind darauf orientiert, den Geist aus dem eigenen Bewusstsein heraus zu erforschen. Die westliche Wissenschaft aber ermöglicht uns, die im Laufe der Evolution entwickelten Systeme im Gehirn mittels empirischer Forschung von außen zu untersuchen. Wenn man das tut, erkennt man, dass die Begierden von dem

System, das für die Motivation zur Suche von Ressourcen sorgt, kontrolliert werden. Dieses System wird zum Teil von einer chemischen Substanz in unserem Gehirn reguliert: dem *Dopamin*. Wir müssen dieses System und die Formen, wie es im Westen in unserem Leben aktiviert wird, genau betrachten, denn ebenso wie das System zur Bewältigung von Gefahr und für Selbstschutz kann uns auch dies eine Menge Probleme bereiten – nicht zuletzt, weil es auch Gier („immer mehr wollen") und die Abwendung von Mitgefühl unterstützt.

Wie in Kapitel 2 kurz erwähnt, hat dieses System damit zu tun, dass wir uns von unseren Leistungen und unserem Zugang zu Ressourcen begeistern lassen – zum Beispiel auch von dem Rausch früher romantischer Liebe. Dieses System hilft uns, inneren Schwung, Begeisterung und ein forciertes Gefühl der Lust zu erleben. Mit Amphetaminen oder Kokain kann man dieses Gefühl simulieren und sich die nötige Energie und Erregung verschaffen. Dieses System wird auch stimuliert, wenn man z. B. etwas gewinnt. Achten Sie einmal darauf, was passiert, wenn in einem Fußballspiel eine Mannschaft ein Tor schießt: Die Anhänger dieser Mannschaft springen auf, werfen ihre Arne in die Luft, jubeln und schreien. Wenn man einen Erfolg hat, möchte man feiern – das ist die Wirkung von Dopamin. Stellen Sie sich vor, was passieren würde, wenn Sie im Lotto eine Million Euro gewonnen hätten. Wahrscheinlich wären Sie so begeistert und aufgeregt, dass Sie in der nächsten Zeit nicht ruhig schlafen könnten und nur mit Planen beschäftigt wären. Aber sechs Monate oder ein Jahr später wäre ihr Glück wahrscheinlich nicht größer, als es an dem Tag war, bevor Sie gewonnen haben – das hat die Forschung gezeigt. Manche Lotteriegewinner waren dann sogar *unglücklicher*, weil sie die sozialen Netzwerke und Kontakte verloren hatten, die über viele Jahre gewachsen waren.

Auch freudige Erregung kann in gewissem Sinn zur Sucht werden. Manche Forscher vermuten, dass Videospiele, besonders solche, bei denen es um Gewalt geht, bei Kindern das Trieb-System, das mit Dopamin gesteuert wird, überstimulieren können. Jedes Mal wenn die Spieler einen Punkt machen oder treffen, erhält ihr Gehirn kleine Schübe von Dopamin, die sowohl das System für die Motivation zur Suche von Ressourcen als auch das System zur Bewältigung von Gefahr und für

Selbstschutz stimulieren. Selbstverständlich sind alle diese Spiele *absichtlich* so gemacht, dass sie spannend und stimulierend sind und so auf das Gehirn unserer Kinder wirken. Was passiert aber, wenn man diese Systeme überstimuliert und dann das Stimulans vorenthält? Manche Menschen werden dann mit der Zeit gelangweilt, brauchen ständige Erregung von außen, um Energie zu produzieren, und können sehr aufgeregt und ängstlich werden, wenn sie diese Zufuhr nicht bekommen. Die Forschung belegt tatsächlich, dass manche Menschen zunehmend eine Sucht nach Computerspielen entwickeln. Dieses Bedürfnis, sich ständig Kicks zu verschaffen, kann auch die Ursache einer Sucht nach Pornographie im Internet sein. Es ist also nicht nur der Inhalt der Spiele, um den wir uns Sorgen machen sollten, sondern vor allem, was wir mit unserem Gehirn und dem unserer Kinder machen lassen.[3]

Der grundlegende menschliche Zug, „immer mehr und Besseres" haben zu wollen, war für uns eine äußerst nützliche Qualität. Sie hat uns geholfen, aus den Höhlen herauszukommen und zu der dominanten Spezies zu werden, die wir sind. In der heutigen Welt kann er aber zu einem ernsten Problem werden. Das liegt daran, dass wir zwar intelligent genug sind, immer neue Möglichkeiten zu entdecken, wie wir unsere Begierden befriedigen können, aber nicht klug genug, um der permanenten Versuchung dann zu widerstehen. Nehmen Sie zum Beispiel stark fetthaltige oder süße Lebensmittel. Wir müssen nicht wie unsere Vorfahren schwer arbeiten, um sie uns zu beschaffen und sie dann auch nur gelegentlich zu genießen; wir gehen einfach in den Supermarkt und kaufen, soviel wir wollen. Millionen Jahre haben die Umwelt und die Nahrungsknappheit die Begierden in Schach gehalten, aber heute ist das ganz anders. Ohne dass wir daran schuld wären, sind wir mit Fettleibigkeit, Zahnverfall und Diabetes konfrontiert.[4]

Wir können diese Haltung auch auf uns selbst anwenden. Wir können mit uns selbst unzufrieden sein und wollen besser werden (intelligenter, dünner, beliebter, weniger ängstlich oder deprimiert) und sind dann frustriert, enttäuscht oder lehnen uns ab, wenn uns das nicht gelingt. Wir schauen andere an und denken: „Warum kann ich nicht auch so sein?" Es kann leicht passieren, dass unser Begehren – und unser System – aus dem Gleichgewicht gerät: zum Beispiel bei

Menschen, die unter der Essstörung Anorexie leiden. Es kann passieren, dass sie sich selbst nicht leiden können, und dadurch die Emotionen, mit denen wir auf Gefahr und Bedrohung reagieren – Ärger und Wut, Angst und/oder Ekel –, aktiviert und auf sie selbst gerichtet werden. Sie vergleichen sich möglicherweise mit dünnen Supermodels (Figuren mit hohem Status), möchten wie sie sein, versuchen abzunehmen und kontrollieren ihr Verlangen nach Essen. Wenn sie sich auf die Waage stellen und sehen, wie die Pfunde verschwinden, dann gibt ihnen das einen kurzen Rausch von Stolz und Erfolg. Dies hilft ihnen, sich vorübergehend besser zu fühlen, weil das System für die Motivation zur Suche von Ressourcen die unangenehmen Gefühle des Systems zur Bewältigung von Gefahr und für Selbstschutz blockiert. Diese Leistung kann ihnen auch das Gefühl vermitteln, Kontrolle über sich zu haben. Manche glauben schließlich, dass sie eine Art Wettbewerb gewinnen, und werden süchtig nach körperlicher Betätigung und Hungern. Wenn sie damit aufhören, fühlt sich das wie ein Verrat an ihren Zielen an – wenn sie nichts anderes haben, was ihnen gute Gefühle vermittelt –, und das macht Angst und ist deprimierend. Wenn man das Gefühl von Kontrolle verliert, kann das auch ein starkes Gefühl von Selbstentwertung und sogar Selbsthass auslösen, das in der Wut und Angst vor Enttäuschung wurzelt. Diese negative Erfahrung und die Unfähigkeit, Freundlichkeit, Sanftheit und liebevolle Akzeptanz diesen negativen Gefühlen gegenüber zu empfinden, nährt die Störung zum Teil sogar. Essstörungen sind natürlich sehr komplex, aber diese Beschreibung zeigt den Teufelskreis, wie wir von dem Trieb oder dem Zwang erfasst werden können, etwas erreichen zu müssen, dann den Kick des Erfolgs haben und schließlich die Angst und den Absturz erleben, wenn wir wieder zugenommen haben.

Das menschliche Gehirn ist so gemacht, dass wir „immer mehr und Besseres" haben und alles verbessern wollen. Stellen Sie sich vor, was passiert, wenn dieses Gehirn seine Wirkung in unserer kapitalistischen Gesellschaft entfaltet, die darauf basiert, unsere *Wünsche und Unzufriedenheiten zu stimulieren.* Die Werbung sagt deutlich: „Warum mit X zufrieden sein, wenn Sie – für ein bisschen mehr Geld – Y haben können?" oder „Warum sich mit einem Job zufriedengeben, wenn Sie – mit ein bisschen mehr Arbeit oder Mühe – diesen anderen haben können?". Ohne ständig nach mehr zu streben, würden wir unsere Geschäfte nicht in Gang halten. Streben nach mehr ist in das Gewebe des Alltags eingebaut. Von unserem ersten Schultag an wird uns beigebracht, *nicht zufrieden zu sein,* sondern ständig danach zu streben, uns zu verbessern. Ich kann mich nicht daran erinnern, dass mir gegenüber jemals jemand erwähnt hat, wie wichtig es ist, Dinge zu genießen und *Zufriedenheit* zu lernen. Gut, das ist nicht ganz wahr. Ich erinnere mich, dass meine Großmutter einmal gesagt hat: „Versuche jeden Tag so zu genießen, wie er ist, Paul, denn sie sind alle bald vergangen." Erst jetzt, mit fast 60 Jahren, fange ich an, dies zu verstehen. Ich lerne eben sehr langsam.

Wahlfreiheit

Wir sind von Firmen und Unternehmen umgeben, die uns zeigen, wie wir „immer mehr und Besseres" haben können, indem sie uns immer mehr Auswahl anbieten. Das klingt so, als wäre es eine gute Sache. Und wenn das in einem gewissen Gleichgewicht ist, dann ist es auch so. Aber Forscher haben gezeigt, dass mehr Auswahl auch zu höheren Erwartungen, zu mehr Unsicherheit, Enttäuschung und auch Unzufriedenheit mit sich selbst führen kann.[5] Angenommen, ich möchte ein Auto haben und ich habe nur eine Wahl. Ich habe lange gearbeitet, um mir eins kaufen zu können, und mir gefällt, was ich bekomme. Aber angenommen, es gibt 100 verschiedene Autotypen, unter denen ich wählen kann. Ich bin nicht sicher, welches das Beste ist (und für mein Geld möchte ich natürlich das Beste haben). Ich muss mich also entscheiden. Wenn es nicht genauso ist, wie ich es haben möchte, fange ich an zu zweifeln, ob es die richtige Entscheidung war. Ein anderes Auto wäre vielleicht besser gewesen: „Verflixt, vielleicht war ich zu schnell. Vielleicht hätte ich ein paar mehr ausprobieren sollen." Ich bin jetzt vielleicht nicht nur mit meinem Auto unzufrieden, sondern auch mit mir selbst. Dann stellt sich heraus, dass das Auto einen kleinen Mangel hat und der Händler es zurücknehmen muss. Mein Freund sagt: „Also ich habe dieses Modell hier gekauft und hatte nie Probleme damit. Warum nimmst du nicht auch so eins?" Mein erster Gedanke ist: „Noch ein Wort und …!"

Eine gewisse Entscheidungsfreiheit dabei zu haben, wen man heiratet, ist auch eine gute Sache, nicht wahr? Und wieder hängt eine Menge davon ab, wie sehr dies mit anderen Systemen im Gleichgewicht ist, die wir auch haben. Wir leben nicht mehr in Gruppen von Jägern und Sammlern. Dank der modernen Medien können wir unsere Partnerwahl heute mit Millionen anderen vergleichen. Wenn wir in der Lage sind, Beziehungen zu genießen und sie zu erforschen und ein reales Gefühl davon zu haben, wie es ist, mit einem anderen Menschen zu *sein*, haben wir eine gute Ausgangsposition dafür, die unvermeidlichen Konflikte durchzuarbeiten und zu überstehen. Wenn wir aber mehr an uns selbst interessiert sind und nur daran denken, wie unsere Partner *uns* glücklich machen und *unser* Verlangen befriedigen können, dann machen wir sie zu Gegenständen wie ein Auto und grübeln darüber nach, ob wir die richtige Wahl getroffen haben und ob es nicht vielleicht doch ein besseres Modell geben könnte – warum habe ich dieses eine gewählt?

Mythen von Seelengefährten und Vorstellungen, dass es irgendwo den *einen* oder die *eine* gibt, der oder die genau richtig für einen ist, helfen uns nicht. Tatsache ist, dass wir auf einer gewissen Ebene alle Seelengefährten sind und dass es Tausende von Menschen auf der Welt gibt, mit denen wir hervorragende Beziehungen haben könnten, wenn wir ihnen nur begegnen würden ... können wir aber nicht. Natürlich werden Sie zu einigen Menschen besser passen als zu anderen. Ob man jemanden sexy findet oder nicht, kann von den Pheromonen und dem Körpergeruch bestimmt sein. Sexuelles Verlangen hängt stark mit Geruch zusammen: Ihr Seelengefährte muss also richtig riechen und aussehen. Idealerweise wachsen Menschen nach dem ersten Rausch von Leidenschaft und Begehren, der nach ein paar Jahren verblasst, zusammen, wenn es ihnen gelingt, zusammenzu*arbeiten* und Positives in ihr Leben einzubauen. Wir haben also alle einen archetypischen „idealen" Seelengefährten (immer sexy, attraktiv, bewundernd, witzig, verehrend, freundlich und hilfsbereit – niemals kritisch, knurrig oder widerspenstig), aber wir müssen vorsichtig mit Erwartungen sein, wie diese Phantasien sich in unserem Leben verwirklichen lassen.

Das moderne Geschäftsleben möchte unsere Aufmerksamkeit auf das halb Leere lenken, damit wir unzufrieden sind und immer mehr und

Besseres haben wollen. Wenn wir diese Orientierung aber auf unsere Beziehungen anwenden, dann wollen wir auch von unseren Partnern immer mehr haben. Wenn wir nicht aufpassen, richten wir unsere Aufmerksamkeit darauf, inwiefern sie uns nicht glücklich oder gar unglücklich machen. Wir verpassen dann das Glück, das darin liegt, Menschen so wertzuschätzen, wie sie sind, Freundschaften *aufzubauen* und miteinander zu lernen, wie schwierig unsere Gedanken und Emotionen sein können, wie irritierend und großzügig, mit Mögen und Nichtmögen – all das im Trubel realer Beziehungen. Natürlich soll damit in keiner Weise bestritten werden, dass es manchen Menschen außerhalb ihrer aktuellen Beziehung besser geht als in der Beziehung.

Es gibt ein anderes Problem mit Wahl und Wahlfreiheit, das von existentialistischen Schriftstellern betont wurde, die sich damit befasst haben, wie wir Sinn finden oder herstellen und mit Tod und Einsamkeit fertig werden können. Sie meinen, Wahlfreiheit sei wichtig, weil sie mit unserer Fähigkeit zu tun habe, authentisch zu leben.[6] Dies ist die Schwierigkeit, auf die sie hingewiesen haben: Sie gehen in ein Restaurant. Wenn Sie den Fisch auf der Karte wählen, „stirbt" für Sie buchstäblich jede Möglichkeit, andere Gerichte zu genießen. Diese Wahlmöglichkeiten, diese Gerichte auf der Karte, werden damit zu etwas, was Sie nicht erleben, sie werden zu etwas Ungelebtem. Wenn man sich dafür entscheidet, diesen Beruf zu ergreifen und nicht jene anderen, die auch möglich sind, dann können alle anderen Leben, die aus diesen anderen Berufen hervorgegangen wären, wenn man sie ergriffen hätte, nicht mehr gelebt werden und sie sind für einen tot. Jeden Tag unseres Lebens, sagen die Existentialisten, treffen wir Entscheidungen darüber, was für uns Existenz bekommt und was nicht. Manchmal ist es eine kleine Entscheidung, manchmal eine größere.

Wie wir mit dem Prozess der Wahl zurechtkommen – das heißt, welchen Dingen man erlaubt, ungelebt und unerlebt oder tot zu bleiben –, berührt uns auf eine sehr tiefe Weise. Es geht darum, loszulassen, was hätte sein können, und im Moment zu leben – in diesem „Jetzt", mit dieser Wahl und dieser Entscheidung. Helfen kann uns, wie es uns gelingt, aus den getroffenen Entscheidungen Sinn herzustellen, statt die zu bedauern, die wir nicht getroffen haben. Welche Entscheidungen wir auch treffen, unsere Psychologie ist eigentlich dieselbe: Wie wir das Beste aus dieser Entscheidung machen, sie genießen und würdigen, uns ihr hingeben, mit ihr durch die schwierigen und die guten Zeiten hindurch arbeiten – und neue Entscheidungen treffen, wenn wir sie treffen müssen. Diese Vorstellungen waren Gegenstand verschiedener Filme wie z. B. *The Butterfly Effect* von 2004, der thematisiert, was passieren könnte, wenn jemand in der Zeit zurückgehen und andere Entscheidungen treffen könnte. Das Ergebnis wäre natürlich ganz unvorhersagbar. Ihnen gefällt Ihr Job nicht und sie beschließen, in der Zeit zurückzugehen und nicht zu dem Vorstellungsgespräch zu gehen. Jetzt haben Sie einen freien Vormittag und schlendern hinüber zu einem Café und werden von einem Bus angefahren. Nein, nein, nein, besser noch einmal von vorn …

Vielleicht ist es besser, mit der Tatsache ins Reine zu kommen, dass wir ein Leben mit vielfältigen Möglichkeiten leben, wobei wir auf unserem Weg an viele Gabelungen gelangen, und dass andere Dinge und Möglichkeiten verblassen, wenn wir uns für bestimmte Dinge entscheiden. Wir können nur im Jetzt leben. Wenn wir dies tun, gehen wir langsam von dem Interesse am Inhalt unseres Lebens dazu über, uns des Bewusstseins selbst bewusst zu werden.

Konkurrenz und Streben

Das System, das für Motivation sorgt, ist sehr an der *konkurrierenden sozialen Mentalität* beteiligt, die wir schon früher betrachtet haben. Der Forschung nach ist es mit dem Verlangen nach und dem Interesse an Status und sozialem Ansehen verknüpft. Bei Tieren ist es mit Dominanz- und Unterwerfungsverhalten verknüpft und hilft es regulieren. Wir können an der Art, wie wir denken, erkennen, wenn unsere mit Motivation verbundene konkurrierende soziale Mentalität ins Spiel kommt. Zum Beispiel erleben wir andere, die uns in negativen, im Rang herabsetzenden Begriffen („der Idiot", „der Dummkopf") provozieren und beleidigen. Wir werden mehr daran interessiert, Punkte zu machen, als zu verstehen und Klarheit zu bekommen (auch Akademiker können so sein), und wir bekommen einen Kick, wenn wir etwas bekommen, was uns gefällt und was wir schätzen. Wenn unsere konkurrierende

Mentalität aktiv ist, sind wir sehr darauf aus, uns mit anderen zu vergleichen und uns darum zu sorgen, ob wir ihnen gewachsen sind oder ob wir vielleicht negative Qualitäten haben, die uns unterlegen sein lassen: Werden andere uns als untergeordnet ansehen, als Idioten und Dummköpfe oder unfähig und nicht wert, dass man sich mit uns befasst? Wenn wir versagen, empfinden wir Scham und neigen zu Selbstentwertung (siehe Kapitel 10). Der Drang, Unterlegenheit zu vermeiden (was nicht dasselbe ist wie der Drang nach Überlegenheit), kann hinter vielen unserer Motive lauern. Je unsicherer und unklarer Menschen in ihren sozialen Beziehungen sind, um so mehr denken sie von sich und anderen in Kategorien der Konkurrenz und des sozialen Ranges (mächtig/schwach, unterlegen/überlegen, dominant/untergeordnet) und fühlen sich *getrieben,* sich selbst zu beweisen, und immer begleitet von Ängsten, von anderen kritisiert, abgelehnt oder ignoriert zu werden.

Im Leben ist es üblich, dass die Ziele immer wieder neu gesteckt werden, wenigstens was unser Bedürfnis, gesellschaftlich aufzusteigen, und unser Verlangen nach Lust betrifft. Wir freuen uns eben noch sehr über etwas, was wir erreicht haben, und dann empfinden wir im Handumdrehen das Bedürfnis, etwas anderes, etwas Besseres oder mehr zu erreichen. Oder wenn wir, wie erhofft, befördert worden sind, fangen wir innerhalb von ein paar Monaten an, nach einer weiteren Beförderung Ausschau zu halten, um die Leiter weiter emporzuklettern. In gewisser Hinsicht ist dies natürlich etwas, was uns menschlich macht. Das ist auch der Grund, weshalb es Kultur und Wissenschaft gibt, denn wir wollen ständig das verbessern, was ist. Aber noch einmal: Viel hängt davon ab, an welcher Stelle wir diese Verbesserung anstreben. Es gibt einen großen Unterschied zwischen Verbesserung medizinischer Techniken, um Krankheiten besser bekämpfen zu können, und der Konstruktion besserer Clusterbomben und Antipersonenminen. Manche unserer Wünsche und Begierden haben Schaden und Unglück für andere Menschen zur Folge, wenn sie befriedigt werden. Diese Wünsche und Begierden können zudem von einer Leidenschaft getragen sein, die es sehr schwer macht, sie zu begrenzen.

Andere Begierden oder Wünsche können sich auf einen selbst als Person beziehen. Es kann sein, dass wir zu einer bestimmten Art Mensch werden, eine bestimmte Karriere machen oder uns mit einer bestimmten Gruppe identifizieren und zu ihr gehören möchten. Wir möchten in den Augen anderer ein bestimmtes Ansehen oder einen bestimmten Ruf und Status besitzen. Diese Wünsche können uns inspirieren und dazu bringen, große Anstrengungen auf uns zu nehmen und Entschlossenheit zu entwickeln. Aber wenn wir nicht in der Lage sind, diese Ziele zu erreichen, können sie sich schnell in einen Albtraum von Selbstablehnung und ein Gefühl verwandeln, versagt zu haben. In meiner Forschungsabteilung haben wir Menschen untersucht, die das Gefühl haben, dass sie sich anstrengen und beweisen müssen und die unter dem Druck stehen, mitzuhalten und zu zeigen, dass sie so kompetent und fähig wie andere in ihrer Umgebung sind.[7] Sie haben ständig den Blick darauf gerichtet, was andere tun, und vergleichen sich mit ihnen. Das Ergebnis des Vergleiches fällt gewöhnlich ungünstig für sie aus. Sie haben manchmal das Gefühl, dass das Leben an ihnen vorbeigeht, aber wenn sie daran denken, aufzuhören, „aus dem Zug auszusteigen", dann fühlen sie sich bedroht und fürchten, zu versagen, unterlegen zu sein und etwas zu verpassen. Deshalb müssen sie weitermachen und mithalten, sonst beginnt ihr System zur Bewältigung von Gefahr und für Selbstschutz, sie vor möglichen Verlusten und Gefahren zu warnen. Wie man sich vorstellen kann, sind diese Menschen anfälliger für Stress als andere, an Burnout zu erkranken und depressiv zu werden. Jemand hat einmal zu mir gesagt: „Ich mache so weiter, weil ich Erfolg haben muss. Ich möchte kein Niemand und kein Versager sein."

Perfektionisten mit hohen Zielen und Ansprüchen sind ebenfalls für Stress und Depression anfällig. Nun gibt es zwei verschiedene Arten von Perfektionisten: Die einen konzentrieren sich zwanghaft auf Details und orientieren sich an hohen Standards um ihrer selbst willen – bei manchen Dingen können wir alle so sein. Mit Sicherheit möchten Sie, dass Ihr Chirurg so ein Perfektionist ist. Der andere Typ kann nach außen genauso wirken – und kann sich auch so fühlen –, aber unter seinem Streben nach Perfektion ist er von Ängsten vor Ablehnung und Versagen getrieben. Wenn diese Menschen Fehler machen oder ganz versagen, kann es folglich sein, dass sie Ablehnung fürchten und ziemlich heftige Angriffe gegen sich selbst richten.[8] Manche Perfektionisten versuchen deshalb, eine

Bedrohung durch Kritik oder Ablehnung abzuwenden, weil sie sie so oft in der Kindheit erlebt haben. Viele bekannte Menschen haben zugegeben, dass sie immer das Gefühl haben, sich beweisen zu müssen, weil sie eine unglückliche Kindheit hatten. Hier haben sich das System zur Bewältigung von Gefahr und das System für Motivation verbündet. Was für Begierden und Wünsche wir auch haben, wichtig für unser Wohlbefinden ist ihr Sinn, wie wir sie zu befriedigen versuchen und wie wir uns fühlen und mit uns umgehen, wenn wir nicht bekommen, was wir wollen.

Sozialer Druck und Vergleiche

Viele Pädagogen und Psychologen machen sich Sorgen darüber, dass unsere Kinder zu schnell groß werden. Aus der Sicht unserer kommerziellen Welt und kapitalistischer Unternehmen aber können sie nicht schnell genug heranwachsen. Kinder werden zu einer Zielgruppe als Konsumenten, sobald sie anfangen, fernzusehen und ihren Eltern gegenüber ihre Vorlieben und Forderungen auszudrücken. Wenn sie in die Schule kommen, spiegelt die dort von Konkurrenz bestimmte Atmosphäre den Druck auf die Lehrer, weil Schulen natürlich auch bestimmte Ziele verfolgen. Kinder wachsen also in einer Umwelt auf, in der alle den „Wettbewerbsvorteil" suchen und diese konkurrierende soziale Mentalität in sich stimulieren. Sie wissen, dass sie ständig bewertet werden, um zu sehen, ob sie genügen – sind sie für diese Schule, für ihre Klasse oder für die Fußballmannschaft gut genug? –, und sie werden ständig mit Testergebnissen konfrontiert. Lernen ist kein Spaß – es geht nur darum, wie sie im Vergleich mit anderen in ihrem Leben dastehen. Dies ist etwas ganz anderes als der Lebensstil unserer Jäger und Sammler, die als Kinder automatisch akzeptiert und initiiert wurden, wenn sie ein bestimmtes Alter erreicht hatten. Keine Schulen, keine Prüfungen und kein Zwang, sich mit anderen zu vergleichen, oder „Wo wird morgen mein Platz sein oder wann werde ich erwachsen?"

Wenn man heute in die Welt der Arbeit eintaucht, kann man sich nicht mehr auf eine sichere Anstellung freuen, sondern hat möglicherweise mehrfache Jobwechsel vor sich. Weil das „Geschäftsmodell" unserer Gesellschaft Mobilität und Flexibilität verlangt, egal, wie gut das zu unseren

Vorstellungen passt und was unsere psychische Gesundheit erfordert. Wir leben nicht mehr in einer Welt, in der wir zusammen mit unseren Freunden unsere eigenen Lehmhütten bauen und gemeinsam jagen. Unser Überleben und die Möglichkeit, im Leben voranzukommen, hängen nicht nur von Kooperation, sondern vom Wettbewerbsvorteil ab. Um in der Lage zu sein, genug zu verdienen, um unserer Geliebten schöne Dinge kaufen und das Darlehen abbezahlen zu können, müssen wir mit anderen konkurrieren, die dasselbe wollen. Der Trieb, sich den Wettbewerbsvorteil zu verschaffen, ist direkt mit dem System für die Motivation zur Suche von Ressourcen verbunden: Wir fühlen uns gut und freuen uns, wenn es uns im Vergleich mit anderen gut geht. Aber es kann auch das System zur Bewältigung von Gefahr und für Selbstschutz nähren, weil wir ängstlich und depressiv werden und uns als Versager fühlen, wenn wir glauben, dass wir bei den sozialen Wettbewerben Verlierer sind.

Das kann sich auf unsere innere Haltung gegenüber anderen und gegenüber uns selbst negativ auswirken, denn wir werden von der Schule an dazu angeregt, uns zu vergleichen – bin ich so gut wie er oder sie? Als ich in der Schule war, gehörte ich gewöhnlich zu den Letzten in der Klasse. Wenn ich mich mit anderen verglichen habe, ging es daher darum, ob ich es schaffen konnte, nicht unter den letzten drei zu sein. Ich strahlte vor Erleichterung, wenn ich das geschafft hatte und ein paar andere noch schlechter waren als ich: „Toll, in diesem Schuljahr bin ich nicht ganz unten!" Die Schule hatte ihre Aufgabe erfüllt. Mir ging es gut, weil ich wusste, dass ich besser als andere war. Andererseits bedeutete das, dass es mir nicht so gut ging, wenn ich tatsächlich ganz unten war – normalerweise war das in den Sprachen so, in denen ich wirklich sehr schlecht war.

Solches Vergleichen kann unsere Gefühle stark beeinflussen und uns auch auf andere Weise unglücklich machen. Es kann uns das Verlangen eingeben, „immer mehr und Besseres" zu wollen. Stellen Sie sich zum Beispiel vor, dass Sie sich darüber freuen, dass Sie zwei Wochen Urlaub haben. Dann hören Sie, dass Angestellte in einer anderen Firma, die genau die gleiche Arbeit machen, sechs Wochen bekommen. Für Sie hat sich nichts geändert, außer dass Sie Ihre Situation jetzt mit der Situation anderer vergleichen: Ihre Freude über die zwei Wochen Urlaub ist mindestens getrübt.

Und natürlich können manche unserer Vergleiche auch von Verzweiflung begleitet sein, wenn wir um Jobs oder Aufträge konkurrieren müssen. Wir leben also in einer Gesellschaft, in der es kaum noch Bereiche gibt, die von unseren Vergleichen verschont bleiben. Man kann sich in vielerlei Hinsicht schlecht fühlen: zum Beispiel im Hinblick auf die körperliche Erscheinung (dicker als andere), auf intellektuelle Fähigkeiten (dümmer), Attraktivität (hässlicher), Leistung (als Versager), marktfähige Fertigkeiten (weniger gefragt auf dem Arbeitsmarkt), auf Gefühle (schlechte, unangenehme Gefühle und Phantasien) oder auf Beliebtheit (weniger begehrenswert und erwünscht). Obwohl sich alle Tiere miteinander vergleichen (so finden sie heraus, wen sie als Sexualpartner wählen und mit wem sie kämpfen und wen sie meiden müssen, um einen höheren Rang einzunehmen), kann sozialer Vergleich bei uns Menschen uns daran hindern, zu lernen, wie wir mit uns selbst zufrieden sein können. Vergleichen kann auch unsere innere Haltung gegenüber uns selbst in Enttäuschung, Ärger und Wut oder Selbsthass verwandeln: „Warum kann ich nicht wie er/sie sein/aussehen/fühlen?" Freundlichkeit und Selbstmitgefühl, die vereint die beste Basis für die Bewältigung der Nöte des Lebens bilden, verschwinden oder entstehen erst gar nicht. Alles, was uns bleibt, ist die Enttäuschung, die negativen Gefühle gegenüber uns selbst und die Gefahren und Bedrohungen durch die Außenwelt. Wenn wir uns in der Außenwelt unterlegen und an den Rand gedrängt fühlen und eine innere Stimme uns entwertet und herabsetzt, dann befinden wir uns in einer ziemlich ausweglosen Situation: Es gibt nichts, was uns unterstützt oder uns mit Freundlichkeit und Unterstützung begegnet – kein Wunder also, dass es uns schlecht geht.

Versagen lernen

Die westliche Gesellschaft funktioniert nach dem Prinzip, dass die Triebe und Impulse der Menschen, etwas zu leisten und zu erreichen, angeregt werden und offene Konkurrenz mit anderen genährt wird. Denen gegenüber, die weniger an Leistung interessiert oder weniger leistungsfähig sind, gibt es Geringschätzung, wenn nicht Verachtung. Noch schlimmer ist, dass nur sehr wenige Schulen Kindern eine der vielleicht wichtigsten Lektionen im Leben beibringen: *wie man versagt.* Jede mir bekannte psychologische Studie jedoch, die sich mit der Verbesserung von Erfolgschancen befasst, gelangt zu der Feststellung, dass man *auf die Anstrengungen, den Einsatz, nicht auf die Ergebnisse fokussieren* muss, wenn man Kindern und Erwachsenen helfen will, Erfolg zu haben und Selbstvertrauen zu entwickeln. Das kapitalistische System hat aber kein Interesse daran, ob oder wie sehr sich jemand anstrengt oder bemüht: Nur das Ergebnis zählt. Im Sport und in vielen anderen Bereichen des Lebens lautet die Botschaft: „Wer erinnert sich noch an den Zweiten?“ Neulich hörte ich eine Variante: „Der Zweite ist der erste Verlierer.“ Natürlich sind die meisten von uns Zweite oder noch weiter hinten. Aber auch, wenn man heute erfolgreich ist, kann es sein, dass es einem morgen nicht mehr so gut geht. Erfolg ist oft nur flüchtig. Das wirkliche Geheimnis des Erfolgs besteht eigentlich in der Konzentration auf Anstrengung und dem Lernen, wie man versagt. In dem Moment nämlich, in dem wir keine Angst mehr vor Versagen haben und ihm offen als etwas begegnen, woraus wir lernen können, sind wir frei dafür, wirklich Erfolg zu haben.

Wie oft behindert uns unsere Angst vor Versagen und hält uns davon ab, etwas zu tun? Wenn wir gegenüber der Möglichkeit, zu versagen, und dem Versagen selbst eine mitfühlende Haltung entwickeln, bedeutet das nicht, dass wir uns passiver Resignation überlassen, sondern dass wir eine Entschlossenheit kultivieren, die darauf beruht, dass wir für Lernen offen sind und uns unterstützen und ermutigen, uns zu bemühen.

In jedem Bereich unserer Gesellschaft befassen wir uns zunehmend mit Ergebnissen und nicht mit der geleisteten Arbeit. Regierungen überall auf der Welt (und etliche Kolumnisten der Medien) verstehen diesen Aspekt unserer Psychologie vollkommen falsch, und das hat ziemlich ernste Konsequenzen. Wenn man nur an Ergebnissen interessiert ist, lädt man Menschen ein, zu mogeln oder zu betrügen. Deshalb sind auch offizielle Statistiken der Regierung so wenig glaubwürdig – man weiß ja, wie diese Zahlen zustande kommen.

Das andere Problem besteht darin, dass sich Ziele stetig verändern. Diejenigen von uns, die angestellt sind, bekommen jetzt Arbeitspläne und persönliche Leistungsbeurteilungen, die eigentlich eine Hilfe für uns sein sollen, uns in Wirklichkeit aber nur weiter zu Leistung antreiben.

Wenn Sie in diesem Jahr Ihre Ziele erreichen, können Sie also sicher sein, dass im nächsten Jahr noch mehr von Ihnen verlangt wird. Manche Abteilungen in Unternehmen oder Behörden setzen offenbar auf das Konzept ständiger Veränderung, um so auszuschließen, dass sich Systeme beruhigen und organisieren und Mitarbeiter dann selbstzufrieden und ineffizient werden. Hier im National Health Service reorganisieren wir – und reorganisieren das Reorganisieren – daher ständig, um Ziele zu erreichen, die sich von Jahr zu Jahr ändern.

Diese Methoden richten in unserem Denken, unserer Moral und unserer Fähigkeit, kooperative Arbeitsbeziehungen zu entwickeln (die eigentlich das Kostbare an gut funktionierenden Organisationen sowie an psychischem Wohlbefinden sind), nicht nur Unheil an, sie sind darüber hinaus auch uneffizient. Viele Beobachter erkennen jetzt an, dass das ausschließliche Interesse an Resultaten und die Vernachlässigung von Prozess, Struktur und integrierten Rahmenwerken dem National Health Service und anderen Organisationen hohe Kosten beschert hat. Es spielt nicht wirklich eine Rolle, ob man eine Fußballmannschaft, ein Unternehmen oder ein Land managt – Manager, die nur an Ergebnissen interessiert sind und den Arbeitsaufwand oder den Prozess ignorieren und auch nicht in der Lage sind, Menschen wirklich zu motivieren, verschwenden schließlich Geld und bekommen nicht die erwünschten Ergebnisse. Ein inspiriertes, entschlossenes und kooperatives Team ist mit Sicherheit erfolgreicher als ein möglicherweise zwar begabteres, deren Mitglieder aber lediglich als marktfähige Objekte behandelt werden und die nicht kooperieren.

Der Grund, weshalb ich all dies erwähne, ist, dass wir daran denken sollten, dass unsere persönliche Psychologie in der Psychologie unseres sozialen Lebens und unseres Arbeitslebens wurzelt. Es passiert sehr leicht, dass wir aus den Medien Werte und innere Haltungen übernehmen, die dann unser Arbeitsleben beeinflussen, die aber unserer Psyche und unseren Beziehungen in keiner Weise gerecht werden. Es kann also sein, dass wir in unserer persönlichen Suche nach Zielen schließlich bei einem überstimulierten Motivationssystem landen, aber viele andere Facetten unseres Lebens aus den Augen verlieren. Auf Kosten von Unterstützung, Kooperation und Integration streben wir nur noch nach dem Wettbewerbsvorteil.

Verhinderte Befriedigung von Trieben und Begierden

Kommen wir zum Persönlichen und zu unserer individuellen Psyche zurück. Halten Sie eine Minute inne und denken Sie darüber nach, was passiert, wenn Ihr System für die Motivation zur Suche von Ressourcen scheitert und frustriert wird. Angenommen, Sie fahren zur Arbeit und denken darüber nach, was Sie an dem Tag vor sich haben. Der Verkehr ist wirklich schlimm, und Sie werden sicher zu spät kommen. Das wird Sie bei ein paar Aufgaben, die Sie erledigen wollen, in Rückstand bringen oder Sie verpassen eine wichtige Konferenz und machen einen schlechten Eindruck. Sie versuchen über alle möglichen Abkürzungen und Schleichwege Zeit zu gewinnen, aber es gibt zu viele Baustellen. Deshalb bringt das heute nichts.

Sie kommen nervös und etwas bissig zu Ihrer Arbeit. Jemand bringt Ihnen einen Kaffee und Sie nicken als Dank. Zwei Minuten später drehen Sie sich um und verschütten dabei den Kaffee über den ganzen Bericht, den Sie eben beendet haben. „Warum musste sie ihn ausgerechnet hierhin stellen?“ denken Sie wütend, wobei Sie aber wissen, dass Sie selbst nicht aufgepasst haben. … Wenn Sie schließlich nach Hause kommen, fühlen Sie sich völlig kaputt und ausgelaugt. Und Sie haben entdeckt, dass Scheitern und Frustration Ihres Systems für Motivation automatisch Ihr Selbstschutzsystem aktiviert.

Die meisten Dinge, die uns so geladen machen, haben etwas damit zu tun, dass Pläne scheitern, die man sich im Alltag gemacht hat und die ihrerseits mit komplexeren anderen Plänen verknüpft sind. Pünktlich ins Büro zu kommen ist wichtig, wenn man seine Arbeit gut machen will, und man möchte seine Arbeit gut machen, um den Job zu behalten oder um befördert zu werden. Und das möchten Sie um Ihres ’ willen, um das Darlehen abzuzahlen und um ein paar Dinge zu kaufen, die das Leben angenehmer machen. Natürlich arbeiten Sie zu hart und zu viel, um sie genießen zu können, aber vergessen wir das. Dann versetzt Sie Ihr Babysitter, Sie werden vor einem längeren Urlaub krank, das Geld, das Sie für den Urlaub zurückgelegt haben, wird für eine unerwartete Autoreparatur gebraucht. Oder Sie sind mit sehr bedeutsamen Stressoren wie Krankheit, Tod oder Verletzung konfrontiert. „Warum ich?“ ist ein normaler Gedanke. Das Entscheidende ist, dass es für uns alle unvermeidlich ist, zu erleben, dass etwas vereitelt wird oder das misslingt, was wir vorhatten. Wir sind ständig mit kleineren oder größeren Übeln und Stressoren konfrontiert, aber wenn wir uns in Mitgefühl üben können, werden wir Mittel und Wege finden, mit diesen Schwierigkeiten zu arbeiten, statt wie so oft in Wut oder Panik zu geraten.

Auswirkungen von Begierden

Wir müssen auch genauer betrachten, welche Folgen die Art und Weise hat, *wie* wir versuchen, unsere Begierden zu befriedigen. Der Buddha hat gezeigt, dass Begierden und Wünsche an sich nicht schädlich sind, sondern dass es das Anhaften ist, unsere Abhängigkeit und Sucht, unser Gefühl, dass wir Befriedigung unbedingt haben müssen, und das Gefühl der Frustration und des Mangels, wenn wir etwas nicht bekommen. Er hat auch gesagt, dass die Befriedigung von Trieben möglicherweise nicht ohne Kosten irgendwo anders im System zu haben ist. Ohne sorgfältig darüber nachzudenken, wie wir sie befriedigen, können sie sehr schädlich werden. Vor Kurzem haben wir zum Beispiel des 200. Jahrestages der Beendigung des Sklavenhandels gedacht. Dies ist ein klassisches Beispiel dafür, dass viele Millionen schrecklich gelitten haben, um Begierden und Wünsche einiger weniger zu befriedigen. Aber obwohl uns Sklaverei heutzutage abstößt, sind Millionen von Menschen *immer noch* in Schuldknechtschaft als einer Form von Sklaverei gefangen. Als Konsumenten fangen wir an, mehr darüber nachzudenken, wo unsere Lebensmittel und unsere Kleidung herkommen, und manches, was aufgedeckt wurde, ist ziemlich erschreckend.[9] Ein Ansatz zu einem Leben mit Mitgefühl verlangt von uns daher, verantwortlicher damit umzugehen, wie wir unsere Wünsche und Triebe befriedigen. Sie gehören natürlich zum Menschsein und Mitgefühl bedeutet, dass wir uns nicht anklagen, sie zu haben, sondern dass wir sorgfältig über die Folgen nachdenken, wenn wir sie befriedigen.

Einfach „Nein" zu unseren Begierden zu sagen, kann problematisch sein – das ist ganz offensichtlich bei Menschen, die ein Suchtproblem haben. Die moderne Forschung hat zudem ein anderes Problem beobachtet, das mit Begierden verbunden ist: Wenn wir erregt sind, kann eine verengte Tunnelsicht mit eingeschränktem Fokus die Folge sein. Es kann sein, dass wir etwas so sehr wollen, dass wir nicht mehr in der Lage sind, innezuhalten und vernünftig über die Wirkungen nachzudenken, die die Befriedigung dieser Wünsche nach sich zieht. Süchtige denken nicht an den Schaden, den sie sich selbst oder anderen zufügen. Wir kaufen uns Kleidung und Lebensmittel und denken nicht besonders darüber nach, warum man diese Dinge so billig bekommen kann. Männer surfen im Internet, um sich an Pornographie zu erregen, fragen sich dabei aber nicht, ob die Frauen nicht zu ihrer Rolle gezwungen wurden … und wie es sich anfühlen würde, wenn eine der Frauen die eigene Tochter wäre. Große Unternehmen übernehmen gedankenlos kleinere und zögern nicht, Tausende einfach zu entlassen. Viel von dem, was wir begehren, ist in unseren Genen codiert, aber das bedeutet nicht, dass wir das ausleben müssen. Das Verlangen nach Sex, Berühmtheit, Reichtum und den schönen Dingen des Lebens ist Millionen Jahre alt – und in uns allen wirksam. Es liegt aber in unserer Entscheidung, ob wir diesen Dingen achtlos nachlaufen wollen oder nicht.

Das System für die Motivation zur Suche von Ressourcen beeinflusst also alle Aspekte unseres Lebens und unserer Gefühle. Es ist für uns auf vielerlei Weise essentiell, weil es unsere Anstrengungen inspiriert und belohnt. Aber es ist auch potentiell problematisch, weil es ziemlich oberflächlich sein kann, denn es ist so gemacht, dass es selten befriedigt ist und uns dazu bringt, gute wie auch schädliche Ziele zu verfolgen. Es kann auch Grund dafür sein, dass wir mit uns selbst frustriert werden und uns entwerten, wenn wir es nicht schaffen, die Dinge zu bekommen, die wir wollen, oder unsere selbst auferlegten Normen nicht erfüllen. Die Vorstellung des Buddha bestand hier darin, dem Mittleren Weg zu folgen und zu versuchen, ein Gleichgewicht herzustellen. Denn wenn wir übermäßig an unseren Begierden hängen und von ihnen abhängig oder süchtig nach ihrer Befriedigung werden, bekommen wir Probleme – denn nicht wir kontrollieren unsere Begierden, sondern sie kontrollieren uns. Der Dalai Lama hat oft erklärt, dass die Tatsache, dass er Buddhist ist, nicht bedeutet, dass er keine sexuellen Begierden oder keine Wut empfindet oder keine Angst bekommt und niemals etwas vermeiden möchte.

Es ist nicht so, dass er aufgehört hat, menschliche Gefühle zu haben. Vielmehr hat er seinen Geist trainiert, diese Gefühle wahrzunehmen und dann zu entscheiden, wie er darüber denkt und damit umgeht.

Perfektionismus des Zen

Beim Zen richten wir unsere Aufmerksamkeit vollständig und achtsam auf eine Tätigkeit. Ob wir einen Tee zubereiten oder etwas malen – wir versuchen, es so gut zu machen, wie wir können, wir suchen Perfektion in der Handlung. Dies hat überhaupt nichts damit zu tun, dass wir uns besser fühlen möchten.

Denken Sie also daran, dass der in diesem Buch vorgestellte Ansatz sich nicht dagegen richtet, etwas zu erreichen und sich um etwas zu bemühen. Es gibt viele Momente im Leben, wenn Leistung die Freuden des Lebens vermehrt und wenn man sie genießen kann. Leidenschaftliche Gärtner beziehen große Freude daher, ihre Gärten blühen zu sehen, Musiker daher, schwierige Musikstücke zu meistern und Heimwerker von einem neu hergerichteten Zimmer. Natürlich ist es wichtig, dass man versucht, besser zu werden. Der ganze Sinn einer Ausbildung mitfühlenden Denkens besteht darin, Mühe und Energie darauf zu verwenden, unser Denken in einer bestimmten Weise zu üben. Das Thema ist daher Gleichgewicht und das Verständnis der Schattenseite unserer Triebe und der Teile von uns, die nach Leistung streben. Viele Psychologen meinen nun, dass wir lernen können, unsere Leistungen *um ihrer selbst willen* zu genießen, und nicht, weil es uns ihretwegen besser geht oder wir uns dann als Menschen überlegen fühlen, oder weil sie uns vor Gefühlen der Unterlegenheit oder des Neides bewahren. Wir *können* tatsächlich lernen, mit relativ geringer Frustration mit Rückschlägen umzugehen und zu leben, und wir müssen die Erfüllung von Wünschen *nicht* zur Notwendigkeit machen. Auch wenn wir diesen Versuchungen manchmal erliegen, überhöhen unsere Leistungen unser Ego nicht und unsere Niederlagen und unser Versagen schwächen es nicht, wenn sie mit Hilfe des Systems für Selbstberuhigung und Zustände der Zufriedenheit relativiert werden.

Wertschätzung

Eine Schlüsselbotschaft vieler neuer Ansätze in der Psychologie und in spiritueller Praxis ist, wie wichtig es ist, zu lernen, durch Erfahrung „im Moment" Gefühle der Freude wertzuschätzen und zu generieren. Wie viele von uns halten wirklich inne und nehmen die Schönheit des Himmels und seiner sich ewig verändernden Muster oder die Schönheit von Blumen oder Bäumen im Park wahr? Wie viele nehmen sich Zeit, den Geschmack und den Duft von Dingen wirklich intensiv aufzunehmen? Wie viele von uns empfinden wirklich Freude an ihrer Fähigkeit, zu sehen oder zu hören, in dem Wissen, dass es Menschen gibt, die dieser Sinne beraubt sind? Unser gehetztes Leben reduziert alles auf ein graues Einerlei, und kurze Blicke oder Eindrücke von Staunen sind selten. Aber wenn man darüber nachdenkt, ist man selbst das Bewusstsein, das sich durch die Zeit bewegt. Wir existieren nur in *diesem* Moment. Wir existieren noch nicht in dem Moment, der kommt, und wir existieren nicht mehr in dem Moment, der eben vergangen ist, nur in diesem gegenwärtigen Moment existieren wir wirklich. Doch unser „neues Denken" kann so abgelenkt sein, dass wir auch hier eigentlich nicht existieren.

Es gibt eine Geschichte, die zeigt, wie uns Wertschätzung in Momenten von Stress und Dramatik helfen kann: Ein buddhistischer Meister ging am Rande eines Abgrunds, als ihn ein Windstoß hinunterwehte. Es gelang ihm aber, sich an einem Ast festzuhalten. Er sah eine wilde Erdbeere an der Wand des Abgrunds wachsen. Er pflückte sie, nahm ihre Schönheit wahr, ihr Rot, und genoss ihren süßen Geschmack. Das Wunder der Erdbeere war bei ihm, als er abstürzte und starb. Dies ist natürlich nur eine Geschichte – wenn uns das wirklich zustoßen sollte, würden wir wahrscheinlich ein paar ernste Flüche ausstoßen und bestimmt keine verdammten Erdbeeren wahrnehmen. Aber genau darum geht es natürlich.

Das System für Selbstberuhigung und Zustände der Zufriedenheit

Wir kommen jetzt zu einem System der Regulierung von Emotionen, das im Mittelpunkt eines großen Teils dieses Buches stehen wird. Es ist das System für Selbstberuhigung und Zustände der Zufriedenheit, das hilft, die anderen zwei Systeme – das zur Bewältigung von Gefahr und Bedrohung und jenes, das für Begierde und Lust zuständig ist – in ein Gleichgewicht zu bringen. Es ist eine wichtige Quelle unserer Gefühle von Wohlbefinden und Verbundenheit mit anderen Menschen.[10]

Wir wissen, dass Tiere (und auch wir selbst) nicht immer vor Gefahren weglaufen oder sonst nur umherlaufen und Dinge tun wie essen, kopulieren oder sich um ihre Rangordnung kümmern (auch wenn man sich bei Menschen manchmal fragen kann, was sie sonst noch tun). Tiere sind auch in der Lage, sich eine Auszeit zu nehmen und in einem Zustand der Befriedigung und Zufriedenheit zu verweilen. Gelegentlich können sie auch einfach ruhen, wenn sie nicht irgendwelchen Gefahren ausweichen müssen und genug zu fressen hatten. Wirklich in der Lage zu sein, *ganz loszulassen* und eine *Auszeit* zu haben, weil alle Systeme befriedigt sind, ist mit wichtigen reparativen Veränderungen im Körper verbunden. Man hat gedacht, diese inneren Zustände wären einfach das Ergebnis davon, dass das System zur Bewältigung von Gefahr quasi leise gestellt oder gedämpft ist, das heißt, dass wir entspannt sind, wenn wir nicht bedroht werden. Aber die jüngere Forschung hat gezeigt, dass das nur die halbe Wahrheit ist. Zufriedenheit kann tatsächlich *sehr tiefe, positive Gefühle* begleiten, die nicht nur einfach schwache Gefühle der Bedrohung sind. (Schwache Gefühle der Bedrohung ohne positive Gefühle können sogar zu Langeweile führen.)

Es gibt jetzt Beweise dafür, dass wir in unserem Gehirn ein besonderes System für Selbstberuhigung und Zustände der Zufriedenheit haben, das uns befähigt, ein Gefühl von Wohlbefinden und des Friedens zu haben. Dieses System verwendet zur Steuerung chemische Substanzen im Gehirn, *Endorphine* und *Opiate* genannt. Wenn Menschen künstlich hergestellte Opiate wie Heroin einnehmen, erleben sie ein allgemeines Gefühl von Wohlbefinden. Sie werden dabei nicht erregt oder sehr aggressiv, wie es bei Dopamin passieren kann, das das System für die Triebe und für positive Erregung stimuliert. Wenn Sie also die Erfahrung von Glück haben und da von einer rein mechanischen, physiologischen Sichtweise herangehen wollten, dann würden Sie mit diesem System arbeiten, um es zu entwickeln. Es ermutigt Sie dazu, zu genießen und zu würdigen, was Sie haben, und nicht, immer mehr zu wollen. Wir sehen uns das bei einigen Übungen im nächsten Abschnitt dieses Buches näher an. Lassen Sie sich nicht verlocken, den künstlichen Weg einzuschlagen und Heroin zu versuchen. Der Absturz danach ist schrecklich, und das Risiko, süchtig zu werden, extrem hoch. Viel besser ist es, wenn man lernt dieses System in seinem Gehirn zu verbessern, indem man bestimmte Übungen macht und versucht, einen bestimmten Lebensstil anzunehmen, der dies begünstigt.

Eines der Ziele, wenn wir mitfühlendes Denken ausbilden, besteht darin, dass es uns hilft, Zustände im Gehirn herzustellen, die zu ruhigem und zufriedenem Denken führen. Die Forschung hat gezeigt, dass ein Geist, der in Frieden mit sich ist, auch ein klarer Geist ist, der neue Einsichten und Gefühle hinsichtlich des eigenen Wesens und der Beziehungen mit anderen entwickeln kann. Der Grund dafür ist, dass ein zufriedener Geist nicht von einem besonderen Archetyp oder Gefühl beherrscht wird und daher „frei" ist, auf unvoreingenommene, ungebundene Weise zu erforschen.

Beruhigen, Zufriedenheit und Zuneigung

Wie in den Kapiteln 3 und 4 erwähnt, neigt die Evolution dazu, Dinge zu bewahren, die sich durch sie entwickelt haben, und sie wenn nötig anzupassen und neue Anwendungen für sie zu finden. Das System für Selbstberuhigung und Zustände der Zufriedenheit, das Gefühle des Friedens, von Sicherheit und Ruhe hervorruft, wurde mit der Entstehung warmblütiger Säugetiere so angepasst, dass es auf eine ganz neue Weise funktionieren konnte – um zu dem System zu werden, das die beruhigenden Wirkungen der Fürsorge, der Liebe und der Zuneigung ermöglicht. Damit es diese Funktionen erfüllen kann, schuf die

Evolution ein paar neue Hormone, darunter Vasopressin und Oxytocin. Letzteres ist für Gefühle der Nähe mit anderen und für Empfindungen der Sicherheit und des Wohlbefindens besonders wichtig. Eine der wichtigsten Entdeckungen der letzten Jahre hat gezeigt, dass das System für Selbstberuhigung und Zustände der Zufriedenheit eine große Rolle in der Entwicklung des Pflegeverhaltens der Säugetiere gespielt hat.[11]

Betrachten wir also einen Moment die Evolution fürsorglichen Verhaltens. Fürsorglichkeit entwickelte sich ursprünglich aufgrund der (genetischen) Vorteile. Sie half den Nachkommen und genetischen Verwandten zu überleben und sich fortzupflanzen, und unterstützte sie dabei, nützliche Bündnisse und Freundschaften einzugehen, ein Verhalten, das in der evolutionären Psychologie *altruistisches Verhalten* genannt wird. Hier sind wir daran interessiert, wie Fürsorglichkeit eigentlich in unserem Gehirn funktioniert und mit Mitgefühl verbunden ist. Im Grunde geht es also um die fürsorglichen sozialen Mentalitäten, über die wir auch schon gesprochen haben.

Fürsorge und Beaufsichtigung des Nachwuchses wurden zu einer äußerst erfolgreichen Strategie und haben im Verlauf von Millionen Jahren eine beträchtliche evolutionäre Veränderung und Entwicklung durchgemacht.[12] Man kann leicht die Vorteile erkennen, wenn man sich das gegenteilige Verhalten genauer ansieht: bei Schildkröten zum Beispiel. Diese Reptilien legen Hunderte von Eiern und verlassen dann das Gelege. Wenn die Jungen ausschlüpfen, versuchen sie so gut sie können zu überleben. Diese Spezies kann nur aufgrund der riesigen Zahl von Eiern überleben, die produziert werden. 98 Prozent der jungen Schildkröten erreichen nicht das geschlechtsreife Alter – sie werden von Haien, Füchsen oder Vögeln gefressen oder sterben aus anderen Gründen. Wenn man es so betrachtet, ist das Leben von Schildkröten eine Art Hölle – sicher kein Garten Eden. Die spirituelle Botschaft lautet also: Besser nicht als Schildkröte wiedergeboren werden! Die ernstere Botschaft besteht natürlich darin, wie wichtig es ist, dass fürsorgliche Motive, Gefühle und Verhaltensweisen in die Welt kommen.

Die Ankunft der Säugetiere war der Beginn der Evolution einer sehr wichtigen Strategie, eines Archetyps und einer sozialen Mentalität. Dies wurde schließlich zur Grundlage für Mitgefühl. Säugetiere versorgen ihre

Jungen, sie interessieren sich für sie und sorgen dafür, dass es ihnen gut geht. Mit diesem Fürsorge-Verhalten sind sie in der Lage, ihre Jungen vor Gefahren, zum Beispiel vor Raubtieren, zu schützen und für eine sichere Basis zu sorgen, von der aus sie ihre Umwelt erforschen und zu der sie zurückkehren können. Natürlich war Fürsorge, wie sie auf unserem Planeten zuerst in Erscheinung trat, ziemlich mechanisch und funktionierte auf der Basis einfacher Regeln: Füttere die, die im Nest sind. Es gibt Interessenkonflikte zwischen Eltern und Jungen, und manche Eltern sind weniger fürsorglich als andere, aber man muss auf jeden Fall anerkennen, dass dies ein fundamentaler evolutionärer Entwicklungsschritt in Richtung einer Psyche war, die Notrufe von anderen wahrnimmt, auf sie reagieren und dafür sorgen kann, dass andere Lebewesen überleben können.[13]

Bei den Primaten und Menschen hat sich diese fürsorgliche Beziehung und soziale Mentalität zu einer komplexen Gruppe von Begierden und Kompetenzen entwickelt, durch die Eltern die Säuglinge nicht nur schützen, sondern mit ihrem liebevollen Verhalten auch beeinflussen, wie das Gehirn ihrer Säuglinge reift. Außerdem haben menschliche Eltern natürlich die lebenswichtige Funktion, ihre Kinder zu lehren und sie durch das Leben zu begleiten.[14] Wir werden später auf diese Fürsorge-Strategie zurückkommen, denn sie ist, wie gesagt, eine Voraussetzung für unsere Fähigkeit zu Mitgefühl – das bedeutet, für unsere Fähigkeit, uns für das Wohlergehen anderer zu interessieren, mit ihren zu leiden und ihre Not zu erleichtern. Wir werden auch sehen, wie wir das „Muster der Gehirnaktivität für Mitgefühl" entwickeln und Mitgefühl mit uns selbst haben können, so dass gerade unser Selbstgefühl (und unser Gehirn) um den Archetyp des Mitgefühls und die fürsorgliche soziale Mentalität organisiert wird.[15] Die Gründe dafür, dass wir das tun, bestehen darin, dass es unserer körperlichen Gesundheit dient, Gefühle des Wohlbefindens und des inneren Friedens fördert und uns hilft, positive, nicht aggressive Beziehungen mit anderen herzustellen.

Die Säugetiermutter ist daher in der Lage, für Nahrung, Trost und Wärme für ihren Nachwuchs zu sorgen. Damit beruhigt sie ihn auch und vermittelt ihm ein Gefühl von Sicherheit. Wenn das Junge in Gefahr ist, läuft es zu seiner Mutter zurück und ihre Anwesenheit beruhigt es und belebt sein Gefühl der Sicherheit neu. Wenn es einmal sicher und beruhigt ist, kann es wieder spielen und neugierig die Welt erforschen. Wenn diese Beziehung trägt, wird es für den Rest seines Lebens Zufriedenheit und Wohlbefinden mit Gefühlen der Akzeptanz und Zuneigung von anderen assoziieren.

Die meisten Eltern wissen, dass eine der wichtigsten Rollen, die sie neben dem Schutz ihres Nachwuchses spielen, darin besteht, ihren Kindern zu helfen, ihre Emotionen zu regulieren. Eine Möglichkeit, wie sie das tun, ist Streicheln und Halten. Wenn sie Angst haben, suchen alle Affen physischen Trost und halten sich an ihren Müttern oder, wenn sie erwachsen sind, aneinander fest. Für Säugetiere ist physischer Trost ein entscheidender Stimulus, den das Gehirn braucht, um sein System zur Bewältigung von Gefahr und für Selbstschutz zu regulieren, denn Trost beruhigt die mit Bedrohung und Selbstschutz verbundenen Emotionen.

Robert Sapolsky[16], Professor für Neurologie und Neurowissenschaften an der Stanford University in Kalifornien, hat Jahre damit verbracht, in den Savannen Afrikas Affen zu studieren, und hat sehr viel darüber herausgefunden, wie sich Hormone auf ihr Verhalten auswirken. Er hat deutlich gemacht – wie viele andere auch –, dass die (liebevolle) Bindungsbeziehung, die wir und andere Säugetiere mit unseren Eltern haben, dafür lebenswichtig ist, wie sich unser Gehirn entwickelt und wie wir die Emotionen der Motivation und Gefahr regulieren können. Sie sind in der Lage, uns zu trösten und zu beruhigen, wobei Körperkontakt der entscheidende Regulator ist – zum Teil deshalb, weil er die Opiate und das System zur Selbstberuhigung stimuliert. 1994 beobachtete Sapolsky:

> Körperkontakt ist eine andere zentrale Erfahrung eines Säuglings, ob Nagetier, Primat oder Mensch. Wir denken gern, dass Stressoren verschiedene unangenehme Dinge sind, die mit einem Organismus gemacht werden können. Manchmal kann ein Stressor eine *Vernachlässigung,* ein *Versäumnis,* eine *Unterlassung* sein, einen Organismus mit etwas zu versorgen, und einer der stärksten Stressoren während der Entwicklung, unter denen man als Mensch leiden kann, ist anscheinend der Mangel an Körperkontakt.

Eine andere Forscherin, Tiffany Field[17] an der Universität Miami, hat sich lange Zeit damit beschäftigt, die Wirkung von Körperkontakt auf unsere Stresshormone, unsere Stimmungen und unseren allgemeinen Zustand des Wohlbefindens zu beobachten. Sie und ihre Kollegen haben zum Beispiel gezeigt, dass zu früh geborene Babys sich besser entwickeln, wenn sie Körperkontakt haben und gestreichelt werden, als wenn sie allein gelassen werden. „Liebe ist wichtig", um Sue Gerhardts Worte hier zu gebrauchen – und sie ist tatsächlich sehr wichtig.[18] Beachten Sie, wie Freundlichkeit von anderen oft als Kontakt oder als Berührung bezeichnet wird: „Ich war von ihrer Freundlichkeit *berührt*" oder „Ich war von ihrem Interesse, ihrer Rücksicht *berührt*". Es ist tragisch, dass unsere Furcht vor Pädophilie dazu geführt hat, dass Lehrern nicht mehr erlaubt ist, Kinder in Not zu berühren oder sie zu halten, und dass Sonnencreme nur noch gesprüht, nicht mehr mit der Hand aufgetragen werden darf. Solche Verbote konnten nur von Menschen erlassen werden, die nicht die leiseste Ahnung davon haben, wie unsere Psyche funktioniert, was in unserem Gehirn passiert, wenn wir in Not sind, und was wir von anderen Menschen als Trost brauchen. Es gibt zunehmend Hinweise darauf, dass kleine Kinder den Kindergarten stressender finden, als bisher angenommen wurde, und ein möglicher Grund dafür könnte sein, dass Kinder nicht genug *körperliche* Zuwendung bekommen. Dies ist eine sehr ernste und dringende Frage an die Forschung.

Im Wesentlichen ist das System zur Selbstberuhigung für Signale empfänglich, die anzeigen, dass andere sich um einen kümmern und dass sie hilfsbereit und unterstützend (und nicht kalt, kritisch oder ablehnend) sind – daraus schließen wir, dass wir sicher sind. Die Weise, wie Eltern und andere, die eine Autoritätsposition innehaben, mit Kindern sprechen und Interesse an ihnen zeigen, der Ton ihrer Stimme und ihr Gesichtsausdruck, die Art und Weise, wie sie positive Gefühle vermitteln und wie sie gelten lassen und erforschen, was die Kinder fühlen – all dies vermittelt Kindern, dass sie geliebt und wertgeschätzt werden. Für das Gehirn ist das tatsächlich etwas sehr Gutes (weil die Welt ohne diese Sicherheit ein potentiell feindlicher Ort ist). Das System zur Selbstberuhigung kann daher dem System zur Bewältigung von Gefahr signalisieren: „Es ist alles gut hier. Man kümmert sich um mich und ich bin sicher."

Diese Erfahrungen haben eine tiefe Wirkung darauf, wie sich das Gehirn von Kindern entwickelt, wie die Systeme für emotionale Regulierung für das spätere Leben verschaltet und wie positive Emotionen stimuliert werden.[19] Diese liebevollen Verhaltensweisen ermöglichen Kindern auch, emotionale Erinnerungen zu speichern, die dann zu Ressourcen für das spätere Leben werden. Sie haben ebenfalls eine tiefe Wirkung darauf, wie die drei Systeme für emotionale Regulierung in ein Gleichgewicht gebracht werden. Es gibt viele Belege dafür, dass es uns hilft, mit den Höhen und Tiefen im Leben besser umzugehen, wenn wir in der Kindheit Fürsorge erleben – es ist eines der Dinge, die uns resilienter für Stress machen. Unterstützung und fürsorgliche Beziehungen in der Gegenwart und unsere Fähigkeit, freundlich zu uns selbst und nicht zu streng zu sein, sind weitere entscheidende Faktoren.

Emotionale Erinnerungen und Selbstgefühl

Frühe Erfahrungen mit unseren Eltern und anderen Bezugspersonen stimulieren verschiedene Emotionen und Kombinationen von Emotionen, die wir mit unserem Selbstgefühl und unserem Gefühl, wie andere sind, assoziieren lernen. Dies funktioniert so:

Überlegen Sie, wie ein Kind in einer Interaktion die *Emotionen anderer* erlebt und wie sie zur Grundlage dafür werden, wie es sich selbst fühlt. Wenn man von sich sagt: „Ich bin ein liebenswerter, kompetenter Mensch", so ist das eigentlich eine Kurzfassung von „In meinem Gedächtnissystem gibt es viele emotional gefärbte Erfahrungen, dass und wie ich *positive Emotionen* bei anderen hervorgerufen habe und dass ich liebevoll und als kompetent behandelt werde – daher bin ich liebenswert." Angenommen, Eltern drücken ihrer kleinen Tochter gegenüber oft Ärger aus. Sie entwickelt ein Gefühl von sich, dass andere sie nicht positiv sehen, was kurz gefasst bedeutet: „In meinem Gedächtnissystem sind emotional geprägte Erfahrungen, dass ich bei anderen Ärger (oder Wut) hervorgerufen habe und als schlecht behandelt wurde – daher bin ich schlecht und andere Menschen sind potentiell feindselig." Angenommen, Eltern behandeln ihren kleinen Sohn immer abfällig oder entziehen ihm ihre Liebe und wenden sich von ihm ab. Hier ist es nicht Ärger oder Wut, was internalisiert wird, sondern Verachtung oder Verlust. Der Junge kann ein Gefühl von sich entwickeln, dass andere ihn als jemanden sehen, von dem man sich abwendet, den man für nicht liebenswert hält und den man ablehnt. Das ist die Kurzfassung von: „In meinem Gedächtnissystem gibt es emotional geprägte Erfahrungen, dass ich bei anderen *Rückzug* ausgelöst habe und als unerwünscht behandelt wurde – ich bin nicht liebenswert und andere finden mich nicht liebenswert und lehnen mich ab." Betrachten wir das Kind, das sexuell missbraucht wurde: „In meinem Gedächtnissystem gibt es emotional geprägte Erfahrungen von *Angst* und *Ekel* – daher bin ich eklig und schlecht und andere kommen mir nur nahe, um mich zu missbrauchen."

Welche dieser Kinder entscheiden sich selbst dafür, dieses jeweilige Identitätsgefühl oder Selbstgefühl zu haben? Keines von ihnen – alles in ihnen wurde durch Interaktionen mit anderen erzeugt. Wenn Sie wie ich sind und gern mehr Kontrolle über das hätten, was Sie gegenüber sich empfinden, dann müssten wir vielleicht beide anerkennen, dass wir uns nicht von unserer Konditionierung befreien können, wenn wir bei dem Gefühl von uns selbst bleiben, das *uns vermittelt wurde.*

Beachten Sie auch, dass das menschliche Gehirn jedes dieser komplexen Gefühle mit einer *Bezeichnung* versieht. Das Problem ist, dass die Bezeichnung möglicherweise nicht sehr genau, sondern nur die bestmögliche Annäherung an das ist, was wir fühlen. Menschen können zum Beispiel den Schmerz darüber erleben, sich von anderen getrennt zu fühlen, was mit emotionalen Erinnerungen daran zusammenhängen könnte, dass andere früher nicht für sie da waren. Die Bezeichnung, die diesem Gefühl und diesem Selbstgefühl am nächsten kommt, ist: „Ich bin allein und ungewollt." Aber die Bezeichnung ist falsch. Die Realität ist, dass die Mutter oder der Vater das Kind vielleicht auf eine eigene, begrenzte Weise geliebt und gewollt hat, aber vielleicht depressiv und sehr zurückgezogen war, und dies ist der Grund, weshalb diese emotionalen Erinnerungen in dem Gefühl des Sohnes oder der Tochter so existieren. Es geht dabei um Verlust und Traurigkeit, *nicht* darum, ungewollt zu sein.

Kinder versuchen, Fürsorge und Zuwendungen an Zeit und Energie zu optimieren, indem sie ihre angeborenen Strategien nutzen. Dabei verwenden sie gewöhnlich eine Mischung von Zwang, Tränen und Wutanfällen (um Triebe und Wünsche zu befriedigen) und Verhaltensweisen, die Zuneigung inspirieren (z. B. Lächeln und Versuche, hilfsbereit und gefällig zu sein). Eine sehr wichtige Strategie, sich Ressourcen und Fürsorge zu sichern und so ein Gefühl der Sicherheit herzustellen, besteht darin, positive Gefühle bei der Mutter (und bei anderen) zu bewirken. Wenn das Kind sie dann auf ihrem Gesicht und in ihrer Stimme gespiegelt sieht und hört, ist es beruhigt. Stellen Sie sich zum Beispiel vor, wie Sue, ein dreijähriges Mädchen, ein Bild malt. Wenn sie fertig ist, hält sie es stolz hoch, damit die Mama es anerkennen und bewundern kann. Mama reagiert, indem sie sich hinkniet und mit einem freundlichen Gesichtsausdruck und einer Stimme, die Freude ausdrückt, sagt: „Toll, das ist wunderbar. Was für ein kluges Mädchen." Bei dieser Begegnung erlebt Sue nun sichtbar positive Gefühle und die Zuneigung ihrer Mutter, die sie dem zuschreibt, was sie getan hat. So lernt Sue, dass sie positive Gefühle in anderen bewirken kann, und das ist ein Zeichen dafür, dass andere ihr gegenüber positiv eingestellt sind und für sie sorgen und ihr helfen werden – mit anderen Worten, sie fühlt sich sicher. Aber ganz entscheidend ist, dass Sue auch *direkt über das verbale und nicht verbale Verhalten ihrer Mutter* in sich Emotionen über sich selbst erzeugt hat. Das bedeutet, das Verhalten der Mutter aktiviert in Sue bestimmte psychische Muster, die bei ihr gute Gefühle gegenüber sich selbst entstehen lassen: Es geht ihr gut mit sich selbst.

Die Verknüpfung positiver Gefühle mit sich selbst hat natürlich eine physiologische Wirkung, die den ganzen Körper betrifft. Sie würden recht haben, wenn Sie sagten: „Aber ist dieses Gefühl, dass es mir gut geht, nicht mit dem System für die Motivation zur Suche von Ressourcen verbunden?" Ja, aber vergessen Sie nicht, dass diese Systeme miteinander interagieren. Hier geht es darum, dass dieses System uns hilft, uns sicher und zufrieden zu fühlen, wenn wir wahrnehmen, dass wir im Bewusstsein anderer positiv existieren. Darin besteht die Wirksamkeit der Übungen mit Bildern, die später in Kapitel 8 beschrieben werden.

Aber angenommen, Sues Mutter würde antworten: „Oh nein, nicht noch so ein Bild – das ganze Haus ist voll davon!" Oder sie würde mit ausdruckslosem Gesicht sagen: „Sicher, sehr schön. Schau, ich habe jetzt aber zu tun. Warum siehst du nicht einfach ein bisschen fern?" Es ist unwahrscheinlich, dass in Sue dann gute Gefühle über sich selbst entstehen. Sie lässt vielleicht den Kopf hängen oder wendet sich enttäuscht oder beschämt ab. Natürlich werden Gefühle von Scham (z. B. Mutlosigkeit, Befangenheit) entstehen, wenn ihre Mutter genervt, abweisend oder abfällig reagiert. Sie aktivieren Sues Selbstschutzsystem und schwächen positive Gefühle. Mehr noch, diese schlechten Gefühle können damit assoziiert werden, dass sie ihre malerischen Fähigkeiten zeigt, und zu einer schambesetzten Erinnerung werden. Das kann zu einem Skript für spätere Erfahrungen im Leben werden. Es kann sein, dass sie ihre Versuche, zu malen, aufgibt, weil sie das Gefühl hat, dass sie das sowieso nicht gut kann. Es ist wichtig, zu sehen, dass diese „Gefühlskommunikationen" Wirkungen auf den ganzen Körper haben und die Muster der Gefühlsreaktion für das Selbstgefühl festlegen. Sie können die grundlegenden Strukturen für spätere Selbstentwertung bilden, wie wir in Kapitel 10 noch sehen werden. Manche Kinder versuchen so verzweifelt, Feedback und eine Bestätigung zu bekommen, um positiv im Herzen ihrer Eltern zu existieren (trotz der Entwertung, der emotionalen Distanz oder sogar des Missbrauchs durch sie), dass sie von Ehrgeiz getrieben und/oder zu selbstentwertenden Perfektionisten werden.

Wenn man zum Beispiel sagt: „Das ist gut, meine Liebe", während man zugleich nonverbal Gleichgültigkeit zeigt, ist das für Kinder sehr verwirrend. Wenn man verschiedene Botschaften über verschiedene Kanäle empfängt, führt das dazu, dass man den verbalen Inhalt bezweifelt und zurückweist: „Du sagst das nur so." Menschen sind natürlich weit mehr daran interessiert, herauszufinden, wie andere ihnen gegenüber *empfinden,* als sich nur auf das zu verlassen, was sie sagen. Dies wirft entscheidende Probleme über nonverbale Kommunikation auf und wie Gesichtsausdruck und Stile beobachtet und gelesen werden. Manche vermitteln ein Gefühl der Verachtung, während andere echtes Interesse verraten können, auch wenn inhaltlich ganz Ähnliches *gesagt* wird. Achten Sie also darauf, was Sie nonverbal vermitteln, auf Ihr Lächeln, und wie Sie Ihre Beziehung mit anderen zum Ausdruck bringen.

Positive Gefühle bei anderen und Sicherheit

Wir wissen jetzt, dass das Bedürfnis und der Wunsch, sich wertgeschätzt, umsorgt und beachtet zu fühlen, einer der mächtigsten menschlichen Triebe ist, auch wenn Menschen einander extrem grausam behandeln können. Wenn wir diesen Trieb befriedigen, fühlen wir uns beruhigt und zufrieden. Das liegt daran, dass Fürsorge füreinander das ist, was uns geholfen hat, zahlreiche schwierige Zeiten zu überleben. Während der letzten Eiszeit war die Zahl der Menschen weltweit zu einem bestimmten Zeitpunkt möglicherweise stark zurückgegangen. Solche Zeiten haben wir als Spezies nur überlebt, weil wir eine äußerst soziale, kooperative Spezies sind.

Dies kann man leicht belegen. Denken Sie an Ihre Freunde, Geliebten, Eltern oder Kollegen. Stellen Sie sich vor, dass Sie die Wahl haben, ob Sie als mächtig und bedrohlich gesehen werden, so dass andere aus Angst tun, was Sie ihnen sagen, oder ob Sie in ihren Augen ein positiver Mensch sind, jemand, den sie lieben und an den sie freundlich denken und an dem ihnen liegt. Wie wollen Sie sein? Es spricht viel dafür, dass Sie sich lieber wertgeschätzt, geliebt und umsorgt fühlen möchten. Und natürlich verstehen wir das und spielen mit. Wenn Sie einen Freund besuchen, der Sie zum Essen eingeladen hat, dann sagen Sie eher: „Danke für das wunderbare Essen", und nicht „Danke für das Essen – ich habe bessere und ich habe schlechtere erlebt. Dies war aber in Ordnung, ein Durchschnittsessen". Oder zu einer Geliebten, die Sie noch nicht lange kennen und an der Ihnen liegt: „Sex mit dir ist schön – ich hatte schon besseren und ich hatte schlechteren. Mit dir war es aber in Ordnung, Durchschnitt." Wie der Freund, der das Essen zubereitet hat, oder die Geliebte möchten wir natürlich hören, dass das Essen toll und unser Sex super und wirklich cool (oder sollte ich sagen „heiß"?) war.

Nun geht es hierbei nicht darum, jemanden hinters Licht zu führen oder kein hilfreiches oder genaues Feedback zu geben oder Kindern immer zu sagen, dass sie toll sind, so dass sie nie lernen, mit Kritik oder unangenehmen Reaktionen umzugehen. Der Punkt ist, dass wir uns als Menschen sicher fühlen, wenn wir in anderen positive Gefühle über uns geweckt haben und wenn wir spüren, dass ihnen an uns liegt. In unterstützenden, berechenbaren Beziehungen fühlen wir uns sicherer. Wir verbringen einen großen Teil unserer Zeit damit, darüber nachzudenken, was andere Menschen uns gegenüber empfinden – in unserem Gehirn gibt es Bereiche, die darauf spezialisiert sind, sich damit zu befassen, was andere denken –, und zu versuchen, Bestätigung, Wertschätzung und Respekt von ihnen zu bekommen und in unserer Gruppe akzeptiert zu sein. Wenn Sie also darüber nachdenken, wie Sie von Ihren Freunden, Liebhabern, Eltern und Kollegen gesehen werden möchten, wird die Antwort vor allem lauten, dass Sie von ihnen wertgeschätzt und als liebens- und begehrenswert, hilfreich, talentiert und fähig gesehen werden möchten. Wenn Sie in anderen diese Gefühle wecken können, werden drei Dinge passieren: Erstens wird sich die Welt sicher anfühlen und Sie werden wissen, dass diese Menschen Sie nicht angreifen oder ablehnen, weil sie Sie wertschätzen. Zweitens werden Sie in der Lage sein, mit ihnen sinnvolle Rollen zur gegenseitigen Unterstützung, für sexuelle Beziehungen und Austausch zu definieren. Und drittens werden Botschaften, die Ihnen vermitteln, dass Sie wertgeschätzt werden und dass anderen an Ihnen liegt, eine unmittelbare Wirkung auf Ihren Körper und auf Ihr System für Selbstberuhigung und Zustände der Zufriedenheit haben.

Schauen wir uns an, was auf der anderen Seite passieren kann. Wenn wir also nicht als begehrenswert, nicht als hilfsbereit, als untalentiert und unfähig gesehen werden, riskieren wir damit, all das Gute, so sehr Erwünschte zu verlieren, das wir oben beschrieben haben. Das empfindet man an sich schon als eine starke Bedrohung. Es gibt nun sehr deutliche Hinweise darauf, dass Beziehungen, in denen Menschen (Erwachsene oder Kinder) so bewertet werden, das Risiko einer Erkrankung an Angst- oder depressiven Störungen erheblich erhöhen, auch wenn diese Zuschreibungen oder Wertungen mit keiner physischen Bedrohung verbunden sind. Allein *zu glauben,* dass wir so gesehen werden, kann so schlimm sein, als würde man wirklich so gesehen – und Selbstentwertung ist eng mit Depression verknüpft. So wichtig ist unser soziales Bedürfnis, uns sicher, akzeptiert und von anderen wertgeschätzt zu fühlen, dass ernsthafte Verletzungen oder sogar das Leben riskiert werden, um Beschämung und Ausschluss zu vermeiden. Dies ist der Grund, weshalb Scham (aufgrund des Gefühls, unattraktiv zu sein und von anderen von oben herab angesehen zu werden) von ängstlichen und depressiven Menschen als eine so starke Bedrohung erlebt werden kann. Im Grunde aktivieren kritische Bewertung und Scham das System zur Bewältigung von Gefahr und schneiden uns von Quellen des Trostes und emotionaler Regulierung ab.[20] Es ergibt Sinn, dass Mitgefühl und Freundlichkeit im Zentrum unserer Beziehungen und unseres Engagements mit der Welt sein sollten. Ein Grund ist, dass man sich sehr viel besser fühlt, wenn Menschen sich freundlich und positiv einem gegenüber verhalten, denn dann fühlt man sich sicher mit ihnen und weiß, dass man sich auf sie verlassen kann. Und man weiß auch, dass andere genau dieselben Bedürfnisse wie man selbst hat. Auf diese Weise *regulieren wir miteinander wechselseitig die Zustände unseres Gehirns,* die Erfahrungen im Bewusstsein entstehen lassen. Anders gesagt: *Durch die Beziehungen, die wir miteinander haben, beeinflussen wir gemeinsam unsere Erfahrungen im Bewusstsein.*

Von Fürsorge zu Mitgefühl

Mitgefühl entsteht aus dem Gleichgewicht der drei Emotionssysteme. Im Besonderen wirkt es durch die fürsorgliche soziale Mentalität, die uns daraufhin orientiert, Not und Leiden zu lindern und am Wohlbefinden anderer mitzuwirken. Wir wissen jetzt, dass sich diese soziale Mentalität mit dem System für Selbstberuhigung entwickelt hat und mit ihm verbunden ist. Es wirkt dadurch, dass im Gehirn natürliche Hormone wie die Opiate und Oxytocin ausgeschüttet werden.[21] Wenn in unserem Gehirn ein Muster der fürsorglichen Mentalität aktiviert ist, werden bestimmte Gefühle und Denkweisen und ein bestimmtes Verhalten aktualisiert – z. B. Interesse und Anteilnahme an anderen, Freundlichkeit und die Bereitschaft, an etwas mitzuwirken, was ihrem Wohlergehen dient. Es ist aber ein Muster der Gehirnaktivität und daher können die Gefühle und das Verhalten, die es unterstützt und ermutigt, verloren gehen, wenn entweder das System für die Motivation zur Suche von Ressourcen oder das System zur Bewältigung von Gefahr und für Selbstschutz dominant wird und Gefühle und Denken bestimmt. Wenn wir Mitgefühl lernen, lernen wir, wie wir einen besonderen inneren Zustand und das entsprechende Muster im Gehirn aktivieren, das mit

Fürsorge assoziiert ist und das beruhigende Qualitäten besitzt. Man kann bestimmte Übungen erlernen – eine Art Physiotherapie des Geistes –, die dieses System stimulieren.[22] Im nächsten Kapitel betrachten wir ausführlich die Grundattribute von Mitgefühl und die Fähigkeiten, die nötig sind, um günstige Bedingungen dafür zu entwickeln.

Zusammenfassung

Die Evolution hat uns drei Systeme hinterlassen, die im Hintergrund aktiv sind und viele unserer Gefühle und Zustände des Gehirns entstehen lassen. Auch die Archetypen, die wir in Kapitel 3 besprochen haben, wirken durch diese Systeme – also eigentlich alles, was wir tun und denken.

Diese Emotionssysteme, die für unseren Schutz, dafür, dass sie uns wollen und bestimmte Dinge tun lassen, und für Zufriedenheit und Beruhigen zuständig sind, sind Teile eines Plans, der sich im Laufe der Evolution entwickelt hat. Sie sind mittels Ansammlungen oder Gruppen von Neuronen in unserem Gehirn wirksam. Meistens sind wir uns ihrer nicht bewusst. Vielmehr spüren wir ihre Wirkungen wie kleine Wellen durch unser Bewusstsein gehen.[23] Unser Bewusstsein geht normalerweise einfach mit dem Fluss. Aber das ist dann der Punkt, an dem wir auf der Bildfläche erscheinen, wie in den ersten Absätzen von Kapitel 2 beschrieben. Jedenfalls ist es nicht immer sehr lustig, wenn man einfach mit dem Fluss mitgeht und sich von den Stromschnellen und den Strömungen unseres Geistes tragen lässt, wenn diese Systeme in unserem Gehirn mal hierhin mal dahin tendieren.

Wenn wir Mitgefühl und Freundlichkeit fördern, dann können wir Gefühle der Zufriedenheit und des Wohlbefindens entwickeln, und sowohl das System zur Bewältigung von Gefahr als auch das System für die Motivation zur Suche von Ressourcen beruhigen. Wenn man mitfühlendes Denken trainiert und ausbildet, entscheidet man sich dafür, diese Muster der Gehirnaktivität bewusst in sich anzuregen und zu stärken. Wie wir sehen werden, gibt es auf diesem Weg viele Herausforderungen: Wir müssen lernen, darauf zu achten, was in uns vor sich geht (Achtsamkeit) und wie wir unsere Aufmerksamkeit neu orientieren können, um Dinge zu genießen und zu würdigen; wir müssen neugierig auf unsere Gefühle sein, statt vor ihnen Angst zu haben oder sie zu verleugnen; und vor allem müssen wir lernen, freundlich zu sein – das ist der Kern von Mitgefühl. Wenn wir diese Qualitäten entwickeln, strukturieren und färben wir sozusagen damit unser Bewusstsein – und es ist gut möglich, dass es auch das Gehirn verändert.[24]

6 Mitgefühl im Kontext alten und neuen Denkens

Unsere Fähigkeit, zu imaginieren und zu phantasieren, gehört ganz zu unserem „neuen Gehirn/Denken". Sie kann einen starken Einfluss auf unsere Emotionen und darauf haben, wie wir uns und andere erleben. In diesem Kapitel betrachten wir näher, wie die Kraft der Phantasie in unserem Gehirn und auf unser Gehirn wirkt und wie entwertende Selbstkritik und Selbstmitgefühl unterschiedlich darauf wirken. Danach betrachten wir im Detail die verschiedenen Qualitäten und Aspekte von Mitgefühl selbst. Die starke Wirkung, die Mitgefühl in unserem Leben haben kann, hängt davon ab, worauf wir unsere Aufmerksamkeit richten und wie wir Mitgefühl verstehen und darauf achten.

Phantasie nutzen

Beginnen wir mit unserer Phantasie – eine der wichtigsten Qualitäten unseres „neuen Gehirns/Denkens" und eine, die uns ermöglicht hat, Wissenschaft und Kultur zu entwickeln. Phantasie erlaubt uns, „Welten in unserem Kopf zu erschaffen", vielfältige Möglichkeiten durchzuspielen und abzuwägen: „Ich frage mich, was passieren würde, wenn ich dies oder das täte …" Phantasie spielt in unserem Leben und unserer Kultur eine extrem wichtige Rolle. Gegenstand von Daniel Gilberts (nicht mit mir verwandt) Buch *Stumbling on Happiness* ist die Forschung über das Wesen der Phantasie und inwiefern diese auch eine Quelle von Problemen sein kann.[1] Ich habe dieses Thema in Kapitel 2 gestreift, wo ich erwähnt habe, dass Phantasien sich von der Realität entfernen können. Wir können uns Gefahren, die nicht existieren, oder Begierden, die unmöglich zu befriedigen sind, ausmalen, und das kann dann zu Enttäuschung und Frustration führen. Wir können die Fähigkeit verlieren, zu genießen, „was ist", weil es nicht zu unseren Phantasien davon passt, wie das Leben sein sollte.

Menschen leben in zwei Welten, die zwar miteinander in Beziehung stehen, aber sehr verschieden sind. Die erste ist die Welt, wie wir sie unmittelbar durch unsere Sinne erfahren – die Augen, das Gehör, den Geruchssinn, den Geschmack und den Tastsinn. Man kann dies die Welt nennen, „wie sie ist". Die andere Welt ist die imaginierte, über die wir nachdenken und die in unserem Kopf hergestellt wird. Beide Welten sind aber gleichermaßen Schöpfungen unseres Gehirns.

Unsere Sinne, die sich im Laufe von Millionen von Jahren entwickelt haben, sind unsere Verbindung mit der äußeren Welt wie auch mit der inneren Welt unseres Geistes. Unsere Erfahrung der äußeren Welt hat ihren Ursprung im Gehirn. Um das zu veranschaulichen, wollen wir zusammen eine Reise machen. Angenommen, wir gehen an einem hellen Frühlingsmorgen auf dem Land spazieren. Wir atmen die frische, klare Luft tief ein und spüren die Schärfe einer kühlen Brise auf unserem Gesicht und an den Händen. Die Luft hat einen leicht erdigen, würzigen Duft. Wenn wir nach oben schauen, sehen wir den klaren blauen Himmel, an dem nur einige kleine weiße Wolken ziehen. Wir gehen auf einem unbefestigten Weg und sehen, dass die Felder grün sind und die braunen Bäume eben anfangen, Knospen zu bilden. Wenn wir weitergehen, sehen wir ein paar wilde Narzissen und Glockenblumen. Wenn Ihnen diese Landschaft unvertraut ist, dann stellen Sie sich vor, dass Sie irgendwo sind, wo Sie sich auskennen. Wenn Sie zum Beispiel an einem heißen Tag am Meer spazieren gehen, kann der Himmel von einem Weißblau sein, das sich bis zum Horizont erstreckt, und man kann das Meer riechen und den Sand unter den Füßen und die Wärme der Brise auf dem Gesicht spüren.

Aber sehen Sie etwas, was wirklich da draußen ist? Ja und Nein. Wir sehen tatsächlich die Farben des Himmels, des Grases, der Blätter, des Meeres und des Sandes, weil unsere Augen verschiedene Lichtfrequenzen absorbieren und reflektieren. Eigentlich gibt es über uns aber nur die Schwärze des Raumes. Es gibt kein Blau, Weiß, Grün oder Braun „da draußen". Es ist unser Gehirn, das uns dadurch die Erfahrung von Blau, Grüntönen und Brauntönen vermittelt, wie es diese Lichtfrequenzen verarbeitet. Natürlich sind manche Menschen farbenblind, so dass sie tatsächlich bestimmte Farben nicht „sehen" oder „erleben" können. Was mich auch erstaunt hat, als ich dies herausfand, war, dass die Unterschiede der Lichtfrequenzen, die zum Beispiel Blau, Grün oder Rot entstehen lassen, extrem gering sind – sie werden in Millionsteln von Millimetern gemessen. Wichtig daran ist dann, dass das Gehirn ständig Energieschwingungen empfängt, die in Form von Licht oder Ton zu ihm kommen, und sie zu „Erfahrungen" macht. Wenn wir ein anderes Gehirn hätten, wäre auch unsere „Erfahrung" vom Universum eine andere. Diese Erfahrung wird natürlich auch von unseren Gefühlen und dem Prozess, der unser Bewusstsein ist, geprägt und strukturiert.

So faszinierend es ist, darüber nachzudenken (der Verstand schreckt davor zurück, sich die Möglichkeiten der Erfahrung im Gehirn von Außerirdischen vorzustellen), wir wollen die Welt der Erfahrung, die aus realen Informationen durch die Sinne hergestellt und aufgebaut wird, verlassen und die Welt der Phantasie betrachten. Stellen Sie sich einen Moment vor, was in Ihrem Kopf passiert, wenn Sie die Worte lesen, mit denen ich von einem Spaziergang auf dem Land oder an der See berichtet habe. Sie könnten Ihre Augen schließen und sich einen Spaziergang an einem Frühlingstag vorstellen – Sie könnten sich an einen bestimmten erinnert haben, als Sie eben meine Sätze gelesen haben. Sie haben also Worte auf einer Seite in diesem Buch gelesen, und Ihr Verstand hätte für Sie in Ihrem Kopf einen kleinen Film hergestellt. Er wäre vielleicht nur flüchtig und impressionistisch, aber er wäre da. Nicht nur stellt unser Gehirn aus sinnlichen Informationen bewusste Erfahrungen her, sondern auch mit der Phantasie können wir vorgestellte Welten erzeugen. Ein anderer wichtiger Aspekt der Bilder dieses Frühlingsspaziergangs, die von Ihrem Verstand hergestellt wurden, ist der, dass Sie sie mit Ihren eigenen Erinnerungen ausgemalt haben.

Ich kann Worte schreiben, die Jahre später mittels der Phantasie meiner Leser Bilder in ihrem Geist erzeugen. Gut, dies ist das, was alle guten

Autoren tun – wenn wir alte Bücher lesen, betreten und bewohnen wir die imaginierten Welten von Schriftstellern, die vielleicht vor Hunderten von Jahren gestorben sind.

Kreatives Denken und Imaginieren

Phantasie ist weit mehr als ein passiver Prozess, sie ist kreativ und dynamisch. Tiere können vor Dingen, die ihnen zustoßen, Angst haben und von ihnen aufgestört werden, aber sie verweilen nicht bei der Frage, was es bedeutet, aufgeregt zu sein. Sie können nicht über die Entstehung des Universums oder über ihre persönliche Zukunft oder über den Sinn ihres Lebens nachdenken, oder darüber, ob sie liebenswert sind oder nicht. Sie machen sich keine Sorgen über Vorstellungsgespräche oder darüber, wie sie ein Darlehen zurückzahlen können. Unsere Fähigkeit, über die Welt, in der wir leben, nachzudenken, Selbstbewusstheit zu haben, über uns, unsere Lebensziele und Beziehungen mit anderen zu reflektieren, Dinge zu planen und kreativ zu sein, ist eine Quelle vieler Dinge, die uns menschlich machen. Sie sind der Grund, weshalb wir Kultur, Wissenschaft und Modenschauen haben. Wir können verändern, was in unseren Köpfen passiert. Zum Beispiel können wir eine Szene kreieren und imaginieren, was geschehen würde, wenn A oder B oder C passieren würde.

Wir können auch planen, konzeptualisieren und antizipieren, und wir können eine Menge verschiedene filmähnliche Simulationen in uns ablaufen lassen. In unserer Phantasie könnten wir uns ein Rendezvous mit einem bestimmten Menschen ausmalen – was jemand sagen könnte, was wir erwidern würden, was jemand antworten würde und immer so weiter ... bis der Alkohol die Kontrolle übernimmt. Oder wir könnten uns einen Urlaub ausmalen, was wir dort tun würden, und darüber nachdenken, was nicht passieren sollte. Wir können über unsere Pläne nachdenken, wie wir Dinge erreichen wollen und wie wir Fehlschläge vermeiden können – zum Beispiel die Anerkennung und die Veränderung unseres Lebens, wozu es kommen würde, wenn wir ein Examen bestehen sollten, und die verpassten Gelegenheiten, wenn wir versagen. Wir haben uns jetzt weit von der Welt „wie sie ist“ entfernt und befinden uns tief in der Welt der Phantasie.

Vorteile und Nachteile der Phantasie

Viele Forscher meinen, dass es die Evolution unserer Fähigkeit war, auf kreative Weise zu imaginieren, die uns die Vorteile vermittelte, dic dazu geführt haben, dass wir die dominante Spezies wurden. Zum ersten Mal war ein Lebewesen – wir – nicht von dem determiniert, was seine Gene ihm vorgaben. Wir Menschen können verbessern, was die Gene vorgeben, weil wir uns bessere Lösungen vorstellen können. Bienen, Vögel und Biber bauen Generation um Generation dieselben Formen von Behausungen (Bienenstöcke, Nester und Dämme) – seit Tausenden von Jahren –, weil sie primär von dem gespeicherten Wissen in ihren Genen abhängig sind, die ihnen sagen, „wie sie es machen sollen". Sie werden dabei von Beobachtung und Lernen bei der Arbeit unterstützt. Menschen aber haben von Lehmhütten bis zu Wolkenkratzern, von Lagerfeuern bis zur Zentralheizung, vom Laufen in der Savanne bis zum Flug zum Mond einen weiten Weg zurückgelegt. Die Evolution des Geistes, der „imaginieren" und über das hinausgehen kann, „was da ist", hat eine erstaunliche Wirkung auf das Aussehen der Erde. Wir nähern uns einer Technologie, mit der wir sogar in der Lage sein werden, unsere Gene zu verändern.

Die Vorteile unserer Phantasien sind zahlreich. Sie befähigen uns nicht nur, kreativ zu sein und vorauszuschauen, sondern ermöglichen uns auch, unsere physiologischen Systeme zu stimulieren. Wie bei vielen Dingen, die im Laufe der Evolution entstanden sind, stehen den Vorteilen aber oft Nachteile gegenüber. Unsere Phantasien machen uns oft unglücklich oder ängstlich. Sie können von Erinnerungen daran, was uns in der Vergangenheit passiert ist, besetzt werden. Wenn wir zum Beispiel eine eher unglückliche Kindheit hatten, kann es sehr schwierig sein, sich vorzustellen, dass wir jemals eine liebevolle Beziehung finden oder Erfolg haben können. Allgemeiner gesagt, wenn wir in der Vergangenheit viele Probleme hatten, werden unsere Phantasien auf Gefahr hin orientiert sein. Das Gehirn wird uns nämlich zu schützen versuchen – z. B. „Du erinnerst dich besser an dies und du denkst besser an das" (Bilder aus der Vergangenheit tauchen auf) und „Sei nicht unvorsichtig".

Weil wir Phantasien haben können, können wir auch *grübeln.* Es gibt nun aber verschiedene Formen von Grübeln. Eine hat mit dem Versuch zu tun, Probleme zu lösen. Wir drehen und wenden ein Puzzle immer wieder, wenn wir versuchen einzuschlafen, und manchmal ist eine Lösung einfach da, wenn wir aufwachen. Wir haben dann eines dieser Aha-Erlebnisse. Bei einer anderen Form von Grübeln sind wir irgendwie verstimmt oder verärgert und denken immer wieder an dieselben Dinge, die uns unglücklich, ängstlich oder ärgerlich gemacht haben. Ein trauriges Beispiel ist das, was passiert, wenn jemand stirbt, den wir lieben. Es ist schwer, sich diesen Menschen dann nicht vorzustellen und dabei zu verweilen, wie das Leben hätte sein können, wenn er noch leben würde. Oder jemand hat einen wirklich verärgert, ausgenutzt oder unfair behandelt. Man stellt sich dann immer wieder vor, wie unfair sich dieser Mensch verhalten hat und wie man ihm das heimzahlen könnte. Wenn man kreativ ist, können einem ein paar richtig böse Sachen einfallen.

Unsere Phantasien können also die Wirkung haben, dass wir uns weiter mit *unserem Leiden beschäftigen.* Es kann passieren, dass auf der Straße ein aggressiv aussehender junger Typ Sie anrempelt, und Sie den Eindruck haben, dass er das mit Absicht gemacht hat. Der reale Schmerz des Zusammenstoßes hält etwa eine oder zwei Minuten an, aber der Schmerz, der dadurch verursacht wird, dass Ihre Aufmerksamkeit bei der Wut und dem Gedanken hängen bleibt: „Wenn ich 20 Jahre jünger wäre …“ und „Was ist das nur für eine Welt?“, kann viel länger dauern. Es sind oft Grübeleien wie diese, die uns genau an die Stellen bringen, die am meisten wehtun. Auch wenn es schwierig sein kann, sich von einer Grübelei zu lösen, weil Emotionen eine sehr starke Anziehungskraft besitzen, sehen wir doch, dass wir nicht dauerhaft mit einem unangenehmen Gefühl leben oder an Wut oder Ärger oder Verlangen nach Rache festhalten möchten. Wir können einen Kurs steuern, der von diesen Stellen wegführt, nicht um sie zu verleugnen, sondern um nicht darin gefangen zu bleiben.

Wie sich unsere Gedanken und unsere Phantasien auf unser Gehirn auswirken

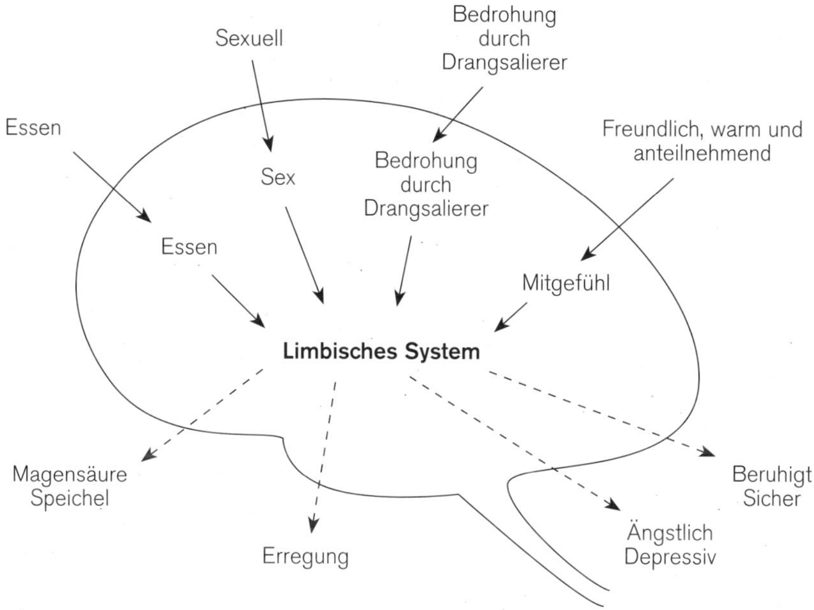

Diagramm 2:
Wie Gedanken und Bilder sich auf unser Gehirn und unseren Körper auswirken

Gedanken, Phantasien und Erinnerungen können starke Wirkungen auf Systeme in unserem Gehirn haben. Schauen Sie sich das Diagramm 2 an: Es zeigt, wie äußere Dinge und Ihre Phantasien von äußeren Dingen sehr ähnlich auf Ihren Körper wirken können. In der Mitte des Diagramms sehen Sie den Begriff *limbisches System.* Dies ist ein Oberbegriff für eine Reihe wichtiger Systeme im Gehirn (wie die Amygdala, die Hypophyse und der Hypothalamus), die Begierden, Gefühle und verschiedene Körperfunktionen regulieren. Schauen wir uns an, wie allein schon unsere Phantasien die Systeme im Gehirn tatsächlich aktivieren können:

Angenommen, Sie sind sehr hungrig und vor Ihnen steht ein wunderbares Gericht. Was passiert in Ihrem Körper? Was Sie sehen und riechen, stimuliert einen Bereich Ihres Gehirns, der Botschaften an Ihren Körper sendet, damit Ihr Mund anfängt, Speichel und Ihr Magen Magensäure zu produzieren. Zugleich werden vielleicht Bauchgeräusche hörbar. Aber angenommen, Sie sind sehr hungrig, schließen Ihre Augen und stellen sich ein wunderbares Gericht nur vor. Was passiert dann in Ihrem Körper? Probieren Sie es einmal aus! Gut, die Bilder, die Sie absichtlich in sich hervorrufen, können ebenfalls Botschaften an denselben Bereich Ihres Gehirns schicken, der dann Botschaften zu Ihrem Körper sendet, so dass Ihnen das Wasser im Mund zusammenläuft und Ihre Magensäfte wieder fließen. Aber denken Sie daran: Dieses Mal gibt es nicht wirklich etwas zu essen, es ist nur ein Bild, das Sie in Ihrer Vorstellung geschaffen haben, aber es ist in der Lage, physiologische Systeme in Ihrem Körper zu stimulieren, die Speichel und Magenflüssigkeit produzieren. Nehmen Sie sich einen Moment Zeit, um darüber nachzudenken.

Nehmen wir jetzt ein anderes Beispiel, etwas, was uns allen schon begegnet ist. Angenommen, Sie sehen etwas im Fernsehen, was sexuell attraktiv ist und einen Bereich Ihres Gehirns stimuliert, der Ihren Körper so beeinflusst, dass Sie sexuell erregt werden. Ebenso gut können Sie sich natürlich, wenn Sie allein sind, etwas vorstellen, was Sie sexuell erregt, und auch *das* kann sich auf Ihren Körper auswirken. Der Grund dafür ist, dass allein das Bild physiologische Systeme in einem Bereich des Gehirns stimulieren kann, nämlich der Hypophyse, die Hormone in Ihren Körper ausschüttet.

Entscheidend ist also, dass Bilder unser Gehirn und unseren Körper stark stimulieren können. Nehmen Sie sich wieder einen Moment Zeit und denken Sie darüber nach, denn an diese Einsicht werden andere Ideen, die ich noch vortragen werde, anknüpfen. Die Bilder, die Sie absichtlich in sich erzeugen, stimulieren Ihre Physiologie und Ihre Körpersysteme.

Kehren wir dies um und stellen uns ein eher negatives Beispiel vor. Angenommen, jemand drangsaliert Sie. Die betreffende Person weist Sie immer wieder auf Ihre Fehler oder auf Dinge hin, mit denen Sie unglücklich sind, reitet darauf herum oder erzählt Leuten, dass Sie nichts taugen und dass es sinnlos ist, Ihnen etwas zuzutrauen. All dies hat eine Wirkung auf Ihre Stresssysteme, die das Stresshormon Cortisol verstärkt ausschütten werden. Wie geht es Ihnen, wenn jemand Sie kritisiert? Wie fühlt es sich in Ihrem Körper an? Denken Sie einen Moment darüber nach. Weil diese Erfahrungen unangenehm sind, haben sie wahrscheinlich zur Folge, dass Sie Angst bekommen, sich ärgern oder unglücklich sind, weil das System zur Bewältigung von Gefahr und für Selbstschutz aktiviert wird. Wenn die Kritik scharf und andauernd ist, werden Sie deprimiert. Sie wären davon nicht überrascht. Der Punkt ist aber: *Unsere eigenen Gedanken und Phantasien können dasselbe bewirken.*

Wenn Sie *sich selbst* also ständig herabsetzen, kann das ebenfalls Ihre Stresssysteme aktivieren und das emotionale System im Gehirn aktivieren, welches bewirkt, dass Sie Angst bekommen, wütend werden und sich niedergeschlagen fühlen. Unsere Gedanken können sich auf die Teile unseres Gehirns auswirken, die Stress auslösende oder mit Stress verbundene und unangenehme Gefühle entstehen lassen. Und sie können mit Sicherheit positive Gefühle dämpfen. Wenn wir einen selbstentwertenden Stil entwickeln, stimulieren wir unser System zur Bewältigung von Gefahr und für Selbstschutz und fühlen uns verständlicherweise ständig bedroht! Das ist nichts anderes als das, was wir beobachten, wenn sexuelle Vorstellungen und Gefühle das sexuelle System anregen oder wenn die Gedanken an ein schönes Essen das Verdauungssystem stimulieren. Zusammen mit anderen Forschern an den Universitäten von Aston und Glasgow scannen meine Kollegen und ich zurzeit das Gehirn von Testpersonen, um zu sehen, was passiert, wenn sie aufgefordert werden, sich in Gedanken zu entwerten oder Selbstmitgefühl zu empfinden. Bisher ist klar, dass, je nachdem, wie wir über uns denken, verschiedene Bereiche im Gehirn stimuliert werden.

Nun gibt es viele Gründe, weshalb wir uns möglicherweise chronisch selbst entwerten. In Kapitel 10 werde ich ausführlich die Rolle der Scham bei Selbstentwertung besprechen und was man daran verändern kann, wenn man einen Ansatz mit Mitgefühl anwendet. Hier können wir kurz feststellen, dass wir selbstentwertend werden können, weil andere uns in der Vergangenheit schon entwertet und wir ihre Sichtweise als richtig übernommen haben. Wir halten nicht inne und denken darüber nach, ob sie wirklich an unserem Wohlergehen interessiert waren, ob ihnen wirklich an uns gelegen war und sie uns mit ihrer Kritik helfen wollten – vielleicht standen sie unter ziemlich großem Stress, waren gereizt und haben mehr oder weniger jeden entwertet. Wir haben die Kritik an uns einfach hingenommen – wie man das als Kind so macht – und nie innegehalten und uns gefragt, ob sie berechtigt oder vernünftig ist. Oder wir haben uns sehr angestrengt, um einen bestimmten Standard zu erreichen, etwas zu schaffen oder uns auf eine bestimmte Weise darzustellen. Vielleicht sind schlimme Dinge passiert, und wir haben das Gefühl, dass wir uns nie davon erholen können und dass wir dauerhaft beschädigt sind. Möglicherweise hassen wir uns dafür. Wenn die Dinge sich nicht so entwickeln, wie wir möchten, kann uns das Angst machen, weil wir denken, dass wir uns selbst im Stich gelassen haben oder dass andere uns ablehnen. In unserer Frustration kritisieren wir uns dann selbst und lassen unsere Gefühle an uns aus. Das ist zwar verständlich, aber wenn wir so mit uns umgehen, schaden wir uns, weil wir uns dann negative Signale geben, die unser Gehirn zu unserem Schaden ungünstig beeinflussen.

Selbstberuhigung durch Mitgefühl

Normalerweise beruhigt uns, wenn andere freundlich und verständnisvoll mit uns sind, uns unterstützen und ermutigen. Unser Gehirn reagiert natürlich auf diese Art Verhalten. Gemäß der Theorie sozialer Mentalität hat sich mit der Evolution von Altruismus und besonders der fürsorglichen sozialen Mentalitäten auch Freundlichkeit entwickelt. Angenommen, Sie sind in einer schwierigen Situation und strengen sich sehr an, und da ist jemand, der sich um Sie kümmert und versteht, wie schwer das alles für Sie ist und Sie mit Wärme und echter Fürsorge ermutigt. Wie fühlt sich das an? Nehmen Sie sich etwas Zeit und denken Sie darüber nach. Achten Sie darauf, wie Ihr Gehirn und Ihre Mentalität, die für Fürsorge empfänglich ist, in der Lage sind, auf diese Signale mit Trost zu reagieren.

Wenden Sie Ihre Gedanken jetzt dem zu, was passiert, wenn Sie sich damit abmühen, eine neue Fertigkeit zu lernen, und jemand anders schneller durchzublicken scheint als Sie. Das Bewusstsein, dass andere besser als Sie sind, könnte Ihre Mentalitäten aktivieren, die für Konkurrenz und Rang zuständig sind. Sie merken dann, dass Sie sich mit dieser anderen Person vergleichen. Sie könnten sich zwingen, besser zu werden oder auszusteigen, oder Sie akzeptieren einfach, dass andere bei dieser bestimmten Aufgabe besser sind, und Sie machen einfach weiter.

Wie ist es, wenn Sie einen Lehrer haben, der sehr freundlich und warmherzig ist, sehr genau Ihre Schwierigkeiten und Probleme kennt, Ihnen sehen hilft, was Sie richtig machen und wie Sie auf diesen guten Dingen aufbauen können? Vergleichen Sie diesen Lehrer mit einem anderen, der sichtbar gereizt mit Ihnen umgeht, der Ihnen das Gefühl vermittelt, dass Sie die Klasse aufhalten, und der sich auf Ihre Schwächen konzentriert. Es ist ziemlich klar, dass Sie den ersten Lehrer vorziehen und bei ihm auch viel besser sind. Nehmen Sie wahr, wie das Verhalten des ersten Lehrers Sie beruhigt, das des anderen aber Ihren Stress, Ihre konkurrierende Mentalität und auf den Rang bezogene Gefühle, unterlegen zu sein, weiter aktiviert.

Lassen Sie uns diese Einsicht nutzen, um zu sehen, dass wir auch *uns selbst* mit Freundlichkeit oder mit Irritation behandeln können, was in uns verschiedene soziale Mentalitäten stimulieren wird. Wir können freundlich und beruhigend, oder wir können entwertend sein und uns herabsetzen und damit uns selbst das Gefühl vermitteln, dass wir unterlegen sind. Auf genau dieselbe Weise, wie Imaginieren eines Mahles Empfindungen und Gefühle in unserem Körper stimulieren kann, die mit Essen zu tun haben, können unsere Gedanken und Bilder unsere fürsorgliche Mentalität und Systeme im Gehirn stimulieren, die Trost bewirken. Wenn wir lernen, uns freundlich und mit einer fürsorglichen Mentalität zu begegnen – uns hilfreiche Botschaften zu schicken, wenn etwas wirklich schwierig ist –, werden wir auch eher jene Teile unseres Gehirns stimulieren, die auf Freundlichkeit reagieren. Dies kann uns helfen, mit Stress und Rückschlägen besser umzugehen.[2] Wenn Sie eine innere Beziehung mit sich entwickeln, die auf der konkurrierenden Mentalität der Strebsamkeit und des Bedürfnisses beruht, Erfolg zu haben, etwas zu leisten und andere zu kontrollieren oder zu beeindrucken, dann kann es sein, dass es Ihnen gut geht, wenn Sie erfolgreich sind, aber deprimiert sind (oder sich unterlegen oder als Verlierer fühlen), wenn Sie scheitern oder versagen. Die fürsorgliche Mentalität meldet sich aber genau dann, wenn die Dinge nicht so gut laufen, um zu ermutigen, zu unterstützen und zu beruhigen. Daher versuchen wir, selbstgelenkte Fürsorge, Verständnis und ermutigendes, freundliches und unterstützendes Denken und Gefühl in uns hervorzurufen.

Denken in Mitgefühl ausbilden

Es geht also in beide Richtungen: Unsere Phantasien, Gedanken und Reflexionen können Systeme in unserem Gehirn stimulieren, und unsere Systeme zur Regulierung unserer Emotionen können Gedanken und Phantasien lenken. Vor diesem Hintergrund ist es nicht schwer, zu verstehen, welche Vorteile Mitgefühl und Freundlichkeit haben. Wir wissen auch, dass der Wunsch, uns mit anderen zusammenzutun, die hilfsbereit sind, wahrscheinlich zu unserem angeborenen Erbe gehört. Hilfsbereite und mitfühlende Menschen helfen nämlich uns und damit unseren Genen zu überleben. So wichtig ist Freundlichkeit für uns, dass wir schon von klein an sehr wach und sensibel für freundliche Menschen sind. Kiley Hamlin von der Yale University zeigte sechs bis zehn Monate alten Babys das Bild einer Figur, die sich anstrengte, einen Hügel hinauf zukommen. Dann zeigte er ihnen ein Spielzeug, das versuchte, der Figur zu helfen, und ein anderes, das sie wieder den Hügel hinabstieß. Die Babys zogen es eindeutig vor, mit dem Spielzeug zu spielen, das als hilfreich abgebildet war – und das mit weniger als einem Jahr![3]

Doch trotz der Tatsache, dass Freundlichkeit gut für uns ist und wir uns darüber freuen, leiden wir alle unter einem Mangel an Freundlichkeit[4] – nicht zuletzt die Armen der Welt, die Hungernden, die, die in Kriege und Konflikte oder in von Gewalt geprägte Beziehungen verwickelt sind, die den Zerstörungen durch psychische Krankheit ausgeliefert sind, die Kranken und die Sterbenden. Im Inneren wissen wir, dass das Leben hart ist und dass wir alle sehr viel mehr Freundlichkeit und Mitgefühl brauchen, als wir bisher bekommen. Wir sehen auch, dass wir selbst und viele unserer Freunde unter einem Mangel an *Selbstmitgefühl* leiden. Und natürlich müssen wir unsere Umwelt respektieren und schützen, die wir so sehr ausgebeutet, verschmutzt und zerstört haben.

Sensibel, liebevoll und mitfühlend zu sein ist nicht leicht, denn wir sind so vielen anderen Zwängen ausgesetzt. Evolutionisten sagen uns, dass Freundlichkeit und Zuwendung teure Ressourcen sind, wenn man sie ausgibt. Daher behalten wir sie vor allem (mit ein paar Ausnahmen) unseren Verwandten, Geliebten und Freunden vor. Was Freundlichkeit mit uns selbst angeht, schauen Sie einmal, wie schwer es ist, freundlich zu sich selbst zu sein, wenn etwas schiefgeht oder wenn jemand Sie kritisiert. Wir werden ärgerlich oder wütend auf uns oder sind enttäuscht von uns, und vielleicht halten wir uns innerlich die Kritik der anderen oder unsere Fehler oder Irrtümer vor. Aus Frustration oder Angst kann es dann dazu kommen, dass wir sie unverzeihlich finden und wenig freundlich mit uns umgehen.

Es gibt viele Bücher zum Thema, wie Mitgefühl eine Möglichkeit sein kann, den Weg zum Glück zu finden. Mitgefühl kann jedoch in vielen Bereichen unseres Lebens, nicht nur wenn es um Glück geht, von großer Bedeutung und hilfreich sein. Es kann uns helfen, mit Versagen fertig zu werden, Risiken einzugehen, mit unseren Rückschlägen auf dem Weg zu Kompetenz zu üben und umzugehen, Kritik und Konflikte zu verarbeiten und harmonischere Beziehungen zu entwickeln. Es kann zu einem Zentrum unseres Selbstgefühls werden, etwas, wonach wir streben und woran wir arbeiten. Es kann uns helfen, uns mit einem fürsorglichen und beruhigenden Aspekt unserer Psyche zu verbinden und uns den Wechselfällen des Lebens zu stellen und sie zu bewältigen. Wenn wir anerkennen, dass wir in einem Ozean von Leiden leben, können wir Sinn und Berufung finden, wenn wir uns der Aufgabe widmen, Mitgefühl in die Welt zu bringen. Und Mitgefühl kann uns helfen, Weisheit zu entwickeln, so dass wir uns von rachsüchtigen, ängstlichen und aggressiven Lösungen für Probleme distanzieren und in einer Welt begrenzter Ressourcen nach Fairness, Gerechtigkeit und Freundlichkeit streben können.[5]

Elemente eines mitfühlenden Denkens

Wir können nun darüber nachdenken, *was Mitgefühl ist* und wie wir es entwickeln können. Wir haben festgestellt, dass es sich aus Anteilnahme und Fürsorge entwickelt hat – das heißt, es ist eine soziale Mentalität, die Fürsorge schafft, und ein grundlegender Archetyp. Wenn dieser Archetyp in Interaktionen wirksam ist, in denen wir füreinander sorgen, kann er uns helfen, uns ruhig und sicher zu fühlen, und beeinflussen, wie unser Körper funktioniert. Wenn wir in freundlichen und nicht in kritisch entwertenden Beziehungen sind, ist das Niveau der Stresshormone niedriger und das der chemischen Substanzen, die mit unserem Wohlgefühl zu tun haben, höher. Dann ist auch unser Immunsystem robuster. Dasselbe gilt, wenn wir uns mit Selbstmitgefühl und nicht mit wertender Kritik behandeln.

Mitgefühl spielt also eine wichtige Rolle dabei, dass Muster im Gehirn entstehen – es nutzt bestimmte Motive und Kompetenzen und organisiert sie in bestimmter Weise. Es ist stark daran beteiligt, dass in Geist und Körper Gefühle von Wohlbefinden entstehen.[6] Aber wir müssen das Gehirn darauf ausrichten und darin ausbilden, Fähigkeiten für Mitgefühl zu entwickeln, um diese Früchte ernten zu können.

Es gibt viele Definitionen von Mitgefühl und den Faktoren, die daran beteiligt sind. Der Buddha erkannte, dass wir unseren Geist auf vielerlei Weise ausbilden müssen. Er sprach von dem Achtfachen Weg:

- *Richtiges Erkennen* – Entwickeln klarer Einsicht in die wahren Ursachen von Leiden, das Folge von Anhaften und Gier ist
- *Richtige Absicht* – Motivation zu Fürsorge, Friedfertigkeit und Hasslosigkeit
- *Richtige Rede* – Haltung, in zwischenmenschlichen Beziehungen Freundliches und nicht Verletztendes zu sagen
- *Richtiges Handeln* – Verhalten, das heilen und nicht zerstören oder schaden will
- *Richtige Existenzgrundlage* – Wahl eines Berufes und wie man sich bei der Arbeit verhält
- *Richtiges Maß an Anstrengung* – Notwendigkeit, mit Entschlossenheit und Hingabe zu üben

- *Richtige Achtsamkeit* – Haltung, im jeweiligen Moment mit Mitgefühl aufmerksam zu sein
- *Richtige Konzentration* – gerichtete Aufmerksamkeit und Sammlung als Form von Achtsamkeit und Mitgefühl

Einigen dieser Punkte werden wir später noch in einem anderen Kontext begegnen.

An der Entwicklung des Konzeptes von Selbstmitgefühl war Kristin Neff maßgeblich beteiligt. Hinweise auf ihr Werk finden Sie auf ihrer Website zu Selbstmitgefühl (www.self-compassion.org) – neben ein paar Fragebögen, die Sie ausfüllen können, wenn Sie mehr darüber erfahren möchten, wie viel Selbstmitgefühl Sie haben. Kristin benennt drei Hauptdimensionen:

- *Freundlichkeit* – Verständnis der eigenen Schwierigkeiten und Freundlichkeit und Wärme angesichts von Versagen oder Scheitern, statt sich streng zu verurteilen und mit Scham zu reagieren
- *was zum Menschen gehört* – die eigenen Erfahrungen durch die Conditio humana bedingt sehen, und nicht als persönlich und möglicherweise isolierend oder beschämend
- *achtsames Annehmen* – bewusstes Annehmen schmerzhafter Gedanken und Gefühle, statt sich mit ihnen zu identifizieren

Mein eigenes Denken beruht auf einem evolutionären neurowissenschaftlichen Ansatz, und der verändert sich mit unserem Verständnis und Wissensstand. So wie der Dalai Lama sagt, seine eigentliche Religion sei Freundlichkeit, so platziert ein neurowissenschaftlicher Ansatz Freundlichkeit ganz oben auf der Liste der grundlegenden Attribute von Mitgefühl und Wohlbefinden. Nach meinem Ansatz hat sich die Fähigkeit zu Mitgefühl aus der Fähigkeit für Altruismus und fürsorgliches Verhalten entwickelt. Mitgefühl kann als Verhalten definiert werden, das darauf zielt, Gefühle von Akzeptanz und Zugehörigkeit zu nähren, zu betreuen und zu behüten, zu lehren, zu führen, zu begleiten, zu beruhigen und zu beschützen – um einem Menschen von Nutzen zu sein.[7] Ein solches Verhalten verlangt eine Reihe unterschiedlicher Kompetenzen und Attribute, die als *Mitgefühlskreis* miteinander verbunden werden können (siehe Diagramm 3). Diese vernetzten Elemente fördern einander, und alle sind von Wärme belebt, nicht von kühler Distanziertheit. Es gibt einen inneren Kreis der *Attribute* und einen äußeren Kreis der *Fähigkeiten.* Der äußere Kreis enthält das „Wie" für den inneren Kreis. So können wir lernen, unsere Aufmerksamkeit mit Mitgefühl zu lenken, zu denken und zu argumentieren, Mitgefühl zu empfinden, uns mitfühlend zu verhalten, mitfühlende Bilder und Phantasien zu erzeugen und daran zu arbeiten, ein körperliches Gefühl von Mitgefühl herzustellen. Keine Sorge, wenn Ihnen das ein bisschen kompliziert erscheint. Wenn wir weitergehen, wird es klarer werden.

Wir können uns vornehmen, in unseren Beziehungen Kreise von Mitgefühl zu entwickeln, aber wichtig ist auch, dass wir das in der Beziehung mit uns selbst tun. Grund dafür ist, dass Mitgefühl aus vielen interagierenden Elementen besteht. Wenn es aktiviert ist, prägt es unser ganzes Denken. Deshalb nennt man es *mitfühlendes Denken.* Wenn wir unser Denken in Mitgefühl üben, nennt man das *Üben mitfühlenden Denkens.* Wir werden jetzt jedes einzelne dieser Attribute von Mitgefühl besprechen.

Sorge für Wohlbefinden

Motive und Wünsche, unterstützend und hilfreich zu sein, liegen dem Mitgefühl zugrunde. Zur Fürsorge für sich selbst und für andere gehört der Wunsch und die Motivation, aufrichtig Anteil an anderen (und an sich selbst) zu nehmen, wenn sie in Not sind, *und* ihr Wohlbefinden zu fördern.[8] Der buddhistischen Psychologie zufolge gibt es den Wunsch, Leiden zu lindern, aber er muss „geschickt" mit einem Wissen von den Ursachen des Leidens und mit einer gewissen Anstrengung in die Tat umgesetzt werden, die Mittel zur Hilfe bereitzustellen.[9] Man kann herausfinden und lernen, wie man alle möglichen Dinge nähren und pflegen kann – von den eigenen Kindern bis zum Haustier, den Pflanzen und sogar dem Familienauto. Natürlich verstehen wir, dass Fürsorge, die auf lebende und mit Sinnen begabte Wesen gerichtet ist, sich von der Sorge für unbelebte Gegenstände unterscheidet. Das Verlangen, sich zu „kümmern“, ist aber allen fürsorglichen Aktivitäten gemeinsam. Manchmal ist unsere Fürsorge davon gefärbt, dass wir selbst auch Wertschätzung von anderen wollen und als Gegenleistung selbst umsorgt werden möchten – das ist nur menschlich. Vieles, was wir tun, tun wir aus mehreren Gründen, deshalb sollte man nicht unbedingt versuchen herauszufinden, ob die eigenen Emotionen von eigennützigen Wünschen unbeeinflusst sind. Ein deutlich eigennütziger Wunsch wäre z. B.: „Ich möchte das Gefühl haben, dass ich ein fürsorglicher Mensch bin“, weil es unser Selbstgefühl stärkt. Ich persönlich fühle mich erhoben, wenn ich hilfsbereit bin. Ich betone aber immer wieder, dass die Kombination und Integration *aller Qualitäten von Mitgefühl* – das heißt das Muster – entscheidend ist. In Kapitel 8 werden wir einige Bild-Übungen kennenlernen, mit denen wir Mitgefühl für andere in uns anzuregen versuchen.

Multimodales Training mitfühlenden Denkens

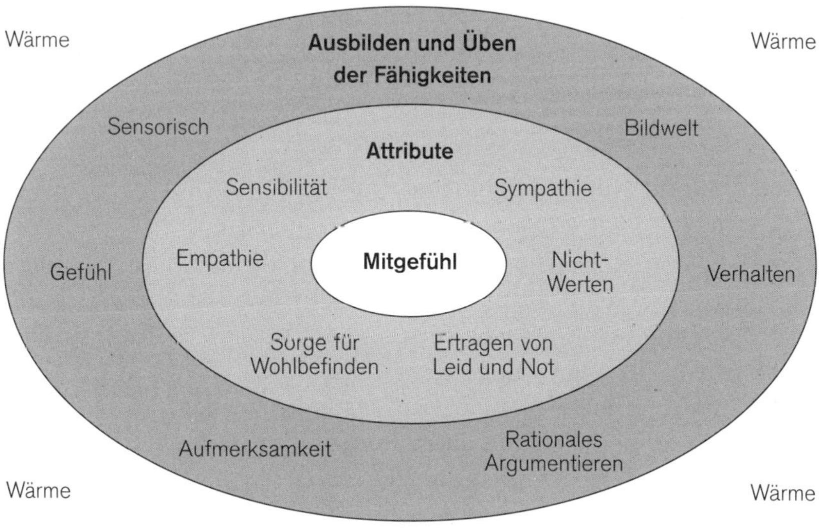

Diagramm 3: Der Mitfühlkreis: Schlüssel-Attribute von Mitgefühl (innerer Kreis) und die notwendigen Fähigkeiten, sie zu entwickeln (äußerer Kreis).

Wenn man Mitgefühl auf sich selbst richtet, wird damit zur Orientierung, für sich selbst zu sorgen, sich zu nähren und zu unterstützen, um Wohlbefinden zu fördern und um zu gedeihen. Jemand, der in einer strengen Familie und mit der Erfahrung, beschämt worden zu sein, aufgewachsen ist, ist manchmal unklar und nicht wirklich motiviert, daran zu arbeiten, für sich selbst zu sorgen und sich um sich zu kümmern. Er kann fürsorglich für andere sein oder sich verteidigen oder dazu motiviert sein, Dinge „zu erreichen“ oder soziale Anerkennung zu erlangen oder sich selbst darzustellen – aber echte Selbstfürsorge und Interesse am eigenen Wohlbefinden ist etwas anderes. Im Grunde empfindet er diese Motivation oft als selbstbezogen, maßlos oder auch als Schwäche, für ihn sollten andere immer vorgehen. Deshalb ist es so wichtig, darüber nachzudenken, was „Sorge für das eigene Wohlbefinden“ bedeutet. Bei einer späteren Übung wird es darum gehen.

Ein Ansatz besteht darin, dieses Problem ganz praktisch unter dem Aspekt der Systeme im Gehirn und wie man sie in ein Gleichgewicht bringen kann, zu betrachten. Wie bei körperlicher Fitness geht es nicht darum, dass man Mitgefühl „verdient“, sondern darum, den Geist auszubilden und zu üben. Man kann es also als eine Art Physiotherapie für das Denken betrachten, wenn man Selbstmitgefühl entwickelt.

Sensibilität für Not und Bedürfnisse anderer

Sensibel für die Not anderer Menschen zu sein bedeutet, dass wir in der Lage sind, sie wahrzunehmen und aufmerksam bei ihr zu sein. Natürlich kann man das, wenn man gehetzt oder beschäftigt ist, einfach abtun. Aber man kann sich wenigstens vornehmen, sich darin zu üben, sensibel und mitfühlend zu sein – es ist *unsere* Entscheidung.

Ich habe sogar mit nicht wenigen Menschen gearbeitet, die das Gefühl hatten, sie müssten sich darin üben, *unsensibel* zu sein, weil sie meinten, sonst keine schwierigen Entscheidungen treffen zu können. Dies ist nicht so seltsam oder so herzlos, wie es sich vielleicht anhört. Ein Geschäftsmann erzählte mir, dass er relativ unsensibel sein und sich Leiden gegenüber hart machen musste, als er gezwungen war, Angestellte zu entlassen. Hätte er das nicht getan, hätte seine Firma nicht überlebt und alle hätten ihren Job verloren. Ein extremes Beispiel ist die Ausbildung beim Militär, bei dem Soldaten lernen, wie sie fähig werden, zu töten. Normalerweise möchten Menschen wirklich keine anderen Menschen töten, und daher wären Soldaten ohne diese Ausbildung möglicherweise zu gehemmt, das zu tun, und würden sich selbst und andere in Lebensgefahr bringen. Wenn man unsere Soldaten so ausbildet, darf man natürlich nicht überrascht sein, wenn manche von ihnen später grausam handeln. Leider geht das Trauma bei vielen, wenn sie vom Krieg gezeichnet nach Hause zurückkehren, gewöhnlich nicht nur auf die Gewalt zurück, der sie selbst ausgesetzt waren, sondern auch auf die Gewalt, die sie anderen angetan haben. Es gibt hier kein Gut und Böse, nur komplexe Hirnzustände, die als Ergebnis vieler Faktoren entstehen. Das sind unter anderen die Persönlichkeit des Menschen und sein Hintergrund, seine Ausbildung, der soziale Kontext, in dem er gegenwärtig lebt, und erlernte oder übernommene Muster von Angst und Rache.

Manche Menschen glauben, am besten käme man durch das Leben, wenn man für den eigenen Schmerz unempfindlich wäre, ihn ausblendete und einfach mit der Arbeit weitermachte und sich ein dickes Fell zulegen würde. Mitgefühl bedeutet, zunächst respektvoll gegenüber diesem Versuch zu sein, und anzuerkennen, dass wir alle versuchen, so gut wir können durch das Leben zu kommen. Bei manchen Menschen kann diese Taktik zu psychischen Problemen oder zu einer gewissen Gefühllosigkeit führen, die dann für andere sehr problematisch sein kann. Wenn wir uns darin üben, mehr mit uns selbst – mit unseren Irritationen, Gefühlen und Bedürfnissen – in Einklang zu sein, nützt uns das gewöhnlich mehr.

Wenn man Selbst-Bewusstheit, Offenheit und Sensibilität für seine Not und seine Bedürfnisse entwickelt, bedeutet das, dass man lernt, aufmerksamer bei den Veränderungen der körperlichen Gefühle, Emotionen und Gedanken zu sein. Dann kann man entdecken, dass wir manchmal bestimmte schwache Signale oder Gefühle in unserem Körper wahrnehmen, die Vermeidungsverhalten oder defensive Strategien auslösen, statt diese Gefühle bewusst zu verarbeiten. Als Kirsten zum Beispiel Alan kritisierte, reagierte er direkt mit Wut und umging seine Gefühle von Verwirrung, Scham, Verletztheit, Angst vor Ablehnung und die Reaktivierung von Erinnerungen an Ablehnung aus seiner Kindheit. Mit der Wut ging er der Notwendigkeit aus dem Weg, all diese Not zu verarbeiten. „Lernen, für die eigene Not sensibel zu sein" würde für Alan bedeuten, langsam zu werden, zurückzutreten und zu sehen, was hinter der Wut ist. Im Grunde fühlen sich wütende Menschen leicht bedroht. Manche lenken sich mit Drogen oder Alkohol ab oder dämpfen damit schmerzhafte Gefühle und Erinnerungen. Wenn man mit ihnen über Veränderung spricht, sagen sie manchmal, es sei für sie das Letzte, „für die eigene Not sensibel" werden zu wollen. Sie wollen die Not loswerden, *nicht* sie annehmen.

Sensibilität für das, was uns aufregt, kann auch bedeuten, dass man dann herausarbeiten muss, was einen wirklich stört oder belastet: worin die eigentliche Angst oder Gefahr besteht, was eigentlich unsere Hauptthemen sind. Dieser Streit mit Ihrem Partner, weil er Ihren Geburtstag vergessen hat – geht es wirklich darum, oder geht es darum, dass Sie glauben, ihm liege nichts an Ihnen? Diese Wut, die Sie empfanden, als Ihr Kollege Ihre Arbeit kritisiert hat – ging es wirklich um die Arbeit oder darum, dass Sie ihn einfach nicht mögen? Oder sind Sie vielleicht deshalb wütend, weil auch Sie selbst kein Vertrauen in Ihre eigene Arbeit haben oder weil Ihr Stress einfach zu groß ist und Sie jede Kleinigkeit aus der Bahn wirft? Sind Sie von Ihrem Kollegen enttäuscht und wütend, weil er Sie an Ihren Vater erinnert, der Sie immer unfair kritisiert hat? Sensibel für sich selbst zu sein bedeutet, dass man lernt, neugierig zu werden und sich für den Grund zu interessieren, weshalb man so reagiert, wie man reagiert.

Psychotherapien können helfen, sich den Raum zu nehmen, um diese Themen zu durchdenken. Aber solange unsere Ängste nicht zu groß sind, können wir lernen, dies allein für uns zu machen, indem wir *achtsam* und zu guten *Beobachtern* werden. Wir können lernen, unsere Gefühle in Worte zu fassen, und auch, über sie zu schreiben – z. B. in Briefen an uns selbst. Dies werden wir später näher betrachten. Ich glaube, es ist immer leichter, sich seinen Ängsten und Bedürfnissen zu stellen, wenn einem klar ist, dass man mit vielen Gefühlen der Not nicht allein ist, sondern dass viele Menschen sie ebenso erleben. Unsere Verletzlichkeiten und unser Bedürfnis nach Liebe, Zuwendung, Zuneigung und Respekt sind das, was uns Menschen eigentlich ausmacht.

Sympathie

Dies ist die Fähigkeit, vom Schmerz anderer emotional bewegt zu sein. Wir gehen in einen traurigen Film und weinen über unserem Popcorn. Wir haben sogar besondere Neuronen in unserem Gehirn, *Spiegelneuronen* genannt, die uns ermöglichen, etwas allein dadurch zu fühlen, dass wir jemanden sehen, der es erlebt. Die Neuronen, die feuern, wenn wir Ekel, Angst, Wut oder Freude empfinden, feuern auch, wenn wir diese Emotionen bei anderen beobachten. Manche Forscher glauben, dass dies die Grundlage von Sympathie (der Fähigkeit, für andere zu empfinden) und Empathie (der Fähigkeit, uns in andere einzufühlen und sie zu verstehen) ist. Diese Fähigkeiten entwickelt man sehr früh im Leben – wenn zum Beispiel ein Kind im Kindergarten verzweifelt ist und weint, passiert es oft, dass dann auch andere zu weinen anfangen.[10]

Unsere Bereitschaft, uns *zu erlauben,* emotional bewegt zu sein, kann entscheidend dafür sein, wie wir etwas verstehen. 1995 zeigte die BBC zum Gedenken an den fünfzigsten Jahrestag des Endes des Zweiten Weltkrieges eine Reihe von Dokumentarfilmen. Ich hatte natürlich schon viele Dokumentarfilme über den Holocaust und die Konzentrationslager gesehen und dachte, ich hätte verstanden, wie schrecklich diese Lager gewesen waren. Eine zweistündige Sendung, die mit der Musik von Goreckis Dritter Symphonie unterlegt war, war aber etwas ganz anderes. Ich glaube, ich sah mir den Film an, weil ich dachte, ich sollte das sozusagen aus Respekt tun. Um ehrlich zu sein, ich hätte mir lieber Kricket angeschaut. In diesem Dokumentarfilm aber begleitete die Musik die Worte. Der Schwarz-Weiß-Film begann mit einer langsamen Zugfahrt auf schneebedeckten Gleisen zu trostlosen Gebäuden. Er wandte sich dann ausführlich dem Leben einzelner Menschen zu, es wurde aus Briefen, die in Matratzen versteckt gewesen waren, vorgelesen, und von Graffiti an den Wänden. Ein Brief stammte von einer Mutter, die über das ungewisse Schicksal ihrer Tochter verzweifelt war und hoffte, der Himmel würde sie wieder zusammenbringen. Stimmen überlagerten Bilder von leeren Räumen, in denen medizinische Experimente an den Insassen durchgeführt worden waren. Gedanken und Bilder, wie es mir ergangen wäre, wenn das mit meiner Frau und meinen

Kindern passiert wäre, waren schmerzhaft und unerträglich. Zum ersten Mal habe ich geweint. Ich war so im Schmerz, dass ich daran dachte, die Sendung abzustellen.

Ich war dann froh, dass ich das nicht getan hatte. In der Diskussion, die auf die Sendung folgte, drückten Menschen die gewohnten simplen Ideen über Gut und Böse aus, aber dann wies jemand darauf hin, dass dies wenig mit Gut und Böse und sehr viel mit unserem Gehirn zu tun hätte. Es hätte damit zu tun, wozu es fähig ist, und mit den sozialen Kontexten, die es prägen, und dass wir aufhören müssten zu glauben, dass wir volle Kontrolle über unser Denken haben. Die Geschichte zeige doch immer wieder, dass das eine Illusion ist – in Gruppen können wir alle möglichen schrecklichen Dinge tun.[11] Dieses Gefühl ist der Weg zu Mitgefühl. Mein Verständnis für die reine Verzweiflung in dieser Tragödie und mein Erkennen, womit wir es mit unserem in der Evolution entstandenen Geist zu tun haben und wie wir von den Leidenschaften unseres „alten Gehirns/Denkens" getrieben werden, hat mir neue Einsichten vermittelt und mich sehr berührt.

Wie ist es, wenn man auf sich *selbst* gerichtete Sympathie für die eigene Not entwickelt? Wie unterscheidet sich das von Selbstmitleid? Also, Mitleid mit sich selbst bedeutet, dass wir von schmerzhaften Dingen bewegt sind, die wir selbst erlebt haben. Wir sind für unser Leiden emotional offen. Selbstmitleid hat nichts mit Mitgefühl zu tun, weil dazu Elemente der Verachtung, eine Überidentifikation mit dem Gefühl, ein Opfer zu sein, und/oder eine Empfindung von Ärger oder Wut über erlittenes Unrecht gehören. Es ist möglich, dass wir uns als „arm und leidend" bedauern oder dass uns vor Wut die Tränen kommen, wenn wir uns über Unfairness beklagen. Das ist keine Sympathie mit der eigenen Not. Sympathie zu haben bedeutet zum Beispiel, aufrichtig davon bewegt zu sein, wie schlimm es ist, deprimiert zu sein. Oder wie beängstigend es war, als Ihre Mutter Ihnen als Kind drohte, Sie zu verlassen, oder wenn Ihr Vater betrunken war oder wenn er Sie schlug oder wenn Sie in der Schule gequält wurden oder sich immer als Außenseiter fühlten. Dies bedeutet nicht, dass Sie einfach in dem Leiden daran bleiben, wie schlimm es ist oder war, sondern eher, wie Sie Verständnis mit Mitgefühl für Ihren Schmerz entwickeln können. Es hilft uns auch, wenn wir über die Tatsache reflektieren, dass wir diese Dinge durchlebt und überlebt haben und dass wir manchmal mehr Mut und Ausdauer haben, als wir glauben.

Manche sagen vielleicht, dass sie „intellektuell" in der Lage gewesen sind, zu erkennen, wie schwierig die Dinge für sie waren – als Kind oder als sie eine Scheidung durchmachen mussten oder mit Einsamkeit kämpften, als sie ihre Kinder allein aufziehen mussten –, aber für sich und dafür, dass sie diese Erfahrungen machen mussten, hatten sie nie wirklich viel Sympathie und sie empfanden keine Freundlichkeit sich selbst gegenüber. Sie waren so sehr damit beschäftigt, „sich zusammenzuhalten", „sich zu schützen" oder „weiterzumachen", dass sie nie wirklich eine Chance hatten, diese Erfahrungen und den Schmerz, in dem sie gewesen waren, zu verarbeiten. Dieser Bewältigungsstil kann in gewisser Hinsicht schon ein Ausdruck von Mitgefühl sein, nämlich insofern er vor dem Hintergrund der gegebenen Möglichkeiten und Ressourcen das ist, was in diesem Moment nötig war. Es ist aber dennoch eine große Hilfe, wenn jemand, dem an Ihnen liegt, für eine sichere Umgebung sorgen und Ihnen Freundlichkeit und Unterstützung anbieten kann. Darum geht es beim Menschsein – helfen und Gefühle und Denken bei anderen verstehen. Kein anderes Tier besitzt eine vergleichbare Fähigkeit. Bei uns ist Sympathie die Fähigkeit, unseren Schmerz zu erkennen, ohne ihn zu verharmlosen, zu verleugnen oder von ihm zu dissoziieren. Es bedeutet, dass wir mit dem Schmerz arbeiten und ihn anderen mitteilen können, wenn sich die Gelegenheit ergibt und wenn das nötig ist.

Zum Beispiel Christine, eine Frau, mit der ich gearbeitet habe und die einen sehr schwierigen Hintergrund hatte. Sie hatte gelernt, „Dinge nicht zu fühlen". Als ihre Mutter starb, sah Christine, dass andere Menschen bei der Beerdigung sehr traurig waren, aber sie fühlte sich irgendwie leer und abgeschnitten und verachtete sich dafür, dass sie weinte und „sich nicht im Griff hatte". Bei der Therapie ging es um eine Wiederannäherung an ihre Gefühle, und während dieser Reise begann sie, mit dem Schmerz in Berührung zu kommen, den sie früher in ihrem Leben darüber empfunden hatte, dass ihre Mutter sie allein gelassen hatte, weil sie depressiv und alkoholabhängig gewesen war. Sie trauerte um die Mutter, die sie gebraucht hatte, sowie um ihre reale Mutter, die gestorben war. Gemischt mit dem tiefen Kummer waren natürlich auch Zorn und Wut. Nach Jahren medikamentöser Behandlung der Depression hatte Christine jetzt das Gefühl, dass sie ihre Fähigkeit wiedergewonnen hatte, zu empfinden und sich lebendig zu fühlen, auch wenn das ab und zu verzweifelt schmerzhaft war.

Mit Sympathie für uns selbst beginnt der Prozess, in dem wir den Schmerz anerkennen, der mit schlechten Erinnerungen, schwierigen Zeiten und Grundängsten verbunden ist. Dann können wir uns auch wirklich von ihnen bewegen und berühren lassen. Viele von uns stellen sich den Wechselfällen des Lebens, so gut sie können. Manchmal ist es so, dass sie sich einfach ducken und weitermachen. Aber es ist wichtig, zu erkennen, was sie so verlieren können, wenn sie einige ihrer Gefühlssysteme anhalten. Ich sollte hier auch hinzufügen, dass die Forschung zeigt, dass Menschen, die in schwierigen Familien aufwuchsen und ihre Gefühle so außer Kraft gesetzt haben und intime Gefühle auf ihre eigene Weise vermeiden, potentiell sehr schädlich für uns alle sind. Das ist besonders dann so, wenn sie in Machtpositionen gelangen. Und solche Menschen streben oft nach Macht, um ihre emotionale Distanziertheit zu kompensieren.[12]

Toleranz für Not und Akzeptanz

Sensibilität und Sympathie gegenüber Not und Leiden wirken zusammen und sind die entscheidenden Komponenten für ein ganz wichtiges Element von Mitgefühl: für *Toleranz für Not und Leid.* Es ist wichtig, dass wir die Gefühle von Freundlichkeit und Wärme mit dieser Toleranz verbinden. Damit ist *mitfühlende Toleranz* Fokus und Ziel.

Verknüpft mit Akzeptanz ist Toleranz, aber sie ist nicht mit ihr identisch. Toleranz ist die Fähigkeit, bei Emotionen zu bleiben, sowie sie sich einstellen. Wir können lernen, etwas zu tolerieren, um es zu verändern – z. B. strengt man sich an, wenn man trainiert, um fit zu werden. Zu Akzeptanz kann Toleranz gehören, aber sie ist auch eine tiefe philosophische Orientierung gegenüber den eigenen Schwierigkeiten. Es ist ein Bewältigen, „sein lassen", nicht mehr kämpfen oder sich anstrengen. Dies ist etwas ganz anderes als niedergeschlagene Resignation oder aufgezwungenes Aufgeben mit Groll. Beziehungen mit anderen Menschen können dafür wichtig sein, wie wir Toleranz für schmerzhafte Erfahrungen und Gefühle entwickeln. Es ist oft leichter, etwas zu ertragen, wenn wir uns unterstützt fühlen. Sogar sich dem Tod zu stellen kann im Kontext von Liebe leichter sein, als wenn wir allein sind. Aber es gibt eine Ähnlichkeit mit unserer Beziehung zu uns selbst – je freundlicher und mitfühlender wir zu uns selbst sind, um so mehr können wir den Mut entwickeln, schwierige Dinge zu ertragen.

Sowohl Toleranz als auch Akzeptanz unterscheiden sich vollkommen von unterwürfiger Resignation. Bei der hat man das Gefühl, dass man dem Unvermeidlichen nachgeben muss, und man ist geschlagen und ohnmächtig, etwas anderes zu tun. Dies ist oft mit Hoffnungslosigkeit oder Groll verbunden. Der Geist der Akzeptanz besteht darin, mit einer Situation ohne diese Gefühle fertig zu werden.

Dass es wichtig ist, Toleranz für schmerzhafte Gefühle zu entwickeln, ist ziemlich klar. Aber vielleicht überrascht es, dass manche Menschen auch lernen müssen, *positive* Emotionen zu ertragen, zu würdigen und zu genießen. Manche Menschen finden es falsch, Freude und Leichtigkeit um ihrer selbst willen zu empfinden. Für depressive Menschen sind Freude oder bestimmte Arten von Freude „tabu“ – eine Haltung, die man von Puritanern kennt. Andere können nicht ertragen, glücklich oder zufrieden zu sein, weil das bei ihnen Ängste auslöst, unvorsichtig zu werden. Es könnte dann etwas Schlimmes passieren, oder sie haben das Gefühl, dass sie zu nachsichtig mit sich wären und es nicht verdienen. Für andere gerät ein glückliches Leben mit ihrem Selbstbild in Konflikt – jemand hat einmal zu mir gesagt: „Ich bin kein glücklicher Mensch, das bin ich einfach nicht.“

Jemand hat vielleicht das Gefühl, er sollte sich über einen freien Tag nicht freuen, denn es könnte passieren, dass der Tag ein Reinfall wird, und dann müsste er sich mit Ärger und Enttäuschung auseinandersetzen. Einem anderen hat man als Kind vielleicht wiederholt gesagt, er sollte sich nicht zu sehr für etwas begeistern und freudige Erregung empfinden, denn er habe „dumme Sachen“ gemacht. Als Folge lösen Gefühle freudiger Erregung oft Vorsicht und Ängste davor aus, die Kontrolle zu verlieren oder etwas zu tun, wofür man sich schämen müsse. Wieder jemand anderes glaubt, dass es unmoralisch ist, wenn man glücklich ist und sein Leben dem Glück widmet, wenn die Welt so voller Leiden ist. Und wieder jemand anderes will nicht, dass man ihn glücklich sieht, weil er fürchtet, dann ausgenutzt und nicht mehr rücksichtsvoll oder fürsorglich behandelt zu werden. Schließlich könnte jemand denken, er müsste aufgeben, was er für berechtigten Ärger oder berechtigte Wut hält, und müsste die Ungerechtigkeiten der Vergangenheit und sein Verlangen nach Vergeltung vergessen, wenn er glücklich wäre. In der Hoffnung auf Anerkennung oder Rettung muss er andere (und sich selbst) weiter daran erinnern, wie schlimm es ihm ergangen ist. Die Anerkennung, die er sucht, bekommt er oft niemals, deshalb bleibt er in dieser Haltung der Vermeidung von Glück. Und wie wir im letzten Kapitel gesehen haben, meinen manche Menschen, man müsse Freude und Lust aufgeben, wenn man „erleuchtet" wird.

Sexuelle Gefühle sind ein anderer Bereich, wo zu Scham neigende Menschen eine Reihe von Blockierungen haben können, sich selbst zu fühlen und eine Vielfalt sexueller Genüsse zuzulassen. Sie haben vielleicht religiöse Überzeugungen, die sie blockieren oder schlechte Erinnerungen oder Angst davor, die Kontrolle zu verlieren.

Diese Ängste davor, angenehme Empfindungen zu genießen, sind nun zwar verständlich, können aber unsere drei Systeme für emotionale Regulierung aus dem Gleichgewicht bringen. Wir könnten deshalb ein Experiment machen, bei dem wir uns einer Situation aussetzen, in der wir lernen, wie wir bei *positiven* Gefühlen bleiben und sie aushalten können. Natürlich können Sie sagen, dass manche Gefühle sich vielleicht gut für Sie anfühlen, „mir aber Angst machen. Ich mag sie nicht." Wenn Sie also eine Situation so lassen wollen, wie sie ist, ist das ganz in Ordnung. Aber wie wäre es für Sie, wenn Sie positive Gefühle genießen könnten, zum Beispiel ein Gefühl, dass Sie sich um nichts in der Welt kümmern müssen? Eine einfache Frage dazu ist: „Was wäre Ihre größte Angst, wenn Sie wirklich glücklich wären und sich loslassen würden?" Wenn wir dabeibleiben und darüber nachdenken, worin unsere größte Angst besteht, wenn wir uns Lust, Glück und Zufriedenheit erlauben, könnten uns ein paar sehr interessante Ideen kommen. Aber denken Sie daran, dass es bei der Arbeit mit Mitgefühl wichtig ist, diese Selbstbefragung aus Neugier zu machen und sich nicht zu Angriffen auf sich selbst verleiten zu lassen.

Empathie

Empathie besteht sowohl aus einer emotionalen Komponente als auch aus der Fähigkeit, zu verstehen, und der Einsicht in die Gründe, weshalb wir fühlen, was wir fühlen, oder warum wir so denken und reagieren, wie wir das tun.[13] Empathie beginnt mit einer offenen Neugier und einem echten Verlangen, zu wissen und zu entdecken. Wenn man wenig Interesse an dieser Selbsterkundung hat, ist es schwer, manche Aspekte der Empathie zu entwickeln. Empathie verlangt auch, dass wir mit unseren eigenen Gefühlen und denen anderer Menschen in Kontakt bleiben – daher der Wert von Toleranz für Not und Leiden.

Wir verbinden unser Wissen und unsere persönlichen Erfahrungen mit Empathie. Unser Verständnis, warum wir denken, fühlen und uns verhalten, wie wir das tun, und warum andere denken, fühlen und sich verhalten, wie sie es tun, beruht darauf, was wir über uns selbst und über andere Menschen wissen. Wenn wir wissen, dass jemand es schwer im Leben hat, dann verstehen wir, wenn er zum Beispiel gereizt reagiert, und nehmen es nicht persönlich. Wenn wir Empathie und Verständnis für eigene Schwierigkeiten entwickeln (warum ich, warum jetzt?), hilft uns das, für unsere Gefühle und Schwierigkeiten sensibel zu sein und Sympathie und Toleranz dafür zu empfinden. Dieses empathische Verständnis ist persönlich (es knüpft an die eigene frühe Geschichte an), aber auch *trans*personal – das heißt, es gehört dazu, dass man die angeborene Natur einiger Schutzstrategien (Ängste, Wut und Ärger) und unsere Bedürfnisse und Wünsche versteht, die wir mit allen Menschen teilen.

Mitfühlende Empathie ermöglicht uns, das Wissen zu nutzen, dass wir alle „einfach hier angekommen" sind und damit ringen, ein Gehirn, das wir nie so geplant haben und das im Laufe von vielen Millionen Jahren entwickelt wurde, und ein paar schwierige, erschreckende Gefühle und Begierden zu kontrollieren. Diese Form mitfühlender Empathie führt natürlicherweise zu dem nächsten wichtigen Element von Mitgefühl: dem Nicht-Werten (siehe unten).

Wie wir in Kapitel 2 gesehen haben, glauben manche Forscher, dass Empathie eine Dimension der Persönlichkeit und intuitiv ist. Man hat auch gesagt, Empathie könne für sehr negative Ziele benutzt werden. Der nicht-empathische Folterer setzt Ihnen eine Pistole an den Kopf, während der empathische sie an den Ihres Kindes hält. Dies setzt eine klare Einsicht in die Tatsache voraus, dass wir eher durch die Bedrohung eines Kindes eingeschüchtert werden, als wenn wir selbst bedroht werden. Manche Psychopathen sind sehr empathisch und wissen, wie sie jemanden manipulieren können, weil sie ein intuitives Gespür für Menschen haben. Dies ist der Grund, weshalb wir uns Mitgefühl als eine integrierte *Reihe* von Talenten und nicht als einen einzelnen Prozess vorstellen müssen. Entscheidend ist, wie diese Fähigkeiten, die im Mitgefühlskreis dargestellt sind, zusammenwirken. Wenn man nur ein paar von ihnen besitzt, heißt das noch nicht, dass man Mitgefühl kennt. Und wenn manche dieser Fähigkeiten verloren gehen, kann es sein, dass Empfinden von Mitgefühl problematisch wird.

Empathie ist aber komplex, weil sie sowohl intuitive als auch nicht intuitive Aspekte hat. Wir müssen intuitive Annahmen darüber machen, was in anderen vor sich geht – wenn wir das nicht könnten, wäre es so, als hätten wir es mit Außerirdischen zu tun. Wahre Empathie ist aber ein Akt der Phantasie. Wir müssen imaginieren, wie es wäre, im Inneren anderer zu sein, in ihrer Haut zu stecken. Wir müssen ihren Hintergrund berücksichtigen und wie sie vielleicht von ihm geprägt sind bzw. wie wir geprägt wären, wenn wir sie wären. Wir müssen ihren Kontext berücksichtigen, das heißt, ihre Ängste, Begierden, Hoffnungen und Wünsche.

Wenn ich zum Beispiel mit einem Mann arbeite, der einen aggressiven Hintergrund hat und aggressiv *ist,* würde zu Empathie mit ihm nicht nur gehören, dass ich an ein bestimmtes Ereignis denke, als er seine Aggression in seinem Verhalten ausgedrückt hat. Ich müsste versuchen, mir den Menschen vorzustellen, der ich wäre, wenn mein eigener Vater so brutal gewesen wäre, wie der Vater dieses Mannes gewesen ist. Und können Sie sich vorstellen, wie es ist, wenn man ein anderes genetisch angelegtes Temperament oder einen anderen frontalen Cortex hat? Es ist sehr schwierig, sich vorzustellen, wie Menschen von Genen und Kontexten geprägt sind, die sich von dem eigenen Hintergrund unterscheiden.

Hierdurch unterscheidet sich Empathie so sehr von Sympathie. Sympathie ist eine automatische Reaktion. Wir sind bewegt und fühlen uns dem entsprechend, wie der andere Mensch sich ausdrückt. Bei Empathie müssen wir uns anstrengen, um den anderen kennenzulernen und zu verstehen. Wenn man Empathie als rein intuitiv und automatisch oder als mit der Persönlichkeit verbunden sieht, ist das nur die halbe Wahrheit. Man muss nämlich auch motiviert sein, um das zu tun. Wenn man kein Interesse daran hat, zu versuchen, das Denken und die Psyche eines anderen Menschen zu verstehen, kommt Empathie gar nicht erst auf. Daher besteht eines der größten Probleme, wenn wir mit Menschen zu tun haben, die man als Feinde ansieht, in unserem Mangel an empathischem Denken. Oder es wird nur benutzt, um herauszufinden, was die anderen tun könnten, damit wir sie besiegen können.

Wenn wir in die Geschichte zurückblicken, dann sehen wir, dass Menschen immer von Grausamkeit fasziniert waren (z. B. von den römischen Spielen) und nur allzu bereit, bei der Lösung von sozialen Problemen und Konflikten Gewalt und Folter anzuwenden. Wenn es uns an Empathie mangelt, können wir uns nicht in die Zuschauer hineinversetzen – zum Beispiel uns vorstellen, dass wir Spaß an den Spielen hätten. Deshalb sind uns unsere Vorfahren fremd geworden, und wir übersehen leicht, dass wir denselben Verstand wie sie haben. Unter ähnlichen Umständen könnte unser Denken wieder ihrem ähnlich werden.

Deshalb verlangt Empathie von uns einen mutigen Schritt, um die Stellen in unserem Geist aufzusuchen, wo die Faszination von Grausamkeit und das Potential für sadistische Vergeltung und ähnliche Verhaltensweisen ihren Sitz haben. Jung nannte dies „den Schatten besuchen". Er meinte damit, dass Menschen, die ihren Schatten nicht kennen oder keine Beziehung mit ihm herstellen können, in anderen wahrscheinlich nur Schlechtes sehen können. Für sie ist das Schlechte, Abstoßende und Schreckliche immer „im anderen", niemals in ihnen selbst. Und wenn es sich nicht verleugnen lässt, müssen sie sich seiner entledigen. Tatsache ist, dass wir genetisch alle mehr oder weniger gleich und mit denselben Potentialen ausgestattet sind. Keiner von uns hat sich ausgesucht, wie sein Gehirn aufgebaut ist. Deshalb brauchen wir uns unsere Schatten nicht vorzuwerfen und können sie anschauen und Verantwortung für sie übernehmen.

Dasselbe gilt für Empathie mit sich selbst. Wir müssen darauf verzichten, zu werten, und daran arbeiten, wirklich zu verstehen, warum wir fühlen, was wir fühlen, welche biographischen Einflüsse daran beteiligt sind, dass wir diese Werte, diese Gedanken, diese emotionalen Dispositionen und diese innere Haltung uns selbst gegenüber haben. Wenn wir mit uns unzufrieden sind, wenn wir uns bewerten oder auch entwerten, können wir fragen: „Woher kommt das alles? Wie habe ich gelernt, mich selbst zu entwerten? Hat meine Selbstentwertung mit Konkurrenz – einer Mentalität – und mit dem Versuch zu tun, etwas leisten und andere beeindrucken zu müssen?" Selbstmitgefühl zu haben bedeutet nicht, Dinge einfach zu akzeptieren, wie sie sind, sondern auf einem tiefen Verständnis unserer selbst zu bestehen. Es ist schwere Arbeit und natürlich genau der Prozess der Psychotherapie. Über die Empathie des Therapeuten entwickelt der Patient Empathie mit sich selbst, erfährt mehr über sich und lernt, sich besser zu verstehen und mitfühlender mit Akzeptanz und Veränderung umzugehen. Dies ist ein anderer Bereich, wo Mitgefühl Mut verlangt, weil Entdecken der Ursprünge von Schmerz oder Wut oder der Art unseres Schattens nicht gerade leicht ist.

Nicht-Werten

Schließlich kommen wir zu der Fähigkeit, nicht zu werten, nicht wertend zu sein – das heißt, die Fähigkeit, uns auf die Komplexitäten unserer Emotionen und unseres Lebens und die anderer Menschen einzulassen, ohne sie zu verurteilen oder auch nur zu bewerten. Wie oben bemerkt, kann uns bei der nicht wertenden Haltung helfen, wenn wir Empathie entwickeln, besonders dafür, wie wir Menschen durch unsere Gene und unsere Umwelt zu denen gemacht wurden, die wir sind. Wir erkennen, dass wir uns, wären wir vor 2000 Jahren in Rom geboren worden, vielleicht einfach auf die Spiele an diesem Samstag gefreut und zugeschaut hätten, wie Menschen einander umbringen und Kinder von Löwen gejagt werden, und danach gern ein schönes Mahl und eine Orgie bei Marcus genossen hätten.

Der soziale Kontext hat also eine Wirkung auf unsere Werte und unsere inneren Zustände. Die Letzteren haben ebenfalls einen Einfluss auf unsere Werte und auf unser Verhalten. Wir wissen, dass man zum Beispiel in inneren Zuständen von Depression, Angst, Paranoia oder Rachelust befangen und von starken Emotionen getrieben sein kann, die die Erfahrung von der Welt prägen. Solche Zustände können sogar Gedanken und Verhalten bestimmen, auch wenn die Personen für diese Emotionen oder Dispositionen nicht verantwortlich sind. Wie sehr wir uns dessen bewusst sind und verstehen, wird natürlich unsere Bewertung von Wünschen und Begierden prägen.

Nicht-Werten bedeutet natürlich nicht, dass man keine Präferenzen hat oder dass alles akzeptabel ist. Viele Buddhisten praktizieren Nicht-Werten als Wert, aber sie hätten natürlich gern, dass die Welt ein spirituellerer und mitfühlenderer Ort wäre, und sie arbeiten auf dieses Ziel hin. Man kann also zwischen einer Präferenz, die Energie und entschlossenen Einsatz dafür mobilisiert, wie wir etwas gern haben möchten, und einer Verurteilung von Irrtum oder Fehler unterscheiden, die Ärger, Wut und Verachtung begünstigt.

Uns *selbst* nicht zu bewerten bedeutet nicht, dass wir keine Präferenzen oder Werte haben oder nicht offen für und entschlossen zu Selbstkorrektur sind. Es geht eher darum, dass man aufhört, sich zu attackieren und zu verurteilen. Sie sehen also, dass entwertende Kritik und Verurteilen auch von einer Reihe von Gefühlen begleitet ist, gewöhnlich von Ärger und Wut, Frustration oder Verachtung. Achtsamkeit, die wir später näher betrachten werden, wird oft als eine nützliche Möglichkeit gesehen, uns unserer Gefühle und Gedanken mehr bewusst zu werden und das Nicht-Werten zu unterstützen.

Wärme

Wärme ist die emotionale Qualität von Sanftheit und Freundlichkeit, die durch alle oben beschriebenen Qualitäten hindurchwirkt. Es ist eine Qualität, die schwer zu definieren ist. Zu ihr gehört, dass man nicht bedrohlich ist und eine liebevolle Orientierung hat. Allgemein sind Erfahrungen von Wärme dafür bekannt, dass sie nonverbal zwischen Menschen vermittelt werden. Menschen, die als warm empfunden werden, werden als sicher und nicht bedrohlich, aber nicht als dumpf oder passiv wahrgenommen – sie haben eine beruhigende Wirkung auf die Seele. Wenn man sich bedroht fühlt oder Frustration empfindet, schließt das Wärme gewöhnlich aus.

Wärme für sich selbst kann sich aus echter Sympathie für die eigene Not und aus einer Freundlichkeit gegenüber den eigenen Bedürfnissen entwickeln. Man darf sie aber nicht mit Selbstbezogenheit oder mit einem Gefühl verwechseln, dass man unbeirrbar und ausschließlich dem eigenen Plan folgt. Sie entsteht daraus, dass man lernt, von innen Mitgefühl zu empfinden. Bei den Übungen in den späteren Kapiteln werden wir lernen, wie man Wärme als Emotion und als ein Gefühl für sich selbst entwickelt.

Die Kunst des Mitgefühls

Wir können jetzt zum äußeren Kreis des Mitgefühls kommen und über einige der *Fähigkeiten* nachdenken, die daran beteiligt sind. Wie Diagramm 3 zeigt, gehört dazu, dass wir lernen:

- unsere Aufmerksamkeit zu richten
- zu denken und zu argumentieren
- uns zu verhalten
- auf die sinnliche Wahrnehmung zu achten
- zu fühlen
- Bilder zu verwenden
- und all das mit Mitgefühl und so, wie es nützlich ist. All das tun wir mit Wärme, Unterstützung und Freundlichkeit.

Bei mitfühlender *Aufmerksamkeit* geht es darum, zu erkennen, was wirklich hilfreich ist, und sich darauf zu konzentrieren. Sie machen auf einer Party einen Witz, und die meisten finden ihn anscheinend lustig, außer einem der Anwesenden. Sehen Sie die Mehrheit oder den einen, der Ihren Witz anscheinend langweilig findet? Wenn etwas Negatives passiert oder Sie mit sich unzufrieden sind – richten Sie Ihre Aufmerksamkeit dann auf Ihren Ärger über sich oder erkennen Sie es an und richten Ihre Aufmerksamkeit dann wieder auf etwas, was Ihnen hilft, wie auf Erinnerungen an vergangene Erfolge oder Freundliches von anderen? Lernen, achtsamer zu werden (siehe Kapitel 7) oder nützliche Erinnerungen ins Bewusstsein zu holen, oder ein hilfreicher Fokus gehört zu mitfühlender Aufmerksamkeit (siehe Kapitel 8 und 9).

Bei mitfühlendem *Argumentieren und Denken* konzentrieren wir uns darauf, wie wir auf eine nützliche Weise über andere, über uns selbst, über unsere Beziehungen und über die Situationen, in denen wir uns befinden, denken. Wenn wir über unsere Angst, Enttäuschung oder Ärger und Wut nachgrübeln, verschließen wir diese Gefühle nur in uns. Aber man kann üben, Überlegungen bewusst neu zu orientieren – die Frage zu stellen: „Wie könnte ich dieses Problem, diese Situation oder diese Schwierigkeit so sehen und verstehen, dass mir das wirklich hilft?" Stellen Sie sich vor, dass Sie das Problem, um das es geht, mit einem Freund besprechen oder mit jemandem ein Gespräch führen, der Mitgefühl hat. Oder Sie sprechen mit jemandem, der das Problem kennt und auch durchgemacht hat, oder Sie schreiben einen fiktiven Brief, als würden Sie jemandem von diesem Problem erzählen. Wenn man etwas mit Mitgefühl durchdenkt, dann bedeutet das, dass man in Bezug auf seine Gefühle aufrichtig ist. Manchmal sind das schwierige, schmerzhafte oder auch aggressive Gefühle, oder man steckt in einem Dilemma. Das bringt uns dazu, wie wichtig es ist, sich selbst gegenüber Aufrichtigkeit und emotionale Toleranz zu entwickeln. Wir müssen aber auch sehen und anerkennen, dass das immer nur eine eingeschränkte Aufrichtigkeit sein kann, weil wir uns mancher unserer Motive nicht voll bewusst sind. Aber wir können wenigstens versuchen, mit einer mitfühlenden Aufmerksamkeit bei unseren Gedanken zu sein, die darauf gerichtet ist, „was hier helfen könnte".

Sich mitfühlend *verhalten* bedeutet, dass man sich so verhält, wie man es für sich hilfreich findet und wie es einen auf der Reise des Lebens voranbringt. Dieses Verhalten kann auch auf andere gerichtet sein. Nun kann mitfühlendes Verhalten manchmal bedeuten, dass man nett zu sich selbst ist oder anerkennt, dass man Urlaub braucht, oder sich eine Auszeit, ein bisschen Verwöhnen oder die Unterstützung durch andere gönnt oder einfach freundlich mit sich umgeht. Aber es kann auch *Mut* dazu gehören, etwas zu tun, was einen vielleicht blockiert. Manchmal geht es bei mitfühlendem Verhalten darum, Dinge zu tun, die wir nicht tun wollen, zum Beispiel uns einer Konfrontation zu stellen, obwohl wir sie aufgrund einer Depression oder Angst oder eines Vorurteils lieber vermeiden würden (siehe Kapitel 11 und 12). Es ist aber mitfühlend, sich trotzdem zu stellen, weil ein Weg, der auf kurze Sicht vielleicht leichter ist (indem man Unangenehmes vermeidet) und uns vorübergehend Erleichterung verschafft, uns letztlich nicht weiterbringt (siehe Kapitel 11).

Echte mitfühlende Hilfsbereitschaft ist nie unterwürfig. Sie besteht auch nicht darin, dass man einfach dem nachgibt, was andere wollen, nur um sich dann nachtragend zu verhalten oder sich um ihre Bestätigung zu bemühen. Es ist schwer, von einer Position der Angst oder Schwäche aus mitfühlend zu handeln. Daher muss man manchmal Selbstbehauptung lernen, um einen eigenen Standpunkt vertreten und „Nein“ sagen zu können. Ein mitfühlender Mensch muss deshalb weise, besonnen, neugierig, offen und mutig sein.

Alle diese Fähigkeiten werden in späteren Kapiteln neben Bildern, die Mitgefühl ausdrücken, und Fokussieren auf Gefühl und Sinne beschrieben. Das entscheidende Thema besteht darin, dass man lernt, sich dem zuzuwenden, was einem selbst (oder anderen) hilft, aber nicht auf eine eigennützige Art und Weise quasi „für mich, nur für mich“. Sonst wird man die Erfahrung machen, dass das gerade nicht hilft und andere an einem das Interesse verlieren. Bei echter mitfühlender Hilfsbereitschaft denkt man an andere Menschen wie an sich selbst.

Tafel 1 fasst Attribute und Fähigkeiten des Mitgefühls zusammen. Vielleicht fällt Ihnen eine gewisse Überschneidung mit dem buddhistischen Achtfachen Weg auf. Aber es gibt auch einige Unterschiede. Beachten Sie, dass verschiedene Fertigkeiten helfen können, bestimmte verschiedene Fähigkeiten zu entwickeln (und umgekehrt). Zum Beispiel kann man mit mehr mitfühlender Aufmerksamkeit und mitfühlendem Denken Fürsorglichkeit und die Motivation, fürsorglich zu sein, verstärken. Oder man kann Empathie steigern und die Neigung zu werten oder zu verurteilen reduzieren, wenn man mitfühlende Aufmerksamkeit und mitfühlendes Denken übt.

Tafel 1: Attribute und Fähigkeiten mitfühlenden Verhaltens

Attribute und Fähigkeiten mitfühlenden Verhaltens sollen Gefühlen, Denkweisen und Verhalten entgegenwirken, die durch das Bedrohungs-/Selbstschutzsystem entstehen, wie Angst, Wut und Depression. Wir können sie auch dafür nutzen, um neue Wege zu entwickeln, die Welt und uns selbst zu erfahren.

Attribute von Mitgefühl	**Fähigkeiten, die mit Mitgefühl verbunden sind**
• Motivation, sich mehr um sich selbst und um andere zu kümmern. • Sensibilität für die eigenen Gefühle und Bedürfnisse und die anderer. • Sympathie, Offenheit und die Fähigkeit, uns von unseren Gefühlen, unserer Not und unseren Bedürfnissen und denen anderer bewegen zu lassen und uns emotional auf sie einzustellen. • Die Fähigkeit, schwierige Gefühle, Erinnerungen oder Situationen zu ertragen und nicht zu vermeiden. • Ein empathisches Verständnis davon, wie unser Geist funktioniert, warum wir fühlen, was wir fühlen, warum wir denken, wie wir denken – und das gleiche Verständnis für Geist, Gefühle und Gedanken anderer. • Eine annehmende, nicht beurteilende und nicht unterwürfige Orientierung gegenüber uns selbst und gegenüber anderen.	• Absichtliches Richten unserer Aufmerksamkeit auf Dinge, die hilfreich sind und zu einer ausgewogenen Perspektive führen. • Achtsame Aufmerksamkeit (siehe Kapitel 7) und sie dazu verwenden, hilfreiche Erinnerungen an Erfahrungen mit Mitgefühl, Bilder von Mitgefühl und/oder ein Gefühl für eine mitfühlende Identität im Bewusstsein wachzurufen. • Denken und Argumentieren, Nutzen unseres rationalen Denkvermögens, Anschauen der sachlichen Aspekte einer Situation und Herbeiführen einer ausgewogenen Sichtweise. • Beobachtungen zu unserem Denkstil und der Weise, wie wir argumentieren, aufschreiben und Reflexion darüber. • Planen und Verwirklichen von Verhalten, das dazu dient, Not zu erleichtern, und das uns (und andere) in Richtung unserer (oder ihrer) Lebensziele voranbringt (siehe Kapitel 11).

Scham, Schuld und Gerechtigkeit

Es gibt drei Schlüsselelemente, die wir in unserer Analyse von Mitgefühl anschauen müssen. Wenn wir uns in Richtung einer mitfühlenden Gesellschaft und eines mitfühlenden Selbstgefühls bewegen wollen, wird wichtig sein, wie wir mit ihnen umgehen. In Kapitel 2 haben wir gesehen, wie komplex unser moralisches Denken ist, weil es manchmal einen Kompromiss zwischen Überlegungen, was gerecht wäre, und Mitgefühl gibt. Es ist klar, dass wir manchmal Dinge tun, die anderen und uns selbst schaden. Es ist daher nützlich, das aus einer mitfühlenden Perspektive zu betrachten. Mitgefühl bedeutet nicht, dass man einfach vergibt und erklärt, dass es nicht so wichtig ist, denn Verursachung von Schaden ist natürlich von großer Bedeutung.

Scham und Schuld

Eine Unterscheidung, die hier hilfreich sein kann, ist die zwischen *Scham* und *Schuld,* denn sie werden oft verwechselt. Wenn wir Scham empfinden, ist unsere Aufmerksamkeit bei uns selbst und dabei, wie andere uns sehen könnten – das heißt, dass sie schlecht von uns denken könnten. Bei der Scham fühlen wir uns exponiert oder bloßgestellt und meinen, dass etwas mit uns nicht stimmt oder etwas an uns fehlerhaft ist. Wir haben Angst, sind deprimiert und mutlos. Wir lassen den Kopf hängen, weichen Blicken anderer aus und versuchen Dinge, für die wir uns schämen, zu verbergen. Wenn wir uns schämen, tun wir das, indem wir uns selbst entwerten und verachten oder gering schätzen. Bei der Scham geht es daher um eine Form von Bedrohung oder Angriff, und wie schlecht oder unfähig wir uns finden. Es geht um Urteilen und darum, beurteilt zu werden. Wenn uns jemand dieses Gefühl vermittelt, kann es dazu kommen, dass wir als Abwehr mit Ärger und Wut reagieren. Sie kennen wahrscheinlich solche Menschen – jede Form von Kritik bringt sie in Wut und löst einen Strom von Rechtfertigungen aus. Weil es bei Scham um Vorwurf und Bestrafung gehen kann, versucht man natürlich, sie zu vermeiden.

Schuldgefühle sind etwas ganz anderes. Wenn man sich schuldig fühlt, ist man in der Lage, für die Dinge, die man vielleicht getan hat, offen zu sein: „Meine Güte, habe ich *das* getan? Das tut mir wirklich leid!“ Unser Gesichtsausdruck und unsere Gefühle sind ganz anders – hier gibt es kein Kopfhängenlassen oder Sichverstecken. Wir empfinden den Wunsch, etwas wiedergutzumachen und auf den anderen zuzugehen, während wir uns bei der Scham zurückziehen oder angreifen wollen. Außerdem haben Schuldgefühle fast immer mit bestimmten Ereignissen und einem bestimmten Verhalten zu tun: „Ich fühle mich schuldig, weil ich dies oder das getan habe“. Scham ist mit Gefühlen verbunden, die damit zu tun haben, dass wir uns für unfähig, fehlerhaft oder unattraktiv halten. Schließlich kann Schuldgefühl entstehen, wenn es Konflikte in Bezug auf etwas gibt, was wir haben oder tun wollen, was anderen aber schaden könnte. Es kann also in Situationen zu Schuldgefühlen kommen, in denen der Gewinn des einen bedeutet, dass jemand anders verliert. Wenn man aber zu sehr darum besorgt ist, ob man andere verletzen oder verärgern könnte, und das nicht gegen seine eigenen Bedürfnisse abwägt, kann es sein, dass man sich unterwürfig verhält – was etwas anderes als Mitgefühl ist. Bei Mitgefühl geht es nicht darum, einen Konflikt zu vermeiden. Es geht eher darum, wie man mit Unterschieden und mit Konflikten umgeht.

Betrachten Sie zur Klärung dieser Unterscheidung die Reaktionen der zwei Männer, John und Tom, die beide Affären haben. Wenn ihre Frauen die Untreue entdecken, reagieren die Männer verschieden. John denkt: „Meine Güte, meine Frau wird mir jetzt die Hölle heißmachen. Vielleicht liebt sie mich nicht mehr. Und wenn sie es unseren Freunden erzählt? Wie soll ich denen gegenübertreten? Ich glaube, ich ziehe mich besser eine Weile zurück. Ich werde ganz nett sein, dann wird meine Frau mich wieder mögen.“ John ist überhaupt nicht bei dem Schaden, dem Schmerz und der Verletzung, die er seiner Frau zugefügt hat, sondern nur bei sich. Seine Sorge gilt nur dem Schaden, den die Entdeckung seiner Untreue für ihn bedeutet. Seine Gefühle beruhen auf *Scham.*

Tom ist über den Schmerz, den er seiner Frau zugefügt hat, und über den Schaden, den seine Untreue für ihre Beziehung bedeutet, schrecklich traurig. Er erkennt an, wie schlecht es ihm gehen würde, wenn die

Situation umgekehrt wäre, und empfindet Reue (Empathie). Tom macht sich vielleicht auch Sorgen darüber, dass seine Frau ihn weniger liebt und was seine Freunde von ihm denken könnten, wenn sie von seiner Affäre wüssten. Aber grundsätzlich ist er ganz bei dem Schaden, den er angerichtet hat, und bei der Wunde, die er verursacht hat. Seine Gefühle beruhen auf einem Bewusstsein seiner Schuld.

Schuldgefühle haben oft mit Angst und Traurigkeit zu tun. Wenn wir etwas getan haben, was jemandem wehgetan oder geschadet hat, kann Kummer entstehen und dieser ist seinerseits mit Reue und Bedauern verbunden. Diese Gefühle sind es, die uns wünschen lassen, etwas wiedergutmachen zu können. John empfindet möglicherweise nicht so sehr Kummer darüber, was er getan hat, weil er allein an dem Schaden interessiert ist, den die Entdeckung für ihn bedeutet. Tom aber empfindet tiefen Kummer, wenn er sieht, wie verletzt seine Frau ist.

Der amerikanische Psychologe Martin Hoffman[14] sieht Schuld im Zusammenhang mit Sympathie und Empathie. Erwachsene Schuld ist demnach mit Mitgefühl und einem Wunsch verbunden, an anderen Anteil zu nehmen und für sie zu sorgen. Wäre man von Schuldgefühl geplagt, wenn einem nichts an anderen läge? Andere müssen einem nichts bedeuten, damit man ihnen gegenüber Scham empfindet, aber um Schuld zu empfinden, müssen sie einem wichtig sein. Einer der Gründe, weshalb es möglich ist, dass wir uns so schlecht und verletzend gegenüber anderen verhalten können, ist, dass wir keine Sympathie für sie empfinden und uns nichts an ihnen liegt. Man kann also leicht Qualitäten des Mitgefühls abstellen, aber dennoch Scham empfinden. Diese Unterscheidungen sind sehr wichtig, denn Politiker und Institutionen glauben oft, dass man Verhalten nur durch Beschämen und Bestrafen verändern kann. Aber schon vor mehr als hundert Jahren haben die Behavioristen festgestellt, dass das keine gute Idee ist. Menschen werden nämlich versuchen, Strafe zu vermeiden, aber sich nicht unbedingt so verhalten, wie man das von ihnen erwartet. Und sie lernen, dass derjenige Macht hat, der Furcht einflößen und Angst vor Strafe verbreiten kann – man muss nur der sein, der die Macht hat.

Was Gesellschaften brauchen, sind nicht Menschen, die Angst davor haben, erwischt und beschämt zu werden, und deshalb nur herausfinden wollen, wie sie nicht erwischt werden. Sie brauchen Menschen, die gelernt haben und darin geübt sind, empathisch zu sein, Gefühle von Schuld kennen und von innen durch Mitgefühl und Empathie selbst reguliert sind. Natürlich braucht man Strafen, Abschreckung und Gefängnisse – der Ansatz mit Mitgefühl ist in der Hinsicht nicht naiv –, aber es gibt Möglichkeiten, wie wir uns mit Mitgefühl auf eine gerechtere Gesellschaft zubewegen können, auf eine Gesellschaft, die auch moralische Entwicklung fördert und anregt. So eine Gesellschaft würde für eine Ausbildung von Mitgefühl in Schulen, am Arbeitsplatz und in einem Strafvollzugssystem sorgen, das an Restorative Justice (wiederherstellender Gerechtigkeit) orientiert ist. Obwohl erwiesen ist, dass Mitgefühl ein vielversprechender Ansatz ist, sind Politiker besorgt, dass Menschen mit so einem Ansatz nicht einverstanden sein würden, weil sie Strafe wollen und lieber als hart und dominant gesehen werden möchten. Mitgefühl lenkt unsere Aufmerksamkeit auch auf die Kosten und die Komplexität von Prävention, wenn man für Fürsorge und Unterstützung für die sorgen möchte, die dafür anfällig sind, zu „entgleisen". Abschreckung setzt allein auf die Angst davor, erwischt zu werden. Sie sorgt nicht für eine Umerziehung, sie heilt nicht und hilft Menschen nicht, ihr Potential zu leben.

Gerechtigkeit

Obwohl Überlegungen zu Gerechtigkeit und Mitgefühl in Konflikt geraten können, kann man sich nur schwer eine mitfühlende und gleichzeitig ungerechte Gesellschaft vorstellen. Aber was meinen wir mit Gerechtigkeit, und wie sollten wir mit Menschen umgehen, die gegen Regeln verstoßen oder der Gesellschaft schaden? Das führt zu einer sehr wichtigen Unterscheidung in Bezug auf die Art oder die Arten von Gerechtigkeit, die wir wollen, und welche Elemente unserer Psyche hinter den verschiedenen Arten von Gerechtigkeit stehen.

Man macht hier die wichtige Unterscheidung zwischen einer Gerechtigkeit, die durch *Vergeltung* hergestellt wird (die ausgleichende oder retributive Gerechtigkeit), und *wiederherstellender* Gerechtigkeit (Restorative Justice). Bei Vergeltung geht es um Anklage, Verurteilung und Strafe.

Tafel 2: Vergeltende und wiederherstellende Gerechtigkeit

Vergeltende Gerechtigkeit (auf Scham gerichtet)	Gerechtigkeit (auf Schuld gerichtet)
Opfer/oder Gerichte: • Wut • Beschuldigen • Beschämen • Verurteilen • Verfolgen/Bestrafen • Rache/Strafe • Vergeltung	*Opfer/oder Gerichte:* • Komplexe Emotionen von Wut, Traurigkeit, Angst und Verletzlichkeit • Verdeutlichen des Schmerzes, der zugefügt wurde • Bedürfnis, zu verstehen • Versuch, die Tat von der Person des Täters zu trennen • Möglichkeit von Vergebung • Kein Interesse an Rache oder Vergeltung
Reaktionen bei Tätern sind defensiv, auf sich selbst gerichtet und an Bedrohung geknüpft: • Deprimiert/depressiv, Angst, Furcht • Auf sich selbst und Scham gerichtet (schlechtes Selbst) • Auf Strafe hin orientiert *oder* • Dissoziiert • Anderen Schuld geben, aggressiv, trotzig • Reue oder Vortäuschen von Bedauern, weil es sozial erwartet wird.	*Reaktionen bei Tätern sind offener und auf den anderen hin orientiert:* • Kummer, Bedauern • Schuldgefühl wegen des eigenen Verhaltens • Empathische Bewusstheit des getanen Unrechts • Verantwortung übernehmen • Wiedergutmachen.

Der Fokus liegt darauf, einen überführten und verurteilten Täter zu beschämen, ihm Angst zu machen, ihm körperliche Schmerzen zuzufügen oder die Bewegungsfreiheit zu beschneiden und abzuschrecken. Das Ziel ist, den Täter in irgendeiner Weise leiden zu lassen. Bei wiederherstellender Gerechtigkeit liegt die Betonung viel weniger darauf, den Täter leiden zu lassen, sondern mehr darauf, beim Täter wie beim Opfer Heilung und Veränderung zu ermöglichen. Sie werden einander gegenübergestellt und direkt mit dem Schmerz des anderen konfrontiert. Statt Emotionen der Scham, die zu Rechtfertigungsversuchen, zu Ärger und Wut oder Verleugnen der Schwere der Tat führen können, ist das Ziel die Entwicklung wechselseitiger Empathie. Im Täter soll ein Gefühl von Reue, Bedauern und Schuld und im Opfer eine Bewegung in Richtung Vergebung und Annehmen bewirkt werden. Diese Unterschiede werden auf Tafel 2 verdeutlicht.

Hinter den Vorhaben der Truth and Reconciliation Commission in Südafrika stand die Absicht, diese Gefühle und Prozesse zu nutzen. Wenn man sich für den Weg von Scham, Vorwurf, Vergeltung und Verfolgung entschieden hätte, hätte man ein Blutbad riskiert. Es gibt zunehmend Hinweise darauf, dass bei der Orientierung an wiederherstellender Gerechtigkeit sowohl Opfer als auch Täter aus der Erfahrung gewinnen. Hinzu kommt, dass die Rückfallraten niedriger sind. Bei Mitgefühl geht es also nicht darum, Bestrafung zu vermeiden und den Schaden, der verursacht wurde, zu ignorieren – ganz im Gegenteil. Es geht darum, *in einer bestimmten Weise* Verantwortung zu übernehmen, und zwar auf der Grundlage von Sorgen für und um andere – und nicht nur auf unser Selbstgefühl fokussiert zu sein. (Eine Suche bei Google unter dem Stichwort „Restorative Justice“ liefert viele interessante Dokumente und Texte zu dem Thema – siehe zum Beispiel *Restorative Justice: The Evidence* [www.esmeefairbairn.org.uk/docs/RJ_full_report.pdf].)

Zurzeit hat die Regierung in Großbritannien die Absicht, immer mehr Menschen einzusperren und mehr Gefängnisse zu bauen. Jeder, der etwas von Kriminalität versteht, wird aber zu bedenken geben, dass viele dieser Menschen mit Lernschwierigkeiten und psychischen Problemen kämpfen und/oder aus Familien stammen, in denen übertriebene Strenge, Entwertung oder Missbrauch an der Tagesordnung waren. Viele sind Pflegekinder gewesen. Wir müssen entscheiden, ob wir Menschen, die mit einem solchen Hintergrund straffällig werden, so behandeln möchten und was für eine Gesellschaft wir eigentlich wollen:

- eine Gesellschaft, der es um Vergeltung geht und die der Forderung jener Menschen nachkommt, die aufgrund ihrer eigenen Ängste und ihres Wunsches nach Vergeltung harte Bestrafung wollen – und das angesichts der Belege, dass diese Ansätze nicht gut funktionieren und nicht an die Wurzel der Straffälligkeit gehen? Wollen wir wirklich nur auf mehr Gefängnisse setzen und Unsummen ausgeben, um Menschen einzusperren?
- oder wollen wir eine Gesellschaft mit Politikern, die wirklich verstehen, dass die meisten Verbrechen auf soziale und psychische Probleme zurückgehen und dass man soziale und psychologische Lösungen braucht, nicht zuletzt Mitgefühl und Fürsorge? Das erfordert eine Politik, die für angemessene Prävention, Arbeit in Schulen und vernachlässigten Gemeinden und Hilfe sorgt, damit Menschen sich als wertgeschätzte Mitglieder ihrer Gemeinde fühlen können. Und das alles noch bevor wir für eine gute Sexualerziehung, um ungewollte Schwangerschaften zu reduzieren, und emotionale Unterstützung für überforderte Eltern sorgen.

Die Situation ist aber eigentlich noch komplizierter. Es wird zunehmend gesehen, dass manche Menschen möglicherweise genetisch für Charakterzüge disponiert sind, die ihre Bereitschaft, Verbrechen zu begehen, erhöhen. Gene „verursachen“ keine Verbrechen, aber sie können die Bereitschaft erhöhen, in bestimmter Weise zu handeln, wenn die Person in einem bestimmten Milieu oder unter bestimmten sozialen Bedingungen (z. B. mit wenig Zuwendung und/oder in Armut) aufwächst. Es ist keine Frage, wie in einem fairen und gerechten System mit diesen individuellen Unterschieden umgegangen werden sollte bzw. müsste.

Wir wissen aus der Geschichte, dass Verbrechen sadistische Vergeltung provozieren können. Verbrennen, Ertränken, Steinigen, Kreuzigen, Hinrichtung durch Erhängen, Ausweiden und Vierteilen, Hinrichtung auf dem elektrischen Stuhl, Brandmarken, Folter, Amputation – dies sind nur einige Formen, wie unsere Vorfahren mit denen verfuhren, die Verbrechen begangen hatten. Bei Hinrichtungen gab es Tausende von Zuschauern, und in vergangenen Jahrhunderten war es sogar sehr wichtig, dass *gesehen* wurde, dass und wie Gerechtigkeit geübt wurde. Natürlich verlangten Menschen auch ganz allgemein nach öffentlichen Hinrichtungen und pflegten zu randalieren, wenn sie solcher Spektakel beraubt werden sollten – man nimmt an, dass Pontius Pilatus Jesus freilassen wollte, aber dass die Menge seine Kreuzigung verlangte. Und soziale Akzeptanz sadistischer Strafen als Lösung wie als Abschreckungsmittel – wie nutzlos sie sich auch für Vorbeugung von Verbrechen herausstellten – gibt es in vielen Ländern immer noch! Mitfühlendes Denken hat also noch beträchtliche Widerstände zu überwinden, wenn es darum geht, wie das menschliche Gehirn mit seinen Gesetzesbrechern, Betrügern und gefährlichen Individuen umgeht. Wenn man sich klarmacht, dass erst vor zwei Jahrhunderten die Sklaverei abgeschafft wurde und dass die Gefängnisreform und die Genfer Konvention über die Behandlung von Kriegsgefangenen sogar noch jünger sind, dann sieht man, dass Mitgefühl im Westen ein relativ neues Konzept ist. Zudem ist es ein Konzept, das angesichts der leidenschaftlichen Neigung des „alten Gehirns/Denkens“ zu Vergeltung immer noch extrem fragil ist.

Wir kommen zu unserem Mitgefühlskreis zurück: Das Thema Werten und Nicht-Werten bei Mitgefühl ist komplex. Nicht-Werten kann nicht bedeuten, dass es keine Vorliebe oder Präferenz gibt. Es kann nicht darum gehen, unterschiedliches Denken über Gerechtigkeit oder schädliches Verhalten und Verbrechen zu vermeiden. Dennoch können wir zu ganz anderen Lösungen gelangen, wenn Mitgefühl anfängt, in unser Bewusstsein zu treten und wir es als Möglichkeit ernst nehmen, mit diesen Problemen umzugehen. Die Engländer beendeten den Sklavenhandel, weil er unmenschlich war, sie schafften die Hinrichtung am Galgen ab, weil sie unmenschlich war, und sie verboten auch, Kinder in Bergwerke und in Fabriken zu schicken, weil es unmenschlich war. Und wie manche Menschen heute, und vor allem junge Menschen, aus benachteiligten Milieus kriminalisiert und behandelt werden, ist ebenso unmenschlich und sinnlos. Das ist vielleicht erst der Anfang eines Erwachens von Mitgefühl.

Zusammenfassung

Aufbauend auf früheren Kapiteln haben wir in diesem das Wesen von Mitgefühl untersucht. Wir haben gesehen, dass es verschiedene Vorstellungen von Mitgefühl gibt. Die Auffassung, der wir hier folgen, beruht auf einer evolutionären und neurowissenschaftlichen Sicht. Diese Sichtweisen entwickeln sich permanent weiter. Einer der Hauptpunkte war, wie wir denken und Vorstellungen entwickeln, und zu zeigen, wie das mit zugrunde liegenden physiologischen Prozessen verknüpft ist. Wir haben gezeigt, dass das, was wir denken, unsere Physiologie beeinflusst – allein indem wir uns ein Essen oder etwas, was uns sexuell erregt, vorstellen, können wir physiologische Systeme in unserem Gehirn und in unserem Körper stimulieren. Deshalb kann es sich auf unseren Körper auswirken, wenn wir negativ denken oder wenn wir uns negative Bilder vorstellen. Wut und Ärger und entwertende Kritik, die gegen sich selbst gerichtet sind, sind verbreitete Probleme, die vielen Menschen Glück und das Gefühl von Wohlbefinden und Sinn rauben. Die Leichtigkeit, mit der solche Dinge angeregt werden können, steht oft mit schmerzhaften Erinnerungen und Erfahrungen der Vergangenheit in Verbindung. Entwertende Selbstkritik und Scham erhalten zudem unser Gefühl aufrecht, bedroht und in Gefahr zu sein, weil sie das System zur Bewältigung von Gefahr und für Selbstschutz stimulieren.

Ein anderes wichtiges Element von Mitgefühl ist die Erkenntnis, dass es in sozialen Beziehungen und durch sie wirkt. Menschen reagieren auf die Umwelt, in der sie sich befinden, und wir wissen, dass manche Umwelten Mitgefühl sehr behindern.[15] Mitgefühl ist schwierig und komplex. Wir brauchen nicht nur viel mehr Forschung darüber, wie wir Mitgefühl und seine Wirkungen auf Wohlbefinden fördern können, sondern wir werden auch in vielen Bereichen des Lebens Training und Ausbildung in Mitgefühl benötigen – in Schulen, in Familien und am Arbeitsplatz. Wir leben in einer harten Welt und sind nur zu einem kurzen Leben erwacht. Manche suchen Trost bei einem Schöpfergott (oder bei Göttern), andere meinen, wir müssten bei uns selbst und bei anderen danach suchen. Ausgestattet mit Einsicht und Wissen, wie unser Gehirn, unser Denken und unsere Psyche funktionieren, können wir jetzt zu Übungen übergehen, die uns helfen, mitfühlendes Denken zu entwickeln.

TEIL 2

Wie man ein mitfühlendes Selbst aufbaut

Fähigkeiten und Übungen

7 Achtsame Vorbereitungen auf dem Weg zu Mitgefühl

Wir sind jetzt bei dem Teil unserer Untersuchungen angelangt, in dem es um Arbeit und um Übungen geht. Manchmal finden Leute es wirklich hilfreich, wenn sie ein Tagebuch führen, in das sie ihre Reflexionen über die verschiedenen Übungen, ihre Gedanken, ihre Reaktionen und Verhaltensweisen im Alltag oder ihre Träume eintragen. Man kann auch andere Dinge sammeln, die einem auf dem Weg begegnen – wichtige Bilder oder solche, die sich auf ein bestimmtes Thema beziehen, Gedichte, Artikel usw. –, und sie in das Tagebuch aufnehmen.

Reflektierendes Schreiben kann sehr dabei helfen, Gedanken und Einsichten zu klären. Sie haben vielleicht die Erfahrung gemacht, dass es bestimmte Tage gibt, wenn Sie es genießen, in Ihr Tagebuch zu schreiben, und es dann wieder längere Zeit sein lassen. Dies ist natürlich nur ein Vorschlag, aber im Folgenden werde ich Sie einladen, Ihr Tagebuch auf verschiedene Weise zu nutzen.

Erste Schritte: Achtsamkeit

Von allen Fähigkeiten oder Techniken, die Ihnen helfen können, Mitgefühl gegenüber sich selbst und gegenüber anderen zu entwickeln, ist Achtsamkeit eine der wertvollsten. Im Grunde besteht Achtsamkeit darin, zu lernen, wie man im gegenwärtigen Moment aufmerksam ist, ohne zu werten oder zu urteilen. Sie besteht darin, dass Sie Ihr waches Bewusstsein einsetzen und Ihre Aufmerksamkeit darauf richten, zu beobachten und *nur* zu beobachten. Wir wollen eine neue Beziehung herstellen zwischen dem „alten Gehirn/Denken" mit seinem Spüren, Fühlen, seinen Wünschen und Begierden, den Archetypen und dem „ich will", und dem „neuen Gehirn/Denken" mit Selbst-Bewusstheit und seiner Rationalität. Im Buddhismus wurden diese Techniken der Achtsamkeit seit Tausenden von Jahren entwickelt. In den Anmerkungen zu diesem Kapitel habe ich ein paar Bücher, Websites und CDs aufgeführt, die Sie vielleicht nutzen möchten, um Ihr Verständnis und Ihre Praxis zu entwickeln.[1]

Es gibt verschiedene Aspekte bei Achtsamkeit. Manchmal ergibt es sich von selbst, dass man achtsam ist. Waren Sie schon einmal einfach von der Schönheit eines Sonnenuntergangs oder eines Musikstücks berührt? Haben Sie sich schon einmal ganz einem Spiel mit anderen hingegeben? In diesen Momenten haben Sie Ihr Gefühl von sich selbst verloren und waren einfach *im Fluss des Moments* – kein Werten, nur Sein und Wahrnehmen. Das ist nicht etwas, was man *machen* kann. Eher ist es wie beim Schlaf: Man kann Bedingungen für den Schlaf schaffen, aber in dem Moment, in dem man anfängt, sich bewusst darum zu sorgen – „Werde ich jetzt einschlafen?" –, ist es vorbei. Dies ist aber nur ein Aspekt von Achtsamkeit – es ist genauso leicht, in den Fluss der Angst oder von Ärger oder Wut zu geraten und sich von diesen Gefühlen überwältigen und mitreißen zu lassen. Achtsamkeit ist also nicht Achtlosigkeit in diesem Sinn; sie ist eine Art klarer Bewusstheit.

Wie schon bemerkt, haben viele große Meditationslehrer darauf hingewiesen, dass wir nur in *diesem Moment* existieren – jeder von uns ist ein „Punkt von Bewusstsein", der sich durch die Zeit bewegt. Unser Bewusstsein existiert weder in dem eben vergangenen Moment noch in dem Moment, der erst kommt. Achtsamkeit bringt uns ganz lebendig zum *Jetzt* unserer bewussten Existenz, dem einzigen Ort, an dem wir wirklich existieren! Wenn Sie Materialist sind, könnten Sie sagen, dass Ihr Gehirn Muster erzeugt, die Ihnen Bewusstsein von diesem Moment in der Zeit geben. Wenn man eine eher spirituelle Sicht hat, könnte man sagen, dass das Gehirn Muster in Bewusstsein und Zeit erzeugt. Wissenschaftler und Philosophen haben dies ausführlich diskutiert und tun es immer noch.

Der Punkt ist, dass wir uns so in unseren Hoffnungen oder Ängsten um morgen oder unser Bedauern über das Gestern verlieren können, dass wir diesen Augenblick *jetzt* verpassen – wir leben dann in der erinnerten oder imaginierten Welt, nicht in der Welt *dieses Augenblicks.* Natürlich ist es manchmal sehr wichtig, zurückzudenken und vorauszuplanen, aber wenn wir das tun, möchten wir es absichtlich tun und nicht, weil wir automatisch durch Angst oder Ärger oder Wut oder starke Begierden dazu gebracht werden.

Achtsamkeit bedeutet auch, dass man bewusster und mehr *in* der Erfahrung ist, und dabei auf die Details der Welt, in der man *jetzt* existiert, und auf innere Gefühle und Gedanken achtet, wenn sie auftauchen. Wie viele von uns halten wirklich an, wenn sie Angst haben oder wütend sind, und achten darauf, wo sie dieses Gefühl in ihrem Körper spüren, wie ihre Stimme klingt? Wie viele achten auf den Teil ihrer Psyche, der jetzt die Anweisungen an ihre Gedanken und den Körper gibt, oder auf ihre primären Gedanken und Ängste? Wie oft treten wir zurück und üben uns darin, das zu beobachten, was eigentlich in uns vor sich geht? Wir tun das selten; unsere Archetypen und Muster der Gehirnaktivität laufen einfach automatisch ab.

Mit Achtsamkeit lernt man, diesen Automatismus des „alten Geistes" zu verändern. Man wendet dabei die Kunst an, keinen Widerstand zu leisten, statt Willenskraft einzusetzen. Anstrengung ist insofern wichtig, dass man sich die Zeit zum Üben nimmt, und Dingen die Möglichkeit lässt, sich zu entfalten und zu entwickeln. Bei der Achtsamkeit nutzt man absichtlich Aufmerksamkeit, um Hirnzustände herzustellen, in denen bestimmte Muster in unserem Gehirn stimuliert werden. Dabei kann eine Vernetzung von Hirnzellen entwickelt werden, die dazu führt, dass der Geist sich beruhigt und Mitgefühl entwickelt wird.

Achtsamkeit ist also eine Weise, wie man „Aufmerksamkeit" verstehen kann. Man kann sich dafür entscheiden, die Aufmerksamkeit auf einen bestimmten Ort im Raum zu richten. Wenn ich Sie zum Beispiel auffordere, sich auf den großen Zeh des linken Fußes zu konzentrieren und die Aufmerksamkeit dahin zu richten, werden Sie plötzlich Empfindungen in diesem Körperteil wahrnehmen. Wenn Sie jetzt mit Ihrer Aufmerksamkeit zur Spitze Ihres Kopfes wechseln, haben Sie andere

Empfindungen. Man kann sich Aufmerksamkeit also wie ein Spotlight vorstellen, das sich umherbewegt und umherbewegen lässt. Der Schlüssel zur Achtsamkeit besteht darin, dass man lernt, wie man *in* diesem Mechanismus, *in* der Aufmerksamkeit ist.

Bei Achtsamkeit geht es auch um Klarheit der Beobachtung. Angenommen, Sie wollen einen Apfel essen. Wie würden Sie das achtsam tun? Als Erstes schauen Sie den Apfel an und nehmen seine Farbe und seine Oberfläche und Struktur wahr. Sie halten ihn in der Hand und nehmen die Qualität seiner Schale wahr. Beeilen Sie sich nicht – bleiben Sie dabei, ihn nur anzuschauen. Wenn Ihre Aufmerksamkeit von dem Apfel abschweift (was sie sehr wahrscheinlich tun wird), bringen Sie den Fokus sanft dazu zurück. Bei dieser Untersuchung bewerten Sie den Apfel nicht. Sie erforschen nur seine Eigenschaften. Dann nehmen Sie ein Messer und schälen ihn oder schneiden ihn durch. Nehmen Sie wieder die Wirkung wahr, die Sie auf den Apfel haben, die Farbe und Beschaffenheit der Frucht unter der Schale. Nehmen Sie sich Zeit, wirklich zu beobachten. Dann beißen Sie ein Stück ab: Richten Sie Ihre Aufmerksamkeit jetzt darauf, was Sie schmecken und wie sich der Apfel in Ihrem Mund anfühlt. Als Nächstes kauen Sie langsam, Sie spüren seine Konsistenz in Ihrem Mund und Sie nehmen wahr, wie der Saft Ihre Speicheldrüsen anregt und wie der Speichel sich in Ihrem Mund anfühlt. Konzentrieren Sie sich wirklich auf den Geschmack. Während Sie kauen, nehmen Sie wahr, wie der Apfel weicher wird. Wenn Sie schlucken, achten Sie auf die Empfindung des Schluckens.

Sie haben den Apfel also visuell untersucht, indem Sie ihn berühren und spüren, ihn riechen, seine Oberfläche und Konsistenz erkunden, und indem Sie ihn schmecken. Wenn Sie den Apfel fallen gelassen hätten, hätten Sie hören können, wie er auf den Boden fällt – aber heute brauchen Sie das nicht zu tun. Bei dieser Interaktion gibt es *keine Bewertung*. Es gibt nur *Ihre Erfahrung von Ihrer Interaktion* mit dem Apfel. Dies ist achtsame Aufmerksamkeit – Sie sind in der Aktivität, und nicht durch andere Gedanken abgelenkt, und Sie erforschen alle Aspekte der Aktivität in ihrer Fülle.

Wenn Sie diese Aktivität – in den Apfel beißen – ohne Achtsamkeit ausgeführt hätten, wären Sie innerlich sicher weggegangen: „Dies ist kein guter Apfel – wo habe ich den gekauft? Ich sollte zwar mehr Obst essen, aber eigentlich mag ich keine Äpfel. ... Verdammt, jetzt habe ich mir in den Finger geschnitten!" Mit Achtsamkeit lernen wir, die Ablenkung wahrzunehmen – das Abschweifen in Gedanken – und unsere Aufmerksamkeit sanft und freundlich zu der Aufgabe zurückzubringen und auf etwas Bestimmtes zu richten.

Achtsamkeit ist wichtig, weil wir den größten Teil unseres Lebens damit verbringen, eine Sache zu machen und an eine andere zu denken. Wir sind nie ganz im gegenwärtigen Moment. Wir sind innerlich ständig abgelenkt. Wie zum Beispiel beim Autofahren: Es kann passieren, dass wir nach Hause kommen und feststellen, dass wir nicht mehr wissen, wie wir dahin gekommen sind, denn innerlich waren wir mit 100 anderen Dingen beschäftigt. Wenn etwas Unerwartetes passiert wäre – wenn zum Beispiel eine Gruppe nackter Motorradfahrer an uns vorbeigerauscht wäre –, hätte das unsere Aufmerksamkeit erregt. Oder wenn der Fahrer vor uns plötzlich gebremst hätte, wäre unsere Aufmerksamkeit wieder gerichtet worden. Aber dies ist kein Beispiel für Genießen des Moments – es ist ein Beispiel dafür, wie man aus einem bestimmten Grund in den Zustand der Wachsamkeit versetzt wird. Bei Achtsamkeit geht es darum, ganz im Moment zu sein.

Atmen lernen

Wir werden jetzt denselben achtsamen Vorgang, den wir auf das Essen des Apfels angewendet haben, auf unsere Atmung richten. Dies wird unser zentraler Fokus, zu dem wir später einige Übungen vorstellen, bei denen es um Mitgefühl geht. Das Wichtigste ist hier, dass man übt, nur zu atmen, ohne sich darum zu kümmern, ob man es „richtig" macht. Solche Bedenken sind üblich und verständlich, aber sie lenken nur ab. Wenn sie auch Ihnen kommen, nehmen Sie sie lediglich wahr, benennen Sie sie mit „Werten" oder „Wertende Gedanken", lächeln Sie *mitfühlend* über sich und bringen Sie Ihre Aufmerksamkeit zu der Aufgabe zurück. Wenn man diese Technik weiterentwickeln will, ist es sehr nützlich, manche meinen sogar essentiell, sich einen erfahrenen Lehrer zu suchen.

Suchen Sie sich einen Platz, an dem Sie bequem sitzen können und wo Sie nicht gestört werden. Halten Sie Ihren Rücken gerade, setzen Sie beide Füße flach auf den Boden, etwa schulterweit voneinander entfernt, und legen Sie Ihre Hände bequem auf Ihre Knie oder in Ihren Schoß. Wenn Sie auf dem Boden oder auf einem kleinen Meditationshocker sitzen, können Sie auch Ihre Beine kreuzen. Probieren Sie es aus und suchen Sie die Stellung, die bequem für Sie ist; lassen Sie sich aber nicht hängen – Ihr Rücken sollte aufrecht sein. Manchmal kann es auch nützlich sein, wenn man flach auf dem Boden liegt, wenn das für Sie die bequemste Körperhaltung für die Übung ist. Es ist wichtig, sich nicht so weit zu entspannen, dass man müde oder schläfrig wird, sondern wachsame Konzentration und Bewusstheit zu entwickeln.

Jetzt richten Sie Ihre Aufmerksamkeit ganz auf Ihren Atem. Atmen Sie durch Ihre Nase, und wenn Sie einatmen, lassen Sie die Luft bis hinunter zu Ihrem Zwerchfell gelangen – das ist ganz am Boden Ihres Brustkorbes, in dem auf den Kopf gestellten V. Legen Sie eine Hand auf Ihr Zwerchfell; dabei zeigt der Daumen nach oben. Nehmen Sie wahr, wie sich Ihre Hand mit Ihrem Atem hebt und senkt. Spüren Sie, wie sich Ihr Zwerchfell (also der Bereich gerade unter Ihren Rippen) bewegt, wenn Sie ein- und ausatmen. Machen Sie dies ein paar Atemzüge lang, bis es Ihnen vertraut ist und sich natürlich und leicht anfühlt.

Als Nächstes legen Sie Ihre Hände an die Seiten Ihres Brustkorbes. Dies ist ein wenig unbequemer, weil Ihre Ellenbogen nach außen zeigen. Atmen Sie ruhig. Nehmen Sie wahr, wie Ihr Brustkorb sich gegen Ihre Hände ausdehnt und wie Ihre Lungen wie ein Blasebalg wirken. Dies ist die Bewegung der Atmung, an der Sie interessiert sind – Sie spüren, wie sich Ihre Lungen ausdehnen. Sie lassen also einen Atemzug einströmen und nach unten gehen und dabei Ihren Brustkorb sich an den Seiten ausdehnen. Ihre Atmung sollte sich leicht und nicht gezwungen anfühlen. Eine grobe Orientierung kann sein, sich für das Einatmen drei Sekunden zu nehmen, dann kommt eine kurze Pause, und dann drei Sekunden für das Ausatmen. Aber *Sie müssen den Rhythmus finden, der zu Ihnen passt.* Versuchen Sie bei dieser Übung, Ihre Lungen mit Luft aufzufüllen, aber ohne Anstrengung.

Übung: Achtsam atmen

Jetzt nehmen Sie einfach Ihre Atmung wahr und experimentieren Sie damit. Atmen Sie etwas schneller oder etwas langsamer, bis Sie Ihr eigenes Muster finden, einen *Rhythmus, der Sie beruhigt* und der sich für Sie natürlich anfühlt. Während Sie ihn zu finden versuchen, spüren Sie, wie Ihr Körper langsamer und ruhiger wird. Es ist so, als spürten Sie in den Rhythmus hinein und verbänden sich mit ihm. Sie lassen Ihren Körper den Rhythmus bestimmen, lassen ihn für Sie atmen, und Sie sind mit Ihrer Aufmerksamkeit ganz bei ihm. Lassen Sie Ihre Augen ruhen; dabei schauen sie in einem Winkel von etwa 45 Grad nach unten. Vielleicht möchten Sie sie schließen, aber passen Sie auf – es könnte sein, dass Sie sehr müde werden. Nehmen Sie sich jetzt etwa 30 Sekunden Zeit und konzentrieren Sie sich auf Ihre Atmung. Nehmen Sie einfach wahr, wie der Atem durch Ihre Nase strömt, hinunter zu Ihrem Zwerchfell gelangt, wie sich Ihr Zwerchfell nach unten bewegt, Ihren Brustkorb dabei sanft zu den Seiten ausdehnt, und wie dann die Luft durch Ihre Nase wieder ausströmt. Sie können dies verfolgen, wenn Sie anfangs eine Hand auf Ihr Zwerchfell legen und spüren, wie es sich mit Ihrer Atmung hebt und senkt. Dann legen Sie Ihre Hände an beiden Seiten auf Ihre unteren Rippen und spüren, wie sie auseinandergedrückt werden, wenn Sie einatmen. Nehmen Sie den Unterschied wahr. Es ist eine „umfassende Erfahrung" des Atems, wie er in Ihre Lungen strömt und diese ausdehnt. Nehmen Sie die Empfindungen in Ihrem Körper wahr, wenn die Luft durch Ihre Nase ein- und ausströmt. Konzentrieren Sie sich einfach 30 Sekunden lang darauf (wenn Sie möchten, länger) und spüren Sie, wie Ihre Atmung ein wenig langsamer wird. … Spüren Sie, wie Ihr Körper langsamer wird, während Sie sich in Ihren beruhigenden Rhythmus einfinden.

Wichtig ist, dass Sie Ihren eigenen Rhythmus finden, statt sich einen aufzuzwingen. Sie können Ihre Aufmerksamkeit zum Inneren Ihrer Nasenspitze bringen, wenn Sie sich einmal an den Rhythmus Ihrer Atmung gewöhnt haben. Probieren Sie es aus und schauen Sie, wie nützlich diese Stelle als Fokus für Sie ist.

Manche Menschen finden diese ersten Stufen ziemlich angsterregend und mögen sie nicht wirklich. Wenn das auch für Sie gilt, keine Sorge – Sie können die Übungen mit Mitgefühl, die in den späteren Kapiteln beschrieben werden, auch machen, wenn Sie diese Achtsamkeitsübung jetzt überspringen. Aber es wäre dennoch nützlich, wenn Sie sie ausprobieren würden. Auch wenn Sie sie zunächst nur ein paar Sekunden lang machen und dann während der nächsten Wochen allmählich länger werden lassen, wäre das gut. Es kann sein, dass die Empfindungen, die Sie haben, wenn Sie sich auf den Körper konzentrieren, schwierig sind – deshalb ist es oft gut, wenn man nur sanft übt und sich an diese Empfindungen und Gefühle gewöhnt.

Angenommen, alles ging gut – was haben Sie während der Atemübung wahrgenommen? Ihnen ist vielleicht bewusst geworden, wie Ihr Körper auf die Atmung reagiert, und haben Sie wahrgenommen, wie Sie langsamer und ein wenig schwerer werden und wie Ihr Stuhl Sie aufrecht hält? Möglicherweise haben Sie auch gemerkt, wie Sie innerlich abgeschweift sind, wenn auch vielleicht nur kurz, ein paar Sekunden lang. Vielleicht hatten Sie Gedanken wie: „Worum geht es hier eigentlich? Hilft mir das? Habe ich das gestern richtig gemacht? Woher kommt dieser Schmerz in meinem Bein?" Wenn Sie Atemübungen machen, sind ablenkende Unbequemlichkeiten ganz normal. Ihre Aufmerksamkeit kann vom Postboten, den Sie am Briefkasten hören, vom Straßenverkehr oder was auch immer abgelenkt werden. Unser Geist ist sehr eigensinnig, und je mehr und je länger Sie diese Atemübung machen, um so mehr werden Sie wahrnehmen, wie sehr er dazu neigt, überall und nirgends zu sein. Wenn Sie die Übung mit achtsamem Atmen zum ersten Mal machen, kann es schon sehr überraschen, wie unruhig der Geist von einer Sache zur anderen wandert oder springt. Das ist aber alles ganz normal, und Sie sollten sich darauf einstellen.

Wir müssen also unseren Geist trainieren, und das Wichtigste dabei ist, *auf Versuche zu verzichten, etwas zu machen.* Sie versuchen *nicht,* einen Zustand der Entspannung herzustellen. Sie versuchen *nicht,* sich von Gedanken zu befreien – was ohnehin unmöglich ist. Alles, was Sie tun, ist, sich *erlauben,* spielerisch und sanft wahrzunehmen, wenn Sie abschweifen, und Ihre Aufmerksamkeit dann einfach mit Freundlichkeit wieder zu Ihrer Atmung zurückzubringen. Das ist alles: die Ablenkung *wahrnehmen* und *zurückkommen.* Nehmen Sie auch wahr, wie oft Ihr wertender, beurteilender Geist versucht, sich mit Gedanken einzumischen: „Mache ich das richtig? Hilft mir das? Bin ich jetzt entspannt?“ Nehmen Sie diese Gedanken lediglich wahr und kehren Sie dann mit Ihrer Aufmerksamkeit zur Atmung zurück. Mit anderen Worten, bei dieser Übung lernen Sie, Ihre Aufmerksamkeit immer wieder zu richten. *Sie versuchen nicht, irgendetwas zu erreichen.* Egal, ob Sie hundert Gedanken haben oder tausend, es spielt keine Rolle. Alles, was zählt, ist, dass Sie sie wahrnehmen. Dann bringen Sie Ihre Aufmerksamkeit, so gut Sie können, freundlich zu Ihrer Atmung zurück.

Wenn Sie nun mit freundlicher Aufmerksamkeit „Wahrnehmen und Zurückkommen“, „Wahrnehmen und Zurückkommen“, „Wahrnehmen und Zurückkommen“ üben, machen Sie vielleicht die Erfahrung, dass Sie innerlich immer weniger abschweifen. Es wird vielleicht leichter. Denken Sie daran: *Sie versuchen nicht, sich zu entspannen.* Alles, was Sie bei dieser Übung machen, ist wahrnehmen, dass Ihr Geist abschweift, und ihn dann zurückbringen und die Aufmerksamkeit wieder auf die Atmung richten. Immer wenn Sie abschweifen, ist das in Ordnung, ärgern Sie sich nicht darüber, sondern kommen Sie einfach freundlich zu Ihrer Atmung zurück. Es kann auch helfen, zu lächeln, wenn Sie merken, dass Sie abschweifen. Entwickeln Sie bei der Übung eine innere Haltung von Einfachheit und Freundlichkeit.

Sie können diese Übung zu jeder Zeit machen, zum Beispiel, wenn Sie auf den Bus oder den Zug warten oder unterwegs sind oder irgendwo in Ihrem Haus. Später entschließen Sie sich dann vielleicht dazu, Ihre Praxis weiterzuentwickeln, und Sie nehmen sich für diese Arbeit mit Achtsamkeit besonders Zeit. Sie entscheiden sich vielleicht dafür, einfach still zu sitzen und diese Achtsamkeitsübung zu machen. Vielleicht können Sie die Zeiten steigern und die Übung zwei- oder dreimal die Woche, erst fünf, dann zehn Minuten lang machen. Dann lassen Sie sie schließlich so lange werden, wie Sie können und wie es angenehm für Sie ist. Vielleicht möchten Sie sich auch einer Gruppe anschließen, um mehr über diese Arbeit mit Achtsamkeit zu lernen.

Bei dieser Achtsamkeitsübung geht es nur darum, sich eine gewisse Zeit zu nehmen, um sich auf die Atmung zu konzentrieren und mit der Aufmerksamkeit zu diesem einen Fokus zurückzukommen. Möglicherweise sind Sie überrascht, was für ein Grashüpfer Ihr Geist ist (meiner ist eher ein Känguru), aber bleiben Sie immer dabei, diese Neigung nach Möglichkeit nicht zu verurteilen oder zu bewerten. Seien Sie immer milde und freundlich mit sich, nie hart. Nehmen Sie nur wahr und kommen Sie zurück, wenn Sie abschweifen. Wenn Sie Gedanken haben, die Ihnen sagen, dass Sie es vielleicht nicht richtig machen oder dass es bei Ihnen nicht funktionieren kann, dann nehmen Sie diese Gedanken als typische Eindringlinge wahr und kommen Sie mit der Aufmerksamkeit zur Atmung und zu dem Luftstrom an der Nasenspitze zurück.

Manche Menschen haben gern einen festen Punkt, wie die Flamme einer Kerze oder eine Blume, worauf sie sich konzentrieren können. Auch hier wird die Aufmerksamkeit auf ein bestimmtes Objekt gerichtet und alle möglichen Gedanken, Reflexionen, Interessen, Sorgen und so weiter werden nicht zum Gegenstand der Aufmerksamkeit gemacht. Eine andere Variante ist ein Mantra – das ist ein Wort oder ein Satz, den man verwenden kann, um die Aufmerksamkeit darauf zu richten. Manche meinen, dass einem ein Mantra von einem Lehrer gegeben werden muss, andere meinen, dass man sich selbst eines wählen kann, wie *Frieden, Ruhe* oder *Liebe.*[2]

Anwendung des Prinzips der Achtsamkeit

Sie können Achtsamkeit nun auf vielfältige Weise nutzen. Zum Beispiel können Sie beim Essen üben, Ihre Aufmerksamkeit ganz auf den Geschmack und die Konsistenz des Essens zu richten, oder Sie können sich ganz auf Ihre Schritte konzentrieren, wenn Sie wandern oder spazieren gehen.[3] Nehmen Sie dabei wahr, wie sich Ihre Füße in koordinierter Bewegung heben und senken, wie ein Fuß von der Ferse bis zu den Zehen auf dem Boden abrollt, wie sich Ihre Arme mit dem Gehen bewegen und Ihr Atem fließt. Mit Achtsamkeit können Sie sich auf den Gedanken konzentrieren: „Ich gehe."

Eine schöne Übung ist Achtsamkeit im Bad. Wenn wir uns im Bad entspannen, erlauben wir unserem Geist oft, überall umherzuschweifen. Probieren Sie aber einmal aus, wie es ist, wenn Sie einen beruhigenden Atemrhythmus üben. Achten Sie auch darauf, was Sie wahrnehmen, wenn Sie in dem warmen Wasser sind. Spüren Sie, wie sich die Wahrnehmung Ihres Gewichts verändert. Nehmen Sie wahr, wie das warme Wasser Ihren Körper von Ihren Zehen bis zu Ihrem Hals sanft umschließt. Versuchen Sie, jedes Detail der sinnlichen Erfahrung wahrzunehmen und zu erforschen. Die Wirkung dieser Übungen kann man noch verbessern, wenn man sich um einen entspannten, mitfühlenden Gesichtsausdruck bemüht.

Vielleicht möchten Sie noch anders im Moment sein, zum Beispiel, indem Sie mit Ihrer Aufmerksamkeit bei Ihren Sinneswahrnehmungen sind. Wenn Sie also draußen in der Natur sind, wandern oder spazieren gehen, richten Sie Ihre Aufmerksamkeit auf den Himmel und nehmen Sie ihn wahr – und bleiben Sie mit der Aufmerksamkeit da. Nehmen Sie wahr, wie sich seine Farbe vom Horizont bis zum Zenit verändert, oder beobachten Sie aufmerksam das Ziehen der Wolken oder ihre Formen oder wie das Licht ihre verschiedenen Aspekte hervorhebt. Oder nehmen Sie die Bäume mit ihren verschiedenen Formen, Strukturen und Farben wahr. Und wenn Sie in Gedanken abgeschweift sind, kommen Sie wieder zurück. Wenn Sie Farben sehen, Geräusche hören und die Luft spüren, kann alles, wovon Sie umgeben sind, zu einer neuen Erfahrung werden, da Sie jetzt so aufmerksam bei dem sind, was *in diesem Moment* um Sie herum da ist.

Wenn wir deprimiert und besorgt werden oder mit etwas beschäftigt sind, kann es sein, dass wir uns aus der Welt der Sinne und der Haltung, ganz in diesem Moment zu sein, zurückziehen. Wir verlieren uns dann in unseren Gedanken an morgen oder gestern oder in Gefühlen von Schwere oder Angst und sind nicht mehr im gegenwärtigen Moment. Wenn wir uns sozusagen vom Autopiloten lenken lassen, sind wir in unsere Gedanken versunken und nehmen die Außenwelt vielleicht kaum wahr. Es gibt Belege dafür, dass man mit Üben von Achtsamkeit Depression lindern kann, weil sie uns davon wegbringt, uns auf das Negative zu konzentrieren und uns nur damit zu beschäftigen. Das Gehirn bekommt so eine Chance, sich von den ständigen negativen Gedanken zu erholen.[4]

Wer Achtsamkeit als Möglichkeit, im gegenwärtigen Moment voller und lebendiger da zu sein, oder als Hilfe bei schmerzhaften Gefühlen anwenden möchte, kann jeden Tag Achtsamkeit üben: in Form des

„Sitzens und Atmens" oder kombiniert mit Yogaübungen. Es kann auch sehr hilfreich sein, ein Meditationszentrum zu besuchen, wo man Kontakt zu Gleichgesinnten bekommen und Lehrer finden kann, die einen bei der Achtsamkeitspraxis begleiten oder führen können.

Erlaubnis, zu entspannen

Wir gehen jetzt zu einer anderen Übung weiter und verwenden dabei wieder „Wahrnehmen und Zurückkommen". Diesmal aber sind wir mit unserer Aufmerksamkeit bei der Erlaubnis, uns zu entspannen. Wir werden sehen, wie man Spannung loslassen kann. Damit meine ich, dass man versucht, Spannung nicht als etwas Schlechtes oder als Feind zu sehen, den man loswerden muss, sondern als eine natürliche Form, wie der Körper sich zu schützen gelernt hat. Er spannt sich an und macht sich so zum Handeln bereit. Wir müssen sanft vorgehen und unserem Körper verstehen helfen, dass er in diesem Moment nicht in diesem Zustand sein muss. Wenn wir also Spannung loslassen, ist es so, als würden wir dem Körper die Erlaubnis geben, sich zu entspannen – und dafür ist er dankbar.[5]

Übung: Achtsam entspannen

Nehmen Sie noch einmal die sitzende oder liegende Position ein, je nachdem, welche sich besser für Sie anfühlt. Dann konzentrieren Sie sich auf Ihre Atmung, bis Sie einen angenehmen und beruhigenden Rhythmus finden. Wenn Ihnen das schwierig erscheint, keine Sorge, atmen Sie einfach so entspannt ein, wie Sie können. Nehmen Sie sich etwa 30 Sekunden dafür Zeit, Ihren Rhythmus zu finden – wenn Sie möchten auch länger. Dann gehen Sie mit Ihrer Aufmerksamkeit zu Ihren Beinen. Nehmen Sie einen Moment wahr, wie sie sich anfühlen. Stellen Sie sich nun vor, dass alle Spannung, die Sie in Ihren Beinen wahrnehmen, nach unten durch sie hindurch und in den Boden abfließt. Lassen Sie sie wegfließen.

Nehmen Sie also beim Einatmen alle Spannung wahr, und stellen Sie sich dann beim Ausatmen vor, wie die Spannung durch Ihre Beine nach unten und in den Boden abfließt. Stellen Sie sich vor, dass Ihre Beine *sich freuen und dankbar sind,* dass sie die Spannung loslassen können. Stellen Sie sich vor, dass sie Sie anlächeln. Manchmal kann man die Wirkung der Übung verbessern, wenn man die Muskeln ganz leicht beim Einatmen anspannt, und dann entspannt, wenn man ausatmet. (Man kann das mit jeder Muskelgruppe ausprobieren.) Nehmen Sie sich jetzt etwa eine halbe Minute Zeit und lassen Sie die Spannungen mit Freundlichkeit los. …

Richten Sie jetzt Ihre Aufmerksamkeit auf Ihren Oberkörper und spüren Sie, was es da an Spannungen gibt, von den Schultern hinab bis in den Rumpf. Stellen Sie sich beim Ausatmen wieder vor, wie die Spannungen diesen Teil Ihres Körpers verlassen, durch Ihre Beine nach unten, und weiter in den Boden abfließen. Wenn es Ihnen hilft, spannen Sie beim Einatmen Bauch und Rückenmuskeln sanft an und lassen Sie die Spannung dann los, wenn Sie ausatmen. Sie können sich vorstellen, dass es in gewisser Weise so ist, als ließen Sie die Spannung aus einem Gefäß fließen. Sie fließt jetzt durch Ihre Beine und nach unten in den Boden ab. … Ihr Körper ist dankbar, und Sie sind freundlich zu ihm. Spüren Sie seine Freude und wie angenehm ihm das ist.

Richten Sie die Aufmerksamkeit jetzt auf Ihre Fingerspitzen und dann nach oben auf Ihre Handgelenke, Unterarme, Ellbogen, Oberarme und Schultern. Stellen Sie sich vor, dass die Spannung, die da ist, losgelassen werden kann – dass *Sie* sie loslassen können. Lassen Sie diese Spannung einfach los, so dass sie nach unten durch Ihren Körper abfließen kann, nach unten durch Ihre Beine und hinaus in den Boden und weg – Sie lassen sie frei.

Stellen Sie sich nun die Spannung vor, die in Ihrem Kopf und in Ihrem Hals sitzt. Sie war Ihr Alarmsystem und sie würde jetzt gern losgelassen werden – um sich auszuruhen. Stellen Sie sich also wieder beim Ausatmen vor, wie sie nach unten durch Ihren Körper, durch Ihre Beine und in den Boden abfließt. …

Nun können wir mit der Aufmerksamkeit beim ganzen Körper sein. Richten Sie jedes Mal, wenn Sie ausatmen, die Aufmerksamkeit auf das Wort *entspannen.* Stellen Sie sich vor, dass sich Ihr Körper weiter entspannt. … Nehmen Sie sich dafür etwa eine Minute Zeit.

Sie können diese Übung beenden, indem Sie tiefer Atem holen, sich bewegen oder ein wenig umhergehen und Ihre Arme im rechten Winkel zu Ihrem Körper ausstrecken. Nehmen Sie wahr, wie sich Ihr Körper anfühlt und wie dankbar er Ihnen ist, weil Sie sich Zeit genommen haben, Spannung loszulassen und eine Weile bei ihm zu sein. Danach wenden Sie sich wieder den Aufgaben des Alltags zu.

Sie können diese Übung so oft machen, wie Sie es nützlich finden. Sie kann Ihnen auch beim Einschlafen helfen. Denken Sie daran, dass Sie Ihre Aufmerksamkeit einfach sanft zu der jeweiligen Aufgabe zurückbringen, wenn sie während der Übung abschweift – vielleicht mit einem leichten, wissenden, mitfühlenden Lächeln.

Das Ziel ist, dass Sie sich entspannen, wenn Sie einfach da sitzen, dass Sie sich erlauben, auf Ihre Atmung zu achten, und mit Ihrem Körper vertrauter werden. Allmählich sehen Sie Ihren Körper dann vielleicht als einen Freund und interessieren sich für ihn und dafür, wie Sie ihn nähren, für ihn sorgen und ihm helfen können, sich zu entspannen. Spannung ist nichts Böses, das man loswerden muss. Spannung ist als eine Form von Schutz entstanden und dient dazu, den Körper auf Handeln vorzubereiten – deshalb ist sie eigentlich dankbar, wenn Sie sie aus Ihrem Körper wieder entlassen. Es ist so, als sagte man den Soldaten, dass die Schlacht vorbei ist und dass jetzt alle nach Hause gehen können. Geben Sie also dem Gefühl der *Dankbarkeit* in Ihrem Körper Raum, Dankbarkeit dafür, dass Sie diese Übungen gemacht haben.

Varianten

Nun gibt es verschiedene Varianten dieser Übung, und es liegt bei Ihnen, die herauszufinden, die für Sie gut sind oder die Ihnen am besten gefallen. Die Übung, die ich Ihnen vorgestellt habe, ist eine Standardform, die manchen hilft. Machen Sie die Übung und sehen Sie dann, was passiert.

Durch Aktivität entspannen

Manchmal nehmen Menschen wahr, dass Entspannen zu unangenehmen Empfindungen in ihrem Körper führt, oder sie machen die Erfahrung, dass sie noch ängstlicher werden. Das ist nicht ungewöhnlich. Zudem könnte Entspannen schwierig, vielleicht sogar unmöglich sein, wenn man sich in bestimmten mentalen Zuständen, das heißt in bestimmten Hirnzuständen, befindet.

Wenn ich aus einem bestimmten Grund sehr verschlossen, aufgeregt, irritiert oder verärgert bin, hilft es mir, wenn ich mich in Verbindung mit *einem gewissen Maß an körperlicher Aktivität* auf die beruhigende Atmung konzentriere. Zum Beispiel könnte ich versuchen, mit meiner Aufmerksamkeit im Hier und Jetzt zu sein und auf diese beruhigende Weise zu atmen, aber dabei auch einer physischen Aktivität nachgehen wie Radfahren, Gartenarbeit, Spazierengehen, Abwaschen (O. K., die Geschirrspülmaschine ausräumen) oder Gitarre spielen.

Fokussieren auf Sinneswahrnehmung

Als Sue Procter, Managerin einer unserer Tageskliniken, und ich eine Gruppe für Menschen mit psychischen Problemen leiteten, fanden die Teilnehmer es zuerst schwer, achtsam zu sein und sich zu entspannen.[6] Wir sammelten also Ideen, das heißt, wir führten ein Brainstorming durch. Die Gruppenteilnehmer hatten das Gefühl, es könnte ihnen helfen, sich auf diese Arbeit mit sich eher einzulassen, wenn sie etwas anderes hätten, worauf sie ihre Aufmerksamkeit richten könnten, als ihre Atmung und ihren Körper.

Wir brachten also Tennisbälle mit. Auf diese Bälle konnten Sie sich konzentrieren. Jedes Gruppenmitglied überließ sich dem beruhigenden Atemrhythmus und achtsamer Aufmerksamkeit, aber richtete seine Aufmerksamkeit dabei auf einen Tennisball. Den hielt man in der Hand, und dabei wurde seine Oberfläche untersucht, und wie er sich in der Hand anfühlte. Wenn man die Konzentration auf die Atmung schwierig findet, sollte man sich einfach nicht darum kümmern – für manche Menschen ist das eben so. Versuchen Sie in so einem Fall nur, Ihren Körper zu lockern, so gut Sie können, und richten Sie Ihre Aufmerksamkeit auf etwas anderes. Später wird der Teil mit der Atmung dann vielleicht leichter.

Grounding

In vielen Teilen der Welt verwenden Menschen Gebetsketten, um sich darauf zu konzentrieren. Als ich in den späten 1960er Jahren in Dubai lebte, habe ich mich gewundert, wie viele Menschen diese verwendeten, um ihre Aufmerksamkeit zu richten und ruhig zu bleiben.

Manchmal möchte jemand seine Praxis, seine Übungen „erden", indem er eine Gedächtnisstütze verwendet. Man kann das auf viele Arten tun. Eine besteht darin, dass man einen Halbedelstein nimmt oder sich einen Stein am Strand sucht, der schön aussieht und der sich gut anfühlt. Wenn man die Entspannungsübungen macht, hält man den Stein einfach in der Hand. Das kann einem helfen, die Empfindung des Steins mit dem Zustand der Entspannung zu verbinden. Wenn man sich später angespannt fühlt, kann man einfach dazu übergehen, auf die gewohnte beruhigende Weise zu atmen, und dabei den Stein zu halten und sich zu erden. Wir nutzen dieselbe Idee, wenn wir uns im nächsten Kapitel der Arbeit mit Bildern zuwenden, die Mitgefühl ausdrücken.

Man kann auch Düfte verwenden, um sich zu erden. Manche Menschen assoziieren Entspannung und Ruhe gern mit einem bestimmten Duft. Es gibt eine ganze Reihe davon, die mit Entspannen assoziiert werden, wie zum Beispiel Lavendel. Man kann sie in Form von Duftölen in vielen Drogerien und Bioläden bekommen. Wenn man einen Duft findet, der zu einem passt, kann man ihn immer bei sich haben, und wenn man sich entspannen will, die Atemübungen machen und dabei zugleich diesen besonderen Duft verwenden. Psychologen meinen, dass man neue innere Zustände schaffen kann, wenn man mehrere Sinne zugleich anspricht, wie Aufmerksamkeit, den Geruchssinn und auch den Tastsinn.

Wie für alle Übungen in diesem Buch gilt auch hier, dass Sie sich an Ihren eigenen Gefühlen und Ihren Erfahrungen orientieren sollten, wenn Sie einmal die Prinzipien dessen verstanden haben, was Sie erreichen möchten. Probieren Sie verschiedene Ansätze aus und sehen Sie, was Ihnen hilft. Sie besitzen intuitive Weisheit. Sie brauchen nur auf sie zu hören.

Denken Sie daran, dass Sie auch bei Ihrem Körper sein können, wenn Sie etwas tun. Auch beim Abwaschen oder Bügeln kann man Entspannung üben, statt automatisch zu arbeiten und dabei über Probleme zu grübeln. Wenn man sich in Entspannung übt, ist man freundlich und sanft zu seinem Körper.

Entspannung im Alltag – Beruhigen und Entspannen

Allein sein

Es ist nützlich, zu erkennen, dass es manchmal wichtig ist, allein zu sein, auch wenn liebevolle Beziehungen lebensnotwendig für uns sind. Millionen Jahre lang mussten wir nicht weit gehen, um von anderen entfernt und allein zu sein. Dies kann heute in unserer modernen Gesellschaft mit Häusern, die wie kleine Schachteln gebaut sind, und bei einem Klima, das uns drinnen gefangen halten kann, schwieriger sein.

Absichtliches Alleinsein unterscheidet sich natürlich sehr von Einsamkeit, die man sich nicht ausgesucht hat. Versuchen Sie, wenn möglich, sich den Freiraum zu verschaffen, regelmäßig eine gewisse Zeit allein zu sein. Ich habe Frauen gekannt, die Schuldgefühle hatten, wenn sie ihrer Familie sagten, sie brauchten einige Zeit für sich allein, um ruhig zu werden und sich zu entspannen. Eine Frau erzählte, selbst wenn sie ein Bad nehmen wollte, dauerte es nicht lange, bis Stimmen nach ihr riefen: „Mama, wo bist du? Wo hast du mein Hemd hingetan? Mama, hast du meine Hausaufgaben gesehen?"

Versuchen Sie, Ihrer Familie und Ihren Freunden zu erklären, dass wir alle Zeit für uns brauchen. Wir brauchen sie, um uns wieder zu zentrieren und zu entspannen, ohne dabei an andere denken zu müssen. Das bedeutet nicht, dass man nicht mit Menschen zusammen sein mag. Es geht darum, dass man sich Zeit nimmt, um allein zu sein, und sich überlegt, wie man diese Zeit nutzen kann, um sich zu nähren.

Innere Ruhepausen

Wenn Sie sehr beschäftigt sind, können schon kurze Ruhepausen guttun. Seien Sie sich bewusst, dass Sie mit dem, was Sie tun, versuchen, Muster der Gehirnaktivität zu stimulieren. Angenommen, Sie bekommen einen

Anruf und jemand sagt Ihnen etwas, was Sie ärgert oder aufregt. Halten Sie in dieser Situation einen Moment inne und konzentrieren Sie sich auf die Atmung. Nehmen Sie wahr, wie die Gefühle durch Ihren Körper fließen. Das können ganz verschiedene und widerstreitende Gefühle sein. Es ist gut, wenn Sie versuchen, sie in Worte zu fassen: „In diesem Moment fühlt sich mein Körper angespannt an. Ich spüre diese Spannung und Aufregung im Bauch, mein Gesicht ist angespannt. Ich springe von einem ärgerlichen Gedanken zum nächsten. Gut, jetzt möchte ich einen Moment lang diesen beruhigenden Rhythmus finden und einen Moment dabei bleiben. Mein ‚altes Gehirn' wird weiter jagen, wie es das immer macht, aber ich bleibe einen Moment bei dem beruhigenden Atemrhythmus und beobachte, wie meine Gedanken und Gefühle vorbeiziehen." Dies kann in vielen problematischen Situationen sehr hilfreich sein. Später werden wir diese Arbeit mit Bildern, die Mitgefühl ausdrücken, ergänzen.

Achtsamkeit beim Sex

Auch wenn es sehr hilfreich ist, wenn man sich Zeit ausschließlich für die Achtsamkeitspraxis nimmt, ist es ebenso nützlich, sie mit zentralen Aktivitäten in allen Bereichen des alltäglichen Lebens zu verbinden. Achtsamkeit kann einem helfen, die kleinen Freuden des Lebens mehr zu genießen. Dazu gehört natürlich auch sexueller Genuss. Achtsamkeit lernen bedeutet, die Freuden beim Geben und die Freuden, die man erlebt, wenn man empfängt, aufmerksam wahrzunehmen. Wenn man in dem Moment bei den Gefühlen ist, wenn sie sich entfalten, verschiebt man seine Orientierung von den Ergebnissen (zum Beispiel einen Orgasmus zu haben) zu der „Erfahrung in diesem Moment". Dies ist die Grundlage von tantrischem Sex, und wenn diese Formen, mit Achtsamkeit an Sex heranzugehen, Ihnen gefallen, kann es etwas sein, was Sie ausführlicher erforschen möchten.

Es tut mir aber leid, mehr sage ich dazu nicht – diese besonderen Genüsse müssen Sie woanders erforschen! Ich erwähne sie hier nur, um zu unterstreichen, wie wichtig es ist, dass Achtsamkeit zu einer *Weise* werden kann, bei vielen Dingen zu sein, die wir regelmäßig machen, und dass sie nicht nur eine Aktivität ist, die man zu bestimmten Zeiten üben kann.

Übung: Ein Tag als Außerirdischer

Dies ist eine andere schöne, spielerische Übung – sie besteht darin, einen Tag lang zu einem Außerirdischen zu werden. Probieren Sie sie aus und schauen Sie, ob Sie dabei eine besondere Art Achtsamkeit empfinden, die Ihnen eine neue Erfahrung von Lebendigkeit vermitteln kann.

Stellen Sie sich vor, dass Sie von einem anderen Planeten kommen. Dort gibt es vielleicht wenig Licht und der Himmel ist dunkel, und Sie besuchen zum ersten Mal die Erde. Sie sind von allem fasziniert, was Sie sehen und spüren – von dem Himmel und seinen sich permanent verändernden Mustern, dem Geruch und dem Gefühl der Luft, bis zu den Geräuschen um Sie herum und den Farben der Bäume und des Grases. Lassen Sie sich staunen und von dem Grün und den Farben lebendiger Pflanzen fasziniert sein. Es geht darum, die Welt spielerisch neu zu erleben und mit Frische wahrzunehmen und sinnlich zu erfahren.

Ich habe einmal ein witziges Graffito gelesen. Jemand hatte geschrieben: „Gibt es intelligentes Leben auf diesem Planeten?" – eine deutliche Anspielung auf die Dummheiten, die Menschen machen. Darunter hatte jemand geschrieben: „Ja, aber ich bin nur zu Besuch hier."

Übungen: Die Kunst der Wertschätzung

Wenn wir unsere Aufmerksamkeit dahin lenken können, wo wir sie haben wollen, zur Spitze unseres Kopfes oder zu einem großen Zeh oder zu den Pflanzen auf der Fensterbank – warum sollten wir diese Fähigkeit dann nicht nutzen, um bestimmte positive Emotionen zu stimulieren? Es gibt das bekannte Bild von einem Glas, das man als halb voll oder als halb leer sehen kann. Wenn man deprimiert ist, sieht man es als halb leer, wenn es einem gut geht, ist das Glas halb voll. Wir wissen, dass Stimmungen unsere Aufmerksamkeit verändern. Das Glas ist dasselbe – es verändert sich nicht, nur unsere Gefühle ihm gegenüber und wie wir es wahrnehmen, verändern sich. Aber wir können üben, Aufmerksamkeit zu den Dingen zu lenken, die wir wertschätzen, die Lust und Freude und andere schöne Gefühle in uns anregen. Man kann üben, die Aufmerksamkeit auf die halb volle Hälfte des Glases zu richten. Und so macht man das:

Achten Sie jeden Tag, wenn Sie aufstehen, aufmerksam auf die Dinge, die Sie mögen, oder die Ihnen ein klein wenig Freude bereiten. Zum Beispiel liegen Sie vielleicht gern in Ihrem warmen Bett. Statt also nur damit beschäftigt zu sein, wie lästig es ist, das Bett verlassen zu müssen, lächeln Sie bei der Erinnerung an die wohlige Freude und denken Sie daran, dass Sie in etwa 16 Stunden dahin zurückkehren können. Denken Sie daran, wie sehr Sie genießen, wenn Sie duschen, eine erste Tasse Tee trinken, das Frühstück probieren oder die Zeitung aufschlagen. Wenn Sie Tee machen und Brot toasten, versuchen sie, es achtsam zu machen. Achten Sie auf das Wasser, diese Leben spendende Flüssigkeit, und wie in dem Wasser um Ihren Teebeutel allmählich ein Wirbel brauner Flüssigkeit erzeugt wird. Bei dem Toast achten Sie auf den Geschmack und wie er sich anfühlt. Stellen Sie sich vor, dass Sie eine Ameise sind, die über Ihren Toast krabbelt – wie über eine Mondlandschaft. Wann haben Sie das letzte Mal wirklich frischen Toast mit Butter geschmeckt – ich meine, *wirklich* geschmeckt? Sind Sie sich bewusst, wie die Luft eines Frühlingstages wirklich riecht? Haben Sie sich jemals Zeit genommen, sie bewusst einzuatmen, sie wahrzunehmen und zu würdigen? Seien wir ehrlich: Wir sind so damit beschäftigt, uns selbst voraus zu sein und an all die Themen des Tages zu denken, dass alle diese einfachen Freuden einfach an uns vorbeigehen.

Auch wenn Sie etwas so Banales tun wie abwaschen, achten Sie auf das warme Gefühl des Wassers an Ihren Händen, die Blasen, die durch das Spülmittel entstehen – vielleicht sehen Sie winzige Regenbögen darauf. Als Kind war ich von den Farben fasziniert, die man auf Seifenblasen sehen kann. Wir verlieren die Fähigkeit, von solchen Alltagsdingen fasziniert zu sein, weil wir uns als Spezies leicht an Dinge gewöhnen und immer etwas Neues wollen. Außerdem denken wir ständig an so viele andere Dinge, u. a. wie lästig es ist, den Abwasch machen zu müssen, wenn man müde ist und noch anderes vorhat – zum Beispiel ins warme Bett zurückzukriechen. Aber wenn wir lernen, *wahrzunehmen, zu fühlen und zu sehen,* kann das unser Gehirn auf eine ganz neue Weise stimulieren.

Nehmen Sie sich Zeit, wertzuschätzen, was Menschen für Sie tun? Wählen Sie einen Tag, an dem Sie nur darauf achten, was Ihnen an Menschen gefällt und was Sie an ihnen schätzen. Lassen Sie all das los, was Ihnen nicht gefällt. Machen Sie sich klar, wie abhängig wir voneinander sind und wie sehr wir einander brauchen. Manche Menschen sind seit vier Uhr früh auf den Beinen, damit wir frische Milch, Brot und Zeitungen haben. Und jeden Tag tun sie dasselbe. Wie ist es mit denen, mit denen Sie zusammenarbeiten – was für gute Seiten und Stärken haben sie? Wie oft beachten Sie sie wirklich? Wie oft machen Sie sich die Mühe, ihnen zu sagen, dass Sie sie wertschätzen?

Bei diesen Übungen lernt man, das System zur Bewältigung von Gefahr und für Selbstschutz zu umgehen, das darauf fixiert ist, nur das halb leere Glas wahrzunehmen. Seine Aufgabe ist es, davor zu warnen, dass einem das Wasser ausgehen könnte, oder einen dazu zu bringen auszurufen: „He, was ist mit der anderen Hälfte passiert? Jemand hat es ausgetrunken!" Dazu ist es da, und man könnte es das einfach tun lassen. Aber wir fangen jetzt damit an, Kontrolle über unsere Gefühle zu übernehmen und unsere Aufmerksamkeit *bewusst* zu nutzen und zu üben, Emotionssysteme zu stimulieren, die Muster der Gehirnaktivität entstehen lassen, die gute Gefühle hervorrufen. Wertschätzung ist eine Weise, wie wir das üben können.

Die Hauptsache ist der *Geist der Freundlichkeit und des Spielerischen,* den diese Übung verkörpert. Wenn wir mit Wertschätzung arbeiten, ist es sehr leicht, daran zu denken, was für ein Glück wir im Vergleich mit so vielen Menschen auf der Welt haben, die hungern oder denen die einfachsten Annehmlichkeiten fehlen. Wir haben warme Betten, gutes Essen, schöne Autos und so vieles andere. Wenn man mehr hat als die nackte Erde unter den Füßen, gehört man schon zu den oberen 50 Prozent der Weltbevölkerung. Nur 25 Prozent haben ein Dach über dem Kopf und leben in einem Haus. Im Westen sind es nicht so viele Menschen, die hungrig zu Bett gehen und nicht wissen, wie sie überleben sollen.

Wenn man so denkt, ist das bei dieser Übung eigentlich nicht hilfreich, auch wenn es dabei mitwirken kann, ein moralisches Gewissen zu entwickeln. Mit dieser Art Denken muss man deshalb vorsichtig sein, weil es negativ motiviert ist und, wie ich fürchte, von dem System zur Bewältigung von Gefahr und für Selbstschutz beeinflußt ist. Wir werden uns ein wenig *schlecht fühlen,* weil wir etwas nicht wertschätzen. Wir werden das Gefühl haben, dass wir das, was wir haben, mehr genießen *sollten.* Das Problem dabei ist, dass man sich niemals wirklich gut fühlen kann, wenn das, was man fühlt, von einem „sollte“ begleitet ist. Echte Wertschätzung ist dann möglich, wenn man lernt, mit Freude zu genießen. Dabei geht es nicht um ein „sollte“. Das Gehirn entwickelt eher die Fähigkeiten, Freude und Lust zu empfinden, wenn man sich entscheidet, es auszubilden und seine Aufmerksamkeit zu steuern. Man kann dem „neuen Gehirn/Denken“ helfen, mehr Kontrolle über das „alte Gehirn/Denken“ zu bekommen.

Noch einmal Achtsamkeit

Achtsamkeit hat also viele Aspekte. Sie kann eine Form sein, wie man beobachtet und die Aufmerksamkeit auf bestimmte Dinge richtet, wie auf das Einströmen und Ausströmen des Atems, auf ein Mantra wie OM oder FRIEDEN. Ein Fokus kann auch die Flamme einer Kerze oder eine Pflanze oder eine einfache Aktivität wie Gehen oder Abwaschen sein. Diese Formen der Aufmerksamkeit sollen helfen, uns der Neigung bewusst zu werden, von dem Fokus auf *diesen Moment* abzuschweifen. Wenn wir üben, mit der Aufmerksamkeit auf eine sanfte und ruhige Weise zum Fokus zurückzukehren, beruhigt sich der Geist allmählich. Wenn er sich beruhigt, werden wir uns bewusster, dass wir einfach bewusst und gewahr sind. Wir ruhen im „Bewusstsein von Bewusstsein“, und als Folge erleben wir uns ein wenig anders.

Achtsamkeit kann auch dabei behilflich sein, wenn wir Aufmerksamkeit auf bestimmte Elemente und Aspekte unseres Lebens lenken wollen. Wir übernehmen die Kontrolle darüber, worauf wir achten, statt unserer Aufmerksamkeit zu erlauben, sich von den Emotionen leiten zu lassen, die zufällig gerade aktiviert sind. Einen großen Teil unseres Lebens leben wir wie von einem Autopiloten gesteuert. Wir treiben im Alltag mit den Strömungen des Gefühls und den sich ständig verändernden Zuständen unseres Gehirns. Aber angenommen, wir entscheiden uns wirklich dafür, die Aufmerksamkeit so zu richten, wie *wir* wollen. Angenommen, wir üben, unserer Aufmerksamkeit einen neuen Fokus zu geben, wie zum

Beispiel, wenn wir uns vorstellen, dass wir Außerirdische sind. Oder wir üben, Aufmerksamkeit auf etwas zu richten, was wir genießen, mögen und schätzen. So fangen wir an, Kontrolle über die Muster zu bekommen, die wir in unserem Gehirn herstellen und unterstützen möchten. Dies ist eine der aufregendsten und wichtigsten Anwendungen der modernen Psychologie.

Das Gehirn verändern

Wie schon bemerkt, stimulieren verschiedene Aufmerksamkeitsstile verschiedene Muster im Gehirn. Das ist nicht anders, als wenn man sich bewusst ist, dass man seine Hypophyse stimuliert, wenn man sexuelle Phantasien hat, und so Veränderungen im Körper bewirkt. Dennoch ist es faszinierend, dass sich das Gehirn neu verschaltet, wenn wir unsere Aufmerksamkeit nutzen, um Muster im Gehirn zu stimulieren. Wir wissen schon, dass „Neuronen, die zusammen feuern, sich verschalten" – dieser Prozess ist sehr subtil und braucht Zeit, aber er verschafft einem wieder die Kontrolle.

Im nächsten Kapitel werden wir uns ausführlicher mit Bildern befassen. Wenn man mit Bildern arbeitet, ist Achtsamkeit eine Hilfe. Es ist nützlich, wenn man gelernt hat, aufmerksam und freundlich wahrzunehmen, wenn man innerlich von einer Aufgabe weggegangen ist, und wie man sich mit Mitgefühl zurückbringen kann. Dies sind die Geheimnisse von Achtsamkeit.

Traurigkeit

Ich hoffe, dass Sie diese Übungen genießen, Spaß an ihnen haben und ein neues Interesse für Ihren Geist und ihr Sein in der Welt entwickeln. Aber Sie sollten sich bewusst sein, dass durch Achtsamkeitsübungen Themen an die Oberfläche kommen können, die Sie nicht bewusst angesprochen haben. Wenn man Achtsamkeit praktiziert, kann es passieren, dass man traurig oder zu Tränen gerührt wird, weil man jetzt für bestimmte Themen und Schwierigkeiten offen ist. Wenn man aufhört, innerlich von einer Sache zur nächsten zu jagen, kann man anfangen, diese subtileren Ebenen von sich wahrzunehmen und zu erleben. Zum Beispiel machte Jennifer die Erfahrung, dass sie traurig wurde, wenn sie mit einer mitfühlenden Form von Achtsamkeit arbeitete. Ihr wurde klar, dass sie mit einer Erinnerung an den Tod ihrer Mutter, der fünf Jahre zurücklag, in Berührung kam. In ihrem Herzen wusste sie, dass sie immer vermieden hatte zu trauern, fast als wäre ihre Mutter, wenn sie sie nicht betrauerte, nicht wirklich gestorben.

Wenn Sie also erleben, dass während Ihrer Arbeit mit Achtsamkeit Gefühle wie Traurigkeit oder Angst auftauchen, dann versuchen Sie, bei ihnen zu bleiben. Bleiben Sie achtsam bei ihnen, beobachten Sie sie und schreiben Sie vielleicht auf, was Sie wahrnehmen, beobachten oder erleben. Wenn Sie Freunde oder einen Partner haben, mit denen oder mit dem Sie über Ihre Gefühle sprechen können, dann tun Sie das. Wenn diese Gefühle aber zu einem Hindernis werden und Sie wissen oder lernen möchten, wie Sie mit Ihnen umgehen können, dann kann Ihnen vielleicht ein Achtsamkeits- oder Meditationslehrer oder ein Therapeut helfen. Wenn es bei Ihnen besonders um Traurigkeit geht, dann kann für Sie auch das Buch von Mark Williams et al. von Nutzen sein: *Der achtsame Weg durch die Depression,* (Arbor 2010).[7]

Entscheidend ist, dass nichts an Ihnen oder Ihrer Achtsamkeit falsch ist, wenn Sie die Erfahrung machen, dass schlimme Gefühle in Ihnen aufsteigen. Das kann einfach ein Hinweis darauf sein, dass es Dinge gibt, die Sie ansprechen müssten, und vielleicht ist es dann sinnvoll, sich bei anderen Hilfe zu holen.

Zusammenfassung

Dieses Kapitel hat Sie mit einigen Ideen über Achtsamkeit bekannt gemacht – wie man einen beruhigenden Atemrhythmus findet oder entwickelt und wie man Entspannung verstehen und an ihr arbeiten kann, und wie wichtig es vor allem ist, sich Raum zum Üben zu nehmen. In unserem oft so geschäftigen Leben ist das nicht immer leicht, und deshalb müssen wir nach Möglichkeit kleine Freiräume finden, die wir für uns selbst nutzen. Die Hauptsache ist aber, einfach jede Gelegenheit zu nutzen, um beruhigende Atmung und Achtsamkeit zu üben. Sie könnten das sogar ausprobieren, wenn Sie auf dem Weg zur Arbeit sind, denn es ist in jedem Fall besser für Sie, wenn Sie diese Übungen machen, als wenn Sie innerlich damit beschäftigt sind, wie gereizt und angespannt Sie aufgrund irgendwelcher Verkehrsstaus sind oder weil ein Zug Verspätung hat. Es geht nur darum, diese innere Haltung in jeden Bereich des Lebens zu bringen.

Damit Sie Achtsamkeit so entwickeln können, dass Sie immer mehr erkennen und verstehen, wie Ihr Geist funktioniert, brauchen Sie Raum und Zeit. Natürlich wissen Sie, dass Sie sich die genauso nehmen müssen wie die Zeit zum Üben, wenn Sie körperlich fit sein oder ein Musikinstrument spielen lernen wollen. Wenn man bei Gedanken und Gefühlen ist und sie einfach beobachtet, führt das gewöhnlich dazu, dass man sich einer Fülle von Gedanken und Gewohnheiten und vielfältiger Sorgen und Begierden bewusst wird, die aber allmählich schwächer werden und zurückgehen. Sie sollten davon nicht überrascht sein, denn bevor Sie anfingen, diese Übungen zu machen, waren diese Aspekte Ihrer Psyche wahrscheinlich ganz unkontrolliert aktiviert. Sie waren sicher sehr geschickt darin, eine ganze Palette von Gedanken und Gefühlen zu erzeugen, die sich alle in Ihr Bewusstsein drängten.

Denken Sie auch daran, dass man am besten übt, wenn das Leben mehr oder weniger ruhig seinen Gang geht. Versuchen Sie nicht, diese Fähigkeiten, sich zu beruhigen, genau dann einzusetzen, wenn es Ihnen schlecht geht. Üben Sie, wenn Sie ruhig sind, und entwickeln Sie erst Ihre Fähigkeiten.

Es ist nicht so schwer, achtsam zu sein, denn es geht nicht darum, *etwas zu erreichen.* Aber es ist auch nicht leicht, achtsam zu sein. Wenn wir aufhören zu versuchen, „zu machen, dass etwas geschieht", und von Moment zu Moment immer nur Beobachter sind, dann werden wir zu Beobachtern von etwas äußerst Ungewöhnlichem – nämlich von Bewusstsein an sich. Sich des Bewusstseins bewusst zu sein, ganz bewusst zu werden und ganz gewahr zu sein, kann faszinierend sein. Also viel Vergnügen beim Erforschen der verschiedenen Facetten achtsamer Meditation. Machen Sie sie zu einem Teil Ihres Lebens. Wie angedeutet, hoffe ich aber, dass Sie sich auch in der Lage fühlen, loszugehen und sich eine Gruppe in Ihrer Gegend zu suchen, die Ihnen bei Ihren Forschungen helfen kann.

8 Training mitfühlenden Denkens mit Hilfe von Bildern

Machen Sie einen Sprung zurück zu Kapitel 6 und erinnern Sie sich an die Diskussion darüber, wie Gedanken und Bilder sich auf Ihr Gehirn und Ihren Körper auswirken können. Werfen Sie auch noch einmal einen Blick auf Diagramm 2. Erinnern Sie sich daran, wie wir erforscht haben, wie Produktion von Magensäure und Speichelfluss angeregt werden können, wenn wir uns eine Mahlzeit in allen Einzelheiten vorstellen, oder wie Veränderungen in unserem Körper bewirkt werden können, wenn wir sexuelle Phantasien entwickeln? Also, wir können dieses Grundprinzip auch nutzen, um uns zu helfen, Muster in unserem Gehirn zu erzeugen, die mit Mitgefühl verbunden sind. Übungen, mit denen Mitgefühl entwickelt werden soll und die mit Bildern, Denken und Verhalten verknüpft sind (was ich die „Fähigkeiten von Mitgefühl" genannt habe), kennzeichnen seit Langem die buddhistische Praxis. Übungen, bei denen es um Achtsamkeit geht, gehen auf eine etwas andere Tradition als die zurück, deren Ziel Mitgefühl ist, aber die meisten Praktizierenden glauben, dass sie wie die zwei Flügel eines Vogels sind und zusammen fliegen.[1]

Wir haben gesehen, dass viel von dem, was in Ihnen vor sich geht, in gewissem Maß nicht rational und auch nicht Ihr Fehler ist – wir sind so gemacht. Wir möchten und müssen jedoch auch mehr Kontrolle über unsere Psyche und unser Denken bekommen. Es würde uns helfen, wenn wir die Fähigkeit entwickeln könnten, uns selbst zu beruhigen. Das wird uns zwar nicht vor den Schmerzen und Schicksalsschlägen des

Lebens schützen, aber es kann uns helfen, anders damit umzugehen. Wir kommen also jetzt zu bestimmten Übungen, deren Ziel es ist, zu üben, bestimmte Gefühle, Empfindungen und Geist-Körper-Zustände in uns zu stimulieren.

Es kann sein, dass manche Menschen bei diesen Übungen ziemlich schnell Gefühle von Freundlichkeit und Wärme erleben, die auf sie selbst gerichtet sind, während andere mehr Schwierigkeiten damit haben. Wenn Sie anfangs wenig von diesen Übungen profitieren, dann versuchen Sie, sich davon nicht beunruhigen zu lassen, denn manchmal braucht es Zeit, bis die Übungen wirken. Außerdem sind einige davon besser für Sie geeignet, während andere Ihnen weniger entsprechen werden. Denken Sie an Kim, die fast täglich mit einigen „mitfühlenden Bildern" übte, aber nicht viel davon hatte. Dessen ungeachtet nahm sie sich weiter jeden Tag Zeit, um es weiter zu versuchen. Doch es passierte nicht viel. Dann war eines Tages jemand freundlich zu ihr und sie erlebte diese warme Gefühlswelle und spürte, wie sich ein Lächeln über ihr Gesicht ausbreitete, so wie sie es mit ihren Bildern geübt hatte. Sie merkte plötzlich, dass sie tatsächlich anfing, mehr Wärme in ihrem Leben zu erleben. Manchmal muss man also einfach dabeibleiben.

Wir werden verschiedene Arten von Übungen betrachten. Bei einigen wird es darum gehen, aus der *Erinnerung* Mitgefühl in sich hervorzurufen, andere konzentrieren sich darauf, dies durch *Wünsche* und *Phantasien* entstehen zu lassen.

Das mitfühlende Verlangen, glücklich zu sein

Übung: Den Wunsch nach Frieden erforschen

In dieser ersten Übung werden wir Ihr Verlangen betrachten, mit sich selbst in Frieden zu sein. Versuchen Sie bitte Folgendes: Als Erstes bleiben Sie etwa eine Minute lang bei einem beruhigenden achtsamen Atemrhythmus. Nehmen Sie eine entspannte Körperhaltung ein. Wenn Sie möchten, gehen Sie durch Ihren Körper, und entspannen Sie sich von Ihren Füßen an aufwärts und bleiben Sie dabei ganz wach und aufmerksam. Dann lächeln Sie ein wenig und nehmen dabei wahr, wie

Ihre Gesichtsmuskeln einen sanften, mitfühlenden Ausdruck annehmen. Nehmen Sie sich wieder etwa eine Minute dafür Zeit. Nun erlauben Sie Ihrer Aufmerksamkeit zu Ihnen selbst zurückzukommen. In der buddhistischen Praxis gibt es die *Liebende Güte zu sich selbst* – eine freundliche, liebevolle, fürsorgliche Motivation, frei von Leiden zu sein. Stellen Sie sich vor, dass sich Ihr Herzbereich öffnet und Sie einfach antworten: „Möge es mir gut gehen. Möge ich glücklich sein. Möge ich frei von Leiden sein." Sie stellen sich wiederholt vor, wie diese Sätze in Ihr Herz dringen.

Hier eine Variante dieser Grundübung:

- Erkennen Sie, dass Sie ein Wesen sind, das im Fluss des Lebens geschaffen wurde. Wie wir alle haben Sie sich eben erst hier eingefunden.
- Betrachten Sie nun Ihr tiefes und wahres Verlangen, mit sich in Frieden und innerlich freundlich und zufrieden zu sein.
- Konzentrieren Sie sich auf Ihr Verlangen, frei von Leiden und in einem Zustand tiefen Wohlbefindens zu sein.
- Werden Sie vertraut damit, wie sich dieser Wunsch anfühlt.
- Richten Sie Ihre Aufmerksamkeit auf denTeil in Ihnen, der die Kämpfe im Strom des Lebens versteht und *wirklich* Zufriedenheit und Frieden haben möchte.
- Seien Sie sich darüber im Klaren, dass dieser Teil von Ihnen *weise* und *fürsorglich* ist. Es ist nicht der Teil, der sich erschöpft fühlt und denkt: „Bloß endlich Ruhe, dafür gebe ich alles – ich bin völlig fertig." Der Teil von Ihnen, der wirklich Zufriedenheit und Frieden haben möchte, erkennt möglicherweise, wie müde Sie sind, aber *dieser* Teil selbst ist nicht müde.

Versuchen Sie, so lange Sie können, dabeizubleiben. Danach tragen Sie die Gedanken, die Ihnen gekommen sind, in Ihr Tagebuch ein. Schreiben ist zur Reflexion nützlich und kann Ihnen auch als Gedächtnisstütze oder Reisetagebuch dienen. Vielleicht finden Sie es interessant, ob Sie irgendwelchen Widerstand gegen die Vorstellung, wirklich zufrieden und in Frieden sein zu wollen, wahrgenommen haben – in Form von Gedanken, dass das schwer zu erreichen ist, dass Sie es nicht verdienen, in Frieden zu sein, dass Sie Ängste davor haben, oder dass Sie zum Beispiel andere Gelegenheiten im Leben verpassen oder schutzlos sein könnten. Nehmen Sie all das an dieser Stelle einfach nur mit Interesse wahr. Schreiben Sie auch auf, wie sich der Gedanke anfühlt, dass es einen Teil von Ihnen gibt, der aufrichtig einen Zustand von Wohlbefinden ersehnt.

Übung: Freude in Frieden erleben

In der nächsten Imaginationsübung, die Sie vielleicht ein paar Tage später ausprobieren möchten, stellen Sie sich vor, wie Sie eine bestimmte *Freude in Frieden* erleben – das heißt, dass Sie nicht nur zufrieden und in Frieden sind, sondern auch noch mehr Freude empfinden und glücklicher sind. Dieses freudige Gefühl ist mit unserem Triebsystem und dem energetisierenden System verbunden. Glück dieser Art hängt mit einer Balance oder einem Interaktionsmuster der Systeme für Triebe und Erregung und für Selbstberuhigung und Zustände der Zufriedenheit zusammen, die sich ein wenig von Balance und Interaktionsmuster bei zufriedener Friedlichkeit unterscheiden.

Es ist sehr nützlich, sich der Gedanken bewusst zu sein, die bei diesen Übungen auftauchen. Wenn Ihr Geist umherschweift, bringen Sie ihn einfach zu der Aufgabe zurück.

Mir ermöglicht der Fokus auf Friedlichkeit und Freude zu verstehen, dass es in mir eine gewisse Rastlosigkeit gibt. Ich fand die Übung auch deshalb schwierig, weil mir dabei bewusst wurde, dass ich nicht *zu* friedvoll, zufrieden oder freudig werden wollte – ich hatte immer das unruhige und fast unangenehme Gefühl, dass es noch mehr zu tun gab. Können Sie sich das vorstellen? Ich nahm Gefühle und Gedanken wahr, die mir zu sagen schienen: „Es ist in Ordnung, dass du ruhige Freudigkeit empfindest. Aber was ist mit den anderen armen Seelen?“ Meine Güte – ja, das passt zu meiner Geschichte und – wer weiß? – vielleicht sogar zu meinen Genen. Natürlich ist es in so einer Situation wichtig, dass Sie mitfühlend bleiben und lächeln, dankbar für Ihre Entdeckung sind und darüber nachdenken, wie Sie damit umgehen wollen.

Diese Übungen können nützlich sein, bestimmte Muster der Gehirnaktivität in uns zu stimulieren, sie können aber auch wertvoll sein, weil sie interessante Gedanken ans Licht bringen, die unseren Weg zu persönlichem Wohlbefinden und zum Entwickeln von Selbstmitgefühl versperren können. Tief und wahrhaftig *wünschen,* Freude zu haben oder glücklich zu sein, mag sich nicht so unmittelbar einstellen, wie man denken würde. Das ist seltsam, nicht wahr? Menschen, mit denen ich gearbeitet habe, beobachteten immer wieder Gedanken wie: „Wenn ich zufrieden werde, werde ich viele Dinge verpassen" oder „Ich könnte in Frieden sein, aber das Leben würde keinen besonderen Spaß mehr machen" – was dann natürlich zu Unzufriedenheit führt. Das Interessante ist hier die *Angst* vor Zufriedenheit. Es ist wichtig, sich darum keine Sorgen zu machen, aber dankbar dafür zu sein, dass Sie diese Angst in sich entdeckt haben, und dann darüber nachzudenken, wie Sie mit diesen Themen weiter umgehen können.

Sie sollten diese Gefühle von Zufriedenheit, und was sie für Sie bedeuten, genau untersuchen. Zu Zufriedenheit könnte auch gehören, ein Ziel anzustreben, sich verbindlich für eine Sache einzusetzen oder nach einer sinnvollen Lebensweise zu suchen. Der Dalai Lama hat sich tief der Aufgabe verpflichtet, Mitgefühl in der Welt zu vermehren – wobei er selbst zufrieden und mit sich in Frieden ist. Wir sprechen hier also über innere Zustände. Es geht nicht so sehr darum, dass wir Zufriedenheit außerhalb unserer Ziele finden, und wir sollten unsere Zufriedenheit nicht davon *abhängig* machen, dass wir sie erreichen: „Ich kann nur zufrieden sein, wenn ich mit diesem oder jenem Erfolg habe." Zufriedenheit bedeutet auch nicht Stagnation, das Ende unserer inneren Verpflichtung zu einer Sache oder unseres Strebens nach Sinn oder Wissen. Hierüber zu meditieren kann äußerst interessant sein. Was ist es, das Sie im Leben schätzen und dem Sie sich ganz widmen wollen?

Bilder verwenden

Wir werden jetzt unsere Imagination benutzen und versuchen, andere Arten von Bildern zu erzeugen. An dieser Stelle noch ein Wort zur Vorsicht: Für die meisten Menschen sind solche Bilder keine scharfen Photographien im Kopf. Wenn sie denn überhaupt entstehen, sind es eher flüchtige Eindrücke von Dingen. Wenn Sie an die Beispiele von der Mahlzeit oder von den sexuellen Phantasien zurückdenken, dann waren diese Bilder, die Sie da erzeugt haben, eher impressionistisch als lebendig und präzise. Es wird daher genauso sein, wenn wir Bilder von Mitgefühl aufrufen und die Empfindung von Mitgefühl betrachten, wenn wir sie in unserer Erinnerung aufsuchen.

Das Entscheidende sind die *Gefühle,* die die Bilder in Ihnen hervorrufen. Ich habe mit vielen Menschen mit Bildern von Mitgefühl gearbeitet, die niemals wirklich klare Bilder sehen konnten – entscheidend war dabei die Empfindung von Mitgefühl. Manche finden es auch leichter, Töne und Stimmen zu imaginieren als visuelle Bilder zu erzeugen. Einer der Gründe, weshalb Religionen oft Ikonen und andere bildliche Darstellungen von Personen haben, ist, dass man sich kein eigenes Bild von ihnen in der Vorstellung schaffen muss. Seien Sie also bei der folgenden Übung freundlich und gelassen und akzeptieren Sie, dass das, was Ihnen einfällt, vielleicht eher ziemlich impressionistisch als klar und lebendig ist.

Übungen: Erinnerung nutzen, um Mitgefühl in sich hervorzurufen

Wir wollen uns nun Übungen zuwenden, um Gefühle des Mitgefühls hervorzurufen; dazu stützen wir uns auf unser Gedächtnis. Hier zunächst eine nützliche Übung, die Sie ausprobieren können:

Sitzen Sie wie bei all diesen Übungen bequem und in einer aufrechten Haltung und bleiben Sie am Anfang für eine Weile bei Ihrem beruhigenden Atemrhythmus. Denken Sie dann an jemanden, der fürsorglich, freundlich und warm zu Ihnen gewesen ist. Versuchen Sie, sich ein bestimmtes Ereignis vorzustellen und richten Sie Ihre Aufmerksamkeit ganz auf die Einzelheiten. Wählen Sie keine unangenehme Erinnerung, damit keine Aufregung in Ihnen entsteht. Richten Sie sich dann auf Ihr Gefühl, wie es war, als Sie Freundlichkeit erlebt haben. Konzentrieren Sie sich auf den Gesichtsausdruck dieser freundlichen Person, auf ihre Stimme und auf ihr Verhalten. Erinnern Sie sich so gut Sie können an *besondere Einzelheiten.* Was für Gefühle wurden Ihnen entgegengebracht? Können Sie spüren, wie sie jetzt aus Ihrem Gedächtnis in Ihren Körper *hineinfließen?*

Wenn Sie die Übung beendet haben, halten Sie Ihre Gedanken und Gefühle in Ihrem Tagebuch fest – und schreiben Sie auch auf, wie es war, sich dieser Erinnerung zuzuwenden und sich in sie zu vertiefen.

Unsere nächste Übung besteht darin, dass Sie sich Ihrem eigenen Mitgefühl zuwenden und wie es *nach außen fließt*. Erinnern Sie sich an eine bestimmte Situation, als Sie sich freundlich, warm und fürsorglich gegenüber einem Menschen (einem Erwachsenen oder einem Kind oder auch gegenüber einem Tier) verhalten haben, der sich in einer gewissen inneren Not befand. Wenden Sie sich aber nicht Momenten zu, als Sie versuchten, anderen in größerer Not aufgrund von Problemen, Traumata oder Unfällen zu helfen, oder wenn Sie starke Gefühle der Angst und des „Bedürfnisses zu retten" hatten. Wenn Sie das tun, könnten Sie daran erinnert sein, wie Sie sich beunruhigt und unsicher gefühlt haben, ob Sie diesem Menschen helfen können, oder wie Sie von seiner Aufregung angesteckt wurden. Es soll hier nicht um die Not des anderen gehen, vielmehr sollte der Fokus auf Ihren Gefühlen der Wärme, des Verständnisses und der Freundlichkeit sein. Es ist deshalb besser, mit einfachen Gefühlen und Wünschen zu beginnen, dass es anderen gut geht. Es ist die Wärme und Freundlichkeit, die von Ihnen zu dem anderen Menschen fließt, um die es hier geht.

Nehmen Sie also wieder Ihren beruhigenden Atemrhythmus auf, schließen Sie die Augen und versuchen Sie wirklich, sich eine Erinnerung mit allen ihren *sinnlichen* Einzelheiten ins Gedächtnis zu rufen. Wie wäre es, wenn Sie sich sehen könnten, wie würden Sie aussehen? Was haben Sie gefühlt? Wie klingt Ihre Stimme? Was für einen Gesichtsausdruck haben Sie? Nehmen Sie wahr, was mit Ihren Gefühlen oder ihren körperlichen Sinnen passiert. Keine Sorge, wenn nichts passiert – es ist bloß interessant, wahrzunehmen, ob etwas passiert. Erkennen Sie diese Erinnerungen und wie es sich *anfühlt,* wenn Sie Ihre Aufmerksamkeit auf Wärme und Freundlichkeit für andere richten. Schreiben Sie Ihre Reflexionen wieder in Ihr Tagebuch.

Welche Übung finden Sie leichter – die mit Mitgefühl, das Sie empfangen, oder die mit Mitgefühl, das Sie selbst aussenden?

Übungen: Der Wunsch, dass andere glücklich sind

Bisher haben wir unsere Gefühle zum Gegenstand der Reflexion gemacht, wenn wir uns erinnert haben, wie wir zu jemandem in der Vergangenheit freundlich waren, aber Sie können dies auch in einer Übung mit Bildern auf das Hier und Jetzt anwenden. Stellen Sie sich vor, dass Sie Freundlichkeit zu Menschen lenken, an denen Ihnen liegt. Erinnern Sie sich an sie, stellen Sie sich ihre Gesichter vor und wie sie sich bewegen, was sie tun und was Sie an Ihnen lieben. Denken Sie aber daran, dass man bei mentalen Bildern gewöhnlich nur flüchtige Eindrücke, keine klaren Bilder bekommt. Nun untersuchen Sie die Gefühle, die mit Ihrem Wunsch verbunden sind, dass sie glücklich, in Frieden und zufrieden sein mögen. Sie können im Stillen die buddhistischen Sätze wiederholen: „Möge es dir gut gehen. Mögest du glücklich sein. Mögest du frei von Leiden sein." Wie Sie haben sie sich einfach hier in dieser Welt vorgefunden und tun das Beste, was sie können. Manchmal macht Sie diese Einsicht traurig, und Sie sorgen sich um sie. Es kann Sie den Tränen nahe bringen, wenn Ihre Emotionen vor Verlangen überfließen, dass ihnen Gutes widerfährt. Vielleicht erleben Sie aber auch einfach ein sanftes Gefühl der Wärme für sie. Nehmen Sie es intensiv wahr. Sie können darüber reflektieren, dass dadurch bestimmte Muster der Gehirnaktivität in Ihnen stimuliert werden. Machen Sie sich dabei klar, dass Sie diese Gefühle in keiner Weise einengen oder wegerklären, wenn Sie sie als Muster Ihrer Gehirnaktivität verstehen. Sie sind wichtige, bedeutungsvolle Erfahrungen im Strom des Lebens.

Nun sind unsere Gefühle wahrscheinlich jenen gegenüber am stärksten, die uns nahe und lieb sind, mit denen wir unser Leben teilen und mit denen wir genetisch verwandt sind. Nichtsdestoweniger ist es nützlich, anzufangen, den Kreis der Menschen auszuweiten, auf die Sie Ihr Mitgefühl richten. Wünschen Sie als Erstes Ihren Freunden, dass sie glücklich, zufrieden, in Frieden und frei von Leiden sein mögen. Sehen Sie sie vor Ihrem inneren Auge so deutlich Sie können und sehen Sie sie tatsächlich lächeln und glücklich und frei von Leiden werden.

Danach richten Sie Ihre Aufmerksamkeit auf Menschen, die Sie nicht sehr gut kennen, und wünschen Sie wie zuvor, dass auch sie in Frieden, zufrieden und glücklich sein mögen. Auch sie haben sich eben erst hier eingefunden und wollen glücklich und frei von Leiden sein. Dann können Sie Ihre Freundlichkeit und Güte zu allen Ihren Nachbarn und den Menschen in Ihrer Umgebung schicken (und natürlich auch zu Ihrer lokalen Fußballmannschaft, der sie alles Gute wünschen).

Weiten Sie diesen Wunsch auf Ihre Stadt, auf Ihr Land und auf die ganze Welt aus. Schließlich wünschen sie *allen* Lebewesen, dass sie im Strom des Lebens blühen und gedeihen und frei von Leiden sein mögen. Sie können das auch in der Zeit ausweiten und Ihre Wünsche nicht nur auf die Wesen beschränken, die gegenwärtig leben, sondern sie auf alle ausdehnen, die auch in der Zukunft existieren werden. Bei Untersuchungen der Wirkungen, die Mitgefühl für andere auf die Physiologie des Gehirns hat, war dies die zugrunde gelegte Übung, bei der ein „bedingungsloses Gefühl von Liebender Güte und Mitgefühl den Geist völlig durchdringt, ohne von anderen Erwägungen oder diskursivem Denken beeinträchtigt zu sein".[2]

An einem bestimmten Punkt dieser Übung merken Sie vielleicht, dass Sie auch Menschen berücksichtigen müssen, die Sie nicht besonders leiden können, die Ihnen irgendwie Schaden zugefügt haben, und vielleicht sogar Ihre Feinde sind. Obwohl es ein bisschen schwieriger ist, kann es eine sehr nützliche Übung sein, wenn sie Ihren Wunsch auch auf diese Menschen ausweiten. Das fällt Ihnen vielleicht leichter, wenn Sie sich daran erinnern, dass niemand sich dafür entschieden hat, hier in diesem Leben zu sein, noch sich seine Gene ausgesucht hat, mit denen er geboren wurde, oder die Archetypen, die einen so leicht gegeneinander aufbringen können. Wir sind alle nur Figuren im Strom des Lebens. Wir verletzen einander, weil wir unwissend sind und weil es so schwierig ist, unseren Geist, unsere Psyche und unser Denken wirklich zu kontrollieren.

Buddhisten sprechen manchmal davon, den „Hass in uns auszumerzen". Aber „ausmerzen" ist ein Wort, das selbst mit Hass verknüpft ist und darauf hinweist, dass man den Hass „hasst". Bei der Ausbildung eines mitfühlenden Geistes gehen wir an nichts mit der inneren Haltung heran, es ausmerzen zu wollen. Eher nähern wir uns aus der Position des Verstehens, von Mitgefühl und der Absicht, zu transzendieren. Transzendieren unterscheidet sich sehr von Ausmerzen – dabei geht es darum, über etwas hinauszugehen oder „nicht mehr von etwas beeinflusst" zu sein, und nicht davon, zu zerstören oder etwas „loszuwerden".

Ich sollte hier vielleicht wiederholen, dass dies in buddhistischer Praxis eine Hauptidee ist: „Mögen ich und andere frei von Leiden sein." Manchmal kann der Schwerpunkt darauf liegen: „Möge ich mein Leiden ertragen" oder „Möge ich mit meinem Leiden Mitgefühl haben". Ich habe die Erfahrung gemacht, dass meine Patienten manchmal finden, dass sie dies leichter tun können und dass es ihnen hilft, den Mut zu entwickeln, sich schwierigen Dingen zu stellen. Der Schlüssel ist, auf die innere Weisheit zu hören und zu sehen, womit Sie mitschwingen können.

Die Musik des Mitgefühls und die Rolle der Traurigkeit

Viele Meditationen können dadurch intensiviert werden, dass man Gesang, Lieder, Musik, Trommeln oder Glocken verwendet.[3] Wir wissen, dass Musik äußerst wirksam sein kann, wenn man Gefühle hervorrufen möchte. Das ist der Grund, weshalb in vielen Filmen bestimmte Szenen von Filmmusik unterstrichen werden. Musik kann Emotionen stimulieren und uns mit ihnen in Kontakt bringen, den wir sonst vielleicht nur mit Mühe auf andere Weise herstellen könnten. Vielleicht möchten Sie selbst ein paar Musikstücke kennenlernen und sehen, welches Ihnen hilft, mit Gefühlen des Mitgefühls sich selbst, anderen und sogar der Welt gegenüber in Berührung zu kommen.

Manchmal kann diese Art Musik von Traurigkeit gefärbt sein. Es gibt verschiedene Aspekte der Sufi-Musik, die bestimmt sind, in dem Zuhörer ein Gefühl der Sehnsucht, ein Bewusstsein von Getrenntheit zu erzeugen. Ich erinnere mich noch daran, als ich in Dubai lebte und die Muezzine hörte, die von den Minaretts die Gläubigen in der Stadt zum Gebet aufriefen, während der Himmel sich mit dem neuen Tag rosa färbte – eine sehr emotionale Stimmung. Diese Lieder und diese Musik sind auch bestimmt, in Gruppen gehört zu werden und ein Gefühl der Verbundenheit hervorrufen. Für mich enthält z. B. der erste Titel auf der CD mit der Filmmusik von Hans Zimmer zu dem Film *Last Samurai* von 2003 etwas Trauriges und Spirituelles und vermittelt ein starkes, nonverbales Gefühl von Mitgefühl.

Musik kann uns helfen, Gefühle mit komplexen Strukturen und Mischungen zu erleben, die mit Worten nicht leicht zu beschreiben sind. Sie spricht oft auch unseren Schmerz und unser Leiden an und hilft uns, dies anderen zu vermitteln. Musikalische Traditionen wie die des spanischen Flamenco und des portugiesischen Fado versuchen, das Pathos in uns zu berühren. Und wie im letzten Kapitel erwähnt, hat Gorecki die Dritte Symphonie komponiert, um das Leiden des letzten Jahrhunderts zu bezeugen.

Es ist daher interessant, zu überlegen, dass es auch ein Element von Teilen „der Tränen der Welt“ sein kann, wenn wir den Wunsch ernst nehmen, dass andere glücklich sein mögen – das heißt, wir sind vom Leiden der Welt bewegt und haben Sympathie mit dem Leiden des Lebens.

Wichtig ist, dass manche Arten von Traurigkeit keine Gefühle sind, die Mitgefühl ausschließen oder ihm widersprechen – ganz im Gegenteil. Traurigkeit kann uns für eine Empfindung der Verbundenheit öffnen – wir sind alle im selben Strom des Lebens denselben Leiden und Wechselfällen unterworfen und suchen nach Verbundenheit und Beziehung und nach Befreiung von Leiden. In der Therapie, in der es um Mitgefühl geht, kann Traurigkeit ein sehr wichtiger Gefühlszustand sein. Bei Mitgefühl geht es also nicht einfach um „Glück“, sondern um Verbundenheit, Sympathie und Empathie und Tolerieren und Mitteilen von Emotionen.

Mitgefühl hat aber so viele Formen, dass verschiedene Arten von Musik ganz unterschiedliche Gefühle erzeugen können. Manche Menschen ziehen vielleicht Musik vor, die dem Klang fließenden Wassers ähnelt, oder sie ist mystisch oder hat eine gewisse freudige und beruhigende Qualität. Es ist interessant, Musikstücke zu suchen und darauf zu achten, was für Gefühle sie anregen.

Übung: Das mitfühlende Selbst

Die tantrischen Schulen des Buddhismus glauben, dass in jedem von uns viele verschiedene Samen angelegt sind. Aus jedem von ihnen kann ein anderes „Selbst“ entstehen – und das, wofür wir uns entscheiden, um es mit innerer Entschlossenheit und Praxis zu nähren, ist der Schlüssel zu unserer Entwicklung. Unsere Buddha-Natur ist schon in uns und wartet auf das „mentale Wässern“, das ihr zu wachsen und zu erscheinen ermöglicht.

Die nächste Übung ist in einer gewissen Resonanz mit dieser Sichtweise. Ich bin aber auf eine ungewöhnliche Weise an sie gekommen: In den 1970er Jahren brachte der Psychiater Bill Hughes, ein akademischer Tutor, der an den Künsten interessiert war, uns junge Psychologen und Psychoanalytiker in Ausbildung mit ein paar Schauspielern zusammen. Die zwei Gruppen begannen verschiedene Methoden zu untersuchen, wie man Empathie schulen kann. Als wir gefragt wurden, wie wir Depression und Angst verstehen, waren die Schauspieler sehr daran interessiert, *diese Gefühle in sich zu erzeugen* – wirklich zu versuchen, wie ein depressiver oder ängstlicher Mensch zu werden und zu fühlen. Sie beschrieben, wie sie dabei auf Gesichtsausdruck, Körperhaltung, Stimmlage und Gefühle achten. Wir Psychologen anderseits wollten diese emotionalen Zustände dadurch verstehen, dass wir von außen hineinzuschauen versuchten, über die Symptome eines ängstlichen oder depressiven Menschen nachdachten und eine Diagnose oder Problemliste herzustellen versuchten. Wir wurden aufgefordert, uns in Rollenspielen vorzustellen, selbst ängstlich oder depressiv zu sein – uns wirklich auf die Rolle einzulassen! Es war ein faszinierendes Training, und es ermutigte mich, weiter für mich allein zu üben, in mir innere Zustände herzustellen. Leider wird heutzutage bei der Ausbildung von Angehörigen helfender Berufe und von Therapeuten kein „Schauspielunterricht" gegeben. Ich habe jedenfalls eine Menge dabei gelernt, u. a. auch die Vorstellung und die Ideen, die dieser Übung zugrunde liegen.

Wenn Sie jemals davon geträumt haben, Schauspieler oder vielleicht ein Hollywoodstar zu sein, dann haben Sie jetzt Gelegenheit dazu – das heißt, Sie können wenigstens bei sich zu Hause üben. Bei dieser nächsten Übung geht es darum, von innen in eine Rolle zu gelangen, und dazu gehört, dass wir die Körperhaltungen und die körperlichen Zustände des Mitgefühls üben.

Im Grunde kommen Sie *in die Rolle* eines weisen, mitfühlenden Menschen, so als wären Sie ein Schauspieler, der, um sein Publikum zu überzeugen, diese Rolle von innen verkörpern muss. Um das zu tun, müssen Sie wirklich damit in Berührung kommen, was es heißt, *dieser Mensch* zu sein. So wie ein guter Schauspieler den Menschen studiert, den er darstellen will, und versucht die Rolle in sich zu erschaffen, genauso machen

Sie es auch – Sie werden zu einem vollkommenen, idealen, mitfühlenden Menschen. Nun haben Sie vielleicht einen bestimmten Menschen im Sinn, und Sie könnten sich vornehmen, wie der Buddha oder wie jemand anders zu werden, der für Sie ein mitfühlendes Ideal ist. Es geht nicht darum, konkret zu diesem Menschen zu werden, sondern ihn als Führer oder Quelle der Inspiration zu nutzen, um so mitfühlend zu werden wie möglich.[4]

Stehen Sie locker und entspannt, schauen Sie nach unten und konzentrieren Sie sich etwa eine halbe Minute lang auf einen beruhigenden Atemrhythmus. Stellen Sie sich nun vor, dass *Sie* ein tief mitfühlender und weiser Mensch sind mit den *idealen* Qualitäten, die Sie gern besäßen. Dazu könnten gehören: Freundlichkeit, Güte, Wärme, Einfachheit, ein innerer Gleichmut, in dem Sie schwer zu provozieren sind, ein Gefühl, „selbst da gewesen zu sein" und Weisheit erworben zu haben. Es spielt keine Rolle, ob Sie diese Qualitäten wirklich besitzen oder nicht, denn Sie konzentrieren sich darauf, zu *imaginieren* und sich *vorzustellen,* wie es wäre, wenn Sie sie besäßen. Stellen Sie sich also Ihr Alter und Ihre Erscheinung, Ihren Gesichtsausdruck und Ihre Körperhaltung, Ihre Emotionen, zum Beispiel Einfachheit, vor. Spüren Sie jetzt, wie Sie zu diesen Qualitäten werden, wie ein Schauspieler, der dabei ist, eine Rolle zu übernehmen und diese Rolle zu werden.

Versuchen Sie, Ihrem Gesichtsausdruck zu erlauben, einfach und *mitfühlend* zu sein. Lächeln Sie leicht und sanft. Stellen Sie sich vor, dass Sie ein weiser Mensch sind, der im Leben viel gesehen hat. Wenn Sie sprechen, achten Sie auf den Ton Ihrer Stimme. Versuchen Sie sich vorzustellen, wie es sich anfühlt, ein vergebender, großzügiger Mensch zu sein, der nicht nachtragend ist. Denken Sie an die Qualitäten, die Sie an Mitgefühl wirklich schätzen, und stellen Sie sich vor, dass Sie sie besitzen. Erlauben Sie sich, zu diesem Menschen zu werden. Bleiben Sie so lange dabei, wie Sie können, und üben Sie diese Rolle, probieren Sie sie aus und machen Sie das auf eine ernsthafte, aber auch spielerische Weise. Bei dieser Übung kann es interessant sein, wahrzunehmen, wie sie sich auf Ihren Körper und auch auf Ihre Körperhaltung, auf die Atemfrequenz und so weiter auswirkt. Nehmen Sie wahr, wie Ihre Muskeln angespannt oder entspannter und weicher werden. Gibt es Bereiche in Ihrem Körper, die sich warm anfühlen?

Sie können dies zu jeder Tages- und Nachtzeit üben, wenn Sie möchten. Stellen Sie sich in allen Lebenssituationen vor, dass Sie dieser mitfühlende Mensch sind. Anfangs kann sich das ein wenig künstlich anfühlen, aber es kann auch viel Spaß machen. Passen Sie aber auf. Ich erinnere mich, wie ich morgens einmal meine Mitgefühlsübung machte, während ich langsam ging und dabei auf all die Qualitäten fokussierte, die ich gerne haben würde. Ich war mit meiner Aufmerksamkeit ganz im gegenwärtigen Moment und wurde von den Gedanken und Vorstellungen entführt. Dann fiel mir ein, dass ich den Porridge auf dem Herd vergessen hatte, rannte zurück, stolperte über ein Fußbänkchen und lag der Länge nach auf dem Boden. ... Passen Sie also auf!

Während der folgenden Wochen können Sie üben, mit Ihrer Aufmerksamkeit ganz dabei zu sein, mitfühlend zu werden, indem Sie neue Körperhaltungen, einen neuen Gesichtsausdruck und neue Stimmlagen annehmen, die Mitgefühl ausdrücken. Das soll Ihnen helfen, sich ganz darauf zu konzentrieren, Mitgefühl zu entwickeln und zu sehen, wie sich das auf Ihre Gefühle und auf Ihren Körper auswirkt. Denken Sie daran, dass Sie erst in der *Ausbildung* sind und lernen, mit den Frustrationen und Ängsten des Lebens umzugehen.

Phantasien und Bilder von Mitgefühl

Arbeit mit Bildern wird seit ein paar Jahrzehnten von vielen westlichen Psychotherapieformen in unterschiedlichen Formen verwendet.[5] Sie kann Menschen bei Dingen helfen, die ihnen Angst machen – z. B. bei Phobien. Zum Beispiel können Menschen, die Angst vor Spinnen haben, ihre Therapie damit beginnen, sich eine Spinne vorzustellen, dann eine zu malen, dann eine Spielzeugspinne zu berühren. Schließlich können sie eine tote und zuletzt eine reale, lebendige Spinne auf die Hand nehmen.

Arbeit mit Bildern wird auch angewendet, um Menschen zu helfen, sich mental mit Dingen zu befassen, die für sie traumatisch waren, und sich ihnen so zu stellen, statt zu vermeiden, daran zu denken oder sie zu fühlen. Wenn sie solche Erinnerungen und Angst vermeiden, kann das dazu führen, dass sie unter Flashbacks oder verschiedenen anderen

Symptomen leiden. Auch Leistungssportler verwenden häufig Bilder bei ihrem Training – zum Beispiel indem sie sich immer wieder den idealen Wurf oder Schuss vorstellen. Bilder können auch helfen, Selbstvertrauen zu entwickeln oder Erregung (z. B. sexuelle Erregung) zu stimulieren.

Arbeit mit Bildern ist mittlerweile gründlich erforscht und wird jetzt als wirksamer betrachtet, Veränderungen bestimmter Gemütszustände und Situationen zu erzielen, als Methoden, die auf Reden oder Denken beruhen.

Übung: Einen sicheren Ort finden

Bevor wir mit speziellen Übungen mit Mitgefühl beginnen, die dazu bestimmt sind, uns selbst zu beruhigen, ist es ganz nützlich, wenn wir mit Bildern von einem „sicheren Ort" üben. Machen Sie als Erstes die kurze Entspannungsübung, die wir in Kapitel 7 (siehe S. 298 – 303) vorgestellt haben. Dann richten Sie Ihre Aufmerksamkeit innerlich auf einen Ort, der Ihnen ein Gefühl von Sicherheit, Ruhe und Zufriedenheit vermittelt. Dieser Ort kann jeden Tag ein anderer sein. Sie müssen nicht immer denselben haben, obwohl es auch nützlich sein kann, bei einem Ort zu bleiben.

Dieser Ort kann ein schöner Wald sein, wo sich die Blätter der Bäume sanft im Wind bewegen und die Strahlen der Sonne den Boden bescheinen. Versuchen Sie zu spüren, wie der Wind leicht Ihr Gesicht streift, und ein Gefühl davon zu bekommen, wie das Licht vor Ihnen tanzt. Hören Sie das Rauschen der Bäume, und riechen Sie das Holz und die Süße in der Luft. Ihr Ort kann auch ein schöner Strand mit dem leuchtend blauen Meer sein, das sich bis zum Horizont erstreckt. Unter Ihren Füßen ist feiner weißer Sand, der sich ganz seidig anfühlt. Sie können das sanfte Zischen der Wellen am Ufer hören. Versuchen Sie die Sonne auf Ihrem Gesicht zu spüren, das Licht als Diamanten auf dem Wasser tanzen zu sehen. Spüren Sie den weichen Sand, wenn Sie Ihre Zehen in ihn hineingraben, und spüren Sie eine leichte Brise zart Ihr Gesicht berühren. Ihr sicherer Ort kann auch ein Lagerfeuer irgendwo in der Natur sein, wo Sie das Krachen und Knistern des brennenden Holzes hören und den Rauch riechen. … Die Technik besteht hier darin, dass Sie so viele sinnliche Einzelheiten Ihres Bildes sammeln, wie Sie können.

Nun ist dies Ihr eigener sicherer Ort. Sie können das Gefühl verstärken, indem Sie sich vorstellen, dass dieser Ort Sie wirklich *willkommen heißt* und sich darüber *freut,* dass Sie da sind. Konzentrieren Sie sich daher auf das Gefühl, hierher zu gehören, weil es Ihr eigener einzigartiger Ort ist. Das Gefühl, willkommen zu sein, kann bei dieser Arbeit mit Bildern sehr nützlich sein. Sie können sie jederzeit machen – wenn Sie auf einen Bus warten oder im Bad sind oder im Bett liegen. Natürlich fällt auch diese Übung Menschen unterschiedlich leicht.

Wenn Sie nun in Stress sind oder sich aus irgendeinem Grund aufregen, dann üben Sie ein paar Minuten lang einen beruhigenden Atemrhythmus und bringen Sie sich dann innerlich an diesen Ort, um völlig ruhig und gelassen zu werden. Denken Sie daran, dass Sie bei Ihrer Arbeit mit dem Bild alle Sinne berücksichtigen.

Bilder, die Mitgefühl verkörpern

Es gibt inzwischen viele Studien, in denen Bilder vom Gehirn gemacht wurden, während jemand dazu aufgefordert wurde, verschiedene Aufgaben zu erfüllen, darunter auch, sich bestimmte Dinge vorzustellen. Wir wissen, dass verschiedene Muster in Ihrem Gehirn aufleuchten würden, wenn Sie sich vorstellen sollten, wütend oder glücklich oder sexuell erregt oder ängstlich zu sein. Auf Mitgefühl gerichtete Bilder wirken sich ebenfalls auf verschiedene Bahnen im Gehirn aus.[6] Es ist aber nicht nur Ihr Gehirn: Atkinson und McCraty[7] haben die Wirkung erforscht, die Bilder von Wut und Bilder von Mitgefühl auf das Immunsystem des Körpers hatten, indem sie eine Substanz im Körper maßen, die sekretorisches Immunoglobulin A (s-IgA) genannt wird. Bilder der Wut hatte auf s-IgA eine negative Wirkung, während Bilder von Mitgefühl die Wirkung hatten, dass es verstärkt ausgeschüttet wurde. Unter den vielen Dingen, die Bilder von Mitgefühl bewirken könnten, ist eines die positive Veränderung des neurophysiologischen Systems des Körpers.

Verwendung von Bildern, die Mitgefühl verkörpern, ist im Buddhismus und in anderen religiösen Traditionen sehr verbreitet. Diese Bilder werden verwendet, um sich in bestimmte innere Zustände zu versetzen. Es gibt eine Vielfalt von Ritualen und meditativen Praktiken, die bestimmt sind, den Teilnehmern zu helfen, sich in Mitgefühl einzustimmen und es zu empfinden.[8] Eine buddhistische Übung besteht zum Beispiel aus einer Reihe von Schritten, von denen jeder ein Gegenstand für intensives Üben ist. Diese Schritte sind: Imagination eines bestimmten Buddhatyps; imaginieren, dass der Buddha das Mitgefühl im Universum nutzt; imaginieren, wie der Buddha diese Energie des Mitgefühls zu einem lenkt und wie sich das anfühlt (das bedeutet, Mitgefühl bedingungslos geschenkt zu bekommen und zu empfangen); imaginieren, wie der Buddha mit einem verschmilzt und man das Wesen von Mitgefühl empfindet; imaginieren, voller Mitgefühl zu sein (da man selbst ein Buddha des Mitgefühls ist); und schließlich die Imagination, für alle Lebewesen im Universum Mitgefühl zu empfinden.

Es gibt nicht nur ein Bild des mitfühlenden Buddha, sondern für Übungen zu Mitgefühl hat man eine Vielzahl von Bildern entwickelt. Sie haben alle eine andere Funktion und werden verwendet, um spirituelle Bewusstheit zu inspirieren und zu entwickeln, aber auch um Menschen zu beruhigen, wenn sie in Not sind.[9] In buddhistischer Praxis konzentriert sich der Eingeweihte auf bestimmte Bilder von Wesen, die diese verfeinerten Qualitäten von Mitgefühl in sich entwickelt haben. Zunächst waren diese ganz gewöhnliche Menschen und sie besaßen diese Qualitäten noch nicht. Durch Übung, Erfahrung und Einsicht entwickelten sie diese Eigenschaften und besitzen jetzt ein tiefes Verständnis der menschlichen Situation und des Weges zum Mitgefühl: Sie sind zu *Bodhisattvas des Mitgefühls* geworden (*bodhi* bedeutet „Erwachen" oder „Erleuchtung" und *sattva* Wesen). Der bekannteste *Bodhisattva* des Mitgefühls erscheint in den buddhistischen Traditionen in verschiedenen Formen. In Tibet heißt er *Chenresi*, aber er ist auch unter dem Namen *Avalokiteshvara, Guanyin* oder *Kannon* bekannt. Über die *Bodhisattvas des Mitgefühls* kann man in vielen männlichen und weiblichen Formen meditieren (z. B. aufgrund ihrer Qualitäten der Weisheit oder des Mitgefühls), wobei es darum geht, diese Aspekte in sich selbst zu erwecken – man könnte dies „archetypisches Erwachen" nennen.[10]

Imagination eines idealen „mitfühlenden anderen"

Gewöhnlich erleben wir Mitgefühl natürlich durch die Freundlichkeit anderer Menschen. Mitgefühl fließt und erfährt man immer in und durch Beziehungen. Wir können also üben, unsere Systeme, die auf soziale Sicherheit und „sich umsorgt fühlen" mit einer Trostreaktion reagieren, zu stimulieren und zu aktivieren, indem wir unsere Imaginationen benutzen und mit „mitfühlenden anderen" Beziehung aufnehmen. Genauso wie wir ideale Mahlzeiten oder ideale Sexualpartner imaginieren können, die unseren Körper in bestimmter Weise stimulieren, so können wir innere Bilder schaffen, die das System für Selbstberuhigung stimulieren. Die Idee ist hier, mit Bildern des Mitgefühls zu spielen, sie zu erzeugen, zu entdecken, sie aufzubauen und zu entwickeln.

Überlegen wir also, wie wir ein Bild von Mitgefühl erzeugen können, mit dem wir eine Beziehung haben und das wir verwenden können, um unser Mitgefühl und unsere innere Beruhigung zu stimulieren. Wenn wir Phantasiebilder verwenden, konzentrieren wir uns auf unser *ideales mitfühlendes Bild* und darauf, wie wir mit ihm kommunizieren können. Wenn Sie nun an Mitgefühl denken: Was für Bilder fallen Ihnen dann ein? Welche Farben sind für Sie mit Mitgefühl assoziiert? Welche Töne und Strukturen? Nehmen Sie sich einen Moment Zeit und denken Sie über all dies nach.

Um ein Mitgefühl verkörperndes Bild zu entwickeln, sollten Sie mehr tun, als nur auf seine beruhigenden Qualitäten zu achten. Versuchen Sie zu imaginieren, dass es vier Grundeigenschaften charakterisieren:

1. *Ein weiser Geist.* Es versteht, was es bedeutet, Mensch zu sein, zu kämpfen, zu leiden, Wut zu empfinden, Begierden zu haben, Freude zu empfinden. Es versteht die schöpferische Aktivität des Geistes – mit all seinen komplexen Gefühlen, Strategien und Archetypen, die alle miteinander im Widerstreit sein können – als Teil des Stroms des Lebens und es weiß damit umzugehen.
2. *Stärke und Mut.* Es kann aushalten und tolerieren, und es hat die Stärke, wenn nötig, Wehrhaftigkeit zu zeigen und zu schützen.

3. *Große Wärme und Freundlichkeit.* Dies strahlt das Bild aus. In manchen buddhistischen Praktiken imaginiert der Eingeweihte das Mitgefühl, das der Buddha des Mitgefühls ihm in Form von Energie schickt.
4. *Nicht-Werten.* Unser Bild verurteilt niemals, bewertet und kritisiert nicht. Dies bedeutet nicht, dass es keine Wünsche oder Vorlieben kennt; vielmehr wünscht es uns vor allem Wohlbefinden, Wachstum und Glück.

Gut, wir haben also ein paar Schlüsselqualitäten, mit denen wir unser Bild von Mitgefühl ausstatten werden. Es geht darum, eines zu schaffen, das *einzigartig* und *speziell* für Sie ist. Es ist Ihr Bild und Ihr Bild allein. Manche Leute verwenden gern religiöse Bilder – zum Beispiel ein Bild des Buddha oder von Jesus. Wenn diese Bilder nützlich sind, dann benutzen Sie sie auf jeden Fall, aber für unsere Übungen zu Mitgefühl ist es besser, wenn Sie selbst ein ganz neues Bild finden und ausgestalten, eines, das genau zu Ihnen passt.

Es gibt zwei Gründe, weshalb Sie dies tun sollten. Erstens bedeutet die Vorstellung, dass es ein „Ideal“ ist, dass es für *Sie* ideal ist (für jemand anders ist es vielleicht nicht ideal). Sie sollten ihm also jede Qualität geben, die für Sie wichtig ist, genauso als würden Sie versuchen, Ihr ideales Haus, Ihr ideales Gericht oder Ihr ideales Auto zu beschreiben – Sie würden es mit allem ausstatten, was Sie möchten, und würden nichts zurückhalten. So ist es auch mit Ihrem idealen Bild, das Sie mit Mitgefühl verbinden: Sie imaginieren, dass es jeden Aspekt von Mitgefühl besitzt, der Ihnen wichtig ist. Zweitens machen meine Kollegen und ich die Erfahrung, wenn Leute religiöse Bilder wie das von Christus verwenden, dass diese Bilder mit Assoziationen verbunden sein können, die nicht hilfreich sind – wie z. B. die Sorge, dass Christus Sünden eher ablehnt –, während das Bild, um das es uns geht, auf keinerlei Weise wertet oder Strafe im Sinn hat.

Übung: Ein mitfühlendes Bild aufbauen

Suchen Sie sich einen Platz, an dem Sie bequem sitzen können und wo Sie nicht gestört werden. Entscheiden Sie, ob Sie eine CD mit Gesängen oder anderer Musik hören wollen oder zum Beispiel Geräusche fließenden Wassers oder einen anderen Sinnesaspekt in den Raum bringen wollen. Später möchten Sie diese Zugaben möglicherweise nicht mehr, aber zu Beginn können sie eine Hilfe sein, die richtige Stimmung hervorzurufen. Sitzen Sie mit gesenktem Blick oder mit geschlossenen Augen und gehen Sie in einen beruhigenden Atemrhythmus. Wenn Sie das Gefühl haben, dass Ihr Körper den Atemrhythmus gefunden und angenommen hat, fangen Sie an, sich Ihr Ideal von Mitgefühl vorzustellen. Bringen Sie mit einem leichten, sanften Lächeln einen mitfühlenden Ausdruck in Ihr Gesicht und überlegen Sie Folgendes: Wenn Sie für sich Ihr ideales „mitfühlendes Gegenüber“ (das eine menschliche Gestalt hat oder nicht) vor sich sehen könnten – welche Qualitäten würde es dann haben? Wie würde es aussehen? Wenn Sie unsicher sind, dann gehen Sie diesen Fragen nach: Wenn Sie das ideale „mitfühlende Gegenüber“ für ein Kind ausmalen könnten – welche Qualitäten würde es haben? Wie würde es sich verändern, wenn das Kind älter wird, und wie sähe es dann aus, wenn es erwachsen ist?

Auf den Seiten 333 – 335 finden Sie ein Arbeitsblatt, das eine nützliche Anleitung sein kann. Lesen Sie die Anweisungen durch, dann gehen Sie für etwa eine halbe Minute in einen beruhigenden Atemrhythmus und lassen Sie Ihr Bild in sich aufsteigen. Es ist wichtig, das achtsam zu tun, deshalb bringen Sie Ihre Aufmerksamkeit, wenn sie abschweift, einfach wieder zu ihrem Gegenstand zurück. Versuchen Sie, die Gestalt so ausführlich mit sinnlichen Einzelheiten auszustatten wie möglich. Überlegen Sie zum Beispiel, wie alt sie ist, welches Geschlecht sie hat, wie die Augen aussehen, ob Sie sie lächeln sehen können. Haben Sie ein Gefühl, was für eine Haarfarbe und was für eine Frisur sie hat, was für Kleidung sie trägt und welche Körperhaltung sie einnimmt? Als Nächstes richten Sie Ihre Aufmerksamkeit auf Art und Klang der Stimme: Wie würde sich ihre mitfühlende Stimme anhören, wenn sie mit Ihnen kommuniziert? Wenn es andere sinnliche Qualitäten gibt, die Ihr mitfühlendes Bild haben sollte, dann bringen Sie sie in Ihre Übung ein.

Einer Frau, mit der ich gearbeitet habe, fiel nicht ein Mensch ein, sondern ein hoher, belaubter Baum. Der wurde zu ihrem Bild für Mitgefühl – ein weiser Baum. Er stand schon lange an diesem Platz, und sie hatte das Gefühl, sie könnte sich in seine Zweige schmiegen und wäre geschützt. Jemand anders hatte ein Bild von einem Buddha, der als Erdgottheit gekleidet war, und sie hatte das Gefühl, er sei seinem Wesen nach sowohl männlich als auch weiblich. Sie sah dieses Bild nie ganz klar, aber es vermittelte ihr eine Empfindung von etwas Nährendem und von großer Wärme, und sie konzentrierte sich darauf, wenn es ihr schlecht ging.

Überlegen Sie, wie sich Ihr Bild zu Ihnen verhalten sollte. Manche Menschen möchten, dass ihr mitfühlendes Bild älter und weiser ist und sich sehr schützend verhält – zum Beispiel ging es der Frau, die sich den Baum vorstellte, um Schutz und Sicherheit. Andere stellen sich gern vor, dass für sie gesorgt wird oder dass sie umsorgt werden. Eine Person wünschte sich, dass ihr Bild wirklich verstand, wie schmerzhaft und schwierig bestimmte Aspekte ihres Lebens waren. Ein mitfühlendes Bild kann auch das Gefühl vermitteln, dass man ein wichtiges, geschätztes Mitglied eines Teams oder einer Gemeinschaft ist. Dies kann ziemlich nützlich sein, indem es einem hilft, an Gefühle von Zugehörigkeit zu denken und Möglichkeiten zu finden, in Beziehung mit anderen ähnliche Ziele zu verfolgen. Man könnte auch überlegen, was für eine Beziehung man gern mit seinem Bild hätte, wie man mit ihm sprechen möchte und was man ihm gern erzählen würde.

Arbeitsblatt 1: Aufbauen eines Bildes, das Mitgefühl verkörpert

Diese Übung hat zum Ziel, Ihnen zu helfen, für sich ein Bild zu gestalten, das Mitgefühl verkörpert und mit dem Sie arbeiten und wichtige Bereiche Ihres Denkens und Ihrer Psyche entwickeln können. Wenn Sie möchten, können Sie mehr als ein Bild haben, und sie können sich mit der Zeit auch verändern. Gleich, welches Bild Sie wählen, um damit zu arbeiten – denken Sie daran, dass es Ihre Schöpfung und daher Ihr eigenes persönliches Ideal ist, von dem Sie sich umsorgt, verstanden, unterstützt und ermutigt fühlen.

Bei dieser Übung ist es wichtig, dass Sie versuchen, Ihrem Bild bestimmte Qualitäten zu verleihen, z. B.:

- Weisheit
- Stärke
- Wärme
- Nicht-Werten

Wenn Sie sich also den einzelnen Kästen unten zuwenden, dann denken Sie an diese Qualitäten und stellen Sie sich vor, wie sie aussehen, sich anhören und sich anfühlen würden.

Beginnen Sie wenn möglich damit, dass Sie sich auf Ihre Atmung konzentrieren, ihren beruhigenden Rhythmus finden und ein wenig lächeln. Dann lassen Sie in sich Bilder auftauchen, so gut es Ihnen möglich ist. Strengen Sie sich nicht zu sehr an – wenn Ihnen nichts einfällt oder wenn Sie abschweifen, kommen Sie mit Ihrer Aufmerksamkeit einfach wieder zu Ihrer Atmung zurück und üben Sie mitfühlendes Annehmen.

Hier einige Fragen, die Ihnen vielleicht helfen:

- Möchten Sie, dass Ihr fürsorgliches oder nährendes Bild
  - alt oder jung,
  - männlich oder weiblich,
  - menschlich oder nicht menschlich
    (z. B. wie ein Tier, wie das Meer oder wie Licht ist)

  wirkt oder aussieht?

- Welche Farben und Geräusche oder Töne assoziieren Sie mit den Qualitäten der Weisheit, Stärke und des Nicht-Wertens?
  (Wenn Sie zum Beispiel nur eine Farbe von Mitgefühl empfinden können, die Sie umgibt und die sich warm und fürsorglich anfühlt, dann ist das ein guter Anfang. Erinnern Sie sich daran, dass Ihre Farbe und Ihr Bild Mitgefühl mit Ihnen haben.)

Wie soll Ihr Bild, das Ihr Ideal von Fürsorge und Mitgefühl verkörpert, aussehen – das heißt, welche visuellen Qualitäten sollte es haben?

____

____

Wie soll Ihr Bild, das Ihr Ideal von Fürsorge und Mitgefühl verkörpert, sich anhören oder klingen, z. B. was für eine Stimme sollte es haben?

____

____

Welche anderen sensorischen Qualitäten hat Ihr Bild, das Ihr Ideal von Fürsorge und Mitgefühl verkörpert?

____

____

Wie soll sich Ihr Bild, das Ihr Ideal von Fürsorge und Mitgefühl verkörpert, Ihnen gegenüber verhalten?

____

____

Was für eine Beziehung hätten Sie gern mit Ihrem Bild, das Ihr Ideal von Fürsorge und Mitgefühl verkörpert?

____

____

Manchmal kann es nützlich sein, bei dem Bild von Mitgefühl mit dem *Geschlecht* zu experimentieren. Wenn Ihr Bild weiblich ist, stellen Sie sich einmal ein ideales mitfühlendes männliches Bild vor, und umgekehrt. Wenn wir negative Gefühle gegenüber dem einen oder anderen Geschlecht haben, kann diese Übung hilfreich sein, aber sie kann auch großen Widerstand auslösen – also erforschen Sie das nur, wenn es nützlich ist. Man kann auch mehr als ein Bild haben, möglicherweise macht man dann die Erfahrung, dass sich das Bild mit der Stimmung verändert. Es kann sein, dass man männliche wie weibliche Bilder hat, die einem verschiedene Formen von Mitgefühl nahebringen, oder Bilder, die männlich und weiblich zugleich sind.

Schwierigkeiten, ein Bild zu finden

Wenn Sie mit der Zeit die Erfahrung machen, dass es schwer für Sie ist, ein visuelles Bild zu erzeugen, können Sie vielleicht besser mit Tönen arbeiten. Versuchen Sie, sich den Klang einer mitfühlenden Stimme vorzustellen. Ist sie männlich oder weiblich, leise und zart oder kräftig und laut?

Sie können auch versuchen, in Zeitschriften nach Bildern von Gesichtern zu suchen, auf denen Mitgefühl zu erkennen ist, und wenn Sie ein Bild finden, dieses dann als Vorlage für Ihr Bild oder Ihre Bilder verwenden. Die Forschung hat gezeigt, dass jemand, der Konzentration auf Bilder von lächelnden Gesichtern übt, allmählich sein Gehirn ausbildet, diese Signale, die eine positive Wirkung auf sein Selbstwertgefühl haben können, bewusster wahrzunehmen.[11]

Manche Menschen sind aber nicht besonders interessiert daran, ihr eigenes „ideales“ Bild herzustellen. Sie möchten lieber einen realen Menschen haben, der mitfühlend mit ihnen sein möchte. Ein Mann, mit dem ich gearbeitet habe, sagte einmal: „Ich schätze, in tausend Jahren können wir Roboter bauen, die wie Menschen aussehen, sich so anfühlen und klingen und die sehr mitfühlend sein können. Ich glaube aber nicht, dass das bei mir funktionieren würde.“ Er wollte Mitgefühl erleben, aber von jemandem, der mit ihm in Beziehung sein wollte, kein Ideal, das er selbst hergestellt hatte. Um über diese Barriere hinwegzukommen, bauten wir in seine Bilder ein, dass sein Bild mit ihm in Beziehung treten wollte, und er selbst „in es eingestimmt sein“ musste.

Manche Menschen – die z. B. missbraucht wurden oder eine schwere Kindheit hatten – finden Bilder von Menschen möglicherweise zu bedrohlich, deshalb kann es sein, dass sie ein Bild mit einem Tier o. Ä. vorziehen: ein Pferd, ein Adler, ein Berg, ein Baum. Das ist natürlich möglich, vorausgesetzt, sie stellen sich vor, dass ihr Objekt eine menschliche Seele hat. Das einzige Problem dabei ist, dass sie im Allgemeinen kein lächelndes Gesicht zeigen können. Sich einen mitfühlenden Ausdruck auf dem Gesicht des „Gegenübers“ vorstellen zu können, ist aber wichtig, weil die Amygdala und andere Teile unseres Gehirns auf den Gesichtsausdruck reagieren.

Ein weiterer Gedanke: Wenn Menschen über ihr Bild, das Mitgefühl und Weisheit verkörpert, nachdenken, möchten sie gewöhnlich, dass es seine Weisheit auf dem gleichen Weg erworben hat, den sie selbst gehen – dann empfinden sie etwas wie *Verwandtschaft* mit ihm. Das kann eine wichtige Erfahrung sein. Bodhisattvas sind tatsächlich so: Sie sind ganz Mensch und denselben Leidenschaften und Begierden, Fehlern und Bedauern unterworfen gewesen wie wir alle, aber durch ihr Training, ihr Studium und ihre Praxis haben sie Einsicht gewonnen und Mitgefühl entwickelt – Mitgefühl, das aus Kampf, Auseinandersetzung und Ringen entstanden ist.[12]

Die genaue Beziehung, die Menschen mit ihren Bildern haben, kann variieren. Zum Beispiel stellen sich manche ihr Bild gern als elterlich vor und bekommen dadurch ein Gefühl, als würden sie von einer liebevollen Mutter oder einem liebevollen Vater umsorgt und genährt. Andere möchten in ihrem Bild lieber einen Lehrer oder Guru sehen. Wieder andere stellen sich ihr Bild gern als Gefährten oder als inneren Helfer und Freund vor. Eine Variante dieser Arbeit kann darin bestehen, zu imaginieren, dass das Universum voller *Bodhisattvas* ist, die sich auf verschiedenen Stufen der Erleuchtung befinden. Sie können sich dann vorstellen, dass sie mit einer Gemeinschaft von Individuen verbunden sind, die danach streben, den Härten und Rauheiten des Lebensstroms mit Mitgefühl zu begegnen.

Übung: Das Herz fokussieren

Manche stellen sich gern vor, dass Freundlichkeit und Wärme als eine Art Energie fokussiert werden. Eine Methode, die diesen Ansatz verwendet, heißt HeartMath (etwa: Mathematik des Herzens)[13]. Die daran beteiligten Forscher haben einen physiologischen Prozess untersucht, der *Herzfrequenzvariabilität* heißt. Dies ist etwas anderes als die Herzrate, die Anzahl der Herzschläge pro Minute. Die Herzfrequenzvariabilität beschreibt den Unterschied der Zeit zwischen den Herzschlägen, die in Millisekunden variiert, und die die relative Ausgeglichenheit zwischen dem sympathischen und dem parasympathischen Nervensystem spiegelt. Wenn der Zeitraum zwischen den Schlägen fast immer gleich ist, hat man eine niedrige Herzfrequenzvariabilität. Eine höhere Herzfrequenzvariabilität ist im Allgemeinen aber vorzuziehen, weil sie auf eine gute Integration und Balance der zwei Nervensysteme hinweist. Man hat diese Ausgeglichenheit auch mit unserer Fähigkeit in Verbindung gebracht, innerlich flexibel zu sein und uns selbst beruhigen zu können.[14] Neuere Forschung vertritt die Auffassung, dass es verschiedene Mechanismen im Herzen gibt, die dem Gehirn Feedback geben, und dass wir eine Wirkung auf unsere Gefühle haben können, wenn wir unsere Aufmerksamkeit auf Veränderungen der Herzfrequenzvariabilität richten.

Man kann sich darin üben, die Herzfrequenzvariabilität auf verschiedene Weise günstig zu beeinflussen.[15] Eine Möglichkeit besteht darin, für Zuneigung und Freundlichkeit besonders offen zu sein, da diese Erfahrungen die Herzfrequenzvariabilität beeinflussen. Die Forscher empfehlen die Vorstellung, dass Freundlichkeit und Mitgefühl auf das eigene Herz gerichtet werden und sich im Brustkorb und dann im ganzen Körper ausbreiten. Wenn man sich also seinem mitfühlenden Bild zuwendet oder Erinnerungen nutzt, die man von Situationen hat, in denen man Mitgefühl empfing, stelle man sich vor, wie über das Herz Mitgefühl in die Brust strömt und dass man die Wärme in der Brust spürt.

Sie können dabei auch Ihre rechte Hand vor Ihr Herz halten – nahe davor, ohne den Körper zu berühren. Stellen Sie sich vor, wie durch Ihre Hand Mitgefühl durch diesen Bereich in Sie einströmt. Bleiben Sie bei einem beruhigenden Atemrhythmus, wenn Sie diese Übung machen. Sie können sich dabei auch eine Farbe vorstellen, die Sie mit Mitgefühl verbinden, das in Ihren Herzbereich strömt und Sie beruhigt und heilt.

Übung: Mitgefühl für unsere Not und Gefühle der Gefahr

Wie wir gesehen haben, kann unser System, das die Bewältigung von Gefahr und den Selbstschutz regelt und das uns Gefühle von Ärger, Wut oder Ekel empfinden lässt, sehr in Aufregung geraten.

Wenn Sie schwierige Gefühle erleben oder sich über etwas ärgern, kann Ihnen folgende Übung helfen: Setzen Sie sich auf einen Stuhl und gehen Sie in den beruhigenden Atemrhythmus. Richten Sie dann Ihre Aufmerksamkeit auf Mitgefühl. Stellen Sie sich vor, dass Sie ein tief mitfühlender Mensch sind, nie verurteilen oder bewerten und dass Sie Weisheit und große Wärme besitzen. Jetzt stellen Sie sich vor, dass die Wut oder Aufregung ein Teil von Ihnen ist, während Sie der tief mitfühlende andere Teil sind. Spüren Sie Ihren Gesichtsausdruck und beobachten Sie Ihr Verhalten. Stellen Sie sich vor, was dieser Teil Ihnen gegenüber fühlt und was er von Ihnen denkt. Nun schicken Sie einfach Mitgefühl zu diesem Teil von sich. Versuchen Sie, wirklich Mitgefühl mit ihm zu empfinden. Versuchen Sie nicht, etwas zu verändern – bleiben Sie einfach da und betrachten Sie diesen Teil und haben Sie Mitgefühl. Sie sehen, dass diese Emotionen aus dem Bedrohungssystem stammen und mit Ängsten und Ärger und Dingen zu tun haben, die Sie aufregen. Wenn Sie üben, Ihre mitfühlende Position zu halten, und Ihren aufgeregten, ängstlichen oder ärgerlichen Teil betrachten, dann nehmen Sie vielleicht wahr, dass verschiedene hilfreiche Gefühle und Gedanken auftauchen. Probieren Sie das aus und sehen Sie, wie es Ihnen damit geht.

Sie können genau dieselbe Übung machen, sich aber vorstellen, dass Sie mit Ihrem Mitleid verkörpernden Bild sind. Zusammen können Sie dann Mitgefühl zu Ihrem ängstlichen, ärgerlichen oder wütenden Selbst schicken. Wenn Sie dabei Gefühle wahrnehmen, die verurteilend, herablassend oder geringschätzig gegenüber diesem Teil sind, dann nehmen Sie sie einfach wahr und kommen Sie mit Ihrer Aufmerksamkeit ganz zu Mitgefühl, Freundlichkeit und Verständnis zurück.

Grounding

Wir können unser Mitgefühl und unsere Bilder nutzen, um bestimmte Muster in unserem Gehirn zu stimulieren und Zustände zu erzeugen, die uns unterstützen können, Dinge auf eine freundliche und mitfühlende Weise zu durchdenken oder Dinge zu tun, die wir schwierig finden. Angenommen, Sie haben einen schwierigen Anruf zu machen. Gehen Sie zuvor in einen beruhigenden Atemrhythmus und imaginieren Sie ein paar Momente lang Ihren sicheren Ort oder Ihr mitfühlendes Bild und wie es Ihnen Unterstützung bietet. Von diesem inneren Zustand aus machen Sie dann Ihren Telefonanruf. Es ist keine Zauberei, aber es könnte Ihnen helfen.

In vielen Gesellschaften wird der englische Begriff „worry beads" (wörtlich „Sorgen-Perlen") verwendet; gemeint sind die Perlen der Gebetsketten, die glatt durch die Finger gleiten, um Konzentration und Beruhigung zu fördern. Vielleicht möchten Sie auch solche Perlen verwenden oder einen glatten Stein oder einen anderen Gegenstand, der sich in Ihrer Hand beruhigend anfühlt, und sich damit „erden". Tragen Sie die Perlen, den Stein oder was immer bei sich und arbeiten Sie damit, wenn Sie es in einer bestimmten Situation brauchen. Verbinden Sie sich mit Ihrem Bild und den Gefühlen, die Sie geübt haben.

Deborah Lee[16] arbeitete mit einer Frau, der es half, wenn sie mit ihrem Bild von Mitgefühl eine bestimmte Handcreme assoziierte, die einen ganz besonderen Duft hatte. Er erinnerte sie an eine sehr liebevolle fürsorgliche Großmutter. Wenn sie die Creme roch, konnte sie ihr Gefühl, umsorgt zu sein, wiederherstellen. Sie konnte also sowohl mit ihrem Bild als auch mit dem Duft arbeiten, und wenn es ihr sehr schlecht ging, verwendete sie beide zusammen. Die Verwendung von Düften und Gerüchen, um Gefühle zu beeinflussen, ist natürlich in vielen Kulturen sehr verbreitet. Zum Beispiel gehört zu vielen spirituellen Ritualen der Gebrauch von Weihrauch. Gerüche sind auch deshalb gut, weil sie direkten Zugang zum emotionalen Gehirn haben. Aromatherapeuten können Sie über die Düfte und Gerüchte beraten, denen beruhigende Eigenschaften zugeschrieben werden, und Ihnen helfen, den für Sie passenden Duft zu finden.

In verschiedenen spirituellen Traditionen werden Übungen mit Bildern (Visualisierungen) mit sensorischen Auslösern und Prozessen verbunden, die *Mudras* und *Mantras* genannt werden.[17] *Mudras* sind Gesten, Körperhaltungen und Handbewegungen, die mit bestimmten Aspekten von Gefühlen oder mit Weisheit, Stärke oder Freundlichkeit assoziiert werden. Man kann zum Beispiel mit den Bildern, die Mitgefühl verkörpern, arbeiten und dabei in der traditionellen Meditationshaltung sitzen – das heißt mit gekreuzten Beinen – oder, was ich manchmal bequemer finde, auf einem Stuhl sitzen. Dabei kann man die Hände im Schoß ruhen lassen, wobei Zeigefinger und Daumen sich berühren. Wenn man diese Haltung einnimmt, während man die Übungen mit mitfühlenden Bildern macht, ist man später in der Lage, dieselben Emotionen einfach dadurch hervorzurufen, dass man konzentriert atmet und die Spitzen von Zeigefingern und Daumen sich berühren lässt.

Angenommen, Sie haben morgens zu Hause mit Ihrem mitfühlenden Bild gearbeitet und sich dann auf den Weg zu Ihrer Arbeit gemacht. Während Sie auf Ihren Zug warten, gehen Sie in einen beruhigenden Atemrhythmus, halten Ihre Finger so, wie Sie es gelernt haben, und rufen sich Ihr mitfühlendes Bild in Erinnerung. Vergessen Sie nicht die entspannte Körperhaltung und den mitfühlenden Gesichtsausdruck. Sie können zu allen Menschen, die sich auf dem Bahnhof in Ihrer Nähe befinden, Mitgefühl ausstrahlen – zu denen, die ebenfalls in dem großen Strom des Lebens und dem Getriebe des Alltags gefangen sind.

Mudras haben verschiedene Bedeutungen, zum Beispiel, je nachdem, welcher Ihrer Finger Ihren Daumen berührt. Wenn Sie daran interessiert sind, können Sie sich über *Mudras* im Internet informieren und alles darüber lesen, was Sie wissen möchten. Viel Spaß.

Bilder für den Strom des Lebens

Es gibt eine Reihe anderer Übungen mit Bildern, die Trost oder Mitgefühl verkörpern, die Sie vielleicht gern ausprobieren möchten und bei denen es um den Strom des Lebens geht und die eine Erfahrung von *Verbundenheit* und *Akzeptanz* ermöglichen.

Übung: Verbindung mit dem Strom des Lebens aufnehmen

Entscheiden Sie, ob Ihre bevorzugte Verbindung eine Beziehung mit dem Meer, mit dem Himmel oder mit den Bergen ist. Wohin spüren Sie die stärkste innere Verbindung? Wählen Sie diese. Nehmen wir nun an, dass Sie das Meer gewählt haben. Diese Übung wäre jedoch genau die gleiche, wenn Sie die Berge oder den Himmel oder ein anderes Bild gewählt hätten. Es ist klar, dass Sie ein anderes Bild nehmen, wenn Sie kein Wasser mögen.

Nehmen Sie als Erstes einen beruhigenden Atemrhythmus an. Dabei schauen Sie nach unten oder Sie schließen die Augen. Nun stellen Sie sich vor, dass vor Ihnen das Meer ist und dass es schön blau, warm und ruhig ist und seine Wellen an einem weißen, sandigen Ufer auslaufen lässt. Bei diesem Bild ist es sehr nützlich, genau auf so viele Ihrer Sinne wie möglich zu achten. Stellen Sie sich zum Beispiel vor, wie eine leichte warme Brise sanft Ihr Gesicht streichelt, stellen Sie sich den Geruch des Meeres vor, das Geräusch der Wellen, die am Strand zischend auslaufen, die funkelnden Diamanten auf der Oberfläche des Wassers, die Sonne, die Ihren Körper wärmt. Dieser Fokus bei den Sinnen hilft, die Erfahrung hervorzubringen, die Sie möchten.

Wenn Sie das Bild mit jedem Ihrer Sinne wahrgenommen haben und ein gewisses „Gefühl" für das Bild haben, können Sie sich jetzt dem Teil zuwenden, bei dem es um „Verbundenheit" geht.

Wenn Sie über das Meer zum Horizont schauen, stellen Sie sich vor, dass dieses Meer, das schon seit Äonen da ist, eine Quelle des Lebens ist. Hier hat alles Leben auf diesem Planeten vor Millionen von Jahren angefangen. Dieses Meer hat viel von der Geschichte des Lebens miterlebt, war Zeuge, wie sich zahllose Arten entwickelten und wieder verschwanden, und es weiß unendlich viele Dinge. Viele Schlachten wurden in ihm und auf seiner Oberfläche geschlagen. Stellen Sie sich jetzt vor, dass das Meer Sie vollkommen akzeptiert, dass es alles von Ihren Kämpfen und Ihrem Schmerz weiß, dass es Sie als achtsames Lebewesen im Strom des Lebens anerkennt. Erlauben Sie sich, sich mit dem Meer, mit seiner Macht und seiner Weisheit verbunden zu fühlen. Versuchen Sie ein Gefühl von Verbundenheit, sich von etwas so Altem und Weisem willkommen geheißen zu fühlen, aufzubauen.

Manchen Menschen gefällt es, dieses Bild auf alle möglichen Weisen zu modifizieren. Zum Beispiel stellen sich manche vor, dass das Meer reinigend ist und schwierige Gedanken und Gefühle wegwäscht. Andere sehen das Meer als etwas sehr Beruhigendes an. Sie können sich in ihm treiben lassen und werden von ihm getragen. Wichtig ist wieder, dass man experimentiert und das findet, was für einen von Wert ist. Manchmal stelle ich mir einen grauen Himmel, riesige schwarze Gewitterwolken und einen starken Wind vor. Seltsam, ich weiß, aber für mich ist das manchmal eher beruhigend und sogar stärkend. Es verbindet mich irgendwie mit der Kraft des Lebens. Experimentieren Sie daher selbst.

Auf vielerlei Weise tun Sie das, was alle Romanautoren machen – Sie erschaffen in Ihrem Geist Szenen und Charaktere. Der einzige Unterschied ist hier, dass Sie dies achtsam tun und die Wirkung auf Sie von einem beruhigenden, verbundenen und mitfühlenden Standpunkt aus untersuchen. Wenn Sie zufällig Bildern begegnen, die für Sie nicht wirksam sind oder nicht passen, dann hören Sie einfach auf. Wenn Sie wissen, dass sich Ihre Bilder zum Beispiel mit Ihrem Menstruationszyklus oder einem anderen physischen Prozess verändern, dann gehen Sie mit dem Fluss, vorausgesetzt, das ist mit Ihren Gefühlen von Wärme und Mitgefühl verbunden, die Sie beruhigen können.

Manche Menschen machen vielleicht die Erfahrung, dass sie von den eher traditionellen spirituellen Traditionen angezogen sind und möchten, dass ihr Bild das des Buddha oder eine andere Ikone ist. Wichtig ist vor allem, sich nicht in der Komplexität zu verlieren, sondern den primären Geist und Sinn zu erkennen, der darin besteht, Ihnen zu helfen, Muster der Aktivität in Ihrem Denken zu stimulieren, die Ihnen Zugang zu einem mitfühlenden und beruhigenden Denken ermöglichen. Es braucht viel Übung und Zeit, einen Geist zu erkennen und mit ihm zu arbeiten, der wie ein Grashüpfer ist. Wenn Sie aber bei ihm bleiben, machen Sie möglicherweise die Erfahrung, dass er nützlich für Sie ist und dass Sie Ihren Geist tatsächlich für Mitgefühl ausgebildet haben.

Zusammenfassung

In Kapitel 6 haben wir diese erstaunliche Macht der Imagination betrachtet. So viel von dem, was in uns vor sich geht, haben wir selbst gemacht oder hervorgerufen. Auch was wir sehen und hören, ist in gewisser Hinsicht von unserem Gehirn erzeugt. Wir leben aber in einer schnelllebigen Welt, wo so viel *für* uns erzeugt wird und wir von so vielen Dingen und Eindrücken überschüttet werden, dass wir oft keine Gelegenheit haben, anzuhalten und zu entscheiden, welche Muster *wir selbst* eigentlich in unserem Gehirn herstellen wollen. Aber wenn wir lernen, uns selbst zu beruhigen und mitfühlende Zustände in unserem Gehirn herzustellen, geht es uns vielleicht viel besser und wir werden bessere Partner, Freunde und Kollegen.

Sie wissen natürlich, je mehr Zeit Sie etwas widmen, gleich, ob Sie ein neues Musikinstrument, eine Sportart oder eine Sprache lernen oder auch nur fit bleiben wollen – umso besser ist es. Sie würden nicht erwarten, dass Sie in einem dieser Dinge von Anfang an gut sind: Übung macht den Meister.

Sie müssen entscheiden, wie Sie diese Übungen mit Bildern von Mitgefühl machen wollen. Wenn Sie zum Beispiel alle paar Tage eine halbe Stunde allein sein können, wäre das sehr hilfreich, aber es ist nicht immer leicht, Zeit zu finden. Und wenn Sie nur die Möglichkeit haben, diese Dinge im Bad oder kurz vor dem Schlafengehen zu üben, ist das besser, als überhaupt nicht zu üben. Denken Sie immer daran, Mitgefühl mit Ihrer Form der Praxis und des Übens zu haben, und werten Sie sich nicht ab, wenn Sie nicht mehr schaffen, als Sie schaffen.

Wenn Sie üben, ist es nützlich, ein Tagebuch zu führen und Ihre Beobachtungen aufzuschreiben. Ich möchte Sie ermutigen, diese Übungen *achtsam* zu machen und das Gefühl zu vermeiden, dass Sie sich zwingen oder antreiben. Und vor allem: Bleiben Sie neugierig, sehen Sie genau hin und haben Sie viel Spaß dabei.

9 Mitfühlendes Denken

Wie wir gesehen haben, ist unser „neues Gehirn/Denken" in vielerlei Hinsicht ganz phantastisch. Wir können damit planen, vorausdenken, vorhersagen, imaginieren und phantasieren. Wir besitzen die Intelligenz und die Fähigkeit, in Formen zu denken, die uns ermöglichen, zu verstehen und Einsichten zu gewinnen, wie die Welt und wir selbst funktionieren. Seien es Atome, Universen, unser Körper oder unsere Psyche oder auch nur das Familienauto – wir können verstehen, dass es die Beziehungen zwischen verschiedenen beteiligten Bestandteilen sind, die sie entstehen lassen – das heißt, Dinge entstehen *aufgrund von Beziehungen.* Gene bauen Zellen auf, unsere Zellen bauen unseren Körper und unser Gehirn auf, unser Gehirn lässt unsere Psyche und unser Denken entstehen, und unser Denken gestaltet soziale Beziehungen und unsere Kultur. Dann sehen wir auch, dass kulturelle und soziale Beziehungen sich wieder auf unser Denken und auf unsere Psyche auswirken, was sich wiederum auf unser Gehirn und unseren Körper und sogar auf den Ausdruck der Gene auswirkt. Wir können verstehen, wie wir krank werden (z. B. aufgrund von Bakterien, Viren oder sozialen Bedingungen) und wie wir uns heilen können. Unser „neues Gehirn/Denken" verleiht uns ein Bewusstsein davon, dass wir „lebendig" sind, dass wir existieren und dass wir Begierden, Bedürfnisse und Hoffnungen haben. Wir können erstaunliche Dinge lernen, zum Beispiel eine komplexe Sprache oder wie man Auto fährt, Pizza macht, Kernreaktoren baut, Klavier spielt (denken Sie an ein Konzert von Rachmaninow, das außerordentliche feinmotorische

Fähigkeiten und komplexe Gedächtnisleistungen verlangt) –, und wir können fünf Tage lang Kricket spielen und zuschauen.

Wir können unseren Geist, unser Denken, und den Geist anderer verstehen wie keine andere Spezies das in all den Milliarden Jahren, seit es Leben auf diesem Planeten gibt, getan hat. Wir können herausfinden, warum es Menschen gut oder schlecht geht, und was wir tun können, um ihnen zu helfen, und um zu verhindern, dass ihnen und uns selbst in der Zukunft schlimme Dinge passieren. Unser „neues Gehirn/Denken" ermöglicht uns, auf außerordentliche und weitsichtige Weise mitfühlend zu sein. Wir können miteinander teilen und zusammenbringen, was wir wissen, und zwar in dem Maß, wie wir Wissen ansammeln und Wissenschaften und Technologien von Generation zu Generation weiterentwickeln. Aufgrund unseres „neuen Gehirns/Denkens" und seiner Fähigkeit, zu kommunizieren, kann es sein, dass wir eines Tages ein Leben wie in *Star Trek* leben. (Ich habe mir wirklich vorgenommen, meine nächste Inkarnation bis dahin zu verschieben.) Und wer weiß? – Es könnte sein, dass wir die Einzigen im Universum sind, die einen solchen Geist haben (obwohl ich das als Star-Trek-Fan bezweifle).

Wie viele Dinge, die im Laufe der Evolution entstanden sind, gibt es auch hier einen Haken, eine dunkle Seite: Sie besteht darin, dass diese Talente uns auch leicht verrückt machen können. Es ist eine der kleinen ungeplanten Pannen der Natur. Wie unser „neues Gehirn/Denken" verwendet wird und die Probleme, an denen es zu arbeiten hat (besonders diese Impulse, Bedürfnisse, Ängste und Vorurteile unseres „alten Gehirns/Denkens"), können ernsthaften Ärger für uns persönlich und für uns als Spezies bedeuten. Die Weise, wie wir über uns, über andere Menschen und die Zukunft denken, kann Angst, Depression, Paranoia und Gewalt nähren. Wir können die Kompetenzen unseres „neuen Gehirns/Denkens" benutzen, um Massenvernichtungswaffen herzustellen, Menschen zu foltern und extrem grausam zu sein. Und wenn es darum geht, über uns, unsere Lebenssituationen, unsere Beziehungen, unsere Zukunft und den Sinn unseres Lebens nachzudenken – gut, die Kompetenzen unseres „neuen Gehirns/Denkens" können Ängste und andere Emotionen und Motivationen des „alten Gehirns/Denkens" so stimulieren, dass wir schließlich psychische Störungen entwickeln können.

Eigentlich ist das kein neuer Gedanke. Wir wissen seit Langem, dass wir uns mit den Fähigkeiten unseres „neuen Gehirns/Denkens“, zu denken und rational zu argumentieren, verrückt machen können. Das war im Grunde die Botschaft des Buddha, obwohl er das Wort „Leiden“ *(dukkha)* verwendete, und nicht von „Verrücktmachen“ sprach. Dem Buddha war klar, dass wir ohne Training und Ausbildung unseres Geistes in Gefahr sind, von unseren Leidenschaften, Begierden und Ängsten kontrolliert zu werden. Das Training, das er beschrieb, verlangt von uns: (1) aufmerksam zu sein und uns bewusster zu werden, wie unser Geist benutzt wird (siehe Kapitel 5), und (2) dem Achtfachen Weg zu folgen, den wir in Kapitel 6 besprochen haben.

Die stoischen Philosophen des alten Griechenland haben vor mehr als 2000 Jahren ebenfalls festgestellt, dass Chaos die Folge sein kann, wenn Emotionen und Leidenschaften ohne Kontrolle und Begrenzung durch die Vernunft freier Lauf gelassen wird. Sie traten dafür ein, den Geist darin auszubilden, genau zu beobachten und rational zu argumentieren. Rationalität und die Bereitschaft und Fähigkeit, die eigenen Prämissen und Überzeugungen zu diskutieren und kritisch zu untersuchen, wären die Essenz eines edlen und würdigen Lebens. Ein Leben, das allein von Emotionen oder Stimmungen nach den Launen des Augenblicks gelebt würde, sei nicht viel wert und anfällig dafür, zu entgleisen. Vernunft sollte der Meister der Emotionen sein. Menschen besitzen die Fähigkeit, sich auf die Seite der Emotionen oder gegen sie zu stellen und nicht aufgrund von Angst, Wut, Lüsternheit oder Vorurteil zu handeln.

Das Problem, wie wir die Fähigkeit unseres „neuen Gehirns/Denkens“ nutzen können, um Leidenschaften unseres „alten Gehirns/Denkens“ zu regulieren, ist also etwas, was den menschlichen Geist seit vielen Jahrhunderten und in vielen Kulturen beschäftigt.

Wie wir gesehen haben, sind Denken und Rationalität wichtige Fähigkeiten des mitfühlenden Geistes. Mitfühlendes Denken besteht natürlich aus mehr als Achtsamkeit oder nur kühler Rationalität, aber wir kommen auf dem Weg zu Mitgefühl nicht weit, wenn wir nicht den Stil unseres Denkens und Argumentierens ansprechen.

Konstruieren der Realität versus Informationsverarbeitung

Die Beschäftigung mit unserem Geist, die Tausende von Jahren zurückreicht, sollte in der Mitte des Zwanzigsten Jahrhunderts eine neue Wendung nehmen. Während der 1950er und 1960er Jahre, als die Naturwissenschaft und wissenschaftliche Methoden immer populärer wurden, begannen Psychologen davon zu sprechen, wie Menschen quasi „Theorien" über die Welt entwickeln und, so ähnlich wie Wissenschaftler, diesen Theorien – oder Glaubensvorstellungen – über sich und ihre Beziehungen in der Welt entsprechend funktionieren, das heißt ihr Leben leben. Eine Schlüsselfigur dabei war der Psychologe George Kelly (1905 – 1967). Sein Hauptbeitrag bestand darin, zu zeigen, dass wir aus unserem Wissen, unseren Glaubensvorstellungen und sozialen Beziehungen Modelle der Welt *konstruieren.* Zum Beispiel wird ein Meteorologe Regen an seinem Hochzeitstag wahrscheinlich eher als ein störendes Ergebnis von Niederschlägen über dem Atlantik erleben, während ein sehr religiöser Mensch ihn für ein schlechtes Omen von Gott halten könnte. Oder jemand könnte Janes Verhalten als Beweis dafür ansehen, dass sie schlecht und egoistisch ist, während jemand anders sie als sensibel und verletzlich sieht.

Kelly beschrieb eine Reihe von Implikationen und Auswirkungen der *aktiven konstruktiven Prozesse,* die unsere Erfahrung der Welt konstituieren:

1. Bei diesen Konstruktionen werden grundlegende *Dimensionen* von Urteilen, Konstrukten und Werten (z. B. gut/schlecht, nett/unangenehm, attraktiv/unattraktiv, komplex/einfach, schwer/leicht) verwendet.
2. Es kann sehr viele verschiedene alternative Konstruktionen desselben Ereignisses geben.
3. Alternative Konstruktionen können nicht einfach als „richtig" oder „falsch" definiert werden.
4. Unsere Konstruktionen können wichtige Konsequenzen haben, weil wir dazu tendieren, uns in unserem Verhalten von ihnen bestimmen zu lassen.

5. Anders als Wissenschaftler versuchen wir, unsere Glaubensvorstellungen zu bestätigen, statt sie zu testen, denn wenn wir versuchen würden zu widerlegen, woran wir glauben, wäre das Leben fast unmöglich. Selbst angesichts von Beweisen, dass sie falsch sind, wird an Konstruktionen festgehalten, denn Veränderung kann das Identitätsgefühl oder die Vorstellungen von Sinn destabilisieren.
6. Psychotherapie sollte Menschen helfen, die Realität „alternativer Konstruktionen" zu erkennen und die zu erkunden, die ihrer Gesundheit und ihrem Wohlbefinden mehr dienen. Therapeuten können Menschen unterstützen, wenn sie sich auf diesen potentiell destabilisierenden Prozess einlassen, buchstäblich „ihr Denken zu ändern".
7. Wir bilden Beziehungen auf der Grundlage unserer Konstrukte und Überzeugungen (z. B. von der Existenz eines Gottes oder von politischen Werten) und sprechen dann miteinander, um sie eher zu bestärken, als sie zu „dekonstruieren". Jemand mag sein Identitätsverständnis oder -gefühl in seiner „kulturellen Tradition" und den Konstrukten seiner Vorfahren verwurzeln, auch wenn seine Vorfahren noch nicht unser heutiges Wissen hatten und auch wenn Festhalten an traditionellen Überzeugungen sehr schädlich sein kann. Die Leidenschaft, zugehörig zu sein und ein Identitätsgefühl zu haben, das mit verwandtschaftlich verbundenen Gruppen verknüpft ist, ist eine mächtige Kraft, die unsere Konstrukte stützt. Menschen unterstützen auch aus Angst, beschämt zu werden oder Schaden zu erleiden, wenn sie aus der Reihe tanzen oder ausbrechen, Überzeugungen und soziale Konstrukte, die von Gruppen vertreten werden, auch wenn sie wissen, dass sie falsch sind. Man kann also sowohl private als auch öffentliche Konstrukte haben.

Das Entscheidende ist, dass jede genaue Trennung von Vernunft und Emotion (wobei das eine das andere reguliert) berücksichtigen muss, dass unser Denken mit und aus unseren Konstrukten auftaucht. Diese sind oft innerhalb der Gesellschaft lokalisiert und dienen unseren

Bedürfnissen nach Zugehörigkeit, Verbundenheit und Sinn im Leben. (Beachten Sie, dass im Fall von Kelly sowohl Verbundenheit/Ungebundenheit als auch sinnvoll/sinnlos für einen Menschen hervorragende Konstrukte sein können.)

Kellys äußerst einflussreiches Werk trug zu der Entwicklung eines neuen Ansatzes der Psychologie und Psychotherapie bei, *Konstruktivismus* genannt. Zur gleichen Zeit verfolgten andere Psychologen einen ganz anderen Ansatz, um zu verstehen, wie das menschliche Gehirn denkt und argumentiert. Sie verglichen das Gehirn mit einem Computer und beschrieben Denkprozesse entsprechend als *Informationsverarbeitung* – ein Konzept, das ganz dem Computerzeitalter entspricht. Das Problem bei dieser Idee ist aber, dass sie sehr ungenau ist. Der Computer, auf dem ich dieses Buch schreibe, verarbeitet Informationen, und das tun auch meine DNA und mein Immunsystem. Aber ich glaube nicht, dass sie Gedanken oder Überzeugungen haben. Und Gedanken und Überzeugungen haben nicht nur mit Informationsverarbeitung zu tun.

Zugleich teilte sich die Psychotherapie bei all der Begeisterung dafür (und Aufregung darüber), herauszufinden, wie Menschen ihre Realität „konstruieren" und „Informationen verarbeiten" sogar in noch mehr neue Schulen. Einige Formen entfernten sich weiter von Freuds Überzeugung, Neurosen gingen auf unbewusste Konflikte zurück und würden Energien der Libido blockieren. Vielmehr begannen einige Therapeuten sich besonders für die Tatsache zu interessieren, dass ein großer Teil der Not und des Leidens vieler Menschen in ihrem *Strom permanenten Denkens* wurzelte.

Zum Beispiel hat Aaron Beck, Psychiater und Psychoanalytiker der Universität von Pennsylvania, in den 1960er Jahren beobachtet, dass eine seiner Patientinnen zunehmend Angst bekam, wenn sie einen sexuellen Traum erzählte.[1] Die üblichen psychodynamischen Vorstellungen der Zeit legten nahe, dass ihre Angst mit dem sexuellen Inhalt und mit verbotenen Wünschen zu tun hatte. Aber als er sie fragte, was in ihr vorgehe, entdeckte Beck, dass ihre Angst nicht mit dem Traum, sondern mit etwas ganz anderem zu tun hatte. Sie dachte, sie langweile Beck, er müsste dies schon oft gehört haben und würde sie bald auffordern, mit der Therapie aufzuhören. Beck interessierte sich zunehmend für die verschiedenen *selbst-evaluierenden Ströme des Denkens,* die im Inneren ablaufen. Er sah, dass sie oft neben anderen Gedanken und Handlungen vorkommen. Zum Beispiel könnte einem Schauspieler, während er versucht, sich an seinen Text zu erinnern und auf der Bühne eine gute Vorstellung zu geben, ein anderer Strom selbst-evaluierender Gedanken durch den Kopf gehen: „Wie bin ich? Gefällt dem Publikum meine Leistung? mmm, sie wirken sehr still heute – verflixt, den Satz habe ich nicht gut gesprochen …" Und natürlich könnten auch andere auf Angst zurückgehende Gedanken in das Bewusstsein des Schauspielers eindringen: „Habe ich zu Hause vergessen, das Gas abzustellen? Ich muss nachher dran denken, anzurufen und zu fragen, wie es Mutter geht …" Je mehr Angst es im Strom seines Denkens gibt, umso mehr können diese Gedanken effektives Handeln stören.

Beck erkannte auch, dass die Gedanken, die uns in den Sinn kommen, automatisch zwar auf viele Dinge fokussiert sein können, dass sie bei Menschen mit intensiver Wut oder Ärger, Angst und Depression aber Gefahren und Verluste betreffen. Beck nannte diese Gedanken *automatische Gedanken,* weil sie genau das sind: Sie kommen uns ohne viel Reflexion einfach in den Sinn. Jede Emotion und Stimmung hat ihre eigene Art automatischer Gedanken, die ihrerseits mit den Fähigkeiten unseres „neuen Gehirns/Denkens" spielen und so unsere Emotionen und Stimmungen intensivieren und akzentuieren. Wir können durch das, was wir denken und wobei wir verweilen – worauf unser „neues Gehirn/Denken" fokussiert –, ängstlicher, wütender und deprimierter werden. Zum Beispiel richten sich unsere Gedanken, wenn wir Angst haben, auf Beschädigungen oder Schaden irgendwelcher Art. Jemand, der Panikattacken hat, kann Angst bekommen, dass seine zunehmende Pulsrate ein Anzeichen dafür ist, dass er einen Herzinfarkt bekommt. Diese Verbindung macht natürlich noch mehr Angst. Sozial ängstlichen und scheuen Menschen kommen Gedanken, dass sie Dinge tun, die andere dumm oder langweilig finden, und sie fürchten, deshalb abgelehnt zu werden. Sie beobachten und kontrollieren ihr Verhalten übergenau und werden noch ängstlicher. Bei Wut drehen sich unsere Gedanken um Überschreitung von Verboten oder um Regelverstöße: „Das sollte nicht passieren. Das sollten sie nicht machen – ich werde es ihnen zeigen."

Und bei Depression geht es bei unseren Gedanken um die Vorstellung, dass wir in der Falle sitzen, unterlegen oder minderwertig und Versager sind, und dass sich in unserem Leben kaum etwas ändern wird.

Automatische Gedanken können natürlich mit darunter liegenden, früher entwickelten Ängsten in Verbindung gebracht werden. Zum Beispiel können Kindern, die abgelehnt wurden, schnell automatische Gedanken in den Sinn kommen, die ihnen sagen, dass sie von bestimmten Leuten wahrscheinlich abgelehnt werden.

Unsere Gedanken verändern, um unser Denken zu verändern

Aaron Beck war sehr von George Kelly beeinflusst, aber weniger an Theorie interessiert. Sein Fokus war eher bei der Therapie. Was würde also passieren, so fragte er sich, wenn wir uns auf die Gedankenströme konzentrieren und Menschen zu helfen versuchen, von ihnen sozusagen zurücktreten und sie objektiver anschauen? Vergessen wir Freuds Beschäftigung mit unbewussten Konflikten, verdrängten Feindseligkeiten, ödipalen Wünschen, oralen, analen und phallischen Phasen und bringen wir stattdessen automatische Gedanken in den Vordergrund. Wir untersuchen sie dann gründlich und sehen, wohin sie führen. Wenn wir dann einmal unsere Gedanken, und wohin sie uns führen, geklärt haben, sehen wir, ob sie vernünftig und genau sind, und lernen, falls sie das nicht sind, vernünftigere Alternativen zu suchen. Entscheidend ist hier: Nur weil man etwas denkt oder ein intensives Gefühl dazu hat oder ein Gefühl im Bauch, dass es wahr ist, sollte man nicht davon ausgehen, dass es tatsächlich wahr *ist*. Bei einem konstruktivistischen Ansatz lernt man, Alternativen und neue Möglichkeiten zu konstruieren. Dieser Ansatz wurde als *Kognitive Therapie* bekannt.

In den 1970er Jahren taten sich Kognitive Therapeuten mit Verhaltenstherapeuten zusammen, die dabei ansetzen, Menschen zu helfen sich zu verändern, indem sie ihre Ängste konfrontieren und ihre aktuellen Verhaltensweisen verändern. So ermutigen sie zum Beispiel Menschen, die unter Agoraphobie leiden, ihre Angst zu konfrontieren und tolerieren zu lernen und ihre Wohnung zu verlassen. Das Motto der Behavioristen lautet: „Wir lernen und bekommen Selbstvertrauen durch Handeln".

Manche Verhaltenstherapeuten glauben sogar, dass uns eine übertriebene Konzentration auf die Gedanken statt auf Verhalten in die Irre führen kann. Die Verbindung der zwei Therapieformen (nicht immer eine glückliche) sollte zur Entstehung einer therapeutischen Schule, einer Weiterentwicklung führen, die unter der Bezeichnung Kognitive Verhaltenstherapie (KVT) bekannt ist.

In New York lebte in derselben Straße wie Aaron Beck der Psychologe Albert Ellis.[2] Er war ebenfalls zu der Schlussfolgerung gelangt, dass unsere permanenten Gedanken und Interpretationen von Dingen Ursache für ernsthafte emotionale Probleme sein können. Aus seiner Sicht muss man Menschen helfen zu erkennen, dass wir zwar *biologisch dafür ausgestattet und darauf angelegt sind, uns irrational zu verhalten,* dass wir uns aber ausbilden und üben können, rationaler zu sein. Dieser Ansatz ist nun als *Rational-Emotive Verhaltenstherapie* (REVT) bekannt. Ellis ließ sich von den stoischen Philosophen des alten Griechenland inspirieren, die, wie wir gesehen haben, meinten, dass Menschen über den Tieren stehen, weil sie Vernunft und Rationalität besitzen. Vernunft und Rationalität sollten sogar die Grundlage unseres Lebens sein und genutzt werden, um unsere mehr irrationalen Leidenschaften zu regulieren. Ellis betonte ebenso wie die Behavioristen, wie wichtig es ist, Verhalten auf einem direkten Weg rationaler und zielorientierter zu machen.

Ellis war an anderen Aspekten unseres Geistes als Beck interessiert. Er stellte wie die deutsche Psychoanalytikerin Karen Horney in den 1940er Jahren[3] fest, dass Menschen von ihrem eigenen Denken in Form von „sollen" und „müssen" tyrannisiert werden können.[4] Jemand könnte zum Beispiel die Überzeugung haben „Ich *muss* gut sein – ich würde es nicht aushalten, wenn ich versagte" oder „Ich *muss* es schaffen, dass Sue mich liebt – ich würde es nicht ertragen, wenn sie mich nicht liebt". Mit solchen Überzeugungen hat man die Unmöglichkeit, manche Schwierigkeiten des Lebens bewältigen zu können, schon vorausgesetzt. Der Trick ist natürlich, „müssen" und „sollen" in Präferenzen zu verwandeln (das heißt „Ich bin lieber gut") und zu sehen, dass viele Dinge, die wir für Katastrophen halten, keine sind – jedenfalls nicht im Vergleich mit anderem Leiden in der Welt. Wir müssen also lernen, unsere Perspektive und Balance zu behalten, und herausfinden, wie wir mit Verlusten und

Enttäuschungen umgehen können, statt uns selbst mit Gedanken zu indoktrinieren, dass wir das nicht können. Niemand sagt, dass das leicht ist, aber es wird schwieriger, wenn man Überzeugungen wie „Ich muss … haben", „… unmöglich zu ertragen" und „Ich muss …" hat. Mit solchen Überzeugungen verleugnet man die Realitäten des Lebens, wie wir in Kapitel 1 gesehen haben, die so viel mit Leiden und Schicksalsschlägen wie mit anderen Dingen zu tun haben. Übrigens hat der Buddha ganz Ähnliches gesagt.

Diese Vorstellungen fanden bei Psychologen Anklang, sie ließen sich in der Forschung gut anwenden und die Modelle der KVT wurden gründlich erforscht. Heute können die frühen kognitiven und auf Rationalität basierenden Ansätze ziemlich simpel und von modernem wissenschaftlichem Verständnis, wie unser Gehirn tatsächlich funktioniert, überholt wirken. Aber weil sie in der Therapie gut anwendbar sind, hat sich aus ihnen eine Vielfalt von Möglichkeiten entwickelt, mit den Ängsten, Sorgen und Depressionen von Menschen zu arbeiten. So bringen sie Menschen bei,

- aufmerksam bei ihren Gedanken zu sein, so dass sie sie „erwischen" können
- von ihren Gedanken und Gefühlen zurückzutreten, über sie zu reflektieren und über Alternativen nachzudenken
- wie sie Vorstellungen von sich und anderen überprüfen können
- sich Problemen zu stellen und Verhalten zu ändern, was sie sonst oft eher nicht tun würden.

Das National Institute for Health and Clinical Excellence (NICE) der britischen Regierung, das die Effektivität von Therapiemethoden untersucht, hat festgestellt, dass diese Therapieformen eine ausreichende Evidenzbasis aufzuweisen haben.[5] Dies ist eine Aussage, die in gewissem Sinn umstritten ist, weil auch andere Ansätze nützlich sein können. Es gibt ausführliche (und oft hitzige) Debatten darüber, ob es genug Belege dafür gibt, eine Aussage in die eine oder andere Richtung zu machen. Sagen wir einfach, dass die KVT wie alle solchen Ansätze Stärken und Schwächen hat und dass ein großer Teil der Kritik auf sehr vereinfachten Sichtweisen von Therapie beruht.

Gedanken darüber, was in unserem Denken vor sich geht

Es kann so aussehen, dass wir mit dieser Besprechung verschiedener therapeutischer Richtungen und Schulen von unserem Thema, dem mitfühlenden Denken, abgekommen sind. Aber dies ist nicht wirklich der Fall, denn die Essenz der KVT und konstruktivistischer Ansätze besteht darin, dass unser Leben und unsere Psyche uns ständig mit Problemen und Schwierigkeiten konfrontieren. Sie haben vielleicht Rückschläge, Verluste, Traumata und Kummer erlebt, und obwohl Sie den Schmerz und das damit verbundene Leid nicht vermeiden können, kann Ihr Leiden sehr verstärkt werden, wenn Sie es in einer bestimmten Weise interpretieren und betrachten. Angenommen, Sie haben erlebt, wie eine sehr geschätzte Beziehung zerbrochen ist. Sie könnten den Grund dafür in Konflikten in der Beziehung sehen, zu denen Sie vielleicht beigetragen haben, dass es aber vor allem ein Problem gab, an dem beide Seiten beteiligt waren. Wenn Sie aber das Gefühl haben, dass Sie allein die Schuld an dem Scheitern der Beziehung tragen oder dass Sie nicht liebenswert sind und nie wieder eine liebevolle Beziehung haben werden, dann kann Sie diese Sichtweise weiter in Mutlosigkeit oder Verzweiflung treiben.

Viele Gedanken, die einfach so auftauchen, sind nicht nur Reaktionen auf irgendetwas Bestimmtes. Unser Geist kann von einer ganzen Reihe von Dingen beeinflusst sein, auch von unseren gegenwärtigen Zuständen des Gehirns; Emotionen, Gedanken und Sinneswahrnehmungen können plötzlich wie aus dem Nichts auftauchen. Manchmal heißt es, dass Männer bis zu dreißig Mal am Tag intrusive Gedanken sexuellen Inhalts haben. Ich kann mich leider nicht erinnern – aber vielleicht bin ich zu alt und mein Testosteronspiegel sinkt. Meistens werden solche Intrusionen nicht als problematisch empfunden, sondern als natürlich angesehen. Es stellt sich aber heraus, dass die Weise, wie wir diese Intrusionen interpretieren – die Emotionen, Körperempfindungen, Gedanken, Bilder und Phantasien, die dauernd in unserem Kopf herumschwirren –, unsere inneren Zustände beeinflussen kann. Man könnte zum Beispiel wahrnehmen, wie das Herz in einem Muster schlägt, das wir als etwas seltsam empfinden. Das wäre eine „sensorische" Intrusion und nicht ungewöhnlich. Manche Menschen kann das aber sehr beunruhigen, und sie glauben dann vielleicht, dass es auf ein Problem mit ihrem

Herzen hinweise und dass ihr Leben in Gefahr sei. Dies ruft bei ihnen Panik hervor, die Pulsrate wird beschleunigt, und das steigert wiederum die Panik. Diese Menschen entwickeln dann die Überzeugung, dass sie nichts tun dürfen, was ihr Herz beanspruchen könnte, beobachten es ständig und fangen an, weniger zu tun – ihr Leben schrumpft sozusagen um sie herum. Dabei ist körperliche Anstrengung gut für das Herz. Wie in Kapitel 5 besprochen, kann das, was Gedanken und Intrusionen in Verbindung mit Panik nährt, ziemlich komplex sein, aber der Anlass und die reale treibende Kraft im Hier und Jetzt kann darin bestehen, wie sinnliche Wahrnehmungen *interpretiert werden* – zum Beispiel als Anzeichen dafür, dass das Leben in Gefahr ist.

Manche Intrusionen von Gedanken oder Phantasien sind extrem unangenehm. Zum Beispiel kommen manchen Menschen plötzlich sehr unangenehme Bilder in den Sinn – dass sie Leute erstechen oder vor einen Zug stoßen oder dass sie von einem hohen Gebäude springen. Oder es stellen sich ungebeten sexuelle Phantasien ein. Dieses Phänomen wird manchmal *zwanghaftes Kontrastdenken* genannt, weil diese Phantasien im Gegensatz zu gewohnten Gedanken und Wünschen stehen. Dies ist nicht ungewöhnlich, aber *wie* man solche Gedanken interpretiert, kann sehr viel Angst und sogar depressiv machen. Die meisten von uns sind zwar in der Lage, sie beiseitezuschieben, aber manche Menschen können sich kaum von ihnen lösen. Jemand, der ein Bild hatte, wie er eine bestimmte sexuelle Handlung vornahm, war von dieser Phantasie so schockiert, dass er daraus schloss, der Teufel habe ihm dies eingegeben. Man kann sich vorstellen, dass ihn das sehr erschreckte und sich auf sein Leben auswirkte: Je mehr er versuchte, diese Phantasie loszuwerden, umso stärker wurde sie und umso größer seine Angst, besessen zu sein. Das entwickelte sich zu einer sehr schweren psychischen Erkrankung. Obwohl die Psychodynamik, die solchen Erfahrungen zugrunde liegt, sehr komplex ist – zum Beispiel stand dieser Mensch von Kindheit an unter einem sehr starken Einfluss religiöser Überzeugungen und hatte große Angst vor dem Teufel –, kann man hier gut sehen, wie die *Interpretation* dessen, was in einem vor sich geht, Ursache für ernsthafte psychische Probleme sein kann. Wenn man wirklich versteht, dass viel von dem, was in einem vor sich geht, mit unserem in der Evolution entwickelten Gehirn zu tun hat – manchmal sind das ziemlich seltsame Dinge –, kann einem mancher Schmerz erspart bleiben. Das Problem ist wieder, dass unser „altes Gehirn/Denken“ einige sehr merkwürdige und unangenehme Gefühle, Phantasien und Gedanken an die Oberfläche bringen kann. Menschen, die unter Zwangsstörungen leiden, können vor solchen Erfahrungen große Angst bekommen. Auf der anderen Seite sind Autoren von Horrorgeschichten natürlich für solche Phantasien äußerst dankbar, denn sie liefern den Stoff für ihre Bücher.

Es ist normal, dass wir negative Gedanken über unsere Emotionen haben. Man könnte meinen, dass bestimmte Emotionen – wie Wut auf Menschen, die wir lieben, oder der Wunsch, die Familie zu verlassen, um Luft zu holen – darauf hinweisen, dass mit uns etwas nicht stimmt oder dass wir irgendwie schlecht sind. Man denkt vielleicht im Stillen: „Ich sollte das nicht so empfinden“ oder „Ich sollte das nicht wollen“. Und dann versuchen wir, diese Emotionen oder Wünsche zu blockieren. Natürlich stammen sie aus unserem „alten Gehirn/Denken“ und natürlich funktioniert es nicht, wenn man sich einfach sagt, dass man aufhören sollte, dies oder jenes zu fühlen oder zu denken, oder dass man das nicht fühlen oder denken darf. Man muss mit Mitgefühl an diese Gedanken und Gefühle herangehen und erkennen, dass unser Gehirn eine ganze Reihe von komplexen Gefühlen, Phantasien und Begierden bereithält, die wir nicht gemacht haben und vielleicht auch nicht haben wollen. Die Gedanken und Gefühle sind möglicherweise einfach „seltsame Dinge“ in der Psyche, die uns sagen, dass wir auf irgendetwas in neuer Weise achten und bewusst sein sollten. Wenn wir auf die, die wir lieben, wütend sind, könnte es deshalb sein, weil wir müde oder gereizt sind und daher mehr auf unsere Gefühle achten müssen. Es kann aber auch sein, dass unser Ärger oder unsere Wut einen echten Grund hat, und es könnte nützlich sein, das Gefühl als Hinweis zu nehmen, um wichtige Themen anzusprechen. Daher hilft es, wenn wir *mit* diesen Gefühlen arbeiten und sie verstehen, und nicht versuchen, sie loszuwerden.

Wir wissen auch, dass Emotionen sehr „klebrig“ sein können, so weit es unsere Gedanken angeht. Wie Magneten scheinen sie unser Denken anzuziehen, und wir merken, wie wir bei etwas *verweilen* und *grübeln,* wovor wir Angst haben, was uns ärgert und wütend macht oder uns bedrückt. Es gibt eine Menge Belege dafür, dass es uns überhaupt nicht guttut, wenn wir über negative und unheilvolle Themen grübeln. Wie schon gesagt, können Gedanken und Bilder unseren Körper, und wie er funktioniert, mächtig stimulieren – man braucht nur an sexuelle Bilder zu denken. Machen Sie sich also klar, was wir unserem Gehirn antun, wenn wir immer weiter über Dinge grübeln, die uns ärgern, ängstigen oder traurig machen. Wir stimulieren immer wieder das Hirnsystem, das für diese negativen Gedanken und Gefühle verantwortlich ist, und das wirkt sich ungünstig auf unser Wohlbefinden und unser Glück aus.

Ost begegnet West

1993 veröffentlichte Marsha Linehan ein sehr einflussreiches Buch mit dem Titel *Dialektisch-Behaviorale Therapie* (DBT), in dem sie eine radikale Integration von Ideen des *Zen-Buddhismus* und der Verhaltenstherapie beschrieb. Linehan zeigte, dass viele therapeutische Ansätze vor allem darauf zielen, Veränderung zu bewirken und Alternativen zu finden. Für Menschen, die schwierige und problematische Emotionen haben, ist aber oft genauso wichtig, dass sie lernen, Gefühle zu tolerieren und zu akzeptieren. Dies war der dialektische Aspekt: Im therapeutischen Prozess gehe es darum, das Dilemma durchzuarbeiten, das in dem Konflikt von Veränderung und Akzeptanz oder in dem Fokus auf sich selbst und einem Fokus auf anderen besteht. Linehan führte auch den buddhistischen Begriff der Achtsamkeit (siehe Kapitel 7) in ihre Therapie als Möglichkeit ein, zu lernen, bei den Emotionen präsent zu sein, statt sie zu vermeiden.

Ein anderer Psychologe, Stephen Hayes, hat einen Ansatz einwickelt, der ebenfalls verschiedene Aspekte des Buddhismus und der Verhaltenstherapie integriert und der als *Akzeptanz- und Commitmenttherapie* (ACT) bekannt wurde. Auch Hayes weist darauf hin, dass die Schwierigkeiten vieler Menschen darauf beruhen, dass sie versuchen, schmerzhafte oder unangenehme Gefühle zu vermeiden (eine Situation, die man Vermeiden von Erfahrung, experiential avoidance, nennt). Akzeptieren von Emotionen wird in der Therapie so zu einem Schlüsselprozess. Was uns außerdem hilft, Schwierigkeiten zu bewältigen, sind Ziele und Werte, die dem Leben Sinn geben. Manchmal geht Patienten ihr Gefühl für Ziele und Werte verloren, und sie verlieren den Boden. ACT kann ihnen helfen, über neue Ziele und Werte nachzudenken und sie in sich zu finden. Das kann die Grundlage dafür bilden, dass sie sich zu einer Veränderung entschließen. Für die Wirksamkeit der DBT wie der ACT gibt es jetzt immer mehr Belege, die zum Teil sehr beeindruckend sind.

In den 1990er Jahren taten sich zwei Oxforder Psychologen, Mark Williams und John Teasdale, mit dem kanadischen Psychologen Zindel Segal und mit Jon Kabat-Zinn zusammen. Nun war Jon ein Arzt, der seine Patienten, die chronische, oft schmerzhafte Beschwerden hatten, gegen die die Medizin wenig tun konnte, mit der Praxis von Achtsamkeit bekannt gemacht hatte. Viele fanden mit Jons Unterricht in „Achtsamkeit" eine neue Möglichkeit, ihre Krankheit zu bewältigen und mit ihr zu leben. Die Frage war: Kann Achtsamkeit auch bei Depression helfen? Bei sorgfältig durchgeführten Untersuchungen sahen die Daten sehr vielversprechend aus. Wenn Menschen lernen konnten, achtsam „bei" ihren deprimierenden Gefühlen und Gedanken zu sein, statt in sie hineingezogen zu werden oder zu versuchen, vor ihnen wegzulaufen, konnte Achtsamkeit ihnen tatsächlich helfen. Williams, Teasdale, Segal und Kabat-Zinn haben über diese Methode ein Selbsthilfe-Buch mit einer CD veröffentlicht: *Der achtsame Weg durch die Depression* (Arbor 2010).

Im Jahr 2005 traf sich in Schweden die European Association for Cognitive Behaviour Psychotherapy. Eines der Highlights dieser Konferenz war eine Begegnung von Aaron Beck mit dem Dalai Lama. Das hatte schon eine Zeit lang angestanden, weil Psychologen immer mehr erkannt hatten, dass manche Prinzipien und Arbeitsweisen neuerer Therapieformen dem sehr ähnlich waren, was Buddhisten (und auch andere Heiltraditionen) seit Jahrhunderten lehren. Der Buddha hatte gesagt: „Mittels unserer Gedanken erzeugen wir die Welt", und sein Achtfacher Weg ist ein sehr differenzierter Ansatz zur Behandlung von Problemen, die auf unser „neues Gehirn/Denken" zurückgehen. Die Begegnung westlicher und östlicher Psychologien und Interventionen war eine der wichtigsten Entwicklungen der psychotherapeutischen Praxis in jüngerer Zeit. Für beide ist die Erkenntnis lebenswichtig, dass unser Geist weit davon entfernt ist, leicht verständlich oder leicht kontrollierbar zu sein, und dass wir Klarheit der Einsicht bei seiner Ausbildung und Übung brauchen. Dies ist eine der tiefsten und wichtigsten Botschaften des 21. Jahrhunderts.

Wir können also über die Jahrhunderte zurückschauen und sehen, dass viele Philosophen und Denker, die sich mit der Conditio humana befasst haben, zu denselben Schlussfolgerungen gekommen sind: dass unser „neues Gehirn/Denken" – so phantastisch und befreiend es ist – auch eine Hauptquelle von Problemen ist. Wie wir zu Beginn dieses Kapitels gesehen haben, hat die Evolution uns eine Denkfähigkeit mitgegeben, die außerordentlich ist – und soviel wir wissen, gibt es möglicherweise nichts Vergleichbares im Universum. Aber – und dies ist ein sehr großes „aber" – die Evolution hat uns nicht beigebracht, wie wir es angemessen nutzen können; das war nicht möglich. Nur das „neue Gehirn/Denken" selbst, das über sich reflektieren kann, kann Einsichten in die positiven und negativen Wirkungen davon entwickeln, wie es sich ausdrückt. Dies ist eine zentrale Einsicht – dass das „neue Gehirn/Denken" seine eigenen Talente nutzen muss, um das „alte Gehirn/Denken" genau und im Detail zu verstehen und mit ihm zu arbeiten, um unser persönliches Wohlergehen und das der ganzen Menschheit zu fördern. Das bedeutet, dass wir die Aufgabe haben, Mittel und Wege zu finden, mit den archetypischen und sozialen Mentalitäten, die in Kapitel 3 besprochen wurden, umzugehen.

Uns stellt sich also die Frage: Wie können wir unser „neues Gehirn/Denken" nutzen, um es als Geschenk, aber auch als einen potentiellen Zerstörer zu erkennen, wenn es nicht mit Sorgfalt und Weisheit eingesetzt und ausgebildet wird? Trotz der Leistungen des Buddhismus und der stoischen Philosophen leben wir einem Zeitalter, in dem wir gerade erst anfangen, das zu verstehen. Das westliche kapitalistische Modell hat sehr wenig Interesse daran, den Geist zu verstehen. Es ist nur daran interessiert, die Fähigkeiten auszubilden, die nötig sind, um profitable Ziele zu erreichen. Es handelt sich hier aber nicht um eine Verschwörung: Es ist einfach so, weil wir zugelassen haben, dass dieses Modell in unserem Streben nach Komfort und Lebensgenuss die entscheidende Rolle übernommen hat. Und natürlich wissen Sie, was ich sagen werde: Dies ist nicht unser Fehler. Ich mag meinen Komfort und meine Freuden auch – und ja, ich kaufe jede Woche ein Lotterielos. Dennoch, was können wir jetzt tun?

Verantwortung übernehmen

Die alten psychodynamischen Therapieschulen gingen davon aus, dass wir durch Einsicht und Bewusstmachen unbewusster Konflikte Glück und Moralität finden können. Natürlich gibt es Situationen oder Zeiten, in denen wir uns unserer Abwehrmechanismen wie Verleugnung, Projektion, Dissoziation und Verdrängung wirklich bewusster werden müssen; wir müssen sie durcharbeiten oder mit dem Teil von uns ins Reine kommen, der nach den liebevollen Eltern sucht, die in der Kindheit nie da waren. Jetzt sieht man aber auch, dass eine Menge dessen, was wir tun müssen, um uns zu helfen, einfach harte Arbeit ist. Einsichten sind nicht genug. Das ist wiederum nicht unser Fehler: Es liegt daran, wie unser Gehirn gemacht ist.

Also täuschen Sie sich nicht – zum Menschsein gehören ein paar wunderbare Fähigkeiten und Talente, ein waches Bewusstsein, lebendig zu sein, die Lebensfreude und Lust (ja, auch die Fähigkeit, an warmen Abenden bei Sonnenuntergang Rotwein zu trinken). Aber wir tragen auch eine große Last, weil nur wir selbst es sind, die unser Gehirn anschauen und erkennen können, was wir tun müssen, um es auszubilden. Nur wir können verstehen, wie unsere sozialen Beziehungen uns formen, und daher sorgfältiger darüber nachdenken, welche Formen von sozialer Einflussnahme wir haben wollen und welche wir einfach ignorieren. An dieser Stelle können wir sehr viel von der Weisheit der neueren Psychotherapieformen sowie von den Einsichten des Buddhismus und anderer Traditionen profitieren. Die Frage lautet also: Wie können wir lernen, mit Mitgefühl zu denken?

Training im Denken

Übung: Ihr Denken beobachten

Wenn wir unseren Geist ausbilden, ist eines der ersten Dinge, die wir tun müssen, *aufmerksam* auf das zu sein, was in ihm vor sich geht, und es *beobachten*.[6] Das ist leichter gesagt als getan. Kognitive Verhaltenstherapeuten lehren uns, wie man aufmerksam bei den Gedanken, die in uns auftauchen, sein und wahrnehmen kann, wie sie oft mit Gefühlen zusammenhängen. Diese Gedanken sind die Fenster, die uns zu sehen erlauben, wie wir Sinn und Bedeutung herstellen, und deshalb kann es nützlich sein, ausführlicher in diese Fenster hineinzuschauen. Um das zu tun, werde ich eine Übung verwenden, die wir als die Grundlage für andere Übungen in diesem Kapitel benutzen werden.

Angenommen, Sie erwarten einen Anruf von einem Freund, der angekündigt hat, dass er Sie um 10 Uhr abends anrufen will. Sie warten, aber der Anruf kommt nicht. Sie merken vielleicht, wie Sie alles Mögliche empfinden, wie Angst, Ärger oder Wut, Traurigkeit oder auch überhaupt nicht viel. Kognitive Verhaltenstherapeuten würden Ihnen raten, auf die Gedanken und Interpretationen zu achten, die Ihnen durch den Kopf gehen, und sich ein paar Fragen zu stellen. Die erste ist sehr direkt: „Was geht mir durch den Kopf? Was denke ich eigentlich über dieses Ereignis?" Die Idee ist hier, anzuhalten und darauf zu achten, was in Ihnen vor sich geht. Solange wir nicht absichtlich anhalten und das tun, merken wir oft gar nicht, was wir eigentlich denken – wir überlassen unsere Gedanken einfach ihrem Lauf. Manchmal kann es hilfreich sein, wenn Sie Ihre Gedanken aufschreiben, denn dadurch können Sie ruhiger werden und die Gedanken leichter „einfangen". Das klingt vielleicht seltsam, aber manchmal sind Gedanken ziemlich unklar im Hintergrund, und sie werden erst deutlicher, wenn wir genau auf sie achten. Fangen Sie einfach an und schauen Sie, wie weit Sie kommen und wie es Ihnen damit geht.

Wenn wir unsere Gedanken aufschreiben, dann sehen wir, dass wir verschiedene Arten von Gedanken und Interpretationen mit verschiedenen Emotionen assoziieren. Wenn das primäre Gefühl, wenn Ihr Freund nicht anruft, Angst ist, stellen Sie sich vielleicht vor, dass ihm etwas passiert sein könnte. Wenn Sie einmal in diese emotionale Richtung denken, fallen Ihnen vielleicht alle möglichen Szenarios ein – der Freund könnte einen Autounfall gehabt haben, oder er hatte vielleicht einen Streit mit jemandem und hat vollkommen vergessen Sie anzurufen. Wenn Sie diesen Hang bei Ihren Gedanken und Bildern wahrnehmen, könnten Sie versuchen sich aufzurichten, indem Sie sich alternative Gedanken und Erklärungen einfallen lassen, wie zum Beispiel, dass der Akku des Handys Ihres Freundes plötzlich leer war.

Angenommen, dass das Ausbleiben des Anrufs Sie irritiert. Hier können Ihre Gedanken sich darum drehen, dass Ihr Freund Sie vergessen hat und dass er sich mehr hätte bemühen können. Wenn der „Freund“ zufällig Ihr neuer Geliebter ist, können Ihnen verschiedene Szenen einfallen, wie er in einer Bar oder auf einer Party ist und Spaß hat und Sie einfach vergessen hat. Sie könnten von Ärger oder Wut mitgerissen werden und sich alle möglichen Dinge ausdenken, die Sie ihm sagen werden. Ob Sie das dann wirklich tun oder nicht, ist eine andere Sache, aber stellen Sie sich vor, was Sie sich selbst antun, wenn Sie diese Gedanken und die Szenen immer wieder ablaufen lassen! Wollen Sie wirklich so leben? Was wäre Ihre größte Angst oder Befürchtung, wenn Sie Ihre Tendenz zu einem Denken aufgeben würden, das von Wut oder Ärger oder Rachelust bestimmt ist? Würden Sie sich dann ohnmächtig fühlen?

Wenn Sie Traurigkeit empfinden, dann sehen Sie vielleicht, wenn Sie anhalten und Ihre Gedanken genau anschauen, dass Sie auf die Vorstellung fixiert sind, dass Ihrem Freund vielleicht nicht so viel an Ihnen liegt, wenn er nicht wie versprochen anruft. Wenn Sie das denken, fallen Ihnen vielleicht andere Situationen ein, in denen Sie sich abgelehnt gefühlt haben. Vielleicht hatten Sie nie das Gefühl, besonders beliebt zu sein, und jetzt kreisen Sie nur darum, wie einsam Sie in diesem Moment sind, und Sie werden immer trauriger.

Psychologen sagen auch, dass verschiedene Menschen zu verschiedenen Konstruktionen neigen und dieselben Ereignisse ganz unterschiedlich interpretieren. Das ist so, weil mehrere Prozesse miteinander interagieren. Zu diesen Prozessen gehören:

- *Genetik.* Forschungsergebnisse deuten darauf hin, dass Gene eine Rolle dabei spielen, wie leicht manche Emotionen bei uns ausgelöst werden können.
- *Hintergrunderfahrungen.* Wenn man das Beispiel dieses Freundes nimmt, der nicht anruft, dann kann die Interpretation dieser Tatsache zum Beispiel davon bestimmt sein, dass wichtige Menschen in Ihrem Leben einen Unfall gehabt haben. Wenn dieselben Menschen Sie in der Vergangenheit einfach vergessen und ignoriert haben, dann kann das Ärger oder Wut auslösen.

Und wenn Sie sich oft eher scheu und von Menschen ignoriert gefühlt haben, dann könnte das Traurigkeit auslösen. Im Wesentlichen tendieren wir dazu, die Gegenwart durch die Augen der Vergangenheit zu sehen.

- *Aktueller Stress.* Wenn Sie den ganzen Tag Ärger mit Leuten hatten, die nicht taten, was man ihnen sagte, dann passt dazu einfach, dass der Anruf abends ausbleibt. Das haben Sie den ganzen Tag schon erlebt. Der gegenwärtige Zustand des Gehirns kann also Ihre Phantasien – Ihre Konstruktionen und Interpretationen – beeinflussen.

Übung: Hinter den Kulissen

Die meisten Psychotherapeuten meinen, dass unsere Gefühle von Wut oder Angst, die Reaktionen auf Bedrohung und Gefahr sind, auf kompliziertere und vielleicht wichtigere Gefahren und Sorgen hinweisen können. Was meinen Sie, worin könnte für jemanden die Bedrohung oder Gefahr bestehen, der bei einem ausbleibenden Anruf Angst bekommt? Denken Sie darüber nach, bevor Sie weiterlesen, und machen Sie sich dazu Notizen.

Es könnte die Angst sein, dass dem Menschen, der anrufen wollte, etwas Schlimmes passiert ist. Oder es könnte sein, dass Sie denken, dass dem Freund etwas passiert ist und Sie sich mit der Frage quälen, was Sie als Nächstes tun sollen – sollten Sie ihn vielleicht anrufen?

Was meinen Sie, worin die Gefahr oder Bedrohung für jemanden bestehen könnte, der ärgerlich oder wütend oder gereizt wird? Denken Sie über diese Frage nach, bevor Sie weiterlesen. Für diesen Menschen ist es möglicherweise die Angst, andere nicht mehr kontrollieren zu können, weil sie vielleicht unzuverlässig sind. Wut und Ärger können der Versuch sein, die anderen wieder unter ihre Kontrolle zu bringen. Und natürlich kann ein trauriger Mensch Angst vor Einsamkeit und davor haben, nicht wertgeschätzt oder gewollt zu sein.

Wenn wir unseren automatischen Gedanken auf den Grund gehen, dann stellt sich oft heraus, dass sie nur auf wenige Grundängste zurückgehen. Das können Ängste um unser physisches Sein, Angst vor Verletzung oder Schmerz, oder Angst davor sein, dass die, die wir lieben, körperlich leiden. Eine zweite Gruppe von Ängsten hat mit Kontrolle und unserer Fähigkeit zu tun, unsere Ziele zu erreichen. Eine dritte Gruppe – wohl die häufigste – hat mit Identitäts- und Selbstgefühl und mit sozialen Ängsten zu tun – mit Ängsten davor, beschämt, kritisiert, entwertet, abgelehnt, marginalisiert zu werden und ungewollt zu sein. Manchmal können wir unsere Ängste anschauen, indem wir ein mentales Bild von ihnen herstellen. So können Sie fragen: „Wenn ich mich im Zustand der Angst sehen könnte – was würde um mich herum passieren? Wie würde ich aussehen? Was würde da vor sich gehen?"

Alle diese Ängste kann man *archetypisch* nennen, weil fast alle Menschen auf diesem Planeten sie kennen. Manche Menschen haben nun einen bestimmten Hintergrund oder ein genetisches Profil, was es ihnen leichter macht, mit solchen Ängsten umzugehen, während sie für andere sehr ausgeprägt sein können.

Sich selbst beobachten

Bisher haben wir einige wichtige Punkte festgestellt: Erstens kann sich unser Denken leicht in alle möglichen Richtungen bewegen, wenn wir mit bestimmten Lebensereignissen konfrontiert sind. Emotionen können wie Strudel sein, die uns in sich hineinziehen, oder wie Gezeiten, auf denen wir davontreiben. Wir finden es schwierig, zurückzutreten und darüber nachzudenken, worin die eigentliche Angst besteht, die diese Emotionen auslöst, oder ob unsere Gedanken fair und vernünftig sind. Wenn wir aber wollen, dass unser „neues Gehirn" ein wenig arbeitet und nicht nur passiver Passagier auf dem dahineilenden Zug der Emotion ist, dann sind die wichtigsten Fähigkeiten, die wir entwickeln müssen, dass wir uns beobachten, indem wir aufmerksam sind, zurücktreten und reflektieren.

Übung: Aufmerksamkeit

Die erste Fähigkeit, die wir brauchen, ist, achtsam bei Gefühlen und Gedanken zu sein, und zu erkennen, wenn wir plötzlich ein intensives Gefühl haben oder wenn unsere Stimmung sich auf eine bestimmte Weise verändert. Es gibt viele Möglichkeiten, wie man das tun kann.

Hier ein paar Vorschläge:

- Man kann sich als Erinnerungshilfe auf den linken Daumen das Wort *Aufmerksamkeit* schreiben. Dies kann als Erinnerung dienen, aufmerksam bei den Gedanken, ihrer Bedeutung und ihren Wirkungen zu sein, wenn Emotionen zu intensiv oder irritierend werden. Diese Technik kann auch nützlich sein, Achtsamkeit zu entwickeln (siehe Kapitel 7), weil sie daran erinnert, sich nur einen Moment Zeit zu nehmen und über plötzlich auftretende Gedanken und Gefühle zu reflektieren und die Aufmerksamkeit dann wieder zum gegenwärtigen Moment zurückzubringen.
- Man kann ein Notizbuch oder Karten bei sich haben, um Gedanken aufzuschreiben. Wenn man sich für Karten entscheidet, kann es ganz nett sein, wenn man Ansichtskarten mit Motiven nimmt, die einem gefallen – eine entspannende Bergszene, einen Wald mit Glockenblumen oder vielleicht das lächelnde Gesicht des Buddha.
- Man kann seine Gedanken auf ein kleines Diktaphon sprechen.

Ob Sie schreiben oder sprechen, nehmen Sie Ihre Gedanken und Gefühle wahr und beschreiben Sie sie. Stellen Sie sich vor, dass Sie Reporter sind, einen Schritt von der Handlung entfernt, und beobachten und berichten. Im Fall der Geschichte mit dem Freund, der nicht angerufen hat, könnten Sie zum Beispiel schreiben oder sagen: „In diesem Moment empfinde ich ein wenig Angst, es gibt eine Spannung in meinem Bauch und mein Körper fühlt sich unruhig an. Meine Gedanken drehen sich um die Möglichkeit, dass dem Freund etwas passiert sein könnte. Ich spüre den Drang, ihn anzurufen oder hinzufahren und mich zu vergewissern, dass alles in Ordnung ist. Das seltsame Bild eines Unfalls ist mir plötzlich in den Sinn gekommen."

Diese Übung kann Ihnen helfen, Ihre Aufmerksamkeit auf Ihre Erfahrung *in dem Moment* zu lenken. Sie werden sich Ihrer körperlichen Gefühle und Emotionen, Ihrer Gedanken, der Implikationen Ihrer Gedanken und dann der Bilder oder Phantasien bewusst, die Ihnen in den Sinn kommen. Wenn Sie Ihre Aufmerksamkeit auf diesen Moment richten, kann es auch sein, dass Sie sich bewusst werden, wie aktiv Ihr Gehirn in verschiedenen Stimmungen und Zuständen ist oder wenn Sie sich in verschiedenen Arten sozialer Beziehungen sehen.

Übung: Mitfühlende Achtsamkeit

Wenn wir Achtsamkeit praktizieren, lernen wir, *Beobachter* von körperlichen Prozessen, von Gefühlen und von Gedanken zu sein. Wir versuchen nicht, Gedanken zu ändern, vielmehr sind wir neugierig und fasziniert davon, wie sie auftauchen und welche Beziehung wir mit ihnen haben. Je mehr wir unseren Gedanken, Bildern, Emotionen und unserem Drang Stimme geben, umso leichter kann Achtsamkeit werden. Das ist der Grund, weshalb es nützlich ist, Gedanken wie „Jetzt spüre ich den Drang, meinen Freund anzurufen", in Worte zu fassen.

Wenn wir etwas mit Mitgefühl tun, versuchen wir immer, es auch mit *Freundlichkeit*, *Wärme* und *Sanftheit* zu tun. Wir wollen unsere Gedanken also nicht kalt oder feindselig beobachten, sondern auf eine liebevolle, fürsorgliche Weise. Es ist nützlich, wenn wir auf unsere emotionale Orientierung achten und so viel Wärme wie möglich hervorrufen. Das führt dazu, dass wir unsere Gedanken, Emotionen und Phantasien mit einem anderen „Gefühl" beobachten.

Man kann sich z. B. vorstellen, dass man die Gedanken und Gefühle einem sehr guten Freund, einem (vorgestellten oder realen) Therapeuten oder einem idealen mitfühlenden Bild gegenüber beschreibt. Stellen Sie sich vor, dass Ihr mitfühlender Freund, der mitfühlende Therapeut oder Ihr mitfühlendes Bild sehr daran interessiert ist, was in Ihnen vor sich geht. Und Ihr Gegenüber ist nicht zu schockieren: Es weiß, dass es nichts gibt, was Sie als Mensch denken oder fühlen können, was andere Menschen an einem bestimmten Punkt in der Geschichte der Spezies nicht auch schon gedacht oder gefühlt haben.

Ihre Aufgabe besteht also darin, Ihre Gedanken, Gefühle und Phantasien so klar und so ausführlich und detailliert wie möglich zu beschreiben. Sie versuchen nicht zu erklären, warum Sie so fühlen oder denken, sich zu rechtfertigen oder sich für etwas zu schämen, sondern Sie erklären einfach, *was* es genau ist, was Sie fühlen oder denken. Denken Sie daran, dass Ihr als mitfühlend vorgestellter Freund, Therapeut oder das Bild echte Anteilnahme und echtes Interesse dafür empfindet, was Sie zu sagen haben. Man kann das als sehr bewegend erleben, je nachdem, was man beschreibt. Natürlich sollten Sie diese Übung in dem Sinn machen, wie sie beschrieben ist – als etwas, was Ihnen helfen und Sie nicht überwältigen soll.

Übung: Mit Mitgefühl schreiben

Manchmal möchten Sie vielleicht mehr Zeit darauf verwenden, Ihre Gefühle, und in welcher Beziehung sie mit verschiedenen Themen in Ihrem Leben stehen, zu *verstehen.* Es gibt gute Belege dafür, dass es sehr hilfreich sein kann, wenn man Dinge aufschreibt und Gefühle in Worte fasst.[7]

Vielleicht möchten Sie Ihre Gedanken in Form eines Briefes oder eines kurzen Textes aufschreiben. Je nachdem, was Sie fühlen, könnte das etwa so aussehen:

> *Das Szenario der Angst*
>
> Mein Freund hat mich heute Abend nicht angerufen, und ich warte schon sehr lange. Ich habe Angst, weil er normalerweise zuverlässig ist. Ich frage mich dauernd, ob etwas passiert ist. Ich glaube, ich habe Angst, dass ihm etwas Schlimmes passiert ist, und ich weiß nicht, was ich tun soll. Ich glaube, es erinnert mich an etwas, was vor vielen Jahren passiert ist, als wir darauf warteten, dass meine Schwester nach Hause kommt, und dann erfuhren, dass sie in der Schule von jemandem zusammengeschlagen worden war. Außerdem komme ich aus einer Familie, in der man sich immer Sorgen gemacht hat, dass uns „etwas passieren" könnte. Es ist also verständlich, wenn ich solche angstvollen Phantasien habe.
>
> *Das Szenario der Wut*
>
> Mein Freund hat mich heute Abend nicht angerufen, und ich warte schon sehr lange auf ihn. Ich bin ziemlich sauer. Ich frage mich, ob ihm vielleicht etwas dazwischen gekommen ist, was ihm wichtiger war und ihn abgelenkt hat. Ich glaube, ich habe Angst, dass andere

mich eher ziemlich weit unten auf ihrer Prioritätenliste haben. Ich bin ihnen einfach nicht wichtig genug. Es erinnert mich daran, wie es zu Hause war. Mama und Papa waren immer so mit ihrem eigenen Leben beschäftigt, und wenn sie auch nicht unfreundlich zu uns waren, standen wir oft ziemlich weit unten auf ihrer Liste. Ich denke, es ist daher verständlich, wenn ich innerlich in diesen Ärger, in diese Szenen mit Wut oder Ärger gehe, denn ich habe das Gefühl, dass ich immer um Beachtung kämpfen muss.

Das Szenario der Traurigkeit
Ich habe wirklich gehofft, mein Freund würde anrufen, weil ich mich einsam fühle und mit ihm sprechen wollte. Ich glaube, ein Teil von mir denkt, dass ich Leuten vielleicht nicht wichtig bin. Ich nehme an, ich bin wirklich ein bisschen langweilig – ich habe nie etwas Aufregendes zu erzählen, und mir passiert auch nie etwas Interessantes. Ich warte auch immer auf andere. Ich gehe nie aus oder unternehme etwas. Ich glaube, ich bin einfach so.

Wenn Sie Ihr Denken so beobachten und mit Ihrer Aufmerksamkeit dabei sind, dann tun Sie das auf eine *freundliche*, *einfache* und nachdenkliche Weise.

Wenn Sie zu dem Mitgefühlskreis auf Seite 257 und der Tafel 2 auf Seite 280 zurückkehren, können Sie sehen, wie passend das ist, was Sie eben getan haben:

- Wenn Sie eine gewisse Zeit damit verbringen, herauszufinden, was in Ihnen vor sich geht, dann sind Sie von einem echten Wunsch motiviert, *fürsorglich* mit sich selbst umzugehen.
- Sie lernen, *sensibel* für das zu sein, was Sie fühlen und denken. Sie versuchen nicht, es zu verleugnen, zu vermeiden, es wegzuerklären oder sich zu sagen, dass Sie dumm sind, weil Sie das fühlen oder denken.
- Sie haben *Sympathie* für das, was Sie fühlen, weil es sehr unangenehm oder sogar quälend ist, einen versprochenen Anruf nicht zu bekommen und dadurch beunruhigt zu sein.

- Wenn Sie bei Ihren Gedanken und Gefühlen bleiben, sie aufschreiben und darüber aufrichtig nachdenken, lernen Sie, wie Sie Ihre Gedanken und Gefühle und Notsituationen, die Sie möglicherweise erleben, *tolerieren* können.
- Dadurch, dass Sie sich Raum geben, dem nachzugehen, worum es bei Ihren Gefühlen geht, entwickeln Sie Verständnis und *Empathie* für sich.
- Wenn Sie diese Übung achtsam machen, sind Sie offen, sanft, freundlich, neugierig und *nicht wertend* oder kritisch auf die Aktivität konzentriert.

In Kapitel 10 wird das Schreiben an sich selbst noch einmal thematisiert und besprochen, wie man einen mitfühlenden Brief schreibt.

Unsere verschiedenen Teile

Wenn Sie so ähnlich sind wie ich, dann kommt es nur sehr selten vor, dass Sie nur ein Strom von Gedanken, Gefühlen oder Phantasien bewegt. Ich habe meistens viele gleichzeitig. Ich kann die gewohnte ärgerliche, ängstliche oder traurige Routine alle gut zur gleichen Zeit leben. Man kann in Bezug auf dieselben Ereignisse also verschiedene Gedanken und Gefühle haben. In dieser Situation ist es nützlich, sich zu sagen: „Ein Teil von mir denkt und fühlt dies … oder das … und ein anderer Teil von mir denkt oder fühlt jenes …" Wenn Sie das üben, erkennen Sie vielleicht, dass Sie gerade einen dominanten Strom von Gedanken und Gefühlen haben, aber daneben kann es andere Ströme geben. Manchmal, wenn wir tief in einer Erfahrung stecken, kann es passieren, dass wir die anderen *gemischten Teile von uns* aus den Augen verlieren. Wir hören dann nur eine einzige innere Stimme. Wenn zum Beispiel manche meiner depressiven Patienten mit anderen Menschen Konflikte haben, kann es sein, dass sie so daran gewöhnt sind, auf ihre *ängstlichen* Gefühle und Gedanken zu achten, dass sie ihren *Ärger* oder ihre *Wut* und die entsprechenden Gedanken nicht wahrnehmen. Aber erinnern Sie sich daran, dass das System, das die Bewältigung von Gefahr und den Selbstschutz regelt, bei einer Bedrohung oder Gefahr – wie zum Beispiel, wenn uns jemand kritisiert – eine Reihe verschiedener Gefühle und Gedanken auslöst, weil es sich nicht immer sofort für eine Strategie entscheiden kann – ob so oder so gehandelt werden soll. Es wird also dazu tendieren, die Stimme der positiveren Emotionssysteme zum Schweigen zu bringen.

Wir können auch von verschiedenen konkurrierenden Interessen beeinflusst sein: von dem, was wir eigentlich denken, fühlen oder tun, oder von dem, was wir *gern* dächten, fühlten oder täten, von dem, was wir meinen, denken, fühlen oder tun zu *sollen* und von dem, wovon wir das Gefühl haben, dass wir es denken, fühlen oder tun *können.* Wir können auch wahrnehmen, was wir zurückhalten und nicht denken oder tun. Wenn zum Beispiel Ihr Chef Sie kritisiert, sind Sie vielleicht wütend oder ärgern sich, aber weil Sie Ihren Job nicht verlieren wollen, halten Sie Ihre Wut zurück. Später, wenn Sie dann zu Hause sind und darüber nachdenken, nehmen Sie sich vielleicht übel, dass Sie sich nicht behauptet haben. Was es also zu tun gilt, ist, von diesen inneren Konflikten zurückzutreten, sie wahrzunehmen und sie als ziemlich normale, einander widerstreitende Tendenzen im Geist und in der Psyche zu sehen. Stellen Sie sich den Realitäten Ihrer Situation: Vielleicht ist es schwierig, sich so zu behaupten, wie Sie es gern täten, oder Sie müssen vielleicht an einem Selbstbehauptungs-Kurs teilnehmen. Vielleicht müssen Sie auch einfach akzeptieren, dass Ihre unterwürfige Weise insofern ziemlich effektiv ist, als Sie bekommen, was Sie wollen. Lernen Sie, wertzuschätzen, wie Sie die Situation bewältigt haben, auch wenn Sie es nicht ideal finden.

Lernen, unsere Gedanken auszugleichen

Kognitive Verhaltenstherapeuten pflegten von „entstellten Gedanken" oder „fehlerhaftem Denken" zu sprechen. Erfahrene Therapeuten benutzen diese Begriffe nur selten, weil sie wenig hilfreich sind und eher dazu führen werden, dass wir uns noch schlechter fühlen.

Wenn ich mich aufrege oder die Kontrolle verliere, weiß ein Teil von mir natürlich, dass ich irrational und voreingenommen bin – aber ich berufe mich auf mein Menschenrecht, ab und zu irrational und voreingenommen sein zu dürfen. Also, um es deutlich zu sagen: Wir sind von Natur aus oft irrational. Viel von dem, was wir tun, und viel von dem, was uns im Leben Freude und Lust bereitet, ist zutiefst irrational. Sich verlieben, Kinder bekommen (was heutzutage ein Vermögen kostet) und an einem Grand Prix teilnehmen (und Leib und Leben dabei riskieren) ist alles irrational – und fünf Tage lang ein Kricketspiel anschauen, wie ich es liebend gerne tun würde, ist zutiefst irrational (besonders, wenn man an die derzeitige englische Mannschaft denkt). Und viele der Dinge, die trösten und beruhigen können, beruhen nicht auf Logik, sondern auf Freundlichkeit.

Die Frage lautet also: Mit was für einer Art zu denken haben wir es zu tun? Ist es eine Reaktion auf Gefahr oder hat es mehr mit einem fürsorglichen Impuls zu tun? Hilft es einem oder nicht? Verschlimmern unsere Gedanken unsere Stimmungen und geht es uns schlechter, oder können wir beiseitetreten, uns neben unsere Gedanken stellen, sie ins Gleichgewicht bringen und so die Situation beruhigen?

Angesichts der Vielfältigkeit unserer Gedanken und Gefühle und ihrer Kraft, uns manchmal unverhofft mitzureißen, ist es notwendig, unseren Geist in ein Gleichgewicht zu bringen. Es ist also nützlich, wenn man als Gegengewicht zu den Gedanken, Ängsten und Sorgen des Systems, das die Bewältigung von Gefahr und den Selbstschutz regelt, eine andere Kraft aktivieren kann. Wir können das tun, indem wir zurücktreten und uns Freundlichkeit und Sanftheit und unterstützenden, hilfreichen und ermutigenden Gedanken zuwenden. Damit entziehen wir unseren Geist dem Zugriff und Einfluss des Bedrohungssystems und richten uns bewusst auf Mitgefühl, Freundlichkeit und Unterstützung aus. Diese Qualitäten bestimmen dann unser Denken.

Viele Denker und Forscher – darunter Buddhisten, stoische Philosophen (antike wie moderne), Therapeuten und Psychologen – haben viele weise Dinge gesagt, um uns zu helfen, unsere Gedanken auszubalancieren. Keiner von ihnen hat behauptet, dass das leicht ist, und schon gar nicht, dass es ohne Üben geht. Wir werden uns jetzt eine Reihe von Schritten ansehen, bei denen der Ansatz mit Mitgefühl angewendet wird. Das Erste, was wir tun müssen, ist anerkennen, wenn uns etwas wehtut.

Übung: Unsere Gefühle anerkennen

Ich werde bei dem einfachen Beispiel von dem Freund bleiben, der nicht angerufen hat; natürlich sind diese Prinzipien auf viele Situationen anwendbar. Wenn wir unseren Emotionen mit Mitgefühl begegnen, werden wir mehr Verständnis für unsere Angst, Wut oder Traurigkeit aufbringen können. Wir können erkennen, warum wir dazu tendieren, diese Gedanken und Gefühle zu haben. Darüber hinaus können wir mit Freundlichkeit und Nachsicht erkennen, dass es wirklich schlimm sein kann, wenn man vergeblich auf einen Anruf wartet. Das nennt man *Validieren* oder *Betonen* der Gefühle, und es ist sehr wichtig, das zu lernen. Manchen von uns wurde in der Kindheit vielleicht gesagt, ihre Gefühle wären falsch, dumm, jämmerlich, schlecht, übertrieben oder schwach. Sie sind vielleicht mit einer Unsicherheit aufgewachsen, welche Gefühle angemessen sind. Viele meiner Patienten sind sogar oft damit beschäftigt, zu versuchen, nicht zu fühlen, was sie fühlen. Sie entwerten sich mit Gedanken wie: „Ich sollte dies nicht fühlen", statt sich zu akzeptieren und zu verstehen.

Unsere erste Aufgabe besteht also darin, mit Mitgefühl wahrzunehmen, dass alles, was man fühlt, in Ordnung ist. Ein Gefühl ist vielleicht nicht erwünscht, es kann unangenehm sein, und man weiß, dass man es nicht ausleben darf. Dann entdeckt man vielleicht wirklich, dass man so nicht fühlen muss, aber man sollte auf jeden Fall keine Scham darüber empfinden, was man fühlt. Ich kann Ihnen versichern, dass ich selbst im Laufe meines Lebens ein paar richtige Panikattacken, Wutanfälle, Abgründe von Traurigkeit und andere exzessive Gefühle erlebt habe. Eigentlich bin ich ein wiedergeborener Neurotiker.

Bevor wir also die Beobachtungsergebnisse und Alternativen dafür anschauen, wie wir denken, wollen wir eine leichte Modifikation der vorigen Beobachtungs-Übung vornehmen. Wir beginnen mit dem Gedanken: „Es ist verständlich, dass ich dies fühle, weil …" Schreiben Sie jetzt die Gründe dafür auf, weshalb Sie so fühlen, wie Sie fühlen. Sie können sie auf eine schöne Ansichtskarte schreiben oder sich vorstellen, wie Sie sie einem Freund erklären oder sonst jemandem, den Sie mögen und dem Sie vertrauen, oder auch Ihrem mitfühlenden Bild. Lernen Sie, Ihre Gefühle zu *validieren* und sie nicht nur wegzudrängen. Stellen Sie sich vor, dass Ihr mitfühlender Freund oder Ihr Bild vollkommenes Verständnis dafür hat und akzeptiert, was Sie in diesem Moment fühlen.

Wenn Sie soweit sind, dass Sie Ihre Gedanken und Gefühle „in diesem Moment" akzeptieren können und sich nicht dafür schämen, und wenn Sie als Mensch Ihr Recht beanspruchen, so irrational wie wir alle zu sein (und vielleicht sind Ihre Gedanken und Gefühle ja gar nicht so irrational), dann möchten Sie vielleicht die nächsten Übungen näher kennenlernen.

Bevor Sie sich der nächsten Übung zuwenden, vergegenwärtigen Sie sich aber noch einmal, dass der ganze Ansatz mit Mitgefühl darauf beruht, dass das Leben tatsächlich tragisch sein kann und viel Schmerz, Enttäuschung, Frustration und Kummer enthält. Manchmal ist es sehr schwer, schmerzhafte Realitäten und innere Zustände zu akzeptieren. Zum Beispiel möchte niemand akzeptieren, schwer depressiv zu sein, und doch ist es so, dass man erst dann, wenn man seine Depression ganz offen als einen Hirnzustand angenommen hat, der ohne eigenes Zutun entstanden ist, beginnen kann, diesen Zustand zu verändern. Wenn man sich dafür schämt oder ihn als Schwäche empfindet, kämpft man in sich dagegen an und unterlässt vielleicht sogar, sich Hilfe zu suchen. Störungen wie schwere Depression haben mit Hirnzuständen zu tun, und man muss sehr praktisch damit umgehen, wenn man sie durch Psychotherapie, medikamentöse Behandlung oder auf einem anderen Wege verändern will.

Alternativen finden

Das Entscheidende beim Ansatz der KVT ist, dass man seine Gedanken und Emotionen als Theorien oder als Konstruktionen, Erfahrungen oder Sichtweisen betrachtet, die unter vielen Möglichkeiten vom Gehirn erzeugt wurden. Wir haben gesehen, dass das System, das die Bewältigung von Gefahr und den Selbstschutz regelt, nach dem Prinzip „besser sicher, als später bereuen" funktioniert und uns daher in Richtung eines Denkens bewegt, das auf Bedrohung fokussiert.

Wir versuchen Alternativen zu finden, die unser Denken ins Gleichgewicht bringen und uns helfen können, zu wachsen und Wohlstand und Weisheit zu entwickeln. Wir wollen nicht in Leidenschaften und Emotionen des „alten Gehirns/Denkens“ eingesperrt bleiben, sondern wählen können, wie und welche Emotionen unser Leben strukturieren.

Wir stellen also Alternativen her, indem wir unser „neues Gehirn/Denken“ auffordern, zu arbeiten und sich ein paar Fragen zu stellen. Nehmen Sie sich etwas Zeit, denken Sie über jede einzelne nach und schreiben Sie ein paar Antworten auf. Vielleicht hilft es Ihnen, wenn Ihr mitfühlendes Bild, Ihr mitfühlender Freund oder der ideale mitfühlende Therapeut die Fragen stellt. Wichtig ist, dass Sie die Frage in sich als eine einfache, freundliche und echte Nachfrage hören, die darauf zielt, Ihnen zu helfen. Der emotionale Ton ist bei diesen Übungen sehr wichtig. Wenn Sie also dazu einen mitfühlenden emotionalen Gesichtsausdruck mit einem leichten Lächeln annehmen und ein paar beruhigende Atemzüge machen, kann Ihnen dies helfen, genau diesen Ton zu finden.

Wenn Sie versuchen, ein paar dieser Fragen zu beantworten und vernünftig darüber nachzudenken, nehmen Sie vielleicht wahr, dass sich ein anderer Teil Ihres Geistes mit dem Einwand „Ja, aber …“ meldet. Das ist nicht ungewöhnlich. Sie machen vielleicht die Erfahrung, dass Angst oder Ärger mit diesen Gedanken assoziiert sind. Nehmen Sie aber im Moment einfach nur die Gedanken wahr und kommen Sie achtsam zu der aktuellen Aufgabe zurück.

Wir werden wieder bei dem Beispiel von dem Freund bleiben, der nicht angerufen hat, weil wir damit bei einer schon vertrauten Situation sind und weil es hier um den Prozess geht, und nicht um die Einzelheiten oder den Inhalt. Denken Sie jetzt daran, dass Sie erst Ihre Gefühle so validieren, wie wir es beschrieben haben, damit Sie mit Ihren Gedanken arbeiten können.

Denken wir einmal darüber nach, wie wir zurücktreten und eine ausgewogenere Sicht bekommen können, die uns hilft, unser System, das die Bewältigung von Gefahr und den Selbstschutz regelt, zu beruhigen. Schauen wir, ob wir die Fähigkeiten unseres „neuen Gehirns/Denkens“ dazu bringen können, dabei mitzuwirken. Stellen Sie sich also vor, dass Ihr Freund nicht angerufen hat, und denken Sie über die folgenden Aussagen nach.

Übung: Über die Tatsachen nachdenken

- Wie würde ich typischerweise diese Situation sehen, wenn ich gestresst, ängstlich, deprimiert, verärgert und aufgeregt oder wenn ich glücklich und entspannt wäre – das heißt, wenn ich in einem anderen inneren Zustand wäre?
- Obwohl ich als Mensch viele Strukturen von Gefühl habe, die für mein Wohlbefinden und meine Sicherheit wichtig sind, ist es nicht hilfreich, wenn Menschen sich zu sehr auf ihre Gefühle verlassen, um ein genaues Bild von der Welt zu bekommen. In welcher Hinsicht könnten meine Gefühle heute nicht genau sein?
- Welche möglichen anderen Gründe könnte es dafür geben, dass mein Freund nicht angerufen hat? Stellen irgendwelche anderen Gründe eine vernünftigere oder wahrscheinlichere Erklärung als meine befürchteten dar?
- Wie werde ich dieses Ereignis wohl in drei Wochen, in drei Monaten oder in sechs Monaten empfinden? Werde ich mich überhaupt daran erinnern? Wenn es so schnell vorübergeht – was kann es jetzt noch schneller vorübergehen lassen?

Übung: Über die Regeln nachdenken, nach denen wir funktionieren

- Nehmen wir einen Moment lang das Schlimmste an: Vielleicht hat mein Freund mich tatsächlich vergessen. Sage ich mir dann, dass das schrecklich und vollkommen inakzeptabel ist und dass ich es nicht aushalten kann? Ist das vernünftig? Ich habe schon früher Enttäuschungen wie diese erlebt und bin darüber hinweggekommen. Sie gehören zum Leben, und ich bin bestimmt nicht der erste Mensch auf der Welt, der so eine Erfahrung macht.
- Habe ich in meine Gedanken über das Leben eine Klausel oder Regel (oder zwei) eingebaut? Bestehe ich auf etwas wie „Menschen *müssen*“ oder „Menschen *dürfen nicht*“, statt sie als fehlbar zu akzeptieren, die anders als ich sind und ihre eigenen Wünsche

und Formen haben, wie sie in der Welt leben? Vielleicht verfalle ich einfach auf diese Idee von „muss“ und „darf nicht“, wenn ich Angst bekomme und wenn ich nicht darüber nachdenken kann, warum ich so ängstlich bin und ob ich überhaupt Angst haben muss.

- „Menschen sollten mich *nie* enttäuschen“ oder „Menschen sollten mich *nie* vergessen“: Sind das Grundregeln in meinem Leben geworden? Habe ich meine Regeln je anderen Menschen erklärt? Wenn ich das tun würde – würden sie sie akzeptieren? Wahrscheinlich nicht, denn es sind keine sehr vernünftigen Regeln, zu deren Befolgung man Leute zwingen kann, wenn ich ehrlich bin.

Übung: Meine Stärken und Fähigkeiten ausbalancieren

- Ich habe in der Vergangenheit solche Ereignisse schon bewältigt – sogar viele Male –, und ich kann das auch wieder tun. Sie sind schmerzhaft, aber sie gehören zum Auf und Ab des Lebens.
- Vielleicht unterschätze ich meine Fähigkeit, mit diesen Erlebnissen umzugehen. Vielleicht reagiere ich aus Gewohnheit so und sehe, wie ich damit umgehen kann, wenn ich mir einen Moment Zeit nehme, um mich zu beruhigen.

Übung: Über das nachdenken, was unterstützt

- Was würde ich vielleicht sagen und empfinden, wenn ich einem Freund in derselben Situation raten und ihn unterstützen sollte?
- Was würde ich gern von einem Freund hören, wenn er in diesem Moment hier wäre? Was wäre für mich das Beste, was er für mich tun könnte? Was würde mir am meisten helfen?

Übung: Eine empathische Haltung einnehmen

- Mein Freund, der nicht angerufen hat, ist für mich ein anderer Mensch, mit anderen Genen und einer anderen Geschichte, mit einem anderen Hintergrund, und er hat daher andere Werte und Regeln als ich. Ich möchte mir einen Moment lang vorstellen, was mit ihm und mit diesem Anruf los sein könnte. Was nehme ich wahr, wenn ich mich in *ihn* hineinversetze und aus *seiner* Sicht darüber nachdenke, ob ich anrufe oder nicht?
- Wenn ich erkenne, dass mein Freund es vielleicht nicht so tragisch findet, wenn er nicht anruft, könnte es dann sein, dass dies einfach sein Stil ist und mit mir persönlich nichts zu tun hat?

Übung: Blockierungen wahrnehmen

- Was hält mich davon ab, meine eigene Weisheit und mein Verständnis, dass Dinge nicht ganz so sind, wie ich mir einrede, wirklich anzunehmen?
- Wenn ich mich immer als einen ängstlichen Menschen oder als jemanden gesehen habe, der auf Ereignisse wie dieses so reagiert – gibt es einen Teil von mir, den die Vorstellung vielleicht beunruhigt, sich zu verändern? Ist ein Teil von mir darüber besorgt, was für ein Mensch ich wäre, wenn ich mich beruhigte?

Genug der Fragen – sie sind als einfache Anfragen und Anregungen gemeint, die Ihnen helfen sollen, Abstand zu bekommen und nicht von der Annahme auszugehen, dass die Gedanken und Gefühle, die Ihnen von selbst in den Sinn kommen, richtig sind. Es ist diese Fähigkeit, etwas in Frage zu stellen und nicht als selbstverständlich hinzunehmen, die als erster Schritt beim Ausbalancieren unseres Denkens so wichtig ist. Ich mag diese Art Fragen, weil ich im Hintergrund meines eigenen Geistes manchmal weiß, dass manche meiner Gefühle irrational sind und dass es fast einen inneren Widerstand dagegen geben kann, rational zu sein. Wenn ich mich aber sanft und freundlich befrage, hilft das.

Dies kann einen jedoch auch auf ein komplexeres Territorium bringen. Zum Beispiel erkannte eine Frau, mit der ich gearbeitet habe und die eine Menge Wut in sich hatte, dass sie eigentlich gar nicht rational sein und ihren Ärger und ihre Wut nicht aufgeben wollte, denn, wie sie sagte: „Wut gibt mir Power". Außerdem war sie davon überzeugt, dass Menschen in irgendeiner Form bestraft werden *sollten,* wenn sie (nach ihrer Definition) gedankenlos sind. Also auch wenn ihr Ärger oder ihre Wut sie aus dem Gleichgewicht brachte und in ihren Beziehungen Probleme verursachte, hatte sie zu viel Angst, sie aufzugeben. Manchmal müssen wir also die Tatsache ernst nehmen, dass wir Weisheit und Logik *ausgeschlossen* haben, weil wir nicht wirklich zur Quelle unserer Schwierigkeit gelangt sind.

Mitgefühl und mitfühlende Fähigkeiten

Sie erinnern sich vielleicht aus Kapitel 6 und 8 daran, dass wir zwischen Qualitäten von Mitgefühl und bestimmten Fähigkeiten unterschieden haben, die bei Mitgefühl wichtig sind. Diese mitfühlenden Fähigkeiten sind mitfühlende Aufmerksamkeit und mitfühlendes Denken und Argumentieren, Verhalten und Fühlen.

Wenn Sie sich z. B. daran erinnern, wie Sie schwierige Situationen bewältigt haben oder wie Ihr Freund nicht angerufen hat, und es war alles gut, oder dass Sie andere Freunde haben, die verlässlicher sind oder die sich an Ihrer Gegenwart freuen – wirklich alles Tatsachen und Erfahrungen, die Sie als nützlich erleben –, dann ist das *Aufmerksamkeit mit Mitgefühl.* Das Ziel ist hierbei, bewusst an das zu denken und sich vor Augen zu halten, was hilft. Das Entscheidende ist, sich diese Elemente deutlich ins Bewusstsein zu rufen, in einem beruhigenden Rhythmus zu atmen und die Erinnerung im Bewusstsein zu *halten* und sie in sich wirken zu lassen.

Wenn Sie Ihre Überlegungen und Ihr Denken auf das klare Ziel hin orientieren, hilfreich und fürsorglich zu sein – sich zum Beispiel der Anerkennung unseres gemeinsamen Menschseins zu öffnen, das sich darin ausdrückt, dass auch andere diese Schwierigkeiten haben –, und wenn Sie sich ernsthaft fragen: „Welche Sichtweise dieses Ereignisses hilft mir am meisten und ist für mich mit Mitgefühl verbunden?", dann ist das *mitfühlendes Denken.* Nehmen Sie sich wieder etwas Zeit und seien Sie mit Freundlichkeit bei Ihren Gedanken und Gefühlen.

Mitfühlendes Verhalten besteht darin, sich für das zu entscheiden, was einem in einer bestimmten Situation am meisten hilft und womit man sich mit Mitgefühl behandelt. Dazu kann gehören, dass man seine Gefühle akzeptiert und einfach achtsam bei ihnen ist, ohne etwas zu tun. Oder es kann bedeuten, dass man etwas tut, womit man sich tröstet und beruhigt. Mitfühlendes Verhalten kann auch bedeuten, dass man etwas nicht einfach hinnimmt, sondern seinem Freund seine Gefühle offen zeigt und nicht vorgibt, seine Vergesslichkeit wäre nicht verletzend gewesen. Dazu gehören Mut und die Fähigkeit, zu verzeihen. Es gibt keine Rezepte: Alles, was man tun kann, ist, herausfinden, was in einer bestimmten Situation mitfühlendes Verhalten ist. Es ist das Bemühen und es ist die Absicht, die zählen.

Übung: Fokussieren auf Emotion

Wenn es darum geht, alternative Gedanken und Ideen (z. B. mitfühlendes Denken/Argumentieren) zu entwickeln, dann kann es sehr hilfreich sein, sie aufzuschreiben. Solche Alternativen könnten etwa so lauten:

- Es ist verständlich, dass ich mich aufrege, aber es könnte trotzdem hilfreich sein, wenn ich einen Moment zurücktrete und versuche, mir noch etwas anderes vorzustellen, was passiert sein könnte. Wenn ich das versuche, könnte ich die Situation eventuell bewältigen.
- Hm. Dies ist nicht das erste Mal, dass mein Freund ein Versprechen nicht gehalten hat.
- Die wahrscheinlichste Erklärung ist, dass etwas dazwischen gekommen ist, aber nichts Wichtiges.
- Er geht mit Menschen manchmal so um, deshalb muss ich mich nicht persönlich abgelehnt fühlen.
- Ich erinnere mich, dass wir oft Spaß miteinander hatten, und das kann ich mir jetzt vor Augen halten.
- Ich kenne Ängste wie diese, aber meistens haben Sie sich nicht bewahrheitet.

Vielleicht fallen Ihnen noch andere Alternativen ein. Das wichtigste Kriterium ist, ob Sie sie als hilfreich *erleben*, und das bedeutet, dass Sie sich Zeit lassen müssen und sie auf sich wirken lassen. Halten Sie sie sich vor Augen und stellen Sie sich vor, dass sie für Sie wahr sind. Wie fühlt sich das an?

Versuchen Sie das einmal als Experiment. Schließen Sie einen Moment die Augen, ein paar beruhigende Atemzüge lang, und entspannen Sie Ihren Körper. Richten Sie Ihre Aufmerksamkeit dann beim Einatmen auf das Bild, das für Sie Mitgefühl ausdrückt, oder auf Ihr mitfühlendes Selbst. Lassen Sie zu, dass sich dieses Gefühl verstärkt. Wenn Sie das Gefühl haben, dass Sie mit Ihrem mitfühlenden Geist in Kontakt sind, öffnen Sie die Augen und stellen Sie sich noch einmal diese alternativen Möglichkeiten vor, aber achten Sie diesmal nicht so sehr darauf, ob Sie sie überzeugen oder nicht. Achten Sie vielmehr auf die Wärme, Freundlichkeit und das Verständnis, die Sie dabei entwickeln. Lesen Sie sie noch einmal und hören Sie sie im Geist mit soviel Wärme und Hoffnung, wie Sie können.

Haben Sie eine Wirkung wahrgenommen? Haben Sie sich anders gefühlt, als Sie sich dabei einer freundlichen *Emotion* zugewendet haben? Manchmal machen Leute die Erfahrung, dass diese Vorstellungen dadurch noch überzeugender werden! Ist das nicht seltsam? Wir wenden uns dem Gefühl der Freundlichkeit zu und stellen uns vor, dass diese Alternativen uns unterstützen, und verleihen ihnen irgendwie die Fähigkeit, noch überzeugender zu sein.

Sie müssen sich nicht zwingen, diesen Ansatz auszuprobieren und sich von seiner Wirksamkeit zu überzeugen. Wenn Sie das versuchen, wird die Übung wahrscheinlich nicht funktionieren. Sie sollten aber sehen, dass das Leben schmerzhaft und schwierig sein kann und dass es ganz normal ist, wenn man über etwas in Sorge gerät. Aber mit Freundlichkeit und einer unterstützenden und ermutigenden Haltung ist eine andere Sichtweise möglich. Wenn diese verständnisvolle, weise, freundliche und einfache Art eine Wirkung auf sie hat, geht es Ihnen wahrscheinlich besser.

Es gibt eine Variante dieser Übung, die manche vielleicht vorziehen werden. Dabei gehen Sie wie zuvor in einen beruhigenden Atemrhythmus und wenden sich dann ihrem Bild, das Mitgefühl ausdrückt, oder Ihrem mitfühlenden Selbst zu. Aus dieser Position können Sie sich tatsächlich auf eine warme und mitfühlende Weise Alternativen einfallen lassen. Sie können sich vorstellen, was Ihre mitfühlende Seite Ihnen in dieser aufregenden Situation zur Unterstützung sagen kann. Wenn Sie bei diesen alternativen Gedanken bleiben, werden einige der von Angst und Stress geprägten Gedanken ihre Wirkung verlieren und neutralisiert. Schreiben Sie Ihre Gedanken so auf, als würde das Ihr mitfühlender Teil tun. So nutzen Sie Ihren mitfühlenden Geist, um über die Verbindung mit Ihrem „neuen Gehirn/Denken" Alternativen für Sie zu entwerfen.

Andere Möglichkeiten, wie man mit mitfühlendem Denken arbeiten kann

Wenn Sie mit Ihrem Geist arbeiten, denken Sie immer daran, dass wir alle dem Strom des Lebens ausgeliefert sind, dass wir wie Korken auf dem Meer tanzen, und einfach versuchen, unser Bestes zu tun, um unser Leben zu leben und unsere Gefühle auszubalancieren und Mitgefühl zu nutzen. Ich hoffe daher, dass Sie bei der Lektüre dieses Buch sich das Prinzip zu eigen machen, zu experimentieren und für sich selbst herauszufinden, was am besten wirkt. Im Folgenden stelle ich Variationen desselben Themas vor.

Übung: Gedanken aufschreiben

Eine Variante besteht darin, dass man wirklich genau aufschreibt, was man denkt, und versucht, alternative Ideen zu formulieren. In meinem Buch *Overcoming Depression* (mit CD) gehe ausführlicher hierauf ein.[8] Weil man beim Schreiben einen anderen Teil des Gehirns nutzt als beim Sprechen oder Denken, machen viele die Erfahrung, dass es äußerst hilfreich ist, alternative Gedanken schriftlich festzuhalten.

Am besten nimmt man dazu ein Blatt Papier und legt zwei Spalten an. In die eine Spalte trägt man die Gedanken und Ängste ein, die besonders belasten oder quälen, und in der anderen stellt man ihnen Alternativen gegenüber, die sie ausgleichen können. Sammeln Sie diese Gegenüberstellungen Ihrer Gedanken und der Alternativen in einem Ordner, damit Sie sie später wieder leicht zur Verfügung haben.

Sie können alternative Gedanken natürlich auch auf schönen Ansichtskarten notieren und diese immer bei sich tragen.

Übung: Der Spiegel

Wenn Sie bei der Aussicht, in den Spiegel zu schauen, nicht in Ohnmacht fallen, könnte das eine sehr hilfreiche Übung sein. Stellen Sie sich also vor einen Spiegel und stellen Sie sich vor, dass Sie ein Mensch mit Mitgefühl sind. Stellen Sie sich vor, dass Sie mit den bekannten Symptomen unter einer schweren Depression leiden. Nehmen Sie einen freundlichen Gesichtsausdruck an (aber vermeiden Sie krampfhaftes Lächeln, denn sonst haben Sie nicht das Gefühl, dass es echt ist). Teilen Sie jetzt Ihrem Spiegelbild Ihre alternativen, hilfreichen und beruhigenden Gedanken mit. Versuchen Sie, der Person im Spiegel so viel freundliches Gefühl entgegenzubringen, wie Sie können.

Betrachten Sie das als ein Experiment. Für manche kann es eine ziemlich bewegende Erfahrung sein, andere finden es vielleicht nicht besonders hilfreich. Machen Sie nur das, was Sie wirklich hilfreich finden.

Übung: Zwei Stühle

Wie gesagt, wir haben gewöhnlich viele verschiedene Anteile in uns, die verschiedene Perspektiven haben, und das ist so, weil es in unserem Gehirn verschiedene Verarbeitungssysteme gibt. Das System, das die Bewältigung von Gefahr und den Selbstschutz regelt, ist einer der drei wichtigen emotionalen Akteure in unserem Gehirn. Zu ihm gelangen die ankommenden Informationen gewöhnlich zuerst, und es hat nur zwei Funktionen: Gefahr zu entdecken und für schützende Reaktionen zu sorgen. Dieses System hat keine andere Möglichkeit, als so zu reagieren, und das ist der Grund, weshalb wir ein anderes System, nämlich das, das für Trösten und Beruhigen zuständig ist, hinzunehmen müssen, um einen ausgewogeneren Ansatz herzustellen.

Eine Weise, wie Sie dabei mitwirken können, dass sich diese Ausgewogenheit entwickelt, besteht nun darin, den zwei Systemen zu ermöglichen, miteinander zu kommunizieren. Stellen Sie zwei Stühle so auf, dass sie einander gegenüberstehen. Setzen Sie sich auf den einen und sprechen Sie Ihre quälenden oder besorgten Gedanken laut aus. Konzentrieren Sie sich dabei auf Ihre Hauptsorgen. Gehen Sie nicht zu tief in Ihre Gefühle hinein, damit es für Sie nicht überwältigend wird. Sie sind mehr daran interessiert, worum es bei Ihren Gedanken eigentlich geht. Wenn Sie das Gefühl haben, dass Sie der Seite, die Gefahr vertritt, Gelegenheit gegeben haben, ihre Sorgen auszusprechen, stehen Sie auf und gehen Sie ein paar Minuten im Raum umher. Kommen in einen beruhigenden Atemrhythmus und nehmen Sie eine Körperhaltung ein, die Mitgefühl ausdrückt – einschließlich des Gesichtsausdrucks und des Tons der Stimme –, um zu Ihrer eigenen mitfühlenden Person zu werden.

Setzen Sie sich jetzt auf den anderen Stuhl und sprechen Sie aus der Position des mitfühlenden Anteils freundlich und sanft mit Ihrem ängstlichen Teil. Sie könnten zum Beispiel so anfangen (und dabei das Beispiel von dem Freund verwenden, der nicht anruft):

> „Hallo, ängstliches Selbst. *(Versuchen Sie, mit Wärme zu sprechen.)* Es ist ganz verständlich, dass dir diese Geschichte Sorgen bereitet hat. Es ist schon beunruhigend, dass dein Freund dich nicht angerufen hat, und es erinnert dich an Situationen, als dich schon einmal jemand in der Vergangenheit vergessen oder im Stich gelassen hat. Ich kann mich aber auch daran erinnern, dass du mit diesen Gefühlen und der Situation damals fertig geworden bist. Vielleicht bist du also mutiger, als du dir zugestehst. In deinem Herzen weißt du, dass sich diese Gefühle in ein paar Tagen legen werden und dass die Aussicht, dass deinem Freund nichts passiert ist …"

Hierbei geht es zunächst darum, in Bewegung zu kommen. Sie werden wahrscheinlich viel kreativer sein, weil Sie die Botschaften und Aussagen besser kennen, die für Sie persönlich hilfreich sind. Sie sollten sich aber davor hüten, sich Anweisungen oder Ratschläge zu geben. Wenn Sie zu sich sagen: „Du solltest dies oder jenes nicht fühlen", kann es sein, dass

Ihnen das nicht hilft, und Sie könnten Ihre ängstliche Seite damit sogar entwerten. Um dieser Versuchung zu entgehen, stellen Sie sich vor, dass Sie wirklich mit einem ängstlichen Menschen sprechen.

Es ist wichtig, wenn Sie länger mit Mitgefühl dabeibleiben und Ihre Gedanken laut aussprechen, wenn Sie hören, wie Sie sie aussprechen, auf sie aufbauen und lernen, sie zu fühlen, während Sie sprechen. So können Sie sich daran gewöhnen – auf eine geordnete und artikulierte Weise –, Dinge mit Mitgefühl zu sehen und mit ihnen umzugehen.

Es ist zu überlegen, ob Sie dabei von „wir" und „unser" sprechen. Weil das mitfühlende Selbst ein Teil von Ihnen und nicht von Ihnen getrennt ist, ist es sinnvoll, etwa so zu formulieren: „Es ist verstörend für mich, dass *unser* Freund nicht angerufen hat" und „*Wir* sollten mehr Mut haben" und so weiter. Sie klingen vielleicht ein bisschen wie Gollum aus *Herr der Ringe* („Wir wollen es, wir brauchen es – muss das Kostbare haben!"), aber experimentieren Sie damit und sehen Sie, ob Ihnen das hilft. Der Gebrauch von „wir" soll mehr die Verwandtschaft mit dem mitfühlenden Teil von Ihnen betonen. Sie können auch einfach „Ich" benutzen: „Ich fühle ..." usw.

Bewältigen schwieriger Gefühle im Moment

Situationen und Ereignisse können während des Tages Gedanken und Gefühle auslösen, und es ist sehr leicht, dass wir aus einem Zustand innerer Ausgeglichenheit in innere Not geraten. Um zu lernen, spontan damit umzugehen, müssen wir auf die quälenden Gefühle oder Gedanken achten, wenn sie auftauchen, und sie als Signale nutzen, dass wir uns ernsthaft anstrengen müssen, wieder in einen ausgeglichenen Zustand zu gelangen. Dies sind einige der Schritte, die Sie dabei ausprobieren können:

1. Ein erster Schritt besteht darin, dass Sie mit Ihrer Aufmerksamkeit momentane Gedanken, Gefühle und körperliche Zustände beobachten und sie vielleicht beschreiben – wenn Sie Ihre Beobachtungen in Worte fassen, kann das ein wenig Abstand zwischen Ihnen und diesen Zuständen herstellen.

2. Versuchen Sie, Körper und Geist bewusst langsamer werden zu lassen, indem Sie in einen beruhigenden Atemrhythmus gehen und aufmerksam bei Ihrer Körperhaltung sind. Lassen Sie ein leichtes Lächeln zu und entspannen Sie Ihre Muskeln. Nehmen Sie innerlich eine mitfühlende Haltung ein und werden Sie zu der mitfühlenden Person, wie sie auf den Seiten 323 – 326 beschrieben wurde.
3. Richten Sie jetzt Ihre Aufmerksamkeit auf Ihr System für Selbstberuhigung und Zustände der Zufriedenheit. Es gibt eine Reihe von Möglichkeiten, wie Sie das tun können. Wenn Sie atmen, können Sie mit Ihrer Aufmerksamkeit zu Ihrem stillen, beruhigenden Ort gehen (siehe S. 327 – 328). Schauen Sie ruhig vor sich hin und seien Sie aufmerksam auf alle sinnlichen Einzelheiten: die leichte Brise in Ihrem Haar, die Qualität des Lichtes, die Geräusche, und das, was Sie riechen. Diese Empfindungen können Ihnen helfen, sich zu erden. Die wichtigste Ausrichtung Ihrer Aufmerksamkeit ist aber auf Ihr Empfinden von Fürsorge, Unterstützung und Ermutigung. Stellen Sie sich vor, dass Ihre mitfühlende Stimme warm und beruhigend ist, oder stellen Sie sich einen mitfühlenden Freund vor oder wie Ihr Bild, das Mitgefühl ausdrückt, mit Ihnen spricht. Seien Sie achtsam auf das Gefühl, wenn man Ihnen Verständnis, Wärme und Freundlichkeit entgegenbringt und Sie unterstützen und ermutigen möchte.
4. Indem Sie diese Freundlichkeit und Unterstützung nutzen, richten Sie Ihre Aufmerksamkeit darauf, Ihre Gedanken auszugleichen, indem Sie sich einer anderen Sichtweise zuwenden – Ihrer Fähigkeit, die Situation zu bewältigen, Ihrer Stärke und Ihrem Mut. Was würde Ihre mitfühlende Seite an Hilfreichem sagen? Sie können sich auch vorstellen, was Sie einem Freund in einer ähnlichen Situation an Unterstützung anbieten würden.

Die Psychologen, die den Ansatz von HeartsMath entwickelt haben (siehe S. 338), schlagen auch vor, dass man seine Aufmerksamkeit auf die Empfindung richtet, wie Freundlichkeit *körperlich* in das Herz kommt. Halten Sie einmal Ihre Hand etwa 2 bis 3 Zentimeter über Ihr Herz und stellen Sie sich vor, wie an dieser Stelle Mitgefühl in Sie einfließt und sich in Ihrer Brust und von da in den Rest Ihres Körpers ausbreitet.

Bei den Übungen in diesem Kapitel haben Sie gelernt, wie Sie neu fokussieren können, wenn Sie Ihre Atmung nutzen und langsamer werden, wie Sie Ihre Aufmerksamkeit neu richten können, wenn Sie sie und Ihre innere Orientierung in Ihr System zur Selbstberuhigung verlagern, und wie Sie Ihre innere Orientierung zu einer objektiveren Perspektive verändern können.

Es kann auch hilfreich sein, wenn man seine Aufmerksamkeit auf eine Erinnerung an jemanden, der freundlich zu einem war und der einem geholfen hat, oder auf eine Erinnerung an ein wirkliches Ereignis richtet, das dem gegenwärtigen ähnelt, und das man gut bewältigt hat. Entscheidend ist, dass man lernt, wie man sozusagen an die Seite des Systems tritt, das die Bewältigung von Gefahr und den Selbstschutz regelt, und sich aus dem Inneren der positiven Emotionssysteme neu orientiert. Sie können experimentieren, um zu sehen, was bei Ihnen am besten wirkt. Vielleicht machen Sie die Erfahrung, dass bei verschiedenen Gelegenheiten unterschiedliche Dinge am effektivsten sind. So kann in einem Fall die Erinnerung an ein tatsächliches Ereignis hilfreich sein, in einem anderen aber möglicherweise ein mitfühlender Dialog und Konzentration auf Selbstmitgefühl.

Wenn man diese Ansätze übt, werden sie noch wirksamer. Man kann sogar versuchen, diese „Fähigkeit, schwierige Gefühle spontan mit Mitgefühl zu bewältigen", täglich zu üben. Versuchen Sie, eine Situation zu finden, gleich wie unbedeutend sie auch ist, in der Sie sich zum Beispiel bedrückt, irritiert oder ängstlich fühlen, und versuchen Sie dann, diese Fähigkeiten, spontan mit Mitgefühl mit schwierigen Gefühlen umzugehen, zu nutzen, um Ihr Wohlbefinden zu erhöhen.

Die Hilfe anderer suchen

Bei „innerem Gleichgewicht" oder „Ausgleichen des Denkens" geht es ganz darum, die Dinge, unsere Sicht der Dinge, zu relativieren. Es gibt hierbei aber noch einen anderen wichtigen Aspekt.

Ich habe öfter miterlebt, wie jemand versucht hat, sich bei wirklich sehr harten Lebenserfahrungen selbst zu helfen – beim Zerbrechen einer Beziehung, der Entdeckung, dass der Partner eine Affäre hat, bei Mobbing am Arbeitsplatz oder in der Familie, einem einschneidenden finanziellen Verlust oder bei einer lebensbedrohlichen Erkrankung. Wenn man so etwas erlebt, fühlt man sich natürlich sehr belastet und ist verzweifelt. Es ist sehr wichtig, zu erkennen, dass solche Umstände manchmal den ganzen Mut und oft die Hilfe oder Begleitung anderer nötig machen. Vergessen Sie also nicht, dass Ihnen dieses Buch zwar helfen soll, dass es aber nicht die realen Schmerzen und das Leiden nehmen kann, die das Leben mit sich bringt. Das Entscheidende ist aber, dass man auch in schlimmen Situationen versucht, seine Gedanken auszugleichen, damit man sich zum Beispiel nicht in einer entwertenden Weise kritisiert. Letztlich wird in solchen Situationen nur helfen, wenn man in sich einen Ansatz mit Mitgefühl entwickelt.

Es ist möglich, dass dieser Ansatz im Zusammenhang mit bestimmten Lebenserfahrungen verlangt, dass Sie sich an andere wenden und professionelle Hilfe in Anspruch nehmen. Tatsächlich kann die Einsicht, dass „ich die Hilfe anderer brauche, weil der Zustand meines Gehirns oder meine Not zu intensiv oder zu schwierig geworden sind, um sie zu verändern", ein wichtiger Schritt auf dem Weg zum Selbstmitgefühl sein.

Mitfühlendes Denken an andere

Dieses Kapitel hat sich primär mit Selbstmitgefühl befasst. Es ist jedoch auch äußerst hilfreich, wenn man Mitgefühl für andere entwickelt. Überlegen Sie zum Beispiel, wie Sie an jemanden mit Mitgefühl denken würden, der in Not ist und an dem Ihnen sehr liegt. Wie würden Sie ihm helfen? Was würden Sie ihm sagen wollen? Was würden Sie tun? Sie können sich Ihren Freunden mit derselben Orientierung zuwenden, dann Bekannten, dann Fremden und schließlich solchen Menschen, die Sie nicht mögen, und sogar Ihren Feinden. Bei Letzteren werden Sie sehen, wie der Dalai Lama oft gesagt hat, dass niemand die Schmerzen eines gebrochenen Beins, Angst vor Krebs, die Traurigkeit, die man empfindet, wenn man einen geliebten Menschen sterben sieht, oder wenn man sich in einer Depression verliert, haben möchte. Vielmehr „wollen wir alle Glück und niemand von uns möchte leiden." In unserem Zusammenhang bedeutet das wieder, zu sehen, dass wir uns alle einfach hier im Fluss des Lebens vorfinden. Wir sind alle vergänglich, wir alle müssen mit unvermeidlichem Schmerz und mit Leiden fertig werden. Deshalb befinden wir uns alle in der gleichen Situation.

Sie werden möglicherweise die Erfahrung machen, dass es auch Ihnen selbst hilft, wenn Sie Ihren mitfühlenden Geist für andere nutzen und entwickeln. Wenn Sie zum Beispiel Konflikte in Ihrer Beziehung haben, dann bringen Sie sich in eine mitfühlende Orientierung, statt eine aggressive Haltung wie Ärger (und mit Gedanken wie „Ich werde ihm erzählen, wie bescheuert er ist") einzunehmen. Versuchen Sie ein paar Momente lang dabeizubleiben und sich *vorzustellen, dass Sie Ihr Partner/Ihre Partnerin sind,* und versuchen Sie, wie er/sie zu denken und zu fühlen. Versuchen Sie, ein Gefühl dafür zu bekommen, was in dem anderen vor sich geht. Es gibt auch, wie in Kapitel 7 bemerkt, eine Reihe von Meditationen, die Mitgefühl mit anderen zum Gegenstand haben.

Achten Sie wie bei jeder Arbeit, bei der es um Mitgefühl geht, darauf, dass Sie vermeiden, diesen Ansatz zu einem „sollte" werden zu lassen, denn das ist das falsche Emotionssystem. Von dem aus *sollte* man nicht arbeiten. Und falls Sie dabei Schwierigkeiten haben, mitfühlend mit sich selbst zu sein, dann einfach deshalb, weil *es wirklich sehr schwer ist!*

Zusammenfassung

In diesem Kapitel wurde ein Aspekt des Ansatzes mit Mitgefühl zum Leben betrachtet: unser Denken und unser Argumentieren. Als Erstes haben wir betrachtet, wie die Fähigkeiten unseres „neuen Gehirns/Denkens", also Denken, Argumentieren, Grübeln und Vorausschauen, von dem System unseres „alten Gehirns/Denkens", das die Bewältigung von Gefahr und den Selbstschutz regelt, besetzt und gesteuert werden können. Wenn das passiert, lassen wir uns durch unsere Emotionen der

Angst, Wut, Depression oder Not in einen ausweglosen Kreislauf ziehen. Wenden wir uns dann diesen damit verbundenen Gedanken zu, werden wir noch deprimierter. Wir halten deshalb einfach an und nehmen wahr, wie Gedanken, Gefühle und Körperzustände ständig interagieren. Wenn wir das tun, wird es möglich, dass wir uns am Fluss der Gedanken beteiligen und dass wir uns dabei bewusst werden, wie die Gedanken in uns auftauchen und mit Gefühlen und Körperzuständen in Verbindung sein können. Sowohl dieser Prozess, in dem wir immer *bessere Beobachter werden* – wahrnehmen, was unsere Emotionen auslöst und wie unsere Psyche funktioniert und der Körper reagiert –, als auch das Praktizieren von Achtsamkeit können uns sehr helfen. Wir können uns zum Beispiel bewusst werden, dass unsere Stimmungen über die Wochen oder Monate variieren und dass wir in manchen Stimmungszuständen eher in einer ganz bestimmten Weise denken als in anderen. Wir könnten wahrnehmen, dass wir unter Stress reizbarer sind als sonst und dass unsere Gedanken sich eher auf problematische, provozierende Themen richten, die uns dann ihrerseits noch reizbarer machen.

Wenn wir achtsamer werden, lernen wir außerdem, unsere Gedanken wahrzunehmen, sie aber wie Blätter, die auf der Oberfläche eines schnellen Flusses treiben, zu behandeln. Gedanken tauchen auf, aber Bewusstsein und unser aufmerksames Selbst können als Beobachter an unserer Seite stehen – wir können den Wind und den Regen spüren, aber wir sind weder der Wind noch der Regen. Wir können so unsere Gedanken beobachten, ohne uns mit ihnen zu identifizieren.

Drittens bauen Ansätze, die Mitgefühl zum Ziel haben, auf diesen Grundideen auf, betonen aber auch eine eher „physiotherapeutische" Weise, mit dem System, das die Bewältigung von Gefahr und den Selbstschutz regelt, umzugehen. Das ist besonders für Menschen nützlich, die es schwer finden, achtsam zu sein, oder die nicht gewohnt sind, Selbstmitgefühl zu haben, sich zu unterstützen und freundlich zu sich zu sein. Es ist dann notwendig, mit Hilfe unserer Übungen „Muskeln" für Mitgefühl aufzubauen. Mit einer dieser Übungen üben wir mitfühlendes Denken. Bei Ansätzen mit Mitgefühl können wir unsere Gedanken dadurch ausgleichen, dass wir versuchen, ein anderes Emotionssystem zu aktivieren, oder einfach in ein anderes überzuwechseln. Wir können das tun, wenn wir unsere Aufmerksamkeit nicht nur benutzen, um zu beobachten, sondern um wirklich in das System überzuwechseln, das für Beruhigung und Tröstung sorgt. Wenn wir das tun, können wir die Fähigkeit unseres „neuen Gehirns/Denkens" ins Spiel bringen, rational vorzugehen, indem wir bewusst versuchen, durch Bilder oder dadurch, dass wir „mitfühlend sind" (siehe Kapitel 8), mitfühlende Sichtweisen und Orientierung von Mitgefühl herzustellen. Von dieser Position aus sind wir dann in der Lage, unser weises, logisches und rationales Denken zu nutzen, um Ausgeglichenheit in unsere Gefühle zu bringen. Bei Ansätzen mit Mitgefühl versuchen Sie also, ein bestimmtes System emotionaler Regulierung zu stimulieren und es dann zu benutzen, um Fähigkeiten des „neuen Gehirns/Denkens" zu steuern.

Erinnern Sie sich schließlich daran, dass Studien gezeigt haben, dass man durch Üben neue Verschaltungen im Gehirn aufbaut. Es ist deshalb wichtig, mitfühlendes Denken zu üben und aufzubauen, auch wenn es einem gerade nicht schlecht geht. In gewisser Weise ist das wie ein Fitnesstraining. Durch die körperliche Betätigung wird der Körper allmählich vitaler, stärker und ausdauernder, und diese Qualitäten hat man dann zur Verfügung, wenn man z. B. rennen muss, um einen Zug zu bekommen. Wenn Sie mitfühlendes Denken als Lebensweise entwickeln, dann haben Sie es zur Verfügung, wenn das Leben Sie mit etwas wirklich Schlimmem trifft.

Sie werden auch die Erfahrung machen, dass Sie anfangen, die Welt anders zu sehen. Sie verstehen, dass wir alle im Strom des Lebens gefangen sind, und dass es im Leben eigentlich mehr um Schicksalsschläge und Leiden als um Gut und Böse geht. Sie werden sich weniger damit befassen, anderen etwas übel zu nehmen und über Vergeltung zu phantasieren, und mehr an Mitgefühl, Fairness und Gerechtigkeit interessiert sein. Was meinen Sie, wie die Welt aussehen würde, wenn wir an internationale Konflikte mit mitfühlendem Denken herangehen würden?

10 Von entwertender Selbstkritik zu Selbstmitgefühl

Empfinden von Scham ist keinem von uns fremd. Niemand lebt sein Leben, ohne kritisiert zu werden, ohne Dinge zu tun, die man später bereut, oder Eigenschaften zu haben, die man lieber nicht hätte. Das gehört zur Conditio humana. Ein Schamgefühl kann entstehen, wenn man glaubt, dass andere auf irgendeine Weise auf uns herabsehen, dass sie uns als unfähig, unterlegen oder schlecht einschätzen, oder dass einfach nicht viel mit uns los ist und es sich nicht lohnt, sich mit uns abzugeben.

Man kann auch Scham empfinden, wenn man diese Dinge *sich selbst* gegenüber empfindet. Wenn man sich schämt, ist das im Allgemeinen davon begleitet, dass man sich zugleich entwertet oder sich sogar attackiert. Entwertende Selbstkritik und Attacken auf sich selbst, die auf Scham beruhen, gehören zu den verbreitetsten Problemen in westlichen Gesellschaften und untergraben auf schwerwiegende Weise Zufriedenheit und Wohlbefinden. Sie sind das Gegenteil von Selbstmitgefühl. Statt Unterstützung und Freundlichkeit für sich selbst zu empfinden, wenn etwas schiefgeht, empfindet man Ärger, Enttäuschung, Frustration oder sogar Verachtung. Es sind diese Gefühle, die wirklich bedrohen und die unser System, das die Bewältigung von Gefahr und den Selbstschutz regelt, aktiviert halten können.

Erinnern Sie sich daran, dass Systeme in Ihrem Gehirn dadurch stimuliert werden können, wie Sie über sich selbst denken und wie Sie sich selbst finden. Es ist also wichtig zu lernen, Scham und Selbstentwertung durch Mitgefühl und mitfühlendes Verständnis zu ersetzen. Das wird Ihnen helfen, im Leben voranzugehen und Mut zu entwickeln. Wenn Sie Probleme der Scham und Selbstentwertung angehen, dann sollten Sie nie glauben, dass Sie damit allein sind – es sind weitverbreitete Probleme, mit denen viele Menschen im täglichen Leben konfrontiert sind.

Wie wir gleich sehen werden, gibt es viele Auslöser dafür, sich selbst zu entwerten oder sich abzulehnen, und es gibt verschiedene Formen von entwertender Selbstkritik und unterschiedliche Situationen, die diese auslösen oder provozieren können.[1] Schauen wir einige von ihnen näher an.

Um ein Gefühl dafür zu bekommen, wie entwertende Selbstkritik funktioniert, stellen Sie sich Folgendes vor:

Szenario 1

Sie sind in eine neue Gegend gezogen und möchten gern Leute kennenlernen. Sie laden also ein paar Leute zum Essen ein. Sie kennen sie nicht besonders gut, aber Sie glauben, dass Sie sich mit ihnen verstehen könnten. Sie denken eine Weile darüber nach, was Sie kochen könnten und kaufen dann die Zutaten ein. Ihre Gäste kommen, Sie bieten ihnen Getränke an und dann merken Sie, dass Sie etwas Wichtiges, eine wichtige Zutat, vergessen haben. Sie stellen also Ihr Weinglas ab und machen sich auf, um es schnell zu besorgen. Das Problem ist, dass Sie vergessen haben, eine Pfanne vom Herd zu nehmen und dass das Essen jetzt verbrannt ist. Es sieht so aus, als müssten Sie jetzt etwas aus einem Restaurant holen. Was meinen Sie, was Ihre Gäste fühlen und was sie von Ihnen halten? Und welche wertenden Gedanken und Gefühle könnten Ihnen durch den Kopf gehen?

Szenario 2

Es wird in der Firma ein anstrengender Tag werden. Sie haben ein paar Berichte, an denen Sie am Abend zuvor intensiv gearbeitet haben, und wollen sie heute Ihrem Team vorlegen. Sie sind gerade dabei, loszugehen, als Sie einen Anruf bekommen, der es nötig macht, dass Sie ein paar andere Papiere durchsehen und eine weitere Akte anlegen, die Sie ins Büro mitbringen müssen. Sie stecken alles in Ihre Aktentasche und begeben sich in den dichten Verkehr, aber Sie sind gelassen und froh, weil Sie wissen, dass Sie Ihren Auftrag erledigt haben. Als Sie im Büro ankommen, öffnen Sie Ihre Aktentasche und stellen fast, dass Sie die falsche Akte mitgenommen haben und dass das Ergebnis der ganzen gründlichen Arbeit vom Abend zuvor immer noch zu Hause auf Ihrem Schreibtisch liegt. Was meinen Sie, was die anderen denken und empfinden werden, wenn sie entdecken, dass Sie die wichtigen Papiere für den Termin nicht haben? Und welche Gedanken und Gefühle, mit denen Sie sich selbst entwerten, könnten Ihnen durch den Kopf gehen?

Szenario 3
Sie schauen sich Ihre Kleidung an und sehen, dass sie ein wenig abgetragen ist – es wird Zeit, ein paar neue Sachen zu kaufen. Sie gehen in die Stadt und finden etwas, was Ihnen richtig gut gefällt. Sie gehen in die Umkleidekabine und dann – „Oh verdammt!" – stellen Sie fest, dass Sie in keines der Kleidungsstücke hineinpassen. Sie haben natürlich dieselbe Größe, die Sie immer genommen haben, aber Sie haben zugenommen! Was meinen Sie, was andere jetzt von Ihnen denken und wie sie Sie jetzt finden werden, da Sie so zugenommen haben? Und welche negativen und selbstentwertenden Gedanken und Gefühle gehen Ihnen durch den Sinn?

Nun ein letztes Szenario – eines besonders für Männer:

Szenario 4
Sie sind mit einer Frau ausgegangen, die Ihnen wirklich gefällt, und es ist an der Zeit, dass Sie sie zu einem romantischen Essen und danach zu sich nach Hause einladen. Das Essen ist toll und natürlich auch der Rotwein, aber im Hinblick auf das, was Sie sich für danach erhoffen, achten Sie darauf, wie viel Sie trinken. Sie kommen beide zu Ihnen nach Hause, überlassen sich einem Liebesspiel voller Zuneigung und dann geht es zur Sache. Aber langsam und zu Ihrer großen Überraschung merken Sie, dass etwas mit Ihrem Körper passiert – oder vielmehr nicht passiert. Was bisher zuverlässig funktioniert hat, bleibt aus. Ihre Geliebte sieht ein wenig traurig aus, aber nicht kritisch oder wertend. Was meinen Sie, wird Ihre Partnerin von Ihnen denken und was wird

sie in dem Moment fühlen? Und welche Gedanken und Gefühle, mit denen Sie sich entwerten, könnten Ihnen durch den Sinn gehen?

So viele Dinge im Leben können Selbstentwertung auslösen. Diesen Szenarios könnten natürlich noch schlimmere hinzugefügt werden, wie Bankrott zu machen, eine Liebesaffäre, die man bereut, sich zu betrinken und mit jemandem Sex haben, den man später lieber nicht gehabt hätte, Lügen, Betrügen und so weiter. Schwere Probleme mit Selbstentwertung und Scham können auch aus Trauma und Missbrauch in der Kindheit entstehen oder z. B. durch eine körperliche Entstellung. Man kann auch reflektierte Scham empfinden, wenn zum Beispiel ein Sohn oder eine Tochter wegen eines Verbrechens verurteilt wird. Jetzt gehört das im Westen zwar weitgehend der Vergangenheit an, aber in vielen Kulturen ist es noch immer so, dass eine Frau, die außerhalb der Ehe geschwängert wurde oder mit jemandem eine Beziehung hatte, der nicht zu der akzeptierten Klasse oder Kultur gehörte, ihrer Familie Schande und Scham bringt – die Tragödie der „Ehrenmorde" ist ein extremes Beispiel dafür. Auch hier geht es um Themen reflektierter Scham. Es kommt vor, dass jemand eine Frau heiraten möchte, die nicht von seiner Familie ausgewählt wurde bzw. von ihr akzeptiert wird. Er empfindet zwar keine Scham über seine Wahl (er liebt die Frau), sondern deshalb, weil er „Schande" über seine Familie bringt.[2]

Und wenn es darum geht, sich auf andere Weise zu verhalten, als es in der eigenen Familie als akzeptabel gilt, kann ein Gefühl, diese Werte oder Traditionen verraten zu haben, eine Quelle von Scham sein – auch dann, wenn man weiß, dass man eigentlich vernünftig gehandelt hat. Karen genoss sehr den Sex mit ihrem Partner, aber sie gab zu, dass sie immer ein leichtes Gefühl der Scham wegen ihrer Lust empfand, denn ihre Mutter war sehr religiös und lehnte Sex im Grunde als etwas Schlechtes ab. „Ich weiß, es ist dumm", sagte Karen, „aber es ist so, als wäre ich gegen meine Mutter und ließe sie irgendwie im Stich. Ich weiß, sie würde mich verachten und auf mich herabsehen – auch wenn ich meine eigenen Entscheidungen wirklich achte. Meine Güte, man sollte meinen, dass ich in meinen Alter mittlerweile darüber hinweg bin, oder? Aber ich spüre immer noch diese Verurteilung im Hintergrund."

Ein Gefühl der Scham kann viele Probleme in unserem Leben schaffen, weil es die Quelle von Zweifel, Selbstentwertung und Hemmung sein kann. Denken Sie daran, dass einer der Gründe, weshalb wir diese Schwierigkeiten haben, darin besteht, wie unser „altes Gehirn/Denken" und unser „neues Gehirn/Denken" interagieren (siehe Kapitel 2). Als Spezies haben wir ein Selbstgefühl, und fast jedes negative Ereignis kann als etwas empfunden werden, das auf etwas Schlechtes an oder in uns hinweist. Dies bedeutet, dass wir immer mit zwei potentiellen Problemen konfrontiert sind, wenn wir in unserem Leben Schwierigkeiten haben oder Fehler machen, oder sich die Dinge nicht so entwickeln, wie wir möchten: Es gibt die „Sache an sich", sei es Übergewicht, eine Fehleinschätzung oder die Entdeckung, dass der Körper nicht so funktioniert, wie wir es gern hätten. Und dann gibt es die Erfahrung von uns selbst: das Gefühl, ungewollt, unbegehrt, unterlegen oder enttäuschend zu sein. Wir kommen über das erste Problem möglicherweise ziemlich schnell hinweg, aber das zweite, das unser Identitätsgefühl betrifft, kann uns länger beschäftigen und uns untergraben. Selbstmitgefühl hilft uns, diese Probleme anzusprechen und freundlicher, akzeptierender und liebevoller zu uns selbst zu werden. Wir können uns daran erinnern, dass wir keinen Fehler machen, den nicht Millionen andere auch schon gemacht haben. Und alle Sorgen, die wir uns machen, teilen wir ebenfalls mit Millionen anderen. Es gehört alles zur Conditio humana.

Scham und entwertende Selbstkritik

Die Forschung hat gezeigt, dass entwertende Selbstkritik oft damit zu tun hat, dass wir uns Sorgen darüber machen, was andere Leute von uns denken. Wenn Sie Ihre entwertenden selbstkritischen Gedanken und Gefühle beobachten, ist es daher nützlich, sich zu erinnern, dass es *zwei Arten von Gedankenströmen* gibt: Einer hat mit dem zu tun, was Sie meinen, was in den Köpfen anderer Leute vor sich geht, während der zweite aus den eigenen Gedanken und Gefühlen über sich selbst besteht.

Damit Sie dies besser erkennen, lassen Sie uns auf das erste Szenario oben zurückkommen: Sie sind losgeeilt, um noch etwas einzukaufen, was Sie vergessen hatten, und währenddessen war das ganze Essen verbrannt.

Wenn Sie beide Spalten auf Tafel 3 (siehe S. 400) anschauen, sehen Sie, dass wir oft annehmen, wenn wir entwertend selbstkritisch werden, dass die anderen uns ebenfalls entwerten und ablehnen. Wir haben Vermutungen und Befürchtungen darüber, was in den Köpfen anderer Menschen vor sich geht. Obwohl diese potentiellen Freunde zum Beispiel verständnisvoll und freundlich waren und gesagt haben: „Essen aus dem Restaurant ist doch völlig in Ordnung", könnten Sie sich vielleicht Sorgen machen, dass sie etwas ganz anderes denken, nämlich dass Sie inkompetent sind. Sie könnten hinter Ihrem Rücken über Sie reden! Sie erleben sowohl die Außenwelt als auch Ihre innere Welt als kritisch und bewertend, und als Folge haben Sie es mit Bedrohung von innen und Bedrohung von außen zu tun. Es gibt für Sie *keinen sicheren, beruhigenden oder freundlichen Ort!* Es ist ganz klar, dass Sie sehr unter Stress sind und sich ziemlich bedroht fühlen.

Was Sie dann tun können, ist, zurückzutreten und den Fluss und die Art Ihrer Gedanken zu erkennen: Dann probieren Sie einige der Interventionen aus, die im vorigen Kapitel beschrieben wurden. Sie gehen in einen beruhigenden Atemrhythmus, richten Ihre Aufmerksamkeit neu aus und versuchen, diese Gedanken mit ein paar Fragen auszugleichen, wobei Sie darauf achten, dass Sie den Ton freundlich und sanft halten:

- Hat es wirklich jemanden gestört, dass es Essen aus dem Restaurant gab?
- Hat jemand Sympathie oder Empathie wegen des angebrannten Essens ausgedrückt?
- Hat sich jemand dafür interessiert oder darum gekümmert, ob ich mich vielleicht geärgert habe oder besonders betroffen war?
- Haben sich die Leute miteinander wohlgefühlt?
- Alles in allem war das mit dem Essen eine Enttäuschung, aber wird das wirklich verhindern, dass ich mich mit den Leuten anfreunde?
- Wenn die Rollen umgekehrt wären und dies jemand anders passiert wäre, würde ich diese Person dann ablehnen?

Stellen Sie sich diese Fragen der Reihe nach und versuchen Sie dabei, sich so viel Wärme und Freundlichkeit entgegenzubringen, wie Sie können. Seien Sie aufmerksam auf die positiven Aspekte der Reaktionen auf Ihr verbranntes Essen. Es ist viel leichter, auf irgendwelche negativen Reaktionen zu achten, denn das bewirkt natürlich das System, das die Bewältigung von Gefahr und den Selbstschutz regelt. Wenn also nur eine Person von den zehn Eingeladenen ein bisschen pikiert wirken würde, würden Sie sich auf sie konzentrieren. Beim Ausbilden eines mitfühlenden Geistes sollten Sie die Aufmerksamkeit aber auf die anderen neun lenken, die allgemein um Sie besorgt waren und mehr an dem Zusammensein mit Ihnen und mit den anderen Leuten interessiert waren als an dem verbrannten Essen. Wenn Sie bei jemand anders eingeladen wären und Ihrem Gastgeber dasselbe passieren würde, würden Sie wahrscheinlich denken: „Wie schade. Es geht also nicht nur mir so“ und Sie wären vielleicht sogar ein bisschen erleichtert!

Wir haben also ein kleines Problem mit dem Vertrauen. Die Leute sind vielleicht nett, aber glauben wir ihnen? Und wenn Sie dazu neigen, mit jemandem eher nachsichtig zu sein, der in derselben Situation wie Sie ist, aber nicht glauben, dass Ihre Gäste sich Ihnen gegenüber genauso verhalten würden – warum gehen Sie dann davon aus, dass nur Sie allein freundlich und großzügig sein können? Und sogar wenn Ihre Gäste Sie als ein bisschen schusselig sehen sollten, kann es sein, dass Sie ihnen vielleicht gerade deshalb eher sympathisch sind – ich persönlich komme mit schusseligen Menschen gut klar. Ob sie Sie mögen oder nicht, wird davon abhängen, wie freundlich, offen oder fürsorglich Sie sind, und ob Sie ähnliche Interessen und Werte haben – und nicht, ob Sie Ihr Essen haben anbrennen lassen. Ist es nicht unsere Angst vor Ablehnung und davor, von oben herab angesehen zu werden, die in Wirklichkeit hinter dieser Selbstentwertung steht? Wenn wir vor diesen Menschen keine Angst hätten und wirklich glauben würden, dass ihnen das Essen nicht so besonders wichtig ist, und wenn wir ihnen sogar abnehmen würden, dass unser Verhalten uns eher sympathisch macht, würden wir uns dann so entwerten? Wenn wir Mitgefühl mit uns haben, erkennen wir unsere darunter liegenden Ängste. Deshalb habe ich auf Tafel 3 folgenden Satz aufgenommen: *„Meine Hauptangst besteht darin …“* Sie können sich diese Frage jedes Mal dann stellen, wenn Sie sich gegenüber eine

Selbstkritik üben, die von einem Gefühl von Ärger oder Wut, Verachtung oder Enttäuschung begleitet ist. Wenn man lernt, seine Ängste anzusprechen und mitfühlend damit umzugehen, kann einen das davon abhalten, auf sich einzuschlagen.

Tafel 3: Selbstentwertende Gedanken und Ängste

Wie meiner Vorstellung nach andere mich empfinden und sehen	Wie ich mich empfinde und was ich von mir halte
• Diese neuen Bekannten werden sehen, dass ich unorganisiert bin • Sie werden von meinen Kochkünsten oder meiner Organisiertheit nicht besonders beeindruckt sein. • Sie werden sich vernachlässigt fühlen, wenn ich Essen aus einem Restaurant besorge. • Ich habe es mir mit ihnen wahrscheinlich definitiv verdorben. • Sie werden mich jetzt immer als ein bisschen zerstreut sehen und mich nicht ernst nehmen. • *Meine Hauptangst ist:* dass ich nicht in der Lage bin, enge Freundschaft mit Menschen zu schließen, die mich respektieren.	• Ich ärgere mich so über mich selbst, weil ich eine wichtige Zutat vergessen habe. • Was ist mit mir los? Warum kann ich das nicht auf die Reihe bekommen? • Das Essen, das ich gekocht habe, wäre so gut gewesen und hätte sie beeindruckt. • Ich habe mich wirklich wieder selbst im Stich gelassen, indem ich achtlos war und nicht aufgepasst habe. • *Meine Hauptangst ist:* dass ich nicht in der Lage bin, enge Freundschaft mit Menschen zu schließen, die mich respektieren. Ich werde Außenseiter und einsam sein.

Scham und Enttäuschung

Es gibt nun gute Hinweise darauf, dass es nicht daran liegt, dass wir unsere Ziele oder Standards nicht erreichen, wenn wir Scham empfinden, sondern dass wir das Gefühl haben, unbeliebt und nicht liebenswert zu sein.[3] Wir sagen also nicht: „Ich bin nicht so schlank, wie ich gern wäre.“ Aus Scham sagen wir: „Ich bin dick“ oder „Ich bin fett“. Wir sagen nicht: „Ich bin nicht so gut, wie ich gern wäre.“ Aus Scham sagen wir: „Ich bin schlecht“ oder „Ich bin unfähig“. Zu Scham gehört dann, dass wir uns dem nahe fühlen, der wir nicht sein wollen. Und wir wollen deshalb nicht so sein, weil es mit bestimmten Gefahren verbunden ist, besonders der Gefahr der Ablehnung und der Gefahr, entwertet oder marginalisiert oder zu einer Zielscheibe von Witz und Spott zu werden. Es ist daher oft das Bedrohungssystem, das uns bestimmte Gefühle eingibt, die dann in bestimmter Weise bezeichnet werden. Wenn andere uns irgendwie negativ behandeln, nimmt unser Gehirn das vor dem Hintergrund der Evolutionsgeschichte natürlich als eine Bedrohung unserer Existenz wahr.

Bei allen Beispielen, die wir oben näher betrachtet haben, ging es um Enttäuschung. Die ist oft das Ergebnis der Bedrohung, zu dem *nicht liebenswerten Selbst* zu werden. Nehmen wir das Beispiel, dass man nicht mehr in dieselbe gewohnte Kleidergröße passt. Nehmen Sie Anne. Sie hatte vor einem Geburtstag versucht abzunehmen, um in ein Kleid zu passen, das ihr wirklich gefiel. Als der Tag gekommen war und sie den Reißverschluss nicht zumachen konnte, saß sie auf dem Bett und weinte. Sie klagte sich für ihre Unfähigkeit an, ihre Essgewohnheiten zu kontrollieren, und dafür, dass sie sich körperlich nicht genug betätigte und fett war. Sie hatte jetzt zwei Probleme: (I.) dass sie nicht in ihr Kleid passte und (II.) dass sie deprimiert war, nachdem sie auf sich „eingeschlagen“ hatte. Erinnern Sie sich daran, wie Selbstentwertung die Physiologie unseres Gehirns und unsere Körpergefühle beeinflussen kann (siehe S. 247). Es sind nicht nur die Gedanken, sondern die Emotionen der Frustration, des Ärgers oder der Wut und der Verachtung, die bei der Selbstentwertung den größten Schaden anrichten.[4] Denken Sie auch daran, dass Selbstentwertung normalerweise mit der Angst verbunden ist, dass Beziehungen Schaden nehmen könnten und man selbst als dumm oder unfähig angesehen wird. Vor allem wollte Anne nicht, dass andere Frauen sehen, dass sie zugenommen hatte.

Bei Scham und Selbstentwertung sind wir uns oft gar nicht bewusst, dass wir verschiedene *Ideale* im Sinn haben – wie wir *sein möchten* und wie wir ganz bestimmt *nicht sein möchten*. Den Unterschied zwischen dem idealen Selbst und dem wirklichen Selbst bezeichnen wir als „Enttäuschungslücke" (disappointment gap). Je näher das „wirkliche Selbst" dem „unerwünschten Selbst" ist, umso empfänglicher können wir für Scham sein (siehe Tafel 4). In diesem Beispiel scheint das „wirkliche Selbst" mit dem Selbst, das Sie nicht sein wollen, identisch zu sein. So erleben wir Scham – wir werden zu dem „unerwünschten Selbst". Ein großer Teil unserer Bemühungen, uns zu verbessern und andere zu beeindrucken, kann von der Angst genährt sein, zu dem „unerwünschten Selbst" zu werden oder einige seiner Eigenschaften zu haben.

Tafel 4: Enttäuschung und Scham

Ideales Selbst	**Wirkliches Selbst**	**Unerwünschtes Selbst**
• Schlank • Hält sich genau an Ernährungspläne • Fühlt sich leicht • Betätigt sich regelmäßig körperlich	• Größere Konfektionsgröße • Isst oft zwischendurch • Fühlt sich schwer • Besucht das Fitnessstudio nur gelegentlich	• Größere Konfektionsgröße • Isst oft zwischendurch • Fühlt sich schwer • Besucht das Fitnessstudio nur gelegentlich

Lücke der Enttäuschung

Empfänglichkeit für Scham

Wenn wir für Scham empfänglicher werden, kann eine Reihe von Dingen passieren:

- *Man attackiert sich selbst.* Hier können wir verschiedene Gedanken haben, wie: „Ich sollte das besser gemacht haben. Was ist mit mir los? Warum bin ich so? Warum strenge ich mich nicht mehr an? Ich bin nicht gut genug." Es sind gewöhnlich nicht „nur" diese Gedanken, sondern hinzu kommen Gefühle der Frustration, der Wut und manchmal auch von Verachtung. Sie können sich vielleicht vorstellen, was das mit unserem Gehirn macht.
- *Man attackiert andere.* Die Enttäuschungslücke kann uns frustrieren, und dann kann es sein, dass wir uns anderen gegenüber gereizt verhalten und sie vielleicht sogar angreifen. Wenn wir zum Beispiel das Essen anbrennen lassen, das wir für eine Party zubereiten, kann es sein, dass wir unseren Partner angreifen: „Warum hast du mich nicht daran erinnert, dass ich noch das und das brauche? Warum muss ich immer an alles denken?"
- *Man gibt auf.* Es kann sein, dass wir uns vollkommen mutlos fühlen und dann zum Beispiel Gedanken haben wie: „Ich kann nichts machen. Ich werde immer Fehler machen, also hat es keinen Sinn, etwas zu tun. Bei mir geht immer alles daneben. Es ist alles sinnlos." Man fällt also in eine völlige Resignation.

Wenn wir zurücktreten und über diese Reaktionen auf Enttäuschung nachdenken, ist keine sehr mitfühlend. Versuchen Sie vielmehr, sich an der Vorstellung zu orientieren, dass der Schlüssel zum Erfolg (und sogar zum Glück) die Fähigkeit ist, zu versagen und zu lernen, mit Enttäuschungen umzugehen. Dann sind wir auf einem guten Weg dahin, dass wir mit solchen Problemen umgehen können. Man kann in seinem Leben Enttäuschungen, Fehlschläge oder Rückschläge nicht vermeiden. Wir müssen lernen, mit dieser kleinen Stimme in unserem Kopf umzugehen, die wütend sein kann, einen reichen Vorrat an unfreundlichen bis weniger zitierfähigen Wörtern besitzt und sagt: „Ich will nicht freundlich sein. Ich will einfach wütend sein." Der Ansatz mit Mitgefühl besteht darin, diese Wut als eine verständliche Wirkung von etwas zu akzeptieren, was uns enttäuscht oder wodurch wir uns bedroht fühlen. Zugleich geht es aber darum, zu lernen, freundlich und unterstützend zu sein und auch die Enttäuschung und die Bedrohung anzuerkennen und nicht nur an der Wut festzuhalten. Es ist daher nützlich, wenn Sie laut aussprechen oder aufschreiben: *„Diese Situation bedroht mich, weil …“* Dann kann man darüber nachdenken, wie man mit dieser Bedrohung mitfühlend umgehen könnte.

Sie können achtsam bei Ihrer Atmung sein und die Gedanken und Gefühle beobachten, die Sie bewegen. Sie können sie als Folge davon verstehen, dass Ihr Gehirn Sie dazu drängt, bestimmte Emotionen zu empfinden, die von einer Bedrohung ausgelöst werden, und Sie können erkennen, dass hinter dem Unangenehmen der Emotionen eigentlich ein Selbstschutz-System steckt, das in Ihrem Interesse Angst hat und versucht, Sie zu warnen und zu schützen. Denken Sie daran, dass es vor Millionen von Jahren entwickelt wurde und deshalb ziemlich einfach und primitiv ist, aber sein Bestes tut. Trotzdem ist es wahrlich nicht unser hellster Teil, nicht wahr?

Das Bedürfnis, von anderen wertgeschätzt zu werden, damit wir uns selbst wertschätzen können

In Kapitel 5 haben wir gesehen, wie die Gefühle, die wir in anderen uns gegenüber hervorrufen, eine wichtige Wirkung auf die eigenen persönlichen Gefühle haben. Erinnern Sie sich an Sue (S. 233 – 234), die ein Bild für ihre Mutter malte und, je nachdem, wie ihre Mutter reagierte, ein anderes Gefühl von *sich* hatte? Weil wir so sehr davon abhängig sind, was andere von uns denken, brauchen wir andere, die uns lernen helfen, sich um das Gute in uns zu kümmern und die kleinen Dinge wertzuschätzen, die wir tun, nicht nur große Leistungen. Und diese Beachtung durch andere hilft uns wirklich, positive Gefühle uns selbst gegenüber zu entwickeln.

Wie unsere Sicht, was andere von uns halten, unsere eigenen Gefühle und unsere Selbstbewertung prägt und beeinflusst, wurde von Mark Baldwin und seinen Kollegen an der McGill Universität in Kanada untersucht.[5] Nachdem Baldwin Studenten aufgefordert hatte, ein paar

Ideen für die Forschung aufzuschreiben, ließ er sie unter der Bewusstseinsschwelle Bilder von ihrem Professor sehen. Einer Gruppe wurde ganz kurz ein Bild von ihrem Professor gezeigt, wie er anerkennend lächelte, der anderen eines, auf dem er finster blickte. (Mit „unter der Bewusstseinsschwelle" meine ich, dass das Bild so schnell gezeigt wurde, dass den Studenten zwar bewusst war, dass sie etwas wie einen Lichtblitz gesehen hatten, dass sie aber nicht wussten, dass ihnen ein Bild von einem Gesicht gezeigt worden war.) Diejenigen, denen ein lächelndes Gesicht gezeigt worden war, hielten ihre Ideen für nicht allzu schlecht – eigentlich sogar für ziemlich gut. Diejenigen, denen das finster blickende Gesicht gezeigt worden war, hielten nichts von ihren Ideen. Es stellte sich also heraus, dass die Bewertung *ihrer eigenen Ideen* davon bestimmt worden war, ob sie ein billigendes, freundliches oder ein finster blickendes Gesicht gesehen hatten. Da die Studenten nicht wussten, dass sie Bilder ihres Professors gesehen hatten, war die Beeinflussung also außerhalb ihres wachen Bewusstseins vorgenommen worden.

Mark Baldwins Forschung enthüllte etwas, was Philosophen seit langer Zeit wissen, nämlich dass Menschen Vieles – Gutes und Schlechtes – um der Anerkennung willen tun und um in anderen positive Gefühle hervorzurufen. Um die vorletzte Jahrhundertwende prägte der berühmte amerikanische Soziologe Charles Horton (1864 – 1929) den Begriff des „Spiegel-Selbst" (looking-glass self). Er zeigte, dass unsere Sicht von uns oft davon abhängt, wie wir meinen, wie andere uns sehen. Er meinte, dass den meisten Menschen dies nicht klar ist, aber dass sich das sehr schnell ändern würde, wenn sie eines Tages aufwachten und die Erfahrung machten, dass sie von allen kritisiert und abgelehnt würden oder einfach uninteressant für sie wären. Ihr Selbstvertrauen würde bald schwinden und sie würden sich ganz elend fühlen. Wir wissen, dass sich die menschliche Psyche dahin entwickelt hat, dass sie ein starkes Interesse daran hat, andere zu beeindrucken und sie dazu zu bringen, ihnen Fürsorge, Unterstützung, Respekt, Sympathie und auch Bewunderung entgegenzubringen, weil all das für unser Überleben und unsere Fortpflanzung äußerst nützlich ist (siehe Kapitel 5). Unser Gefühl für Sicherheit und Wohlbefinden ist damit verknüpft, wie wir nach unserer Meinung in der Sicht anderer existieren.

Als Therapeut mache ich oft die Erfahrung, dass Menschen danach streben – bewusst und manchmal weniger bewusst –, im Leben Dinge zu erreichen, um ihre Eltern oder andere, die ihnen wichtig sind, zu beeindrucken und ihre Anerkennung zu bekommen. Ein wichtiger Grund hierfür ist, dass unser Gehirn gelernt hat, dass Menschen, wenn sie uns wertschätzen, mögen und respektieren, auch da sind, wenn wir sie brauchen. Wenn wir das Gefühl haben, dass wir ihre Anerkennung nicht gewinnen können, ist das Leben ein wenig riskanter. Wenn man klären möchte, wie es damit im eigenen Leben aussieht, kann man sich selbst einen Brief schreiben, in dem man sich fragt, wessen Anerkennung einem am wichtigsten ist, wen man beeindrucken möchte und von wem man hören möchte, dass er oder sie einen wertschätzt. Warum möchte man nun das alles? Was sucht man eigentlich wirklich? Manchmal sind es bestimmte Menschen, wie unsere Eltern, ein Lehrer oder Freunde. Bei religiösen Menschen kann es Gott sein – oder sogar das Universum, wenn man ein New Ager ist.

Sie möchten sich wahrscheinlich geliebt, gewollt und zugehörig fühlen – alles grundlegende menschliche Bedürfnisse und Wünsche. Jetzt können wir aber vielleicht erkennen, dass Mitgefühl bei uns selbst beginnt und dass wir es in unserem Geist ausbilden müssen. Rufen Sie sich also Ihr mitfühlendes Bild in Erinnerung, nehmen Sie Ihren mitfühlenden Gesichtsausdruck an und versuchen Sie, sich vorzustellen, wie ein Gefühl von Akzeptanz und Wertschätzung von Ihrem Bild ausstrahlt, das ein Teil von Ihnen ist.

Entwertende Selbstkritik und Entwertung durch andere

Entwertende Selbstkritik kann sich deshalb entwickeln, weil wir nie wirklich das Gefühl hatten, von anderen positiv gesehen zu werden, oder weil wir nicht die freundlichen, positiven Gefühle bekommen haben, die wir für unser Wohlbefinden brauchen. Oder weil wir uns weiter anstrengen, die Ziele weiter stecken, und enttäuscht werden und uns über uns ärgern, statt die Kunst der Zufriedenheit zu lernen und unsere Anstrengungen zu belohnen. Das Problem ist, dass Menschen sich von der Möglichkeit bedroht fühlen, an den Rand gedrängt, ausgeschlossen oder abgelehnt zu werden. Unser Gehirn achtet sehr darauf.[6] Unsere Fähigkeit, uns selbst zu unterstützen und zu helfen, ist die gute Seite der Evolution. Die dunkle Seite ist, dass wir uns bedroht fühlen, wenn wir in anderen keine positiven Gefühle bewirken können, und dann Angst haben, dass Unterstützung und Anteilnahme anderer vielleicht nicht da sein werden, wenn wir sie brauchen.

Quellen entwertender Selbstkritik

Wenn Sie sich anschauen, wie entwertende Selbstkritik auf Ihr Gehirn wirkt (siehe S. 248 – 250), sehen Sie schnell, dass der entwertende Selbstkritiker ständig Ihr System, das die Bewältigung von Gefahr und den Selbstschutz regelt, stimuliert (was natürlich selbst eine Quelle von Stress ist) und ihm mit Schüben von Stresshormonen ständig kleine Anstöße gibt. Für den geübten entwertenden Selbstkritiker vergehen wenige Tage, ohne dass er negative Gedanken über sich hat. In gewisser Weise ist es so, als kratzte er ständig an einer verschorften Wunde. Wenn man innehält und darüber nachdenkt, macht entwertende Selbstkritik nicht viel Sinn, oder? Und doch …

Und doch haben Menschen seltsamerweise oft recht starken Widerstand dagegen, sie aufzugeben. Wir müssen das also näher anschauen: Was ist es, was uns selbstentwertend macht und warum hängen wir so daran? Die Quellen entwertender Selbstkritik sind nun nicht so schwer zu finden. Offensichtlich sind das einerseits natürlich Dinge, die uns in der Vergangenheit passiert sind. Manche Menschen, die sich selbst entwerten und verurteilen, hatten Eltern oder Lehrer, die sie entwertet und verurteilt haben.

Suzanne erinnert sich zum Beispiel an ihre Mutter als einen Menschen, dem man es „nie recht machen“ konnte. Sie war nicht missbräuchlich, sie lehnte Körperstrafen ab, aber sie wusste still, subtil und sehr wirkungsvoll zu reagieren. Als eine Expertin, das Haar in der Suppe zu finden, war für sie das Glas auch halb leer. Wenn Suzanne bei einem Test in der Schule Zweite war, fragte ihre Mutter sie, wer besser war und was sie daran gehindert hatte, Erste zu sein. Suzannes Leistungen wurden nie anerkannt oder gelobt, geschweige denn gefeiert. Aus der Sicht ihrer Mutter sollte man nicht „die eigene Trompete blasen“, man sollte „nie damit zufrieden sein, wo man ist“ und man sollte sich nie „auf seinen Lorbeeren ausruhen“. Suzanne erzählte: „Ich kann mich nicht daran erinnern, dass meine Mutter sich jemals über etwas gefreut hätte, was ich gemacht habe.“

Sonjas Mutter war ähnlich schwierig. Sie hielt ihrer Tochter immer vor, wie viel schwerer ihr Leben gewesen sei, wie viel robuster sie als Kind war und wie leicht es Mädchen heutzutage hätten. Suzanne und Sonja waren also jede in ihrer Weise damit aufgewachsen, zu lernen, die Dinge *nicht zu beachten,* die sie gut machten, nicht mit sich zufrieden zu sein oder ein gutes Gefühl von sich zu haben, sondern nur die Dinge zu beachten, die sie nicht so gut machten oder besser hätten machen können, und darauf zu achten, dass und inwiefern andere immer besser als sie waren. Sie waren sehr darin geübt, immer wieder das Gefühl aufzufrischen, dass „andere mich als nicht gut genug sehen“.

Das Problem ist natürlich, dass wir alles, was wir machen, immer auch besser machen könnten, und deshalb war Suzannes Gefühl der Enttäuschung und der Selbstentwertung nie weit weg. Und erinnern Sie sich an Jack, Jane und Carol, denen wir auf den Seiten 109 – 115 begegnet sind? Ihnen kam die Idee, mitfühlend, freundlich und wertschätzend sich selbst gegenüber zu sein und sich gut zu finden und zu gefallen, ziemlich seltsam vor, so als ob man sich damit verwöhnte. Dann gibt es das Problem, mit dem Sonja und viele andere auch konfrontiert sind, wirklich zu sehen, dass ihre Eltern tatsächlich unrecht hatten. Doch auch diese Vorstellung kann wieder falsch erscheinen. Sonja könnte es so ausdrücken: „Wenn ich meine Werte ändere, habe ich das Gefühl, als verriete ich meine Mutter und ihr Andenken.“ Es ist nicht so ungewöhnlich, dass Menschen aus Loyalität an Werten festhalten, von denen sie wissen, dass sie nicht hilfreich bzw. falsch sind.[7] Es kann sogar sein, dass sie Menschen unterstützen, von denen sie wissen, dass sie großen Schaden anrichten, weil das Gefühl der Zugehörigkeit wichtiger sein kann, als für sich einzustehen. Wenn wir Ansichten und Werte anderer ablehnen – das heißt, wenn wir rebellieren –, kann es sein, dass wir uns illoyal und als Außenseiter fühlen.

Wie wir uns also selbst sehen und wie wir uns behandeln, hat oft damit zu tun, wie man es uns beigebracht hat. Und das passiert in vielen Bereichen des Lebens: Frauen, die gelernt haben, dass Sex „schlecht" oder „ekelhaft" und „nur für Männer" ist, oder dass es „schändlich" ist, „grobe" Phantasien zu haben, entdecken oder erforschen vielleicht nie die Weite und Tiefe ihrer Sexualität und verurteilen vielleicht selbst ihre eigenen sexuellen Gefühle. Sie erforschen ihr Potential und Bewusstsein dann nur sehr eingeschränkt. In bestimmten sozialen Gruppen, die Angst vor Homosexualität haben und sie verurteilen, können Menschen von schrecklicher Scham wegen ihrer homosexuellen Gefühle geplagt sein, dies kann bis zum Selbstmord führen. Und doch hat man in anderen Gesellschaften Homosexualität sogar gefeiert. Sie sehen, dass Scham sehr damit verknüpft ist, in welchen sozialen Welten wir leben.

Bei manchen Menschen sind beschämende Erfahrungen nicht von traumatischen zu trennen. Tom wurde in seiner Kindheit misshandelt. Sein Vater war ein Tyrann, und obwohl seine Mutter auf ihre Weise fürsorglich war, war sie völlig unterwürfig und auch depressiv. Toms Vater – der wahrscheinlich eine Menge Scham in sich trug, die er auf ihn projizierte – war jemand, der bei Fußballspielen auftauchte und auf sehr entwertende Weise vom Spielfeldrand zu seinem Sohn hinüberbrüllte. Als Tom sich an bestimmte Ereignisse erinnerte, bekam ich einen Eindruck davon, was man *Scham/Trauma-Gedächtnis* nennen kann. Eines dieser Ereignisse war, als sein Vater herausfand, dass Tom Schwierigkeiten mit Mathematik hatte, und ein paar seiner Arbeiten mit schlechten Zensuren entdeckte. Tom erinnerte sich, wie das Gesicht seines Vaters rot vor Wut wurde: „Ich dachte, er würde explodieren." Der Vater tobte und schimpfte, er wäre „verdammt faul und dumm", und es gäbe keine Entschuldigung für seine schlechte Noten, und wenn er nicht besser würde, bekäme er ernsthaft Ärger.

Schauen wir uns jetzt einmal an, wie all das im Gedächtnis gespeichert wird. Als Erstes ist da die Emotion der Wut und Aggression, die von Toms Vater ausgeht. Toms Gehirn geht also sofort in einen Zustand starker Aktivierung des Bedrohungs/Selbstschutz-Systems, weil er sich von einem mächtigen erwachsenen Mann bedroht fühlt, obwohl unklar ist, ob er von dem großen männlichen Wesen geschlagen oder verletzt werden wird. Er bekommt automatisch große Angst, bringt kein Wort heraus und möchte fliehen, fühlt sich aber wie festgenagelt. Sein Erregungsniveau ist hoch, und zugleich hört er, wie er als „faul" und „dumm" beschimpft wird. Diese Bezeichnungen sind in seinem Denken mit etwas assoziiert, womit er sehr gerungen hat, denn in Mathematik musste er sich immer sehr anstrengen, um überhaupt mitzukommen. Die Intensität der Bedrohung und Wut seines Vaters vermittelt ihm das Gefühl, dass er etwas getan hat, was falsch und schlimm ist. Seine Mutter, die Angst vor ihrem Mann hat, ist nirgendwo zu sehen, und so fühlt Tom, dass er mit diesem potentiell gefährlichen Mann allein ist. Es gibt niemanden in der Nähe, der ihm hätte helfen können. Und nach allem, was ich erfahren habe, hatte Toms Vater denselben Hintergrund und war regelmäßig geschlagen worden – ein tragisches und schlimmes Erbe.

Hier haben wir also gemischte Erfahrungen, die in einem Scham/Trauma-Gedächtnis *verschmolzen* wurden. Diese Verschmelzung enthält

- eine große Bedrohung von außen
- die Erfahrung, ein Etikett zu bekommen
- ein Gefühl, schlecht und dumm zu sein und etwas Schlimmes getan zu haben
- einen massiven Ausbruch von Angst, Verwirrung und dem Gefühl, „an Ort und Stelle wie gebannt" zu sein, und doch fliehen und sich verstecken zu wollen
- ein Bewusstsein, vollkommen allein zu sein, ohne Aussicht auf Rettung

Man kann sich also vorstellen, was passiert, wenn Tom in Situationen gerät, in denen er glaubt, dass er einen Fehler gemacht hat oder nicht gut genug ist, und in denen Autoritätsfiguren oder Personen, auf die er sich verlässt, ihn kritisieren könnten: *Wenn er das Gefühl hat, dass er nicht gut genug ist, fühlt er sich allein, denn genauso war es, als er Kind war.* Menschen, die besonders als Kind Beschämung ausgesetzt waren, können sich tatsächlich unter der Scham sehr allein fühlen – denn die Schamerfahrung bedeutet, als nicht gut genug, ungewollt oder unerwünscht weggeschoben zu werden.

Tom erkennt, dass ein Teil seiner Selbstentwertung ein Echo der Stimme seines Vaters ist, manches hängt mit seiner Frustration zusammen und manches mit seiner Angst: „Wie konnte ich das nur machen. Jetzt bin ich wieder total verletzlich." Man könnte Tom auch als Perfektionisten sehen, aber Forschung hat gezeigt, dass es verschiedene Arten von Perfektionisten gibt. Eine Art von Perfektionismus hat mit einer Orientierung an persönlichen Standards zu tun, und eine andere mit Angst vor Entwertung und Kritik – man strebt nach Perfektion, um Kritik und Entwertung zu vermeiden.[8]

Menschen, die etwas erlebt haben, wobei sie sehr beschämt wurden, haben oft das Problem, dass sie plötzlich von intrusiven Erinnerungen überfallen werden können. Zum Beispiel kamen Tom oft plötzlich Erinnerungen an den Missbrauch, den er in der Vergangenheit erlebt hatte – und an die Gefühle, die sie hervorgerufen hatten.[9] Er neigte auch zu Wutausbrüchen, für die er sich schämte und verachtete. Als Reaktion darauf zog er sich dann zurück.

Die Drangsalierten werden zu Drangsalierern

Manche Kinder mit so einem Hintergrund verschiedener Grade und Kombinationen von Vernachlässigung, Kontrolle, Erwartung, Missbrauch und wenig Zuwendung können auch in die entgegensetzte Richtung gehen. Statt unterwürfig und selbstentwertend zu werden, identifizieren sie sich mit ihren Aggressoren, ahmen das Verhalten derer nach, die sie misshandelt haben, und werden selbst zu Tyrannen. Die Kinder lernen, dass andere sie nicht bedrohen, wenn sie sie ihrerseits bedrohen können. Das Problem im Hinblick auf ihre Hirnentwicklung ist dabei, dass alle Systeme, die für Mitgefühl wichtig sind, nicht als nützlich wahrgenommen werden – sie können sogar hinderlich sein, wenn sie diese Strategie zum Überleben und zum Selbstschutz entwickeln. Warum sollte man Leuten vertrauen, wenn diese einen verletzt und bedroht haben, würden sie sich fragen. Warum sollte man Freundlichkeit entwickeln? Man muss erst dafür sorgen, dass man sich schützen kann. Die sozialen Mentalitäten für Mitgefühl werden dann zu wenig geübt und entwickeln sich im Denken solcher tyrannischen

Menschen nicht. Sie sehen Mitgefühl für andere sogar eher als eine Schwäche, die sie verletzbar macht.

Für sie ist der Trieb nach Macht und Kontrolle eine Abwehr dagegen, dass andere sie kontrollieren – weil sie im Wesentlichen denen, die eine Autoritätsposition innehaben, nicht zutrauen zu lieben, Anteil zu nehmen und sich um sie zu kümmern. Männer mit diesem Hintergrund betrachten Frauen oft als etwas, was man lieben oder begehren kann, aber nie als gleichwertig, denn ihre Mütter waren nie stark genug, sie vor ihren feindseligen Vätern zu beschützen. Wenn diese beschädigten Menschen nach Macht streben und dann Machtpositionen bekommen, leiden die anderen unter den Folgen. Die menschliche Geschichte kennt sie und ihren rücksichtslosen Ehrgeiz nur allzu gut. Diese Menschen neigen weniger dazu, sich selbst zu entwerten, sondern viel wahrscheinlicher ist es, dass sie anderen die Schuld geben, wenn die Dinge schiefgehen.

Bei all diesen Beispielen scheint eine zugrunde liegende Angst durch – die Angst vor Trennung irgendeiner Art. Wenn man im Herzen wüsste, dass Menschen einen lieben, egal, ob man Erfolg hat oder nicht, würde man nicht in diesem Ausmaß Angst haben. Und natürlich beginnen diese Probleme nicht nur zu Hause. Sie können auch in der Schule entstehen, wenn Kinder drangsaliert werden. Und sie sind auch von unserer Gesellschaft geprägt. Je mehr man um sozialen Rang konkurrieren muss, umso bedrohter fühlt man sich. Die Zeiten, als kleine Jungen am Ende ihrer Pubertät als Lehrlinge oder mit einer Arbeit ihren Vätern nachfolgten und es ein Gefühl von Gemeinschaft und Zugehörigkeit zur eigenen traditionellen Familiengruppe gab, sind lange vorbei. Für viele Heranwachsende gibt es heute wenig soziale Kontinuität. Ein Gefühl der Entfremdung, das Gefühl, nicht wirklich irgendwohin zu gehören – weder in die Welt der Kinder noch in der Welt der Erwachsenen willkommen zu sein – verfolgt viele. Weil dem menschlichen Gehirn diese Art Entfremdung nicht zuträglich ist und es nicht gut damit zurechtkommt, nimmt es sie als Gefahr und Bedrohung wahr. Und natürlich konkurrieren Heranwachsende untereinander in Bezug auf Dinge, die sie glauben haben zu müssen, was durch das gesellschaftliche Vorbild unterstützt und verstärkt wird.

Das Gefühl des Alleinseins spielt bei Scham ebenfalls eine große Rolle. Da Scham damit in Verbindung gebracht werden kann, weggestoßen oder als nicht wert angesehen zu werden, viel Beachtung zu bekommen, können Kinder, die vernachlässigt wurden, oft ein Gefühl davon entwickeln. Es geht auf die emotionalen Erinnerungen daran zurück, allein und nicht in der Lage zu sein, andere so zu beeinflussen, dass sie sich für sie interessieren.

Von entwertender Selbstkritik zu Selbstmitgefühl

Weil entwertende Selbstkritik aus unterschiedlichen Gründen entstehen kann, müssen wir zunächst identifizieren, wie unsere Selbstentwertung entstanden ist und worin unsere größten Ängste bestehen würden, wenn wir sie verringern oder sogar ganz aufgeben würden. Wir haben gesehen, dass Selbstentwertung für das Gehirn schädlich ist und wie Selbstmitgefühl ihm guttut. Aber auch dann gibt es möglicherweise einen gewissen Widerstand dagegen, die Selbstentwertung aufzugeben. Hier eine Übung, die helfen kann.

Übung: Unterscheiden zwischen Selbstentwertung, die auf Scham beruht, und Selbstkorrektur mit Mitgefühl

Legen Sie Papier und Bleistift bereit. Stellen Sie sich jetzt vor, dass Sie, nachdem Sie dieses Buch gelesen haben, sich *nie* wieder entwerten. Schließen Sie Ihre Augen und stellen Sie sich wirklich vor, dass Selbstentwertung nicht mehr zu Ihrem Charakter gehört. Nehmen Sie sich Zeit. Was fühlen Sie als Erstes? Was sind Ihre größten Ängste? Wenn Sie im Entferntesten mir und den Menschen ähneln, mit denen ich in der Vergangenheit gearbeitet habe, also wie andere Menschen sind, dann werden Sie alle möglichen „Ja, aber" dagegen vorbringen können, mit Selbstkritik und Selbstentwertung aufzuhören. Dazu könnte gehören: „Ja, aber wenn ich mich nicht kritisiere, könnte ich faul werden, es könnte sein, dass ich nichts mehr leiste, ich könnte arrogant werden und meine Fehler nicht mehr sehen, ich könnte aufhören, liebenswert zu sein." – Sie glauben immer noch, dass Selbstentwertung Ihnen hilft, oder, wenigstens ein bisschen Selbstentwertung?

Legen Sie jetzt auf einem Blatt Papier zwei Spalten an. Überschreiben Sie eine mit „Wie meine Selbstentwertung mir hilft" und die andere „Wie meine Selbstentwertung mich behindert". Schreiben Sie jetzt alle Vorzüge von Selbstentwertung in die erste Spalte und alle Nachteile in die zweite. Wenn Sie sich anschauen, was sie geschrieben haben, fallen Ihnen vielleicht die Gründe auf, warum Sie an Ihrer Selbstentwertung festhalten, warum Sie sie nicht aufgeben können. Denken wir also darüber nach, wie Sie mit Mitgefühl damit umgehen können.

Als Erstes möchte ich eine klare Unterscheidung von Selbstentwertung, die auf Scham beruht, und Selbstkorrektur mit Mitgefühl machen. Diese Unterscheidung beruht auf Ihren *Gefühlen.* Selbstentwertung ist nämlich oft von Enttäuschung, Frustration und sogar Verachtung begleitet, und es sind diese Gefühle, die Sie wirklich beschädigen, zum Teil deshalb, weil sie aus Ihrem Bedrohung/Selbstschutz-System stammen. Sie halten Sie davon ab, zu erkennen, dass Sie nicht wirklich arrogant werden, weil Sie nämlich den *echten Wunsch* haben, Anteil an Menschen zu nehmen, und dass Sie nicht faul sein werden, weil Sie den echten Wunsch haben, tätig und aktiv zu sein, etwas zu leisten und gut zu sein. Selbstentwertung kann uns für die *positiven Gefühle und Wünsche* in uns blind machen und uns vortäuschen, dass wir erst dann halbwegs anständige Menschen werden, wenn wir einen Stock auf unserem Rücken spüren.

Sie erinnern sich vielleicht daran, wie Ihre Eltern zu Ihnen gesagt haben: „Warum muss ich immer hinter dir her sein? Warum muss ich erst wütend werden, bevor du etwas machst?" Mit dem Wissen, das ich jetzt habe, würde ich gern in meine Pubertät zurückgehen und meinem Vater ganz ruhig sagen: „He, dass ich nicht viel tue, ist nichts Besonderes. Das liegt daran, dass ich Teenager bin, und ich bin aus deinen und Mamas Genen entstanden. Das bedeutet, dass ich in diesem Alter gern mit meinen Freunden zusammen bin, einen trinke, am liebsten den ganzen Tag schlafe und abends in meiner Rockband spiele. An mir ist nichts unnormal – es ist nicht mein Fehler! Keine Sorge, ich bin völlig in Ordnung."

Natürlich sehe ich jetzt, dass ein großer Teil der Drängelei meiner Eltern auf Sorge beruhte, weil wir in einer Konkurrenzgesellschaft leben und sie Angst hatten, dass ich es im Leben zu nichts bringen würde. Es hat mich ein wenig beschäftigt, als ich mich 30 Jahre später zu meinen Kindern sagen hörte, als es um Lernen für ihre Prüfungen und auch um den Abwasch ging: „Warum muss ich immer hinter euch her sein? Warum muss ich erst wütend werden, bevor ihr etwas macht?" Genetische Programme sind einfach langweilig. Aber ich schätze, es geht um Ausgewogenheit. Manchmal ist ein wenig Drängen ganz hilfreich, und man kann diese elterlichen Sorgen auch als Ausdruck von Fürsorge sehen, vorausgesetzt, sie werden nicht mit Feindseligkeit oder Verachtung vorgebracht.

Wir haben aber immer noch das Problem, was wir mit der Selbstentwertung machen und wie wir zwischen ihr und mitfühlender Selbstkorrektur unterscheiden. Wenn es darum geht, wie wir uns behandeln, unterscheiden wir zwischen Selbstentwertung aus Scham und Selbstkorrektur mit Mitgefühl. Wenn wir diesen Unterschied verstehen, kann uns das helfen, mit Scham umzugehen.

Selbstentwertung ist gewöhnlich rückwärts gewandt und richtet sich auf Dinge, die wir getan haben. Sie macht uns keinen Mut für die Zukunft. Sie ist normalerweise von Gefühlen des Ärgers oder von Wut begleitet, statt von Unterstützung und Ermutigung. Oft untergräbt sie unser Selbstvertrauen, statt es zu inspirieren und zu entwickeln. Selbstkorrektur auf der anderen Seite, wenn sie von Mitgefühl begleitet ist, kann uns inspirieren und helfen, uns Fehlern zu stellen und aus ihnen zu lernen. Erinnern wir uns also an die Qualitäten des Mitgefühls. Dazu gehören: Motivation durch Fürsorge und Helfen, die Fähigkeit, uns in Not und Leiden einzufühlen, Gefühle der Freundlichkeit, Wärme und Bereitschaft zur Unterstützung zu fördern und zu stärken, und Not anzuerkennen, Geduld und Toleranz zu entwickeln und uns Schwierigkeiten zu stellen, um aus ihnen zu lernen und Weisheit zu entwickeln.

Auf Tafel 5 ist der Unterschied zwischen Selbstkorrektur mit Mitgefühl und Selbstentwertung aus Scham leicht zu erkennen. Sie verstehen ihn vielleicht besser, wenn Sie sich ein Kind vorstellen, dass etwas Neues lernt, aber Mühe hat und Fehler macht. Ein kritischer, entwertender Lehrer wird vor allem auf diese Fehler achten und darauf hinweisen. Vielleicht wird er gereizt sein, unterstellen, dass es sich nicht

Tafel 5: Unterscheiden zwischen Selbstentwertung, die auf Scham zurückgeht, und Selbstkorrektur mit Mitgefühl

Auf Scham beruhende Attacken gegen sich selbst	Selbstkorrektur mit Mitgefühl
• Fokussieren auf den Wunsch, zu verurteilen und zu bestrafen	• Auf den Wunsch gerichtet, sich zu bessern
• Bestrafen vergangene Irrtümer und schauen oft zurück	• Betont Wachstum und Verbesserung • Schaut nach vorne
• Werden mit Wut, Frustration, Verachtung, Enttäuschung ausgeführt	• Wird mit Ermutigung, Unterstützung, Freundlichkeit vorgenommen
• Orientieren sich an Defiziten und Angst vor Bloßstellung	• Baut auf Positivem auf (z. B., indem gesehen wird, was man gut gemacht hat, und dann Punkte betrachtet, wo man etwas zu lernen hat)
• Fokussieren auf ein globales Identitätsgefühl	• Auf Attribute und spezifische Qualitäten seiner selbst gerichtet
• Setzen große Angst vor Vergangenem voraus	• Betont Hoffnung auf Erfolg
• Steigern Chancen von Vermeidung und Rückzug	• Steigert die Chancen, sich zu engagieren
Betrachten Sie das Beispiel von dem kritischen Lehrer mit einem Kind, das sich abmüht.	Betrachten Sie das Beispiel von dem Mut machenden, unterstützenden Lehrer mit einem Kind, das sich abmüht.
Bei einer Verfehlung	*Bei einer Verfehlung*
• Scham, Vermeiden, Angst • Mut verlässt einen, gedrückte Stimmung • Aggression	• Schuldgefühl, sich engagieren • Kummer, Reue • Wiedergutmachung

konzentriert oder besser sein könnte, wenn es sich nur anstrengen würde. Die Basis dieses Unterrichtsstils ist in Wirklichkeit Angst und Scham – einem Kind Angst zu machen, oder dafür sorgen, dass es sich schlecht fühlt, wenn es Probleme hat –, und genau das ist oft der Grund, weshalb Kinder versagen und aufgeben.[10] Nichtsdestotrotz war das in der Vergangenheit ein häufiges Lehrerverhalten, nicht nur in der Schule – viele Ärzte in meinem Alter erzählen mir, wie sie als Medizinstudenten oft gedemütigt wurden, weil man glaubte, das sei gut für ihre Ausbildung. Diesem Lehrer können wir einen anderen Lehrer gegenüberstellen, der erkennt, dass Lernen neuer Fertigkeiten schwierig sein kann. Dieser Lehrer erkennt die Anstrengungen bei Lernen von Neuem an, achtet vor allem darauf, was das Kind gut macht, baut darauf auf und lobt sein Bemühen. Er versucht, ein detailliertes Verständnis davon zu entwickeln, wo die Schwierigkeiten liegen, gibt ein klares und genaues Feedback, wie die Leistungen verbessert werden können und sorgt für angeleitete Übung in einer unterstützenden, freundlichen Atmosphäre, in der Fehler selbstverständlich zum Lernprozess gehören. Wenn das Kind sich keine Mühe gibt, dann geht es natürlich darum, ihm zu helfen, sich mehr anzustrengen und zu sehen, wo die Blockierungen sind. Vielleicht ist es ein Mangel an Interesse bei dem Kind, aber es könnte auch seine Befürchtung oder sogar Überzeugung sein, dass die Aufgabe am Ende zu schwierig ist und es versagt und beschämt wird – warum sich dann anstrengen?

Wir können solche Beziehungen auch mit uns selbst haben. Überlegen Sie einmal, ob Sie einen kritischen oder einen mitfühlenden Lehrer in Ihrem Kopf haben. Wenn Sie sehen, dass Sie mit Rückschlägen und Fehlern eher so umgehen, dass Sie sich entwerten, dann nehmen Sie das zunächst einfach wahr (ohne sich zu entwerten!) und treffen Sie dann die Entscheidung, zu Selbstkorrektur mit Mitgefühl überzugehen. Das kann Ihnen helfen, allmählich das Gewicht von Selbstentwertung, die auf Scham beruht, zu Selbstkorrektur mit Mitgefühl zu verlagern. Einige meiner Patienten erzählen mir, dass sie sich nicht vorstellen können, Selbstbewertung ganz aufzugeben – deshalb geht es allein um Ausgewogenheit, Schritt für Schritt das zu tun, was wir können. Ich neige z. B. immer noch dazu, mich über mich zu ärgern, wenn ich Dinge vergesse.

Selbstwertgefühl versus Selbstmitgefühl

Wenn Sie Ihren Geist ausbilden wollen, um mitfühlend mit sich selbst und anderen zu sein, ist es wichtig, die verschiedenen Emotionssysteme in sich auszubalancieren. Kürzlich gab es großes Interesse daran, *Selbstwertgefühl* bei Kindern und Erwachsenen zu nutzen und ihnen damit zu helfen, optimistisch zu werden, ihre Leistungsfähigkeit zu steigern und ausdauernd zu werden. Darin steckt eine Menge Weisheit, und es scheint hilfreich zu sein. Man hat jedoch dagegen angeführt, dass das Selbstwertgefühl dazu tendiere, anzusteigen, wenn es einem gut geht – es ginge ihm darum, andere zu überholen, und es sei sehr selbstbezogen. Bei *Selbstmitgefühl* geht es andererseits darum, wie wir uns behandeln, wenn die Dinge schlecht laufen. Es lehrt uns, unser Herz anderen zu öffnen und zu erkennen, dass wir uns alle anstrengen, Leiden zu vermeiden und glücklich zu sein, dass wir uns alle einfach zufällig hier befinden und mit einer Reihe von Genen und Lebenserfahrungen ausgestattet sind, die unser Gehirn geformt haben. (Mehr dazu finden Sie auf Kristen Neffs Website www.self-compassion.org.)

Selbstwertgefühl muss also mit Selbstmitgefühl ausbalanciert werden. Dies bringt uns zu unserer früheren Frage zurück, nämlich *wie man versagt,* wie man akzeptieren kann, dass man möglicherweise weniger ist, als man sein möchte, und wie man sich von dieser Angst befreit und zu einem Zustand fortschreitet, in dem man „einfach nur ist".

Scham und Schuldgefühl

Auf Tafel 5 sehen Sie, dass ich zwischen Schuld und Scham unterschieden habe: im Hinblick auf Verstöße gegen Regeln einerseits – das heißt, wenn man Fehler begeht, Regeln bricht oder andere im Stich lässt – und Verletzen anderer andererseits. Diese Unterscheidung ist wichtig und etwas, was wir schon besprochen haben (siehe S. 276 – 279). Bei Scham geht es um die negativen Gefühle, die wir gegenüber uns selbst haben, und um negative Eigenschaften, die wir uns zuschreiben, sowie um Schlechtes, was andere uns gegenüber empfinden. Die Psychologie der Schuld dagegen macht sich am *anderen* fest. Dabei geht es um unser Verhalten und seine Wirkung auf den anderen. Wir müssen uns dem anderen

Menschen psychologisch zuwenden, um zu versuchen, seine Gefühle zu verstehen, um Schuld empfinden, Sympathie und Empathie mit der Verletzung, dem Schmerz, dem Ärger oder der Irritation des anderen haben zu können. Es geht nicht um das globale Gefühl, selbst gut oder schlecht zu sein, es geht um ein ganz *bestimmtes* Verhalten. Man kann nicht allein deshalb Schuldgefühle empfinden, weil man etwas gedacht oder gefühlt hat, wenn das nicht zu wirklicher Verletzung oder zu einem Schaden für einen anderen führt. Gefühle, die mit solchen Gedanken assoziiert werden, können sich beschämend anfühlen, wenn man meint, dass sie ein schlechtes Licht auf einen selbst und darauf werfen, was man von sich hält. Mit einem Schuldgefühl öffnet man sich hin zu anderen, wenn wir ihnen Schaden zugefügt haben. Es ist eine wichtige soziale Emotion, die uns hilft, Beziehungen aufzubauen und zu erhalten. Sie lässt uns an den Schaden denken, den wir anderen zufügen – im Grunde wäre es besser, wenn wir mehr Schuldgefühl und weniger Schamgefühl hätten.

Im Alltag erleben wir natürlich Mischungen von Scham und Schuldgefühlen, da sie zusammen aktiviert werden können. Eines der Probleme mit Scham und Auslösen von Scham bei anderen besteht darin, dass Menschen, die sie empfinden, sich vielleicht verteidigen, indem sie leugnen, dass sie etwas Schlechtes getan haben, um eben die schlechten Gefühle zu vermeiden, die Scham mit sich bringt. Sie wollen sich ihr schädliches Verhalten einfach nicht ansehen. Es geht ihnen mehr darum, ihr Selbstwertgefühl zu verteidigen. Es ist dann vielleicht eine seltsame Sache, dass wir, wenn wir Mitgefühl entwickeln, offener für unsere Verfehlungen werden und eher bereit sind anzuerkennen, wenn wir andere verletzt haben – manchmal mit Absicht, manchmal unabsichtlich. Mitgefühl ermöglicht uns, diesen Schmerz zu empfinden und Schaden wiedergutmachen zu wollen.

Was bedeutet das also für das Verständnis von entwertender Selbstkritik? Wir sehen, dass beschämende Formen von Selbstkritik aus vielen Gründen gewöhnlich nicht hilfreich sind: Es geht dabei um Bestrafung, und sie aktivieren ein Gefühl von Gefahr und Bedrohung. Selbstkorrektur mit Mitgefühl und das Verlangen, mit Ermutigung und Freundlichkeit besser zu werden, umfassen ein vollkommen anderes Motivationssystem. Unsere Fähigkeiten, Schuldgefühle zu ertragen, zu erkennen, wenn wir andere verletzt haben, uns in sie hineinzuversetzen und ihren Schmerz anzuerkennen und zu fühlen, sind wichtige Elemente beim Entwickeln von Mitgefühl. Es kann bei vielen Aspekten des Lebens sehr hilfreich sein, wenn man sich in andere hineinversetzt und erfährt, was sie über unsere Handlungen empfinden. Denken Sie einmal daran, bevor Sie zum Beispiel Ihren Partner mit Worten verletzen, wie Sie sich fühlen würden, wenn er das Gleiche zu Ihnen sagen würde – nicht damit Sie sich schlecht fühlen, sondern um sich mit mitfühlendem Verständnis zu helfen.

Komplikationen: Entwertende Selbstkritik und die Angst vor mächtigen und erwünschten anderen

Wenn meine Kollegen und ich mit sehr depressiven und selbstentwertenden Menschen arbeiten, wird manchmal schnell deutlich, dass sie sehr viel Wut in sich haben, die sie ängstigt oder extrem aufregt. Sie verhalten sich dann vielleicht sehr unterwürfig, sind zurückgezogen und tendieren zu Selbstvorwürfen, aber sie haben natürlich ernste Konflikte mit Eltern oder Partnern.

Von Friedrich Nietzsche stammt der Satz: „Niemand gibt sich selbst die Schuld ohne einen geheimen Wunsch nach Rache." Freud übernahm dies für seine Theorie der Depression und meinte, dass Menschen depressiv werden, weil die Wut, die sie gegenüber anderen fühlen, die sie verletzt oder im Stich gelassen haben, nach innen gewendet wird. Er meinte, sie könnten ihre Wut deshalb nicht ausdrücken, weil sie von den anderen abhängig wären und Angst hätten, die anderen würden sich dann gegen sie wenden.[11] Wenn man verzweifelt geliebt und fürsorglich behandelt werden möchte, zeigt man dem anderen gegenüber keine Wut. Wenn man das täte, könnte das Selbstbild vom „netten und liebenswerten Menschen" leicht Schaden nehmen. Wut wird also unterdrückt wegen der Wirkung, die sie auf den anderen Menschen hat, und wegen der Folgen für das Gefühl, das man dann von sich selbst hat.

Diese Strategie, sich selbst die Schuld für schlechtes Verhalten anderer zu geben, ist eigentlich archetypisch und auch in viele religiöse Überzeugungen tief eingebettet. So funktioniert das. Wir wissen, dass das

Leben für die menschliche Rasse mit all den Krankheiten, Dürren, Kriegen und allen möglichen Katastrophen und Schicksalsschlägen sehr schwer gewesen ist. Dann gibt es noch das kleine Problem, dass wir alle sterblich sind. Menschen haben daher mit ihrem „neuen Denken" versucht herauszufinden, warum solche schrecklichen Dinge passieren und was sie daran ändern können. Viele Gruppen haben Vorstellungen von mächtigen Gottheiten entwickelt, die diese schrecklichen und tragischen Ereignisse verursachen und kontrollieren. Seefahrende Völker haben zum Beispiel Götter des Meeres und der Stürme erschaffen. Die Griechen hatten Götter des Krieges, der Fruchtbarkeit etc. – Götter für alle Prozesse und Kräfte, die uns Angst machen oder für das Wesentliche im Leben verantwortlich sind (z. B. die fruchtbare Erde). Außerdem haben sich viele der Götter, die von Menschen verehrt wurden, als ziemlich beängstigend und unzuverlässig erwiesen. Zeus konnte, so wie auch der Gott des Alten Testaments, sehr nachtragend sein. Und die aztekischen Götter waren auch nicht sehr nett.

Nun haben Menschen in vielen Gesellschaften sich gedacht, dass Götter, wenn sie gute und schlechte Dinge kontrollieren, auf ihre Seite gebracht werden, besänftigt, hofiert und günstig gestimmt werden müssten. Da es üblicherweise Männer waren, die in diesen Religionen das Sagen hatten, überlegten sie: „Hm ... was würde mir gefallen, wenn ich ein Gott wäre? Ah! Ich weiß – vielleicht ein paar Jungfrauen! Das ist es! Wir schicken den Göttern ein paar Jungfrauen, das muss sie beeindrucken, dann sind sie mit uns zufrieden und glücklich, sind freundlich und hilfsbereit." Es klingt ziemlich logisch und vernünftig, denke ich, wenn wir uns durch Projektion vorstellen, was ein Gott möchte und ihm Lust bereiten könnte. Denjenigen zu gehorchen, die die Macht über einen haben, sich ihnen zu unterwerfen und sie zu besänftigen, macht für ein menschliches Gehirn, das sich aus dem Primatenhirn entwickelt hat, vollkommen Sinn – Angst vor dominanten männlichen Gestalten ist für primitive Gesellschaften archetypisch und sexuelle Verfügbarkeit ist ein besänftigender Akt.

Aber was passiert, wenn man gehorcht, sich unterwirft und Jungfrauen opfert, die Stürme aber tatsächlich schlimmer werden oder Krankheiten wie Typhus oder Malaria die Gruppe heimsuchen und Kinder oder andere geliebte Menschen dahinraffen? Dann wird man auch noch von einem anderen Stamm überfallen. Man lebt in einer vorwissenschaftlichen Gesellschaft und hat deshalb keine Möglichkeit, zu verstehen, dass man nicht persönlich gemeint ist. Es ist einfach der Strom des Lebens und eine Folge davon, wie Malaria- und Typhuserreger von Moskitos und Wasser verbreitet werden. Und was Krieg angeht – man würde nicht wissen, dass potentielle Stammeskonflikte in unseren Genen angelegt sind und Milliarden deshalb sterben werden, denn nur allzu leicht werden wir von Geschichten um Stammesidentität, Mythen und heroischer Suche verführt. Wenn man also in so einer Gesellschaft lebt, kann man sich nur an die Götter wenden. Es gibt keine andere Hoffnung. Da die Götter mächtig sind und man selbst schwach, sollte man ihnen besser nicht mit Wut begegnen, denn sie könnten einem wirklich schaden. Wenn sie auf der anderen Seite nicht mächtig sind und diese Schicksalsschläge auch nicht kontrollieren können, sind sie es wahrscheinlich nicht wert, dass man an sie glaubt – und das bringt einen wieder zu der Angst und der Sinnlosigkeit dieser Schicksalsschläge des Lebens zurück. Aber auch wenn die Götter das Geschehen auf dem Planeten vielleicht nicht kontrollieren und nicht eingreifen, könnten sie dennoch die Dinge nach dem Tod kontrollieren – dies ist also ein Dilemma! Also geht man von der einzig „sicheren" Annahme aus, die man haben kann: dass man etwas falsch gemacht haben muss, dass man gesündigt haben und die Götter beleidigt haben muss, wenn so schlimme Dinge passieren. Deshalb muss man sich jetzt unterwerfen und etwas mehr opfern. Also nächstes Jahr noch mehr Jungfrauen (oder haben die letzten vielleicht ihr Sexleben verschwiegen?).

Diese Art Denken kann in einer Gruppe zu schwerwiegenden Problemen mit Verfolgungsideen und Paranoia führen. Wenn nicht ich es war, der gesündigt hat und für die Wut der Götter und dafür verantwortlich ist, dass sie uns verlassen haben, dann muss es jemand anders gewesen sein. Besser wir finden ihn schnell! Suchen wir also diejenigen in unserer Gemeinschaft, die das Gesetz gebrochen und die Götter verärgert haben und opfern wir sie. Zum Beispiel wird im Buch Genesis Eva die Schuld daran gegeben, dass Menschen angefangen haben zu sündigen und dann aus dem Garten Eden verbannt wurden. Eine Wirkung ist, dass Teile der Bibel ein ziemlich böses Bild von Frauen verbreiten. Verfolgt man

Ungehorsame, weil man sich sorgt, Gott könnte sich abwenden oder strafen, öffnet man unseren sadistischen Höllenphantasien und den Konzepten der Todsünde Tür und Tor. Diese haben viele Jahrhunderte lang die Menschen in Furcht und Schrecken gehalten. Dieses Verhalten ist vollkommen ohne Mitgefühl, aber Identifikation mit von Angst aktivierten Archetypen kann sich ebenso auswirken.

Unsere tief verwurzelte Angst um Leben und Tod und die Vergänglichkeit von allem bedeutet, dass wir uns selbst (oder anderen in unserer Gruppe) die Schuld geben. Das Einzige, was wir tun können, um uns zu schützen, ist, unser Verhalten (oder das anderer, die die Götter beleidigen und Probleme für uns heraufbeschwören könnten) zu beobachten und dafür zu sorgen, dass wir tun, was wir tun sollen, um die Götter auf unsere Seite zu bringen.

Obwohl wir diese Prozesse jetzt ziemlich gut verstehen, ist es tragisch, dass so viele Gesellschaften und Individuen immer noch in dieser Art Terrormanagement befangen sind. Stellen Sie sich vor, Sie würden eine Zeitreise zu einer dieser Gesellschaften machen und den Menschen erklären, dass es keine Götter gibt. Sie würden ihnen sagen, dass die Krankheiten, von denen sie befallen werden, ihre Wurzeln gerade im Fluss des Lebens selbst haben und Teil seiner gewachsenen Form sind und dass in tausend Jahren Menschen dies verstehen werden und für diese Krankheiten, die weder gottgegeben noch von Gott kontrolliert sind, Heilungsmöglichkeiten entwickelt haben werden. Sie können sich vorstellen, wie sie Sie behandeln würden. Diese Menschen hätten vor dem, was Sie sagen, große Angst, denn das, was das bedeutet und die Folgerungen, die man daraus ziehen kann, würden ihr Identitätsgefühl und ihre Empfindung für einen Sinn zerstören. Hm … meldet sich jemand freiwillig als Opfer? Angst vor einer phantasierten dominierenden männlichen Autorität und Gehorsam ihr gegenüber bleiben in dieser Welt oder der nächsten für uns als Spezies potentiell äußerst problematisch.

Aber was haben diese Geschichten nun mit Selbstentwertung, Angst und Depression zu tun? Eigentlich ist diese Denkweise derjenigen nicht unähnlich, der ich bei der Arbeit mit depressiven Menschen begegne. Ihre Selbstentwertung hat sich oft im Umfeld mächtiger oder bedrohlicher Menschen entwickelt. Ihretwegen mussten sie lernen, sich selbst die

Schuld zu geben und sich sehr genau zu beobachten.[12] Sie überprüfen immer wieder, ob sie nicht etwas tun, was die Wut dieser bedrohlichen anderen auslösen kann. Wenn man nichts tun kann, um diese mächtigeren anderen zu kontrollieren, bleibt nur noch, das eigene Verhalten zu kontrollieren. Man nennt dies eine „unfreiwillige Strategie der Unterordnung", weil es die Denkweise und Orientierung eines ängstlichen Untergebenen ist.

Wenn man Selbstvorwürfe und entwertende Selbstkritik aufgibt, kann das daher Angst machen. Und so begegnen wir hier einigen komplexen Abwehrstrategien, die außerhalb unseres wachen Bewusstseins wirken und uns eine Menge Ärger machen können. Depressive Menschen mit diesem Problem können nur langsam lernen, es zu verstehen, weil es sie überwältigen kann. Wenn sie mit dieser Schwierigkeit identifiziert sind, können sie sehr auf Selbstvorwurf und die Empfindung von Schlechtigkeit und Sünde fixiert werden. In vergangenen Jahrhunderten wurde Depression mit der Anschauung assoziiert, Gott beleidigt zu haben und von ihm „aus Liebe" verstoßen zu sein. Der Grund ist, dass zur Depression gehört, dass unsere positiven Emotionssysteme gedämpft werden und wir als Folge schreckliche Gefühle der Isolation und Abgetrenntheit haben. Wenn wir versuchen, mit der Wut depressiver Menschen auf das Leben oder auf die Gottheiten, die sie im Stich gelassen haben, oder mit ihrer Wut auf ihre nicht liebevollen Eltern umzugehen, können sie so große Angst vor ihren Gefühlen haben und ein so starkes Bedürfnis danach empfinden, von Eltern oder Partner geliebt oder geschützt zu werden, dass sie eine Art inneren Kollaps erleiden können. Selbstentwertung wirkt also manchmal wirklich wie ein Deckaffekt für die Tatsache, dass man sehr viel Wut auf andere hat: Man hat damit wirklich einen Konflikt und Angst vor der eigenen Wut.

Man kann auch viel Angst vor der Stärke ihrer Wut, vor dem Sadismus und vor dem Rachebedürfnis haben. Wie Dr. Jekyll und Mr. Hyde oder The Hulk haben wir Angst, dass wir „von Wut besessen" oder von ihr überwältigt werden können und Amok laufen. Sie könnte so intensiv werden, dass wird die Kontrolle verlieren, und dann wären wir wieder bei der Scham.

Mitgefühl befähigt uns, zurückzutreten und unsere intensive Wut mit Freundlichkeit anzuschauen, während wir zugleich erkennen, dass wir tatsächlich lernen müssen, wie wir uns davor bewahren, die primitiven Emotionen, die in uns herumwirbeln, auszuleben. Freud und Jung gründeten sogar einen großen Teil ihres Denkens darauf, wie wir Strategien konstruieren, um uns vor unseren primitiven Impulsen zu schützen.

Der Ansatz mit Mitgefühl besteht nicht einfach darin, Wut zu beseitigen, indem man sich beruhigt. Die Ausbildung eines mitfühlenden Geistes sieht Wut und Hass eher als Tragödien, nicht als Gifte. Das Verständnis von Wut und Hass als Gift ist kein nützliches Konzept, um mit Wut und Hass zu arbeiten. Der Grund ist, dass Wut und Hass gewöhnlich mit Verletzungen und Ängsten und mit tiefen Verletzlichkeiten, manchmal aus der Vergangenheit und manchmal sogar mit dem ganzen Prozess von Leben und Tod verbunden sind. Wut und Hass sind wie eine Flamme, die einerseits Licht verbreiten und lebenserhaltende Wärme spenden kann, andererseits, wenn ungezähmt und ungerichtet, kann sie auch verbrennen, intensiven Schmerz verursachen und alles, was sie berührt, verzehren und zu Asche machen. Wut und Hass sollten als Hinweise gesehen werden, dass wir zurückschauen müssen, um die Quelle unserer Verletzung und unseres Schmerzes zu finden, und aufrichtig mit unserer Angst umgehen. Bei Arbeit, die auf Mitgefühl aufbaut, ist dies oft das Schwerste: aufrichtig genug zu sein, um mit Angst und Kummer zu arbeiten, die unter der Wut liegen.

Kim litt unter einer schweren Depression. Sie glaubte, ihr Körper sei krank, und sie hatte das Gefühl, es gäbe in ihr etwas grundlegend Schlechtes. Ihre Eltern hatten sie in dem Glauben aufgezogen, sie wären eine besondere Familie, die von Gott auserwählt war. Als Kim aber mit 8 Jahren von einem Nachbarn missbraucht wurde, glaubte ihre Familie ihr das erst nicht und unterstellte ihr dann, sie müsste etwas getan haben, um ihn zu ermutigen. Rückblickend denkt sie jetzt, dass sie vor dem Nachbarn und auch vor dem möglichen Skandal Angst hatten, zu dem es gekommen wäre, wenn sie die Polizei verständigt hätten. Sie erkannte, dass ihre Eltern oft den Kopf in den Sand steckten oder einfach beteten, wenn sie Schwierigkeiten hatten. Innerhalb kurzer Zeit nach dem Missbrauch hatte sich die vermeintliche liebevolle Beziehung mit ihrer Mutter völlig aufgelöst. Aber natürlich konnte sie sie nicht aufgeben, weil ihre Eltern der Mittelpunkt ihres Lebens gewesen waren und Kim sich so sehr wünschte, dass ihre Mutter sie liebte. Doch wie konnte ihre Mutter sich weigern, Kim zu glauben und ihre Gefühle anzuerkennen, und wie war es mit ihrem Versagen, sie vor dem Missbrauch durch den Nachbarn zu schützen? Wenn ihre Mutter nur anerkennen würde, was passiert war, und sich entschuldigen würde ... aber als Kim versuchte, das Thema wie eine Erwachsene anzusprechen, leugnete ihre Mutter nur, dass es wichtig sei. „Diese Dinge passieren", sagte sie und ging nicht weiter darauf ein.

Kim hatte sich durchgekämpft und war eine erfolgreiche Anwältin geworden, aber als sie selbst Kinder bekam, reaktivierten die damit verbundenen komplexen Erfahrungen und Gefühle Erinnerungen daran, wie sie selbst von ihrer Mutter aufgezogen worden war – und mit ihnen den Zorn und die Konflikte, die sie weiter hatte. Als Kim mit der Therapie anfing, war sie sich ihres Zorns auf ihre Mutter noch immer nicht bewusst, und sie versuchte weiterhin, sie zu beeindrucken. Ihre Familie klammerte sich so gut es ging aneinander, aber mit einem deutlichen Grad an Selbsttäuschung und Illusion, durch die die komplexen Gefühle unter der Oberfläche gehalten wurden. Kim hatte oft Impulse zum Suizid, die durch Gefühle intensiver Wut auf ein unbekanntes Etwas ausgelöst wurden. Dadurch fühlte sie sich überwältigt und wollte nur noch weglaufen. Manchmal konnte sie sich ihren Wunsch eingestehen, ihr Suizid könnte andere Menschen vielleicht zur Besinnung bringen und sie sehen lassen, was sie ihr antaten. Nach etwa einem Jahr Arbeit an ihrer Wut ließ ihre Depression nach. Kim hatte sie als wichtiges Gefühl verstanden, das sie in Besitz nehmen und mit ihrer Verletzung und ihrer Angst in Verbindung bringen musste. Sie musste aber auch von ihrer Wut ausgehen und anerkennen, dass ein Teil davon, den sie gegen sich selbst richtete, eigentlich die Wut verdeckte, die sie auf andere hatte.

Nun sind dies komplexe Schwierigkeiten, die oft professionelle Hilfe nötig machen. Aber bei einer weniger schweren Depression ist es nützlich, wenn man erkennt, dass wir uns deshalb Selbstvorwürfe machen, weil wir nicht sehen, wie ärgerlich oder wütend wir auf jemanden sind. Dies bedeutet nicht, dass wir unsere Gefühle oder diese Wut ausdrücken müssen, aber wir müssen uns klarmachen, dass Mitgefühl nichts mit Verleugnen unserer Gefühle zu tun hat oder dass alles ruhig und beruhigend sein muss. Wenn man Mitgefühl anschaut, auch aggressive Bilder im Buddhismus, dann sind manche äußerst aktiv.[13] Bei Mitgefühl geht es darum, zu verstehen, was wir fühlen, es so gut wir können durchzuarbeiten, aufrichtig zu sein, und zu erkennen, dass die Gefühle, die uns bewegen, oft in unseren emotionalen Systemen codiert und angelegt sind. Es gehört Mut dazu, das zu tun – ein Thema, das wir im nächsten Kapitel untersuchen werden.

Einige Übungen zum Mitgefühl

Zu dieser ersten Reihe von Übungen gehört, dass man über die Dinge nachdenkt, wegen der man sich typischerweise entwertet oder für die man sich schämt. Wir nehmen wieder unser Beispiel der Einladung, bei der es nötig wurde, schnell noch eine vergessene Zutat zu besorgen, währenddessen dann ein Teil des Essens anbrannte. Das ist ein ziemlich harmloses Beispiel, aber es geht nicht um den Inhalt, sondern um den Prozess.

Übung: Bei der Selbstentwertung bleiben

Blättern Sie als Erstes zu Tafel 3 auf Seite 400 zurück. Denken Sie an eine Situation, die in Ihnen ein Gefühl von Scham und Selbstentwertung hervorgerufen hat. Nutzen Sie die Tafel als ein Modell und schreiben Sie ein paar Ihrer Sorgen in Bezug auf das, was (tatsächlich oder vorgestellt) in den Anwesenden vor sich geht, und dann Ihre Gedanken über sich selbst. Dann versuchen Sie zu identifizieren, was sich besonders bedrohlich anfühlt und Ihnen Angst macht.

Der nächste Schritt besteht darin, in einen beruhigenden Atemrhythmus zu kommen und ein mitfühlendes Bild in sich aufzurufen. Dies kann das Bild eines idealen mitfühlenden Gegenübers sein (siehe S. 330 – 337), oder Sie können sich selbst ganz in die Rolle eines mitfühlenden Menschen versetzen, wie das auf den Seiten 323 – 326 beschrieben wurde.

Schauen Sie jetzt Ihre entwertenden selbstkritischen Gedanken an und atmen Sie ruhig, wobei Sie in Ihrem Mitgefühl bleiben und beobachten, was mit Ihnen passiert. Wenn Sie das Gefühl haben, dass Sie sich wieder mehr mit Ihrer Selbstentwertung identifizieren, lächeln Sie einfach, gehen Sie auf Abstand und wenden Sie sich wieder Freundlichkeit und Wärme zu.

Vielleicht möchten Sie die Übung erweitern, indem Sie sich vorstellen, wie Mitgefühl in Ihren Herzbereich strömt, oder Sie halten Ihre rechte Hand etwa zwei, drei Zentimeter über Ihr Herz und spüren die Wärme (siehe S. 338). Experimentieren Sie damit, und sehen Sie, was hilft.

Üben Sie dies ein paar Minuten lang und halten Sie in Ihrem Tagebuch fest, was mit Ihrer entwertenden Selbstkritik passiert, wenn Sie einfach mit Freundlichkeit, Wärme und Verständnis dabeibleiben. Denken Sie daran, dass Selbstentwertung oft auf Angst oder Enttäuschung beruht oder von Echos aus der Vergangenheit ausgelöst wird.

Übung: Meine vielen Anteile

Bei dieser Übung werden wir einige der Fähigkeiten des mitfühlenden Geistes verwenden, die wir im letzten Kapitel betrachtet haben. Schauen Sie sich also wieder Tafel 3 auf Seite 400 an oder vielleicht die, die Sie für die Übung oben hergestellt haben. Hier ein paar mitfühlende und hilfreiche Alternativen zum Ausprobieren. Wenn Sie das Beispiel des verbrannten Essens verwenden, könnten Sie denken:

- Es war enttäuschend und unangenehm, diese Zutat zu vergessen! Es ist verständlich, wenn ich mich darüber ärgere, aber eigentlich habe ich es ganz gut gemacht und habe eine lustige Angelegenheit daraus gemacht.
- Die Gäste waren mehr daran interessiert, miteinander zu plaudern, als meine Leistung als Koch zu bewerten.
- Meine Fähigkeit, bei Menschen anzukommen, hat damit zu tun, wie freundlich und rücksichtsvoll ich bin, und nicht, ob ich irgendwelche Dinge vergesse.

- Es ist verzeihlich, dass ich diese Zutat vergessen habe, weil ich sehr beschäftigt und in Eile war.
- Die Realität ist, dass es einerseits eine Enttäuschung und ein bisschen peinlich war, aber dass ich andererseits auch keinen Beweis dafür habe, dass ich abgelehnt wurde oder am Ende keine Freunde habe. Es war mein System zur Bewältigung von Gefahr, dass sich meinetwegen Sorgen gemacht hat, aber bei dieser Gelegenheit unnötigerweise.

Dies sind nur Vorschläge – Ihnen fallen vielleicht andere ein, die Sie mehr ansprechen.

Kognitive Therapeuten meinen, dass wir uns nie allgemein bewerten sollten, weil wir aus einer Vielzahl kleiner „Ichs" bestehen. Nehmen Sie mich: Da gibt es den Gitarristen in mir, den Betrunkenen, den ruhigen Vater, den ärgerlichen oder wütenden Vater, den Freund, den Rotweinliebhaber, den engagierten Therapeuten, den faulen Therapeuten, den vollkommen fertigen Therapeuten und so weiter und so weiter. So etwas wie ein einzelnes Ich, das bewertet und beurteilt werden könnte, gibt es nicht! Enttäuschungen gibt es also normalerweise über ganz bestimmte Verhaltensweisen oder Situationen oder bestimmte Teile von uns, und es ist hilfreich, diese genau zu erkennen. Ebenso, dass es oft intensiver Stress, Enttäuschung oder Ärger ist, was uns ausrasten und alles kritisieren lässt, wenn man allem und jedem die Schuld geben will. Mitfühlendes Denken kann einem helfen, die Dinge zu relativieren und das spezifische Verhalten oder die jeweilige Sache anzuerkennen, wegen der man aufgeregt ist. Man kann lernen, dies alles anzunehmen und sich nicht abzuwerten oder zu verurteilen.

Der Trick besteht darin, in den Geist zu kommen, aus dem heraus man Alternativen entwickelt, indem man sich innerlich an die Seite der schlimmen Gefühle und Gedanken stellt. Werfen Sie sozusagen einen Blick vom Balkon darauf. Es wird leicht für Sie sein, zu Ihren Gefühlen und Gedanken „Ja, aber" zu sagen. Ihre Übung besteht darin, dieses „Ja, aber" wahrzunehmen und dabei zugleich die Alternativen herzustellen, denn das ist es, worin Sie vielleicht Übung brauchen. Wenden Sie sich jetzt Ihren Bildern, die Mitgefühl verkörpern und Ihrem beruhigenden Atemrhythmus zu und lesen Sie mit so viel Wärme, Freundlichkeit und Ermutigung wie möglich noch einmal Ihre Notizen mit diesen Alternativen. Achten Sie diesmal auf die warmen und unterstützenden Gefühle in Ihnen, statt darauf, ob sie Ihnen sachlich oder logisch erscheinen oder nicht.

Übung: Der unzuverlässige entwertende Selbstkritiker

Es ist nützlich, von Ihrer selbstentwertenden Seite zurückzutreten und zu denken: „Wie sehr ist dieser Teil von mir *aufrichtig* an meinem Wohlergehen interessiert und wie sehr liegen ihm meine wirklichen Interessen am Herzen?" Ihr selbstentwertender Kritiker schlägt bestimmt zu, wenn Sie sich bedroht fühlen, enttäuscht oder aufgeregt sind, aber ist er wirklich an Ihrem Wohlbefinden interessiert? Es trifft Sie möglicherweise, wenn Sie bedrückt sind, und das ist nicht sehr nett, oder? Versuchen Sie, sich an Menschen zu erinnern, die Sie gekannt haben und die eine sehr kritische und harte Haltung Ihnen gegenüber eingenommen haben – waren sie liebevoll und fürsorglich und aufrichtig an Ihrem Wohlbefinden interessiert? Wenn die Antworten auf diese Frage „Nein" lauten, ist das ein weiterer Grund, sich nicht mehr zu entwerten. Diese Tendenz wurzelt nicht in einem Interesse, Ihnen zu helfen, selbst Wohlbefinden zu erlangen oder das Wohlbefinden anderer. Sie ist unzuverlässig, weil sie auf der Wahrnehmung von Gefahr, auf Wut, Angst oder Abscheu beruht.

Nehmen Sie bei dieser Übung ein Blatt Papier und schreiben Sie alle Gründe auf, warum Ihre entwertende Selbstkritik unzuverlässig ist. Versuchen Sie, wirklich zu fühlen, wie sie auf der Wahrnehmung von Bedrohung, auf Wut, Angst und Abscheu beruht und nicht auf Freundlichkeit oder dem echten Wunsch, Sie glücklich zu sehen. Es ist natürlich leicht, uns aus Ärger oder aus Angst in der Hitze des Augenblicks oder wenn wir von unserem Verhalten sehr enttäuscht sind, zu entwerten. Aber wenn wir uns beruhigen, können wir uns wirklich dafür entscheiden, wieder auf die mitfühlenden und hilfreichen Aspekte unseres Denkens zu fokussieren, statt auf den selbstentwertenden zu verweilen. Mit Hilfe dieser Übung können Sie sehen, dass Selbstentwertung immer rückwärts gewandt und an der Vergangenheit orientiert ist. Sie ist deshalb sehr voreingenommen, unzuverlässig und als Coach oder Führer im Leben nicht hilfreich.

Übung: Ging es wirklich um Ihr Wohlergehen?

Manchmal können wir einzelne Menschen identifizieren – Eltern, Lehrer, Vorgesetzte, Tyrannen in der Schule –, die für uns wichtig waren und die uns auf den Weg der Selbstentwertung gebracht haben. Versuchen Sie, sich an diese Menschen zu erinnern, und stellen Sie sich dann vor, dass Sie ihnen diese Fragen stellen:

- Ging es dir wirklich um mich?
- Welches Recht hattest du, mich zu beurteilen und zu bewerten?
- Was hat dich zu so einem Kritiker werden lassen oder so ein Bedürfnis in dir entstehen lassen, mich so zu entwerten?

Versuchen Sie in sich ein Gefühl zu erzeugen, dass Sie wirklich Antworten auf diese Fragen haben möchten, statt zum Beispiel mit Gefühlen der Wut oder des Ärgers fordernd aufzutreten. Bleiben Sie bei dieser Übung ruhig und gelassen.

Diese Fragen ermöglichen Ihnen, wenn Sie sie gründlich bedenken, zurückzutreten und zu erkennen, dass die Menschen, die Sie kritisiert oder entwertet haben selbst oft in irgendeiner Weise kämpfen mussten. Margaret zum Beispiel konnte erkennen, dass manche der neidischen Attacken ihrer Mutter wahrscheinlich damit zu tun hatten, dass sie sich als Kind nie wertgeschätzt gefühlt hatte. Das entschuldigt ihre Mutter natürlich nicht, aber es half Margaret zu sehen, dass die Attacken nicht gegen sie persönlich gerichtet waren, sondern ein Ausdruck des labilen Selbstgefühls ihrer Mutter waren. Akzeptieren Sie nie das Urteil anderer, wenn Sie nicht überzeugt sind, dass ihnen Ihr Wohl am Herzen liegt und dass sie Sie nicht entwerten wollen, um sich zu entlasten, damit es ihnen selbst besser geht!

Jemand, mit dem ich einmal gearbeitet habe, sagte: „Ich glaube, ich habe herausgefunden, warum meine Mutter mich immer so sehr kritisiert hat. Irgendwie wollte sie nicht, dass ich mich über Dinge freue, über die sie sich selbst nicht freuen konnte." Wir wussten nicht mit Sicherheit, ob das so war, aber für diesen Menschen war es ein wichtiger Schritt auf dem Weg, sich weniger zu entwerten. Schreiben Sie bei dieser Übung auf, wer Ihrer Meinung nach Ihre Hauptkritiker in

Ihrem Leben gewesen sind oder einfach, wer an der Entwicklung Ihrer Selbstentwertung beteiligt war. Dann versuchen Sie herauszufinden, was in diesen Menschen vorgegangen sein könnte, und erforschen Sie, ob ihnen wirklich Ihr Wohl am Herzen gelegen hat. Wenn nicht, vervollständigen Sie diesen Satz: „Ich glaube nicht, dass ich dir am Herzen gelegen habe, weil …“

Sie könnten Ihren „erinnerten Kritikern“ aus der Vergangenheit auch einen Brief schreiben und erklären, warum Sie nicht glauben, dass ihre Kritik auf echter Sorge um Sie beruhte und warum Sie diese jetzt ablehnen. So können Sie für sich die Gründe klären, warum Sie ihre Kritik zurückweisen. Briefe wie diese schickt man im Allgemeinen nicht wirklich ab, sondern sie dienen dazu, die eigene innere Position zu erhellen.

Übung: Über widersprüchliche Gefühle schreiben

Wenn Ihre Selbstentwertung zum Teil mit widerstreitenden Gefühlen verknüpft ist – wenn Sie zum Beispiel auf jemanden sehr wütend oder ärgerlich sind, den Sie zugleich auch lieben –, dann sollten Sie das als ein *normales* menschliches Problem sehen. Dann kann Ihnen vielleicht helfen, wenn Sie über diese Person schreiben, auf die Sie wütend sind. Versuchen Sie, diesem Menschen das alles in einem Brief zu sagen. Sie können sich dafür entscheiden, ihn nicht abzuschicken, oder falls doch, erst nachdem Sie darüber gründlich nachgedacht haben, denn diese Übung dient dazu, dass Sie sich selbst erforschen, und nicht, andere zu konfrontieren. Beginnen Sie Ihren Brief so: „Ich finde es sehr schwierig, dies zu schreiben, weil …“ oder „Ich finde es sehr schwierig, dir dies zu sagen, weil …“ Dies wird Ihnen helfen, Ihren Konflikt zu formulieren.

Ihre Gefühle sind möglicherweise damit verknüpft, dass Sie sich als einen freundlichen, liebenswerten oder netten Menschen sehen, der nicht wütend oder ärgerlich werden sollte. Aber vergessen Sie nicht, dass Sie diese Gefühle nie gemacht oder sich ausgesucht haben; sie wurden für Sie gemacht. Alles, was Sie tun können, ist versuchen, mit ihnen zu arbeiten und sie durchzuarbeiten. Mit der Zeit kann das dazu führen, dass Sie selbstbewusster auftreten. Oder Sie machen vielleicht die Erfahrung, dass sich diese widerstreitenden Gefühle verändern, wenn Sie sie besser verstehen.

Wenn Sie Ihre Wut in Ihrem Brief ausgedrückt haben (und halten Sie sich nicht zurück), dann lächeln Sie, wenn Sie diese allzu menschlichen Gefühle anerkennen, und holen Sie in beruhigender Weise ein paar Mal tief Luft. Dann schreiben Sie alle Dinge auf, die Sie an diesem Menschen lieben, die Dinge, die Sie wertschätzen. Stellen Sie sich vor, wie Sie wünschen, wie dieser Mensch wachsen und in seinem Leben frei von Leiden sein sollte, und schreiben Sie ihm das. Solche Briefe werden oft nicht abgeschickt, aber wenn Sie Ihren Brief abschicken möchten, dann nehmen Sie sich die Zeit, erst darüber nachzudenken.

Natürlich kann es sein, dass es gar keinen Konflikt gibt und dass Sie sich über jemanden ärgern, den Sie einfach nicht mögen. Auch dann kann es hilfreich sein, zu versuchen, ein paar mitfühlende Sätze zu schreiben, in denen Sie ihn oder sie zu verstehen versuchen. Denken Sie daran, dass dieser Brief als Hilfe für Sie gedacht ist, sich bei einem Konflikt oder einer starken Emotion auf Ihre eigene entwertende Kritik zu konzentrieren, sie als normal zu sehen, aber auch damit zu arbeiten.

Mehr zum Thema Briefeschreiben siehe weiter unten.

Übung: Anderen die Schuld geben und Verzeihen

Es kann manchmal so aussehen, als würde man Vorwürfe nur verschieben, wenn man aufhört, sich zu entwerten. Wir hören in den Medien oft die Meinung, dass Psychotherapeuten zu sehr den Eltern die Schuld geben und Opferdenken fördern. Manchmal ist das vielleicht wahr, aber es ist natürlich für einige Erwachsene typisch, wenn sie Kindern sagen: „Gebt nicht uns Eltern die Schuld!" und ihnen somit die Schuld zurückgeben. Wie schon erwähnt geben viele depressive Menschen tatsächlich sich selbst die Schuld, um *zu vermeiden, sie ihren Eltern zu geben.* Für Veränderung ist es wichtig, zu lernen, in Bezug auf das, was in unserem Leben passiert ist, und auf die Gefühle, die das bei uns ausgelöst hat, aufrichtig zu sein.

Dennoch haben diese Kommentatoren in den Medien in einem recht: Wenn wir verstehen lernen, warum wir fühlen, was wir fühlen, warum wir dazu tendieren, uns selbst zu kritisieren und zu entwerten, und die Rolle verstehen, die mächtige Menschen in unserem Leben gespielt haben, dann tun wir das, um uns zu befreien. Es geht nicht darum, zu einem wütenden, ohnmächtigen Opfer zu werden, sondern um Aufrichtigkeit und Offenheit, Mitgefühl und Vergeben. Verstehen der Ursprünge unserer Selbstentwertung und Anerkennen unverarbeiteter Emotionen und Sehnsüchte sind immens wichtig. Wir müssen aber von dieser Wut oder Sehnsucht weitergehen.

Eine Weise, wie wir vermeiden können, Vorwürfe einfach zu verschieben und uns als Opfer zu sehen, besteht darin, diese Tendenz anzuerkennen, wenn sie sich zeigt. Man kann dann von Wut zu Loslassen und Vergeben weitergehen – vorausgesetzt man versteht, was Vergeben ist und was es nicht ist. Nicht vergeben zu können bedeutet, dass man in einem Zustand der Wut ist und Ungerechtigkeit und Verlangen nach Wiedergutmachung empfindet. Dies bedeutet, dass das Bedrohungssystem aktiv ist. Vergeben ist eine Möglichkeit, wie man seine emotionale Orientierung gegenüber denen, die einen verletzt haben, verändern kann. Wenn man anderen vergibt, bedeutet das, dass man sich nicht mehr aus Wut an ihnen rächen möchte. Möglicherweise wird man die Leute, denen man vergibt, niemals mögen und möchte sie auch nicht wiedersehen, aber Vergeben ist eine Weise, wie man sich selbst von der Kette der Wut befreien kann, die an diejenigen bindet, die einen verletzt haben. Es ist aber schwierig und bedeutet nicht einfach eine unterwürfige Haltung im Sinn von „Was du mit angetan hast, spielt keine Rolle“.

Wenn Sie also Ihre Briefe schreiben oder Klarheit über Ihre Gefühle denen gegenüber, die Sie schlecht behandelt haben, wollen, dann machen Sie sich klar, dass es hierbei darum geht, anzuerkennen und weiterzugehen. Wenden Sie sich dem zu, was Ihnen hilft. Statt sich darauf zu konzentrieren, Vorwürfe zu machen, was Ihnen weder hilft noch Sie beruhigt, arbeiten Sie mit Sätzen wie:

- Bei meinem Hintergrund wäre es für mich hilfreich, wenn ...
- Um Mitgefühl mit mir zu haben und für mich zu sorgen, muss ich ...

Denken Sie daran, wie Sie jemandem, an dem Ihnen liegt, vielleicht helfen könnten „weiterzugehen".

Eine andere nützliche Übung besteht darin, dass Sie sich vorstellen, wie Sie mit Ihrem idealen mitfühlenden Bild über diese Themen sprechen.

In dieser Übung versuchen wir, verständliche Gründe dafür zu erkennen, warum wir angefangen haben, uns zu entwerten. Wir schauen uns diese Gründe an, erkennen unseren Ärger, unsere Wut oder unsere Enttäuschung über andere an, weil sie damit unrecht hatten, wie sie uns bewertet und behandelt haben. Wir wenden uns wieder dem Mitgefühl zu, das wir entwickelt haben. Dies hilft uns, nicht in einer ohnmächtigen Opferrolle stecken zu bleiben. Stattdessen suchen wir Verantwortung für unser Leben und unsere Gefühle zu übernehmen. Sorgen Sie für eine freundliche innere Haltung, während Sie dies durcharbeiten. Und wenn Sie das Gefühl haben, dass Sie Hilfe, zum Beispiel die eines Therapeuten, brauchen, dann denken Sie daran, dass Sie, wie bei allen diesen Übungen, Ihr Herz dafür öffnen. Machen Sie die Übung und sehen Sie, ob sie Ihnen hilft.

Übung: Sich Ihrer entwertenden Selbstkritik entgegenstellen

Diese Übung macht man am besten erst, wenn man die vorausgegangenen sechs verstanden hat. Hier versuchen Sie, Ihre Selbstentwertung zu visualisieren. Wie würde sie aussehen, wenn Sie sie aus Ihrem Kopf nehmen und anschauen könnten? Wäre sie menschlich oder nicht menschlich? Was für einen Gesichtsausdruck hätte sie, wenn sie menschlich wäre? Welche Emotionen würde sie Ihnen entgegenbringen?

Stellen Sie sich dann vor, dass Sie ein weiser, mitfühlender Mensch sind. Versuchen Sie jetzt ein oder zwei Minuten lang, wirklich in diesen inneren Gefühlszustand zu gelangen – es braucht Zeit, Zustände zu verändern. Wenn Sie ihn fühlen können, stellen Sie sich vor, dass Sie zu

Ihrer Selbstentwertung sagen: „Schau, es tut mir leid, dass du wütend, aufgeregt, erschreckt bist und dich verletzlich fühlst und dass du so um dich schlagen möchtest. So soll es aber nicht sein. Ich übernehme jetzt mehr die Verantwortung.“

Sie stellen sich hier Ihrer selbstentwertenden Seite entgegen und erkennen an, dass sie mit Drohungen, Enttäuschungen oder Stimmen aus der Vergangenheit zu tun hat, aber Sie sehen auch, dass Sie an einem Punkt in Ihrem Leben angekommen sind, an dem Ihre mitfühlende Seite mehr die Kontrolle übernimmt. Sie gehen mit Ihrem kritischen Teil nicht aggressiv um – das wäre so, als würde man Kindern beibringen wollen, nicht gewalttätig zu sein, indem man ihnen Schläge androht. Wenn Sie sich Ihrem mitfühlenden Teil zuwenden, machen Sie die Erfahrung, dass Sie sich stärker, reifer und weiser als Ihr innerer Tyrann fühlen, und Sie erkennen, dass Sie sich in Wirklichkeit aus Angst und Traurigkeit entwerten. Es kann interessant sein, zu sehen, wie das Bild Ihres inneren Kritikers sich verändert, wenn Sie sich ihm entgegenstellen. Es geht aber nicht darum, ihn zu bekämpfen, sondern darum, eine andere emotionale Struktur herzustellen.

Hier ist eine weitere Übung, die Sie ausprobieren können. Gehen Sie noch einmal in Ihren beruhigenden Atemrhythmus und stellen Sie sich als einen mitfühlenden Menschen vor. Dann schauen Sie sich den Teil von sich an, der kritisch ist. Sehen Sie den Gesichtsausdruck und die Emotionen in Ihrem kritischen Teil. Bleiben Sie jetzt bei diesen Gefühlen und schicken Sie Mitgefühl zu Ihrem entwertenden Kritiker. Sie diskutieren nicht mit ihm und lassen sich auf nichts ein, Sie erkennen nur seine Gefühle, die auf Bedrohung und Angst basieren, und haben Mitgefühl mit ihm.

Eine dritte Übung, die mit der vorigen verwandt ist, besteht darin, sich vorzustellen, dass Ihr ideales mitfühlendes Bild bei Ihnen ist und viel Mitgefühl mit Ihrer wertenden kritischen Seite hat. Es hat aufrichtig Interesse an den Ängsten und Themen, die für Ihren inneren Kritiker von Bedeutung sind (z. B. Versagen, Ablehnung). Es hat Mitgefühl für den Kritiker, aber es ist auch klar, dass seine Wut und Angst Ihnen nicht helfen, wenn Sie Ihre Ziele verfolgen. Wieder geht es bei der Übung darum, zu beobachten, wie Sie sich fühlen, wenn Sie dies tun.

Seien Sie gewarnt: Wie oben erwähnt, verdeckt Selbstentwertung manchmal das Verlangen nach Rache, und das muss erkannt und anerkannt werden. In diesen Situationen kann es wichtig sein, dass man sich behauptet und bestimmt auftritt. Mary zum Beispiel erkannte, dass sie von sich enttäuscht war, weil sie nie gut genug sein konnte, um die Abwertung ihrer Mutter zum Schweigen zu bringen oder ihr Lob zu bekommen. Mary arbeitete daran und stellte sich dann vor, wie sie ihre Mutter konfrontierte und ihr sagte, wie enttäuscht sie sei und wie sehr ihre Abwertung sie verletzte. Dies ist ein Beispiel dafür, wo es wichtig ist, einem entwertenden Kritiker gegenüber, den man internalisiert hat, mit Klarheit zu begegnen und selbstbewusst aufzutreten.

Wie ich schon erwähnt habe, haben manche Menschen Angst davor, ihre Feindseligkeit und Wut nach außen zu richten. Es ist nicht ungewöhnlich, dass jemand, der missbraucht wurde, sich selbst die Schuld gibt, weil er große Angst davor hat, jemandem etwas vorzuwerfen. Wenn er sich das vorstellt, bekommt er große Angst. Wenn das auch für Sie gilt, wäre es vielleicht angezeigt, wenn Sie sich professionelle Hilfe suchen würden.

Übung: Schwierige Situationen spontan bewältigen

Wenn Sie lernen, Ihre Gefühle und Gedanken aufmerksamer wahrzunehmen, sind Sie vielleicht in der Lage, entwertende Selbstkritik in dem Moment zu erkennen, wenn sie Sie trifft. Dann können Sie lernen, „in dem Moment" damit umzugehen.

Nützlich ist es, wenn Sie von der Selbstbewertung klar die Angst unterscheiden, die Sie vielleicht empfinden, wenn jemand Ihre Arbeit kritisiert, oder die Enttäuschung, wenn etwas sich nicht so entwickelt, wie Sie möchten. Versuchen Sie, die Angst als verständlich zu akzeptieren, nehmen Sie sie mit Mitgefühl an und stellen Sie sich dann an die Seite Ihrer Selbstentwertung und seien Sie achtsam bei ihr.

Sie können auch Bilder verwenden, um zu üben, angesichts von Selbstentwertung mit Mitgefühl bei sich zu bleiben. Probieren Sie einmal diese Übung aus: Stellen Sie sich vor, dass jemand Sie kritisiert, und nehmen Sie dann eine Körperhaltung ein, die Mitgefühl ausdrückt, und lassen Sie auch Ihr Gesicht Mitgefühl ausdrücken. Nehmen Sie die Kritik an, aber ohne sich Vorwürfe zu machen. Sinn dieser Übung ist, dass Sie diese Haltung „in den Moment“ bringen können, wenn es tatsächlich zu entwertender Kritik oder zu Konflikten kommt.

Übung: Ihre eigene wertende Kritik an anderen begrenzen

Dies ist vielleicht die schwerste Übung von allen. Der Forschung zufolge sind viele, die sich selbst entwerten, auch ziemlich scharfe Kritiker anderer Menschen. Versuchen Sie zu beobachten, wie oft Sie kritische Gedanken über andere haben oder Kritisches über sie sagen, entweder direkt zu ihnen oder hinter ihrem Rücken, oder ob Sie nur über solche Gedanken grübeln. Kritisieren und entwerten Sie sich deshalb nicht: Beobachten Sie, wie es passiert, und denken Sie bei sich: „Worum geht es eigentlich? Warum muss ich das machen? Was für eine Angst und Verletzlichkeit gibt es da in mir?“

Behandeln Sie Ihre entwertende Kritik an anderen mit Mitgefühl und vermeiden Sie, sie sich übel zu nehmen, denn sonst wird es schwer, damit zu arbeiten. Fragen Sie sich zugleich, ob Sie anders sein möchten. Eines der Probleme, in einer Welt zu leben, in der man andere bewertet, besteht darin, dass man ständig sein System, das die Bewältigung von Gefahr und den Selbstschutz regelt, stimuliert. Wie wir in Kapitel 8 gesehen haben, stimuliert es unser Gehirn in anderer und positiver Weise, wenn wir Mitgefühl und Liebende Güte für andere in uns kultivieren. Aber auch wenn man sich gerechtfertigt fühlt, jemanden zu bewerten – es ist immer noch weit besser, wenn man übt, Mitgefühl in sich zu wecken.

Mitfühlende Briefe

Es gibt Beispiele dafür, dass es eine große Hilfe sein kann, „expressives Schreiben“ zu lernen[14] – das heißt, über Schwierigkeiten, Probleme oder ein Dilemma zu schreiben, in dem man sich befindet. Ein mitfühlender Brief ist eine Form, in der man das machen kann. Die Idee dabei ist, sich zu helfen, Gedanken und Gefühle darauf zu richten, unterstützend, hilfreich und fürsorglich für sich zu sein und sich nicht zu entwerten.

Wenn man das übt, kann einem das helfen, einen Zugang zu einem Teil von sich zu bekommen, der die Gefühle und Gedanken, die mehr Reaktionen auf Bedrohung sind, dämpft. So kann man sich dazu bringen, die Dinge mit Mitgefühl zu durchdenken und dabei eine bestimmte innere Qualität zu üben.

Bevor man mit dem Brief beginnt, sorgt man am besten dafür, dass man etwas Zeit hat, in der man nicht gestört wird. Nehmen Sie etwas zu schreiben, gehen Sie in einen beruhigenden Atemrhythmus und rufen Sie dann Ihr mitfühlendes Bild in sich auf und stellen Sie sich vor, dass es mit Ihnen zusammen den Brief schreibt. Sie können sich auch in Ihren mitfühlenden Zustand bringen und sich vorstellen, dass Sie ein sehr mitfühlender Mensch sind (siehe Kapitel 8), der einen Brief schreibt. Bleiben Sie ein paar Momente dabei und versuchen Sie, mit diesem „freundlichen" Teil von sich in Kontakt zu bleiben.

Wenn Sie einen Brief schreiben, dann versuchen Sie, *Verständnis* und *Akzeptanz* für Ihre Situation, Ihre Gefühle oder Ihre Not zu haben. Ihr Brief könnte zum Beispiel so anfangen: „Ich bin traurig, dass du in Not bist" oder „Deine Not ist verständlich, weil ..." Oder wenn Sie aus Mitgefühl heraus schreiben, könnten Sie so anfangen: „Es ist traurig, dass es mir heute schlecht geht, aber das ist verständlich, denn ..." Man kann keine allgemeine Aussage darüber machen, ob es nützlicher ist, wenn man so einen Brief aus der Sicht des „Ich" (in der ersten Person Singular) schreibt, oder wenn man sich ein mitfühlendes Bild oder einen Freund vorstellt, der einem schreibt, also aus der Sicht des „Du" (zweite Person Singular). Finden Sie für sich heraus, was für Sie am besten ist.

Achten Sie in der nächsten Phase auf die Gründe für Ihre Not und sehen Sie dabei, dass sie Sinn macht. Man nennt das „Validierung von Gefühlen". Dann könnten Sie Ihren Brief vielleicht so fortsetzen: „Ich möchte dich wissen lassen, dass ..." – das heißt, Ihr Brief könnte erklären, dass Ihre Not von Gedanken und einer Reihe intensiver Gefühle begleitet ist, so dass Ihre Sicht der Dinge in diesem Moment eher von der Not beeinflusst ist und keine ausgeglichene Sicht sein kann. Vor diesem Hintergrund kann man versuchen, sich neben die Not zu stellen, und sich beim Schreiben darauf konzentrieren, wie man am besten damit umgehen könnte und was hilfreich ist und innere Ruhe gibt.

Sie sind vielleicht in Versuchung, noch viele andere Ideen in den Brief aufzunehmen. Denken Sie *nicht,* Sie müssten sie alle einbringen. Es ist besser, wenn Sie verschiedene Dinge in mehreren Briefen an sich ansprechen. Vermeiden Sie dabei, sich selbst zu sagen, was Sie tun, denken oder fühlen sollten und was nicht. Es gibt keine richtige oder falsche Weise. Wichtig ist der Prozess, in dem Sie versuchen, *anders* zu denken.

Ich-Distanz

Wenn Sie Ihre Not einmal anerkannt haben, ist es nützlich, wenn Sie beim Schreiben für einen Moment von der Not Ihrer Situation zurücktreten können. Was wäre im Moment hilfreich für Sie? Worauf würden Sie Ihre Aufmerksamkeit richten? Sie könnten zum Beispiel daran denken, wie es Ihnen in ein paar Tagen, Wochen oder Monaten mit der Situation gehen wird, oder Sie könnten daran denken, dass sich die schlimmen Gefühle auflösen werden und wie es Ihnen dann geht. Es kann auch hilfreich sein, wenn Sie sich in Ihrem Brief daran erinnern, wie Sie früher Schwierigkeiten bewältigt haben. Wenn Sie eine Tendenz wahrnehmen, diese Probleme gering zu schätzen, nehmen Sie das wahr, aber versuchen Sie, Ihren Fokus auf Ihrem Brief zu halten. Es geht dabei um Ihre Bemühungen und darum, was Sie tun können.

Ihr mitfühlender Geist könnte Ihnen mit Freundlichkeit und Verständnis helfen, die Situation weniger schwarz-weiß zu sehen. Er verurteilt nie und steht Ihnen bei, Ihre Neigung zu Selbstvorwürfen zu verringern. Wenn jemand Sie geschnitten hat und Sie deshalb verärgert sind, ermöglicht Ihnen Ihr mitfühlender Geist zu sehen, dass Ihr Ärger und auch Gedanken wie „Dieser Mensch mag mich nicht und daher bin ich nicht liebenswert“ sehr unfair sein können. Daher könnten Sie schreiben:

> „Ich war sehr aufgeregt, als dieser Mensch mich geschnitten hat. Aber das machen Leute manchmal, und vor dem Hintergrund der Dinge, mit denen ich mich in meinem Leben auseinandersetzen musste, ist es verständlich, warum es mich so aufregt und ärgert, wenn ich geschnitten werde. Ich glaube, ich kann sehen, dass dieser Mensch dazu neigt, das zu machen, und ziemlich launisch ist – und

> nicht nur mir gegenüber. Ich glaube, er hat selbst auch Probleme damit. Es kann nicht besonders lustig sein, wenn man so launisch ist. Ich habe Freunde, die mich nicht so behandeln, und ich werde einfach an sie denken und wie ich mich fühle, wenn ich mit ihnen zusammen bin.“

Hier sind vielleicht Fragen aus Kapitel 9 nützlich.

Wenn Sie vergessen haben, etwas Bestimmtes zu tun, oder wenn Sie einen Fehler gemacht haben und sehr frustriert sind und sich das übel nehmen, wird ihr mitfühlender Geist Frustration und Ärger verstehen und Ihnen auch helfen zu sehen, dass der Fehler eben nur ein Fehler und kein Beweis dafür ist, dass Sie dumm oder wertlos sind. Schließlich wird er Ihnen beistehen zu entscheiden, was Sie unter diesen Umständen tun können, was mitfühlend ist und Ihnen hilft. Er gibt aber keinen Rat, der Ihnen einfach sagt: „Du solltest dies oder das tun“, denn in Ihrem Inneren wissen Sie das schon, man braucht es Ihnen nicht erst zu sagen. Was Sie tatsächlich brauchen, ist Verständnis und Unterstützung, das zu tun, wovon Sie meinen, dass es Ihnen hilft.

Nicht allein

Wenn es uns schlecht geht, können wir oft spüren, dass wir in gewisser Weise anders als andere Menschen sind. Statt sich allein zu fühlen und sich zu schämen, denken Sie aber daran, dass viele andere genauso Angst haben oder es leid sind, von negativen Gedanken über sich, die Welt und ihre Zukunft bedrückt zu werden. Tatsächlich ist mindestens eine Person von 20 depressiv. Ihre Depression ist also sehr bedauerlich, aber möglicherweise weit davon entfernt, ungewöhnlich zu sein, und sie ist keine persönliche Schwäche, kein Zeichen von Unfähigkeit, nicht moralisch schlecht und kein Versagen. In Ihrem Brief könnten Sie also schreiben:

> „Es ist sehr verständlich, sich zu ärgern oder aufzuregen, denn unsere Psyche tendiert dazu, so zu funktionieren. Traurigerweise gehört es auch zur Conditio humana, dass wir solche Gefühle haben. Sie sind

schwierig, aber ich bin nicht der einzige Mensch, der sie hat. Sie sind kein Zeichen dafür, dass an mir persönlich etwas schlecht ist. Und ich habe diese Gefühle schon früher gehabt und sie überlebt."

Enttäuschung, Verlust und Angst bewältigen

Wenn Sie niedergeschlagen oder enttäuscht oder hart mit sich selbst sind, halten Sie in Ihrem Brief fest, dass entwertende Selbstkritik oft durch Enttäuschung (z. B. weil man einen Fehler gemacht hat oder nicht so aussieht, wie man gerne möchte), einen Verlust (z. B. einer ersehnten Liebe) oder durch Angst (vor Kritik und/oder Ablehnung) ausgelöst wird. Vielleicht ist Selbstentwertung die Form, wie Sie gelernt haben, mit diesen Dingen umzugehen oder Ihre Frustration an sich selbst auszulassen, aber das ist nicht freundlich und keine Unterstützung. Es ist vielleicht verständlich, aber es hilft einem nicht dabei, mit Enttäuschung, Verlust oder Angst umzugehen. Sie müssen diese Gefühle also anerkennen und für sie offen sein, und für Enttäuschung, Verlust und Angst Verständnis und Mitgefühl haben.

Mitgefühl in Aktion

Es kann nützlich sein, darüber nachzudenken, was in diesem Moment oder in der Zukunft eine angemessen mitfühlende Handlung wäre – wie könnte Ihnen Ihr mitfühlender Teil helfen, das herauszufinden? Sie könnten also in Ihrem Brief der Frage nachgehen, wie Sie Mitgefühl in Ihrem Leben aktivieren können. Wenn es Dinge gibt, die Sie vermieden haben oder schwierig durchzuführen finden, versuchen Sie, sich kleine Schritte einfallen zu lassen, die Sie machen könnten, um sich selbst in Bewegung zu bringen. Notieren Sie Ideen, die Ihnen Mut machen und Sie unterstützen, die Dinge anzugehen, die Sie schwierig finden. Wenn Sie unsicher sind, wie Sie vorgehen sollen, versuchen Sie, mit Brainstorming so viele Optionen zu erfassen, wie Ihnen einfallen, und entscheiden Sie dann, welche Sie anspricht.

Könnten Sie andere um Hilfe bitten? Wenn wir unser Herz für die Hilfe von anderen öffnen und versuchen, wirklich soviel Unterstützung wie möglich zu bekommen, wenn wir etwas Schwieriges vor uns haben, dann ist das ein Hinweis darauf, dass wir unser Leben mit einer mitfühlenden Haltung leben.

Dilemma

Wenn Sie akut in einem Dilemma sind, hören Sie auf die einfache mitfühlende Stimme in sich und beschreiben Sie die verschiedenen Seiten des Problems. Bedenken Sie, dass Dilemmas oft schwierig sind und dass gelegentlich schwere Entscheidungen zu treffen sind. Deshalb brauchen Sie vielleicht ein wenig Geduld, denn es kann dauern, bis man es durchgearbeitet hat. Es kann nützlich sein, es mit anderen zu diskutieren. Manchmal wissen wir in unserem Herzen, dass wir uns ändern müssen – einen Lebensstil aufgeben oder auch eine Beziehung –, und dabei kann uns ein Brief, den man mit Mitgefühl schreibt, helfen, das zu durchdenken und zu sehen, dass Kummer und Verlust vielleicht unvermeidlich sind. Es kann Zeit brauchen, bis man Vorteile und Verluste, die mit einer Entscheidung verbunden sind, annehmen kann.

Mitgefühl mit Gefühlen

Ihr mitfühlender Geist wird MItgefühl mit Ihren Gefühlen haben. Wenn Sie starke Gefühle der Frustration, der Wut oder der Angst haben, dann erkennen Sie diese mit Mitgefühl an. Diese Emotionen sind Teil des Menschseins und können mächtiger werden, wenn es uns schlecht geht, wenn wir deprimiert oder ängstlich sind, aber sie machen einen nicht zu einem schlechten Menschen – nur zu jemandem, der versucht, schwierige Gefühle zu bewältigen. Wir können lernen, mit diesen Gefühlen, die einfach zu unserem Menschsein gehören, zu arbeiten, ohne uns vorzuwerfen oder dafür zu verurteilen, dass wir sie haben. Denken Sie daran: Sie haben diese Emotionssysteme nicht gemacht. Wir können achtsam werden und den Kampf dagegen einstellen, und wir können das Hängen daran und das Grübeln darüber beenden. Wir werden wachsamer in Bezug auf diese Systeme, wie wenn man Strömungen und Strudel in einem Fluss beobachtet. Ihr mitfühlendes Denken wird Sie daran erinnern, dass wir meistens nicht absichtlich negative Gefühle haben und dass sich diese Gefühle auch ziemlich schnell einstellen können. In diesem Sinn ist es „nicht unser Fehler“, aber wir können lernen, wie man mit diesen schwierigen Gefühlen arbeiten und Verantwortung dafür übernehmen kann.

Verlust positiver Gefühle

Wenn es Ihnen schlecht geht, weil Ihnen positive Gefühle abhanden gekommen sind, haben Sie Mitgefühl mit sich und mit diesem Verlust – es ist sehr traurig. Manchmal verlieren wir liebevolle Gefühle, weil eine Beziehung zu Ende ist oder weil wir einfach erschöpft sind, oder Depression kann positive Emotionssysteme blockieren. Wenn wir uns von der Depression erholen, können diese positiven Gefühle zurückkehren. Ihr mitfühlender Brief kann Ihnen helfen, dies alles genau zu sehen, ohne dass Sie sich Vorwürfe machen.

Was hilft

Ihr Brief ist eine Möglichkeit, zu üben, sich wirklich den Dingen zuzuwenden, von denen *Sie* das Gefühl haben, dass sie Ihnen helfen. Anderen Menschen können alle möglichen guten Lösungen einfallen und sie machen vielleicht Vorschläge, aber sie passen nicht notwendigerweise zu Ihnen, auch wenn Sie vielleicht meinen, dass sie das „sollten“. Wenn Ihnen Gedanken kommen und es Ihnen schlechter geht, dann nehmen Sie sie wahr, lassen Sie sie los und wenden Sie sich wieder dem zu, was vielleicht hilfreich ist – denken Sie daran, es gibt kein „Ich sollte“. Manche Menschen legen ihre Briefe bis zum nächsten Tag beiseite, wenn Sie das Gefühl haben, dass sie die Dinge dann besser durchdenken können.

Wenn meine Kollegen und ich mit Patienten arbeiten, machen wir manchmal die Erfahrung, dass wir nicht sicher sind, was für sie eine Hilfe sein könnte. Wenn man entdecken lernt, was einem hilft und nützt, dann ist das eine große Hilfe, aber dazu gehört, dass man experimentiert und dieses und jenes ausprobiert. Stellen Sie sich darauf ein, dass es ein Prozess ist, für den man Geduld braucht.

Wärme

Versuchen Sie jetzt, da Sie Ihren Brief schreiben, mit Ihrer Aufmerksamkeit bei Gefühlen der Wärme und einem echten Wunsch zu sein, sich zu helfen. Nehmen Sie sich Zeit, einfach und entspannt zu atmen, und versuchen Sie wirklich, so gut Sie können, Gefühle der Wärme für Sie da sein zu lassen. Würden Sie Ihren Brief, wenn Sie ihn an jemand anders richten würden, freundlich und hilfreich finden? Könnten Sie etwas verändern, um ihn noch freundlicher und hilfreicher zu gestalten?

Einige Warnungen

Es gibt ein paar Dinge, auf die man achten muss, wenn man mitfühlende Briefe schreibt – besonders darauf, dass Sie Ihre Gefühle anerkennen. Gehen Sie zu dem Beispiel auf Seite 440 zurück, wo es jemandem sehr zu schaffen machte, dass er bei der Arbeit geschnitten wurde. Ein nicht hilfreicher Brief, ohne die Anerkennung der Gefühle, könnte etwa so aussehen:

„Liebes Ich/Selbst/Liebe/r (Ihr Name),

es tut mir leid zu hören, dass es dir so schlecht gegangen ist und es dich so getroffen hat, dass dein Freund dich bei der Arbeit geschnitten hat. Das ist besonders vor dem Hintergrund der Dinge schlimm, die du in der Vergangenheit erlebt hast. Du weißt aber, dass es die Vergangenheit ist, die in die Gegenwart hineinwirkt, und dass du wirklich eine Tendenz hast, aus Maulwurfshügeln Berge zu machen. Du solltest also versuchen, deine Gedanken in den Griff zu bekommen, und dir eine bessere, ausgewogenere Perspektive schaffen. Dir wird es mit Sicherheit nicht gut gehen, wenn du weiter an deiner Wut und deinem Ärger festhältst. Du musst also damit aufhören, weil du weißt, dass es schlecht für dich ist. Sei positiv und konzentriere dich auf positive Dinge. Du musst deine Aufmerksamkeit neu orientieren und ein paar von diesen Übungen machen, die in diesem Buch beschrieben werden …“

Der erste Teil des Briefes ist in Ordnung, aber der Rest ist schrecklich. Es ist nicht sehr schön, gesagt zu bekommen, dass man „aus Maulwurfshügeln Berge macht" und „Du solltest versuchen, deine Gedanken in den Griff zu bekommen" und „Du musst aufhören, an der Vergangenheit zu hängen" und „Du musst positiv denken und deine Aufmerksamkeit neu orientieren" – Sie sehen, dass das alles ohne jedes Mitgefühl gesagt wird. Dieser Brief ist wie von strengen, harten und kalten Eltern, voller Ratschläge und auf eine so wenig hilfreiche Weise geschrieben. Man muss einfach das Gefühl haben, man hätte sich ungehörig verhalten. Lesen Sie zum Vergleich diesen Brief, in dem es um Mitgefühl und Freundlichkeit geht:

> „Liebes Ich/Selbst/Liebe/r (Ihr Name),
>
> ich war sehr verärgert und habe mich aufgeregt, als mein Freund mich geschnitten hat. Aber Menschen werden von solchen Dingen getroffen, und vor dem Hintergrund bestimmter Dinge, mit denen ich mich in meinem Leben auseinandersetzen musste, ist es verständlich, warum das Gefühl, geschnitten zu werden, für mich besonders schlimm ist. Mit ein wenig Abstand kann ich sehen, dass dieser Mensch dazu neigt, launisch zu sein – und nicht nur mir gegenüber. Ich glaube, er hat selbst Probleme damit. Es kann nicht sehr lustig sein, wenn man so launisch ist. Ich habe andere Freunde, die mich nicht so behandeln, und ich werde einfach an sie und an die schönen Gefühle denken, die ich habe, wenn ich mit ihnen zusammen bin.
> Ich glaube, ich habe mich auch geärgert und aufgeregt, weil das Leben in letzter Zeit ein bisschen schwer war. Es hat viele Konflikte mit meinem Sohn gegeben und ich mache mir wirklich Sorgen um ihn. Manchmal kracht es einfach nur so …"

In Ihrem Brief können Sie Ihr Denken und Ihre Worte mit Ihren Sorgen und Überlegungen einfach fließen lassen. Denken Sie daran, dass Sie den *emotionalen Ton* so mitfühlend und so sanft und verständnisvoll gestalten, wie Sie können. Vielleicht hilft es Ihnen, wenn Sie die Checkliste in Kapitel 9 (siehe S. 376 – 378) durchgehen, die dem Mitgefühlskreis in Kapitel 6 entnommen ist. Wenn Sie den Brief schreiben, denken Sie an den Mitgefühlskreis auf Seite 257 und fragen Sie sich:

- Ist meine Motivation echt und geht es mir wirklich darum, für mich zu sorgen und mir selbst zu helfen?
- Bin ich für meine Gefühle offen und wach?
- Erlaube ich mir, von meiner Not bewegt zu sein, oder versuche ich, sie auszublenden?
- Bin ich achtsam und tolerant und erkenne ich die Conditio humana an?
- Bin ich empathisch, indem ich ein wenig zurücktrete und versuche, meine Gefühle und wie ich denke zu verstehen?
- Verzichte ich darauf, zu werten?
- Orientiere ich mich in meinem Gefühl so konsequent an Wärme und Freundlichkeit, wie ich kann?

Dies sind die Qualitäten, mit denen Sie versuchen sollten, Ihren Brief zu schreiben. Zu Mitgefühl gehört die Art und Weise, wie Sie Ihre Aufmerksamkeit und Imagination, Ihr Denken und Ihre Fähigkeit, rational zu argumentieren, Ihr Verhalten und Ihre Gefühle nutzen.

Wenn Sie den Brief geschrieben haben, dann lesen Sie ihn noch einmal langsam und entspannt durch. Sie können das still oder laut tun und mit einer weichen, freundlichen Stimme. Achten Sie darauf, wie Sie sich dabei fühlen – enthält er für Sie Wärme? Er könnte Sie sogar zu Tränen rühren, wenn Sie Dinge angesprochen haben, die für Sie schmerzhaft sind. Wenn Ihr Brief Sie aber irgendwie kalt lässt oder Ihnen das Gefühl vermittelt, Sie „sollten" versuchen, etwas anders zu machen, dann ist es hilfreich, wenn Sie sich Ihrem Mitgefühl zuwenden. Ideal ist, wenn der Brief Ihnen hilft, sich bestätigt, unterstützt, verstanden und ermutigt zu fühlen – wenn auch vielleicht ein wenig trauriger.

Denken Sie daran, dass Sie eine Fähigkeit von sich üben und entwickeln, die Ihnen eine große Hilfe sein kann. Der Schlüssel ist Ihr Wunsch und Ihre Absicht, innerlich einfach und mitfühlend zu werden und sich selbst zu unterstützen. Der Nutzen ist manchmal nicht sofort wahrnehmbar, aber wie bei einem Fitnesstraining wird er gewöhnlich mit der Zeit sichtbar, wenn man konsequent weiterübt.

Manchmal möchten Menschen, auch wenn sie depressiv sind, sehr gern ein Gefühl von sich entwickeln, weise und mitfühlend zu sich wie auch zu anderen sein zu können. Man kann sich in der Vorstellung üben, wie man jeden Tag immer mehr so wird, wie man sein möchte. Wie bei allen Dingen gibt es gute Zeiten und Zeiten, die nicht so gut sind. Nehmen Sie sich Zeit und üben Sie Ihre Körperhaltungen und den mitfühlenden Gesichtsausdruck, und üben Sie, mitfühlende Gedanken und Gefühle in sich hervorzurufen. Damit geben Sie sich zu verstehen, dass Sie offen für Ihre Schwierigkeiten und für Ihre Not sind, statt einfach zu versuchen, sie loszuwerden. Schauen Sie Ihren Brief an und achten Sie darauf, dass er so geschrieben ist, wie Sie ihn einem Freund schreiben würden, der in genau Ihrer Situation ist und dem Sie wirklich helfen wollen.

Ein paar allgemeine Punkte

Sich auf Mitgefühl zubewegen

Entwertende Selbstkritik baut sich gewöhnlich über eine lange Zeitperiode auf. Sie hat dabei verschiedene Funktionen. Bei der Arbeit, die auf Mitgefühl gründet, schlagen meine Kollegen und ich unseren Patienten vor, nicht zu versuchen, ihre Selbstentwertung auf einmal oder ganz aufzugeben.

Eine alternative Denkweise besteht darin, zu überlegen, dass Sie sich auf eine mitfühlende Position *zubewegen,* auf einen Ort, den Sie vielleicht vorzuziehen lernen. Wenn Sie auf eine natürliche Weise lernen, mit Mitgefühl zu denken, zu fühlen und sich zu verhalten, dann machen Sie möglicherweise die Erfahrung, dass es Ihnen einfach nicht mehr angemessen erscheint, sich zu kritisieren und zu entwerten. Sie müssen sich nicht mehr davon überzeugen. Wenn wir gelernt haben, mit unserer entwertenden selbstkritischen Seite mehr Mitgefühl zu haben, erkennen wir manchmal, dass das ein sehr ängstlicher Teil von uns ist, einer der in Panik gerät, wenn er eine Enttäuschung erlebt, oder der darum ringt, mit der Tatsache fertig zu werden, dass sein Körper nicht der gesellschaftlichen Norm entspricht.

Trauer und Kummer

In dem Maß, in dem wir uns von Selbstentwertung und Scham wegbewegen, entfernen wir uns auch von einem Gefühl der Isolation. Dies kann Gefühle von Kummer und Trauer öffnen, weil unsere Selbstentwertung möglicherweise damit angefangen hat, dass wir uns gewollt, zugehörig und geliebt fühlen wollten, und wir jetzt erkennen, was für ein Kampf das gewesen ist. Wir sehen, wie allein und isoliert wir gewesen sind und dass es vielleicht eine Möglichkeit gibt, nach Hause zu kommen. Das ist keine so ungewöhnliche Erfahrung, wenn man beginnt, Selbstmitgefühl zu entwickeln. Wer Achtsamkeit praktiziert, kann sich auch einer Traurigkeit bewusst werden, die irgendwo tief in seiner Seele sitzt. Wenn dieser Kummer überwältigend zu werden droht, reagieren manche Menschen damit, dass es ihnen schwerer fällt, Selbstmitgefühl zu empfinden.

Wenn Ihnen das passiert, sollten Sie sich vielleicht professionelle Hilfe suchen oder jemanden finden, der Sie dabei begleiten kann. All diese kleinen Verletzungen in unserem Leben können sich ansammeln und sich zu einem unerträglich intensiven Gefühl von Kummer, Schmerz und Isolation aufbauen. Und wenn man auch nur eine leichte depressive Tendenz hat, kann das zur Folge haben, dass sich der Kummer noch überwältigender anfühlt. Aber Kummer ist ein ganz normaler und wichtiger Prozess, und wenn wir mit unserem Kummer und unserer Traurigkeit einfach „achtsam sind" und diese Empfindungen anerkennen, ermöglicht uns das manchmal, wieder neu zu fühlen und zu heilen.

Zusammenfassung

Uns Menschen passiert es oft, dass wir uns selbst sehr stark beurteilen und bewerten. Da wir ein Identitätsgefühl und Selbst-Bewusstheit entwickelt haben, sind wir häufig damit beschäftigt, wie andere Menschen uns wahrnehmen, und sorgen uns leicht darum, ob wir zu ihnen passen.

Es liegt auch daran, dass wir uns selbst als Objekte behandeln können. Genauso, wie wir uns über andere ärgern können, weil sie nicht das tun, was wir wollen, oder nicht so sind, wie wir sie haben wollen, können wir diese Gefühle und Gedanken auch uns selbst gegenüber haben. Unser Bewusstsein, dass wir bei anderen Ärger oder Aufregung auslösen können und dass es unfreundlich ist oder als Unfreundlichkeit empfunden werden kann, wenn man jemanden bewertet, kann uns davon abhalten, schmerzhafte oder verletzende Dinge anderen gegenüber offen anzusprechen. Aber wenn es um uns selbst geht, sind wir möglicherweise nicht so gehemmt. Und weil das in unserem Inneren passiert, haben wir unmittelbaren Zugang zu unseren wertenden Gedanken – andere Menschen haben nur Zugang, wenn wir sie ihnen gegenüber aussprechen! Selbstentwertung ist also einer der hinderlichsten inneren Prozesse und eine Barriere gegen Glück und Wohlbefinden. Sie geht gewöhnlich auf Enttäuschung über sich selbst und Angst zurück und stimuliert das System, das die Bewältigung von Gefahr und den Selbstschutz regelt.

Der Ansatz mit Selbstmitgefühl besteht darin, die Quellen unserer Selbstentwertung (einschließlich gelegentlichem Ärger oder Wut, die wir nicht anerkennen oder bearbeiten können, weil wir zu viel Angst haben) zu entdecken und Verständnis und Freundlichkeit ihr gegenüber zu entwickeln. Zudem müssen wir üben, von der entwertenden Selbstkritik, die auf Scham beruht, zu einer Bereitschaft zu Selbstkorrektur überzugehen, die auf Mitgefühl beruht. Wir beginnen bei der Einsicht, dass unser komplexer Geist, den wir als in der Evolution entwickelte Wesen haben, oft extrem verwirrend, mächtig und schwierig sein kann. Das ist überhaupt nicht unser Fehler, aber nur wir können Verantwortung dafür übernehmen. Wenn wir mit Sanftheit und Freundlichkeit an dieses Problem herangehen, statt mit Vorwurf und Wut, kommen wir viel weiter.

Wir haben verschiedene Weisen betrachtet, wie wir unsere selbstentwertenden Gedanken und das identifizieren können, was wir befürchten, was andere Menschen uns gegenüber empfinden könnten. Wenn wir das aufschreiben oder artikulieren können, können wir unseren mitfühlenden Geist darauf einwirken lassen. Schließlich haben wir gesehen, wie man die Technik und die Kunst entwickelt, mitfühlende Briefe zu schreiben. Damit bekommen wir eine Möglichkeit, unsere Gefühle und die Dinge auszudrücken, die uns aufregen und Sorgen machen. Wir fangen dann an, ihren Ursprung zu sehen und anzuerkennen, damit wir einfach und freundlich bei ihnen sein und heilen können.

Arbeitsblatt 2: Von entwertender Selbstkritik zu Selbstmitgefühl

1. Notieren Sie die Gefühle, die in Ihrem Körper hervorgerufen werden, wenn Sie etwas quält oder aufregt.
2. Erkennen Sie an, dass Ihr Körper auf eine Weise reagiert, die als Reaktion so programmiert ist. Sie müssen ihm durch Fokussieren helfen. Nehmen Sie sich daher einen Moment Zeit, um Ihre Atmung bewusst wahrzunehmen und langsamer zu werden. Wenn es hilft, halten Sie Ihre Hand etwa 2 bis 3 Zentimeter über Ihr Herz oder halten Sie Ihren Stein, der eine beruhigende Wirkung auf Sie hat, in der Hand oder nehmen Sie Ihre beruhigende Ansichtskarte und schauen Sie sie an.
3. Versuchen Sie jetzt, so gut Sie können, aufmerksam bei allen Gedanken oder Gefühlen zu sein, die Sie über sich haben und die mit dem assoziiert zu sein scheinen, was Sie aufregt oder beunruhigt. Nehmen Sie sie wahr, ohne sich zu sehr auf sie einzulassen. Erkennen Sie sie als alte Muster an, die vielleicht alle möglichen Ängste verbergen; vielleicht ist es auch eine Stimme von jemandem aus der Vergangenheit. Wenn es Ihnen hilft, dann bringen Sie Ihre Aufmerksamkeit einfach zu Ihrer Atmung zurück.
4. Erlauben Sie sich jetzt, Ihre Aufmerksamkeit auf Ihr Bild von Mitgefühl zu richten, und lassen Sie auf Ihrem Gesicht ein sanftes Lächeln des Mitgefühls erscheinen. Verstehen Sie den Schmerz der Not und seien Sie mit Ihrer Aufmerksamkeit ganz bei der Botschaft der Unterstützung und des Mitgefühls, die Sie in sich hervorrufen können. Sie können dies vielleicht nicht klar sehen oder spüren, aber wenn Sie so fokussieren, kann es Ihnen helfen.
5. Versuchen Sie, sich daran zu erinnern, wenn Sie freundlich zu sich selbst oder zu anderen gewesen sind, und bleiben Sie ganz bei diesem Gefühl.

Hören Sie genau auf das, was Ihnen Ihre mitfühlende innere Stimme sagt. Versuchen Sie zu fühlen, wie Mitgefühl durch Sie hindurchfließt.

6. Nehmen Sie Ihr Denken wahr und lassen Sie zu, dass auch das mitfühlend ist. Denken Sie daran, dass Sie im Strom des Lebens sind. Sie haben sich diese Gefühle oder Ihre Not nicht ausgesucht. Vergessen Sie nicht, dass viele Menschen so unter entwertender Selbstkritik und Not leiden wie Sie. Das ist nicht Ihr Fehler. Unterscheiden Sie deutlich zwischen Ihrer Not oder Enttäuschung und Ihrem Selbstgefühl, das ein Teil Ihres Bewusstseins ist. Hören Sie die innere Stimme als sanft und warm, freundlich und weise. Es gibt vielleicht Dinge, die Sie beunruhigen, aufregen oder enttäuschen, aber sie sind keine Urteile über Ihr ganzes Selbst oder Ihr Sein.

Schreiben Sie Ihre Gedanken zu diesem Prozess auf:

____

____

____

Nehmen Sie sich in ein oder zwei Tagen dieses Arbeitsblatt noch einmal vor. Denken Sie darüber nach, wie Sie es verbessern könnten, um es für Sie effektiver zu machen. Sie versuchen, mitfühlende Aufmerksamkeit, mitfühlendes Denken und Argumentieren und mitfühlendes Verhalten zu entwickeln und das alles von Wärme, Freundlichkeit und Unterstützung durchströmen zu lassen.

Vervollständigen Sie die folgenden Sätze:

Hilfreiche und nützliche mitfühlende Aufmerksamkeit wäre für mich:

____

____

____

Hilfreiches und nützliches mitfühlendes Denken und Argumentieren wäre für mich:

____

____

Hilfreiches und nützliches mitfühlendes Verhalten wäre für mich:

____

____

Hilfreiche und nützliche mitfühlende Praxis wäre für mich:

____

____

Wenn ich dies in meinem Leben praktizieren möchte, und sei es nur ein paar Minuten am Tag – wie sollte ich am besten vorgehen? Was könnte mir dabei helfen?

____

____

____

Was ist meine größte Aufgabe beim Umschalten von entwertender Selbstkritik zu Selbstmitgefühl, und was würde mir am meisten bei diesem Schritt helfen?

____

____

____

11 Mitgefühl und Emotionen

Arbeit mit Angst, Wut und Vergeben

In diesem Kapitel werden Möglichkeiten besprochen, wie wir unsere Emotionen verstehen und mit ihnen mit Mitgefühl arbeiten können. Sie haben ihren Ursprung in Systemen, die vor langer Zeit aufgebaut wurden und können sehr schnell in uns entstehen, gelegentlich äußerst mächtig sein und uns dazu drängen, bestimmte Dinge zu denken und zu tun. Nun kann man natürlich nicht alle seine Emotionen untersuchen, deshalb werden wir uns auf die Emotionen konzentrieren, die mit Bedrohung und Selbstschutz zu tun haben – Angst und Wut –, weil sie es sind, die uns am meisten Schmerz und Probleme bereiten können. Wir werden sehen, wie unser „neues Gehirn/Denken", das Denken, Phantasieren und reflexive Selbst-Bewusstheit umfasst, beim Umgehen mit Emotionen entweder sehr hilfreich oder sehr wenig hilfreich sein kann, das heißt uns entweder beruhigen oder unsere Emotionen zu größerer Intensität treiben kann.

Wenn wir eine Emotion erforschen, sind dies die Schlüsselbotschaften: Es geht darum, zu lernen, aufrichtig zu sein, sie anzunehmen, herauszufinden, wie man sie tolerieren und auf eine freundliche Weise damit arbeiten kann. Als Erstes müssen wir also entscheiden, wie wir an unsere Emotionen herangehen wollen. Es kann eine gewisse Verwirrung entstehen, weil manche Schulen und Traditionen von „destruktiven" Emotionen und der Tatsache sprechen, dass wir unter verschiedenen „Giften" leiden – unter Angst, am Festhalten an etwas, unter Gier, Neid, Wut und Hass – und deshalb lernen müssen, diese Emotionen zu bekämpfen oder uns von ihnen zu befreien. Von manchen werden sie auch als „sündig" qualifiziert. Bei dieser Denkweise ist es leicht, auf die Idee zu kommen, sich von „Sünde befreien" zu wollen oder zu versuchen, „schlechte" und „vergiftende" Emotionen, Begierden und Phantasien loszuwerden. Menschen denken dann: „Ich sollte dies nicht fühlen, aber ich sollte das fühlen", „Dies ist ein gutes Gefühl, aber jenes ist ein schlechtes" oder „Dieses Gefühl macht mich schlecht" oder „Dieses Gefühl macht mich gut". Es wird versucht, das Gute vom Schlechten zu trennen, sich zu reinigen und etwas zu tun, was in der Psychologie „Spalten" (splitting) genannt wird. Himmel und Hölle sind das Resultat von Spaltung – alles, was gut und rein ist, geht nach oben, und was böse ist, nach unten. Die Suche nach Reinigung und Spalten kann uns auf den Weg zu Sadismus bringen, wie wir im nächsten Kapitel sehen werden. Achtsamkeit und Meditation (die eigentlich Gewöhnungsprozesse sind) kann man nicht dazu benutzen, sich bestimmter Dinge zu „entledigen". Eher helfen sie uns, unsere Gefühle zu verstehen, sie zu tolerieren, mit ihnen umzugehen und zu vermeiden, sie unnötigerweise zu intensiveren. Sie befähigen uns, unsere Gefühle und uns zu beruhigen. Sie helfen uns auch, die Macht der Emotionen und die Art und Weise, wie sie (wenn wir unseren Geist nicht ausbilden) so leicht unser Verhalten diktieren können, zu verstehen.

Lassen Sie sich also nicht von Ideen verwirren, sie müssten sich ihren Emotionen mit der Absicht nähern, sich zu reinigen. Reinigung ist gut für den Körper, der mit Viren und Bakterien zu tun hat und sie loswerden muss, aber dieser Ansatz *taugt überhaupt nicht* dazu, mit unserer Psychologie und mit unseren Emotionen umzugehen. Hier brauchen wir Engagement, Integration, Transformation, Transzendenz und Heilen. Manche verbringen vielleicht Jahre damit, ihren Geist zu reinigen und ihre Emotionen zu kontrollieren, oder sie hören auf, bestimmte Dinge zu fühlen, zu wollen oder zu denken – aber wenn man Selbstmitgefühl entwickelt, bewegt man sich genau in die entgegengesetzte Richtung. Es ist nicht nur unmöglich, unerwünschte Emotionen loszuwerden (so wenig, wie man aufhören kann, Nahrung zu brauchen), es hilft auch nicht. Die Forschung zeigt, dass Gefühle um so mehr als ungewollte Intrusionen in unserem Denken oder in Träumen auftauchen, je mehr man versucht, sie zu unterdrücken oder loszuwerden. Nützlicher ist es, mit Offenheit, Akzeptanz, Neugier und

Freundlichkeit in diese schmerzhaften Bereiche unseres Geistes zu gehen. Es ist mitfühlend, zu erkennen, dass unsere Fähigkeit, zu fühlen, von unseren Genen und unserer sozialen Umgebung aufgebaut wurde, und in diesem Sinn haben wir sie nicht selbst gemacht oder hergestellt.

Emotionen sind keine Gifte, die man vermeiden oder loswerden muss, sondern sie können uns wirklich wichtige Dinge zu enthüllen haben. Es kann zum Beispiel sein, dass jemand, der eine Sucht nach dem Kick von Pornographie im Internet oder nach Shopping entwickelt, in Wirklichkeit versucht, Gefühle verzweifelten Alleinseins, von Angst vor Ablehnung, soziale Angst oder vielleicht Wut zu vermeiden. Eine freundliche, aber konsequente Exploration der *Funktion* eines Verhaltens, einer bestimmten Lust oder Emotion kann nützlich sein. Die Frage, die wir uns stellen sollten, ist also diese: „Was würde passieren, wenn ich aufhören würde, meinen Gefühlen nachzugeben und sie auszuleben? Was möchte ich machen?" Was würde passieren, wenn Sie aufhören, jeden Abend, wenn Sie von der Arbeit nach Hause kommen, Ihr Glas Wein zu trinken? Es liegt dann an Ihnen, ob Sie daran arbeiten möchten, was Sie mit der Antwort auf so eine Frage entdecken. Die Frage lädt Sie auch ein, achtsam bei Ihren Emotionen zu sein und zu lernen, sie mit einem offenen und neugierigen Geist zu beobachten und aufmerksam darauf zu achten, wie sie sich in Ihrem Körper und auf Ihre Gedanken auswirken. Das ist nicht immer ein leichter Weg, und manchmal ist professionelle Hilfe nützlich, besonders bei starker Wut und intensiver Angst.

Mitfühlendes Verhalten

Ein wichtiger Aspekt mitfühlenden Verhaltens ist die Weise, wie wir handeln, wenn unsere Emotionen geweckt sind. Wut und Angst sind die mächtigsten Emotionen in unserem Gehirn und an ihrer Regulierung sind mehr Verarbeitungssysteme beteiligt als bei jeder anderer Emotion. Das ist so, weil sie für unseren Schutz und für unser Überleben entscheidend gewesen sind (wie auch bei anderen Säugetieren). Wut kann uns auf Blockierungen und Frustrationen aufmerksam machen, auf Betrug oder Ungerechtigkeit, und sie kann uns anregen, Dinge zu verändern[1], während Angst vor Gefahren warnt und Anstoß zu Handlungen geben kann, mit denen wir uns schützen.

Diese grundlegenden, primitiven Emotionen sind jedoch auch eine Quelle dafür, dass Menschen sehr unglücklich sein können, und sie können sogar die Samen unserer eigenen Zerstörung sein (siehe Kapitel 4). Angst ist nicht nur sehr unangenehm, sie kann uns auch vor Dingen weglaufen lassen und uns davon abhalten, das Leben zu entwickeln, das wir gern leben würden, oder uns davon abhalten, für uns selbst und unsere Werte einzustehen. Angst kann uns daran hindern, uns und unsere Psyche zu verstehen, wenn wir versuchen, nicht an Dinge zu denken, die uns aufregen oder Angst machen. Sie kann uns auch dazu bringen, etwas zu akzeptieren, wovon wir in unserem Inneren wissen, dass es falsch ist, weil wir Angst vor Beschämung oder Ablehnung haben (im nächsten Kapitel werden wir darauf zurückkommen). Was Wut angeht, kann man sie natürlich mit Gewalt gegen Kinder, Ehepartner, Freunde, Außenseiter und auch uns selbst in Verbindung bringen. Angst und die Unfähigkeit, Wut in Selbstbestimmung und Selbstbehauptung zu verwandeln, sind im Kern vieler Depressionen. Ein hohes Maß an Wut und Reizbarkeit liegt auch einer Reihe von gesundheitlichen Problemen, besonders Herz-Kreislauf-Erkrankungen, zugrunde.

Es gibt natürlich auch die Anlagen und Fähigkeiten unseres „neuen Gehirns/Geistes“ der Imagination, Antizipation, Phantasie und die Fähigkeit, zu grübeln. Sie können Angst und Wut extrem steigern und sie über lange Zeiträume aufrechterhalten. Unsere Gedanken und Imaginationen, die unsere Gefühle so sehr steigern können, können sich weit von der Realität entfernen, und wir können Kontakt mit dem verlieren, was mitfühlend, hilfreich oder beruhigend ist. Es besteht also kein Zweifel daran, dass Wut und Angst uns große Probleme bereiten können.

Mut

Vor dem Hintergrund, dass Wut und Angst in unserem Leben und im Leben anderer Durcheinander und Chaos anrichten können, würde man hoffen, dass unser Erziehungssystem Möglichkeiten anbietet, wie wir verstehen und lernen können, wie man damit umgehen kann. Leider ist das nicht der Fall, denn Schulen sind dafür eingerichtet, uns ausreichend auszubilden, um Waren und Dienstleistungen zu produzieren, und nicht, uns zu befähigen, Einsichten in unsere Psyche und unser Denken zu entwickeln und zu lernen, wie wir mit diesem komplizierten Gehirn unser Wohlbefinden steigern können.

Nun ist eine der wichtigsten Lektionen, die wir in den letzten 30 Jahren – besonders von den Behavioristen – gelernt haben, die, dass mächtige Gefühle als Reaktion auf Bedrohung oder Gefahr sehr schnell und bei vielen Anlässen in uns entstehen können. Daher müssen wir wachsam sein und lernen, uns in unserem Handeln *nicht* von den Gefühlen bestimmen zu lassen. Die Essenz unserer Fähigkeit, mit solchen schmerzhaften Gefühlen umzugehen, ist *Mut.* Mut ist nicht leicht zu definieren. William Miller spricht in seinem faszinierenden Buch über dieses Thema[2] sogar von dem „Geheimnis des Mutes“. Es kommt vor, dass Menschen sich automatisch mutig verhalten und in diesen Momenten kaum Angst haben. Mut kann aber auch mit großer Angst oder aufgrund wohl durchdachter Argumente zur Wirkung kommen. Von den Religionen stellt besonders das Christentum den Mut in den Mittelpunkt und macht klar, dass es nicht erlaubt sein kann, Angst oder Rachlust auszuagieren – was sogar soweit gehen kann, dass man zulässt, gefoltert und getötet zu werden. Leider wurde zur Zeit der Kreuzfahrer diese Betonung des Mutes völlig pervertiert und lag dann ganz auf dem Erobern und Abschlachten.

Zu allem Verhalten ist dennoch der Schlüssel, Funktion und Ziel zu verstehen. Dies gilt auch für mitfühlendes Verhalten. Das ist nicht immer leicht, weil uns manche unserer Intentionen nicht bewusst sind. Evolutionisten könnten sagen, dass eine Mutter, die in das brennende Haus läuft, um ihr Baby zu retten, nur ihre Gene retten möchte und eine grundlegende Schutzstrategie ausagiert. Dies wirft die Frage auf, ob man Mut nicht nur als automatische Reaktion betrachten darf, sondern auch in Verbindung mit *Entscheidungen,* die wir bewusst treffen. Wieder ist hier die Funktion wichtig. Männliche Teenager, die zusammengetrieben und aus denen Armeen gebildet werden und die mit Speeren, Pfeilen, Geschossen oder Bomben aufeinander losgehen, könnte man als mutig betrachten, aber wie ist es mit den Selbstmordattentätern, die sich auch für etwas opfern, was sie für eine gültige und gute Sache halten? In beiden Fällen gibt es Aspekte und Themen um sozialen Druck, Angst oder Scham (dafür, sich zu verweigern), um das Streben nach sozialer Anerkennung, um Wut, Depression oder sogar um dissoziierte Zustände, in denen man die Gefahr und die Realität der Situation vergisst. Im nächsten Kapitel kommen wir darauf zurück.

Jetzt werden wir die Form von Mut betrachten, die wir im Alltag kennen. Wir sehen, dass wir uns in sehr vielen Bereichen unseres Lebens Gefühlen der Angst, des Ärgers oder der Wut stellen müssen, und um das tun zu können, müssen wir mitfühlenden Mut entwickeln. Dazu müssen wir unsere Phantasiewelt, unsere Gedanken, Befürchtungen und Interpretationen genau im Auge behalten. Anders ausgedrückt, es wird ein wenig leichter, gegen die Angst zu handeln oder nicht zuzulassen, dass Wut zu attackierender Aggressivität oder Kritik wird, wenn man Mitgefühl mit seinen Gefühlen entwickelt hat und eine warme, freundliche innere Stimme besitzt, die die Kraft dieser Emotionen versteht und einen nicht dafür verurteilt, dass man sie hat, sondern hilft, sie zu tolerieren, ohne sie auszuagieren. Sie kann einem helfen, Gedanken, Phantasien und Grübeleien einer permanenten Realitätsprüfung zu unterziehen und sie auszugleichen.

Wenn wir über mitfühlendes Verhalten nachdenken, sehen wir also, dass es weit davon entfernt ist, nur mit Sanftheit, Freundlichkeit und Wärme zu tun zu haben. Man braucht auch Mut. Das gilt auch für Selbstmitgefühl. Selbstentwertung oder auch eine Tendenz, sich selbst wehzutun, sind Folge und Ausdruck davon, dass aggressive Teile der Emotionen mehr Kontrolle haben, als gut ist. Haben Sie Mitgefühl, aber versuchen Sie Möglichkeiten zu finden, diese Emotionen nicht auszuagieren. Zu mitfühlendem Handeln gehört, dass man den Mut entwickelt, wichtige Themen im persönlichen Leben und bei persönlichen Auseinandersetzungen anzugehen, psychische Probleme zu konfrontieren, von denen wir erkennen, dass sie uns hemmen, und damit zu arbeiten. Das hat gewöhnlich damit zu tun, wie unser System, das die Bewältigung von Gefahr und den Selbstschutz regelt, funktioniert. Gefühle der Angst und der Wut legen uns Steine in den Weg zu Selbsterfüllung, Wohlbefinden und Glück. Wenn Angst und Wut uns eher im Griff haben als umgekehrt, überlassen wir es ihnen, über unser Leben zu bestimmen.

Manchmal bedeutet Arbeit mit diesen schwierigen Gefühlen, dass man lernt, wie man sie tolerieren und als Teil seines Lebens annehmen kann und sie nicht blind ausagiert. Zu anderen Zeiten müssen wir uns auf sie einlassen und sie verändern oder gegen die Impulse der Emotion und ihren Drang zu einem bestimmten Verhalten handeln. Ein Schlüssel dafür, sie zu überwinden, kann darin bestehen, dass man Gefühle der Angst oder der Wut annimmt und *gegen* die Gefühle oder *trotz* dieser Gefühle handelt. Das ist nicht unbedingt leicht oder fair, denn es ist gut möglich, dass unsere Neigung, Angst oder Wut zu empfinden, auch genetisch bedingt ist. Aber es gibt viel, was wir ausprobieren können.

Handeln und Verhalten

In der buddhistischen Psychologie und in einer Schule der westlichen Psychotherapie, der *Verhaltenstherapie,* kommt es durch Handeln und Verhalten zum Prozess der Veränderung. Die buddhistische Psychologie meint seit Langem, dass wir Ängste konfrontieren müssen, wenn wir sie besiegen wollen. Für diejenigen, die Angst vor dem Tod haben, gibt es zum Beispiel die Meditation über den Prozess des Todes und den Verfall des Körpers – gut, auch nicht mein Ding. Die in jüngerer Zeit entwickelte Verhaltenstherapie beruht auf der Forschung, die gezeigt hat, dass das Gehirn von unserem Verhalten unmittelbar verändert wird.

Eine andere therapeutische Schule ist die *Dialektisch-Behaviorale Therapie* (DBT), die Marsha Linehan entwickelt hat[3] und die buddhistische und verhaltensorientierte Ansätze kombiniert. Wenn man diesen Begriff bei einer Suchmaschine eingibt, bekommt man eine Menge Informationen über die DBT. Zum „dialektischen" Aspekt gehört, dass entgegengesetzte Prozesse wie zum Beispiel Veränderung vs. Annehmen oder Selbst vs. andere thematisiert werden, und wie wir diese Konflikte ausbalancieren. Die Arbeit mit der DBT besteht darin, sich des Ziehens und Drängens der Emotionen bewusster zu werden und achtsam dabei zu sein, Akzeptanz und Toleranz für sie zu entwickeln und zu lernen, sie nicht auszuagieren. Angenommen, Sie haben Angst und wollen nicht zu einem Vorstellungsgespräch gehen. Aber Sie möchten den Job haben, also gehen Sie hin: Sie handeln gegen Ihre Angst. Vorübergehend könnte es Ihnen mit Vermeiden besser gehen, aber auf lange Sicht leiden Sie.

In Kapitel 2 und 3 wurde untersucht, dass unsere Archetypen, sozialen Mentalitäten und Emotionen Ergebnisse von Millionen Jahren Evolution sind, und wie einige von ihnen uns das Leben wirklich sehr schwer machen können. Es ist wichtig, dass wir lernen, genau auf unsere Emotionen zu hören, weil sie wichtige Informationen für uns haben. Manchmal erkennen wir Angst, Wut, Frustration oder Ärger nicht, weil wir uns nur ducken, um zu überleben, oder weil wir Angst vor diesen Gefühlen haben. Es kann außerordentlich hilfreich sein, wenn wir lernen, aufmerksam bei der Bedeutung unserer Emotionen und sozialen Mentalitäten zu sein und sie zu verstehen. Mitfühlende Briefe an uns selbst können uns dabei helfen, unsere Gefühle besser zu verstehen.

Zum Beispiel war Kay durch die Angewohnheit ihres Verlobten ein wenig verletzt, an den Wochenenden mit seinen Freunden wegzugehen, statt Zeit mit ihr zu verbringen. Aber weil sie glaubte, in ihn verliebt zu sein, und nicht über diese Gefühle nachdachte, ignorierte sie sie und versuchte bewusst, ihren Ärger nicht zu beachten. Als aber der Tag der Hochzeit näher kam, verstärkten sich ihre negativen Gefühle und sie beschloss, ihn darauf anzusprechen. Er sagte ihr deutlich, sie würde nicht sein Leben beherrschen und er würde tun, was er wolle. Das Ergebnis war, dass Sie die Verlobung auflöste. Sie war schockiert, als sie bald darauf entdeckte, dass ihr Freund, weit davon entfernt, davon besonders betroffen zu sein, schon binnen zwei Monaten eine andere Freundin hatte. Als sie darüber nachdachte, wurde ihr klar, dass sie ihre Gefühle und ihre Intuition – dass seine Gefühle für sie ziemlich oberflächlich waren – viel früher hätte beachten sollen. Manchmal übergehen wir, was wir fühlen, und sagen uns, wir sollten nicht dumm sein und sie so ernst nehmen. Mitfühlende Aufmerksamkeit kann uns aber helfen, über unsere Gefühle in einer gewissen Tiefe nachzudenken. Manchmal vermeiden wir sie aufgrund von Konflikten oder weil wir in unserem Inneren etwas wissen, was wir nicht anerkennen wollen. Wenn man mit so einer Situation beschäftigt ist, kann es sinnvoll sein, an sich selbst einen mitfühlenden Brief darüber zu schreiben. Sehen Sie sich das Hin und Her, die Höhen und Tiefen, die Hoffnungen und Ängste, die Vor- und Nachteile an.

Arbeiten mit Angst

Betrachten wir genauer, wie man mitfühlendes Verhalten nutzen kann, wenn man mit Angst konfrontiert ist. Diese Emotion war bestimmt, uns zu beschützen und uns gefährliche Situationen vermeiden zu lassen. Auch wenn wir nicht gerne Angst haben, so ist Angst doch nicht unser Feind, und sie ist nützlich, wenn man sie so sehen kann. Sie braucht manchmal nur eine Regulierung oder Anpassung der Lautstärke. Diese *hilfreiche* Emotion kann also verwirrt oder desorientiert werden und sich auf Dinge richten, die nicht hilfreich sind. Es gibt viele Störungen, die von Ängsten z. B. vor Spinnen, vor sozialen Situationen, vor Krankheitserregern und vor Verlassenheit oder von einer allgemeinen Angst begleitet sind. Es ist unsere Angst – beispielsweise davor, es allein nicht zu schaffen –, die uns davon abhalten kann, Beziehungen zu lösen, die eigentlich schädlich sind. Es ist unsere Angst, die uns davon abhalten kann, auf andere Menschen zuzugehen, Freundschaften zu schließen und ihnen unser Herz zu öffnen. Es ist Angst, die uns von dem zurückhalten kann, was wir im Leben wirklich wollen. Es ist Angst, zu versagen, die uns davon abhält, Erfolg anzustreben. Und natürlich ist es Angst, die uns davon abhalten kann, uns mitfühlend oder moralisch zu verhalten.

Bei den sogenannten „Angststörungen" sieht es so aus, als wäre das System, das die Bewältigung von Gefahr und den Selbstschutz regelt, „entzündet" und könnte leicht aktiviert werden. Es gibt auch wirklich Belege dafür, dass es eine gesteigerte Sensibilität in dem Teil des Gehirns gibt, den man *Amygdala* nennt und der diese Gefühle reguliert, wenn man unter Angst und depressiven Zuständen leidet. Gene, Härten in ganz jungen Jahren und akuter Stress können eine Rolle dabei spielen, die Schwelle für die Amygdala zu senken, uns das Leben schwer zu machen. Aber wenn wir das einmal wissen und wir uns keine Vorwürfe machen und uns keine Schuld geben, dann sind wir frei, darüber nachzudenken, wie wir diesem Teil unseres Gehirns helfen können, sich zu beruhigen und wie wir unserem Gehirn mehr beruhigendes Mitgefühl entgegenbringen können.

Ein Zehn-Schritte-Programm, um mit Angst zu arbeiten

Der mitfühlende Ansatz der Arbeit mit Angst nutzt Weisheit, die im Verlauf vieler Jahre sorgfältigen Studiums und von denjenigen gewonnen wurde, die selbst unter Angst gelitten und für sich entdeckt haben, was hilft. Sie haben also schon ein intuitives Wissen von vielen der Dinge, die ich hier beschreibe, d. h., ich werde Ihnen Dinge erzählen, die Sie in Ihrem Herzen schon wissen.

Die meisten Therapeuten stimmen darin überein, dass es hilft, wenn man einen Plan dafür entwickelt, wie man Angst angehen kann. Hier folgt ein Beispiel für ein Zehn-Schritte-Programm. Vielleicht möchten Sie weitere Schritte hinzufügen oder ein paar der beschriebenen verändern, um sie den eigenen Bedürfnissen anzupassen.

Schritt 1: *Erkennen Sie an, dass Sie ein Angstproblem haben, das Sie hemmen oder Ihr Leben in irgendeiner Weise behindern könnte.*

Manche Menschen haben Angst vor etwas, aber weil es ihr Leben nicht wirklich behindert, wollen sie die Angst nicht gezielt angehen. Ich mag keine Reisen in Langstreckenbussen (fragen Sie nicht warum, es ist eine lange Geschichte), aber mir geht es ziemlich gut damit, diese Verkehrsmittel zu vermeiden, weil es viele andere Möglichkeiten gibt. Wenn Angst das Leben stört, ist es nützlich, wenn man sich damit beschäftigt. Die meisten Menschen sind mit ihrer Angst natürlich ziemlich vertraut, aber erkennen vielleicht nicht, wie sehr sie ihren Lebensstil behindert. Wenn Sie sich vorstellen, wie anders Ihr Leben ohne Angst sein könnte, wird Ihnen klar, was für ein Problem sie darstellt, und das gibt Ihnen eine Perspektive und den Mut, sich ihr zuzuwenden.

Schritt 2: *Denken Sie darüber nach, ob Ihre Angst mit Stress in Ihrem Leben zusammenhängt oder vielleicht im Zusammenhang mit einer Depression entstanden ist.*

Wenn man zum Beispiel den Prozess einer Scheidung durchmacht, ist es verständlich, wenn man unter gesteigerter Angst leidet. Aber sie wird sich legen, wenn sich auch das übrige Leben wieder stabilisiert.

Wenn Sie meinen, dass Sie depressiv sind und Ihre Angst zusammen mit der Depression aufgetreten ist, ist es wichtig, an der Depression zu arbeiten.

Aber angenommen, Sie erleben in ganz bestimmten Situationen akute Angst. Die mitfühlende Sichtweise besteht darin, dass dies nicht Ihr Fehler ist, dass Sie Ihr Gehirn nicht so gemacht haben, dass es die Anlage besitzt, Angst haben zu können, und dass es alle möglichen Gründe geben kann, weshalb man vor bestimmten Dingen Angst hat. Es gibt also nichts, wofür man sich schämen muss, wenn man Angst hat. Haben Sie Mitgefühl mit sich dafür, dass Sie unter Angst leiden, und nehmen Sie sie als ein menschliches Problem an. Aber prüfen Sie genau, ob Sie sich deswegen bewerten oder verurteilen.

Schritt 3: *Akzeptieren Sie die Tatsache, dass Sie möglicherweise noch mehr Angst empfinden werden, bevor es besser wird – aber das wird mehr von Ihnen selbst abhängen und von Ihnen kontrolliert werden können.*

Denken Sie daran, dass Angst dazu tendiert, ziemlich schnell durch uns hindurchzuströmen, und nicht leicht bewusst unterdrückt werden kann. Wir müssen eher lernen, unsere Angst zu verstehen, uns ihr zu stellen und mit ihr umzugehen, und das bedeutet, wir müssen ein gewisses Maß an Angst tolerieren, statt zu versuchen, sie vollkommen zu unterdrücken oder zu verhindern. Und es bedeutet auch, dass wir akzeptieren müssen, dass dies eine etwas ängstliche Reise werden wird. Wir werden Mut dazu brauchen, aber das Motto lautet: „Stelle dich der Herausforderung, aber lass dich nicht überwältigen." Die Idee ist, sich zu verpflichten, Möglichkeiten zu finden, die Angst zu erleben, und sie als Gelegenheit zu sehen, Tolerieren und Arbeiten mit ihr zu üben, ohne selbst überwältigt oder entmutigt zu werden.

Psychologische Ansätze unterscheiden sich sehr von medizinischen. Zu denen gehört eine medikamentöse Behandlung, die Angst durch unmittelbare Einwirkung auf das Gehirn reduzieren kann. Bei manchen ist dieser Ansatz sehr wirksam. Die psychologischen Ansätze jedoch verlangen Mut und den Wunsch, das Gehirn selbst auf eine freundliche und geschickte Weise zu verändern.

Schritt 4: *Fragen Sie sich, warum Sie sich Ihrer Angst stellen wollen.* Warum wollen Sie lernen, mit Ihrer Angst umzugehen, sie zu tolerieren und sie durchzuarbeiten? Fertigen Sie eine Liste von allen Dingen an, von denen Sie das Gefühl haben, sie würden verbessert, wenn Sie mit Ihrer Angst umgehen könnten. Dies sind die Dinge, zu denen Sie sich verpflichten und die Ihnen helfen werden durchzuhalten, wenn die Arbeit mit Ihrer Angst schwierig wird. Es ist eine der Situationen, in der „ein kleiner Schmerz viel Gewinn verspricht". Wenn es sehr hart wird, sollten Sie sich so genau wie möglich auf Ihr Ziel konzentrieren. Wenn Ihnen das nicht ganz klar ist, ist die Gefahr größer, aufzugeben.

Jeff hatte Angst vor dem Fliegen, aber er liebte die Sonne und wollte gern mit seiner Freundin Urlaub machen. Er lernte also einige grundlegende Techniken zur Angstreduzierung, wie Atem- und Entspannungsübungen, in Verbindung mit der Überzeugung, dass seine Angst nicht gefährlich war und vorübergehen würde. Er stellte sich Szenen vor, wie er Spaß hatte, und sah sich mit seiner Freundin in der Sonne lachen. Er dachte auch daran, wie erfreut sie sein würde, dass er mit ihr mitkommen konnte, und wie wichtig es war, für sie da zu sein. Mit solchen kleinen Dingen kann man seinem Mut ein wenig unter die Arme greifen.

Schritt 5: *Fragen Sie sich, ob Sie bei Ihrer Angst Hilfe brauchen könnten.* Setzen Sie sich nicht unter Druck und verlangen Sie nicht von sich, dass Sie es allein schaffen *müssen.* Der mitfühlende Ansatz besteht immer darin, unser Herz für Hilfe zu öffnen. Wenn Sie das Gefühl haben, dass Ihre Angst zu groß ist, um allein mit ihr zu arbeiten, gehen Sie zu Ihrem Hausarzt und informieren Sie sich, welche Hilfe es gibt. Es gibt jetzt viele gute psychologische Ansätze, um mit Angstproblemen umzugehen, und Therapeuten können die Art und die Ursachen Ihrer Angst beurteilen und Ihnen helfen, ein Programm zu erarbeiten, um damit umzugehen. Vergessen Sie nicht, dass man sich für dieses Problem nicht schämen muss – es ist sehr häufig und unser Gehirn ist eben so angelegt. Wenn Sie also professionelle Hilfe suchen, kann das ein Ausdruck von Selbstmitgefühl und von Mut sein. Stellen Sie sich vor, dass Sie einen Physiotherapeuten für Ihre Seele aufsuchen. Aber es ist verständlich, dass man sich manchmal Sorgen macht, dass die Angst bedeuten könnte, dass mit einem etwas ernstlich nicht stimmt, dass man als Feigling und schwach dasteht und dass der Therapeut etwas lange Vergangenes ausgräbt, was man gerne so lassen würde oder wogegen man lieber Medikamente nähme. Wenn Ihnen das auch so geht, drücken Sie das der Person gegenüber aus, mit der Sie arbeiten werden. Schauen Sie sich an, ob Sie dieser Person vertrauen und mit ihr arbeiten können.

Schritt 6: *Fertigen Sie eine Liste von Situationen an, in denen Ihre Angst eine Rolle spielen könnte, und von den Aufgaben, die Ihnen helfen könnten, sie zu überwinden.*

Machen Sie eine Aufstellung von der am wenigsten schwierigen bis zur schwierigsten Situation. Wenn Sie zum Beispiel sozial ängstlich sind, könnte eine der am wenigsten schwierigen Situationen sein, wenn Sie versuchen, jeden Tag ein wenig mehr bei der Arbeit zu sagen oder Ihre Freunde häufiger anzurufen. Die schwierigste Situation könnte sein, wenn Sie neuen Menschen begegnen, sich einer neuen Gruppe anschließen, wie einer Selbsthilfegruppe, oder wenn Sie eine Rede halten sollen – zum Beispiel auf einer Hochzeit. Diese Liste könnte man Ihr „Schwierigkeitskontinuum“ nennen.

Überlegen Sie jetzt, was für Aktivitäten es gibt, die Ihnen persönlich Angst machen und ordnen Sie sie ihrer Schwierigkeit nach auf diesem „Kontinuum“ ein. Sie können diese Aktivitäten benutzen, um zu üben, Ihre Angst anzuregen und mit ihr zu arbeiten. Wenn Sie zum Beispiel soziale Angst haben, könnten Sie üben, in Geschäfte zu gehen und sich über irgendwelche Dinge zu informieren und sich dann bei dem Verkäufer zu bedanken – es geht natürlich nicht darum, etwas zu kaufen, was Sie nicht wirklich brauchen! Suchen Sie sich, wenn möglich, einen Tag aus, an dem nicht zu viele Kunden in dem Geschäft sind. Oder rufen Sie ein Reisebüro an und bitten Sie um Informationen über eine Urlaubsreise. Sie gehen natürlich niemandem auf die Nerven, Sie suchen lediglich ein Gespräch und üben diese Art Initiative und Kontakt.

Eine andere Tätigkeit könnte darin bestehen, jeden Tag etwas Neues über die Menschen herauszufinden, mit denen Sie arbeiten. Üben Sie,

Fragen danach zu stellen, wie es ihnen geht, versuchen Sie, etwas über Dinge und Menschen in ihrem Leben herauszufinden. Zeigen Sie ihnen, dass Sie sich für sie interessieren: Achten Sie auf Ihre Körperhaltung, üben Sie, eine mitfühlende innere und äußere Haltung einzunehmen, und wenn Sie sprechen, schauen Sie ihnen in die Augen. Sozial ängstliche Menschen können manchmal ziemlich distanziert, fast arrogant und desinteressiert wirken, und das schreckt Menschen natürlich ab, was sozial ängstliche Menschen dann wiederum darin bestätigen kann, dass man sie nicht mag.

Der Ansatz besteht also darin, dass Sie Ihre „Hierarchie" gefürchteter Situationen, Objekte oder Aktivitäten und die Aufgaben und Übungen, wie Sie damit arbeiten können, kreativ entwickeln. Hierarchien können für alle möglichen Ängste entwickelt werden, wie zum Beispiel für die Angst vor Spinnen. Man könnte anfangen, indem man ein Bild einer Spinne zeichnet, sich dann ein Foto einer Spinne anschaut, dann eine Spielzeugspinne anfasst und so weiter. Wenn man unter Agoraphobie leidet (Angst vor weiten Räumen), kann man sich ebenfalls eine Hierarchie denken – zum Beispiel aus der Haustür treten und dann ein paar Schritte die Straße hinuntergehen, und dann jeden Tag ein Stück weiter. Seien Sie so kreativ Sie können. Es ist so, als ob man Autofahren lernt: Am besten setzt man sich erst einmal hinein, fährt zuerst auf Nebenstraßen, dann auf den Hauptstraßen, und zum Schluss nimmt man sich die Autobahn vor. Der Schlüssel zu dem Prozess ist die innere Bereitschaft und Entschlossenheit, mit Mitgefühl mit der Angst zu arbeiten und sie nicht zu vermeiden.

Schritt 7: *Stellen Sie sich auf die Angst-Situation ein.*
Wenn man weiß, dass man gleich mit etwas konfrontiert wird, das einem Angst macht, gibt es eine Reihe von Möglichkeiten, um sich darauf vorzubereiten. Nutzen Sie Ihren beruhigenden Atemrhythmus, denken Sie an Ihr Bild, das Mitgefühl verkörpert, legen Sie eine Hand auf Ihr Herz und richten Sie Ihre Aufmerksamkeit auf Ihr Herz (siehe S. 338) und auf die Tatsache, dass die Angst nicht Ihr Fehler (und auch nicht Ihr Feind) ist. Sie beweisen eine Menge Mut, wenn Sie sich so auf Ihre Angst einlassen. Erlauben Sie sich ein mitfühlendes Lächeln. Erinnern

Sie sich daran, dass Sie wahrscheinlich schon hundertmal solche Angst gehabt haben und dass es Ihre Amygdala ist, die sich hier meldet. Sie werden sich aber freuen, wenn Sie ihr helfen, sich zu beruhigen. Rufen Sie sich ein Bild davon in Erinnerung, wie Sie durch die Angst hindurchgegangen sind und wie erleichtert und froh Sie danach waren.

Schritt 8: *Schreiben Sie ein paar Gedanken auf, die bei der Bewältigung von Angst helfen.*
Denken Sie daran, dass es sehr leicht passiert, dass bestimmte Gedanken, Phantasien und Grübeleien Sie mitnehmen und Ihre Angst steigern. Sie werden die Erfahrung machen, dass sie, wenn Sie nicht aufpassen, mehr von Gedanken, Interpretationen und/oder alten Erinnerungen genährt wird, als durch das heranrückende Ereignis selbst. Wie oft haben wir nicht bei uns gedacht, wenn wir etwas getan haben, wovor wir Angst hatten: „Das war nicht so schlimm, wie ich gedacht hatte“ (und gelegentlich „Das war schlimmer!“)? Auch wenn wir wissen, dass es passieren kann, dass wir ganz zittrig werden und uns Sorgen machen, tun wir oft nichts, um uns zu helfen. Wir sagen „Gut, ich bin eben so ein Mensch.“ Aber vielleicht können Sie die Kunst mitfühlenden Ausbalancierens Ihrer Gedanken üben (siehe Kapitel 9) und sie nicht davonlaufen lassen, wenn Sie lernen, achtsam und ganz „im Moment“ bei den Gedanken zu sein, wenn sie in Ihnen auftauchen.

Wenn Sie sich vornehmen, sich auf die Situationen, die Ihnen Angst machen, einzulassen, nehmen Sie eine Postkarte, vielleicht eine mit einem Bild, das eine beruhigende Ausstrahlung hat, und schreiben Sie ein paar Gedanken auf, die Ihnen bei der Bewältigung der Angst helfen. Hier ein paar Beispiele:

- Es ist verständlich, wenn man Angst hat (das heißt, fangen Sie an, für Ihre Not sensibel zu werden und sich ihr freundlich zuzuwenden).
- Ich habe diese Gefühle schon früher gehabt und sie sind unangenehm, aber es ist einfach *Angst* und nichts Schlimmeres. Ich weiß, dass das Angst ist, denn ich kann sie auslösen, wenn ich

mich innerlich in bestimmte Situationen versetze oder bestimmte Dinge denke – wenn diese Gefühle etwas Ernsteres wären, könnte ich sie nicht so an- und abstellen, wie ich das kann.
- Viele Menschen kennen diese Ängste, sie sind also nicht mein Fehler.
- Wenn ich mich meiner Angst stelle, helfe ich meinem Gehirn, ausgeglichener zu werden.
- Wenn ich mich meiner Angst stelle, ermögliche ich mir, mich mehr dem Leben zu öffnen.
- Meine Angst hat sich immer irgendwann gelegt, deshalb wird auch diese vorübergehen.

Versuchen Sie, mit Ihrer Aufmerksamkeit bei den Tatsachen zu bleiben, wenn Sie können. Überlegen Sie sich, was Sie gerne von jemandem, der früher freundlich und unterstützend zu Ihnen war, ins Ohr gesagt bekommen würden, was Sie unterstützen und ermutigen würde, wenn Sie mit Ihrer unangenehmen (gut, möglicherweise Angst machenden) Angst umgehen müssen. Denken Sie daran, dass diese Gedanken auf jeden Fall von Gefühlen der Freundlichkeit, Unterstützung und Ermutigung erfüllt sein sollten und dass sie die Tatsachen berücksichtigen. Versuchen Sie, mitfühlend zu lächeln und Gesichtsausdruck und Körperhaltung so zu beeinflussen, dass sie Mitgefühl ausdrücken. Schauen Sie, ob es Ihnen hilft, wenn Sie sich Ihr mitfühlendes Bild in Erinnerung rufen und sich vorstellen, mit ihm ein Gespräch zu führen. Experimentieren Sie damit und probieren Sie Dinge aus.

Schritt 9: *Lassen Sie sich auf Ihre Angst ein.*
Wenn Sie sich auf Ihre Angst einlassen, denken Sie an Ihren beruhigenden Atemrhythmus. Denken Sie daran, dass es nur natürlich ist, wenn Ihre Angst zunimmt, und in gewisser Hinsicht vielleicht auch ganz nützlich, weil Sie Erfahrungen sammeln, wie Sie mit ihr umgehen können. Versuchen Sie, in dem Sinn achtsam zu sein, dass Sie erkennen, wie Angst durch Ihren Körper rauscht und an Ihren Gedanken und Verhaltensweisen zerrt.

Eine wirksame Aufgabe besteht darin, Ihr Selbstvertrauen aufzubauen, so dass Sie lernen können, Angst zu tolerieren, auch wenn sie ziemlich intensiv ist. Wenn Sie unter einer Angststörung leiden, haben Sie das wahrscheinlich schon bei einer Reihe von Gelegenheiten erlebt. Der Hauptfokus besteht hier also darin, sich an Ihren früheren Mut und daran zu erinnern, dass Sie in der Vergangenheit mit sehr intensiver Angst fertig geworden sind und sie ertragen haben. Sie ist nicht angenehm, aber Sie haben es geschafft und Sie können es wieder schaffen. Hier lernen Sie Toleranz für Emotionen – das Gefühl zuzulassen, ohne zu agieren – egal, wohin das Gefühl Sie zu ziehen versucht. Während Sie dies tun, halten Sie den Ton Ihrer inneren Stimme so warm, mitfühlend, ermutigend und verständnisvoll, wie Sie können.

Sie können sich nun der Aufgabe zuwenden, die Angst zu vermindern, und Ihrer Amygdala helfen, sich zu beruhigen. Halten Sie Ihre Gedanken auf Ihre Atmung und auf Ihre Ansichtskarte mit ihrem beruhigenden Bild gerichtet, die Sie bei der Bewältigung der Angst unterstützen. Wenn Sie einen beruhigenden Stein (verbunden mit Bildern) verwendet haben (siehe S. 340), können Sie den locker in Ihrer Hand halten. Denken Sie mit Mitgefühl an Ihre Angst. Stellen Sie sich weiter vor, dass Ihr mitfühlendes Selbst bei Ihnen ist und spüren Sie Mitgefühl Ihr Herz erfüllen – atmen Sie es ein. Lassen Sie Ihren Gesichtsausdruck so mitfühlend wie möglich sein. Denken Sie daran, dass diese Angst nicht Ihr Fehler ist und dass Sie eine Menge Mut beweisen, wenn Sie damit arbeiten. Behalten Sie im Bewusstsein, was Ihr Ziel ist, was Sie machen werden können, wenn Sie diese Angst überwinden oder lernen, mit ihr umzugehen.

Evas Stressniveau war immer mehr gestiegen, sie war leicht depressiv geworden und hatte Angst vor Neuem entwickelt, zum Beispiel davor, in ein Geschäft zu gehen oder Menschen zu begegnen, die sie nicht kannte. Weil sie der Ansicht war, dass ihre Freunde nicht so empfanden, war für sie klar, dass mit ihr etwas nicht stimmte – ihr Problem war für sie ein Zeichen von Schwäche oder einer Störung in ihr. Es gab in ihrer Geschichte verschiedene Dinge, die sie für solche Gefühle sensibel machten. Mit einem Ansatz mit Mitgefühl hatte sie aber einen Zugang zu ihnen: „Gut, vielleicht ist im Moment mein System zur Bewältigung von Gefahr übererregt, aufgrund von ein paar Dingen, die in meiner Kindheit passiert sind, und weil ich im Moment unter all dem Stress stehe. Obwohl diese Ängste also sehr unangenehm und belastend sind, gibt es eine natürliche Erklärung, und sie sind für meine Situation normal – so reagiert mein Gehirn eben von Zeit zu Zeit."

Eva wurde auch bewusst, wie manche ihrer Gedanken – wie zum Beispiel „Warum bin ich so? Was fehlt mir? Wie schlimm soll das noch werden? Ich lasse andere hängen. Das sollte ich mittlerweile hinter mir haben" – einfach ihre Amygdala und ihr System zur Bewältigung von Gefahr stimulierten und ihre Angst steigerten. Sie lernte, Ihre Angst zu validieren und anzunehmen, und sie erkannte, dass es gute Gründe dafür gab, dass sie auftauchte. Sie fand auch heraus, wie sie ihrer Angst freundlich begegnen konnte, statt sich in sie hineinzusteigern, indem sie genau auf ihre Gedanken und Interpretationen achtete. Sie bemühte sich dann, die Richtung ihrer Aufmerksamkeit zu ändern und sich bewusst ihrem System zur Selbstberuhigung zuzuwenden.

Ich gebe zu, es ist viel, woran Sie denken sollen. Aber es sind alles Dinge, die Sie ausprobieren und daraufhin prüfen sollten, ob sie bei Ihnen funktionieren. Angst kann, je nachdem, wie gestresst man ist (bei Frauen zum Beispiel abhängig vom Menstruationszyklus), zunehmen und abnehmen. Alles, was Sie tun können, ist, Ihr Bestes tun und lernen, darauf zu fokussieren. Und nicht zu vergessen, dass professionelle Hilfe manchmal der beste Weg sein kann. Quälen Sie sich deshalb nicht länger, wenn dieser Ansatz und diese Vorschläge bei Ihnen zu keiner deutlichen Veränderung führen.

Schritt 10: *Reflektieren Sie über Ihre Angst, wenn sie vorbei ist.*
Richten Sie Ihre Aufmerksamkeit als Erstes auf alles, wovon Sie das Gefühl haben, dass Sie es gut gemacht haben. Angenommen, Sie leiden unter Agoraphobie und Sie haben es geschafft, bis zum Ende Ihrer Straße zu kommen, mussten aber dann wieder umkehren. Jetzt *könnten* Sie die Tatsache ins Auge fassen, dass Sie wieder umkehren mussten, und sich das als Schwäche ankreiden, oder Sie können sich der Tatsache zuwenden, dass Sie bis zum Ende der Straße gekommen sind, und dass das weiter

ist, als Sie es seit langer Zeit geschafft haben. Und wer weiß? Vielleicht kommen Sie das nächste Mal noch weiter. Manchmal nehmen sich Menschen selbst den Mut, weil Sie nicht so gut waren, wie Sie gehofft hatten, und fühlen sich dann als Versager. Kognitive Therapeuten sagen, dass man das Glas als halb voll oder als halb leer sehen kann. Es ist ein Ausdruck von Mitgefühl, sich darin zu üben, sich auf dieses halb volle Glas zu konzentrieren und nicht auf einen enttäuschenden Aspekt. Sie sollten sich daher auf Dinge konzentrieren, die einigermaßen gut für Sie gelaufen sind.

Denken Sie als Nächstes über Ihre Aufgaben und über andere Dinge nach, die Sie zu tun versuchen. Wenn alles gut gelaufen ist – ein bisschen holprig hier und da, aber insgesamt gut –, dann haben Sie Ihre Aufgaben und Erwartungen wahrscheinlich erfüllt, aber wenn Sie sich ernsthaft abquälen, dann haben Sie zu viel von sich verlangt. Denken Sie daran, dass Sie mit etwas ganz Unbedeutendem anfangen können. Es geht darum, Ihr Gehirn in Stufen auszubilden, nicht darum, ihm einen Heidenschrecken einzujagen! Wenn sich Ihre Aufgabe als sehr leicht herausgestellt hat, war die Anforderung vielleicht ein bisschen zu niedrig, aber es ist auch nicht verkehrt, es sich von Zeit zu Zeit ein wenig leichter zu machen. Es ist ganz wie beim Fitnesstraining – Sie würden sich für den ersten Tag keinen Marathonlauf vornehmen, es würde reichen, wenn Sie ein bisschen ins Schwitzen kommen.

Denken Sie schließlich darüber nach, was Ihnen geholfen hat, mit Ihrer Angst umzugehen und sich ihr zu stellen. Wie war für Sie die Arbeit mit der Atmung und mit Bildern? Hat Ihnen das geholfen? Wie war es mit den Gedanken auf Ihrer Ansichtskarte? Müssen Sie die verändern? Wenn Sie einen Überblick darüber haben, was für Sie gut war, entwickeln Sie es weiter.

Kommen Sie bei diesen Reflexionen zu Ihrer Verpflichtung zurück, mit Ihrer Angst umzugehen oder sie zu überwinden – und schauen Sie sich alle Gründe an, die für Sie dafür sprechen und die Sie vielleicht schon aufgeschrieben haben. Das ist etwas, was viele Menschen tun. Ich hatte immer Angst vor Prüfungen, aber es hat mir geholfen, mir die Tatsache vor Augen zu halten, dass ich in diesem Beruf Karriere machen wollte. Im Alter von 60 Jahren erzählte der berühmte englische Schauspieler

Laurence Olivier zum ersten Mal, dass er auf der Bühne Panikattacken gehabt hatte. Er vergaß seinen Text und es ging ihm schrecklich. Sein Wunsch, weiterzuspielen, war aber so groß, dass er sich diesem Problem einfach stellen musste, daher ließ er jemanden unauffällig vorne an der Bühne stehen, der ein Brett hielt, auf dem sein Text stand. Manche Schauspieler haben sogar so große Angst, dass sie sich die ersten Abende übergeben müssen, aber ihr Wille, ihre Rolle zu spielen, ist so stark, dass sie sich durch ihre Angst hindurcharbeiten. Es kann also äußerst hilfreich sein, wenn man etwas findet, zu dem man sich innerlich verpflichten kann, und das einen dann weiterträgt.[4]

Angst ist in unserer Gesellschaft so verbreitet und wird von so vielen Dingen ausgelöst, dass es jetzt eine Menge Literatur zur Selbsthilfe und verschiedene Websites dazu gibt.[5] Wenn Sie „Selbsthilfe bei Angst" in eine Suchmaschine eingeben, werden Sie sehr viel Material darüber finden. Da können Sie auch nach Selbsthilfegruppen bei Angststörungen suchen. Es gibt verschiedene nationale, landesweite Selbsthilfegruppen, über deren lokale Gruppen Sie sich im Internet informieren können. Es kann äußerst hilfreich sein, wenn man seine Probleme mit anderen besprechen kann.

Alle oben genannten Schritte sollen Ihnen helfen, in die entgegengesetzte Richtung zu handeln und von Ihrem System, das die Bewältigung von Gefahr und den Selbstschutz regelt, zu Ihrem System zur Selbstberuhigung umzuschalten. Statt zu tun, was die Angst diktiert, also normalerweise zu vermeiden und sich zu verstecken oder still zu sein, übernehmen Sie mit Mitgefühl die Kontrolle und Verantwortung.

Arbeit mit Wut

Wie Angst ist auch Wut oft eine mächtige, schnell entstehende Emotion. Sie kann sich wie eine Flutwelle ausbreiten, und dann sieht man „Wut auf den Straßen", die schnell in Gewalt umschlagen kann. Manche Menschen sind überkontrolliert und lernen nicht, sich zu behaupten – in Konfliktsituationen werden sie einfach still oder ziehen sich zurück.

In Gegensatz dazu haben andere zu wenig Kontrolle über sich und ihr Handeln und lernen genauso wenig, sich zu behaupten – sie agieren ihre Wut oder ihren Ärger oder sogar Gewalt einfach aus. Manche verhalten sich auch von Situation zu Situation verschieden. In manchen Situationen können sie überkontrolliert und unterwürfig sein und verbergen ihre wahren Gefühle (z. B. gegenüber ihrem Chef), aber in anderen Situationen (z. B. zu Hause gegenüber den Kindern oder gegenüber Tieren) haben sie zu wenig oder kaum Kontrolle und sind schnell gereizt und ärgerlich.

In unseren Beziehungen und in der heutigen Welt ist eine unserer größten Herausforderungen, wie man mit Wut umgehen kann. Wie vielen von uns ist es auch mir schon passiert, dass ich die Kontrolle verloren habe und Leute gereizt und unfreundlich behandelt habe. Wenn mir mein Verhalten dann peinlich war, war ich versucht, anderen die Schuld zu geben: „Du hast mich auf die Palme gebracht." Aber man kann auch anders damit umgehen. Man kann als Erstes offen anerkennen, dass wir ein Gehirn haben, das Systeme für Wut besitzt, und wir können wahrnehmen, wann diese Systeme aktiviert wurden. Da diese Gefühle uns so schnell erfassen und mitreißen können, ist es manchmal schwierig, sie rechtzeitig zu erwischen; sie können sehr leicht die Kontrolle übernehmen. Nun wurden sie von der Evolution genau dafür entwickelt, dies zu tun, deshalb ist das auch nicht unser Fehler. Vor diesem Hintergrund ist es falsch und hilft nicht weiter, wenn wir uns für schlecht halten, weil wir Wut oder Ärger empfinden. Es hilft ebenfalls nicht weiter, wenn wir uns sagen, dass wir nicht wütend sein sollten, wenn wir es einfach sind. Wenn wir uns selbst verurteilen, macht uns das nur depressiv und noch reizbarer.

Lassen wir also alle Vorwürfe, Verurteilungen und Grübeleien darüber, wie schlecht wir sind, und nehmen wir uns stattdessen vor, wahre Kontrolle über unsere mächtigen, in der Evolution entstandenen Emotionen der Wut zu bekommen. Wir lernen dann, die Anzeichen von Wut und die Umstände zu erkennen (wozu für mich eindeutig Zeitdruck gehört), wenn wir dafür anfällig sind. Wir lernen unseren Körper wahrzunehmen und die sensiblen Themen zu erkennen, in deren Umkreis Wut ausgelöst werden kann. Wir lernen die Richtung unserer Gedanken und unserer Aufmerksamkeit beobachten, wenn wir merken, dass Wut in uns aufsteigt. Vielleicht gibt es verständliche Gründe, wütend zu sein: Vielleicht haben wir eigentlich Angst oder sind hundemüde und können nicht mehr, oder wir haben als Kind vielleicht gelernt, so mit Konflikten umzugehen. Wir fangen an, genau über unsere empfindlichen Punkte nachzudenken. Wir werden neugierig, statt uns peinlich zu finden. Wir bilden mit regelmäßigen Achtsamkeits- und Entspannungsübungen und Übungen von Mitgefühl unser Bewusstsein aus und senken unser Erregungsniveau, so dass weniger Wut und Ärger entstehen. Der Dalai Lama hat oft bemerkt, nur weil er Buddhist sei, würde das nicht bedeuten, er habe keine sexuellen oder aggressiven Gefühle. Wie sie durch ihn ausgedrückt würden, sei aber entscheidend.

Wenn wir uns in diese Richtung bewegen, bedeutet das, dass wir ein echtes Verlangen danach haben, besser mit Wut und Ärger umzugehen. Statt uns damit zu beschäftigen, was wir tun oder nicht tun sollten, denken wir darüber nach, worin die freundlichste und beste Weise besteht, mit unseren Konflikten, Enttäuschungen, Rückschlägen, Frustrationen und Wut und Ärger umzugehen. Das ist bei jedem Menschen anders – hier ein paar Beispiele:

- Sally, die eher angepasst war, grübelte ständig darüber nach, dass Leute sie wie Dreck behandelten. Am Ende explodierte sie aus einem vergleichsweise geringfügigen Anlass, hatte dann ein sehr schlechtes Gewissen und verhielt sich wieder unterwürfig. Obwohl die Aussicht ihr zunächst Angst machte, entschied sie sich mit Freundlichkeit und Verständnis, Fähigkeiten zu erlernen und zu üben, die sie brauchte, um sich besser zu behaupten. Das ist mitfühlendes Verhalten.
- Tom fand es sehr schwer, seine Gefühle klar auszudrücken und mitzuteilen, und er wusste, dass es für seine Beziehungen nicht gut war, wenn er seine Gefühle so in sich verschloss. Deshalb wäre es mitfühlend, nicht still zu bleiben und zu versuchen, bei niemandem anzuecken, sondern zu lernen, Emotionen – auch Ärger und Wut – offen zu besprechen. Das bedeutete, dass er seine Emotionen erst kennenlernen und sich auf seine Körperhaltung, den Ton seiner Stimme, seine Ausdrucksweise und die

Gedanken, die auftauchen und die Emotionen begleiten, konzentrieren musste. Es bedeutete zu lernen, wie er mit hoher Erregung umgehen konnte usw.

- Weil sie aus einer Familie kam, in der offene Aggression an der Tagesordnung war, hatte Kerry das Gefühl, dass ihre Wut sie schützte und ihr Mut gab – trotz der Tatsache, dass sie sie auch davon abhielt, Langzeitbeziehungen einzugehen. Sie empfand starken Widerstand dagegen, ihre Wut aufzugeben und es lag ihr sehr daran, sie zu rechtfertigen. Als sie ihrer Wut gegenüber Mitgefühl entwickelte, erkannte sie, dass sie ihre starke Angst verdeckte, nicht gehört, übergangen und verletzt zu werden.

Solange wir nicht mit Mitgefühl den *Sinn* und die *Funktion* unserer Emotionen anerkennen, kann es schwer sein, mit ihnen zu arbeiten. Manche Menschen sind mit der Überzeugung aufgewachsen, dass es sehr wichtig ist, Ärger und Wut auszudrücken. Sie glauben, man dürfte niemals zurückstecken, denn, wie ein Patient es einmal ausdrückte. „If you let them sit, they shit" (etwa: Wenn man sie lässt, dann scheißen sie). Das ist nicht nett, also kein Wunder, dass er wütend war. Manche Menschen kommen aus sehr aggressiven Verhältnissen und haben in ihrer Kindheit fast täglich Ausdruck oder Ausbrüche von Wut miterlebt. So haben sie Konflikte verstehen gelernt – dass es vor allem um Schreien und Drohen geht. Und natürlich werden Wut und Aggression seit Millionen Jahren als Mittel benutzt, zu bekommen, was man will, und um Macht auszuüben.

Obwohl es uns viel besser geht als vor 50 Jahren, scheint dennoch eines klar zu sein: dass wir reizbarer und aggressiver geworden sind und mehr Ärger und Wut haben. Kim erzählte mir, dass es nach Kürzungen und Maßnahmen zur Steigerung der Effizienz in ihrer Abteilung nicht mehr genug Leute gab, um gut arbeiten zu können. Sie konnten den Betrieb gerade so am Laufen halten. Der Mangel an Anerkennung einerseits, Erwartungen, immer mehr mit immer weniger zu leisten andererseits, und der gestresste und auch irgendwie einschüchternde Ansatz ihrer Vorgesetzten bedeuteten, dass sie, wenn sie nach Hause kam, gereizt und voll aufgestautem Ärger war. Aufgrund dieses inneren

Zustandes war es schwer für sie, mit ihrem Mann und den Kindern eine gute Beziehung zu leben, obwohl sie sich das verzweifelt wünschte. Sie wurde immer ärgerlicher auf sich selbst. Das ist sehr verbreitet, und wir müssen uns der Tatsache stellen, dass wir zugelassen haben, dass uns das allgegenwärtige Effizienz- und Profitdenken in gewisser Weise verrückt macht. Das ist der Grund, weshalb wir so reizbar sind. Das kompromisslose Streben nach Wettbewerbsvorteil ignoriert und tut nichts für unsere psychische Gesundheit.

Auf der anderen Seite müssen wir feststellen, dass wir in unserer Welt des Überflusses gelernt haben, immer mehr zu erwarten und haben zu wollen. Aus dem Grund sind wir die Spezies, die wir sind – wir streben nach immer mehr, wollen immer besser sein und alles noch verbessern. Aber wir müssen vorsichtig sein, weil unsere exzessiven Erwartungen, Wünsche und Bedürfnisse uns von der Realität entfernen können. Wir leben dann in einem Land des Überflusses und gleichzeitig in einer Welt der Enttäuschung und Frustration. Wut kann also eine schädliche Emotion sein, wenn sie nicht kontrolliert wird. Sie regt unser Gehirn nicht zu Aktivitäten an, die unserem Wohlbefinden dienen, weil sie sowohl mit dem System, das die Bewältigung von Gefahr und den Selbstschutz regelt, als auch einem ziemlich überreizten System, das für die Motivation zur Suche von Ressourcen sorgt, verknüpft ist. Man kann das bei manchen Menschen beobachten, die ständig in Aktion sind und ihren Willen durchsetzen müssen. Manchmal haben sie Erfolg und gelangen in der Wirtschaft in leitende Positionen, aber auf dem Weg nach oben haben sie eine Menge Verletzung verursacht.

Wut hat noch einen anderen großen Nachteil. Ich bin Menschen begegnet, die ihre Wut tatsächlich nicht aufgeben wollen, aber in stilleren Momenten merken sie, dass sie sehr isoliert sind, denn alles, was ihre Wut bewirkt, ist, dass sie andere abschreckt – es ist nicht sehr wahrscheinlich, dass man geliebt wird, wenn man jemanden bedroht. Diese Einsamkeit ist für wütende Menschen manchmal aber noch bedrohlicher und verstärkt ihre Neigung zu Wut.

Ein Zehn-Schritte-Programm, um mit Wut und Ärger zu arbeiten

Wie bei der Angst verwendet der Ansatz mit Mitgefühl bei der Arbeit mit Wut Weisheit, die im Verlauf vieler Jahre von vielen Menschen in sorgfältigem Studium gewonnen wurde. Die meisten Therapeuten stimmen darin überein, dass es nützlich ist, für sich ein Programm zu entwickeln, wenn man mit Wut arbeiten möchte. Hier ist ein Beispiel für ein Zehn-Schritte-Programm. Vielleicht möchten Sie weitere Schritte hinzufügen oder ein paar der beschriebenen Schritte verändern und sie Ihren eigenen Bedürfnissen anpassen.

Schritt 1: *Erkennen, ob Sie ein Problem mit Ärger oder Wut haben.*
Sie haben vielleicht das Gefühl, dass Sie zu oft wütend werden oder dass Ihre Wut extrem stark ist und dass Sie Angst davor haben. Manchmal kann man selbst nicht am besten beurteilen, ob man ein Problem mit Wut hat. Versuchen Sie deshalb, offen zu sein und andere Menschen zu fragen. Manchmal gibt es Schlüsselthemen, die Ihre Achillesferse für Wut sind.

Schritt 2: *Das Wesen der Wut bestimmen.*
Denken Sie zuerst darüber nach, ob Ihre Wut mit Stress in Ihrem Leben zu tun hat oder ob sie eine Depression begleitet – geraten Sie besonders leicht in Wut oder werden Sie gereizt, wenn Sie deprimiert sind? Wenn die Antwort Ja lautet, bedeutet das, dass die Depression behandelt werden muss.

Aber angenommen, Sie haben vor allem ein Problem mit Wut, die durch eine besonders niedrige Frustrationsschwelle genährt wird – denn es gibt viele verschiedene Arten von Wut[6] –, aber dass das Problem nicht so ernst ist, dass Sie befürchten, die Kontrolle darüber zu verlieren. Wenn Sie es mit Mitgefühl betrachten, erkennen Sie an, *dass dieses Problem nicht Ihr Fehler ist,* denn Sie haben Ihr Gehirn nicht so gemacht, und es kann alle möglichen Gründe dafür geben, dass Sie wütend werden. Es gibt also nichts, wofür Sie sich schämen müssten. Prüfen Sie, ob es bei Ihnen in Bezug auf Ihre Wut eine Wertung gibt oder ob Sie versuchen, sie zu rechtfertigen. Seien Sie aufrichtig mit sich: Es ist, als würden Sie sich einreden, dass jeglicher Ausdruck von Wut in Ordnung ist – im Herzen wissen Sie aber, dass es falsch ist. Es also nicht Ihr Fehler, dass Sie Wut empfinden, aber Sie müssen Verantwortung dafür übernehmen, was Sie mit Ihrer Wut machen. Selbstbehauptung, Selbstvertrauen, klare Botschaften, Verteidigen einer Position, Leidenschaft im Interesse einer Sache – das sind alles nützliche Formen dieser Emotion, aber „rohe" Wut ist von einem (furchterregenden) Gesichtsausdruck, einem Ton der Stimme, von Denkweisen und von Verhalten begleitet, die bestimmt sind, andere zu begrenzen oder zu verletzen oder in irgendeiner Weise zu zwingen, dass sie tun, was man will. In extremer Form geht es bei Wut natürlich darum, den anderen zu vernichten. Wenn man von Wut erfüllt ist und sie so roh und ungebändigt lässt, ist das etwas anderes als Selbstbehauptung.

Schritt 3: *Lernen, Gefühle von Ärger oder Wut auszuhalten und sie nicht auszuagieren.*

Wenn Sie sehr wütend oder ärgerlich auf jemanden sind, der viel größer und stärker ist als Sie, würden Sie vorsichtig sein und zögern, bevor Sie irgendetwas unternehmen. Die Forschung hat gezeigt[7], dass wir dazu tendieren, unsere Wut zu zeigen und auszudrücken, wenn wir uns sicher fühlen – z. B. gegenüber Partnern, Untergebenen, Menschen in Positionen, die weniger Macht haben als wir, oder sogar gegenüber Kindern, *nicht* aber gegenüber jemandem, der Kontrolle über uns hat. Wir müssen diese Tendenz in uns anerkennen, ohne uns dafür zu schämen, aber natürlich müssen wir dafür auch Verantwortung übernehmen. Wenn wir diesen archetypischen Prozess einfach in uns wirken lassen, werden wir alle zu Tyrannen.

Man hört oft, dass jemand seine Emotionen – vor allem Wut oder Ärger – nicht kontrollieren kann. Stellen Sie sich nun vor, jemand würde Ihnen 5 € dafür anbieten, dass Sie Ihre Wut kontrollieren und eine Woche lang nicht wütend werden, sondern immer nett und geduldig bleiben. Reicht nicht? O. K., 100 €. Immer noch nicht genug? O. K., 10.000 €. Hm, Sie fangen jetzt an, darüber nachzudenken. Letztes Angebot: 1.000.000 €. Ja, Sie bekommen 1.000.000 €, wenn Sie eine Woche lang Ihre Wut kontrollieren. Sie glauben, Sie würden das schaffen? Empirische Untersuchungen belegen, dass wir emotionalen Ausdruck kontrollieren können, wenn wir entschlossen genug sind, das zu tun, und natürlich ist potentielles Geld in der Tasche ein guter Grund für Entschlossenheit.

Natürlich wird Ihnen niemand eine Million Euro geben (tut mir leid – ja, dann könnten Sie sich zur Ruhe setzen und Sie müssten keine Frustration mehr aushalten), aber ich möchte das Prinzip verdeutlichen: Man kann eine starke Emotion aushalten, ohne sie auszuagieren, wenn man sich einmal dazu entschlossen hat. Es verlangt natürlich Anstrengung, Mut und Übung. Im nächsten Kapitel werden wir sehen, dass es genauso wichtig ist, Wut über Ungerechtigkeiten und den Wunsch nach Rache, zum Beispiel bei einer schweren Kränkung, zu verstehen und nicht auszuagieren.

Eine Reihe von Dingen kann uns von diesem Vorsatz abbringen. Ein wichtiger Punkt ist, dass wir unsere Wut rechtfertigen: „Diese Leute verdienen meine Wut“ oder „Wenn sie mit mir nicht umgehen können, sollen sie verschwinden“. Es geht darum, dass wir uns zu einer anderen Philosophie entschließen müssen. Wir müssen anerkennen, dass unsere Wut das Stresssystem eines anderen Menschen stimuliert und eine Welle von Hormonen durch seinen Körper strömen lässt, die für ihn und seine Gesundheit schädlich sind. Wir müssen also sehr besonnen damit umgehen, ob wir unserer Wut wirklich freien Lauf lassen wollen.

Schritt 4: *Denken Sie gründlich darüber nach, warum Sie lernen möchten, wie Sie mit Ihrem Ärger oder Ihrer Wut umgehen und sie aushalten können.* Beginnen Sie, eine Liste all jener Dinge anzulegen, von denen Sie das Gefühl haben, dass sie besser würden, wenn Sie mit Ihrem Ärger oder Ihrer Wut anders umgehen könnten – zum Beispiel:

- Ich würde mir besser gefallen.
- Mit der Neigung zu Wut sind eine Reihe von Gesundheitsrisiken verbunden.
- Man wird sehen, dass man besser mit mir zurechtkommt.
- Menschen könnten zugänglicher und netter zu mir sein.
- Ich könnte Freundschaften schließen, und Menschen hätten nicht nur Angst vor mir.
- Ich würde vielleicht bessere Entscheidungen treffen.

Wut kann auch von zwanghaftem Grübeln begleitet sein, das uns von unserem Wohlbefinden ablenken kann – es ist jedenfalls nicht etwas, was uns dem Frieden oder dem Glück näher bringt. Auf der anderen Seite könnte es sein, dass man sich Sorgen macht, man würde nicht ernst genommen, wenn man seine Wut ganz aufgibt. Aber das wäre dann ein Aufruf, Selbstbehauptung zu lernen.

Schritt 5: *Achten Sie genau darauf, wenn jemand sagt, dass Sie ein Problem mit Ärger oder Wut haben oder dass man manchmal das Gefühl hat, von Ihnen drangsaliert zu werden.*
Überlegen Sie, ob Sie vielleicht Hilfe brauchen. Sagen Sie sich nicht, dass Sie es einfach allein schaffen müssen. Der Ansatz mit Mitgefühl besteht immer auch darin, das Herz für unser Bedürfnis nach Hilfe zu öffnen. Und wenn Sie das Gefühl haben, dass Sie Ihre Wut allein nicht in den Griff bekommen, dann suchen Sie Ihren Hausarzt auf und informieren Sie sich, was für Hilfe verfügbar ist. Denken Sie daran, dass es Ihnen nicht peinlich sein muss, dass Sie Probleme mit Wut haben. Das ist sehr verbreitet und liegt daran, dass Wut in unserem Gehirn so eine große Rolle spielt.

Mein Mangel an *Geduld* ist für mich immer ein Problem gewesen. Bei buddhistischen Ansätzen zu Mitgefühl ist Geduld eine Schlüsselqualität, die man entwickeln muss. Man tut das, wenn man anerkennt, dass es das Habenwollen und die Versuche sind, das Leben zu zwingen, einem zu geben, was man will, was einen ungeduldig macht. Wir haben häufig das Gefühl, dass wir „haben müssen" oder „sofort haben müssen", und mir ist es z. B. sehr vertraut, etwas „sofort tun zu müssen". Warteschlangen sind für mich die größten Auslöser von Ungeduld. Ich denke dann sofort ungeduldig: „Warum haben sie hier nicht genug Angestellte?" Darauf folgt dann schnell das Gefühl „Das ist ihnen doch vollkommen egal" und so weiter. Wenn wir unter Zeitdruck stehen – und das ist zunehmend für uns alle der Fall –, ist es die gute alte Geduld, die zuerst leiden muss. Regelmäßige Meditation oder Übungen von Achtsamkeit und Mitgefühl können dabei helfen, uns langsamer, ruhiger und geduldiger werden zu lassen. Wenn das etwas ist, woran Sie arbeiten müssen, dann fangen Sie an! Sie können dabei Techniken verwenden, die in diesem Buch beschrieben werden.

Alkohol ist ein besonderes Problem, wenn Sie dazu neigen, Ihre Wut zu offener Aggression werden zu lassen. Sehr viel häusliche und andere Gewalt geht darauf zurück. Es gibt leider viele Menschen, vor allem Männer, die ganz anständig, vernünftig und nett sind, bis sie ein paar Bier getrunken haben. Dann wird ihr System zur Bewältigung von Gefahr mit seiner Empfindlichkeit für Kritik, Ablehnung, Kränkung und Aggression aktiviert. Wenn Sie dieses Problem haben, brauchen Sie vielleicht Hilfe. Es könnte sein, dass Sie das weit von sich weisen, aber Tatsache ist, dass Sie entweder aufgrund Ihres *Hintergrundes,* also Ihrer Geschichte, oder Ihrer *Gene* (keines von beiden wäre Ihr Fehler) nicht in der Lage sind, sich zu kontrollieren, wenn Sie etwas getrunken haben. Ein Ansatz mit Mitgefühl besteht darin, sich dieser Tatsache aufrichtig und offen zu stellen und sich Hilfe zu suchen, ohne sich dafür zu schämen. Es gibt viele Stellen, wo man Unterstützung bekommen kann. Es bedeutet nicht, dass man süchtig ist, nur dass Alkohol eine besondere Wirkung auf den Zustand Ihres Gehirns hat. Die Kontrolle über Gedanken und Gefühle zu verlieren ist natürlich nichts, worauf man stolz sein könnte, oder was besonders *männlich* wäre. Ich leide unter schlimmer Migräne, wenn ich Alkohol getrunken habe, deshalb muss ich aufpassen. Dasselbe gilt vielleicht auch für Sie. Wenn Sie das aber einmal wissen, geht es natürlich darum, Verantwortung dafür zu übernehmen und Ihr Bestes zu tun, um Hilfe zu bekommen.

Schritt 6: *Fertigen Sie eine Liste der Situationen an, die Wut in Ihnen auslösen.*

Listen Sie diese Situationen auf: von der am wenigsten problematischen bis zur problematischsten. Können Sie ein Muster erkennen? Werden Sie zum Beispiel dann leicht wütend, wenn Sie denken, dass

- Sie nicht genug Zeit haben?
- Sie sich irren oder im Unrecht sein könnten?
- man Sie kritisiert?

- man Sie hereinzulegen versucht?
- man sich nicht besonders um Sie bemüht und Sie nicht gut bedient?
- man Sie unfair behandelt?

Wenn Sie diese Auslöser von Wut identifiziert haben, schreiben Sie auf, warum diese Dinge Sie wütend machen. Nehmen Sie sich besonders Ihre größte Angst vor. Ist es nicht interessant, dass wir Wut umdrehen müssen, um unsere Angst anzuschauen? Die Angst könnte darin bestehen, dass jemand Sie herabsetzt, Sie ablehnt, dass jemand mit irgendetwas davonkommt, was Sie ungerecht finden, was Sie blockiert und wobei Sie sich ohnmächtig fühlen. Es könnte auch sein, dass Sie Angst haben, andere zu enttäuschen und dann im Stich gelassen zu werden, wenn Sie nicht tun, was man erwartet.

Wenn Sie das genauer untersuchen, werden Sie erkennen, dass Ihre Wut oft mit etwas verbunden ist, was Sie auf irgendeine Weise bedroht. Eltern verlieren die Geduld mit ihren Kindern, weil sie unter Zeitdruck stehen und gestresst sind. Vielleicht glauben sie, dass ihre Kinder auf Abwege geraten könnten, wenn sie nicht gehorchen. Oder sie glauben vielleicht, dass das Verhalten der Kinder Beweis dafür ist, dass sie ihre Eltern nicht lieben oder respektieren. Ein Vater, der seinen kleinen Kindern gegenüber wütend zu werden pflegte, hatte die geheime Befürchtung, ihre ständigen Forderungen und Nörgeleien würden seine Frau ermüden, und wenn sie müde wäre, würde sie früh ins Bett gehen und sich von ihm zurückziehen, das heißt ihn allein lassen. Er befand sich also indirekt mit seinen Kindern in einer Konkurrenzsituation. So etwas ist tatsächlich nicht ungewöhnlich. Das Paar musste das offen besprechen, ohne Vorwürfe, und an einer Lösung arbeiten.

Schritt 7: *Nehmen Sie sich fest vor, Mittel und Wege zu finden, wie Sie ohne Wut Ihre Kraft spüren und ausdrücken können.*

Sie können das in Ihrer Vorstellung tun. Gehen Sie zuerst in Ihren beruhigenden Atemrhythmus und rufen Sie in sich Ihr mitfühlendes Bild auf oder bringen Sie sich in einen mitfühlenden Zustand. Erinnern

Sie sich jetzt an einen der Auslöser Ihrer Wut und versetzen Sie sich innerlich in die entsprechende Situation – zum Beispiel, dass Sie jemand kritisiert. Stellen Sie sich jetzt vor, dass Sie sich der Kritik stellen und sich behaupten. Dabei achten Sie genau darauf, wie Sie sich fühlen. Sie machen die Botschaft deutlich, die Sie vermitteln wollen, und Sie stellen sich in einer Körperhaltung und mit einem Gesichtsausdruck vor, die zeigen, dass Sie freundlich, voll Selbstvertrauen, aufrecht und offen sind, aber nicht defensiv oder aggressiv. Nun stellen Sie sich vor, dass Sie Ihre klare Botschaft auf eine nicht aggressive Weise vermitteln, bestimmt und mit Selbstvertrauen. Spüren Sie, wie sich das für Sie anfühlt. Nehmen Sie wahr, wie Sie sich dazu bringen, langsamer zu werden, sich zu zentrieren und zu beruhigen.

In gewisser Weise unterscheidet sich das nicht sehr von dem Ansatz der Kampfkünste, bei denen die Praktizierenden ausdrücklich von einem inneren Punkt der Ruhe aus handeln. Wenn wir lernen, von dieser Position innerer Ruhe aus in der Welt und in die Welt hinein zu handeln, haben wir die meiste Kontrolle. Wenn wir zulassen, dass uns die Wut bestimmt, dann deshalb, weil sie ziemlich primitiv ist, sich nicht viele Gedanken macht und wir nur damit davonkommen, wenn wir eine gewisse Macht besitzen. Wenn wir in einer untergeordneten Position sind, kann es sein, dass wir nur auf der Wut „sitzen“, was auch nicht sehr hilfreich ist. Clare zum Beispiel war sehr wütend auf ihren Chef, lächelte aber viel und verhielt sich unterwürfig. An den Abenden und Wochenenden aber grübelte sie darüber und erkannte, dass sie ziemlich unglücklich war und auch das Interesse an Sex verlor. Das wirkte sich negativ auf ihre Beziehung mit ihren Kindern und mit ihrem Mann aus. Die Botschaft ist hier, nicht an Dingen festzuhalten, von denen klar ist, dass sie Wohlbefinden reduzieren und das Gehirn stressen.

Nun kann es nützlich sein, wenn man Bilder benutzt, um eine Reaktionsweise zu finden, die Bestimmtheit ausdrückt, weil sie einem eine Struktur dafür geben, wie man Dinge durcharbeiten und durchdenken kann. Das Problem ist, dass sie nicht die Emotionen hervorrufen, mit denen man es im realen Leben zu tun hat, wenn man wütend wird. Der nächste Schritt ist also zu versuchen, weniger bedeutsame Situationen zu finden, die nur wenig Wut auslösen, damit man mit seinen Auslösern, und wie sie sich auf den Körper auswirken, vertraut werden kann. Dies kann einem helfen, frühzeitig auf die Wut einzuwirken.

Ein Hauptelement bei der Bewältigung von Wut besteht darin, zu lernen, mit Konflikten umzugehen – das können Konflikte mit kleinen Kindern, mit Heranwachsenden, Eltern, Partnern, mit Arbeitskollegen oder mit dem Arbeitgeber sein. Es gibt eine ganze Reihe von Fertigkeiten, die man lernen kann und die sehr nützlich sein können, weil sie einen befähigen, auf eine kreative, hilfreiche und feste Weise Selbstvertrauen zu bekommen. Wir können hier nicht ausführlicher darauf eingehen, aber wenn Sie „Selbstbehauptungstraining" in eine Suchmaschine eingeben, werden Sie von vielen Bereichen erfahren, die Sie weiter erkunden können. Natürlich werden Sie entscheiden müssen, welche Fähigkeiten Sie nützlich finden. Viele Menschen finden Selbstbehauptungskurse sinnvoll, aber prüfen Sie die Qualifikationen des Gruppenleiters und nehmen Sie nur teil, wenn Sie das Gefühl haben, dass es wirklich gut für Sie ist. Sie könnten versuchen, mit Ihrem Partner zu üben und dann Rückmeldung bekommen. Denken Sie daran, dass es absolut nichts ist, wofür man sich schämen muss, wenn man erkennt, dass man mit bestimmten Konflikten ringt. Konflikte sind weitverbreitet und können schwierig sein.

Verschiedene Situationen können unterschiedliches Verhalten erfordern. Deshalb kann ich hier nicht zu sehr in die Einzelheiten gehen. Das Entscheidende ist innere Entschlossenheit und Übung. Beginnen Sie damit, dass Sie nach Situationen suchen, die für Sie Auslöser sind, und üben Sie, damit umzugehen. Wenn Sie zum Beispiel morgen einen vollen Tag haben und wissen, dass Sie Ihre Kinder zur Schule bringen und dann durch den dichten Verkehr zur Arbeit fahren müssen und dass Sie leicht gereizt sein werden, dann nehmen Sie das als eine Gelegenheit, bei der Sie ihre neuen Fähigkeiten üben können, statt nur zu hoffen, dass der Tag irgendwie gut verlaufen wird. Denken Sie bei sich: „Morgen wird ein anstrengender Tag. Ich werde auf Gereiztheit achten und beobachten, was mir durch den Kopf geht. Das wird eine Gelegenheit sein, mitfühlend mit meinen Gefühlen umzugehen und sie zu kontrollieren." So können Sie sich bewusst *in* die Situation *hinein*begeben, statt einfach nur wütend zu werden, wenn Sie merken, dass sie da ist. Versuchen Sie wie bei der Angst achtsam zu sein – das bedeutet, Gefühle und Gedanken so wahrzunehmen, wie sie von Moment zu Moment entstehen, aber von ihnen zurückzutreten und sie nur zu beobachten. In gewisser Weise wird Ihr Bewusstsein Ihren Geist, wie er in der Evolution entstanden ist, in Aktion beobachten.

Schritt 8: *Schreiben Sie ein paar Gedanken auf, die Sie dabei unterstützen, wenn Sie eine Situation zu bewältigen versuchen.*
Tun Sie dies auf einer Postkarte mit einem Bild, das für Sie hilfreich oder beruhigend ist. Dies könnten zum Beispiel solche Gedanken sein:

> Es ist verständlich, wenn man wütend wird *(das heißt, beginnen Sie damit, dass Sie für Ihre Not sensibel und freundlich sind und dabei anerkennen, dass es bei Wut in bestimmter Hinsicht um Angst und Not gehen kann).* Ich habe mich aber dafür entschieden, eine andere Art und Weise zu finden, mit diesen Gefühlen umzugehen. Ich praktiziere einen Ansatz, bei dem ich freundlich und bestimmt auftrete. Wenn ich wahrnehme, dass Wut in mir aufkommt, werde ich achtsamer und konzentriere mich auf meine Atmung. Ich weiß, dass es wichtig ist, langsamer zu werden und mich nicht von meinen Gefühlen treiben zu lassen. Auf diese Weise helfe ich meinem Gehirn, ausgeglichener zu werden, damit ich meine Wut kontrollieren kann, statt ihr zu erlauben, mit meinen Gedanken und meinen Verhalten zu machen, was sie will. Indem ich mich der Art und Weise stelle und beobachte, wie Wut durch mich fließt, öffne ich mich mehr dem Leben.

Schritt 9: *Lernen, loszulassen und zu vergeben.*
Es gibt zwei grundlegende *Verhaltensweisen,* die beim Auflösen von Wut nützlich sein können. Die erste ist Loslassen. Wir halten oft an der Wut fest, weil wir das Gefühl haben, dass es uns schwächt, wenn wir sie loslassen oder nicht ausdrücken. Zum Beispiel hatte jemand, mit dem ich gearbeitet habe, das Gefühl, er würde unfairerweise geringschätzig

behandelt, und er „sollte sie nicht damit davonkommen lassen". Das Grübeln über seine Wut und auch seine Ohnmacht – denn es gab nichts, was er tun konnte – machten ihn einfach depressiv. Als ihm klar wurde, dass er sich in diesem Konflikt nicht beweisen musste, dass das Leben tatsächlich oft unfair ist und wir nur unser Bestes tun müssen, entschied er sich, mit seiner Gewerkschaft zu sprechen und sie das Bestmögliche für ihn aushandeln zu lassen. Er übergab die Angelegenheit und suchte sich eine andere Arbeit. Innerhalb eines Monats war seine Depression verflogen. Er erkannte, dass ihn seine Unfähigkeit, loszulassen – denn er hatte sich immer wieder gesagt, es wäre ein Zeichen von Schwäche, wenn er das täte –, in einer sehr unangenehmen Situation gehalten hatte. Es ist daher wichtig, „Loslassen" zu erforschen und weiterzugehen.

Manchmal gehört zum Loslassen diese zweite grundlegende Verhaltensweise: Menschen *vergeben,* die einem wehgetan haben. Wir entscheiden uns für Vergebung, weil es gut für uns ist, gut für unser Gehirn, für unser Wohlbefinden und für unsere Gesundheit, wenn wir unsere Wut aufgeben. Wenn man sehr wütend auf jemanden gewesen ist, muss man manchmal erst seine Gedanken und Gefühle klären, bevor man vergeben kann. Eine Möglichkeit besteht darin, dass man einen Brief an diejenigen schreibt, denen man vergibt, und so alle Kränkungen und Gefühle schriftlich festhält (siehe Kapitel 10). So ein Brief wird gewöhnlich nie abgeschickt, aber wenn man es doch tun will, ist es am besten, wenn man ihn zunächst noch eine Weile zurückhält, und nicht spontan losschickt, was man gerade geschrieben hat. Bei einem Brief geht es vor allem darum, *sich selbst* bei *seinen* Gefühlen zu helfen.

Denken Sie dann an die Vorteile für *Sie,* wenn Sie Ihre Wut loslassen. Nehmen Sie wahr, dass Gedanken wie „Der darf damit nicht davonkommen" Sie eigentlich wie Ketten an einem unangenehmen Ort festhalten. Wenn Sie etwas Positives tun können, dann nur zu, aber gewöhnlich wissen wir in solchen Situationen, wenn wir über unsere Wut grübeln, dass wir das nicht können. Manchmal können wir die Wut deshalb nicht loslassen, weil es darunter irgendeinen Wunsch oder ein intensives Verlangen gibt. Es kommt zum Beispiel vor, dass jemand sehr viel Wut gegenüber dem Vater oder der Mutter empfindet, aber wenn er die Wut losließe, wäre das so, als sagte er „Lebewohl" und würde eine tiefe

Beziehung oder Verbindung abbrechen. Was man in Wirklichkeit will, ist, dass dieser Elternteil ganz liebevoll und aufmerksam ist. In dieser Situation kann Loslassen auch *Trauern* um diesen Elternteil bedeuten, den man haben wollte, der aber nicht da war und den man nicht gehabt hat. Das Problem mit Eltern ist, dass wir in gewisser Weise immer zwei erleben: einmal den realen Vater oder die reale Mutter, und dann den Elternteil, den wir so liebend gern hätten oder gehabt hätten. Wenn diese zwei zueinander passen, dann geht es gut, aber wenn sie sich zu sehr voneinander unterscheiden, kann es sein, dass wir kämpfen müssen.

Vergeben bedeutet nicht, dass man irgendwann den Menschen mag, dem man vergibt, und es bedeutet auch nicht, dass jemand Anspruch auf Vergebung hat. Es geht nur darum, Wut oder Ärger loszulassen, *weil das gut für einen selbst ist.* Es bedeutet, dass das System, das die Bewältigung von Gefahr und den Selbstschutz regelt, nicht ständig von der Grübelei über Wut stimuliert wird. Man weiß im Inneren, dass das Festhalten an Wut nicht zu Gefühlen von Wohlbefinden, Glück, Freude und Begeisterung führt. Wenn man „Vergebung" oder „Verzeihen" in eine Suchmaschine eingibt, findet man viele Webseiten, die dieses Thema behandeln und Wege aufzeigen, allein damit umzugehen. Aber wenn die Wut sehr stark ist, braucht man möglicherweise professionelle Hilfe.[8] Wiederum muss man sich dafür nicht schämen: Erkennen Sie es an und öffnen Sie Ihr Herz dafür, dass man Ihnen hilft.

Schritt 10: *Reflektieren Sie darüber, wie es Ihnen geht.*
Versuchen Sie im Laufe des Tages Zeit zu finden, um darüber nachzudenken, wie es Ihnen geht. Kümmern Sie sich als Erstes um alles, wovon Sie das Gefühl haben, dass es Ihnen gut getan hat, und üben Sie es, egal, wie klein oder unbedeutend es Ihnen vorkommt. Wenn Sie in bestimmten Bereichen kämpfen, versuchen Sie, sich nicht zu entwerten, sondern erkennen Sie an, dass Sie vielleicht mehr Übung brauchen. Bleiben Sie mit Ihren Erwartungen realistisch und sehen Sie, dass wir alle von Zeit zu Zeit gereizt sind. Wie bei der Angst, so auch bei Wut: Der Schlüssel ist Handeln in die entgegengesetzte Richtung. Ihre Wut will, dass Sie in einer bestimmten Weise denken und sich verhalten. Die

Übung besteht also darin, das Gegenteil zu tun: freundlich bleiben und nicht aggressiv werden. Es ist seltsam, aber es kann ein Akt wirklichen Mutes sein, die Wut nicht auszuleben!

Zusammenfassung

Wir haben ein Gehirn, das im Laufe der Evolution zwei mächtige und schützende Emotionen hervorgebracht hat, die zum Handeln drängen: Angst und Wut. Es gibt natürlich noch andere, wie Ekel, Traurigkeit und Depression, aber Angst und Wut können uns große Probleme und Schmerz bereiten, besonders wenn sie unsere Phantasien, Befürchtungen, Bilder und Grübeleien verstärken und lenken. Es sind Qualitäten unserer Psyche, die diese unangenehmen Gefühle intensivieren und verlängern können. Angst und Wut gehören zu den größten Hindernissen von Mitgefühl und Freundlichkeit, aber wir können Sie nicht einfach verbannen, weil sie für unser emotionales Gehirn so grundlegend sind. Wir müssen deshalb mit ihnen arbeiten und lernen, sie zu tolerieren und sie nicht auszuagieren. Wir müssen Wege finden, damit wir von den Gedanken und Phantasien, die sie begleiten, nicht weggetragen werden. Viele Psychotherapeuten meinen, dass ungelöste Themen und traumatische Erinnerungen an unsere Vergangenheit, neben einer genetischen Veranlagung, die Empfänglichkeit für Angst und Wut steigern können. Deshalb kann es nötig sein, dass man sich professionelle Hilfe sucht, um sie bewältigen zu können. Aber es gibt auch viel, was wir allein tun können, um uns zu helfen. Wir können uns dazu entschließen, achtsamer zu werden und Veränderung zu üben und zu praktizieren.

Der Ansatz mit Mitgefühl lädt uns immer ein anzuerkennen, dass Schwierigkeiten in unserem Geist oft eine Folge mächtiger Emotionen sind. Wir wollen in ein anderes Emotionssystem wechseln, in eines, das für Beruhigung und Freundlichkeit sorgt, und aus dieser Position über den besten Weg nachdenken, wie es weitergehen kann. Angst, Wut und Gewalt haben unser Denken und unseren Planeten so lange beherrscht und der Menschheit so viel Leiden bereitet, dass es an der Zeit ist, andere Möglichkeiten zu lernen, unseren Geist auszubilden und zu organisieren.

Manchmal sind diese schwierigen Situationen natürlich komplex und es kann lange dauern, bis man eine Lösung findet. Das Leben kann sehr hart sein und viel Leiden bereithalten. Wir müssen uns oft Dingen stellen, die uns sehr traurig machen. Wenn man lernt, das mit Mitgefühl zu tun, kann das der Schlüssel zu ihrer Bewältigung sein.

Wir sehen also, dass mitfühlendes Verhalten schwieriger sein kann, als es zuerst aussieht. Es kann schwer für uns sein, weil es alle möglichen schwierigen Situationen gibt, denen wir uns stellen müssen. Es kann hart sein, weil es uns Mut abverlangt. Es kann hart sein, weil wir uns unseren mächtigen Emotionen stellen müssen. Es kann auch hart sein, weil nicht immer klar ist, wie der Weg mit Mitgefühl in diesem Moment aussieht und worin er besteht. Das Einzige, was wir daher tun können, ist, dass wir uns mit Mitgefühl der Tatsache stellen, dass mitfühlendes Verhalten und die Begegnung mit mächtigen Emotionen schwierig für uns ist. Wir können nur unser Bestes versuchen.

12 Mitgefühl und Mut

Es wird oft gesagt, dass Handlungen eine deutlichere Sprache als Worte sprechen. Daher ist es nicht überraschend, dass wir durch unsere Handlungen Mitgefühl in unser Leben und in die Welt bringen. Man kann hochmotiviert sein, fürsorglich und sensibel, tolerant und geduldig zu sein, aber wenn man diese Absichten nicht in Handlungen umsetzt, passiert nicht viel. Es gibt natürlich eine ganze Palette von freundlichen Gesten, die uns nicht viel kosten, aber wir müssen auch anerkennen, dass mitfühlendes Verhalten zu schwierigen Zuständen in uns führen und vielleicht Mut verlangen kann. Wie wir sehen werden, zeigt sich dieser Mut auf vielerlei Weise.

Die Kunst des Widerstandes

Im letzten Kapitel wurde untersucht, warum es bei mitfühlendem Verhalten nicht einfach darum geht, freundliche Gefühle zu haben und auszudrücken, sondern dass auch entschiedenes Handeln und Mut dazu gehören. Wir haben gesehen, dass Mitgefühl erfordern kann, dass wir uns mit den Exzessen der Emotionen unseres Systems, das die Bewältigung von Gefahr und den Selbstschutz regelt, auseinandersetzen: mit Wut und Angst oder Furcht. In diesem Kapitel werden wir sehen, dass mitfühlendes Verhalten noch eine andere Art Mut verlangt – die Fähigkeit, unseren Begierden zu widerstehen, auch denen, die damit zu tun haben, dass wir zur Gruppe gehören und von unseren Führern und den

Verteidigern unseres Stammes bewundert werden möchten. Wir werden mit etwas anfangen, was nicht zu schwierig ist, bevor wir dann zu moralisch komplizierteren Bereichen übergehen. Das grundlegende Thema in diesem Kapitel ist, wie man der Überredungskraft unserer archetypischen Seele und unseren archetypischen Begierden widerstehen kann.

Eine Fernsehwerbung zeigte vor Kurzem lächelnde Menschen, die die Botschaft enthielt, dass wir freundlich zu uns sein können, wenn wir unserer Lust auf Sahnetorten nachgeben. Es soll ein Ausdruck von Freundlichkeit sein, wenn wir uns dick werden lassen und unseren Cholesterinspiegel und das Risiko erhöhen, an Herzinfarkt oder an einer anderen Herzkrankheit zu sterben? So eine Werbung bestärkt uns darin, Freundlichkeit zu uns und Befriedigung unserer Begierden und Wünsche zu verwechseln – sie sind absolut nicht dasselbe! Diese Unklarheit macht sich auch in unserem Erziehungsverhalten bemerkbar. In unserem Inneren wissen wir, dass die Nahrung und die Dinge, die wir unseren Kindern geben, oft nicht gut für sie sind.

Wie in Kapitel 3 bemerkt, haben wir ein Gehirn, dass uns mit einer ganzen Reihe von Wünschen, Begierden und Leidenschaften versehen hat, die uns sehr gut gedient haben, als wir noch nicht die Fähigkeiten des „neuen Gehirns/Denkens“ besaßen, und als wir in kleinen, voneinander abhängigen Gruppen und in einer Welt der Nahrungsknappheit ums Überleben kämpften. Heute jedoch, mit unseren mentalen Fähigkeiten, einem isolierten Leben und starker Konsumorientierung, geht es um die Kunst des Widerstandes – darum, *nicht* unseren Begierden und Emotionen entsprechend zu handeln. Wenn ich fit und gesund sein und lange leben möchte, muss ich in unserer westlichen Welt des Überflusses darauf achten, was und wie viel ich esse und trinke, und die Selbstdisziplin entwickeln, mich körperlich zu betätigen (wenn ich das nur täte!). Mich selbst mit Mitgefühl behandeln bedeutet, zu vielen sehr begehrten und begehrenswerten Dingen „Nein“ zu sagen und mich diesem Verzicht zu stellen (siehe S. 124 – 125). Meine Phantasie kann alle möglichen Arten von Begierden in mir wecken und damit die Voraussetzung für alle möglichen Enttäuschungen schaffen.

Es kann hilfreich sein, wenn wir eine Liste der Dinge aufstellen, denen wir widerstehen wollen. Wenn Sie zum Beispiel versuchen, an Ihrem Essverhalten zu arbeiten, planen Sie jeden Tag genau und tun Sie Ihr Bestes, sich an diesen Plan zu halten. Vielleicht können Sie damit anfangen, auf eine Sache zu verzichten – z. B. auf Kekse und Kuchen. Setzen Sie sich zunächst kleine Ziele und lassen Sie sich von Ihrem mitfühlenden Geist leiten. Nehmen Sie es sich nicht übel, wenn Sie es nicht ganz so schaffen, wie Sie möchten, und freuen Sie sich, wenn Sie es schaffen. Denken Sie daran: keine Scham und kein Werten! Bei mitfühlendem Verhalten geht es darum, dass wir uns vor unserem Triebsystem schützen und uns nicht entwerten. Und dass wir angesichts unserer Frustration und unseres Ärgers darüber, dass wir nicht bekommen, was wir wollen, nicht aufgeben und passiv werden.

Ein muslimischer Kommentator hat darauf hingewiesen, dass man den Ramadan, ein Monat, in dem Menschen von Sonnenaufgang bis Sonnenuntergang fasten, ganz verschieden sehen kann. Man kann ihn als einen einfachen Akt des Gehorsams gegenüber Gott sehen. Man kann ihn aber auch als eine Einrichtung verstehen, die Menschen die Erfahrung ermöglicht, dass sie ihren Versuchungen und Begierden widerstehen *können*. Ferner kann der Ramadan ihnen auch ein gewisses Gefühl davon vermitteln, wie es ist, Hunger zu haben, und offener zu werden für Mitgefühl gegenüber denjenigen in der Welt, die ständig Hunger leiden.

Mitfühlend mit anderen zu sein kann auch bedeuten, dass man zu vielen sehr begehrten Dingen „Nein" sagt. Männer genießen Bilder und Phantasien von Sex – es ist nicht unser Fehler: Unser Gehirn ist so gemacht –, aber wenn man diese Phantasien aktiv leben will, kann es sein, dass man damit die sexuelle Ausbeutung von Frauen fördert. Wir wollen billige Kleider, aber manche, die man kaufen kann und die unrealistisch billig sind, sind nur durch Kinderarbeit so billig. Wir essen gern Fleisch, aber die Tierhaltung, die das möglich macht, ist oft sehr grausam. Und inzwischen sind nicht mehr nur einige Wissenschaftler der Überzeugung, dass das Abholzen des Regenwaldes der Amazonasregion, um dort Vieh zu züchten, zur globalen Erderwärmung beiträgt. Wir wollen so viel Geld behalten wie möglich und keine Steuern zahlen. Schön, aber in den 1980er und 1990er Jahren haben wir gesehen, dass die Infrastruktur von Schulen, Transportsystemen und Krankenhäusern einbrach und verfiel, weil man nur wenig Geld für ihren Unterhalt ausgegeben hat. Das hat uns gewaltige Probleme beschert, die uns jetzt zu schaffen machen. Komplexe Gesellschaften brauchen große Investitionen, um Qualität aufrechterhalten zu können.

Wir sind daher jetzt in jedem Bereich unseres Lebens aufgerufen, über die Konsequenzen nachzudenken, die es hat, wenn wir uns in unserem Handeln von Begierden und Wünschen bestimmen lassen. Es gibt einen gewaltigen Unterschied zwischen mitfühlendem Verhalten und einfacher Nachgiebigkeit. Der Grund, weshalb westliche Regierungen von Steuersenkungen reden und nicht von Steuerinvestitionen, besteht darin, dass sie an unsere Gier zu appellieren versuchen, denn sie wissen, dass wir in einer Welt aufgewachsen sind, in der wir gelernt haben, uns an unseren Bequemlichkeiten, Bedürfnissen und Begierden zu orientieren und zu meinen, wir hätten einen Anspruch auf alles, solange wir nur hart genug dafür arbeiten.

Anderen Widerstand entgegensetzen

Mitfühlendes Verhalten stellt sich als eine sehr schwere, verwirrende Arbeit heraus, die manchmal Angst macht. Wir müssen nicht nur verstehen, wie Selbstschutz und Widerstand im Interesse des Selbst damit zusammenhängen, dass und wie wir unsere Begierden, Wut und Ängste nicht ausagieren, sondern wir müssen uns möglicherweise auch anderen Menschen entgegenstellen. Wir können diesen Prozess beobachten, wenn wir Kindern beibringen, dass sie nicht immer haben können, was sie wollen. Das beginnt mit einem gewissen Mut unsererseits, uns nicht von ungerechtfertigten Schuldgefühlen bestimmen zu lassen. So können wir mit kleinen mutigen Handlungen anfangen und mit der Zeit zu schwierigeren heranwachsen.

Nehmen wir also einmal an, dass Sie ein Vater oder eine Mutter mit kleinen Kindern sind. Wenn Sie ihrer Forderung, Junkfood zu bekommen, nachgeben, dann haben Sie sehr bald sehr ungesunde und gestörte Kinder. Sie müssen sich also die Kritik gefallen lassen: „Andere Eltern erlauben ihren Kindern, solche Sachen zu essen“, so als wären Sie ein Vater, der „nicht besonders nett“ ist. Sie müssen den Mut haben, zu

Ihren Überzeugungen zu stehen, *Grenzen zu setzen* und „Nein" zu sagen, auch wenn Sie sich damit nicht beliebt machen. Wenn Sie Schuldgefühle haben, weil Sie zu wenig Zeit mit ihnen verbracht haben, dann könnte es sein, dass Sie aufgrund dieser Gefühle nachgeben (und dann nicht in dem ureigensten Interesse Ihrer Kinder handeln). *Es gehört Mut dazu, sich in seinem Handeln nicht von Schuldgefühlen bestimmen zu lassen, sondern von einer echten Überzeugung, was das Beste für andere ist.* Das gilt natürlich für viele Dinge im Leben. Und natürlich können wir nicht immer sicher sein, was tatsächlich im ureigensten Interesse anderer *ist.*

Stellen Sie sich vor, Sie wählen Ärzte für eine Ausbildung aus. Einer der Kandidaten arbeitet extrem viel und hat Empfehlungen vorzuweisen, die belegen, dass er außerordentlich hilfsbereit, besonnen und freundlich ist und viele persönliche Qualitäten besitzt, die man sich bei einem Arzt idealerweise wünscht. Sie führen mit dieser Person mit großer Hoffnung ein Gespräch, aber Sie sehen sich die Empfehlungen genauer an und stellen fest, dass seine Lehrer auch meinen, dass nicht zu erwarten ist, dass er gute Noten bekommt. Auf der einen Seite würden Sie diesen Kandidaten liebend gern annehmen und seinen Traum erfüllen, denn Sie wissen, dass er freundlich und menschlich zu seinen Patienten sein würde – aber Sie wissen auch, dass er dem Job einfach nicht gewachsen wäre und schwerwiegende Fehler machen könnte. Sie brauchen Mut, um sich der Tatsache zu stellen, dass Sie derjenige sind, der es ihm sagen muss. Sie brauchen auch Mut, um sich aufrichtig Ihren Gefühlen der Traurigkeit zu stellen, und nicht distanziert und abgehärtet gegenüber solchen Dingen zu werden.

Es wird klar, dass mitfühlendes Verhalten unmöglich unterwürfig sein kann und dass es nicht freundlich ist, wenn man dem, was andere wollen, einfach deshalb *nachgibt,* weil sie es wollen, nicht wahr? Und manchmal müssen wir so aufrichtig uns gegenüber sein und Mitgefühl mit der Tatsache haben, dass wir dem nicht nachgehen können, was wir eigentlich wollen. Wenn wir klein sind, sind wir darauf angewiesen, dass unsere Eltern uns Grenzen setzen, und sie tun das (hoffen wir) aus einer liebevollen Haltung heraus. Wenn diese Grenzen zu eng gesteckt wurden, dann begleitet uns vielleicht später der Drang, zu rebellieren und zu tun, was wir wollen, egal, wie schlecht das eigentlich für uns ist. Und natürlich ist es auch nicht im Interesse der Wirtschaft, dass man sich selbst oder Kindern Grenzen setzt. Werbung und Wirtschaft wollen Konsum und unsere unbedingte Bereitschaft dazu. Wenn Sie Ihren Impulsen in dieser Weise nachgeben, ist das aber nicht mitfühlend, besonders dann nicht, wenn der Konsum wirklich schädlich ist. Unser Bedürfnis nach Selbstbeschränkung zu entdecken – bei der Nahrung, die wir zu uns nehmen, unserem Alkoholgenuss und anderen Wünschen und Begierden – ist ein wichtiger Schritt, um mitfühlendes Verhalten zu entwickeln. Es geht darum, sich und andere aus Mitgefühl zu schützen, nicht um Entsagung aus moralischen Gründen. Man braucht Mut, das anzuerkennen und daran zu arbeiten.

Das Konzept, etwas zu „verdienen"

Für Narzissten ist es schwierig, andere Menschen als Wesen zu erleben, die fühlen wie sie selbst; sie scheinen ein Gefühl, einen persönlichen Anspruch darauf zu haben, andere zu benutzen, um ihre eigenen Wünsche und Ambitionen zu befriedigen. Solchen Menschen begegnet man im Geschäftsleben und in der Politik sehr häufig. Aber es gibt viele Elemente des Narzissmus, die die westliche Gesellschaft bewusst fördert, besonders nach dem Motto „Du brauchst und verdienst ..." oder „Du hast Anspruch auf ..." Aber größeren Anspruch als wer? Einen größeren Anspruch als das Kind in Indien, das als billige Arbeitskraft ausgebeutet wird, oder als der hungernde Mann oder die hungernde Frau in Afrika? Dies sind nutzlose Konzepte, die nur dazu dienen, dass Sie sich anzustrengen und immer mehr kaufen. Wie wäre es stattdessen mit dem Motto: „Nimm, was du brauchst, um zu geben, was du kannst"?

Der erste Schritt besteht also darin, zu erkennen, dass das Konzept von „Verdienen" missbraucht werden kann. Wir leben nicht in einer Welt, die auf „Verdienen" beruht, und in jedem Fall sind das willkürliche Wertungen. Natürlich verstehen wir, dass dieses Konzept Leistung und „gutes" Verhalten mit Belohnung verknüpfen soll. Tiere und Menschen machen Dinge, weil sie belohnt werden, wenn sie tun, was man von ihnen will – das ist für das Leben grundlegend. Aber zu sagen, dass schwere Arbeit Belohnung *verdient,* ist eine gut kapitalistische Sicht des Lebens. Sicher gefällt uns die Vorstellung nicht, dass Leute für ihre Faulheit, für Betrug oder ein Privileg belohnt werden, aber es führt nicht weiter, wenn man Rechtfertigungen oder Rationalisierungen wie „Verdienen" benutzt, nur weil es bequem ist. Vor ein paar Jahren hat eine Bankerin, die drei Millionen Pfund als Golden Handshake bekommen hatte, tatsächlich geglaubt, sie hätte sie verdient!

Niemand *verdient* die Krankheiten, die er bekommt, oder das Schicksal, in einem von Krieg heimgesuchten Land aufzuwachsen oder durch einen Monsun Überschwemmungen ausgesetzt zu sein. Niemand *verdient* die Privilegien, die ihm aufgrund seiner Gene, seiner Erziehung oder seiner sozialen Stellung zufallen. „Verdienen" wird zu einer Weise, zu rechtfertigen, was unfair ist. Es geht nicht darum, ob man einen Urlaub verdient, sondern ob man einen braucht und ob er einem selbst und der Familie helfen würde. Es geht nicht darum, ob man selbst Mitgefühl verdient, sondern ob es einem hilft zu wachsen und voranzukommen. Es geht nicht darum, ob andere Menschen Mitgefühl verdienen, sondern ob ihnen das hilft und ob wir bereit sind, mit ihnen Mitgefühl zu haben. Diese Sicht unterscheidet sich natürlich von der Sicht unserer Konkurrenzgesellschaft und sie unterscheidet sich auch von der Sicht der alten Griechen, die mehr das „Verdienen" betonte.

Sich Tyrannen entgegenstellen (und sie in sich selbst erkennen)

Wenn man eine Autoritätsposition innehat, wird es Augenblicke geben, in denen man seine Untergebenen auf Fehler hinweisen muss, auf Dinge, mit denen man unzufrieden ist und die sie verändern müssen. Eine Möglichkeit ist natürlich, ihnen das ins Gesicht zu sagen, sie unter Druck zu setzen und dafür zu sorgen, dass sie ein wenig Angst vor Ihnen haben, damit sie Sie respektieren und sich Ihnen fügen. Mut spielt hier wirklich keine große Rolle. Menschen, denen es Befriedigung verschafft, wenn sie andere drangsalieren oder dominieren können, bieten solche Situationen die Gelegenheit, sich noch stärker zu fühlen. Wenn man merkt, dass man es versäumt hat, Probleme anzusprechen, braucht man Mut, jemanden auf seine Fehler aufmerksam zu machen, besonders wenn man das nicht gewohnt ist. Wir glauben freundlich zu sein, wenn wir aufschieben, was wirklich getan werden muss, aber in Wirklichkeit handeln wir so, weil wir etwas zu vermeiden versuchen. Bei mitfühlendem Verhalten geht es natürlich darum, sensibel für die Gefühle anderer Menschen zu sein und Botschaften auf eine nicht aggressive Weise zu vermitteln. Aber es geht auch darum, *klare* Botschaften zu vermitteln, um Menschenführung und darum, ein *klares* Feedback anzubieten. Die Absicht sollte sein, der Person zu helfen und sie zu informieren, statt sie nur „zurechtzuweisen" oder ihr „eine Lektion zu erteilen". Sie müssen also tief Luft holen, sich beruhigen und in den sauren Apfel beißen.

Wenn jemand Sie drangsaliert und Sie darunter leiden, dann bedeutet Selbstmitgefühl, dass Sie handeln. Versuchen Sie nicht, in Umgebungen zu bleiben, die für Sie schädlich sind, denn das ist nicht mitfühlend. Sie können sich dafür entscheiden, eine Situation zu verlassen: sich versetzen lassen oder eine neue Arbeit suchen. Wenn das für Sie eine Lösung ist, ist alles gut. Sehen Sie das nicht als feiges Weglaufen, sondern als vernünftige Selbstfürsorge. Wenn Sie diese Umgebung nicht verlassen können, müssen Sie Mittel und Wege finden, sich diesem Menschen gegenüber zu behaupten. Prüfen Sie als Erstes, ob Sie Verbündete haben. Gibt es andere, die diese Person so erlebt haben wie Sie? Würden diese Menschen Sie unterstützen? Können Sie das mit ihnen besprechen und das Thema vielleicht zusammen ansprechen, den Drangsalierer gemeinsam treffen und zeigen, dass Sie zusammenhalten?

Wenn Sie der Person, mit der Sie den Konflikt haben, selbst gegenübertreten müssen, wählen Sie dafür einen Moment, wenn sie nicht unter Zeitdruck oder sonst unter Druck steht – manchmal drangsalieren Leute andere, weil sie selbst Stress erleben. Dann könnte es nützlich sein, ein Gespräch mit einer positiven Bemerkung einzuleiten: „Ich verstehe, dass Sie gestresst sind und versuchen, für die Firma das Beste zu tun, und ich möchte, dass Sie auch von mir das Beste bekommen. Ich finde aber einige Ihrer kritischen Bemerkungen ärgerlich, und sie hindern mich daran, meine Aufgabe gut zu erfüllen. Es wäre sehr hilfreich, wenn Sie sich darauf konzentrieren, was ich Ihrer Meinung nach gut mache, und davon ausgehen. … Ich glaube, wir alle brauchen Wertschätzung." Versuchen Sie, Ihren Ton so freundlich wie möglich zu halten und dabei weiter Ihren Standpunkt zu vertreten. Seien Sie sich der nonverbalen Signale bewusst, die Sie aussenden: Wenn Sie aggressive Signale senden oder zeigen, dass Sie verärgert sind, wird Ihr Gegenüber (oder vielmehr die Amygdala in seinem Gehirn) auf Ihr nonverbales Verhalten reagieren und nicht auf die verbale Botschaft. Manche Menschen sind sich ihrer negativen Wirkung auf andere wirklich nicht bewusst, während wieder andere zurückweichen, wenn man sie konfrontiert. Ein freundliches, aber selbstbewusstes Auftreten vermittelt am besten die Botschaft, dass Sie erwarten, dass *er* sein Verhalten verändert. Aber vergessen Sie nicht, dass dies nur Vorschläge sind und Sie im Gespräch mit Ihren Freunden, mit Ihrer Gewerkschaft oder der Personalabteilung Ihrer Firma vielleicht noch bessere Möglichkeiten finden.

Es gehört Mut dazu, den Tyrannen oder Drangsalierer in sich selbst zu erkennen. Wenn Sie sich in einer Autoritätsposition befinden, dann treten Sie hin und wieder einen Schritt zurück und hören Sie sich selbst zu. Würden Sie gern so behandelt werden, wie Sie andere behandeln? Nehmen Sie sich wirklich Zeit, sich in jemanden hineinzuversetzen, der für Sie arbeitet. Wie oft verwenden Sie bei Besprechungen das Wort „Ich" oder „mein" statt „Wir" oder „unser"? Wie oft werden Sie gereizt, wenn jemand langsam ist, und unterbrechen ihn, manchmal mitten im Satz? Sehen Sie Menschen, die mit Ihnen arbeiten, als Mitmenschen, die sich bemühen, so gut sie können? Oder sehen Sie sie als Leute, die einen „Tritt in den Hintern" brauchen? Wie gehen Sie mit Ihrem eigenen Stress um? Sorgen Sie, wenn Sie selbst gestresst sind, dafür, dass alle es wissen? Oder zeigen Sie sich weiter höflich und lassen es nicht jeden fühlen? Vielleicht meinen Sie in Ihrer Position, dass Sie das Recht haben, alles zu tun, was Sie möchten. Auch die Forschung belegt, dass Menschen in Machtpositionen Untergebene nicht immer gut behandeln.[1] Man braucht also Mut und Aufrichtigkeit, anzuerkennen, dass man manchmal selbst derjenige ist, der andere schlecht behandelt oder drangsaliert.

Konflikte: Selbstbehauptung und Mitgefühl

Interessenkonflikte sind in das Gewebe unseres Lebens eingebaut und wirken auf allen Ebenen, von der genetischen an aufwärts. Bei manchen Arten, wie zum Beispiel Sandhaien, konkurrieren die Jungen schon im Uterus miteinander, bis nur eines überlebt, das dann geboren wird. Das ist Geschwisterrivalität im Extrem. Evolutionisten beschreiben die Konflikte zwischen den Strategien der Eltern und denen ihrer Nachkommen, bei denen es um die Menge an Zeit und Zuwendung geht, die einerseits gegeben und andererseits gewollt wird. Nur wenige Beziehungen sind wirklich konfliktfrei. Es gibt auch viele Talente des „neuen Gehirns/Denkens", die die Konflikte nähren können, die wir miteinander haben. Man muss ein starkes Bewusstsein haben, etwas Besseres zu „verdienen", das einen gegen Menschen aufbringt, von denen man glaubt, dass sie einen ständig zurücksetzen, behindern oder auflaufen lassen. Auch unsere Imaginationen und Phantasien können unsere Konflikte nähren und anheizen. Die Welt und andere Menschen können niemals so sein, wie wir sie uns in der Phantasie vorstellen. Unsere Geliebten verhalten sich nicht so, wie wir uns das wünschen, und unsere Kinder rebellieren, agieren aus und weigern sich zu lernen.

Der *Zeitgeist* der 1960er Jahre bestand darin, gegen das alte Establishment und die Strukturen der Macht zu rebellieren und „freie" Menschen werden zu wollen, die sich selbst bestimmen und sich ausdrücken können. Das wurde von der Geschäftswelt begeistert aufgenommen, die glaubte, dass Menschen sich ausdrücken würden, indem sie mehr Kleidung, Make-up, Gitarren, Schallplatten und so weiter kaufen. Es gab also eines starken Akzent auf Selbstbehauptung – das heißt auf dem Gefühl, berechtigt zu sein, sich auszudrücken, mitzureden, für sich selbst einzustehen, „eine eigenständige Person zu werden", nicht den Diktaten und Bedürfnissen anderer unterworfen zu sein. Das wurde natürlich von den frühen feministischen Denkerinnen unterstützt, die sahen, dass Männer ihre Macht benutzten, um auf vielfältige Weise Frauen zu unterdrücken. Manche gute Ideen entstanden hier, wie zum Beispiel, wie wichtig es ist, zu lernen, sich zu artikulieren und die *eigenen* Gefühle zu klären und auszudrücken, statt andere Menschen anzugreifen.

Hier eine amüsante Geschichte, die einen anderen Aspekt selbstbewussten Verhaltens illustriert: Ein Trainer für Selbstbehauptung wohnte in einem Hotel. Als ein junger Mann mit ihm zusammen den Lift betrat, bat ihn der Trainer, den Knopf für das 10. Stockwerk zu drücken. Der junge Mann lächelte, schüttelte den Kopf und sagte: „Ich glaube, ich habe keine Lust dazu." Überrascht fragte der Trainer, warum er keine Lust habe. Der junge Mann lächelte wieder und sagte: „Ich nehme an einem Selbstbehauptungskurs teil und ich habe mir vorgenommen, nur das zu tun, wozu ich Lust habe." Diese Geschichte wird nun von Selbstbehauptungstrainern benutzt, um zu beschreiben, was Selbstbehauptung *nicht* ist: Es geht *nicht* um Selbstbezogenheit oder Sturheit.

Nichtsdestoweniger hat Selbstbewusstsein (offensichtlich) die Tendenz, sich selbst und den Selbstausdruck in den Mittelpunkt zu stellen. Diese Fähigkeiten sind für eher unterwürfige Menschen extrem wichtig, weil es schwer ist, aus einer unterwürfigen oder unterordneten Position Mitgefühl zu haben. Und natürlich verlangt Selbstbehauptung Mut. Wenn man lernt, sich mit Selbstvertrauen zu behaupten, erkennt man, dass selbstbewusstes Verhalten, wenn es allein im Dienst des eigenen Interesses der Befriedigung von Wünschen und Begierden steht, einem nicht hilft, mitfühlende Entscheidungen zu treffen oder zu sehen, was in Konfliktsituationen richtiges Verhalten ist. Es vermittelt einem auch nicht notwendigerweise die Fähigkeiten dafür, wie man Freundschaften schließt und für andere sorgt. Daher kann es nützlich sein, sich in dieser oder jener Situation zu fragen: „Was sagt mir jetzt mein Mitgefühl? Was sollte ich tun?" im Gegensatz zu: „Was würde mir jetzt nützen? Was soll ich durchsetzen?" Manchmal kann es in einer Konfliktsituation helfen, einfach zu sagen: „Wir beide sehen dieses Thema unterschiedlich und wir wollen verschiedene Dinge. Schauen wir, ob wir zusammen daran arbeiten können." Mit dieser Aussage beginnt man den Prozess damit, dass man die Unterschiede anerkennt. Dann hat nicht jeder das Gefühl, er müsse seine Position behaupten und verteidigen, oder fürchtet, er sollte dazu überredet werden, den Standpunkt des anderen einzunehmen. Wie in Kapitel 2 besprochen, ist es sehr wichtig, individuelle Unterschiede zwischen Menschen zu respektieren und sie ernst zu nehmen. Und wie wir gesehen haben, können diese Unterschiede auf Auffassungen von dem, was in der jeweiligen Situation als gerecht betrachtet wird, oder auf einer Position des Mitgefühls beruhen.

Interessenkonflikte können auch ein sehr reales Dilemma für uns darstellen. Erinnern Sie sich an ein paar der Probleme, denen wir in unserer Besprechung des Themas Moral in Kapitel 2 begegnet sind. Es kann schwierig sein, an Mitgefühl zu arbeiten und aus Mitgefühl zu handeln, weil Rücksicht auf das, was man als gerecht empfindet, mit dem in Konflikt sein kann, was ein fürsorglicher Standpunkt nahelegt.[2] Im Hinblick auf öffentliche Konflikte zwischen Menschen und der Tendenz, dass die Mächtigen die Schwachen ausbeuten, muss Mitgefühl sich an das Rechtsstaatsprinzip halten. Gesellschaften, die an Mitgefühl orientiert sind, müssen passende Regeln und Gesetze und effektive Möglichkeiten haben, darüber zu wachen, dass sie eingehalten werden, und sie brauchen für den Fall, dass sie gebrochen werden, Strafen und Abschreckung. Dies ist wiederum an den schützenden Funktionen mitfühlenden Verhaltens orientiert. Was die Strafen angeht (wie in Kapitel 6 bemerkt), müssen wir zwischen *retributiver* Gerechtigkeit, bei der es um Verurteilen, Bestrafen und Vergeltung geht, und *restaurativer* Gerechtigkeit, die auf Heilung, Vorbeugung, Trauer, Schuld und Reue zielt, unterscheiden. Außerdem müssen wir die sozialen Konstruktionen erkennen, auf deren Grundlage Gesetze gebrochen werden: In bestimmten sozialen Zusammenhängen werden Menschen unfreundlich, kriminell und gewalttätig, zum Beispiel aufgrund von Armut, des Mangels an Vorbildern, wenn sie sich einer Gang anschließen, um Schutz und Sicherheit zu haben, oder weil sie „der Gosse" mit Hilfe des Drogenhandels entkommen wollen. Ansätze, die auf Mitgefühl beruhen, müssen sich also mit den komplexen Themen der Freiheit, der Kontrolle, mit dem Thema der Rechte und des Schutzes und mit den sozialen Bedingungen auseinandersetzen, die zu Verbrechen und Konflikten führen. Wir kommen zu dem Punkt zurück, mit dem wir dieses Kapitel begonnen haben – dass es bei Mitgefühl nicht um eine „Softy"-Version von Freundlichkeit geht, obwohl es tatsächlich um Freundlichkeit geht. Das bedeutet aber nicht unterwürfiges Verhalten, Schwäche oder gar, die andere Wange hinzuhalten. Es bedeutet, mit einem besonderen Ziel und einer besonderen inneren Haltung an wichtige soziale und persönliche Probleme heranzugehen.

Heroisches Mitgefühl

Es gibt Momente, in denen Mut genau den Kern unserer Fähigkeit bildet, mitfühlend zu handeln. Einem bekannten Beispiel dafür begegnet man in Steven Spielbergs Film *Schindlers Liste.* Hier ist ein Mann – Oskar Schindler –, der vor dem Krieg ein gewöhnlicher Industrieller war, und doch rettet sein außergewöhnlicher Mut Hunderten das Leben. Warum? Samuel und Pearl Oliner[3] haben ein faszinierendes und wichtiges Buch über Retterverhalten geschrieben. Sie haben untersucht, warum während des Krieges viele Menschen Juden geholfen haben, und sie haben herausgefunden, dass die Motive komplex und ganz unterschiedlich waren. Manche dieser Handlungen beruhten auf dem starken Gefühl, das die Retter für Richtig und Falsch hatten, manche auf einer vorurteilslosen Sicht der Situation, manche auf religiösen Idealen, andere auf einem starken Gerechtigkeitsgefühl und auf moralischen Prinzipien und manche einfach darauf, dass sie die Gelegenheit hatten, zu helfen. Viele Hilfseinsätze beruhten auf einem Gefühl der Fürsorge, der Sympathie und des Mitgefühls. Manche verhielten sich denen gegenüber, denen sie halfen, sogar ziemlich autoritär und schrieben den Geretteten vor, wie sie sich zu verhalten hatten. Aber bei allen diesen verschiedenen Motiven zeichnete sich eines deutlich ab: der Mut, der nötig war, um diese Rettungsaktionen durchzuführen. Diese Menschen setzten sich nicht nur selbst einem großen Risiko aus, sondern auch ihre Familien und manchmal auch andere Helfer. Was hätte hier Mitgefühl genutzt ohne Mut?

Manchmal wird so ein mitfühlendes Verhalten genährt von Ärger oder Wut, von einem tiefen Gefühl, Ungerechtigkeit ausgesetzt zu sein oder dass „dies nicht passieren sollte“. Mitgefühl kann (und die Bilder des mitfühlenden Buddha spiegeln das) in der buddhistischen Bildwelt und Psychologie sehr kämpferisch und wild sein.[4] Mitfühlendes Verhalten aber wird selten, wenn überhaupt, in Wut ausagiert, da diese impulsiv und destruktiv sein und uns veranlassen kann, unberechenbar zu handeln. Wut kann also die Emotion sein, die uns zu Mitgefühl *aufruft.* Sie ist aber nicht der Punkt, von dem aus wir Mitgefühl in Handlung umsetzen. Beim Mitgefühl ist es so wie bei den Kampfkünsten. Da lehrt zum Beispiel der Lehrer seine Karate-Schüler, aus einer Position der Ruhe, der inneren Stille und inneren Klarheit zu handeln und nicht aus Wut.

Wenn ich mit demselben Problem konfrontiert worden wäre, im Jahr 1943 Juden zu retten, möchte ich gern glauben, dass ich anderen auch geholfen hätte, aber es gibt in meinem Herzen eine Stimme, die ernste Zweifel äußert. Man kann mir leicht Angst machen. Viele Untersuchungen haben bestätigt, dass man nie vorher weiß, wie man in einem Notfall handeln wird. Es entscheidet sich erst, wenn man sich einer bestimmten Situation gegenübersieht. Man denke an die Frau, die wegen einer Angststörung in Behandlung war. Eines Tages, als ein Lastwagen in die Vorderwand ihres Hauses krachte, war sie, wie alle bestätigten, die ruhigste von allen, übernahm die Kontrolle, benachrichtigte die Polizei und sah nach, ob jemand verletzt war. Manche Menschen wählen natürlich Berufe, von denen sie wissen, dass sie dabei Gefahren ausgesetzt sind. Die Feuerwehrleute, die in New York am 11. September 2001 eingesetzt wurden, hatten so einen Beruf gewählt. Und alle stimmen überein, dass ihr Mut und Altruismus bei dieser schrecklichen Tragödie außergewöhnlich waren. Und es waren nicht nur die Feuerwehrleute. Viele Menschen in den Gebäuden des World Trade Center handelten ähnlich. Man sieht das tatsächlich in der ganzen Welt – dass sich manche Menschen außerordentlichen Gefahren aussetzen, um anderen zu helfen. Interessant ist, dass die Menschen, die dabei ihr Leben riskieren, nicht unbedingt die sanftesten oder freundlichsten Leute sind, und umgekehrt sind die freundlichen und sanften Menschen nicht immer die mutigsten.

Stammesverhalten und unterwürfige Verhaltensweisen bei uns bekämpfen

Es ist eines, darüber zu sprechen, dem Verlangen, Sahnetorten zu essen oder anderen eigennützigen Wünschen zu widerstehen. Etwas anderes sind Begierden, besonders in sozialen Beziehungen, die weit destruktiver sind, wenn einem nicht bewusst ist, wie sie sich in einem auswirken. Wir Menschen haben ein sehr starkes Bedürfnis danach, zu einer Gruppe zu gehören und angenommen und akzeptiert zu sein. Der Druck, Werten der Gruppe zu entsprechen, ist gewaltig. Sei es über Rauchen, Trinken, den Kleidungsstil oder auch Teilnahme an einem Krieg – Menschen möchten „wie andere" sein und gesehen werden und sich als wertvolle Mitglieder der Gruppe beweisen. Ich wollte im Internat unbedingt zur Gruppe der Raucher gehören. Auch wenn ich Rauchen an sich nicht mochte und es schaffte, mein Schuljackett in Brand zu stecken, womit ich mir beinahe einen Verweis von der Schule eingehandelt hätte, blieb ich dabei, denn das war die „coole Gruppe", das waren die dominanten Männchen – und ich wollte einer von ihnen sein. Wenn man als anders wahrgenommen wird oder den Anforderungen der Gruppe nicht gewachsen ist, läuft man Gefahr, abgelehnt zu werden. Das Gefühl, das uns signalisiert, dass wir möglicherweise „nicht in die Gruppe passen" und der Gefahr von wertender Kritik oder Ablehnung ausgesetzt sind, ist *Scham* (siehe Kapitel 10). Scham ist eine der wichtigsten sozialen Emotionen, weil wir uns sehr anstrengen, Scham und Beschämung zu vermeiden. Sie kann eine sehr große Rolle für konformes Verhalten spielen. Der Drang in Richtung Konformität und Vermeiden von Scham können Mitgefühl blockieren. Manchmal verlangt Mitgefühl, dass wir in der Lage sind, Beschämung durch andere auszuhalten – und nicht davor wegzulaufen.

Unsere Wünsche, sozial konform und akzeptiert zu sein und uns zugehörig zu fühlen – Wünsche, die die Evolution unserer sozialen Intelligenz vorangetrieben haben könnten und während der letzten Eiszeit lebensrettend gewesen sind –, können jetzt auch die Quelle und Ursache schrecklicher Dinge sein. Psychologen haben diese Prozesse in verschiedener Weise untersucht. Damals in den 1950er Jahren hat der Sozialpsychologe Solomon Asch ein paar sehr einfache, aber wirksame Experimente durchgeführt. Er verteilte an Studenten Karten, auf denen es drei vertikale Linien verschiedener Länge gab. Dann bekamen sie Karten mit nur einer vertikalen Linie. Jeder Student musste angeben, welche der drei Linien auf der ersten Karte ihrer Länge nach zu der einzelnen Linie passte. Von den Studenten war nur einer eine wirkliche Testperson, die anderen waren von Asch angewiesen worden, dieselbe *falsche* Antwort zu geben. Dieses Experiment wurde viele Male mit verschiedenen

„Probanden" durchgeführt. Wenn die Probanden nach ihren Antworten gefragt wurden, wurde ihnen sehr unbehaglich, denn sie wussten, dass die ganze Gruppe die *falsche* Antwort gegeben hatte. Tatsächlich sagten 32 Prozent schließlich, sie hätten ihre Meinung geändert und stimmten mit der (offensichtlich) *falschen* Antwort überein.

Der Soziologe Thomas Scheff meint, dass Scham ein Gefühl der Ehrerbietung und sozialer Konformität ist. Mit Bezug auf die Experimente von Asch stellt er fest:

> Eine Reaktion, zu der es bei den unabhängigen wie bei den nachgiebigen Probanden kam, war die Angst, sie würden unter einer Störung leiden und die Studie würde diese Störung ans Licht bringen: „Ich fühlte mich wie ein dummer *Narr* … Eine Frage, ob ich ein *Außenseiter* bin … Sie würden mich für verrückt halten. Ich kam mir schwachsichtig oder schwachköpfig vor, wie ein schwarzes Schaf." (S. 447, kursiv vom Autor)[5]

Gruppenzwang gibt es überall – in der Schule, in der Mode, im Nationalismus und Patriotismus, bei Streetgangs, beim Rassismus und Sexismus, beim Humor und in der Religion. Zweifellos tendieren manche Menschen dazu, sich Gruppen anzuschließen, die Werte vertreten, mit denen sie schon sympathisieren. Diese Werte sind wahrscheinlich solche, die üblich waren, als sie aufwuchsen. Tatsächlich kann der Druck zu Konformität in einer Gruppe so tief greifend und intensiv sein, dass die eigenen Werte, Überzeugungen und Verhaltensweisen wirklich sozial vorgegeben sind – man übernimmt sie einfach von anderen (denken Sie an die eingebundenen Füße der Chinesinnen). Einige Untersuchungen über Konformität hatten zum Gegenstand, wie unter diesen Bedingungen unser Gehirn funktioniert. Sie zeigten, dass sich Gruppendruck möglicherweise unmittelbar auf unsere Wahrnehmung auswirkt, nicht nur auf unsere Wertungen oder auf unterwürfiges oder angepasstes Verhalten.

Zwei andere Untersuchungen auf der Grundlage von Experimenten sind hier erwähnenswert.[6] Eine ist das berühmte Gefängnisexperiment von Stanford durch Philip Zimbardo. Im Jahr 1971 stellte Zimbardo, Professor für Psychologie an der Universität Stanford in Kalifornien, eine

Gruppe Studenten zusammen, brachte sie in eine Gefängnisattrappe und teilte sie willkürlich in zwei Gruppen, in „Gefangene" und „Wachpersonal". Es zeigte sich, dass die Wachen, wenn man sie dazu aufforderte, schnell anfingen, grausamen Druck auf die Gefangenen auszuüben und Strafen zu verhängen – so sehr, dass die Experimente abgebrochen werden mussten und seitdem immer eine Quelle der Kontroverse waren.

Konformität mit der Autorität war davor von Stanley Milgram untersucht worden, der im Jahr 1961 ein mittlerweile klassisches Experiment erdacht hatte, um den Grad der Anpassung zu untersuchen. In den ursprünglichen Experimenten, die in den beeindruckenden Laboratorien der Yale-Universität durchgeführt wurden, wurde Freiwilligen – den „Lehrern" – von einem ernsten, ausdruckslosen, 31 Jahre alten Forscher, der wie ein Techniker in einen grauen Mantel gekleidet war, mitgeteilt, dass sie an einem Experiment teilnehmen sollten, bei dem es um Lernen ginge. Sie würden einer anderen Person – dem „Lernenden" –, der in einem Nebenzimmer saß, Fragen stellen und sollten für jede falsche Antwort einen Elektroschock verabreichen. Der „Lernende" (der zum Setting gehörte und eingeweiht war) war ein angenehmer, sanftmütiger 47 Jahre alter Angestellter, der die Rolle einstudiert hatte. Die Intensität der Schocks war abgestuft, von milde bis zu sehr stark (450 Volt). Als immer mehr Fragen falsch beantwortet wurden, nahm die Stärke der Stromschläge zu. In Wirklichkeit wurde das angebliche Experiment natürlich nur zum Schein durchgeführt, niemand bekam Schocks, aber entscheidend war, dass die „Lehrer", die die Fragen stellten und die Schocks verabreichten, das nicht wussten. Der Angestellte war ein guter Schauspieler und simulierte seine Not, sogar einen Herzanfall. In der ersten Runde der Experimente waren 65 Prozent der „Lehrer" gehorsam und taten, wozu sie von den Forschern aufgefordert wurden. Sie wendeten die schrecklichen Schocks von 450 Volt an, auch wenn sie von dem Lernenden im Nachbarzimmer (gespielte) Schreie hörten.

In folgenden Experimenten wurden Veränderungen vorgenommen, um das Infragestellen der Legitimität der Forschung zu erleichtern. Zum Beispiel nahm man die Forscher aus dem Setting der Yale-Universität heraus und ließ sie informeller handeln. Eine andere Veränderung bestand darin, den „Lernenden" nicht in einen anderen Raum zu setzen, sondern mit den „Lehrern" wirklich interagieren zu lassen. Wenn zwischen „Lehrern" und „Lernendem" Berührung und physische Nähe möglich war, waren immer noch 30 Prozent der „Lehrer" gefügig, auch wenn sie meinten, dem „Lernenden" (angeblich) Schmerzen zuzufügen. Milgram notierte, dass viele der „Lehrer" offensichtlich bei dem, wozu sie aufgefordert wurden, in verzweifelten Druck gerieten, aber sich trotzdem fügten. Sie waren nicht in der Lage, ihre Not in Handeln zu übersetzen, sondern überließen die Verantwortung einfach der „Autorität" der Forscher.

In unserem Inneren zu erkennen, wie leicht es ist, Verantwortung abzugeben, auch wenn wir wissen, dass etwas nicht stimmt, ist natürlich der Schlüssel für uns, wenn wir versuchen, mitfühlendes Verhalten zu lernen. Es kann eine nützliche Übung sein, über die Dinge in unserem Leben nachzudenken, die wir einfach mitmachen und von denen wir fühlen und eigentlich wissen, dass sie falsch sind. Betrachten Sie das wieder eher mit Freundlichkeit als mit wertender Kritik und denken Sie darüber nach, wie Sie vielleicht kleine Veränderungen vornehmen können. Aber denken Sie auch daran, dass manche unserer Gefühle von „Richtig" oder „Falsch", wie wir später sehen werden, nicht so zuverlässig sind, wie wir das gerne hätten.

Unsere Fähigkeit zur Grausamkeit konfrontieren

Dies ist die große Frage – die wahre Herausforderung für mitfühlend gesinnte Menschen. Wie viele andere meine ich[7], dass wir Mitgefühl nicht verstehen und fördern können, wenn wir nicht auch die Quellen von Grausamkeit verstehen. Wenn es um Grausamkeit geht, dann haben wir es mit sehr alten und mächtigen archetypischen Prozessen zu tun. Der Begriff des Bösen hilft uns hier nicht weiter, wohl aber das Verstehen der Verbindung von „altem Gehirn/Denken" und „neuem Gehirn/Denken". In ihrem beeindruckenden Buch *Crimes of Obedience* beschreiben Herbert Kelman und Lee Hamilton[8], wie viele unmoralische Verhaltensweisen dem Handeln von Untergebenen und Gefolgsleuten entspringen, die sich manchmal bereitwillig (manchmal auch nicht) anpassen, weil sie das Bedürfnis haben, dazuzugehören und sich mit einem Stamm zu identifizieren und nach der Bestätigung ihrer Führer zu streben. Man folgt Führern aus vielen Gründen: weil man hofft, dass sie uns beschützen, uns wohlwollend sehen oder uns in eine bessere Zukunft führen, oder man identifiziert sich irgendwie mit ihnen. Manche Belohnungen für (unterwürfige) Anhänger hat man *Expansionen* genannt, insofern die Person, die einem Führer folgt und gehorcht, Wut oder Angriffe von ihm vermeidet und mit Liebe, Bestätigung, Status, Sicherheit, einem Gefühl der Zugehörigkeit, Akzeptanz, Macht, Privilegien und so weiter belohnt werden kann. So wird man mehr, als man zuvor war, und gewinnt dadurch. Zum Beispiel glauben Selbstmordattentäter, dass sie für ihren Stamm zu Helden werden und sie im Himmel wunderbare Belohnungen erwarten. Anhänger zu werden kann uns auch ein neues Identitätsgefühl und ein Gefühl von Sinn im Leben vermitteln, was niedrigem Selbstwertgefühl, Depression, existentieller Krise und Angst entgegenwirken kann. Das Verlangen aber, Bestätigung zu bekommen und zu zeigen, dass man eher bereit und fähiger als andere ist, Befehlen zu gehorchen und im Interesse eines Führers und einer Gruppe zu arbeiten, kann zu sehr unmoralischem Verhalten führen.

Im Folgenden ein Ereignis, das dies beweist, aber es ist nur eines von vielen, vielen Tausenden. Wie Sie sehen werden, belegt dieses Beispiel sehr viel mehr als nur die Tatsache, dass Befehle befolgt werden oder die eigene Gruppe verteidigt und gerächt wird. Die Leichtigkeit, mit der unter Bedingungen von Gefahr in Verbindung mit Gehorsam gegenüber Befehlen moralische Überlegungen und Mitgefühl *abgestellt* werden können, ist ein ganz wichtiges Element.

Kelman und Hamilton berichten, dass am 16. März 1968 eine Gruppe von Marines der „Charlie"-Kompanie mit einem Helikopter am Rande eines vietnamesischen Dorfes mit Namen Son My bei einer kleinen Siedlung abgesetzt wurde, die bei den Amerikanern als My Lai bekannt war. Was sich in den nächsten Stunden abspielte, sollte an den amerikanischen Militärgerichtshöfen Geschichte machen. Fast alle Dorfbewohner – Frauen, Kinder, Männer, Alte – wurden von den Soldaten massakriert. Auch Frauen, die ihre Babys an sich drückten und um ihr Leben bettelten, wurden erschossen. Die genaue Zahl der Toten ist unbekannt, aber es waren wahrscheinlich etwa 500. Die Körper wurden aufeinandergestapelt, viele stöhnten noch im Todeskampf. Später gingen Marines, die dieses Jammern der Sterbenden nicht ertrugen, die Reihen entlang und schossen, „um sie von ihrem Leiden zu befreien".

Ein Freund hat vor Kurzem die Geschichte unter einem Blickwinkel betrachtet, der mir bisher entgangen war: „Während das Gemetzel natürlich im Vordergrund steht, ist mir an My Lai immer die Tatsache aufgefallen, dass es zu so vielen Vergewaltigungen kam. Dies schien so vollkommen den Aussagen der Soldaten zu widersprechen, dass sie auf die Dorfbewohner schossen, weil sie Angst hatten. Wenn sie solche Angst hatten, wie konnten sie sich dann die Zeit nehmen (oder die physische Fähigkeit haben) zu vergewaltigen?"

Die Ereignisse in My Lai waren sicher nicht nur eine Verirrung des Vietnamkriegs, denn aus der Geschichte anderer Konflikte wissen wir, dass dies gar nicht so selten war. Zudem weiß man, dass es solche Grausamkeiten schon vor Tausenden von Jahren gegeben hat. Es war üblich, dass Heere Städte plünderten und alle Bewohner töteten, Gefangene kreuzigten oder zu Sklaven machten. Solche Ereignisse belegen, wie mächtig unter bestimmten sozialen Bedingungen Archetypen und soziale Mentalitäten sind und *das Denken bestimmen* können (das heißt, Attribute von Mitgefühl außer Kraft setzen), so dass wir zu Akteuren dieser alten Skripte werden. Sogar der Gott des Alten Testaments war in einem oder zwei Fällen einem Genozid nicht abgeneigt. Was im Fall von My Lai aber ungewöhnlich war, war die Rolle der Medien, die dafür sorgten, dass diese Taten nicht unbemerkt blieben und öffentlich beachtet und sanktioniert werden konnten. Bilder vom Nachspiel des Massakers gingen um die Welt und spielten mit Sicherheit eine Rolle bei dem nachfolgenden Militärgerichtsprozess.

Die „Charlie"-Kompanie war frustriert, weil sie Probleme mit ungenauen Befehlen, gescheiterten Missionen, Sprengfallen und Landminen hatte. Sie hatte auch am 15. März, genau einen Tag vor dem Massaker, an der Beerdigung einer ihrer Sergeants teilgenommen, der von einer Sprengfalle getötet worden war. In seinem Buch *Our Own Worst Enemy* gibt Norman F. Dixon[9] einen erschütternden und bewegenden Bericht über die Beteiligung eines Soldaten an dem Massaker wieder. Als ihm bei einer späteren Untersuchung die Frage gestellt wurde, warum er an dem Massaker teilgenommen hat, antwortete der Soldat:

> Weil ich das Gefühl hatte, mir wäre befohlen worden, es zu tun, und ich hatte in dem Moment das Gefühl, ich täte das Richtige, weil ich, wie gesagt, Kameraden verloren hatte. Ich hatte einen verdammt guten Kameraden verloren, Bobby Wilson, und ich hatte das auf meinem Gewissen. Deshalb fühlte ich mich gut, als ich es getan hatte, aber später hat es mich dann eingeholt.

Der Interviewer scheint betroffen davon zu sein, wie Amerikaner so etwas machen konnten, und fordert den Soldaten auf, an seine eigene Familie zu denken. Der Interviewer fragt: „Wie kann man Babys erschießen?" und der Soldat antwortet: „Ich weiß nicht. Das ist einfach eines dieser Dinge." Der Interviewer fragt dann, ob die Leute etwas getan haben, ob sie sie angefleht haben, sie zu verschonen. Erst verneint der Soldat das, dann sagt er: „Richtig. Sie haben gebettelt und gefleht ‚Nein, nein'. Und die Mütter haben ihre Kinder an sich gedrückt und … aber sie haben einfach weiter gefeuert. Also, wir haben weiter gefeuert. Sie haben mit den Armen gefuchtelt und gebettelt …" (Dixon, S. 127 – 8).

Zum Teil wurden diese tragischen Ereignisse durch einen Wunsch nach Anerkennung genährt, und weil sie es der Autorität recht machen wollten. Kelman und Hamilton liefern eine gute Beschreibung der Beziehungen, die es in der „Charlie"-Kompanie gab und die die Marines so anfällig dafür gemacht haben, so zu handeln.

> Der Chef der Kompanie, Captain Ernest Medina, war ein Aufsteiger mexikanischer Herkunft, der in der Army Karriere machen wollte, obwohl er die Befürchtung hatte, aufgrund seines Mangels an formaler Ausbildung nie über den Rang eines Captains hinauszukommen. Sein Eifer hatte ihm bei seinen Männern den Spitznamen „Mad Dog Malina" (der verrückte Hund Malina) eingebracht. Einer seiner Bewunderer war der Zugführer Unterleutnant William Calley, ein unauffälliger, gut 1,60 m großer Schulversager, der in vier von sieben Kursen, die er im ersten Jahr

> belegt hatte, durchgefallen war. Viele sahen ihn als einen Offizier, der seine Beförderung allein dem verzweifelten Mangel der Army an Personal verdankt hatte. Was immer der Grund war, er war ein unsicherer Führer, dessen häufig geäußerter Ausspruch lautete: „Ich bin der Chef" [p. 2].

Es stellt sich heraus, dass Calley wie manche Männer in stark hierarchischen männlichen Gruppen unsicher und willens und begierig war, seinen Vorgesetzten zu gefallen, um von ihnen Anerkennung und Bestätigung zu bekommen, und das unabhängig davon, was von ihm verlangt wurde – vorausgesetzt er konnte es als „Tun seiner Pflicht" rechtfertigen. Männer dieses Typs hatten oft eine schlechte Beziehung mit ihrem Vater gehabt. An dem fraglichen Tag hatte die „Charlie"-Kompanie den Befehl, eine „Search-and-Destroy"-Mission durchzuführen, um ein Bataillon des Vietcong zu vernichten, dessen Basis man in oder bei Son My vermutete. Dieser Mangel an Klarheit kann es möglich gemacht haben, dass einzelne Männer wie Calley die schrecklichen Handlungen, die folgten, so interpretierten, als seien sie von jenen höherrangigen Autoritäten gewünscht und gebilligt. Obwohl Leutnant Calley der Prozess gemacht und er verurteilt wurde, wurde er einem Bericht der Tageszeitung „Guardian"[10] zufolge zu „einem Helden der rechten Szene und saß nur drei Tage seiner Gefängnisstrafe ab, bevor sie in Hausarrest umgewandelt wurde". (3 Jahre später wurde er von US-Präsident Nixon vollends begnadigt [Anm. d. Lektors].)

Während der ganzen Geschichte hat diese Art Verhalten, mit dem Bestätigung gesucht und um Einsatz von anderen geworben wird, oft zu Grausamkeit geführt. Hitler war für seine unklaren Befehle bekannt. So ließ er seine Generäle wie zankende Geschwister um seine Beachtung und Bestätigung konkurrieren. Das Ergebnis war, dass jeder versuchte, loyaler, effizienter und rücksichtsloser als die anderen zu sein. Manchmal kann das eigene Leben davon abhängen, dass man sich als loyal erweist und sich die Anerkennung des Führers sichert. Saddam Hussein pflegte Listen von denjenigen zu verlesen, von denen er glaubte, dass sie illoyal gewesen waren, und ließ sie nach draußen führen und töten. Dabei sorgte er dafür, dass ihre Schreie drinnen zu hören waren. In vielen Reli-

gionen droht auch Gott den Illoyalen mit Höllenstrafen. Aber Hitler, der 11 Millionen Menschen in Todeslager schickte, und Stalin, der mehr als 30 Millionen seiner eigenen Landsleute tötete, versuchte man nicht nur aus Angst zu besänftigen. Sie wurden von großen Teilen der Bevölkerung auch geliebt und bewundert. Und diese Grausamkeiten waren alle nur deshalb möglich, weil zahllose andere bereit waren, weiter die Routinejobs auszuführen und zu tun, was ihnen befohlen wurde.
Milgram[11] sagte über seine eigene Forschung:

> Wenn ich in Colleges im ganzen Land Vorträge über die Gehorsamkeitsexperimente hielt, war ich immer wieder erstaunt, dass ich jungen Männern gegenüberstand, die von dem Verhalten der Probanden erschüttert waren und erklärten, sie würden sich niemals so verhalten. Ein paar Monate später aber, wenn sie beim Militär waren, führten sie ohne Bedauern Handlungen aus, vor denen das Auslösen der Elektroschocks bei den Experimenten verblasste. In dieser Hinsicht sind sie nicht besser oder schlechter als Menschen anderer Zeiten, die sich für die Zwecke der Autorität hergeben und zu Instrumenten ihres destruktiven Vorgehens werden [p. 180].

Es ist zwar nicht annähernd so extrem, aber wir hören oft, wie Politiker in dem Streben, ihre Karriere voranzubringen, sich um Loyalität ihren Parteiführern gegenüber bemühen. Tatsächlich kann auch die Demokratie Loyalität gegenüber einer Partei zu einer Tugend machen, statt freies Denken zu fördern. Ich finde es sehr besorgniserregend, wenn man eine Demokratie so gestaltet, denn die Stammespsychologie macht uns für alle möglichen Probleme empfänglich, wie wir auch im Vorspiel zum Irakkrieg gesehen haben.[12]

Grausamkeit und Sadismus als Tugenden

Es ist klar, dass der menschliche Geist niemals weit von einer Faszination von Sadismus und Grausamkeit entfernt ist. Wir können dies an den Aktivitäten ablesen, die Menschen seit Tausenden von Jahren als Unterhaltung schätzen – von den römischen Gladiatorenkämpfen bis zu dem Sadismus in Computerspielen, in Romanen und in den Phantasien Hollywoods. Viele Autoren, die sich mit diesen Dingen befassen, fragen sich, ob das mit den intensiven Ängsten und Gefühlen der Wut zu tun hat, die wir in einer Welt erleben, die von Tod, Verfall und Krankheit bestimmt ist. Mit einem Gehirn, das wirklich nicht leicht zu kontrollieren ist, kann es schnell passieren, dass wir aufeinander losgehen. Es gibt wichtige Debatten darüber, ob diese Computerspiele und Hollywoodfilme, die nur gemacht sind, um uns das Geld aus der Tasche zu ziehen, nicht Empfindungen des Mitgefühls abstumpfen.

Aber Grausamkeit gibt es in vielerlei Formen, und die Gründe dafür sind komplex und facettenreich.[13] Sie kann eine Taktik sein, mit der die Dominierenden und Mächtigen bei ihren Untergebenen Angst auslösen und Rebellion verhindern. Manche Strafen, die gegen „Kriminelle" (die Störer der sozialen Ordnung) verhängt wurden, waren außerordentlich grausam und oft mit Folter verbunden. Im Gegensatz dazu können Akte der Grausamkeit, die von Untergebenen begangen werden, als Tugenden gesehen werden, mit denen man die Gunst der herrschenden Führer oder Gottes erlangen kann. Schließlich ist es die Hand des Menschen, die das Schwert oder den Dolch führt oder das Feuer an den Scheiterhaufen legt. Die Inquisitoren hielten sich nicht für grausam, sondern für besonders tugendhaft und sie meinten, dass sie nur Gottes Willen ausführten. Sie schufen Gott in der Phantasie, und die Wünsche, die ihm zugeschrieben wurden, erscheinen uns heute extrem grausam. Eine Faszination durch den Schmerz und das Leiden anderer gibt es aber in allen Kulturen.

Als Hinrichtungen öffentlich durchgeführt wurden, führten sie zu großen Ansammlungen von Menschen, denen wenig an Gnade lag, sondern die den Scharfrichter anfeuerten. Die Geschichtsschreibung belegt, dass das öffentliche Interesse, sei es an Verbrennungen, Steinigungen, Enthauptungen, an Vierteilen (wozu die Ausweidung gehörte) oder Hinrichtungen am Galgen, oft so groß war, dass Kämpfe ausbrechen konnten, wenn Zuschauer versuchten, dem Geschehen so nahe wie möglich zu kommen. Gelegentlich schrien manche in der Menge dem armen, sterbenden Opfer verächtlich zu und heulten vor Lust, wenn die Tötung vollzogen war. In Großbritannien wurde bis zum letzten

Jahrhundert beim Hängen der Tod durch Strangulieren herbeigeführt, was bis zu 20 Minuten dauern konnte. Nach Geoffrey Abbotts[14] Buch *Rack, Rope, and Red-Hot Pincers* war die Menge verstimmt und drohte zu randalieren, als man eine humanere Weise praktizierte, indem beim Fallen das Genick gebrochen wurde. Man fühlte sich um das Spektakel betrogen. Tatsächlich machten während der „Schreckensherrschaft“ während der Französischen Revolution Frauen einen großen Teil der Menge aus und stritten sich darum, ganz vorne zu sein, und zuzusehen, wie der Adel guillotiniert wurde.

Man betrachte auch die Erfindung des Konzepts der Hölle. Sie wird gewöhnlich mit Bestrafung assoziiert – weil die meisten von uns ein starkes Gefühl von Gerechtigkeit bzw. Vergeltung haben, und wir die Vorstellung hassen, dass manche Menschen ungestraft mit schlimmen Verbrechen davonkommen. Viele Versionen der Hölle in anderen Kulturen zeigen, dass diese Art der Bestrafung nicht nur schmerzhaft, sondern mit einer nie endenden Qual auch tatsächlich sehr sadistisch ausgemalt wurde. Dies scheint ein Fall zu sein, wo Menschen von schrecklichen Dingen phantasieren und dann nicht mehr unterscheiden können, was sich in *ihrer* Phantasie abspielt und was Realität sein könnte. Von diesen Vorstellungen können Menschen aus ganz verschiedenen Gründen angezogen sein.

Es gibt hier ein interessantes Nebenthema, und das ist die Rolle, die in den verschiedenen Höllenvorstellungen das Feuer spielt. Ein Facharzt für plastische Chirurgie erzählte mir, er glaube, die Erfinder der Hölle hätten dem Feuer eine so große Rolle beigemessen, weil es die schlimmsten Schmerzen verursacht, die Menschen kennen. Es ist aber auch so, dass viele Jahrhunderte lang Feuer das einzige Mittel war, mit dem man die Umgebung zuverlässig von Krankheitserregern reinigen konnte – deshalb ist es nicht überraschend, dass Säuberung, Reinigung und Strafe miteinander verflochten sind.

Die Rolle von Machtspielen, von erzwungenem Gehorsam, von Wut, Rache, von Abschreckungsmaßnahmen und Untergebenen, die „gefallen wollen“, und wie sie unsere Phantasien zu Extremen reizen können, ist in unseren Grausamkeiten ziemlich leicht zu erkennen. Der Ekel jedoch, obwohl man diese Emotion im Allgemeinen nicht so sehr mit Grausamkeit assoziiert, hängt auf mehrfache Weise mit Grausamkeit zusammen, besonders durch den Wunsch nach Reinigung. Wir haben Ekel entwickelt, damit wir Dinge ausspucken, die schlecht schmecken oder riechen und Infektionen oder Krankheiten verursachen können. Wir wollen das Wasser reinigen, um zu verhindern, dass wir krank werden. Weil der Begriff „Gift" sich nun auf körperliche Prozesse bezieht, sollte er nicht als Bezeichnung für eine Emotion, einen inneren Zustand oder für Menschen verwendet werden. Stammesgewalt kann man aber provozieren, wenn man die Vorstellung des Ekels verwendet und „die anderen" als eine Infektionsquelle, eine Krankheit, eine Form der Kontamination unserer Lebensweise, als uns von innen zerstörend, als „rassisch unrein" und so weiter darstellt. Damit wird nicht nur das System, das die Bewältigung von Gefahr und den Selbstschutz regelt, angesprochen, sondern dieses System regt auch das Gehirn dazu an, zu versuchen, die Quelle der Gefahr aufzuspüren und zu vernichten. In einer Krise können Menschen in leicht erregbare und dissoziierte Zustände geraten, in denen Muster der Gehirnaktivität für Mitgefühl ganz abgestellt werden.

Manche religiöse Menschen wollen auch den Himmel reinigen und alle „schlechten Menschen" von ihm fernhalten. Menschen mit „schlechten" Genen, von niederer Herkunft, mit Lastern und „sündigem" Verhalten bestehen nicht den Test für den Himmel – sie sind nicht „wie wir", sie sind nicht „reinen Herzens". Wir sind also wieder dabei, zu spalten und Menschen in gute und schlechte zu unterteilen. Traurigerweise projizieren viele Menschen immer noch ihre Ängste und ihren Sadismus und verwenden dabei Konzepte wie das der Todsünde. Natürlich sind diese Bestrafungen und Regeln gewöhnlich von Menschen gemacht, aber wenn wir das mit Mitgefühl betrachten, sehen wir, dass wir vor projizierten Ängsten und Sadismus anderer Menschen und ihrem Wunsch, uns zu kontrollieren, keine Angst haben müssen. Bis zum 15. Jahrhundert etwa dachte man, eine der Freuden des Himmels bestünde darin, von da aus die Menschen unten in ihrer Qual beobachten zu können. Aber etwa zu dieser Zeit kam es zu einer deutlichen Veränderung, die in der Aussage anklingt: „Meine Seele kann nie im Himmel in Ruhe sein, wenn eine einzige Seele in der Hölle leidet." (Ich stimme zu. Heute wäre es natürlich passend und ideal, wenn wir dieselbe Einstellung gegenüber der Hölle einnehmen würden, in der viele Menschen auf der Erde leben.) Zum Glück sind die meisten von uns heute frei von der Indoktrinierung und Angst, die nur die Funktion hatten, eine mächtige religiöse Hierarchie zu stützen. Die Vorstellung aber, unseren Geist reinigen zu müssen, lebt weiter – aber das ist nicht der Weg des Mitgefühls.

Im letzten Kapitel haben wir die Probleme gesehen, zu denen es führt, wenn wir Emotionen und Gefühle loswerden wollen. Wenn es Wut ist, die Menschen loszuwerden versuchen, kann sie das dazu bringen, sich gegenüber sich selbst sadistisch zu verhalten. Wenn jemand sich selbst schneidet oder verbrennt, dann sind das Formen von Sadismus, auch wenn ihre Funktion darin bestehen kann, Emotionen zu regulieren. Sadistische Handlungen haben also oft das Ziel, jemanden oder etwas zu regulieren. Bedenken Sie in diesem Zusammenhang, dass Depressionen und selbstschädigendes Verhalten bei jüngeren Menschen zunehmen. Es gibt dafür verschiedene Erklärungen, aber mir scheint, dass die immer offener sadistisch geprägten Unterhaltungsangebote, der „Drang nach Wettbewerbsvorteil", der vollkommene Mangel an Interesse, Heranwachsenden (und auch Erwachsenen) ein Gefühl von Zugehörigkeit in der Welt der Erwachsenen zu vermitteln, und die Tatsache, dass menschliche Bedürfnisse der Ökonomie des „immer mehr" geopfert werden – dass all diese Dinge Anzeichen dafür sind, dass mit unserer psychischen Gesundheit etwas ziemlich Schlimmes passiert.

Es ist schwierig, aber der mitfühlende Weg verlangt, dass wir auf mögliche Quellen unserer „Sorglosigkeit", Grausamkeit und unseres Sadismus achten, nicht um sie zu verleugnen oder zu verurteilen, sondern um sie zu transzendieren und nicht auszuagieren. Es kann sehr hart sein, unsere Augen für die potentielle Grausamkeit in uns und in der Welt zu öffnen. Aber denken Sie immer daran, dass Sie Ihr Gehirn nicht so gemacht haben. Unsere Aufgabe ist es, unseren Geist zu verstehen und nach Möglichkeiten zu suchen, wie wir ihn mit Mitgefühl erhellen und durchsichtig machen können.

Schatten konfrontieren

C. G. Jung, ein Zeitgenosse Freuds, der die Theorie der Archetypen entwickelt hat, hatte keinen Zweifel daran, dass eine unserer größten Aufgaben darin besteht, unseren Schatten zu konfrontieren – die Quelle unserer Ängste, unserer Wut und unserer Neigung zu Gewalt. Es gibt sehr alte Mythen, die bis zu den Griechen und noch früher zurückreichen, in denen es um die Angst vor dem „wilden Tier in uns" geht – ein Konzept, das in *Alarm im Weltall*, einem Film aus dem Jahr 1956, in brillanter Weise dargestellt ist. Auf dem Planeten Altair IV hat eine Gruppe von Außerirdischen, die Krell, eine Maschine entwickelt, die ihre Gedanken wirklich machen kann. Sie hatten aber anscheinend nicht die destruktiven Impulse berücksichtigt, die es im Gehirn neben den mitfühlenden Impulsen gibt, und so wurde ihnen durch die Freisetzung ihrer „Monster aus dem Es" der Garaus gemacht. Der Film erzählt eigentlich von unserer Fähigkeit, einige unserer schlimmsten Albträume wirklich zu machen, wenn wir unserem „neuen Denken" erlauben, die Wünsche unseres „alten Gehirns" auszuführen. Krieg ist nur ein besonders deutliches Beispiel dafür. Das Problem mit vielen dieser Mythen ist natürlich, dass wir denken, dass das wilde Tier in uns durch Aggression oder durch unsere Schlechtigkeit (das Böse in uns) freigesetzt wird. In Wirklichkeit ist das aber viel komplexer: Es wird durch unsere Angst, unser Streben nach Sicherheit, nach Zugehörigkeit und Konformität, durch unser Stammesdenken und unsere Unterwürfigkeit gegenüber Führergestalten freigesetzt.

Die größte Aufgabe für unser Mitgefühl besteht deshalb darin, offen zu sein und uns nicht dafür zu schämen oder uns vorzuwerfen, dass wir uns zugehörig fühlen und von Führern (Schulterklopfen) anerkannt werden möchten und dass dieser Wunsch unsere Fähigkeit, grausam zu sein, verstärken kann. Es gibt verschiedene Gründe dafür, dass wir zulassen, dass Grausamkeit die Erde unsicher macht: unsere Ängste, der Wunsch nach Vergeltung, Stammesdenken, Gleichgültigkeit, der Drang oder Ehrgeiz, uns zu beweisen, Komplizenschaft, Verleugnung und eigennütziges Wollen – eine Menge Möglichkeiten, wenn man darüber nachdenkt. Das ist so, weil unser Gehirn verschiedene Muster annehmen kann, bei denen einige Aspekte aktiviert und andere abgeschaltet sind. So riskieren wir an dem einen Tag unser Leben, um unsere Nächsten zu retten, oder betrauern aufrichtig den Schmerz anderer und sind dennoch am nächsten Tag in der Lage, dafür zu stimmen, fremde Menschen und ihre Kinder zu bombardieren. Man möchte glauben, dass wir unabhängige, selbstgenügsame, klar denkende Menschen sind, aber im Grunde sind wir eine der abhängigsten, unterwürfigsten und am leichtesten zu führenden Lebewesen, die es gibt. Wir unterscheiden uns darin nicht so sehr von Schafen – wir überlassen unser Gehirn mit seinem neuen Denken einfach der Führung durch jene Archetypen oder Emotionen des „alten Gehirns/Denkens" und allem, was sie in Erregung versetzt – was oder wer auch immer das ist.

Der Ausbruch und die Gräuel des Bosnienkrieges erinnern uns hieran. Unter dem Einfluss bestimmter Führer und von Stammespsychologie getrieben wurden Menschen, die seit Jahrzehnten Nachbarn und Freunde waren, binnen Wochen zu Feinden, die einander brutal behandelten. Nur durch offene und genaue psychologische Erforschung dieser Prozesse kann man zu erhellen hoffen, wie man sie vermeiden kann. Moralische Entrüstung und Betroffenheit sind nutzlos und verraten ein Denken, das die menschliche Geschichte, die Struktur des Gehirns und die Macht des sozialen Kontextes vollkommen verleugnet. Der Moment, in dem wir uns bedroht oder als etwas Besonderes, privilegiert und berechtigt fühlen, der Moment, in dem wir uns von „dem anderen" distanzieren – das ist der Moment, in dem wir den ersten Schritt auf dem Weg zu Grausamkeit tun.

Wenn wir glauben, dass wir im Sinne unserer Gruppe oder unseres Führers oder zur Selbstverteidigung handeln, scheint unsere Fähigkeit, Mitgefühl zu empfinden, leicht in unserem Gehirn abgeschaltet zu werden. Wenn wir uns bedroht fühlen, möchte sich das Gehirn nicht von moralischen Rücksichten behindern lassen, die seine Bereitschaft und Fähigkeit untergraben könnten, sich zu verteidigen. Vielmehr kann positiv – quasi wie eine Belohnung – erlebt werden, wenn man Feinde besiegt und leiden lässt. Es ist einer der problematischsten Züge unseres Gehirns. Zu milderen Versionen dieses Zuges kommt es, wenn zum Beispiel die Fußballmannschaft gewinnt, deren Anhänger man ist –

man empfindet dann selten Bedauern für die unterlegene Seite und ist natürlich auch nicht deprimiert. Wenn es etwas gibt, wozu wir Mitgefühl brauchen, dann dazu, uns und unser Denken für die Wahrnehmung der Leichtigkeit zu öffnen, mit der wir dazu gebracht werden, unmoralische Handlungen zu begehen und sie dann wirklich für gerechtfertigt zu halten. Menschen verhalten sich seit vielen Tausenden von Jahren so.

Gewissen oder Mitgefühl?

Im letzten Jahrhundert wurden in Kriegen und Stammeskonflikten etwa 200 Millionen Menschen oder sogar noch mehr von anderen Menschen umgebracht. Weiß der Himmel wie viele schwer verletzt, gefoltert, vertrieben oder vergewaltigt wurden. Milliarden werden für Waffen, mit denen Menschen verstümmelt und getötet werden, und für die Rüstungsforschung ausgegeben. Die Stammespsychologie versetzt uns in eine Art Wahnsinn (und ich meine das wörtlich), in dem wir unsere Sensibilität für unsere Mitmenschen verlieren. In der ganzen Welt suchen Menschen, die von primitiven Emotionen der Angst und Wut besetzt und politisch oder religiös motiviert sind, die in uns angelegte Stammespsychologie zu aktivieren, anzustacheln und zu fokussieren – man kann fast das Feuer in den Augen solcher Menschen brennen sehen. Es ist ein Akt des Mutes, davon zurückzutreten und nicht zuerst an seinen Stamm oder die lokale Gruppe, sondern an das eigene Menschsein zu denken.

Um uns mitfühlend zu verhalten, brauchen wir angesichts potentieller Beschämung, persönlicher Unsicherheit und Angst also manchmal Mut, um uns gegen die Massen stellen und auf die Stimme des Mitgefühls hören zu können. Mitfühlendes Verhalten verlangt von uns auch, dass wir anerkennen, dass Entscheidungen, von denen wir behaupten, dass wir sie mit unserem *Gewissen* treffen, möglicherweise ohne Mitgefühl getroffen werden. Wenn wir die Religion benutzen, um unser Gewissen und unsere Sichtweise der Dinge zu orientieren – schließen wir dann nicht nur an Gefühle an, die mit unseren sozial konditionierten Traditionen und Werten zusammenhängen? Man braucht keine hohe Wissenschaft, um zu wissen, dass wir ganz andere Werte hätten – und daher auch ein anderes Gewissen –, wenn wir in einer anderen Zeit und Kultur geboren worden wären. Ich bin nicht sicher, dass die Römer sich groß ein Gewissen um Sklaven gemacht haben, die in der Arena in Stücke gehauen wurden. Die griechischen Philosophen hatten kein Problem mit dem Thema der Sklaverei oder dass manche Menschen dazu geboren waren, über andere zu herrschen. Die Römer wie die Griechen (und alle anderen Gruppen und Zivilisationen, in deren sozialen Systemen Grausamkeit einen Platz hatte) waren wie Sie und ich – nur in einer anderen Kultur. Was wir als ein moralisches Thema betrachten, kann mit der Kultur zusammenhängen – mit dem Verständnis, zu dem wir kollektiv gelangen.

Dies ist nun eine harte Nuss. Es gibt keine leichten Antworten, außer dass man feststellen kann, dass Mitgefühl und Gewissen nicht dasselbe sind. *Mitgefühl* erfordert die Fähigkeiten und Attribute, denen wir in Kapitel 6 begegnet sind, und auch oft einen gewissen Mut, sich von seinem Stamm zu lösen. Es ist eine schwere Arbeit, die manchmal Angst macht. *Gewissen* bezieht sich eher auf ein emotionales und automatisches, reflexartiges Gefühl in Bezug auf etwas, aber der Ursprung solcher Gefühle ist mitunter schwer zu entdecken. Eine Gruppe glaubt, dass Schwangerschaftsverhütung für die Lösung der Probleme der Welt entscheidend ist. Eine andere Gruppe meint, das sei böse und unmoralisch. Eine Gruppe von Wissenschaftlern glaubt, dass Stammzellforschung, auch Züchtung von ein paar Hundert menschlichen oder tierischen Zellen, das Tor zu Entdeckungen sei, um unglaubliches Leiden in der Welt zu beseitigen oder zu verhindern. Eine religiöse Gruppe hat das als „monströs" bezeichnet. Mitgefühl muss eine Rolle spielen, wenn man diese Probleme durchdenkt, denn Gewissen, soziale Konditionierung und emotionale Reaktionen sind problematisch.

Als jemand, der sich dazu bekennt, dass ihm unterwürfiges Verhalten nicht fremd ist, kann ich auf mein Leben zurückschauen und Momente erkennen, wo ich hätte aufstehen sollen und es nicht getan habe. Manche dieser Momente bedaure ich jetzt tief. Wir müssen also diese mächtigen archetypischen Kräfte in uns und die Weise anerkennen, wie Führer, politische oder religiöse, sie manipulieren und versuchen, uns alle zu Schafen zu machen. Wir müssen zurücktreten und in jeder

Situation die mitfühlenden Optionen durchdenken und dabei genug Raum zum Nachdenken und für Diskussion lassen, wenn wir zu vermeiden versuchen, zu sehr von unseren *emotionalen* Reaktionen bestimmt zu werden, egal, wie intensiv sie sind. Es wird uns helfen, wenn wir uns erinnern, dass wir uns alle einfach hier vorfinden und die Skripte und Dramen der Archetypen unseres „alten Gehirns/Denkens“ durchspielen. Aber wir müssen auch lernen, *Verantwortung für unsere Entscheidungen zu übernehmen* und dürfen sie nicht einem politischen Führer, einem Guru oder einem geheimnisvollen Gott überlassen und blind gehorchen. Die Wissenschaft bringt uns allmählich an das Ende einer Ära, in der blinder Gehorsam und Glaube als Tugenden betrachtet wurden (gegen den Widerstand einiger, die den Verlust ihrer religiösen Versionen von Leben und Sinn fürchten). Es liegt im Interesse einiger, unsere Angst und unsere Bereitschaft zu Gehorsam aufrechtzuerhalten. Spirituelle Suche nach Sinn, Sehnsucht nach Verbundenheit und Staunen über die Natur des Bewusstseins werden uns erhalten bleiben, weil sie uns am Herzen liegen. Wir dürfen nicht zulassen, dass unsere eher primitiven und destruktiven Anteile sich dieser Suche bemächtigen – und dazu gehört Mut.

Zusammenfassung

Freundlichkeit, Großzügigkeit und Vergebung sind offensichtlich alles wichtige mitfühlende Verhaltensweisen, aber dieses Kapitel hat uns zu den komplexeren Bereichen von Mitgefühl gebracht, wo moralische Gewissheiten schwierig werden. In vielen neueren Büchern und in der Forschung hat man Mitgefühl in große Nähe zu Glück gebracht, aber ich glaube, dass Mitgefühl sehr viel mehr ist als das. Ein mitfühlender Geist bringt einen tatsächlich auf eine Reise tief in das in der Evolution entstandene Wesen – hinab zu den Bestandteilen des Gehirns und den Genen, aus denen es aufgebaut ist. Es bringt Sie auf eine Reise, die beängstigend und auch erhellend ist. Es bringt Sie auf eine Reise zu den Archetypen und sozialen Mentalitäten, die die Skripte Ihres Lebens und auch die von uns allen in unseren kollektiven Handlungsweisen schreiben könnten.

Wir werden also der Tatsache gegenüber mitfühlend, dass wir Wesen sind, die mit einem besonderen Gehirn im Strom des Lebens aufgetaucht sind, die sich über einen Zeitraum von Millionen von Jahren entwickelt haben und die voller Leidenschaften, Begierden, Wünsche und archetypischer Kräfte sind, die sich durch uns verkörpern. Dies ist ein Gehirn, in dem Mannigfaltiges angelegt ist, mit dem Potential für Mitgefühl, Freundlichkeit und Liebe, aber auch mit selbstbezogenen Bedürfnissen und Begierden, ein Gehirn, das fähig ist, unrealistische Phantasien zu erzeugen und von Wunsch nach Vergeltung, Stammesdenken und sadistischer Lust verzehrt zu werden. Nun braucht man sich für nichts davon zu schämen, und wenn wir Selbstvorwurf und Scham einmal aufgeben, können wir anfangen, diese Dinge in uns selbst anzuschauen, und sogar *erwarten*, ihnen zu begegnen. Und dann liegt es an uns, welche unserer Anteile wir ausbilden wollen.

Wenn wir auf die kommenden Jahrzehnte blicken, ist wohl klar, dass unser Bildungssystem, und eigentlich das ganze Gewebe unserer Gesellschaft, sich weit mehr für unsere Psychologie und die Ausbildung unseres Geistes wird interessieren müssen, wenn wir wirklich mitfühlende Gesellschaften aufbauen und in Harmonie miteinander und mit der Umwelt leben wollen. Jenen Menschen, die der Auffassung sind, dass Psychologie und tiefe Einsichten in das Wesen unseres Geistes ihnen wenig zu bieten haben, oder die glauben, dass das nur etwas für Weichlinge ist oder eine liberale Verschwörung ist oder Gott beleidigen könnte, müssen wir uns entgegenstellen, sonst bringen sie uns in eine Welt der Zerstörung, Umweltverschmutzung und Ausbeutung – mit intelligenten Waffen und solchen, die Massen vernichten können. Aber seien wir ehrlich: Das haben sie schon. Mitgefühl wurzelt also in dem *wissenschaftlichen* Verständnis, wie unser Geist und unser Denken funktionieren und kontrolliert werden. In hundert Jahren werden wir unser Gehirn und unsere Psyche besser kennen und verstehen, und möglicherweise werden wir bei dem Aufbau gerechter und mitfühlender Gesellschaften weiter vorangeschritten sein. Denn wir haben uns dafür entschieden, diese Aspekte von uns zu nähren, und wir verstehen besser, wie man sie nähren kann.

13 Mitfühlendes Denken zum Ausdruck bringen

Wir haben gesehen, dass viel von dem, was in uns vor sich geht, damit zu tun hat, wie wir genetisch ausgestattet und sozial geprägt sind. Ratten, Kaninchen und Affen haben keine Wahl, sondern müssen ihr Leben den Skripten ihrer Emotionen und Archetypen entsprechend und unter den Zwängen der Umwelt leben. Sie leben und sterben, ohne je zu verstehen, warum sie leben oder dass sie überhaupt „lebendig" *sind.* Wir auf der anderen Seite sind uns bewusst, dass wir lebendig sind und im Prozess des Lebens existieren. Dieses Erwachen ist nicht leicht, denn wir entdecken dann, dass wir in einer Welt leben, in der Lebewesen einander fressen müssen, um zu überleben, wo Viren in großem Maßstab zwecks Fortpflanzung vernichten und töten, wo unser Leben kurz und unser Körper bestimmt ist, zu verfallen und zu enden, und wo wir es schrecklich schwierig finden, genetisch angelegten Archetypen und unserer sozialen Konditionierung zu entkommen. Es ist allzu leicht für uns, im Sinne der Stammespsychologie Rache zu üben, zwischen den Erwählten und Unerwählten zu unterscheiden, uns abwesenden oder gefühllosen Führern zu unterwerfen, gegenüber dem Leiden anderer gleichgültig zu sein oder uns in Angst, Depression und Paranoia zu verlieren. Seit Tausenden von Jahren werden im menschlichen Geist und auf dem Gebiet menschlicher Aktivität immer wieder Erfahrungen und Lebensthemen durchgespielt. Es scheint so zu sein, wie Shakespeare gesagt hat: „Die ganze Welt ist eine Bühne und alle Männer und Frauen nur Schauspieler."

Es ist leicht, diese Gefühle und Themen zu pathologisieren und zu glauben, dass irgendetwas mit uns nicht stimmt, wenn wir nicht glücklich sind oder wenn wir unser Potential nicht maximal ausschöpfen. Brauchen wir Prozac? Aber Gefühle und Leidenschaften des „alten Gehirns/Denkens" haben sich aus gutem Grund entwickelt: um uns oder wenigstens unsere Gene zu verteidigen, zu schützen und voranzubringen. Manchmal sind also unsere weniger angenehmen Emotionen und Gefühle uns und anderen gegenüber die natürlichen Reaktionen auf schwierige Lebenssituationen, Stress, ungelöste Probleme der Vergangenheit und so weiter. Wir können uns helfen, wenn wir lernen, sie zu tolerieren, zu verstehen und mit ihnen zu arbeiten, um Wege zu finden, sie zu lösen und mit ihnen umzugehen. Die Evolution hat kein Interesse an Glück und Wohlbefinden. Nur Lebewesen, die ihrer selbst bewusst sind, können versuchen, die Ursache von Leiden, wie man es erleichtern und Glück und Wohlbefinden fördern kann, zu verstehen. Wenn wir das tun, machen wir die Erfahrung, dass wir die Fähigkeit besitzen, uns unseren Emotionen, der Traurigkeit und den Wechselfällen des Lebens zu stellen und sie zu ertragen, und den Mut zu entwickeln, der für Mitgefühl und auch für Glück so wichtig ist.

Dennoch hat uns die Evolution nicht mit leeren Händen gelassen, denn abgesehen davon, dass wir einen Geist haben, der denken, Wissen ansammeln, über sich reflektieren und sich ausbilden kann, haben wir auch in der Evolution entstandene Potentiale dafür, auf andere zuzugehen und für sie zu sorgen und sie für uns sorgen zu lassen. Wir wissen sogar, dass Liebe, Freundlichkeit und Mitgefühl tatsächlich einen Einfluss auf unsere grundlegendsten physiologischen Prozesse haben und wie unser Gehirn verschaltet ist und sich organisiert. Je mehr wir versuchen, Mitgefühl zu empfinden und wertzuschätzen, um so mehr werden wir diese neuralen Systeme stimulieren, die positive Gefühle unterstützen – und „Neuronen, die zusammen feuern, sind miteinander verschaltet". Wenn wir anstreben, mitfühlende Empfindungen und Werte und Verhaltensweisen zu entwickeln, die von Mitgefühl bestimmt sind, dann beeinflussen wir damit auch unsere Interaktionen. Diese haben ihrerseits auf einer Ebene eine Wirkung auf unser Gehirn und die Neuronen und auf einer anderen darauf, was für eine Gesellschaft wir gestalten (zum Beispiel eine, in der wir mehr miteinander teilen und mehr Rücksicht auf die Umwelt nehmen). Deshalb können wir Mitgefühl in das Zentrum unserer Motive für Selbst-Bewusstheit und Ziele im Leben stellen. Und wenn wir einmal verstehen, wie unser Gehirn funktioniert, können wir anfangen, Entscheidungen zu treffen und zu wählen.

Natürlich ist das nicht leicht durchzuführen, denn unser System, das die Bewältigung von Gefahr und den Selbstschutz regelt, wird leicht aktiviert. Wir müssen also unseren Geist ausbilden, damit wir Selbstmitgefühl empfinden und Beziehungen und eine Gemeinschaft entwickeln, die Gesellschaften unterstützen, die von Mitgefühl getragen sind. Als befänden wir uns in einem Science-Fiction-Film, müssen wir vielleicht lernen, *unsere Konditionierung aufzulösen,* unsere Werte und emotionalen Reaktionen in Frage zu stellen, „achtsam" bei unserer eigenen Psyche zu sein, sie kennenzulernen, nach der mitfühlenden Lösung zu suchen und zu üben, Mitgefühl als bevorzugtes Muster der Gehirnaktivität zu erzeugen. Dazu gehört der Mut, alte Gewissheiten loszulassen, unser Herz zu öffnen, unsere emotionalen Reaktionen in Frage zu stellen, zu untersuchen, zu erforschen, zu entdecken, zu verändern, Verantwortung zu übernehmen und zu üben. Wir müssen daran denken, dass die Reise in Richtung einer Transformation unseres Geistes geht.

Unser Leben mit Mitgefühl verbessern

Es gibt drei Richtungen von Mitgefühl: das Mitgefühl, das von anderen in einen fließt und die eigene Offenheit dafür; das Mitgefühl, das von einem selbst zu anderen fließt; und der Fluss von Selbstmitgefühl, den man in sich erzeugt. Das volle Mitgefühl wirkt dahin, jede dieser Formen zu maximieren. Selbstmitgefühl hilft uns zu erkennen, wie leicht es für uns ist, beschämt, enttäuscht und selbstentwertend zu werden, wenn wir uns unfähig fühlen, zu leisten, zu bekommen oder zu sein, was wir wollen. Wir haben das Gefühl, dass uns „etwas" fehlt, was uns helfen könnte, Akzeptanz in den Augen anderer zu finden. Mitgefühl damit bedeutet, es zu verstehen und zu lernen, wie man mit Freundlichkeit bei dieser Empfindung im Moment bleiben kann.

Bei der Ausbildung eines mitfühlenden Geistes geht es darum, zu lernen, unsere drei Systeme emotionaler Regulierung (siehe S. 49 – 58) in einen Zustand der Ausgewogenheit zu bringen: nämlich das System, das mit Gefahren und mit Selbstschutz zu tun hat, das System, das für die Motivation zur Suche von Ressourcen sorgt und das für Bedürfnisse und die Leistungen, die sie befriedigen oder befriedigen könnten, zuständig ist, und das System für Selbstberuhigung und Zustände der Zufriedenheit, das für Sicherheit und Verbundenheit sorgt. Wenn wir diese Ausgewogenheit herstellen, entstehen Muster der Aktivität im Gehirn, die für Zustände von Wohlbefinden und prosoziale Werte und prosoziales Verhalten sorgen. In den Kapiteln 6 und 8 haben wir die Attribute und die spezifischen Wirkungsweisen von Mitgefühl betrachtet, die entscheidend dafür sind, wie man diese Ausgewogenheit herstellen kann, und in den darauf folgenden Kapiteln, wie wir sie entwickeln können.

Wenn wir einmal verstehen, worin diese Attribute und Fähigkeiten bestehen, und klar in Bezug darauf sind, *warum* wir Mitgefühl in den Mittelpunkt unseres Seins stellen und zu einem Ziel im Leben machen wollen (um unser Denken zu transformieren), sind wir frei, damit anzufangen, unseren Geist auszubilden. Wir tun dies mit dem Verständnis und der Einsicht, wie wir im Strom des Lebens aufgetaucht sind und wie unser Gehirn aufgebaut ist, und nicht einfach, weil wir einen vagen Wunsch haben, glücklicher zu sein. Wir lassen uns auf diese Ausbildung oder dieses Training in spielerischer Weise und mit einer Offenheit für das Anschauen und Entdecken neuer Dinge ein. Auch wenn wir uns vielleicht öfter knurrig, ängstlich, frustriert, streitlustig, verkatert fühlen oder unter den windigen Nachwirkungen von zu viel Curry leiden, können wir *immer* zu einer Orientierung auf Mitgefühl zurückkehren. Jeder Moment ist ein neuer Moment, und jeder dieser Momente kann ein Moment für Mitgefühl sein, unabhängig davon, worin der Inhalt früherer Momente bestanden hat.

In einigen spirituellen Traditionen kann man leicht eine ziemlich negative Auffassung von menschlichem Begehren erkennen. Ich hoffe, dass ich deutlich gemacht habe, worin der „mittlere Weg" besteht. Es geht nicht darum, das Leben als einen exklusiven, selbstverleugnenden, selbstbeschränkenden Kampf zu leben. Es geht darum, auf eine besondere Art und Weise aufmerksam zu sein und zu lernen, Freuden im Einfachen und Kleinen zu genießen und dabei auch Wege zu finden, für Verluste und Schicksalsschläge offen zu sein, auf andere zuzugehen und die Welt mit dem mitfühlenden Geist kennenzulernen. Wir leben in einer Gesellschaft, in der uns gesagt wird, dass man ein Maximum an Lust bekommt, wenn man die *größten* Portionen, die *schnellsten* Autos, die *schönsten* Körper und Partner hat. Aber alte Weisheiten lehren uns, dass das größte Glück darin liegt, Dinge *genau jetzt, in diesem Moment, mit genau dem zu erleben, was man hat.* Dies bedeutet kein Ende von Ehrgeiz, sondern dass man mit einem mitfühlenden Lächeln an Ehrgeiz herangeht. Ich liebe es immer noch, neue Gitarren zu kaufen. Der Dalai Lama ist dafür bekannt, dass er Spaß an technischen Spielereien hat. Wir lernen aber, dass solche Dinge nur eine bestimmte Form von Lust vermitteln, nicht das länger anhaltende Glück der Zufriedenheit mit sich und das Wohlbefinden, nach dem wir streben.

Einsicht in diese Realitäten ist wichtig, denn sie hilft uns beim Ausbilden des Geistes, aber sie ist nur der erste Schritt. Man kann zum Beispiel echte Erfahrungen der Erleuchtung haben – Momente der Einsicht, in denen quasi „der Groschen fällt". Ein amerikanischer Freund, dem ich eine Stunde lang versucht hatte, Kricket zu erklären, sah plötzlich den Witz der Sache und verstand das Spiel endlich. Aber diese „Erleuchtung" machte ihn nicht zu einem guten Spieler. Der Buddha meditierte jeden Tag seines Lebens, weil Üben und Praxis grundlegend sind. Erleuchtung bedeutet Gewinnen von Einsicht, ist aber natürlich *nicht* das Endergebnis von zum Beispiel 40 Jahren Praxis. Und beim Üben lernen wir andauernd. Üben und Praxis sind wichtig, weil man ohne sie wie beim Spielen eines Musikinstruments eine bestimmte Konzentration und Schärfe bei seinen Bemühungen verlieren kann. Dies ist der Grund, weshalb ich Ihnen Anleitungen für Übungen gegeben habe, die Sie an den meisten Tagen oder sogar jeden Tag Ihres Lebens verwenden können. Wir können unser Gehirn wirklich verändern.[1] Auch wenn Sie nur ein paar Minuten, zum Beispiel im Bad, damit verbringen oder bevor Sie aufstehen oder beim Frühstück oder in der Mittagspause – wenn Sie dann mitfühlend lächeln, sich auf Ihre Atmung konzentrieren und versuchen, achtsam zu sein, und Gefühle des Mitgefühls in sich erzeugen – dann ist das wunderbar! Wenig und oft kann funktionieren. Später möchten Sie der Praxis von Mitgefühl vielleicht mehr Zeit widmen und auch anfangen zu meditieren. Wie bei allen Dingen ist es so: Je mehr man übt und praktiziert, umso besser wird man. Möglicherweise möchten Sie sich auch fortgeschrittenere Lehrer suchen, als ich es bin, die Sie weiter bringen können.

Das Arbeitsblatt 3 wird Ihnen helfen, Ihre Übungspraxis zu strukturieren, wenn Sie regelmäßig üben und darüber reflektieren möchten. Sie können die Seiten kopieren und darauf notieren, was Sie hilfreich finden und was schwierig für Sie ist. In dem Abschnitt „Anregungen und Hinweise" am Ende des Buches finden Sie Empfehlungen verschiedener CDs, die Ihnen bei Ihrer Praxis vielleicht helfen können.

Das Arbeitsblatt 4 enthält praktische Hinweise für Situationen, wenn man mit aktuellen Lebensproblemen und unangenehmen Emotionen, die in bestimmten Momenten auftreten können, spontan umgehen muss. Dies sind Anregungen, mit denen Sie üben und experimentieren und herausfinden können, welche Sie nützlich finden und welche Sie entwickeln möchten. Auch dieses Blatt können Sie kopieren, um darauf Notizen über Ihre Praxis und Ihre Bemühungen zu machen.

Alles in allem sind wir wieder da, wo wir angefangen haben, und erkennen, dass wir eine Spezies sind, die so gemacht ist, dass sie am besten unter Bedingungen von Freundlichkeit, Unterstützung und Mitgefühl gedeiht, die in uns herein, aus uns hinaus und in uns fließen. Je eher wir anfangen, unseren Geist so auszubilden und zu üben – für uns und unsere Kinder – und zu versuchen, Gesellschaften zu gestalten, in denen sich dieses Fließen von Mitgefühl ganz natürlich einstellt, um so zufriedener und glücklicher werden wir sein.

Wenn wir Mitgefühl entwickeln, sollten wir genau erforschen, wie es uns hilft, uns zu verändern und mehr so zu werden, wie wir gern sein möchten. Beobachten Sie also, wie in der letzten Übung dieses Buches – Arbeitsblatt 5 – ein Fokus auf Mitgefühl viele Dinge beeinflussen wird, die mit Ihnen und mit anderen zu tun haben.

Mitgefühl mit uns selbst und mit anderen verlangt auch, dass wir uns von der Verehrung des Egos wegbewegen, das so sehr Teil unserer westlichen Kultur ist. Es kann zum Beispiel sein, dass wir uns an einem sehr vom Glück begünstigten Ort befinden. Wir wurden möglicherweise in ein relativ privilegiertes Leben geboren oder besitzen bestimmte positive Eigenschaften – wie Intelligenz, sportliche Fähigkeiten, eine musikalische Begabung oder einen Körper, der schlank ist und gut aussieht. Wir leben in einer Welt, in der wir dazu ermutigt werden, diese Qualitäten für „uns selbst" zu halten, als hätten wir selbst sie gemacht und sollten stolz darauf sein und sie zur Schau stellen. Wir könnten sogar eine gewisse Anspruchshaltung daraus entwickeln. In Wirklichkeit gründen diese Eigenschaften aber eher auf Zufall oder Glück. Wenn man das Gefühl hat, man sei aufgrund seiner Fähigkeiten oder seiner Erscheinung besser als andere, kann das Probleme bereiten. Es ist sinnvoller, an unsere Talente und unser glückliches Schicksal mit Freude und Dankbarkeit zu denken. Wenn man lernt, für seine Talente dankbar zu sein, sie zu würdigen und Mitgefühl mit den Menschen zu haben, die nicht damit gesegnet sind, ist das eine andere Weise, bei unseren Fähigkeiten zu „sein" – wir werden weniger daran interessiert, nur um unserer selbst willen etwas zu leisten oder zu erreichen. Wenn Sie mir tiefer in meditative Traditionen folgen, werden Sie möglicherweise die Erfahrung machen, dass sogar die Vorstellung eines individuellen Selbst (das von unserem Gehirn/Denken geschaffen wurde) in gewisser Weise nur eine Illusion ist.

Arbeitsblatt 3

Beschreiben Sie Ihre regelmäßige Praxis, und wählen Sie dafür eine Aktivität aus	**Persönliche Kommentare und Reflexionen über Ihre Praxis**
Beruhigender Atemrhythmus und Achtsamkeit: „im Moment" sein. Üben Sie, Dinge in neuer Weise zu sehen, indem Sie die Dinge wahrnehmen, die Sie erfreuen und die Sie genießen können, gleich, wie unbedeutend sie sind – z. B. die erste Tasse Tee am Morgen, die Wärme eines Bades. Denken Sie an Dinge, für die Sie dankbar sind, weil Sie sich an ihnen freuen und Spaß an ihnen haben, gleich, wie unbedeutend sie sind.	
Wenn Sie an einem Ort sind, wo es still ist, richten Sie Ihre Aufmerksamkeit auf das **Bild, das für Sie Mitgefühl oder Fürsorge ideal verkörpert**. Es hat die Qualitäten von Weisheit, Stärke, Wärme und Nicht-Werten/Nicht-Urteilen und verleiht sie Ihnen bedingungslos, in Verbindung mit dem tiefen Wunsch, dass Sie gedeihen und frei von Leiden sein mögen.	

Beschreiben Sie Ihre regelmäßige Praxis, und wählen Sie dafür eine Aktivität aus	**Persönliche Kommentare und Reflexionen über Ihre Praxis**
Üben Sie zu fühlen, wie das von Ihrem Bild in Sie hineinströmt. Denken Sie daran, dass Bilder flüchtig sein und mehr gefühlt als optisch wahrgenommen sein können. Ihr Bild ist sich wohl bewusst, wie schwierig unser im Laufe der Evolution erworbenes Gehirn und Denken und unser Leben für uns sein können. Wenn Sie an einem Ort sind, wo es still ist, konzentrieren Sie sich darauf, zu **fühlen, dass Sie ein mitfühlender Mensch sind**, der die Qualitäten von Weisheit, Stärke, Wärme und Nicht-Werten/Nicht-Urteilen besitzt, die Sie bedingungslos auf sich selbst richten können. Üben Sie auch, Mitgefühl auf andere zu richten. Konzentrieren Sie sich in beiden Fällen (wenn Sie Mitgefühl auf sich selbst und auf andere richten) auf den tief empfundenen Wunsch, Sie und andere mögen gedeihen und glücklich und frei von Leiden sein.	
Mitfühlendes Verhalten: Entscheiden Sie sich für ein mitfühlendes Verhalten und setzen Sie es, verbunden mit dem Wunsch, dass Sie und andere gedeihen und frei von Leiden sein mögen, in die	

Beschreiben Sie Ihre regelmäßige Praxis, und wählen Sie dafür eine Aktivität aus	**Persönliche Kommentare und Reflexionen über Ihre Praxis**
Tat um. Dazu kann gehören, dass Sie einen Brief schreiben oder Wertschätzung oder Dankbarkeit ausdrücken oder mutig etwas tun, was Ihnen Angst macht, was Sie aber überwinden möchten. Entschließen und verpflichten Sie sich, sich so um sich zu kümmern und für sich zu sorgen, wie Sie das für einen nahen Freund tun würden. Suchen Sie nach Möglichkeiten, wie Sie Selbstbehauptung lernen können, wenn Sie das Gefühl haben, dass Ihnen das helfen würde. Drücken Sie Ihre Wertschätzung für andere aus. Versuchen Sie bewusst freundlich zu anderen zu sein und schauen Sie, wie Sie sich dabei fühlen. Achten Sie darauf, wie die verschiedenen Dinge, die Sie tun, sich auf Ihre Gefühle auswirken. Wenn Sie mit jemandem oder mit etwas in Konflikt sind, dann arbeiten Sie daran, wie Sie die Dinge mit möglichst viel Mitgefühl und am sinnvollsten (ohne unterwürfig zu sein) voranbringen können. Notieren Sie alle neuen Möglichkeiten, die Sie entdeckt haben, wie Sie Ihre auf Mitgefühl hin orientierte Lebensweise entwickeln können.	

Freundlichkeit

Wenn wir Selbstmitgefühl entwickeln, öffnen wir uns auch für das Leid anderer und für unser eigenes Verlangen, zu helfen. Viele traditionelle Meditationspraktiken zielen darauf, den Geist mit Mitgefühl *für andere* zu erfüllen – durch Aktivierung dieser Systeme im Gehirn und intensive Übung. Aber wir können uns auch einfach auf freundliches und mitfühlendes Verhalten im Alltag konzentrieren.

Arbeitsblatt 4: Mitfühlende Ansätze zur Bewältigung von Schwierigkeiten und aufregenden oder beunruhigenden Emotionen und Situationen im Leben.

Dieses Arbeitsblatt bietet verschiedene Vorschläge und Ideen, die Ihnen helfen sollen zu üben, sich innerlich neu auszurichten, wenn Sie in Not sind, und Zugang zu Ihrem System für Selbstberuhigung und Zustände der Zufriedenheit zu bekommen. Wenn man bedroht oder aufgeregt ist, ist es leicht, ganz bei unangenehmen Gefühlen, Sorgen oder Erinnerungen zu bleiben. Versuchen Sie sie zu erkennen, aber versuchen Sie auch, Ihr System in Balance zu bringen.

Welches Thema oder welche Themen verursachen Aufregung oder Irritation?	**Reflexionen über das, was geholfen hat, was schwierig war und was Übung verlangt**
Bei **mitfühlender Aufmerksamkeit** geht es um unseren Fokus und darum, wie wir Bilder in uns erzeugen und Erinnerungen hervorrufen: • Nehmen Sie Ihren beruhigenden Atemrhythmus an und bleiben Sie aufmerksam dabei. • Drücken Sie mit Ihrer Körperhaltung und Ihren Gesicht Mitgefühl aus.	

Welches Thema oder welche Themen verursachen Aufregung oder Irritation?	**Reflexionen über das, was geholfen hat, was schwierig war und was Übung verlangt**
• Werden Sie achtsam – halten Sie Ihre Aufmerksamkeit „in diesem Moment“, statt sich von „was wäre wenn?“ und von Grübeleien ablenken zu lassen. • Erinnern Sie sich an Zeiten, als Sie mit einer schwierigen Situation gut umgegangen sind. • Erinnern Sie sich an Zeiten oder Momente, als Sie glücklich waren. • Richten Sie Ihre Aufmerksamkeit auf Ihr Bild, das Mitgefühl verkörpert. • Denken Sie daran, dass sich Dinge und Gefühle verändern. • Rufen Sie in sich ein Bild hervor, wie Sie mit einer schwierigen Situation gut umgehen, ein Bild von Ihnen in Ihrer Hochform. • Stellen Sie sich vor, wie Sie diese Schwierigkeit oder das Problem durchlebt haben – und konzentrieren Sie sich wirklich ganz darauf. • Beobachten Sie Gedanken und Gefühle als *Muster*, die in Ihnen entstehen – und machen Sie sich klar, dass Sie viele verschiedene Muster erleben und erfahren können.	

Welches Thema oder welche Themen verursachen Aufregung oder Irritation?	**Reflexionen über das, was geholfen hat, was schwierig war und was Übung verlangt**
Bei **mitfühlendem Denken und Argumentieren** geht es darum, wie wir etwas durchdenken – es geht um die Art unserer inneren Selbstgespräche und Dialoge: • Schauen Sie, ob Sie grübeln, und fassen Sie den Entschluss, es aufzugeben. • Nehmen Sie wahr, ob Ihre Gefühle oder Gedanken entwertend selbstkritisch sind, und beschließen Sie, zu einem freundlicheren und mitfühlenderen Fokus überzugehen. • Stellen Sie sich vor, dass Sie ein Mensch mit Mitgefühl sind, der mit einem Freund spricht. Sprechen Sie wirklich laut und mit einer warmen Stimme. • Bringen Sie sich in einen Modus des „mitfühlenden Selbst" und empfinden Sie Mitgefühl mit sich selbst in diesem Zustand der Aufregung. Bleiben Sie in diesem Modus des Mitgefühls. • Reden Sie mit Mitgefühl mit Ihrem aufgeregten Selbst. Wenn das hilft, legen Sie eine Hand über den Bereich Ihres Herzens.	

Welches Thema oder welche Themen verursachen Aufregung oder Irritation?	**Reflexionen über das, was geholfen hat, was schwierig war und was Übung verlangt**
Bringen Sie soviel Weisheit, Stärke, Wärme und Haltung des Nicht-Urteilens an diese Stelle, wie Sie können. • Denken Sie daran, dass Sie ein Mensch wie alle Menschen sind, und machen Sie sich bewusst, dass viele in die Lage kommen können, mit schwierigen Gefühlen kämpfen zu müssen. Fühlen Sie sich mit ihnen eher eins, als allein oder anders. • Sehen Sie und erkennen Sie an, wie oft etwas, was Sie fühlen, nicht Ihr Fehler ist. Richten Sie Ihre Aufmerksamkeit auf die Gründe, warum das so ist (z. B. haben wir uns selbst oder unseren biographischen Hintergrund nicht selbst gemacht). • Gehen Sie bis zum Beweis des Gegenteils davon aus, dass andere Menschen hilfsbereit sind. • Halten Sie sich dieses Motto vor Augen: „Das Geheimnis des Erfolgs ist die Fähigkeit, zu versagen." • Konzentrieren Sie sich auf Ihr Bemühen und nicht auf die Ergebnisse.	

Welches Thema oder welche Themen verursachen Aufregung oder Irritation?	**Reflexionen über das, was geholfen hat, was schwierig war und was Übung verlangt**
Mitfühlendes Verhalten ist ein Verhalten, das einem hilft, mit einer Schwierigkeit oder einem Problem umzugehen: • Verpflichten Sie sich dazu, sich so zu verhalten, dass es Ihnen hilft, im Leben voranzukommen, auch wenn das bedeutet, dass Sie auf kurze Sicht mit Schwierigkeiten konfrontiert sind. • Probieren Sie verschiedene Verhaltensweisen aus, und schauen Sie, welche gut für Sie sind. • Gehen Sie auf andere zu und schauen Sie, ob man Ihnen hilft. Denken Sie daran, dass Selbstvertrauen daraus entsteht, dass man sich mit den Schwierigkeiten auseinandersetzt, und dass diese schwere Zeit, die Sie jetzt durchmachen, auf lange Sicht möglicherweise Ihr Selbstvertrauen stärkt. • Erkennen Sie Ihre Grenzen, und werden Sie langsamer, wenn Sie ausruhen müssen, oder machen Sie eine Pause. • Wenn Probleme sehr groß zu sein scheinen, versuchen Sie, sie in kleinere Elemente aufzuteilen.	

Welches Thema oder welche Themen verursachen Aufregung oder Irritation?	**Reflexionen über das, was geholfen hat, was schwierig war und was Übung verlangt**
Mitgefühl empfinden Was immer Sie tun, versuchen Sie, es mit Freundlichkeit zu tun, damit Sie fühlen, dass Ihre Anstrengungen Ihrer Unterstützung und Ermutigung dienen, weil Sie sich selbst helfen wollen, mit Schwierigkeiten umzugehen. Denken Sie daran, dass Bewältigen von Schwierigkeiten schwer sein kann und Übung verlangt. Es gibt hier kein „müsste" oder „sollte", es gibt keine perfekte Weise, wie man mit Problemen umgeht, keine Möglichkeit, sich von schwierigen Gefühlen zu befreien oder sie einfach loszuwerden – es gibt nur grundlegende Freundlichkeit für die Schwierigkeiten des Lebens, in denen sich viele von uns befinden. Sie beseitigt diese Schwierigkeiten nicht, aber sie könnte Ihren Weg durch sie hindurch leichter machen – Viel Glück!	

Arbeitsblatt 5: Die Folgen davon, wenn man Mitgefühl mit sich und mit anderen entwickelt

Wenn Sie anfangen, Mitgefühl in den Mittelpunkt Ihrer Aufmerksamkeit zu rücken und mitfühlend zu denken, dann schauen Sie sich an, wie Ihnen das hilft, mehr so zu werden, wie Sie gern wären.

Schreiben Sie auf, wie ein Fokus auf Mitgefühl sich darauf auswirkt …

… wie Sie sich selbst finden
und was für eine Beziehung Sie zu sich haben.
Was ist anders? Wie nehmen Sie wahr, wie das geschieht
und wie gehen Sie weiter damit um?

… wie Sie mit anderen Menschen interagieren.
Was ist anders? Wie nehmen Sie wahr, wie das geschieht
und wie gehen Sie weiter damit um?

... wie Sie mit Problemen in Ihrem Leben umgehen.
Was ist anders? Wie nehmen Sie wahr, wie das geschieht und wie gehen Sie weiter damit um?

... wie Sie Ziele setzen und darauf hinarbeiten.
Was ist anders? Wie nehmen Sie wahr, wie das geschieht und wie gehen Sie weiter damit um? (Ihre Ziele können kurzfristige Ziele sein – sie zu erreichen braucht nur ein paar Tage oder Wochen – oder sie brauchen zu ihrer Verwirklichung Monate, Jahre oder ein ganzes Leben.)

... wie Sie mit Rückschlägen und Krisen umgehen.
Was ist anders? Wie nehmen Sie wahr, wie das geschieht und wie gehen Sie weiter damit um?

Schreiben Sie auch auf, wie ein Fokus auf Mitgefühl sich auf andere Lebensthemen auswirkt, die für Sie wichtig sind.
Was ist anders? Wie nehmen Sie wahr, wie das geschieht und wie gehen Sie weiter damit um?

Stephan Eichhorn[2] versucht in seinem schönen Buch *The Art of Being Kind* dem wachsenden Glauben in unserer Gesellschaft entgegenzuwirken, dass wir nur weiterkommen können, wenn wir rücksichtslos sind und uns um uns selbst kümmern. Er beschreibt eine Reihe von Situationen, in denen wir Freundlichkeit einsetzen könnten, und zeigt, dass Freundlichkeit anderen gegenüber nicht unbedingt eine Form altruistischer Aufopferung ist. Freundlichkeit bringt viele persönliche Vorteile mit sich: Wenn man zu anderen freundlich ist, sind sie wahrscheinlich auch freundlicher zu einem selbst, man erfährt im Gegenzug Wertschätzung und vermeidet Konflikte. Menschen mögen einen auch eher und haben Vertrauen, und man hat einfach ein gutes Gefühl gegenüber sich selbst – und das ist alles sehr positiv für unser Gehirn. Fürsorgliche, liebevolle Beziehungen haben eine wohltuendere Wirkung auf den Körper – besonders auf den Spiegel der Stresshormone und das Immunsystem – als konflikthafte Beziehungen. Wenn wir diese Wirkungen der Selbsthilfe erkennen, kann uns das auch davor bewahren, uns über unsere wahren Motive Sorgen zu machen: Sind wir wirklich freundlich oder tun wir freundliche Dinge nur, um uns selbst zufriedenzustellen oder um gemocht zu werden? Die meisten Akte der Freundlichkeit sind das Ergebnis einer Mischung von Selbstlosigkeit und Eigeninteresse, deshalb ist „reine" Freundlichkeit wahrscheinlich eher selten. Aber darum geht es auch nicht: Was zählt, ist unser Bemühen, freundlich zu sein. Manchmal bin ich freundlich gesinnt, an anderen Tagen bin ich mürrisch und muss mich anstrengen, um meine schlechte Laune nicht an anderen auszulassen. Machen Sie sich auch klar, dass Freundlichkeit nicht gleichbedeutend mit unterwürfigem Nachgeben ist, denn manchmal müssen wir mutig sein und uns behaupten, wenn wir freundlich sein wollen.

Freundlichkeit ist nicht immer leicht zu definieren, aber sicher gehören Großzügigkeit und Bemühen dazu. Denken Sie an einen Arzt, der sich der Aufgabe widmet, Krankheiten zu heilen, und rund um die Uhr erreichbar ist, aber dessen Persönlichkeit nicht sehr warm ist. Vergleichen Sie ihn mit einem sehr warmherzigen Menschen mit einer ausgeprägten „persönlichen Kontaktfähigkeit", der aber in seinem Beruf nicht sehr engagiert ist. Man hat die verschiedenen Arten von Freundlichkeit tatsächlich intensiv diskutiert. Zum Beispiel gibt es jene, die sich für andere einsetzen und versuchen, deren Probleme zu lösen. Andere besitzen wenig praktische Fähigkeiten, sind aber sensibel für Gefühle, wieder andere sind in beidem nicht besonders stark, aber sehr großzügig, und wieder andere sind sehr mutig, wenn man sich an sie wendet. Menschen besitzen nicht notwendigerweise alle diese Aspekte von Freundlichkeit, deshalb sollten wir versuchen, jeden Menschen auf seine Weise wertzuschätzen.

An einer nahen Beziehung arbeiten

Wir wollen jetzt darüber sprechen, wie Mitgefühl für nahe Beziehungen hilfreich und nützlich sein kann. Die Forschung hat gezeigt, dass Menschen in der Paartherapie und Eheberatung die Grundlage für eine gute Partnerschaft legen, wenn beide sich darauf konzentrieren, gute Gefühle und Mitgefühl füreinander in sich zu wecken. Ich vermute, dass dieses allgemeine Prinzip sogar für alle Arten von Partnerschaft und Beziehung gültig ist. John Gottmann und seine Kollegen[3] arbeiten seit Jahren daran, die Elemente zu erhellen, die für Partnerschaften gefährlich sind und die sie „die Vier Apokalyptischen Reiter" genannt haben: entwertende Kritik, Abwehrhaltung, Verachtung und Mauern. Mauern ist der Zustand, in dem Menschen still werden und Konflikte nicht artikulieren oder bearbeiten. Möglicherweise haben sie einen brütenden Groll, den sie in unterwürfigem Rückzug verbergen. Gottmanns Arbeit lässt aber auch den Schluss zu, dass es oft nicht ausreicht, wenn wir nur einander helfen, Konflikte zu lösen und mit den „Vier Reitern" umzugehen, um eine gute Partnerschaft aufzubauen. Vielmehr müssen wir dafür sorgen, dass sich *Freundschaft* und eine *gute Kommunikation* entwickeln. Wenn ein Paar eine tragfähige Freundschaft in seiner Beziehung entwickeln kann, kommen beide wahrscheinlich auch immer besser außerhalb eines Konfliktes zurecht, sind weniger negativ, wenn es Probleme gibt, und versuchen diese freundschaftlich zu lösen.

Ein entscheidendes Element, um einen positiven Fluss in einer Beziehung herzustellen, besteht darin, dass man lernt, an die Bedürfnisse und Wünsche des Partners zu denken – wie bei der Meditation kann man sich Zeit nehmen und darüber nachdenken, wie man *dem anderen Glück bringen* kann. Ein zweiter wichtiger Aspekt besteht darin, zu lernen, die Menschen, mit denen man lebt oder arbeitet, *wertzuschätzen* und diese Wertschätzung auch zu zeigen. Wie bei allen Dingen kann man ein Glas als halb voll, oder als halb leer sehen, und es ist leicht bei dem, was in unseren Beziehungen unbefriedigend ist, hängen zu bleiben, besonders wenn es mit etwas in Resonanz ist, was man in seiner Vergangenheit erleiden musste. Mit der Zeit wendet man sich dann immer weniger den positiven Qualitäten des Partners zu, und das nimmt er natürlich wahr. Das beeinflusst dann wiederum sein Verhalten.

Mitgefühl für andere bedeutet dann, sich auf wertschätzende Weise zu verhalten, wozu auch entsprechende verbale Ausdrucksformen gehören. Wenn man Wendungen gebraucht, die spielerisch Zuneigung ausdrücken („Liebling", „Süßer", „Liebster", „mein Schatz", „mein Lebensglück" – gut, nicht übertreiben), mit Wärme im Ton der Stimme und im Gesichtsausdruck, und wenn man ferner auf die Wünsche und Bedürfnisse der anderen achtet, Dankbarkeit ihnen gegenüber ausdrückt, sich mehr auf das konzentriert, was man an ihnen mag, statt darauf, was man weniger mag, und wenn man ihre Stärken anerkennt – dann baut man mit all dem Freundschaft und andere positive Qualitäten in eine Beziehung ein. Das muss man üben und regelmäßig anwenden. In vielerlei Hinsicht kommen wir auf Dale Carnegies Buch von 1937 zurück, das wir in Kapitel 2 besprochen haben.[4]

Betrachten Sie auch die wichtige Rolle von Körperkontakt und Umarmen in Beziehungen. Es gibt viele Belege dafür – sowohl der Forschung bei Tieren als auch beim Menschen –, dass angemessener Körperkontakt, Streicheln, Kuscheln und Umarmen einen wichtigen Einfluss auf unser Gehirn haben, Beziehungen vertiefen und Gefühle der Sicherheit vermitteln und bei Versöhnung helfen können. Sogar Laborratten wachsen gesünder heran, wenn sie regelmäßig gestreichelt und angefasst werden, und natürlich werden Katze und Hund normalerweise ruhig, wenn man sie streichelt. Dieses interpersonelle Verhalten führt beim Empfänger zu einer Ausschüttung von Endorphinen (chemische Substanzen, die Schmerz reduzieren und die Stimmung heben) und der Stimulierung des Systems für Selbstberuhigung und Zustände der Zufriedenheit. Körperlicher Ausdruck von Zuneigung kann also viel mehr als Worte sagen.

Immer wieder hören meine Kollegen und ich Geschichten von unseren Patienten über ihre Eltern, die distanziert und körperlich nicht zugewandt waren, und über die Traurigkeit in einer Ehe, weil einer der Partner sich körperlich nicht ausdrücken kann und irgendwie fern oder unnahbar bleibt. In englischen Schulen gibt es jetzt sogar eine Neubewertung des „Berührungsverbots", besonders für Situationen, wenn Kinder in Not sind. Wenn man ihnen Körperkontakt und körperlichen Trost vorenthält, kann das ziemlich schädigend sein. Wir sind nämlich *biologisch darauf angelegt,* körperlichen Trost zu suchen, wenn wir aufgeregt oder irgendwie in Not sind. In unserer Angst vor Pädophilie enthalten wir Kindern möglicherweise wichtige Hilfsmittel vor, Systeme im Gehirn zu entwickeln, die ihr Gefühl von Bedrohung und Gefahr regulieren helfen, Gefühle von Sicherheit und Vertrauen vermitteln und ihr Vertrauen in ihren Körper nähren. Dies ist eine wichtige Frage an die Forschung. Je mehr wir uns in unserer an Angst orientierten und schnelllebigen Welt von verschiedenen Formen der Beziehung abschotten – von körperlicher und zugewandter Fürsorge und offenem, mitteilsamem und gefühlvollem Kontakt –, desto stärker schädigen wir möglicherweise unseren Geist und unseren Körper.

Versuchen Sie, wie in diesem Buch immer wieder angesprochen, sich Ihrer Wut und Frustration, die als wertende Kritik an sich und an anderen zum Ausdruck kommt, bewusst zu sein – und sie zu vermeiden. Entwertende Kritik untergräbt fast immer und wird sehr leicht als subtile (und manchmal nicht so subtile) Form von Drangsalieren verstanden. Wir machen das natürlich alle, aber versuchen Sie, sich dessen bewusst zu sein, wenn Ihnen das passiert. Versuchen Sie auch, mit Konflikten und Enttäuschungen in Beziehungen mit mehr Mitgefühl umzugehen. Überlegen Sie, ob Sie „verlangen", dass der andere so sein soll, wie Sie ihn haben wollen, und ob Sie vielleicht versuchen, die Dinge mit Gewalt oder Zwang zu ändern. Denken Sie daran, dass Menschen, die Sie kritisieren, Sie im Gegenzug kritisieren oder ablehnen können – auch wenn sie Ihnen gegenüber an der Oberfläche nett sind – und sich in extremen Fällen zurückziehen oder depressiv werden.

Angstbasierte und bedürfnisbasierte Fürsorge und Anteilnahme

Manche Formen von und Motive für Fürsorglichkeit können jedoch Schwierigkeiten in Beziehungen verursachen. Manche Menschen, denen Selbstvertrauen fehlt oder die sozial ängstlich sind und es brauchen, geliebt und wertgeschätzt zu werden, können sich sehr fürsorglich verhalten, suchen aber eigentlich die *Dankbarkeit* der anderen. Das wird dann zu einem Thema in der Paartherapie. Der eine Partner hat die Rolle des „rettenden Helden" übernommen und versucht, dem anderen gegenüber freundlich, verständnisvoll und unterstützend zu sein. Der andere braucht aber möglicherweise das Gefühl, unabhängig zu sein und sich niemandem verpflichtet zu fühlen. Man kann sich den unvermeidlichen Konflikt vorstellen. Je mehr der Retter versucht, freundlich, liebevoll und verständnisvoll zu sein, um so mehr beginnt der Partner, sich zurückzuziehen – auf einer bestimmten Ebene haben beide gespürt, dass dies ein „Spiel" ist. Es wird für den Retter sehr quälend, weil er, so sehr er sich auch anstrengt, die Wertschätzung, die er haben will, oder eine Erwiderung der Fürsorge in gleichem Maß nicht bekommen kann. Besonders traurig ist das, weil beide Seiten dieses „Spiel" unabsichtlich und oft ganz unbewusst spielen.

Es gibt viele Formen dieser Art Interaktion. Emotional sensible Frauen, die schlechte Beziehungen mit ihrer Mutter oder ihrem Vater gehabt haben, können sich zum Beispiel mit emotional unsensiblen Männern zusammentun; oder Menschen, die in ihren Beziehungen eher ängstlich sind und Bestätigung brauchen, gehen Beziehungen mit Menschen ein, die mächtig und selbstsicher scheinen, aber einen Beziehungsstil leben, der ihnen erlaubt, Nähe zu vermeiden. Viele unserer Beziehungen sind von dieser Art, weil wir alle ein wenig verschiedene Bedürfnisse und Beziehungsstile haben.

Der Punkt ist hier, dass diese Form von Schwierigkeiten sehr verbreitet ist. Mitfühlendes Verhalten verlangt, dass wir unsere verschiedenen Beziehungsstile und Bedürfnisse erkennen, anerkennen und wertzuschätzen versuchen und zu verschiedenen Kompromissen gelangen müssen. Denken Sie daran, dass wir alle uns einfach hier vorfinden, mit unseren Bedürfnissen, Ängsten und Beziehungsstilen, und dass wir mehr oder weniger unser Bestes tun. Es ist wichtig, dass wir keine Schuld- oder Schamspiele spielen, um von unserem Partner zu bekommen, was wir wollen – auch wenn wir selbst mit den besten Absichten natürlich die Erfahrung machen können, dass wir das tun. Zu mitfühlendem Verhalten gehört, dass wir unsere Retterseite oder die vermeidende Seite in uns erkennen und versuchen, die Dinge aus der Perspektive des anderen zu sehen, und wie sich unser Verhalten, unsere Bedürfnisse und unser Beziehungsstil für ihn anfühlen und auf ihn wirken könnten.

Prosoziales Verhalten (Altruismus)

Wir können an diese Beziehungsthemen anders herangehen, wenn wir anschauen, was man *prosoziales Verhalten* nennt – das heißt Verhalten, bei dem ein Individuum einem anderen ohne verborgene Ziele oder Hintergedanken gibt, ihm hilft oder mit ihm teilt.

Nancy Eisenberg[5] ist eine der führenden Forscherinnen über prosoziales Verhalten bei Kindern. In einer Reihe von Arbeiten zeigt sie, dass Fürsorge für andere sehr viel mit Erziehung zu tun hat: Wir können erziehen und die Bedingungen dafür herstellen, dass Geist und Gehirn von Kindern auf fürsorgliches und prosoziales Verhalten hin orientiert sind. Mitfühlendes Verhalten kann gefördert werden durch:

- persönliche Kompetenz und allgemeines Wohlbefinden
- Vorbilder, die auf fürsorgliches, liebevolles Verhalten achten, es wertschätzen und belohnen
- Erleben der Vorteile von Teilen und Fürsorge
- Gelegenheiten, fürsorgliches Verhalten zu üben und zu praktizieren
- Erwerben von Wissen und Fähigkeiten zur Entwicklung prosozialer Formen der Konfliktlösung
- offenes Gespräch mit Kindern über die Auswirkungen ihres Verhaltens auf andere.

Wenn Kinder im Gegensatz dazu Strafe und Vernachlässigung erleben, kann das schädliche Wirkungen auf die Entwicklung fürsorglichen und prosozialen Verhaltens haben. Scham, Demütigung, Neid und

Gleichgültigkeit fördern es natürlich nicht, und Fürsorglichkeit, nur um Scham zu vermeiden oder weil man das Gefühl hat, man „sollte" oder „müsste", kann zu Unmut oder Ärger führen. Es ist auch äußerst zweifelhaft, ob Androhung von Strafe zu fürsorglichem und mitfühlendem Verhalten führt. Denn dies passiert im Gehirn: Eine Strafe wird das System, das die Bewältigung von Gefahr und den Selbstschutz regelt, aktivieren, und auch wenn das Kind motiviert sein wird, Strafe zu vermeiden, wird es nicht notwendigerweise das erwünschte Verhalten an den Tag legen oder die entsprechenden Gefühle entwickeln. Die Angst vor Strafe wird Beruhigen und Empathie eher blockieren, aber die Fähigkeit für empathisches Verständnis möchte man ja gerade aktivieren. Wenn wir wirklich jemanden verletzen oder ihm wehtun, wird unsere Fähigkeit, Schuldgefühl zu erleben und zu ertragen (und es nicht zu Scham oder Angst vor Bestrafung durch andere zu machen), sehr wichtig. Wir sind dann in der Lage, Kummer zu empfinden, und können versuchen, etwas wiedergutzumachen, statt wegzulaufen, in selbstverurteilende Depression zu kollabieren oder Schuldgefühle wütend abzuwehren.

Aus meiner Internatszeit erinnere ich mich an Folgendes: Außen vor unseren Schlafsälen gab es hoch über dem Erdboden einen Mauervorsprung. Als 12- und 13-Jährige forderten wir einander heraus, wenn das Licht gelöscht war, nach draußen auf die Feuerleiter zu klettern und diesen Mauervorsprung entlang zu gehen. Gelegentlich wurden wir bei diesem „Vergehen" erwischt und mit dem Rohrstock bestraft, aber das machte die Sache nur noch attraktiver und die, die es wagten, noch tapferer. Eines Nachts kam ein neuer Lehrer in unseren Schlafsaal, setzte sich auf ein Bett und meinte, er verstünde, wie aufregend es wäre, auf dem Vorsprung entlangzubalancieren, aber dass es gefährlich wäre und wir darüber nachdenken sollten, was passieren würde, wenn einer von uns ausrutschen würde – wir sollten uns einmal vorstellen, wir selbst oder ein Freund läge mit Schmerzen da, mit einem gebrochenen Bein oder vielleicht sogar schwer verletzt. Wir sollten uns vorstellen, wie schrecklich es für seine Familie wäre, und wie es uns gehen würde, wenn wir ihn zu dieser Mutprobe ermuntert hätten. Am Ende seiner kleinen Rede waren wir den Tränen nahe – und niemand ging je wieder nach draußen auf diesen Mauervorsprung. Ein Gespräch mit Mitgefühl, Verständnis für das Aufregende an der Sache, aber auch der klare Hinweis auf die möglichen Folgen hatten bewirkt, was der Rohrstock nicht vermochte. Entscheidend war natürlich, dass dieser Lehrer sehr freundlich war und wir ihn alle mochten. Seit dieser Nacht hatte ich jedenfalls ein neues Vorbild.

In den letzten Jahren gibt es ein wachsendes Bedürfnis, uns selbst zu erziehen, um eine zivilisierte, fürsorgliche und moralische Gesellschaft zu schaffen, und viele Forscher haben über dieses Thema geschrieben. Martin Hoffman[6] ist der Auffassung, dass man fürsorgliches Verhalten fördern kann, wenn man die Aufmerksamkeit von Kindern darauf lenkt. Er meint:

> Moralische Erziehung kann uns eine einfache Faustregel an die Hand geben: Versuchen Sie, über die unmittelbar gegebene Situation hinauszuschauen und stellen Sie sich Fragen wie diese: „Was für Erfahrungen hat der andere Mensch in anderen Situationen über diese aktuelle hinaus?", „Wie werden sich meine Handlungen auf ihn auswirken, und zwar nicht nur jetzt, sondern auch in der Zukunft?" und „Gibt es Menschen in der Gegenwart oder in der Vergangenheit, die von meiner Handlung beeinflusst werden könnten?" Wenn Kinder lernen, Fragen dieser Art zu stellen, sollte das ihr Bewusstsein von möglichen Opfern ihrer Handlungen und ihre Fähigkeit zu Empathie mit ihnen fördern. Um die motivierende Kraft empathischer Identifikation zu steigern, sollten Kinder auch zu der Vorstellung angeregt werden, wie sie sich anstelle eines Opfers fühlen würden, oder wie jemand, der ihnen nahe ist, sich anstelle dieser Person fühlen würde.

Wir können also prosoziales Denken und Empfinden einüben, indem wir uns Fragen dieser Art stellen und uns um Antworten bemühen. Außerdem können wir neue Fähigkeiten zur Konfliktlösung lernen. Diese Fähigkeiten können und sollten Kindern beigebracht werden, um ihnen bewusster zu machen, wie unser Denken und unsere Psyche funktionieren, damit sie ihre Emotionen verstehen und sich prosozial verhalten können.

Erziehung von Kindern zu Mitgefühl kann man mit dem Mitgefühlskreis auf Seite 257 verdeutlichen. Wir müssen uns klar in Bezug auf die Qualitäten und Fertigkeiten sein, in denen wir uns und unsere Kinder ausbilden wollen. Das ist ein wichtiger erster Schritt, wenn wir alle mitfühlender werden wollen. Manche Schulen überlegen inzwischen auch, ob sie Spiele einführen, die Empathie fördern und üben. Wir haben die Bereitschaft zu Mitgefühl in uns und wir können es entwickeln, wenn wir die Bedingungen dafür schaffen, es wertzuschätzen und für unser soziales Repertoire wesentlich zu machen.

Wenn man all das zusammennimmt, was oben gesagt wurde, dann sehen wir, dass es viele Möglichkeiten gibt, wie wir mitfühlende Beziehungen fördern können. Wenn Sie auf die Eigenschaften und Fähigkeiten von Mitgefühl in Kapitel 6 zurückschauen, dann sehen Sie, wie sich das oben Gesagte darauf bezieht und sie erfasst. Es gibt die *Motivation,* fürsorglich zu sein: mit Mitgefühl an andere zu denken, sich vorzustellen, wie Sie sich selbst fühlen würden, wenn man Sie so behandelte, wie Sie andere behandeln – und sich Zeit zu nehmen, wirklich an Ihrer Wirkung auf andere zu arbeiten. Sich mitfühlend verhalten bedeutet zu lernen, großzügig, entschlossen, hilfsbereit, aber nicht unterwürfig zu sein. Wir können mitfühlende Aufmerksamkeit schenken und uns mitfühlend verhalten, wenn wir lernen, wertschätzend, vergebend und verständnisvoll zu sein. Nun ist an diesen Eigenschaften und Fähigkeiten nichts, was besonders neu und worüber nicht schon seit Jahrhunderten geschrieben worden wäre. Entscheidend ist aber, dass wir uns bemühen, sie jeden Tag in unser Leben zu bringen – sie in das Zentrum der Ausbildung unseres Geistes zu stellen.

Soziale Politik

Man kann eine Menge tun, um Mitgefühl in sein eigenes Leben, in seine Beziehungen und in die Welt zu bringen. Für viele unserer ernsteren Probleme brauchen wir jedoch Regierungen, soziale Organisationen und eine Sozialpolitik, die an Mitgefühl orientiert sind und die anerkennen, dass unmoralisches Verhalten im Allgemeinen aus unmoralischen und unregulierten Systemen und sozialen Strukturen erwächst.[7] Wie wir schon viele Male gesehen haben, werden persönliche Werte von sozialen Beziehungen geformt. Viele Kommentatoren haben keinen Zweifel, dass die Psychologie und Politik des Gemeinwohls, die Großbritannien in der Nachkriegszeit der 1950er und 1960er Jahre bestimmte und zur Entwicklung eines freien Erziehungssystems und des National Health Service geführt hat, von den 1980er Jahren an allmählich zerfallen ist. In seinem Buch *Dancing with Dogma: Britain under Thatcherism* bemerkt der frühere Minister der britischen Regierung Ian Gilmour[8]:

> Margaret Thatcher wollte mit ihrer Wirtschaftspolitik das Herz und die Seele der Nation verändern. Sie erreichte eine Transformation, aber vermutlich nicht die, die sie beabsichtigt hatte. Großbritannien verändert sich nicht zu einer Unternehmergesellschaft. Die Veränderung fand in der Art der Sensibilität statt. Die britische Gesellschaft wurde kälter, rauer und egoistischer. Innere Haltungen wurden ermutigt und gefördert, die auch das Wohlbefinden einer viel wohlhabenderen Gesellschaft untergraben hätten.

Gilmour zeigt, dass die konservative britische Regierung der 1980er Jahre sich von dem Konsens der Nachkriegszeit zurückzog, dass die Politik an Wohlfahrt orientiert und um Armut und darum besorgt sein sollte, die Ungleichheiten, die im Kapitalismus inhärent sind und von ihm verstärkt werden, nicht nur in diesem Land, sondern auch in anderen Ländern zu verringern. Ihr Fokus lag auf Deregulierung und darauf, zuzulassen, dass die Märkte sich öffnen – in der Überzeugung, dass sie sich selbst korrigieren würden und dass der geschaffene Reichtum „nach unten sickern“ würde. Die Konservativen haben sich geirrt, wie die Zusammenbrüche der Banken in jüngster Zeit leider zeigen. Und die Überraschungsgewinne mit dem Nordsee-Öl, die in unsere Infrastruktur hätten investiert werden sollen, haben nur die Steuerkürzungen für die Reichen finanziert.

Auch New Labour entschuldigte sich nicht für die Tatsache, dass sie eine Regierung für die Wirtschaft war und sich von alten sozialistischen Idealen entfernt hatte – es war schließlich *New* Labour. Die Partei scheint von Thatcher (die glaubte, dass „es so etwas wie eine Gesellschaft nicht gibt") die Grundphilosophie der Unterbewertung und Unterschätzung der Macht und der Wichtigkeit menschlicher Beziehungen geerbt zu haben. Während sie nach größerer Effizienz im öffentlichen Dienst strebte, ging sie mit einem Ansatz mit Strafe und Beschämung auf einen gezielten Kreuzzug, musste aber erkennen, dass Menschen zwar Strafen zu vermeiden trachten, sich aber nicht notwendigerweise in der erwünschten Weise verhalten. Und es ist nicht überraschend, dass sie gestresst werden, vielleicht zu Drangsalieren neigen und nicht gern in solchen Systemen arbeiten. Die Psychologie des Engagements in einer mitfühlenden Orientierung ist etwas ganz anderes als Zwang mit Strafandrohung.

Es ist verständlich und richtig, dass Regierungen einen guten und effizienten öffentlichen Dienst haben wollen, aber wir müssen wieder vorsichtig sein. In meinem Arbeitsbereich machen sich Patienten und Personal in gleicher Weise Sorgen darum, wie wir in dieser technisierten Welt schneller Reaktionen und ständiger Versuche, technische Kompetenz zu bestimmen (manche sehen das als defensive bürokratische Überreaktion und bloßen Papierkram), Zeit für menschliche Gefühle und Mitgefühl finden sollen. Mehr noch, die Ausbildung in den helfenden Berufen berücksichtigt nicht die Tatsache, dass es bei vielen Erkrankungen nichts mehr gibt, was man noch tun kann – man ist manchmal nicht mehr in der Lage, den Schmerz, den Verfall, das Leiden oder den Sterbeprozess zu beenden. Während wir den Glauben an die alten Götter verlieren und uns nichts als die Einsichten in die biologischen Grundlagen des Lebens bleiben, kämpfen wir mit unserer Wut darüber, „uns einfach hier so vorzufinden" – und das heißt zu leiden und zu sterben. Wir bestehen zunehmend darauf, dass die Medizin unser Leiden beseitigen soll, und wenn wir leiden, dass jemand da ist, dem wir die Schuld geben können. „Das sollte nicht passieren", wird gesagt. „Warum können Sie nicht etwas tun?" Doch gerade in diesen Momenten kommt es besonders auf Mitgefühl an. Wenn Helfer mit solchen Realitäten und mit dem Schmerz und der Wut der Patienten konfrontiert sind, für die nichts mehr getan werden kann – was tun *wir* dann, um Mitgefühl mit den Angehörigen helfender Berufe zu fördern?

Wo gibt es die Zeit und den Raum, in dem man weinen, mit anderen offen sein oder über seine eigenen Gefühle laut nachdenken kann? Lernen, „sich abzuhärten", um zu zeigen, dass man hart und dem Job gewachsen ist, ist wahrscheinlich nicht das, was wir von unseren Ärzten wollen. Wenn nach einem Todesfall das Einzige, was zählt, ist, dass die Papiere in Ordnung sind oder dass niemand einen Fehler gemacht hat, brauchen wir uns nicht zu wundern, dass unsere professionellen Helfer nicht so mitfühlend sind, wie wir sie gern hätten. Und das gilt auch für viele andere Berufe, z. B. für die Polizei und die Lehrer. Man bekommt von ihnen das Beste, wenn sie spüren, dass man Anteil an ihnen nimmt, und wenn sie sich emotional unterstützt und wertgeschätzt fühlen. Die gegenwärtige britische Regierung versucht, Mitgefühl in die Gesundheitsversorgung zu bringen und wird hoffentlich verstehen, wie komplex das ist und wie sehr es an den Menschen orientiert sein muss.

Andere Beispiele für einen Mangel an Wertschätzung und an Würdigung der Macht mitfühlender Beziehungen sind Großbritanniens „Kinder in Pflege" (children in care) (jetzt oft „betreute Kinder" – „looked-after children" – genannt), die im Grunde aus dieser Fürsorge geworfen werden oder herausfallen, wenn sie 16 werden. Viele dieser Kinder in Pflege habe emotionale Schwierigkeiten und brauchen eine sichere Basis mit Menschen, die bis *weit in das Erwachsenenalter* für sie sorgen und sich für sie interessieren. Wenn man Leute fragt, die mit solchen Kindern arbeiten, erfährt man, dass es am mangelnden Geld liegt, dass es keine Einrichtungen für ältere Heranwachsende und junge Erwachsene gibt, wenn sie in Schwierigkeiten sind. Die Tragödie ist, dass man wahrscheinlich in Wirklichkeit eine große Menge Geld sparen würde, wenn man es vorher dafür ausgäbe, sich wirklich um junge Menschen zu kümmern und ihnen echte Fürsorge und Ausbildung anzubieten, solange sie sie brauchen. Man würde ihnen nämlich helfen, nicht im Gefängnis zu landen, nicht arbeitslos zu werden und ihren Bedarf nach Betreuung durch Einrichtungen für psychische Gesundheit zu reduzieren. Zurzeit ist es so, dass es in Großbritannien mehr junge Menschen in Gefängnissen gibt als in jedem anderen europäischen Land. Obwohl manche Heranwachsende und junge Erwachsene offensichtlich ernste psychische Probleme haben, ist das, was viele eigentlich brauchen, ein liebevolles, schützendes Zuhause und keine psychische Betreuung durch öffentliche Einrichtungen. Und bedenken Sie: Meine Kinder hatten Krisen und wollten zur Erholung nach Hause kommen oder brauchten ein wenig zarte, liebevolle Zuwendung oder Geld, bis sie weit über 20 waren (wahrscheinlich wie Ihre, falls sie ältere Kinder haben!). Wie muss es für jemanden sein, der erst 16 ist und eine Krise durchmacht und weiß, dass es keinen Platz und niemanden gibt, den er kennt und der sich für ihn interessiert und an den er sich wenden kann?

Ein anderes Beispiel für die Unterschätzung der Rolle menschlicher Beziehungen kann man in den Plänen der britischen Regierung und der Manager des National Health Service erkennen, große „Polikliniken" von Hausärzten aufzubauen. Das Konzept sieht gut aus, weil schneller Zugang zu technisch kompetenter Medizin natürlich toll ist – ich persönlich habe bestimmt davon profitiert. Das General Medical Council, die regulierende Institution der medizinischen Berufe, ist aber tief besorgt und weist darauf hin, dass die persönliche Beziehung zwischen Patient und Arzt, die über Jahre aufgebaut wird, auch für Gesundheit und Fürsorge entscheidend ist. Diese Beziehung ermöglicht den Patienten, Vertrauen zu entwickeln, Dinge zu besprechen, die ihnen vielleicht peinlich sind, das Gefühl zu haben, dass sich jemand um sie kümmert, der sie kennt und dem wirklich an ihnen liegt. Die Ärzte ihrerseits erfahren vom Leben ihrer Patienten in all seiner Subtilität, von den Höhen und Tiefen einer Familie – zum Beispiel von der Art der Demenz einer Großmutter und welchen Stress das für ihre Tochter bedeutet und wie es sich auf die Kinder auswirkt, was wiederum bei einigen der Symptome der Tochter eine Rolle spielen kann. Sie verstehen auch, dass viele Krankheiten und Symptome in historischen und sozialen Kontexten entstehen, zu denen üblicherweise psychische Themen gehören, die zu diesen Schwierigkeiten beitragen, sie verstärken oder sogar verursachen. Vertrauen, das mit der Zeit entsteht, ist für den Patienten wie für den Arzt unbezahlbar.

Meine Forschungsgruppe hat mit Slimming World, einer großen britischen Organisation, die mit Beratung und Programmen Menschen beim Abnehmen unterstützt, gearbeitet. Uns war aufgefallen, wie die Menschen über die Dinge sprachen, die ihnen geholfen haben. Zweifellos ist Beratung hinsichtlich Lebensweise, Ernährung und körperlicher

Betätigung von sehr großer Bedeutung, aber die meisten Teilnehmer erwähnten auch das Gefühl, unterstützt und Teil einer Gemeinschaft, einer Familie zu sein, das sie in ihren Gruppen bekommen hatten. Sie benannten das als die entscheidende Hilfe, die ihnen ermöglichte, schwierige Zeiten durchzustehen, darunter auch deutlich schwer depressive Episoden. Immer wieder kommen wir zu dieser Erfahrung zurück, dass wir in der Lage sind, Schwierigkeiten im Leben zu überwinden, wenn wir uns verstanden und unterstützt fühlen und das Gefühl haben, dass andere an uns Anteil nehmen.

Diese Prozesse müssen auch im Mittelpunkt stehen, wenn wir in unseren Gemeinden mit den vielen depressiven und ängstlichen Menschen arbeiten. Medikamente und Einzelpsychotherapie können natürlich sehr nützlich sein und helfen, aber wir müssen weit mehr tun, um unterstützende, wertschätzende Gemeinschaften aufzubauen, an die Menschen sich wenden können, um Verständnis, Akzeptanz und Unterstützung zu bekommen.

Mitfühlende Gesellschaften aufbauen

Mitgefühl beginnt in unserem eigenen Herzen, wenn wir unsere Aufmerksamkeit, unsere Gedanken, Gefühle und Verhaltensweisen neu darauf fokussieren. Interessanterweise zeigt die Forschung, dass Menschen sich besser fühlen, wenn sie die Ungleichheiten an Wohlstand und Schwere der Lebensbedingungen, die zwischen ihnen selbst und den weniger Glücklichen bestehen, rechtfertigen – das heißt, wenn sie sie buchstäblich wegrationalisieren können. Früher haben wir solche Ungleichheiten Gott zur Last gelegt – er entschied, wer König und wer Bettler sein sollte –, und manche tun das immer noch. Die Verschiebung des Fokus zum Mitgefühl ist also nicht leicht, weil es bedeutet, dass wir Ungleichheiten und Benachteiligungen nicht mehr rechtfertigen können. Wenn wir uns für das Leiden anderer öffnen, fühlen wir uns möglicherweise bewegt, traurig oder wütend und empfinden vielleicht den Wunsch, etwas zu tun. Und wenn wir bewegt werden, können wir auch politisch werden.

Es ist also wichtig, dass wir Mitgefühl für andere und für uns selbst innerhalb eines *sozialen Kontextes* betrachten. Das Streben nach „Wettbewerbsvorteil“ geht seinen eigenen Gang, und Menschen, die die Fähigkeit besitzen, hart und rücksichtslos schwierige Entscheidungen zu treffen und „Dinge zu erledigen“, sind in Führungspositionen in der Wirtschaft zunehmend gefragt. Solche Leute sind oft hochbezahlt und unterstützen dann ihre erwählten Parteien, die ihnen ihrerseits ermöglichen, weiter erfolgreich zu sein. Der jüngste Finanzcrash zeigt, wie einige von ihnen eingestellt waren – Mitgefühl für andere gehörte nicht zu ihrer Strategie. Millionen leiden aufgrund ihrer Aktivitäten darunter, weil sie ihre Jobs oder ihr Haus verloren haben. Der Punkt ist aber, dass nicht so sehr Einzelnen die Schuld zu geben ist, denn auch viele von uns wären ihrem egoistischen Drang gefolgt, wenn sie in der gleichen Lage gewesen wären. Wichtig ist zu erkennen, wie folgenreich der Mangel an Regulierung war. Es war das Versäumnis, faire und moralische Finanzsysteme zu gestalten, denen Mitgefühl nicht fremd ist, die uns alle in diese schwierige Lage gebracht hat. Und zu diesen Versäumnissen kommt es in vielen Ländern der Welt. Wie wir in Kapitel 12 gesehen haben, passen Menschen sich den Regeln und Werten um sich herum an und lernen, sie für „normal“ zu halten, auch wenn sie sich im Nachhinein als ernsthaft fehlgeleitet, illusionär, egoistisch oder sogar grausam erweisen.

Unser Streben danach, mitfühlende Gesellschaften aufzubauen, die den Menschen dienen, eröffnet die Aussicht auf eine neue Art von Politik. Es ist eine Vorstellung, für die man in dem modernen Schema und Parteiengefüge von Links und Rechts nicht leicht einen Platz erkennen kann, denn dieses Gefüge ist aus Klassenkonflikten und den verschiedenen Interessen entstanden, wie Reichtum geschaffen und verteilt werden kann. Die Idee, sich an Mitgefühl zu orientieren, um Gesellschaften aufzubauen, bringt die Notwendigkeit mit sich, bestimmte soziale Mentalitäten und Psychologien zu stimulieren und zu belohnen (siehe S. 143 – 145). Unsere Politiker müssen erkennen, dass Menschen dazu neigen, andere auszubeuten, wenn sie nicht reguliert werden, und es ist ihre Aufgabe, für soziale Fairness und Schutz für die Schwachen zu sorgen. Sie dürfen nicht länger die Handlanger der Wirtschaft sein. Und wenn sie wollen, dass „öffentliche Dienste“ gut funktionieren, müssen sie diejenigen, die dort arbeiten, inspirieren und dürfen sie nicht bedrohen. Wir unsererseits müssen Wege finden, wie wir unsere Politiker und ihre Fähigkeiten wertschätzen können, statt nur Verachtung für sie zu haben, Wahlen zu boykottieren oder mit unserem Geldbeutel abzustimmen. Obwohl man wahrscheinlich eine bestimmte Persönlichkeit braucht, um in der Politik Erfolg zu haben, möchten viele, die sich in diese Arena begeben, wirklich einen Einfluss auf das Leben von Menschen haben, und sie haben ein leidenschaftliches Interesse daran, zu dienen. Eine Persönlichkeit wie Barack Obama ist Anlass zu großer Hoffnung.

Mitgefühl lädt uns also ein, unser Herz für das Wesen, die Struktur und die Werte der Gesellschaft zu öffnen. Wir müssen neue soziale Milieus schaffen, die sich auf unseren Geist und unser Gehirn auswirken, und die unsere persönlichen Beziehungen und Arbeitsbeziehungen, unsere Werte und unsere Ziele beeinflussen. Mitgefühl muss unsere ökonomischen Systeme und die Gesundheits- und Bildungssysteme durchdringen. Wenn wir uns weiter nur an Effizienz orientieren, kann es sein, dass wir zwar eine wunderbar effiziente Gesellschaft bekommen, in der aber nur noch schrecklich zu leben ist.

Wohltätigkeit und Großzügigkeit

Aber wir können hier nicht aufhören. In diesen Tagen des finanziellen Zusammenbruchs, von Kriegen und Politik des Wettbewerbsvorteils ist es nützlich, wenn wir uns daran erinnern, dass sich in der ganzen Welt viele Millionen Menschen zusammentun, um die moralischen und mitfühlenden Dimensionen des Lebens zu stärken. Menschen haben ein fundamentales Verlangen danach, anderen zu helfen – es ist ebenso sehr ein Teil unseres Wesens wie der Wunsch, Geld zu verdienen und (wenn wir davon einmal genug haben) vielleicht mehr unseren persönlichen Sinn zu leben. Deshalb wollen wir die unzähligen nationalen und internationalen wohltätigen Initiativen nicht übergehen, die mit Kindern und gegen Armut, Not, Krankheit und Gewalt arbeiten. Zu diesen Gruppen gehören Millionen engagierter Menschen, die phantastische Arbeit leisten und viele Milliarden Euro an Spenden aufbringen.

Ich bin z. B. ein großer Anhänger der Vereinten Nationen, weil ich diese Organisation für den einzig vernünftigen Ansatz zur Lösung der Probleme dieser Welt halte. So problematisch sie z. T. ist, hat sie doch viel positive Arbeit geleistet. Dazu gehören einmal die Bemühungen im Interesse von Kindern, also die Arbeit der Unicef, und natürlich die Versuche, Lösungen für den Schuldenerlass auszuarbeiten.

Neben den bekannteren wohltätigen Organisationen und Gesellschaften arbeiten Stiftungen auf Gemeindeebene und Projekte auf der ganzen Welt mit benachteiligten Menschen. Mehr darüber können Sie über die *Trans-Atlantic Association of Community Foundation,* und in Großbritannien über das *Community Foundations Network* erfahren. Ein gutes Beispiel für so eine Gruppe, von der ich aufgrund des Engagements eines Freundes weiß, ist das Programm für Gemeindeaktivität in Ottawa, das den Namen *No Community Left Behind* trägt.

In dieser Welt zweifelhafter Investitionen haben die Vereinten Nationen ethische Richtlinien entwickelt: die *Grundsätze für verantwortungsbewusstes Investment.* Manche Banken haben Portfolios mit moralisch geprüften Investitionsmöglichkeiten, und wir alle können von unseren Banken die höchsten moralischen Standards verlangen und zu erfahren versuchen, ob ihre Politik an moralischen und mitfühlenden Maßstäben orientiert ist, wo sie investieren, wie sie mit Leuten umgehen, die ihre Hypothekenschulden nicht mehr bezahlen können, und so weiter.

Wir können auch darüber nachdenken, wie wir Mitgefühl in der Erziehung fördern können. Auch hier gibt es schon ein paar wunderbare Projekte, darunter das Programm des Vancouver School Board mit der Überschrift *Nurturing Compassion.* Mitgefühl mit Kindern sollte nicht nur darin bestehen, sie öfter mit Körperkontakt zu beruhigen, sondern auch ihnen viel mehr darüber beibringen, wie ihre Psyche und ihre Emotionen funktionieren, und ihnen so helfen, ihre Emotionen zu verstehen und damit zu arbeiten und freundlich zueinander zu sein. Wir müssen Lehrer besser darauf vorbereiten, wenn ihnen Kinder auffallen, die deutlich emotional gestresst oder problematisch sind. Sie machen auch oft die Erfahrung, dass es schwierig ist, von überforderten öffentlichen Einrichtungen Hilfe zu bekommen. Neuere Forschung hat gezeigt, dass Surestart, ein Programm der britischen Regierung, dessen Adressaten benachteiligte Kinder und Familien sind, möglicherweise funktioniert und dass in solche Projekte mehr Forschung und Geld investiert werden sollte.

Was das Thema Verbrechen und Strafe angeht, so wissen wir natürlich alle, dass manche Menschen anderen Menschen wirklich schreckliche Dinge antun können und dass wir sie daran hindern müssen. Wir brauchen deshalb eine Polizei, die ebenso effektiv wie effizient ist. Aber wir wissen auch, dass ein System, das an Mitgefühl orientiert ist, anstreben muss, durch soziale Gerechtigkeit und Engagement der Gemeinden Verbrechen vorzubeugen. Zum Beispiel versuchen manche Polizisten in ihrer Freizeit Mitglieder von Jugendbanden in armen, drogenverseuchten Gebieten für Sport und andere Freizeitaktivitäten zu interessieren. Und manche Juristen sind bemüht, im Gegensatz zur restaurativen Justiz mehr an Mitgefühl orientierte und effektive Justizsysteme einzuführen. (S. 279 – 284).

Schließlich sollten wir nicht die 60 Milliarden Tiere vergessen, die jedes Jahr als Nahrungsmittel aufgezogen werden. Wir brauchen ein weit größeres ethisches und mitfühlendes Engagement bei diesem Thema. Damit beschäftigt sich z. B. Compassion in World Farming.

Die oben erwähnten Organisationen sind nur ein kleiner Teil derer, die sich *mit Mitgefühl* in der ganzen Welt engagieren. Jeder von uns kann sich zudem an seinem Arbeitsplatz und als Konsument engagieren und Freundlichkeit und moralische Praxis verlangen. Und hier ist etwas, was jeder für sich allein tun kann: Nehmen Sie sich einen Moment Zeit und denken Sie über diese Tatsache nach:

> In der ganzen Welt arbeiten viele Millionen Menschen
> für das Wohl anderer.

Nehmen Sie sich ein paar Minuten Zeit und achten Sie auf Ihre Stimmung. Beobachten Sie, was mit Ihnen passiert. Machen Sie das jeden Tag, und vergessen Sie dabei nicht Ihr mitfühlendes Lächeln. Sie werden sich ganz anders fühlen, als wenn Sie sich täglich nur darauf konzentrieren, womit die Zeitungen uns füttern – wie unmenschlich wir uns zueinander verhalten. Es geht natürlich um Ausgewogenheit.

Spiritualität

Spiritualität spielt im Leben vieler Menschen eine zentrale Rolle. Manche Biologen, sog. Reduktionisten, sind in Bezug auf die Existenz spiritueller Dimensionen in unserem Leben skeptisch, das heißt, für sie sind wir und unser Bewusstsein nicht mehr als das Produkt neurochemischer Prozesse, die von unseren Genen bestimmt sind. Vielleicht ist das so. Physiker sind jedoch mehr mit der Komplexität des Universums beschäftigt und der Unsicherheit, was das Bewusstsein eigentlich ist und worin wir alle verfangen sind.[9] Ihre Wissenschaft schreitet häufig auf unerwartete Weise voran – zum Beispiel hat die Newtonsche Physik der Einsteinschen Relativität Platz gemacht. Das große Mysterium besteht darin, warum überhaupt „etwas" (ein materielles Universum mit bestimmten Gesetzen) existiert und nicht vielmehr „nichts" ist. Ihre Forschung ist ohne Technologie nicht möglich: Teleskope, Mikroskope und Teilchenbeschleuniger sind unverzichtbar. Wenn wir das Gehirn und seine Beziehung zum Bewusstsein erforschen, kann man das mit einem Fernsehgerät in Beziehung zu elektromagnetischen Wellen vergleichen. Es könnte sein, dass unsere Erfahrung von Bewusstsein nur eine Form von vielen möglichen ist, aber es wird wohl noch sehr lange dauern, bis wir die (technischen) Voraussetzungen besitzen, um diese Fragen zu klären. Vorerst bleiben das in der Wissenschaft heiß diskutierte Themen.

Wissenschaft ist der Weg zu einer mitfühlenden Welt. Von einfachen Erfindungen wie der des Rades und der Wasserpumpe bis hin zu den Komplexitäten der Anästhesie und der Befreiung der Welt von den Pocken ist unser Leben durch sie transformiert worden. Wenn zur Spiritualität die Versuche gehören, Leiden zu reduzieren, muss auch die Wissenschaft zu ihr gehören. Wenn zur Spiritualität die Suche nach unserem Platz im Universum gehört, muss Wissenschaft zu ihr gehören. Die Wissenschaft korrigiert sich selbst und erweitert unser Wissen. Wenn wir Wissenschaft aber nur benutzen, um die Glaubenssysteme anderer Menschen zu demontieren, muss uns bewusst sein, dass ihnen dann nichts als das Leben bleibt, in das sie geboren wurden. Das mag für die Gebildeten und Privilegierten gut gehen, ist aber für die Mehrheit der Menschen auf diesem Planeten wirklich problematisch. Wir brauchen eine Spiritualität, die sowohl wissenschaftlich *als auch* mitfühlend ist. Wenn die Wissenschaft hier nicht hilft, dann werden Menschen eine Spiritualität erfinden, die zu ihren emotionalen Bedürfnissen passt, was immer das für eine ist. Bisher haben sie das immer so getan. Die Wissenschaft kann uns davor bewahren.[10]

Aber auch wenn wir von den alten religiösen Gestalten angezogen sind, sollten wir aufrichtig sein und dürfen uns nichts vormachen. Es ist klar, dass Jesus Gewalt, Rache, Vergeltung und das Anhäufen von Reichtum nicht unterstützt hat und ganz für Vergeben, Miteinanderteilen und Mitgefühl eingetreten ist. Es ist aber auch klar, dass viele, die behaupten, Nachfolger Jesu zu sein, die entgegengesetzten Werte vertreten oder sich wenigstens sehr unklar in Bezug auf diese Werte verhalten. Eine mitfühlende Spiritualität verlangt von uns, dass wir wenigstens in Bezug auf uns selbst wahrhaftig sind. Wenn wir auf das Herz aller Religionen sehen, dann erkennen wir Mitgefühl als das zentrale Anliegen. Wir müssen entscheiden, ob wir dem folgen wollen. Es ist nicht immer leicht.

Persönlich glaube ich nicht an Gott als Schöpfer, sondern bleibe für das Wesen des Bewusstseins und für die Möglichkeit anderer Bewusstseinsformen offen. Unser Bewusstsein ist vielleicht nur eine rein chemische Leistung, aber möglicherweise auch etwas Tieferes. Ich glaube, dass uns hier am Ende die Wissenschaft helfen wird. Bis dahin können wir eine mitfühlende Spiritualität entwickeln, die auf unserem Gefühl von Gemeinschaft beruht. Das geschieht in der Erkenntnis, dass wir uns alle einfach hier vorfinden und geliebt und wertgeschätzt sein möchten, nach einem Gefühl von Sinn und Verständnis unseres Platzes im Universum suchen und uns unseren Schicksalsschlägen, Verfall und Tod stellen müssen. Ob man nun Materialist, Atheist, Humanist ist oder an Gott glaubt, eine eher Star-Trek ähnliche Spiritualität hat oder einfach offen für die Vorstellung ist, dass es noch mehr Mysterien zu entdecken und zu lösen gibt – wir können darin übereinstimmen, dass ein nützliches Ziel für uns alle ist, ein besseres wissenschaftliches und persönliches Verständnis des mitfühlenden Geistes und davon, wie er eingeführt und verwirklicht werden kann, zu entwickeln.

Zusammenfassung

Nun gut, es ist Zeit, sich zu verabschieden. In diesem Buch habe ich zu erklären versucht, dass wir eine tief mitfühlende Seele haben, die sich nach Ausdruck sehnt. Vielleicht sehen wir die Welt als einen grausamen und schrecklichen Ort, aber wir können auch phantastische Menschen sehen, die für das Wohl der Menschheit und der anderen Lebewesen wirken. Unser mitfühlender Geist taucht aus Mustern der Aktivität des Gehirns auf, die leicht von anderen Mustern, wie solchen für Wut und Angst, Stammesdenken und Vorurteile, Begehren und Lüsternheit, unterdrückt werden können. Unser Geist kann in andere Zustände gehen und ganz andere Dingen denken und fühlen, deshalb müssen wir wählen, worauf wir unsere Aufmerksamkeit richten und für welche inneren Zustände wir uns ausbilden wollen. Wir können diese anderen Geisteszustände nicht loswerden, aber wir können sie ausbalancieren. Wir können uns auf das Gute in der Welt und das Gute in uns hin orientieren und einsehen, dass uns der Wind manchmal vom Kurs wegtreibt. Aber wir können uns dann aufraffen und auf unseren Kurs zurückkehren – um unseren Geist im Dienst von Mitgefühl zu transformieren. Wir können danach streben, uns mit anderen zusammenzutun, die dieselben Ziele haben, und mit ihnen ein Gemeinschaftsgefühl und das Gefühl der Zugehörigkeit teilen. Wir sind wieder da, wo der Buddha vor so langer Zeit begann.

Unsere Welt verändert sich. Unregulierte Konkurrenz um „Wettbewerbsvorteil“, possessive und nach Reichtum strebende Psychologien haben uns (und denen, die auf uns folgen) wirklich schwere Herausforderungen beschert und sehr wahrscheinlich Katastrophen, die uns noch erwarten. Das ist niemandes Fehler, es ist nur das, was passiert, wenn wir blind die egoistischen Leidenschaften unseres „alten Gehirns/Denkens“ ausagieren. Wir können unserem Geist aber nicht länger erlauben, so undiszipliniert zu sein. Wir brauchen eine reife, an Mitgefühl orientierte Politik, die uns hilft, ein Fundament zu bauen, auf dem wir unseren mitfühlenden Geist ausbilden und mitfühlende Gesellschaften errichten können. Und wir brauchen eine nährende Spiritualität, die auf Wissenschaft beruht. In unserem Herzen wissen wir, dass die meisten unserer Probleme – mit der Umwelt, mit Stammesgewalt und Terrorismus, mit sozialer Ungerechtigkeit und Ausbeutung von Menschen – nur in unseren Beziehungen gelöst werden können.

Die Evolution hat uns mit einem reichlich komplizierten Gehirn ausgestattet, mit einem Gehirn, das Himmel oder Hölle schaffen kann. Es liegt bei jedem von uns, zu entscheiden, was wir wählen. Es ist wahrscheinlich ein guter erster Schritt, wenn wir uns entscheiden, unsere Herzen füreinander zu öffnen und wenn wir Freundlichkeit für uns selbst entwickeln – Freundlichkeit, die auf unserem Verständnis gründet, dass „sich niemand selbst dafür entschieden hat, mit diesem seltsamen Geist hier zu sein".

> Möge Ihr mitfühlender Geist Ihnen daher gut dienen.
> Möge es Ihnen gut gehen.
> Mögen Sie glücklich sein.
> Mögen Sie frei von Leiden sein,
> und mögen Sie diese Dinge für andere in die Welt bringen.
> Wo ist jetzt dieser Merlot …?

Postskript

Ein paar Stunden, bevor dieses Buch in Druck ging, konnte ich Präsident Obamas leidenschaftliche Antrittsrede hören. Er war inspirierend. Dies ist anscheinend endlich ein sehr intelligenter Politiker, der wirklich versteht, wie notwendig es ist, eine fairere und mitfühlendere Gesellschaft aufzubauen, und der auch deutlich die enormen Probleme sieht, mit denen wir dabei konfrontiert sind. Und der, zusammen mit seinem jungen Redenschreiber Jon Favreau, aus einem tiefen Mitgefühl zu handeln scheint. Ich zitiere nur ein paar Zeilen:

> … Wir glauben, dass der alte Hass eines Tages vergehen wird. Dass die Grenzen sich bald auflösen, dass sich unser gemeinsames Menschsein enthüllt, während die Welt kleiner wird, und dass Amerika seine Rolle dabei spielen muss, wenn eine neue Ära des Friedens eingeleitet wird.

> … Es ist die Freundlichkeit, einen Fremden aufzunehmen, wenn die Dämme brechen, die Selbstlosigkeit der Arbeiter, die lieber kürzer arbeiten, als mitanzusehen, dass ein Freund seinen Job verliert, und die uns durch dunkelste Stunden hindurch hilft. Der Mut des Feuerwehrmannes, eine Treppe voller Rauch hinaufzustürmen, aber auch die Bereitschaft von Eltern, ein Kind aufzuziehen: Dies wird schließlich über unser Schicksal entscheiden …[11]

Also vielleicht, vielleicht beginnt eine neue Ära.

Anmerkungen

Die hier genannte Literatur ist für die bestimmt, die ihre Kenntnisse über die eher sachlichen Aspekte des Themas vertiefen möchten und gern wissen würden, woher die vorgetragenen Ideen stammen.

Einleitung

1 Wheen, F. (1999). Blood, sweat and carbuncles. *Weekend Guardian,* 2 October, 9.10 – 18.

2 Price, J. und Stevens, A. (2000). *Evolutionary Psychiatry: A new beginning.* London: Routledge.

3 Guidano, V. F. und Liotti, G. (1983). *Cognitive Process and Emotional Disorders: Structural approach to psychotherapy.* New York: Guilford Publications.

4 Gilbert, P. (1989). *Human Nature and Suffering.* Hove: Psychology Press.

Kapitel 1: Mitgefühl

1 Cozolino, L., *Die Neurobiologie menschlicher Beziehungen.* Kirchzarten bei Freiburg: VAK, 2007.
Gerhardt, S., *Die Kraft der Elternliebe: Wie Zuwendung das kindliche Gehirn prägt.* Düsseldorf: Walter, 2006.

2 Zugängliche moderne Texte sind zum Beispiel:

- Dalai Lama, *Mit dem Herzen denken: Mitgefühl und Intelligenz sind die Basis menschlichen Miteinanders.* Frankfurt am Main: Fischer, 2006.
- Dalai Lama, *Mit weitem Herzen: Mitgefühl leben* (hrsg. v. N. Vreeland). Berlin: Theseus, 2002.
- Sangharakshita, B. (2004). *Living with Kindness: The Buddha's teaching on metta.* London: Windhorse Publications.
- Hopkins, J., *Mitgefühl und Liebe: Meditationstechniken und buddhistische Sichtweise.* München: Goldmann, 2002.

Ich muss sagen, dass nicht alle Bücher über Mitgefühl, die ich gelesen habe, in einem mitfühlenden Ton geschrieben sind. Manche machen den Eindruck, als würden sie empfehlen, Dissoziieren von Leiden zu üben. Bleiben Sie also bei dem, was sich für Sie richtig *anfühlt.*

3 Begley, S. (2009). *The Plastic Mind.* London: Constable.

4 Bunting, M. (2004). *Willing Slaves: How the overwork culture is ruling our lives.* London: HarperCollins.

5 Bakan, J., *Das Ende der Konzerne: Die selbstzerstörerische Kraft der Unternehmen.* Hamburg, Leipzig, Wien: Europa-Verlag, 2005. Klein, N., *Die Schock-Strategie: der Aufstieg des Katastrophen-Kapitalismus.* Frankfurt: Fischer, 2005.

6 Oliver James hat eine Reihe von Büchern über dasselbe Thema verfasst: über den Zusammenhang eines unglücklichen Lebens mit der Einführung der Dynamik von Konkurrenz und Ehrgeiz in Gruppen. In *Britain on the Couch: A treatment for the low serotonin society* (London: Century, 1998) thematisiert er, wie sich soziale Dynamik auf die Physiologie des Gehirns und auf Werte auswirkt. In seiner neueren Arbeit untersucht er das Streben nach Überfluss und dessen dunkle Seite: *Affluenza* (London: Vermilion, 2007) und *The Selfish Capitalist: Origins of affluenza* (London: Vermilion, 2008). Eine andere Arbeit, die dieselben Themen behandelt, ist: Graaf, J. E., Wann, D. und Naylor, T. H. (2001). *Affluenza: Zeitkrankheit Konsum.* München: Riemann. Es lohnt sich auch, diese Arbeit zu nutzen: Kasser, T. (2002). *The High Price of Materialism.* Cambridge, MA: MIT Press.

Es gibt zunehmend Belege dafür, dass in Ländern, die auf Kosten einer an Wohlfahrt orientierten Politik auf Wettbewerbsvorteil und Profitmaximierung fokussieren, psychische und physische Erkrankungen zunehmen und die Kriminalitätsrate ansteigt. Großbritannien zum Beispiel hat verglichen mit vielen westlichen Gesellschaften die höchste Zahl an Gefängnisinsassen pro Kopf der Bevölkerung. Siehe Arrindell, W. A., Steptoe, A. und Wardle, J. (2003). „Higher levels of depression in masculine than in feminine nations". *Behaviour Research and Therapy*, 41, 809 – 17. Ein anderes wichtiges Forschungsgebiet hat Belege dafür geliefert, dass wir ungesunde gesellschaftliche Entwicklungen zulassen, die uns unglücklich und psychisch krank machen: Wilkinson, R., *Kranke Gesellschaften: soziales Gleichgewicht und Gesundheit.* Wien, New York: Springer, 2001. Wilkinson, R. (2005). *The Impact of Inequality: How to make sick societies healthier.* London: The New Press.

Unsere Kinder gehören zu den unglücklichsten in Europa: *siehe* die Website der Children's Society <www.childrenssociety.org.uk>.

7 Naish, J., *Genug: Wie Sie der Welt des Überflusses entkommen.* Bergisch Gladbach: Bastei Lübbe, 2010.

In der Evolutionspsychologie wird diskutiert, wie sozialer Kontext und Kultur Werte und Dispositionen für bestimmte Arten von Verhalten (z. B. Haltungen gegenüber Frauen, Gewalt zwischen Gruppen) erzeugen. Es wird jedoch zunehmend anerkannt, dass wir kein leeres Blatt sind, wenn wir auf die Welt kommen, sondern mit Grundbedürfnissen und bestimmten Dispositionen ausgestattet sind, die sich auch in der Physiologie unseres Gehirns spiegeln.

Es gibt eine Reihe guter grundlegender Bücher, wenn Sie mehr lesen möchten: Barrett, L., Dunbar, R. und Lycett, J. (2002). *Human Evolutionary Psychology.* London: Palgrave. Buss, D. M. (2003). *Evolutionary Psychology: The new science of mind* (2. Aufl.). Boston, MA: Allyn & Bacon. Ridley, M., *Alphabet des Lebens: Die Geschichte des menschlichen Genoms.* München: Claassen, 2000. Gilbert, P. (1989). *Human Nature and Suffering.* London: Lawrence Erlbaum Associates.

Zwei nachdenkliche und vorsichtige Berichte sind: Laland, K. N. und Brown, G. R. (2002). *Sense and Nonsense: Evolutionary perspectives on human psychology.* Oxford: Oxford University Press; und Malik, K. (2000). *Man, Beast and Zombie: What science can and cannot tell us about human nature.* London: Weidenfeld & Nicolson.

Wenn Sie an dem Ansatz der Jungianischen Archetypen interessiert sind, der auf der Evolutionstheorie basiert: Knox, J. (2003). *Archetype, Attachment and Analysis.* London: Routledge.

8 Siehe Anmerkung 7.

9 Wenn Sie sich dafür interessieren, wie die Evolution verschiedene Anfälligkeiten für Krankheiten hat entstehen lassen, helfen Ihnen vielleicht diese Bücher weiter: Nesse, R. M. und Williams, G. C. (1995). *Evolution and Healing.* London: Weidenfeld & Nicolson, und Smith, E. O. (2002). *When Culture and Biology Collide: Why we are stressed, depressed and self-obsessed.* Piscataway, NJ: Rutgers University Press. Cordelia Fines Buch aus dem Jahr 2007 – *Wissen Sie, was Ihr Gehirn denkt? Wie in unserem Oberstübchen die Wirklichkeit verzerrt wird … und warum.* (Heidelberg, München:

Elsevier, Spectrum, Akademischer Verlag) – bietet einen sehr gut lesbaren Überblick, wie uns unser Gehirn auf alle möglichen Weisen irreführen kann.

10 Sapolsky, R. M. (1996). „Why stress is bad for your brain". *Science*, 273, 749 – 50. Sapolsky, R. M. (2000). „Glucocorticoids and hippocampus atrophy in neuropsychiatric disorders". *Archives of General Psychiatry*, 57, 925 – 35.

11 Schore, A. N. (2003). *Affect Dysregulation and Disorder of the Self.* New York: Norton. Teicher, M. H. (2002). „Scars that won't heal: The neurobiology of the abused child". *Scientific American*, 286, 3, 54 – 61.

12 Siehe Anmerkung 9.

13 Smith, E. O. (2002). *When Culture and Biology Collide: Why we are stressed, depressed and self-obsessed.* Piscataway, NJ: Rutgers University Press.

14 Gilbert, P. (2007). *Psychotherapy and Counselling for Depression*, 3. Aufl. London: Sage.

15 Siehe Anmerkung 11.

16 Restak, R. (2003). *The New Brain: How the modern age is re-wiring your mind.* New York: Rodale. Pani, L. (2000). „Is there an evolutionary mismatch between the normal physiology of the human dopaminergic system and current environmental conditions in industrialized countries?" *Molecular Psychiatry*, 5, 467 – 75.

17 Cohen, D. (2001). „Cultural variation: Considerations and implications". *Psychological Bulletin*, 127, 451 – 71.

Dieser wichtige Artikel zeigt, wie die Verteilung der Ressourcen und die Art der sozialen Umgebung, in der Menschen leben, wichtige Auswirkungen auf ihre innere Haltung und Werte haben, besonders darauf, ob sie vertrauensvolle oder von Misstrauen und Betrug geprägte Beziehungen miteinander entwickeln. Menschen suchen sich nicht bewusst ihre Strategien aus, vertrauensvoll oder nicht zu sein, sondern funktionieren nach nicht bewussten Regeln und Strategien.

18 Gilmore, D. D., *Mythos Mann: Wie Männer gemacht werden.* München: DTV, 1993.

19 Barrett, L., Dunbar, R. und Lycett, J. (2002). *Human Evolutionary Psychology.* London: Palgrave. Smith, E. O. (2002). *When Culture and Biology Collide: Why we are stressed, depressed and self-obsessed.* Piscataway, NJ: Rutgers University Press.

20 Ricard, M., *Glück.* München: Knaur, 2009. Lyubomirsky, S., *Glücklich sein: „Warum Sie es in der Hand haben, zufrieden zu leben.* Frankfurt, M.,New York: Campus, 2008.

21 Die *Journal of Happiness Studies* haben den verschiedenen Ansätzen zu Wohlbefinden eine ganze Ausgabe gewidmet (vol. 9, no. 1). Die Autoren unterscheiden zwischen einer psychischen Orientierung, die auf Glück ausgerichtet und typisch für buddhistische Ansätze ist, und einer anderen, deren Ziel das sogenannte *eudämonistische psychische Wohlbefinden* ist. Bei letzterer ist Wohlbefinden mit einer Reihe von Kompetenzen verbunden, wie die Fähigkeit, Ziele allein aus intrinsischer Freude an dieser Tätigkeit selbst zu verfolgen, statt um der indirekten Ergebnisse der Ziele wie Ruhm, Geld und Macht willen; fähig zu sein, Gefühle der Verbundenheit mit anderen, aber auch der Autonomie zu entwickeln; und die Kontrolle über das eigene Leben zu fühlen, statt sich eingesperrt und von anderen kontrolliert zu fühlen. Aus meiner Sicht hilft Mitgefühl bei der Verfolgung eudämonistischer Formen des Wohlbefindens, weil es mit bestimmten Mustern der Gehirnaktivität verbunden ist, die soziale Mentalitäten, Verhaltensweisen, Gefühle, Denken und Weisen koordinieren, ein Selbstgefühl zu erzeugen, die alle zu Wohlbefinden führen.

Kapitel 2: Die Aufgaben des Lebens

1 Depue, R. A. und Morrone-Strupinsky, J. V. (2005). „A neurobehavioral model of affiliative bonding". *Behavioral and Brain Sciences*, 28, 313 – 95. Dieser Artikel enthält grundlegende wissenschaftliche Informationen über die drei Systeme für emotionale Regulierung. Weitere Informationen enthalten diese Titel: Panksepp, J. (1998). *Affective Neuroscience.* New York: Oxford University Press; LeDoux, J., *Das Netz der Gefühle: Wie Emotionen entstehen.* München: DTV, 2001. Meine Darstellung in diesem Buch ist eine sehr vereinfachte und grobe Zusammenfassung von Depues Arbeit. Wie Emotionen in unserem Gehirn funktionieren und wie sie zusammenwirken und einander regulieren, ist natürlich komplizierter. Es sind mehr als nur die drei Systeme daran beteiligt.

Ein sehr verständliches Buch ist Stein, K. (2007). *The Genius Engine: Where memory, reason, passion, violence and creativity intersect in the human brain.* New York: Wiley. Stein beschreibt sehr gut die Rolle des frontalen Cortex. Wenn Sie mehr über das beruhigende und sozial verbindende System lesen möchten, siehe Carter, C. S. (1998). „Neuroendocrine perspectives on social attachment and love". *Psychoneuroendocrinology*, 23, 779 – 818.

2 Siehe Anmerkung 1.

3 Wie zu Kapitel 1 bemerkt gibt es hier eine Reihe interessanter Bücher: 7 Naish, J., *Genug: Wie Sie der Welt des Überflusses entkommen.* Bergisch Gladbach: Bastei Lübbe, 2010. Restak, R. (2003). *The New Brain: How the modern age is re-wiring your mind.*

New York: Rodale. Pani, L. (2000). „Is there an evolutionary mismatch between the normal physiology of the human dopaminergic system and current environmental conditions in industrialized countries?" *Molecular Psychiatry*, 5, 467 – 75.

4 Damasio, A. R. (1994). *Descartes' Error: Emotion, reason and the human brain.* New York: Putnam. Siehe auch Panksepp, J. (1998). *Affective Neuroscience.* New York: Oxford University Press.

Die Vorstellung, dass viel von dem, was in unserem Gehirn vor sich geht, unbewusst ist und unser bewusstes Denken einfach auf unbewusst getroffene Entscheidungen reagiert, ist natürlich schon alt und geht bis auf Freud und noch weiter zurück. Hier geht es um die Vorstellung, dass wir ein altes Gehirn und ein neues Gehirn haben, ein Thema, das von John Birtchnell in seinem Buch aus dem Jahr 2003 *The Two of Me: The rational outer me and the emotional inner me* (London: Routledge) untersucht wurde. Es gibt auch einen hervorragenden Artikel darüber, wie oft wir unsere Gedanken benutzen, um Positionen zu unterstützen, zu denen wir emotional und außerhalb des Bewusstseins gelangt sind: Haidt, J. (2001). „The emotional dog and its rational tail: A social intuitionist approach to moral judgment". *Psychological Review*, 108, 814 – 34. Mark Baldwins Buch aus dem Jahr 2005 *Social Cognition* (New York: Guilford) untersucht diese Aspekte in Beziehung zu nicht bewusster Verarbeitung in sozialen Beziehungen. Wenn Sie tief in die Forschung zum Thema nicht bewusster Verarbeitung und des Unterschieds und der Interaktion von altem Gehirn und Ideen des neuen Gehirns eindringen möchten, dann schauen Sie sich dieses Buch an: Hassin, R. R., Uleman, J. S. und Bargh, J. A. (2005). *The New Unconscious.* New York: Oxford University Press.

5 Goodall, J., *Ein Herz für Schimpansen: Meine 30 Jahre am Gome-Strom.* Reinbek bei Hamburg: Rowohlt, 1996.

6 Geary, D. C. und Huffman, K. J. (2002). „Brain and cognitive evolution: Forms of modularity and functions of the mind". *Psychological Bulletin*, 128, 667 – 98. Suddendorf, T. und Whitten, A. (2001). „Mental evolution and development: Evidence for secondary representation in children, great apes and other animals". *Psychological Bulletin*, 127, 629 – 50.

7 Siehe Anmerkung 6.

8 Gilbert, P. (2007). *Psychotherapy and Counselling for Depression*, 3. Aufl. London: Sage. Gilbert, P., *Depressionen verstehen und bewältigen.* Göttingen; Bern; Toronto; Seattle: Hogrefe Verlag für Angewandte Psychologie, 1999.

9 Leary, M. R. (2003). *The Curse of the Self: Self-awareness, egotism and the quality of human life.* New York: Oxford University Press.

10 McGregor, I. und Marigold, D. C. (2003). „Defensive zeal and the uncertain self: What makes you so sure?“ *Journal of Personality and Social Psychology*, 85, 838 – 52. Ich habe dies auch in P. Gilbert (2005). *Compassion: Conceptualisations, research and use in psychotherapy.* London: Routledge, in meinem Kapitel über Mitgefühl und Grausamkeit untersucht.

11 Siehe Anmerkung 10.

12 Einige Studien haben Veränderungen im Gehirn betrachtet, besonders eine Verschiebung zum linken frontalen Cortex, die darauf zurückgehen können, dass darauf fokussiert und/oder geübt wird, „sich innerlich mitfühlenden Gedanken und Gefühlen zu widmen“. Davidson, R. J., Kabat-Zinn, J., Schumacher, J., Rosenkranz, M., Muller, D. et al. (2003). „Alterations in brain and immune function produced by mindfulness meditation“. *Psychosomatic Medicine*, 65, 564 – 70. Lutz, A., Brefczynski-Lewis, J., Johnstone, T. und Davidson, R. J. (2008). „Regulation of the neural circuitry of emotion by compassion meditation: Effects of meditative expertise“. *Public Library of Science*, 3, 1 – 5. Rein, G., Atkinson, M. und McCraty, R. (1995). „The physiological and psychological effects of compassion and anger“. *Journal for the Advancement of Medicine*, 8, 87 – 105. Diese Forscher fanden, dass Bilder und Phantasien von Wut eine schädliche oder abträgliche Wirkung auf die Funktion des Immunsystems hatten, während Phantasien und Bilder, die Mitgefühl zum Inhalt hatten, eine sehr positive Wirkung hatten. Eine Übersicht über viele Untersuchungen dazu, wie inneres Training und Üben sich auf den Körper auswirkt, finden Sie auch bei Begley, S. (2009). *The Plastic Mind.* London: Constable.

13 Cozolino, L., *Die Neurobiologie menschlicher Beziehungen.* Kirchzarten bei Freiburg: VAK-Verlag, 2007.

14 Siehe Anmerkung 13.

15 Mikulincer, M. und Shaver, P. R. (2007). *Attachment in Adulthood: Structure, dynamics, and change.* New York: Guilford.

16 Schore A. N. (2003). *Affect Dysregulation and Disorder of the Self.* New York: Norton. Teicher, M. H. (2002). „Scars that won't heal: The neurobiology of the abused child“. *Scientific American*, 286, 3, 54 – 61.

17 Baumeister, R. F. und Leary, M. R. (1995). „The need to belong: Desire for interpersonal attachments as a fundamental human motivation“. *Psychological Bulletin*, 117, 497 – 529.

18 Restak, R. (2003). *The New Brain: How the modern age is re-wiring your mind.* New York: Rodale. Pani, L. (2000). „Is there an evolutionary mismatch between the normal physiology of the human dopaminergic system and current environmental conditions in industrialized countries?“ *Molecular Psychiatry*, 5, 467 – 75.

19 Seddon, J. (2008). *Systems Thinking in the Public Sector: The failure of the reform regime. and a manifesto for a better way.* Axminster, Devon: Triarchy Press.

20 Carnegie, D., *Wie man Freunde gewinnt: Die Kunst, beliebt und einflussreich zu werden.* Frankfurt am Main: Fischer, 2011. Dies ist ein an Einsichten unglaublich reiches Buch und stellt in den Mittelpunkt, wie wichtig es ist, sich ganz dem anderen Menschen zuzuwenden, wenn man Beziehungen aufbauen und erhalten möchte, so dass sie gedeihen können.

21 Straub, E. (1999). „The roots of evil: Social conditions, culture, personality, and basic human needs". *Personality and Social Psychology Review*, 3, 179 – 92. Shermar, M. (2004). *The Science of Good and Evil.* New York: Times Books. Baumeister, R. F. (1997). *Evil: Inside human violence and cruelty.* New York: Freeman.

22 Gilbert, P. (2007). *Psychotherapy and Counselling for Depression.* London: Sage. Gilbert, P., *Depressionen verstehen und bewältigen.* Göttingen; Bern; Toronto; Seattle: Hogrefe Verlag für Angewandte Psychologie, 1999. Die dritte Auflage dieses Buches (2009) enthält mehr zum Thema Mitgefühl.

23 Gay, P., *Kult der Gewalt: Aggression im bürgerlichen Zeitalter.* München: Goldmann, 2000.

24 Wakabayashi, A., Baron-Cohen, S., Wheelwright, S. et al. (2006). „Development of short forms of the Empathy Quotient (EQ-Short) and the Systemizing Quotient (SQ-Short)". *Personality and Individual Differences*, 41, 929 – 40.

25 Buss, D. M. und Malamuth, N. M. (1996). *Sex, Power and Conflict: Evolutionary and feminist perspective.* New York: Oxford University Press. Diamond, J., *Warum macht Sex Spaß? Die Evolution der menschlichen Sexualität.* Frankfurt: Fischer, 2011.

26 Gilbert, P. und Irons, C. (2005). „Focused therapies and compassionate mind training for shame and self-attacking". In P. Gilbert, (ed.) *Compassion: Conceptualisations, research and use in psychotherapy.* London: Routledge, pp. 263 – 325.

27 Gilbert, P. (August, 2009). *An Introduction to the Theory and Practice of Compassion-focused Therapy.* London: Routledge.

28 Haidt, J. (2001). „The emotional dog and its rational tail: A social intuitionist approach to moral judgment". *Psychological Review*, 108, 814 – 34. Dieses Buch bietet einen hervorragenden Überblick über die wichtigsten Themen.

29 Einige Ideen dazu habe ich besprochen: Gilbert, P. (1989). *Human Nature and Suffering.* Hove: Lawrence Erlbaum. In seinem Buch aus dem Jahr 2003 gibt Paul Bloom einen gut lesbaren Überblick über die moralische Entwicklung bei Kindern: *Descartes' Baby: How child development explains what makes us human* (London: Arrow).

30 Batson, C. D., Klein, T. R., Highberger, L. und Shaw, L. L. (1995). „Immorality from empathy-induced altruism: When compassion and justice conflict". *Journal of Personality and Social Psychology*, 68, 1042 – 54.

31 Gilligan, C., *Die andere Stimme: Lebenskonflikte und Moral der Frau.* München, Zürich: Piper, 1999. Dieses Buch beruht auf Interviews mit Frauen, in denen sie zu ihren inneren Konflikten um eine Abtreibung befragt wurden.

32 Taylor, S. E., Klein, L. B., Lewis B. P., Gruenwald, T. L., Gurung R. A. R. und Updegaff, J. A. (2000). „Biobehavioural responses to stress in females: Tend and befriend, not fight and flight". *Psychological Review*, 107, 411 – 29. Dieser Artikel argumentiert, dass Männer und Frauen aufgrund ihrer biologischen Ausstattung und Anpassung mit verschiedenen Problemen im Leben ganz unterschiedlich umgehen.

33 Jaffee, S. und Hyde, J. S. (2000). „Gender differences in moral orientation: A meta-analysis". *Psychological Bulletin*, 126, 703 – 26. Ein faszinierender Überblick über Geschlechtsunterschiede bei moralischem Denken und Verhalten.

34 Siehe Anmerkung 28.

35 Hinde, R. A. (1999). *Why Gods Persist: A scientific approach to religion.* London: Routledge. Es gibt natürlich viele Arbeiten über die Funktionen der Religion und darüber, wie sie aus der Evolution unserer Fähigkeiten entstanden sind, zu imaginieren und über das Denken anderer und über die Tatsache der Gefahren und Schicksalsschläge des Lebens nachzudenken – und wie wir versuchen, Sinn in ihnen zu finden und sie zu verstehen. Es ist nützlich, sich daran zu erinnern, dass die Götter in vielen Religionen vor ein paar tausend Jahren als ziemlich unbeständig und übelwollend gesehen wurden: siehe Armstrong, K., *Der große Umbruch: vom Ursprung der Weltreligionen.* München: Goldmann, 2008. Andere Autoren betonen, welche Rolle die Notwendigkeit und das Bedürfnis spielen, sich zugehörig, verbunden und umsorgt zu fühlen, und besonders ein Gefühl der Einheit als eine Weise zu empfinden, mit dem Tod als dem Ende umzugehen. Kirkpatrick, L. A. (2005) *Attachment, Evolution, and the Psychology of Religion.* New York: Guilford.

36 Gillath, O., Shaver, P. R. und Mikulincer, M. (2005). „An attachment-theoretical approach to compassion and altruism". In P. Gilbert (ed.). *Compassion: Conceptualisations, research and use in psychotherapy.* London: Routledge, pp. 121 – 47. Dieses Kapitel bietet einen guten Überblick über den Stand der gegenwärtigen Forschung. Mikulincer, M. und Shaver, P. R. (2007). *Attachment in Adulthood: Structure, dynamics, and change.* New York: Guilford: Dies ist einer der umfassendsten und aktuellsten Texte über Formen und Werte fürsorglichen Verhaltens.

37 Davidson, R. und Harrington, A. (Hrsg.) (2002). *Visions of Compassion: Western scientists and Tibetan Buddhists examine human nature.* New York: Oxford University Press. Ein Schlüsselelement dieses Buchs ist, dass die westliche Psychologie, im Gegensatz zur buddhistischen, die auf Liebende Güte und Mitgefühl fokussiert, sich darauf konzentriert hat, prosoziales Verhalten und moralisches Verhalten zu studieren – was sich stark mit buddhistischen Vorstellungen von Mitgefühl überschneidet. Dieselbe Sicht wird in *Compassion* (2005) vertreten, einem Sammelband, den ich herausgegeben habe.

Nancy Eisenberg ist eine der führenden Autoritäten für die Entwicklung prosozialen Verhaltens bei Kindern. Eine gute Übersicht über ihre Arbeit gibt es in Eisenberg, N. (2002). „Empathy-related emotional responses, altruism, and their socialization", und in R. Davidson und A. Harrington (Hrsg.). *Visions of Compassion: Western scientists and Tibetan Buddhists examine human nature* (pp. 131 – 64). New York: Oxford University Press. Siehe auch Emler, N. und Hogan, R. (1991). „Moral psychology and public policy". In W. M. Kurtines und J. L. Gewirtz (Hrsg.). *Handbook of Moral Behavior and Development* (vol. 3).

38 Es gibt jetzt zahlreiche Hinweise auf den Wert von Mitgefühl und Meditationen über Mitgefühl für das Wohlbefinden. Einen nützlichen Überblick findet man bei Begley, S. (2009). *The Plastic Mind.* London: Constable. Eine der führenden Autoritäten der Forschung über Selbstmitgefühl ist Kristen Neff. Hinweise auf ihre Arbeiten findet man auf ihrer Website: <www.self-compassion.org>. Dies sind ein paar faszinierende Studien: Leary, M. R., Tate, E. B., Adams, C. E., Allen, A. B. und Hancock, J. (2007). „Self-compassion and reactions to unpleasant self-relevant events: The implications of treating oneself kindly". *Journal of Personality and Social Psychology,* 92, 887 – 904. Mein eigener Ansatz besteht darin, in die Psychotherapie einen Fokus auf Mitgefühl einzubauen (und dabei dessen Schwierigkeiten und Fallstricke zu thematisieren). Unsere Untersuchung zur Gruppentherapie zeigt viel versprechende Ergebnisse: Gilbert, P. und Procter, S. (2006). „Compassionate mind training for people with high shame and self-criticism: A pilot study of a group therapy approach". *Clinical Psychology and Psychotherapy,* 13, 353 – 79.

39 Nussbaum, M. C. (2003). *Upheavals of Thought: The intelligence of emotions.* Cambridge: Cambridge University Press. Diese Arbeit enthält eine faszinierende Diskussion über Mitgefühl und betrachtet historische und philosophische Positionen, darunter auch die von Aristoteles. Sie macht deutlich, wie wichtig bei der Erfahrung von Mitgefühl Emotionen sind und wie wichtig es ist, Emotionen zu identifizieren.

Kapitel 3: Wir im Strom des Lebens

1 Gerhardt, S., *Die Kraft der Elternliebe: wie Zuwendung das kindliche Gehirn prägt.* Düsseldorf: Walter, 2006. Es gibt jetzt sehr viel Forschung darüber, wie frühe Erfahrungen das Gehirn und die Muster neuronaler Vernetzungen prägen. Erfahrungen wirken in der Form, dass „Neuronen, die zusammen feuern, miteinander verschaltet werden". Siehe auch Cozolino, L., *Die Neurobiologie menschlicher Beziehungen.* Kirchzarten bei Freiburg: VAK, 2007.

2 Klein, R., *Schöner blauer Dunst: Ein Lob der Zigarette.* München: Goldmann, 1997.

3 Sagan, C., *Die Drachen von Eden: Das Wunder der menschlichen Intelligenz.* München, Zürich: Droemer-Knaur, 1978.

4 Bailey, K. (1987). *Human Paleopsychology: Applications to aggression and pathological processes.* Hillsdale, NJ: Lawrence Erlbaum Associates, Inc. Siehe auch Panksepp, J. (1998). *Affective Neuroscience.* New York: Oxford University Press. Stein, K. (2007). *The Genius Engine: Where memory, reason, passion, violence and creativity intersect in the human brain.* New York: Wiley.

5 Armstrong, K., *Der große Umbruch: Vom Ursprung der Weltreligionen.* München: Goldmann, 2008.

6 Es gibt eine Reihe guter Bücher, die Ihnen helfen können, archetypische Ansätze der Psychologie zu verstehen. Eine gut lesbare Einführung ist: C. S. Hall und V. J. Nordby (1973). *A Primer of Jungian Psychology* (New York: Mentor). Anthony Stevens Buch *Archetype Revisited: An updated natural history of the self* (London: Routledge, 1999) ist ebenfalls eine leicht verständliche Einführung. Mehr technische Einsichten und Einblick in die Debatten innerhalb der Theorie der Archetypen bietet Knox, J. (2003). *Archetype, Attachment and Analysis.* London: Routledge. Moderne Evolutionisten tendieren dazu, mehr den Aspekt der Strategien zu berücksichtigen, aber die Überschneidung mit dem Ansatz bei Archetypen ist beträchtlich: Gray, R. (1996) *Archetypal Explorations: An integrated approach to human behaviour.* London: Routledge. Stevens, A. und Price, J. (2000). *Evolutionary Psychiatry: A new beginning.* London: Routledge (2. Aufl.). Wenn Sie Jung im Kontext mit den anderen psychodynamischen Theoretikern der Zeit betrachten wollen, dann ist dies ein schön geschriebenes und an faszinierenden historischen Einsichten reiches Buch zum Thema: H. Ellenberger, H., *Die Entdeckung des Unbewussten: Geschichte und Entwicklung der dynamischen Psychiatrie von den Anfängen bis zu Janet, Freud, Adler und Jung.* Zürich: Diogenes, 2005.

7 Stevens, A. (1999). *Archetype Revisited.* London: Routledge.

8 Mikulincer, M. und Shaver, P. R. (2007). *Attachment in Adulthood: Structure, dynamics, and change.* New York: Guilford.

9 Campbell, J., *Der Heros in tausend Gestalten.* Frankfurt (Main), Leipzig: Insel, 1999.

10 Booker, C. (2004). *The Seven Basic Plots: Why we tell stories.* London: Continuum.

11 Mehr über soziale Mentalitäten finden Sie bei: Gilbert, P. (1989). *Human Nature and Suffering.* Hove: Lawrence Erlbaum Associates. Gilbert, P. (2005). „Social Mentalities: A biopsychosocial and evolutionary reflection on social relationships", in M. W. Baldwin (ed.). *Interpersonal Cognition.* New York: Guilford (pp. 299 – 335). In diesem Kapitel und in Kapitel 12 richte ich meine Aufmerksamkeit auf unsere Fähigkeit, sowohl mitfühlend als auch grausam sein zu können. Ausführliche Verweise auf Fachliteratur findet man in meinem Artikel: Gilbert, P. (2005). „Compassion and cruelty: A biopsychosocial approach". In P. Gilbert (ed.). *Compassion: Conceptualisations, research and use in psychotherapy.* London: Routledge (pp. 9 – 74).

Gilbert, P. (1989). *Human Nature and Suffering.* Hove: Psychology Press: Hier werden verschiedene Ansätze der Betrachtung menschlichen Verhaltens vor dem Hintergrund der Evolution beschrieben, darunter die der interpersonellen Theoretiker. Seit der Arbeit von Timothy Leary in den 1950er Jahren unterscheiden diese zwischen zwei Hauptdimensionen: der von Liebe und Hass (sozusagen horizontal gesehen), die sich mit einer Dimension von Dominanz-Unterordnung kreuzt. Damit ergeben sich alle Kombinationen dieser zwei Motive. In jüngerer Zeit fokussieren Price, J. und Steven, S. (2000). *Darwinian Psychiatry: A new beginning.* London: Routledge (2. Aufl.) auf nur zwei Archetypen, die mit Bindung und mit Rang zu tun haben. Die evolutionären Psychiater M. McGuire und A. Troisi verwenden in ihrem 1998 erschienenen Buch *Darwinian Psychiatry* (New York: Oxford University Press) nicht die Konzepte der Archetypen oder der sozialen Mentalitäten, sondern befassen sich allein mit angeborenen Strategien, besonders jenen, die mit Rang und Formen von Altruismus verbunden sind.

12 Siehe Anmerkung 11.

13 Mendes, W. B., Gray, H. M., Mendoza-Denton, R., Major, B. und Epel, E. S. (2008). „Why egalitarianism might be good for your health." *Psychological Science*, 18, 991 – 8.

14 Eine Übersicht über Untersuchungen, die die Wirkungen der Nutzung kooperativen Verhaltens gegenüber konkurrierendem oder individualistischem Verhalten bei über 17000 Testpersonen untersucht haben, hat gezeigt, dass kooperative Haltung aus vielen Gründen bei Weitem vorzuziehen ist, u. a. wegen ihrer positiven Wirkungen auf Gesundheit, Leistung und soziale Beziehungen. Siehe Roseth, C. J., Johnson, D. W. und Johnson, R. T. (2008). „Promoting early adolescents" achievement and peer relationships: The effects of cooperative, competitive, and individualistic goal structures". *Psychological Bulletin*, 134, 223 – 46.

15 Meine Kollegen und ich haben uns sehr dafür interessiert, wie die Mentalität, bei der es um Konkurrenz und sozialen Rang geht, der Psychopathologie und besonders Gefühlen der Angst und Depression zugrunde liegt. Mehr darüber findet man bei: Gilbert, P. (2000). „Varieties of submissive behavior: Their evolution and role in depression". In L. Sloman und P. Gilbert (Hrsg.). *Subordination and Defeat: An evolutionary approach to mood disorders.* Hillsdale, NJ: Lawrence Erlbaum Associates. Dieses Buch enthält eine Reihe von Kapiteln, in denen die Psychologie des Ranges untersucht wird. Eine kurze Besprechung siehe Gilbert, P. (2006). „Evolution and depression: Issues and implications (invited review)". *Psychological Medicine,* 36, 287 – 97. Über soziale Angst siehe Gilbert, P. und Trower, P. (2001). „Evolution and process in social anxiety". In W. R. Crozier und L. E. Alden (Hrsg.). *International Handbook of Social Anxiety: Concepts, research and interventions relating to the self and shyness.* Chichester: J. Wiley & Sons (pp. 259 – 79). Zu der Frage, wie die Mentalität sozialen Ranges in der Psychotherapie thematisiert werden kann, siehe Gilbert, P. (2007). *Psychotherapy and Counselling for Depression.* London: Sage (3. Aufl.). Über Menschen, die Konkurrenzdruck empfinden, weil sie danach streben, sich nicht unterlegen zu fühlen, siehe Gilbert, P. et al. (2007). „Striving to avoid inferiority: Scale development and its relationship to depression, anxiety and stress". *British Journal of Social Psychology,* 46, 633 – 48.

16 Keltner, D., Gruenfeld, D.h. und Anderson, C. (2003). „Power, approach and inhibition". *Psychological Review,* 110, 265 – 84. Dieser faszinierende Forschungsbericht zeigt, wie sich Macht auf uns auswirken und uns verändern kann und wie wir fühlen, denken und uns verhalten. Es ist ein gutes Beispiel für das, was Jung „von einem Archetyp besetzt" genannt hätte, oder in moderner Sprache: für eine in der Evolution entstandene Strategie und Mentalität.

17 Vonk, R. (1998). „The slime effect: Suspicion and dislike of likeable behavior toward superiors". *Journal of Personality and Social Psychology,* 74, 849 – 64. David Owen meint, dass wir leider mehrere Regierungen über uns haben ergehen lassen, die nach dieser Art Psychologie funktioniert haben: siehe Owen, D. (2007). *The Hubris Syndrome: Bush, Blair and the intoxication of power.* London: Politico's. Man beobachtet dieses Verhalten nicht selten bei Menschen, die nach Ruhm streben, berühmt werden und sich dann sehr verächtlich gegenüber den Menschen in ihrer Umgebung verhalten und als „schwierige Persönlichkeiten" bekannt werden. Sie geben die Kontrolle dabei ganz an den „Archetyp der Macht" und ihre anmaßende Anspruchshaltung ab.

18 Siehe Anmerkung 17.

19 Buss, D. M. und Malamuth, N. (1996). *Sex, Power, Conflict: Evolutionary and feminist perspectives.* New York: Oxford University Press. Diamond, J., *Warum macht Sex Spaß? Die Evolution der menschlichen Sexualität.* Frankfurt: Fischer, 2011.

20 Im Jahr 1999 schrieb Robert Hinde, Professor für Verhaltensforschung an der Cambridge University, das wunderbare und gut lesbare Buch *Why Gods Persist: A scientific approach to religion.* London: Routledge. Wenn Sie an der Interaktion von Angeborenem und Sozialem bei religiösem Glauben und religiöser Erfahrung interessiert sind, dann ist dies ein Buch, das Ihnen vielleicht gefallen wird.

Im Hinblick auf archetypische Prozesse hat es viele Bemühungen gegeben, religiöse Gefühle und Anschauungen aus einer Perspektive der Evolution zu betrachten. Nicht zuletzt gibt es natürlich Jungs eigenes Werk, zu dem sein berühmtes Buch zu Hiob einen Zugang vermitteln kann: Jung, C. G., *Antwort auf Hiob.* München: DTV, 1991. Ein gut lesbarer Text, der evolutionäre Psychologie und Theorie der Archetypen behandelt, ist von Brant Wenegrat (1990). *The Divine Archetype.* Lexington, MA: Lexington Books. Ein anderes hervorragendes Buch, das Religion von einem Ansatz aus untersucht, der Bindung als Ergebnis der Evolution versteht, ist: Lee A. Kirkpatrick (2004). *Attachment, Evolution and the Psychology of Religion.* New York: Guilford. Wenn Sie daran interessiert sind, wie sich religiöse Vorstellungen verändern und bilden, um sozialen Bedingungen zu entsprechen, schauen Sie sich dieses Buch an: Armstrong, K., *Der große Umbruch: Vom Ursprung der Weltreligionen.* München: Goldmann, 2008.

21 Siehe Anmerkung 20.

22 Richard Dawkins, Biologe an der Universität Oxford, hat die Einsichten und Implikationen von Darwins Entdeckungen und der Auffassung von Genen als Quellen der Vererbung popularisiert und leicht zugänglich gemacht. Sein klassisches Buch *Das egoistische Gen* (München, Heidelberg: Elsevier, Spektrum, Akad. Verl., 2007) liegt jetzt in der dritten revidierten Auflage vor.

Kapitel 4: Gefahr und Selbstschutz. Das Gute, das Schlechte und das wirklich Schwierige

1 Depue, R. A. und Morrone-Strupinsky, J. V. (2005). „A neurobehavioral model of affiliative bonding“. *Behavioral and Brain Sciences*, 28, 313 – 95. In diesem Artikel wird das wissenschaftliche Grundwissen zu den drei Systemen emotionaler Regulierung vermittelt. Die Weise, wie Emotionen in unserem Gehirn wirken und wie sie einander wechselseitig regulieren, ist natürlich komplizierter, und es sind nicht nur diese drei Systeme daran beteiligt. Deshalb ist dies eine sehr vereinfachte und grobe zusammenfassende Darstellung von Depues brillanter Arbeit. Vielleicht möchten Sie auch diese Arbeiten nutzen: Panksepp, J. (1998). *Affective Neuroscience.* New York:

Oxford University Press. LeDoux, J., *Das Netz der Gefühle: Wie Emotionen entstehen.* München: DTV, 2001. Stein, K. (2007). *The Genius Engine: Where memory, reason, passion, violence and creativity intersect in the human brain.* New York: Wiley.

2 Marks, I. M. (1987). *Fears, Phobias and Rituals: Panic, anxiety and their disorders.* Oxford: Oxford University Press. Ich habe auch darüber geschrieben: siehe Gilbert, P. (2001). „Evolutionary approaches to psychopathology: The role of natural defences". *Australian and New Zealand Journal of Psychiatry,* 35, 17 – 27. Einsicht in den Vorgang, wie das Gehirn Wahrnehmungen von Bedrohungen und Gefahren verarbeitet, bietet LeDoux, J., *Das Netz der Gefühle: Wie Emotionen entstehen.* München: DTV, 2001. Loewenstein, G. F., Weber, E. U., Hsee, C. K. und Welsch, N. (2001). „Risk as feelings". *Psychological Bulletin,* 127, 267 – 86. Tobena, A., Marks, I. und Dar, R. (1999). Advantages of bias and prejudice: An exploration of their neurocognitive templates. *Neuroscience and Behavioral Reviews,* 23, 1047 – 58. Gilbert, P. (1998). „The evolved basis and adaptive functions of cognitive distortions". British *Journal of Medical Psychology,* 71, 447 – 63.

3 Wut kann viele verschiedene Formen annehmen und von vielen verschiedenen Dingen ausgelöst werden. Sie ist auch ein wichtiges Element einer Reihe von Störungen, darunter Depression und Paranoia. DiGiuseppe, R. und Tafrate, C. (2007). *Understanding Anger Disorder.* New York: Oxford University Press.

4 Ferster, C. B. (1973). „A functional analysis of depression". *American Psychologist,* 28, 857 – 70. Leahy, R. L. (2002). „A model of emotional schemas". *Cognitive and Behavioral Practice,* 9, 177 – 90. Freud, S., „Trauer und Melancholie". In: *Studienausgabe Sigmund Freud, Bd. 4.* Frankfurt am Main: Fischer, 2000.

5 Shweder, R. A., Much, N. C., Mahapatra, M. und Park, L. (1997). „The ‚big three' of morality (autonomy, community and divinity) and the ‚big three' explanations of suffering". In A. M. Brandt und P. Rozin (Hrsg.), *Morality and Health.* New York: Routledge (pp. 119 – 69).

6 Panksepp, J. (1998). *Affective Neuroscience.* New York: Oxford University Press. LeDoux, J., *Das Netz der Gefühle: Wie Emotionen entstehen.* München: DTV, 2001. Brewin, C. R. (2006). „Understanding cognitive behaviour therapy: A retrieval competition account". *Behaviour Research and Therapy,* 44, 765 – 84.

Chris Brewins Arbeit konzentriert sich auf verschiedene Arten von Erinnerungen: diejenigen, die durch den Körper und das System der Sinne wirken, gegenüber jenen, die auf das Ereignis fokussieren und verbal zugänglich sind. Die integrierte Funktion dieser zwei Arten von Erinnerungen und Systeme der Verarbeitung von Erinnerung kann bei Trauma gestört werden. Brewins Arbeit ist sehr wichtig für das Verständnis, wie wir Erinnerungen an Bedrohung und Gefahr speichern.

Der Körper ist bei der Erfahrung von Emotionen und besonders, wenn wir Erinnerungen Angst machender Erfahrungen speichern, wichtig. Siehe Ogden, P., Minton, K. und Pain, C., *Trauma und Körper: Ein sensomotorisch orientierter psychotherapeutischer Ansatz.* Paderborn: Junfermann, 2010. Rothschild, B., *Der Körper erinnert sich: Die Psychophysiologie des Traumas und der Traumabehandlung.* Essen: Synthesis, 2002. Van der Hart, O., Nijenhuis, E. R. S. und Steele, K., *Das verfolgte Selbst: Strukturelle Dissoziation und die Behandlung chronischer Traumatisierung.* Paderborn: Junfermann, 2008.

7 Siehe Anmerkung 4.

8 Gray, J. A. (1979). *Pavlov.* London: Fontana. Dieses hervorragende Buch bringt uns zurück zur klassischen Forschung über die Konditionierung, die heutzutage oft vergessen wird, aber immer noch so wichtig ist. Es zeigt uns, wie mächtig Konditionieren dabei ist, wie wir lernen, und wie es auch physische Veränderungen im Körper hervorruft. Wir haben auch vergessen, wie mächtig und desorganisierend starke Konflikte für unser Gehirn sein können; sie können sogar unsere Fähigkeit aufheben, logisch zu denken. Der Buddhismus hat keine Theorien wie die der klassischen Konditionierung. Bei unserer Arbeit an Mitgefühl mit Menschen, die psychische Probleme haben, sind Konzepte klassischer Konditionierung jedoch unverzichtbar. Wenn ein Kind zum Beispiel Wärme gebraucht hat und sich an Mutter oder Vater wandte und abgelehnt oder verletzt wurde, dann werden die Gefühle, Wärme zu brauchen und zu wollen, mit Ablehnung assoziiert. Wenn man anfängt, diese Gefühle in der Therapie zu reaktivieren, dann reaktiviert man auch die konditionierten emotionalen Erinnerungen. Dies ist der Grund, weshalb manche Menschen tatsächlich Angst bekommen, wenn sie mit den Gefühlen, für andere Verbundenheit oder Wärme zu wollen, in Kontakt kommen. Dies ist ein Beispiel für emotionale Konditionierung und dafür, wie sie logisches Denken außer Kraft setzt.

9 Gilbert, P. (2007). *Psychotherapy and Counselling for Depression.* London: Sage (3. Aufl.). Hier kann man viele der technischen Aspekte der Depression finden, die mit unserer im Laufe der Evolution entstandenen Tendenz, depressiv zu werden, verbunden sind – die Rolle von Konflikten, Verwicklung und Blockierung in Depression –, neben Empfehlungen für psychotherapeutische Interventionen. Gilbert, P. (1992). *Depression: The evolution of powerlessness.* Hove: Lawrence Erlbaum/ New York: Guilford. Eine Literaturübersicht bei Gilbert, P. (2006) „Evolution and depression: Issues and implications [invited review]". *Psychological Medicine,* 36, 287 – 97.

10 Siehe Anmerkung 9.

Kapitel 5: Die Freuden und die angenehmen Seiten des Lebens

1 Denken Sie daran, dass diese Systeme grobe Annäherungen sind, die eine Vorstellung davon geben sollen, wie unsere Emotionssysteme funktionieren. Es gibt andere Möglichkeiten, wie man sie sehen kann, und wie immer bei diesen Dingen, steckt der Teufel im Detail. Der entscheidende Artikel, der diesen Vorstellungen zugrunde liegt, ist: Depue, R. A. und Morrone-Strupinsky, J. V. (2005). „A neurobehavioral model of affiliative bonding". *Behavioral and Brain Sciences,* 28, 313 – 95. Darin werden die wissenschaftlichen Grundlagen für die drei Systeme zur Regulierung von Emotionen beschrieben. Vielleicht möchten Sie auch diese Arbeiten nutzen: Panksepp, J. (1998). *Affective Neuroscience.* New York: Oxford University Press. LeDoux, J., *Das Netz der Gefühle: Wie Emotionen entstehen.* München: DTV, 2001. Stein, K. (2007). *The Genius Engine: Where memory, reason, passion, violence and creativity intersect in the human brain.* New York: Wiley.

2 Epstein, M. (2006). *Open to Desire: The truth about what the Buddha taught.* New York: Gotham Books. Wie schon erwähnt, bin ich kein Fachmann für Buddhismus, aber ich bin mit seinen Ideen vertraut und erkenne dankbar an, was ich dieser Psychologie akademisch und persönlich verdanke. Wenn Sie mehr über Buddhismus erfahren möchten, ist eine hervorragende Quelle Jonathan Landaws und Stephan Bodians Buch aus dem Jahr 2006 *Buddhismus für Dummies,* erschienen im Wiley-VCH-Verlag. Lassen Sie sich nicht von dem Titel abschrecken – dieses Buch ist wirklich sehr klar geschrieben und voll faszinierender Einsichten. Sie erfahren mehr über die verschiedenen Arten von Buddhismus, darunter die Schulen des Theravāda, Mahāyāna und Vajrayāna (letztere wird manchmal als die „tantrische" Schule bezeichnet).

3 Restak, R. (2003). *The New Brain: How the modern age is re-wiring your mind.* New York: Rodale. Pani, L. (2000). „Is there an evolutionary mismatch between the normal physiology of the human dopaminergic system and current environmental conditions in industrialized countries?" *Molecular Psychiatry,* 5, 467 – 75.

4 Smith, E. O. (2002). *When Culture and Biology Collide: Why we are stressed, depressed and self-obsessed.* Piscataway, NJ: Rutgers University Press. Fine, C., *Wissen Sie, was Ihr Gehirn denkt? Wie in unserem Oberstübchen die Wirklichkeit verzerrt wird … und warum.* Heidelberg, München: Elsevier, Spectrum, Akademischer Verlag, 2007. Dixon, N. F. (1987). *Our Own Worst Enemy.* London: Routledge.

5 Schwartz, B., *Anleitung zur Unzufriedenheit: Warum weniger glücklicher macht.* Berlin: Ullstein, 2006. Siehe auch Gilbert, D., *Ins Glück stolpern: Suche dein Glück nicht, dann findet es dich von selbst.* München: Goldmann, 2008.

6 Yalom, I. D., *Existentielle Psychotherapie.* Bergisch-Gladbach: EHP, 2010. Dieses Buch hat mich früh in meiner Karriere sehr beeindruckt und beeinflusst. Es ist schön geschrieben, leicht verständlich und behandelt viele der Probleme, Dramen und Verwirrungen des Lebens und unsere Anstrengungen, sie zu verstehen und Sinn in ihnen zu finden.

7 Gilbert, P., Broomhead, C., Irons, C., McEwan, K., Bellew, R., Mills, A. und Gale, C. (2007). „Striving to avoid inferiority: Scale development and its relationship to depression, anxiety and stress". *British Journal of Social Psychology,* 46, 633 – 48.

8 Dunkley, D. M., Zuroff, D. C. und Blankstein, K. R. (2006). „Specific perfectionism components versus self-criticism in predicting maladjustment". *Personality and Individual Differences,* 40, 665 – 76.

9 Bakan, J., *Das Ende der Konzerne: Die selbstzerstörerische Kraft der Unternehmen.* Hamburg, Leipzig, Wien: Europa-Verlag, 2005. Klein, N., *Die Schock-Strategie: Der Aufstieg des Katastrophen-Kapitalismus.* Frankfurt: Fischer, 2009.

10 Depue, R. A. und Morrone-Strupinsky, J. V. (2005). „A neurobehavioural model of affiliative bonding". *Behavioral and Brain Sciences,* 28, 313 – 95. In diesem Artikel werden die wissenschaftlichen Grundlagen der Beschreibung der drei Systeme der Regulierung der Emotionen vermittelt.

Ein sehr nützlicher Artikel, in dem die Entstehung von Bindung und des Systems zur Selbstberuhigung beschrieben wird, ist: Bell, D. C. (2001). „Evolution of care-giving behavior". *Personality and Social Psychology Review,* 5, 216 – 29. Über die Eigenschaften des Systems zur Selbstberuhigung ist mittlerweile viel geschrieben worden: siehe Carter, C. S. (1998). „Neuroendocrine perspectives on social attachment and love". *Psychoneuroendocrinology,* 23, 779 – 818. Uväns-Morberg, K. (1998). „Oxytocin may mediate the benefits of positive social interaction and emotions". *Psychoneuroendocrinology,* 23, 819 – 35. Kosfeld, M., Heinrichs, M., Zak, P. J., Frisbacher, U. und Fehr, E. (2005). „Oxytocin increases trust in humans". *Nature Neuroscience* [Briefe], 435, June, 673 – 6. Oxytocin ist daher ein sehr wichtiges modulierendes Hormon, das Gefühlen der Zuneigung zugrunde liegt. Sein Einfluss auf Mitgefühl muss noch erforscht werden.

11 Siehe Anmerkung 10.

12 Geary, D. C. (2000). „Evolution and proximate expression of human parental investment". *Psychological Bulletin,* 126, 55 – 77. Bell, D. C. (2001). „Evolution of care-giving behavior". *Personality and Social Psychology Review,* 5, 216 – 29. Diese Artikel behandeln einige technische Aspekte.

Ein bedeutender Forscher, der die Wichtigkeit der Bindung in den Mittelpunkt seiner Arbeit gestellt hat, war John Bowlby: *Attachment and Loss: vol. 1: Attachment* (1969), *vol. 2: Separation, Anxiety and Anger* (1973), *vol. 3: Loss: Sadness and*

Depression (1980). London: Hogarth Press. Bowlbys Ideen haben einen gewaltigen Einfluss auf die Forschung und die Psychotherapie gehabt.

Mikulincer, M. und Shaver, P. R. (2007). *Attachment in Adulthood: Structure, dynamics, and change.* New York: Guilford. Dies ist einer der umfassendsten und aktuellsten Texte über die Formen und den Wert fürsorglichen Verhaltens.

13 Geary, D. C. (2000). „Evolution and proximate expression of human parental investment". *Psychological Bulletin,* 126, 55 – 77. Bell, D. C. (2001). „Evolution of care giving behavior". *Personality and Social Psychology Review,* 5, 216 – 29.

14 Cozolino, L., *Die Neurobiologie menschlicher Beziehungen.* Kirchzarten bei Freiburg: VAK, 2007. Gerhardt, S., *Die Kraft der Elternliebe: Wie Zuwendung das kindliche Gehirn prägt.* Düsseldorf: Walter, 2006.

15 Gilbert, P. (2005) „Compassion and cruelty: A biopsychosocial approach". In P. Gilbert (ed.). *Compassion: Conceptualisations, research and use in psychotherapy.* London: Routledge (pp. 9 – 74).

16 Sapolsky, R. M., *Warum Zebras keine Migräne kriegen: Wie Stress den Menschen krank macht.* München, Zürich: Piper, 1998.

17 Field, T. (2000). *Touch Therapy.* New York: Churchill Livingstone. Man findet wichtige Überblicke über Ergebnisse der Forschung über die Rolle früher Erfahrungen mit den Eltern und Entwicklung des Gehirns in einer Reihe von Büchern: Gerhardt, S., *Die Kraft der Elternliebe: Wie Zuwendung das kindliche Gehirn prägt.* Düsseldorf: Walter, 2006. Siehe auch Cozolino, L., *Die Neurobiologie menschlicher Beziehungen.* Kirchzarten bei Freiburg: VAK, 2007.

18 Siehe Anmerkung 17.

19 Siehe Anmerkung 14.

20 Gilbert, P. (2007). „The evolution of shame as a marker for relationship security". In J. L. Tracy, R. W. Robins und J. P. Tangney (Hrsg.). *The Self-Conscious Emotions: Theory and research.* New York: Guilford (pp. 283 – 309).

21 Siehe Anmerkung 10.

22 Begley, S. (2009). *The Plastic Mind.* London: Constable & Robinson.

23 Haidt, J. (2001). „The emotional dog and its rational tail: A social intuitionist approach to moral judgment". *Psychological Review,* 108, 814 – 34. Dies ist ein hervorragender Artikel darüber, wie wir oft unsere Gedanken benutzen, um Auffassungen zu stützen, zu denen wir emotional und außerhalb des Bewusstseins gelangt sind. Mark Baldwins Buch aus dem Jahr 2005, *Social Cognition* (New York: Guilford), erforscht diese Aspekte auch in Beziehung zu nicht bewusstem Verarbeiten.

Wenn Sie tiefer in die Forschung über nicht bewusstes Verarbeiten und Vorstellungen des alten und des neuen Gehirns eindringen wollen, siehe Hassin, R. R., Uleman, J. S. und Bargh, J. A. (2005). *The New Unconscious.* New York: Oxford University Press.

Die Vorstellung, dass wir eigentlich nicht nur ein Selbst haben, sondern zwei, die als eines verpackt sind, wobei das eine die emotionalen Strategien bestimmt und das andere denkt und reflektiert und das emotionale Selbst zu regulieren versucht, wurde von John Birtchnell in seinem 2003 erschienenen Buch *The Two of Me: The rational outer me and the emotional inner me* (London: Routledge) untersucht. Aus seiner Sicht weiß das rational denkende Selbst sehr viel über das emotionale Selbst, aber das emotionale Selbst weiß nichts über das denkende Selbst. Seit den frühen Griechen und noch länger lässt uns dieses Problem der Interaktion von altem Gehirn und Emotionen und neuem Gehirn und Denken nicht los und bleibt unsere größte Herausforderung. Über dieses Thema schrieb N. F. Dixon sein 1987 erschienenes Buch *Our Own Worst Enemy* (London: Routledge) - der Titel sagt alles.

24 Siehe Anmerkung 22.

Kapitel 6: Mitgefühl im Kontext alten und neuen Denkens

1 Die Fähigkeit, etwas zu erschaffen, indem man es zuerst im Geiste sieht – das heißt es imaginiert – ist der Schlüssel zur Kreativität und eine im Laufe der Evolution entstandene menschliche Fähigkeit: Lock, A. (1999). „On the recent origin of symbolically mediated language and its implications for psychological science“. In M. C. Coballis und M. E. G. Lea (Hrsg.). *The Descent of Mind: Psychological perspectives on humanoid evolution.* New York: Oxford University Press (pp. 324 – 55). Visuelle und auditorische Bilder „in der Imagination“ werden sehr ausgiebig in der Psychotherapie und zur Motivation und als Hilfe bei Leistungssportlern verwendet: siehe Singer, J. L. (2006). *Imagery in Psychotherapy.* Washington DC: American Psychological Press. Bilder sind natürlich bei einer Vielfalt religiöser Rituale sehr wichtig. Imagination kann uns aber auch in die Irre führen und muss immer mit den „Tatsachen“ überprüft werden – oft ist etwas, was wir als Tatsache imaginieren, in der Realität nicht der Fall. Siehe Gilbert, D., *Ins Glück stolpern: Suche dein Glück nicht, dann findet es dich von selbst.* München: Goldmann, 2008.

2 Gilbert, P. und Irons, C. (2005). „Focused therapies and compassionate mind training for shame and self-attacking“. In P. Gilbert (ed.). *Compassion: Conceptualisations, research and use in psychotherapy.* London: Routledge (pp. 263 – 325). Diese einfachen

Ideen waren die Grundlage dafür, dass ich auf Mitgefühl gerichtete Arbeit in der Therapie entwickelt habe. In den frühen 1990er Jahren habe ich sie in kognitive Ansätze eingeführt. Siehe Gilbert, P., *Depressionen verstehen und bewältigen.* Göttingen; Bern; Toronto; Seattle: Hogrefe Verlag für Angewandte Psychologie, 1999. Gilbert, P. (2000). „Social mentalities: Internal ‚social' conflicts and the role of inner warmth and compassion in cognitive therapy". In P. Gilbert und K. G. Bailey (Hrsg.) (2000). *Genes on the Couch: Explorations in evolutionary psychotherapy.* Hove: Psychology Press (pp. 118 – 50). Es gibt auch eine CD: *Overcoming Depression: Talks with your therapist,* falls Sie ein bisschen meiner Stimme lauschen möchten.

3 Hamlin, K., Wynn, K. und Bloom, P. (2007). „Social evaluation by pre-verbal infants". *Nature,* November, pp. 557 – 60 [Briefe].

4 Dalai Lama, *Mit dem Herzen denken: Mitgefühl und Intelligenz sind die Basis menschlichen Miteinanders.* Frankfurt am Main: Fischer, 2006. Dalai Lama, *Mit weitem Herzen: Mitgefühl leben* (hrsg. v. N. Vreeland). Berlin: Theseus, 2002.

5 Während dieses Buch in den Druck geht, hat das *Journal of Happiness Studies* den verschiedenen Arten oder Ansätzen zu Wohlbefinden eine ganze Ausgabe (vol. 9, no. 1) gewidmet. Die Autoren unterscheiden zwischen einer Psychologie, die auf Glück orientiert ist, die für buddhistische Ansätze typisch ist, und was man eudämonistisches psychisches Wohlbefinden nennt. Dabei ist Wohlbefinden mit einer Reihe von Dingen verbunden wie: der Fähigkeit, Ziele allein ihrer intrinsischen Lust wegen zu verfolgen, statt sie wegen der Ergebnisse erreichen zu wollen, zu denen sie führen können wie Ansehen, Geld und Macht; fähig zu sein, Gefühle der Kompetenz, Bezogenheit und Autonomie zu entwickeln; und das Gefühl, das eigene Leben zu kontrollieren, statt sich wie gefangen und von anderen kontrolliert zu fühlen. Aus meiner Sicht wird Mitgefühl auch bei der Verfolgung eudämonistischer Formen des Wohlbefindens helfen, weil es mit bestimmten Mustern der Gehirnaktivität verknüpft ist, die soziale Mentalitäten, Verhaltensweisen und Gefühle koordinieren. Mitgefühl kann auch ein Fokus dafür sein, ein Identitätsgefühl zu erzeugen, das Wohlbefinden begünstigt.

6 Davidson, R. J., Kabat-Zinn, J., Schumacher, J., Rosenkranz, M., Muller, D. et al. (2003). „Alterations in brain and immune function produced by mindfulness meditation". *Psychosomatic Medicine,* 65, 564 – 70. Rein, G., Atkinson, M. und McCraty, R. (1995). „The physiological and psychological effects of compassion and anger". *Journal of Advancement in Medicine,* 8, 87 – 105. Diese Forscher haben gefunden, dass Bilder und Phantasien der Wut eine schädliche Wirkung auf die Funktion des Immunsystems hatten, während auf Mitgefühl gerichtete Phantasien und Bilder eine sehr positive Wirkung hatten. Eine Übersicht über viele Untersuchungen darüber, wie sich Training des Geistes auf den Körper auswirkt, findet man in: Begley, S. (2009). *The Plastic Mind.* London: Constable.

7 Gilbert, P. (1989). *Human Nature and Suffering.* Hove: Lawrence Erlbaum Associates. Gilbert, P. (2000). „Social mentalities: Internal ‚social' conflicts and the role of inner warmth and compassion in cognitive therapy". In P. Gilbert und Bailey, K. G. (Hrsg.). *Genes on the Couch: Explorations in evolutionary psychotherapy.* Hove: Brenner-Routledge (pp. 118 – 50). Gilbert, P. (2005). „Compassion and cruelty: A biopsychosocial approach". In P. Gilbert (ed.). *Compassion: Conceptualisations, research and use in psychotherapy.* London: Routledge (pp. 9 – 74).

8 Fogel, A., Melson, G. F. und Mistry, J. (1986). „Conceptualising the determinants of nurturance: A reassessment of sex differences". In A. Fogel und G. F. Melson (Hrsg.). *Origins of Nurturance: Developmental, biological and cultural perspectives on caregiving.* Hillsdale, NJ: Lawrence Erlbaum Associates Inc. (pp. 53 – 67). Dieses Buch hat mich in den 1980er Jahren sehr beeinflusst. Die Autoren zeigen, dass Fürsorge auf viele Dinge gerichtet sein kann, auf Menschen, Tiere, den Garten, sogar auf ein Auto, und sie ist mit Motivation und einem Verständnis davon verbunden, was der andere braucht, um zu gedeihen. Sie verlangt von uns auch, dass wir unser Verhalten und Denken im Einklang mit Veränderung im anderen ändern.

Seit dieser Zeit ist fürsorgliches Verhalten weiter erforscht worden. In einem Buch, das ich herausgegeben habe, gibt es dazu eine Reihe von Kapiteln: Gilbert, P. (2005). *Compassion: Conceptualisations, research and use in psychotherapy.* London: Routledge. Wer an dem besonderen Ansatz bei Bindung interessiert ist, findet hier nützliches Material: Gillath, O., Shaver, P. R. und Mikulincer, M. (2005). *An attachment-theoretical approach to compassion and altruism* (pp. 121 – 47). London: Routledge. Dieses Buch enthält eine gute Übersicht über die aktuelle Forschung.

Mikulincer, M. und Shaver, P. R. (2007). *Attachment in Adulthood: Structure, Dynamics, and Change.* New York: Guilford – einer der umfassendsten und aktuellsten Texte über die Formen und Funktionen fürsorglichen Verhaltens.

9 Siehe Anmerkung 4.

10 Borenstein, E. und Ruppin, E. (2005). „The evolution of imitation and mirror neurons in adaptive agents". *Cognitive Systems Research,* 6, 229 – 42. Decety, J. Chaminade, T. (2003). „Neural correlates of feeling sympathy". *Neuropsychologia,* 41, 127 – 38.

11 Baumeister, R. F. (1997). *Evil: Inside human violence and cruelty.* New York: Freeman. Shermar, M. (2004). *The Science of Good and Evil.* New York: Times Books. Sober, E. (2002). „Kindness and cruelty in evolution". In R. Davidson und A. Harrington (Hrsg.). *Visions of Compassion: Western scientists and Tibetan Buddhists examine human nature.* New York: Oxford University Press. Straub, E. (1999). „The roots of evil: Social conditions, culture, personality, and basic human needs". *Personality and Social Psychology Review,* 3, 179 – 92. Gilbert, P. (2005). „Compassion and cruelty:

A biopsychosocial approach". In P. Gilbert (ed.). *Compassion: Conceptualisations, research and use in psychotherapy.* London: Routledge (pp. 9 – 74).

12 Mikulincer, M. und Shaver, P. R. (2007). *Attachment in Adulthood: Structure, dynamics, and change.* New York: Guilford. Diese Autoren teilen ein paar sehr erschreckende Beobachtungen über westliche Führungspersönlichkeiten und ihre ziemlich distanzierten emotionalen Stile mit. Auch wie diese Persönlichkeiten es schafften, an die Macht zu kommen, ist ziemlich beunruhigend. Siehe auch Lee–Chai und Bargh, J. A. (2001). *The Use and Abuse of Power: Multiple perspectives on the causes of corruption.* London: Routledge.

Westen, D. (2007). *The Political Brain: The role of emotion in deciding the fate of the nation.* New York: Public Affairs. Dieser sehr ernüchternde Bericht zeigt, wie Politiker ausnutzen, dass wir von unseren Emotionen leicht bewegt werden, und wie sie versuchen, vielfältige Sprüche und Bilder zu finden, um sie zu stimulieren. Sie sind sehr darum bemüht, Angst zu verstärken und sich als starke Retter anzubieten.

Erlangen von Machtpositionen und Dominanz verändert unsere Gefühle, unser Verhalten und das, worauf wir unsere Aufmerksamkeit richten, und wir werden eher geringschätzig gegenüber Untergebenen und erwarten, dass gemacht wird, was wir wollen. Einen guten Überblick über die Forschung zu diesem Thema geben Keltner, D., Gruenfeld, D. h. und Anderson, C. (2003). „Power, approach and inhibition". *Psychological Review,* 110, 265 – 84. Diese Tendenzen können von bestimmten Persönlichkeitstypen und in „Krisen" mit schwerwiegenden Folgen vor Augen geführt werden, wie im Fall von George W. Bush und Tony Blair. Der Neurologe und Politiker David Owen hat das in seinem 2007 erschienenen Buch gründlich analysiert: *The Hubris Syndrome: Bush, Blair and the intoxication of power* (London: Politicos). Owen zeigt, dass Bushs and Blairs Hybris und Verachtung für die Menschen unter ihnen bis in verschiedene Teile der Gesellschaft drang und oft den Kern von Reorganisationen verschiedener Behörden bildete.

Es kommt vor, dass Führer auch unter einer Reihe physischer und emotionaler gesundheitlicher Probleme leiden, die ihre Entscheidungen beeinflussen können – mit einschneidenden Folgen für uns alle. D. Owens 2008 erschienenes Buch *In Sickness and in Power: Illness in heads of government during the last 100 years* (London: Methuen) ist eine ernüchternde Darstellung dieser Tatsache. Niemand hat eine Antwort auf diese Probleme. Gewöhnliche Menschen wie Sie und ich würden uns wahrscheinlich mit dem Druck und den Pressionen modernen politischen Lebens an der Spitze schwer tun. Das Problem ist, dass diejenigen, die damit umgehen können, das leicht auf ihre eigenen und auf unsere Kosten tun! Siehe auch Freeman, H. (1991). „The human brain and political behaviour". *British Journal of Psychiatry,* 159, 19 – 32. Barack Obama stellt sich möglicherweise als die Ausnahme heraus: mitfühlend und emotional resilient und offen.

13 Margulies, A. (1984). „Toward empathy: The uses of wonder". *American Journal of Psychiatry,* 141, 1025 – 33. Dies ist ein wunderbarer Artikel über die Feinheiten und die Wichtigkeit von Empathie in unseren Beziehungen. Er lädt uns ein, neugierig zu bleiben, wissen zu wollen, statt zu interpretieren oder zu raten. Anders als Sympathie verlangt Empathie eine gewisse Anstrengung – den Versuch, sich vorzustellen, wie es sein muss, wie ein anderer Mensch zu sein, sich auf der Grundlage von Beobachtungen und dessen, was dieser Mensch einem erzählt, im Geist ein Bild herzustellen. Empathie hat in der Welt der Psychotherapie immer eine zentrale Rolle gespielt, aber jetzt verstehen wir, dass sie komplex ist und verschieden definiert werden und verschiedene Bedeutungen haben kann. Siehe Duan, C. und Hill, C. E. (1996). „The current state of empathy research". *Journal of Counselling,* 43, 261 – 74. Es gibt auch neue Erkenntnisse der Neurowissenschaft darüber, wie Empathie in unserem Gehirn wirkt. Einen hervorragenden Überblick über diese Arbeit findet man in: Decety, J. und Jackson, P. L. (2004). „The functional architecture of human empathy". *Behavioral and Cognitive Neuroscience Reviews,* 3, 71 – 100.

14 Hoffman, M. L. (1991). „Empathy, social cognition and moral action". In W. M. Ku und J. L. Gewirtz (Hrsg.). *Handbook of Moral Behavior and Development: Vol. 1: Theory.* Hillsdale, NJ: Lawrence Erlbaum Associates (pp. 275 – 301).

15 Viele dieser sozialen Themen werden von einer Reihe von Autoren in diesem 2005 erschienenen Buch diskutiert, das ich herausgegeben habe: *Compassion: Conceptualisations, research and use in psychotherapy.* London: Routledge.

Kapitel 7: Achtsame Vorbereitungen auf dem Weg zu Mitgefühl

1 Auf unserer Webseite – www.compassionatemind.co.uk – finden Sie eine Menge Links zu anderen Webseiten, darunter auch solche über Achtsamkeit. Unter einschlägigen Büchern gilt T. N. Hanhs 2008 erschienenes Buch *Das Wunder der Achtsamkeit* (Stuttgart: Theseus) als Klassiker. Nützlich ist auch Jon Kabat-Zinns *Zur Besinnung kommen* (Freiburg: Arbor, 2008). Eine hilfreiche Einführung in die Ursprünge und die Natur von Achtsamkeit ist Bhante Henepola Gunaratana, *Die Praxis der Achtsamkeit.* Heidelberg: Kristkeitz, 2002.

Empfehlungen einiger nützlicher CDs mit Anleitungen finden Sie auf Seite 609.

2 Siehe Anmerkung 1.

3 Hanh, T. N., *Ich pflanze ein Lächeln.* München: Goldmann, 2007. Dieses Buch enthält eine Vielfalt an Einsichten und Übungen, mit deren Hilfe wir Achtsamkeit nutzen und in den Alltag bringen können. Siehe auch sein Buch *Der Geruch von frisch geschnittenem Gras: Anleitung zur Gehmeditation* (Stuttgart: Theseus, 2007).

4 Williams, M., Teasdale, J., Segal, Z. und Kabat-Zinn, J. (2007). *The Mindful Way Through Depression: Freeing yourself from chronic unhappiness.* New York: Guilford.

Dt.: *Der achtsame Weg durch die Depression.* Freiburg: Arbor, 2010.

5 Wenn Sie die Anleitung zu dieser Übung hören wollen, während Sie sie machen, dann finden Sie sie auf meiner CD: *Overcoming Depression: Talks with your therapist* (London: Robinson).

6 Gilbert, P. und Procter, S. (2006). „Compassionate mind training for people with high shame and self-criticism: A pilot study of a group therapy approach". *Clinical Psychology and Psychotherapy,* 13, 353 – 79.

7 Siehe Anmerkung 4.

Kapitel 8: Training mitfühlenden Denkens mit Hilfe von Bildern

1 Leighton, T. D. (2003). *Faces of Compassion: Classic bodhisattva archetypes and their modern expression.* Boston, MA: Wisdom. Dieses phantastische Buch ist eine gelehrte Darstellung der Bildwelt zum Thema Mitgefühl, die sanft aber auch wild sein kann. Es wird auch betrachtet, wie die Arbeit mit Bildern als ein Prozess bei der Entwicklung von Archetypen und Hirnzuständen gesehen werden kann.

Vessantara, *Das weise Herz der Buddhas: eine Einführung in die buddhistische Bilderwelt.* Essen: Do Evolution, 1999. Dies ist ein weiteres hervorragendes Buch, das zeigt, wie buddhistische Praxis Schülern eine Reihe spezifischer Bilder an die Hand gibt und wie diese Bilder in Beziehung, als Quelle von Trost und Beruhigung, und auch, um Archetypen und Muster im Denken zu stimulieren, verwendet werden. Das Buch deutet auch an, dass diese Bilder eigentlich an Bindungssysteme anknüpfen: Man bindet sich an sie und sie wirken wie innere beruhigende Figuren.

Wenn Sie buddhistische Arbeiten über die Entwicklung von Mitgefühl kennenlernen möchten, dann bietet dieses Buch eine nützliche Übersicht mit ein paar praktischen Übungen: Hopkins, J., *Mitgefühl und Liebe: Meditationstechniken und buddhistische Sichtweise.* München: Goldmann, 2002.

Rinpoche, Ringu Tilku und Mullen, K. (2005). „The Buddhist use of compassionate imagery in Buddhist meditation“. In P. Gilbert (ed.). *Compassion: Conceptualisations, research and use in psychotherapy.* London: Brunner-Routledge (pp. 218 – 38). Hier werden ein paar sehr interessante Bilderzyklen, die Mitgefühl zum Inhalt haben, beschrieben.

2 Begley, S. (2009). *The Plastic Mind.* London: Constable. Siehe auch Davidson, R. J., Kabat-Zinn, J., Schumacher, J., Rosenkranz, M., Muller, D. et al. (2003). „Alterations in brain and immune function produced by mindfulness meditation“. *Psychosomatic Medicine,* 65, 564 – 70. Rein, G., Atkinson, M. und McCraty, R. (1995). „The physiological and psychological effects of compassion and anger“. *Journal of Advancement in Medicine,* 8, 87 – 105. Diese Forscher machten die Erfahrung, dass Bilder und Phantasien von Wut eine schädliche Wirkung auf das Immunsystem hatten, während Phantasien und Bilder, die auf Mitgefühl orientiert waren, eine sehr positive Wirkung hatten.

3 Dagsay Tulku Rinpoche, *Praxis der tibetischen Meditation: Die buddhistische Geistesschule.* Darmstadt: Schirner, 2009. Dieses Buch enthält Beschreibungen einer Reihe sehr nützlicher Körperhaltungen und Übungen neben einer CD mit Mantras und Anleitungen.

4 Siehe Anmerkung 1.

5 Frederick, C. und McNeal, S. (1999). *Inner Strengths: Contemporary psychotherapy and hypnosis for ego strengthening.* Mahwah, NJ: Lawrence Erlbaum Associates. Dieses hervorragende Buch ist vor allem für Therapeuten bestimmt, aber leicht verständlich, und beschreibt die Verwendung einer ganzen Reihe verschiedener Prozesse mit Bildern, darunter Imaginationen eines inneren Helfers, Führers und Freundes. Edwards, D. (2007). „Restructuring implicational meaning through memory-based imagery: Some historical notes“. *Journal of Behavior Therapy and Experimental Psychiatry,* 39, 306 – 16. Leighton, T. D. (2003). *Faces of Compassion: Classic Bodhisattva archetypes and their modern expression.* Boston, MA: Wisdom. Dieses Buch gibt einen sehr gelehrten Überblick über die Verwendung von Mitgefühl in der Bildwelt und bei kultischen Bildern im Buddhismus.

6 Begley, S. (2009). *The Plastic Mind.* London: Constable.

7 Rein, G., Atkinson, M. und McCraty, R. (1995). „The physiological and psychological effects of compassion and anger“. *Journal of Advancement in Medicine,* 8, 87 – 105. Diese Forscher machten die Erfahrung, dass Bilder und Phantasien von Wut eine schädliche Wirkung auf die Funktion des Immunsystems hatten, während Phantasien und Bilder, die auf Mitgefühl orientiert waren, eine sehr positive Wirkung hatten.

8 Leighton, T. D. (2003). *Faces of Compassion: Classic bodhisattva archetypes and their modern expression.* Boston, MA: Wisdom. Dieses Buch gibt einen sehr gelehrten

Überblick über die Formen und die Verwendung von Bildern und kultischen Bildern von Mitgefühl im Buddhismus. Ringu Tilku Rinpoche und Mullen, K. (2005). „The Buddhist use of compassionate imagery in Buddhist meditation". In P. Gilbert (ed.). *Compassion: Conceptualisations, research and use in psychotherapy.* London: Brunner-Routledge (pp. 218 – 38). Hier werden ein paar sehr interessante Bilderzyklen, die Mitgefühl zum Gegenstand haben, beschrieben.

Ein weiteres hervorragendes Buch darüber, wie buddhistische Praxis Schülern eine Reihe spezifischer Bilder zum Üben liefert und wie diese Bilder in Beziehung, als Quelle von Trost, und auch, um Archetypen und Muster im Inneren zu stimulieren, verwendet werden, ist Vessantara, *Das weise Herz der Buddhas: eine Einführung in die buddhistische Bilderwelt.* Essen: Do Evolution, 1999.

Deborah Lee, die mit Menschen arbeitet, die an den Folgen eines Traumas und unter verwandten Problemen leiden, und die den auf Mitgefühl gerichteten Ansatz zur Therapie verwendet, hat den Begriff „vollkommener Ernährer" geprägt, um das Bild, das Mitgefühl verkörpert, zu beschreiben. Sie hat eine Reihe von Arbeitsblättern entworfen, die man verwenden kann, wenn man sich innerlich diesem Bild zuwendet. Lee, D. A. (2005). „The perfect nurturer: A model to develop a compassionate mind within the context of cognitive therapy". In P. Gilbert (ed.). *Compassion: Conceptualisations, research and use in psychotherapy.* London: Brunner-Routledge (pp. 326 – 51).

9 Siehe Anmerkung 8.

10 Siehe Anmerkung 8.

11 Dandeneau, S.D., Baldwin, M. R., Baccus, J. R., Sakellaropoulo, M. P. und Pruessner, J. C. (2007). „Cutting stress off at the pass: Reducing vigilance and responsiveness to social threat by manipulating attention". *Journal of Personality and Social Psychology,* 93, 651 – 66.

12 Siehe Anmerkung 1.

13 Childre, D. und Martin, H., *Die HerzIntelligenz-Methode: Gesundheit stärken, Probleme meistern - mit der Kraft des Herzens.* Kirchzarten bei Freiburg: VAK, 2010.

Meine Kollegen und ich an der Mental Research Unit in Derby und aus Bristol und Manchester haben kürzlich ein Forschungsprojekt durchgeführt und dabei die Herzraten-Variabilität als Ansatz verwendet. Wir haben gefunden, dass manche Menschen zwar eine gesteigerte Variabilität zeigten, wenn sie sich mit Bildern von Mitgefühl beschäftigten, andere aber in die andere Richtung gingen. Dies unterstreicht die Tatsache, dass manche Menschen Mitgefühl schwierig finden und dass es bei ihnen sogar Stress verursacht. Zurzeit untersuchen wir, ob Menschen, die

Mitgefühl lernen und üben und dabei Stress erleben, in irgendeiner Weise von einer Arbeit, die auf Mitgefühl gerichtet ist, profitieren. Rockliff, H., Gilbert, P., McEwan, K., Lightman, S. und Glover, D. „An exploration of heart-rate variability and salivary cortisol responses to compassion-focused imagery". *Journal of Clinical Neuropsychiatry*, 5, 132 – 9.

14Porges, S.W. (2007). „The polyvagal perspective". *Biological Psychology*, 74, 116 – 43.

15 Siehe Anmerkung 13.

16 Lee, D. A. (2005). „The perfect nurturer: A model to develop a compassionate mind within the context of cognitive therapy". In P. Gilbert (ed.). *Compassion: Conceptualisations, research and use in psychotherapy.* London: Brunner-Routledge (pp. 326 – 51).

17 Siehe Anmerkung 3.

Kapitel 9: Mitfühlendes Denken

1 Beck, A. T. (1967). *Depression: Clinical, experimental and theoretical aspects.* New York: Harper 8: Row. Beck, A. T. (1976) *Cognitive Therapy and the Emotional Disorders.* New York: International Universities Press.

2 Ellis, A. und Whiteley, L. M. (Hrsg.) (1979). *Theoretical and Empirical Foundations of Rational Emotive Therapy.* Pacific Grove, CA: Brooks/Cole. Eine aktuellere und leicht verständliche Einführung in Rational-Emotive Verhaltenstherapie (wie man sie jetzt nennt) siehe: Dryden, W. (2008). *Rational Emotive Behaviour Therapy: Distinctive features.* London: Routledge.

3 Horney, K., *Unsere inneren Konflikte: Neurosen in unserer Zeit; Entstehung, Entwicklung und Lösung.* Eschborn bei Frankfurt, M.: Klotz, 2007.

4 Einer der produktivsten Autoren zu diesem Ansatz ist Windy Dryden. Eine nützliche Übersicht bietet: Dryden, W. und Neenan, M. (2006). *Rational Emotive Behaviour Therapy: 100 key points 8 techniques.* London: Routledge.

5 Die NICE-Richtlinien für verschiedene Störungen finden Sie auf www.nice.org.uk.

6 Der Verlag Constable & Robinson hat in seinem Programm eine große Anzahl an Büchern, die die Kognitive Verhaltenstherapie zum Gegenstand haben, und wenn Sie etwas darüber erfahren wollen, wie man mit Hilfe der KVT Aufmerksamkeit schult und übt, wäre die Overcoming-Reihe sehr hilfreich. Es gibt natürlich auch viele Bücher, die auf dem Buddhismus beruhen, und andere, die sich auf Achtsam-

keit spezialisieren. Da können Sie auch etwas darüber erfahren, wie man Aufmerksamkeit üben kann.

7 James Pennebaker erforscht seit vielen Jahren den Wert expressiven Schreibens (das heißt Schreiben über Dinge, die uns passieren, und über unsere Gefühle, die sie auslösen): Pennebaker, J. W., *Sag, was dich bedrückt: Die befreiende Kraft des Redens.* Düsseldorf: ECON, 1991. Dieses Buch ist mehr technisch orientiert: Smyth, J. M. und Pennebaker, J. W. (2008). „Boundary conditions of expressive writing“. *British Journal of Health Psychology,* 13, 1 – 95.

8 Siehe meine CD *Overcoming Depression: Talks with your therapist.*

Kapitel 10: Von entwertender Selbstkritik zu Selbstmitgefühl

1 Übersicht über das Thema entwertender Selbstkritik siehe Gilbert, P. und Irons, C. (2005). „Focused therapies and compassionate mind training for shame and self attacking“. In P. Gilbert (ed.). *Compassion: Conceptualisations, research and use in psychotherapy.* London: Routledge (pp. 263 – 325). Zuroff, D. C., Santor, D. und Mongrain, M. (2005). „Dependency, self-criticism, and maladjustment“. In J. S. Auerbach, K. N. Levy, C. E. Schaffer (Hrsg.). *Relatedness, Self-Definition and Mental Representation: Essays in honour of Sidney J. Blatt.* London: Routledge (pp. 75 – 90). Zur Thematisierung der Wichtigkeit der Emotionen bei entwertender Selbstkritik siehe: Whelton, W. J. und Greenberg, L. S. (2005). „Emotion in self-criticism“. *Personality and Individual Differences,* 38, 1583 – 95.

Zu unserer Forschung über entwertende Selbstkritik siehe: Gilbert, P., Baldwin, M., Irons, C., Baccus, J. und Palmer. M. (2006). „Self-criticism and self-warmth: An imagery study exploring their relation to depression“. *Journal of Cognitive Psychotherapy: An international quarterly,* 20, 183 – 200. Gilbert, P., Clarke, M., Kempel, S., Miles, J. N. V. und Irons, C. (2004). „Criticizing and reassuring oneself: An exploration of forms, style and reasons in female students“. *British Journal of Clinical Psychology,* 43, 31 – 50.

2 Ich habe diese Ideen in einer Reihe von Artikeln behandelt: Gilbert, P. (1998) „What is shame? Some core issues and controversies“. In P. Gilbert und B. Andrews (Hrsg.), *Shame: Interpersonal behavior, psychopathology and culture.* New York: Oxford University Press, pp. 3 – 38. Gilbert, P. (2003). „Evolution, social roles, and differences in shame and guilt“. *Social Research: An international quarterly of the social sciences,* 70, 1205 – 30. Gilbert, P. (2007). „The evolution of shame as a marker for relationship security“. In J. L. Tracy, R. W. Robins und J. P. Tangney (Hrsg.). *The Self-Conscious Emotions: Theory*

and research. New York: Guilford (pp. 283 – 309). Das letzte Buch von Tracy und Kollegen gibt einen sehr guten Überblick über das gegenwärtige Denken über selbstbewusste Emotionen. Zum Thema Scham enthält es einen nützlichen Anhang, in dem eine Reihe verschiedener Möglichkeiten, Scham zu messen, diskutiert werden.

3 Siehe Anmerkung 1 und 2.

4 Whelton, W. J. und Greenberg, L. S. (2005). „Emotion in self-criticism". *Personality and Individual Differences*, 38, 1583 – 95.

5 Einen hervorragenden Überblick findet man bei Baldwin, M. W. und Dandeneau, S. D. (2005). „Understanding and modifying the relational schemas underlying insecurity". In M. W. Baldwin (ed.). *Interpersonal Cognition.* New York: Guilford (pp. 33 – 61). Siehe auch Baldwins Webseite zu seiner Arbeit an der McGill University in Kanada: www.mindhabits.com.

6 MacDonald, G. und Leary, M. R. (2005). „Why does social exclusion hurt? The relationship between social and physical pain". *Psychological Bulletin*, 131, 202 – 23. Diese Autoren argumentieren, dass Ablehnung, Ausschluss und Marginalisierung vermittelt durch die Systeme des Gehirns als Schmerz wirken.

7 Die Angst davor, entwertende Selbstkritik aufzugeben, weil sie einem Erziehungsstil der Eltern widerspricht, und die entsprechende Angst vor Rebellion werden ausführlicher besprochen in: Gilbert, P. und Irons, C. (2005). „Focused therapies and compassionate mind training for shame and self-attacking". In P. Gilbert (ed.). *Compassion: Conceptualisations, research and use in psychotherapy.* London: Routledge (pp. 263 – 325).

8 Dunkley, D. M., Zuroff, D. C. und Blankstein, K. R. (2006). „Specific perfectionism components versus self-criticism in predicting maladjustment". *Personality and Individual Differences*, 40, 665 – 76.

9 Reynolds, M. und Brewin, C. R. (1999). „Intrusive memories in depression and posttraumatic stress disorder". *Behaviour Research and Therapy*, 37, 201 – 15. Chris Brewin war führend in der Forschung über intrusive Erinnerungen und darüber, wie das Gedächtnis mittels verschiedener Arten von Verarbeitungssystemen operiert – wie ein emotionales Gedächtnis, das sich auf unseren Körper auswirkt, und ein Ereignisgedächtnis, das uns sagt, wann etwas passiert ist. Eine technische Beschreibung seiner Ideen findet man in: Brewin, C. R. (2006). „Understanding cognitive behaviour therapy: A retrieval competition account". *Behaviour Research and Therapy*, 44, 765 – 84.

10 Holt, J. (1982). *How Children Fail.* New York: Penguin. Die erste Auflage dieses Buches erschien im Jahr 1964 und eine zweite revidierte 1982. Ich habe es in den 1970er Jahren gelesen und war sehr von Holts Fähigkeit beeindruckt, die subtile und manchmal weniger subtile Beschämung zu erkennen, zu der es in unseren

Beziehungen miteinander und in der Schule kommt.

11 Ellenberger, H., *Die Entdeckung des Unbewussten: Geschichte und Entwicklung der dynamischen Psychiatrie von den Anfängen bis zu Janet, Freud, Adler und Jung.* Zürich: Diogenes, 2005.

12 Eine detailliertere Besprechung dieser Dynamik siehe: Gilbert, P. und Irons, C. (2005). „Focused therapies and compassionate mind training for shame and self-attacking". In P. Gilbert (ed.). *Compassion: Conceptualisations, research and use in psychotherapy.* London: Routledge (pp. 263 – 325). Sie wird auch im Hinblick auf Depression behandelt in: Gilbert, P. (2007) *Psychotherapy and Counselling for Depression.* London: Sage (3. Aufl.).

13 Leighton, T. D. (2003). *Faces of Compassion: Classic bodhisattva archetypes and their modern expression.* Boston, MA: Wisdom. Dieses phantastische Buch ist eine gelehrte Untersuchung der Bildwelt zum Thema Mitgefühl, die sanft aber auch wild sein kann. Es thematisiert auch, wie diese Bildwelt als Teil eines Prozesses zur Entwicklung von Archetypen und Zuständen des Gehirns verstanden werden kann.

14 Einen leichten Zugang zu dieser Arbeit, die von James Pennebaker entwickelt wurde, findet man in diesem Buch, das für eine breite Leserschaft bestimmt ist: Pennebaker, J. W., *Sag, was dich bedrückt: Die befreiende Kraft des Redens.* Düsseldorf: ECON, 1991. Mehr technische und aktuelle Ergebnisse der Forschung über expressives Schreiben siehe: Smyth, J. M. und Pennebaker, J. W. (Hrsg.) (2008). „Boundary conditions of expressive writing". Health Psychology (special section). *British Journal of Health Psychology*, 13, 1 – 95.

Kapitel 11: Mitgefühl und Emotionen

1 Baumeister, R. F., Bratslavsky, E., Finkenauer, C. und Vohs, K. D. (2001). „Bad is stronger than good". *Review of General Psychology*, 5, 323 – 70. Dieser Artikel liefert eine hervorragende Übersicht, wie negative und positive Emotionen auf verschiedene Weise wirken und warum negative Emotionen, mit denen wir auf Gefahr oder Bedrohung reagieren, mächtiger sind und eine viel stärkere Wirkung auf uns und auf unser Leben haben können als positive.

2 Miller, W. I. (2000). *The Mystery of Courage.* Cambridge, MA: Harvard University Press.

3 Linehan, M. (1993). *Dialectical Behavior Therapy.* New York: Guilford.

4 Steve Hayes hat entwickelt, was er „Akzeptanz- und Commitmenttherapie" nennt. Wenn Sie diesen Begriff bei Google eingeben, finden Sie Webseiten und Artikel zu diesem Thema. Dies ist sein Selbsthilfe-Handbuch: Hayes, S. C., *In Abstand zur inneren Wortmaschine: Ein Selbsthilfe- und Therapiebegleitbuch auf der Grundlage der Akzeptanz- und Commitment-Therapie (ACT).* Tübingen: Dgtv, 2007. Dies ist ein anderes Buch zur Selbsthilfe, das auf diesem Ansatz beruht: Harris, R., *Wer dem Glück hinterher rennt, läuft daran vorbei: Ein Umdenkbuch.* München: Kösel, 2009.

5 Mansell, W. (2007). *Coping with Fears and Phobias: A step-by-step guide to understanding and facing your anxieties.* Oxford: Oneworld. Dies ist ein schönes Buch, das in einem mitfühlenden Stil geschrieben ist und das zugleich auch kognitives Verhalten thematisiert. Über Probleme mit Sorge und Grübeln siehe Leahy, R. (2006). *The Worry Care.* London: Piatkus.

6 Wut kann viele verschiedene Formen annehmen und von vielen verschiedenen Dingen ausgelöst werden. Wut ist auch ein wichtiges Element einer Reihe von Störungen, darunter Depression und Paranoia. DiGiuseppe, R. und Tafrate, C. (2007). *Understanding Anger Disorder.* New York: Oxford University Press.

7 Fournier, M. A., Moskowitz, D. S. und Zuroff, D. C. (2002). „Social rank strategies in hierarchical relationships". *Journal of Personality and Social Psychology,* 83, 425 – 33. Wie Wut dazu tendiert, von Menschen mit mehr Macht gegenüber Menschen mit weniger Macht ausgedrückt zu werden, wird auch in dieser Arbeit untersucht: Keltner, D., Gruenfeld, D. h. und Anderson, C. (2003). „Power, approach and inhibition". *Psychological Review,* 110, 265 – 84.

8 Wenn Sie mehr Informationen über Selbsthilfe haben möchten, gibt es eine Reihe von Büchern, die Sie zurate ziehen können. Geben Sie einfach „Wut" auf der Website des Verzeichnisses Lieferbarer Bücher (VLB) ein; da werden Sie entsprechende Titel finden. Zum Beispiel ist *Wohin mit meiner Wut? Neue Beziehungsmuster für Frauen* von H. G. Lerner (Frankfurt am Main: Fischer, 2001) sehr nützlich, um zu verstehen, wie sich Wut in Beziehungen auswirkt. In seinem Buch *Nur nicht aufregen!* (Göttingen: Hans Huber, 2002) beschreibt William Davies einen Ansatz der Kognitiven Verhaltenstherapie. Entscheidend ist, dass man sich entschlossen hat, an seiner Wut zu arbeiten, und dann verschiedene Spuren untersucht und die verfolgt, die für einen am wirksamsten sind. Und scheuen Sie sich nicht, professionelle Hilfe in Anspruch zu nehmen.

Kapitel 12: Mitgefühl und Mut

1 Keltner, D., Gruenfeld, D.h. und Anderson, C. (2003). „Power, approach and inhibition". *Psychological Review,* 110, 265 – 84. Siehe auch Fournier, M. A., Moskowitz, D. S., und Zuroff, D. C. (2002). „Social rank strategies in hierarchical relationships". *Journal of Personality and Social Psychology,* 83, 425 – 33. Ein faszinierender Artikel ist von R. Vonk (1998): „The slime effect: Suspicion and dislike of likeable behavior toward superiors". *Journal of Personality and Social Psychology,* 74, 849 – 64. Darin zeigt er, wie manche Menschen, die dadurch auffallen, dass sie andere drangsalieren, gegenüber ihren Vorgesetzten unglaublich besänftigend auftreten, sich aber unangenehm gegenüber ihren Untergebenen verhalten (das nennt man „downward kicking and upward licking" / „nach unten treten und nach oben lecken"). Dies ist ein wirkliches Problem, und viele meinen, dass diese manipulative Weise, wie manche Individuen Machtpositionen in Organisationen erlangen, immer häufiger zu beobachten ist. Auf ihre vorgesetzten Manager können sie extrem begeistert und effizient wirken, darum bemüht, Termine einzuhalten und so weiter, aber ihre Untergebenen haben ein schreckliches Arbeitsklima.

2 Batson, C. D., Klein, T. R., Highberger, L. und Shaw, L. L. (1995). „Immorality from empathy-induced altruism: When compassion and justice conflict". *Journal of Personality and Social Psychology,* 68, 1042 – 54.

3 Oliner, S. P. und Oliner, P. M. (1988). *The Altruistic Personality: Rescuers of Jews in Nazi Europe.* New York: Free Press. Es gibt jetzt mehr Forschung zum Thema „Retterverhalten" („rescuer behaviour"), und wenn Sie diesen Begriff bei einer Internetsuchmaschine eingeben, bekommen Sie eine ganze Reihe interessanter Texte und Informationen dazu.

4 Leighton, T. D. (2003). *Faces of Compassion: Classic Bodhisattva archetypes and their modern expression.* Boston, MA: Wisdom.

5 Ich denke, dass Scham mit den Systemen und sozialen Mentalitäten zu tun hat, die unser Verhalten und Empfinden in Bezug auf unseren Rang regulieren, das heißt auch damit, in wie weit wir uns unterlegen oder überlegen fühlen und uns unterwürfig verhalten (see Gilbert, P. und McGuire, M. [1998]. „Shame, status and social roles: The psychobiological continuum from monkeys to humans". In P. Gilbert und B. Andrews [Hrsg.]. *Shame: Interpersonal Behavior, Psychopathology and Culture,* New York: Oxford University Press, pp. 99 – 125).

Im Gegensatz dazu geht es bei Schuldgefühlen um Anteilnahme und darum, Schaden zu vermeiden. Dies wird auch in mehreren Veröffentlichungen betont: Scheff, T. J. (1988). „Shame and conformity: The deference- emotion system". *American Review of Sociology,* 53, 395 – 406. Eine gute Übersicht über diese Untersuchungen und den neuesten Stand findet man bei: http://en.wikipedia.org/wiki/Asch_conformity_ experiments (Zugang am 9. November 2008). Noch mehr können Sie finden bei: Bond, R. und Smith, P. (1996). „Culture and conformity: A meta-analysis of studies using Asch's line judgment task". *Psychological Bulletin*, 119, 111 – 37. Wie unser Selbstgefühl durch unsere Gruppenidentität gebildet wird, kann man auch mit Hilfe dieser Schriften verfolgen: Abrams, D., Cochrane, S., Hogg, M. A. und Turner, J. C. (1990). „Knowing what to think by knowing who you are: Self-categorization and the nature of norm formation, conformity and group polarization". *British Journal of Social Psychology*, 29, 97 – 119; Robinson, W. P. (1996). *Social Groups and Identities.* Oxford: Butterworth-Heinemann.

6 Zimbardo, P. (2007). *The Lucifer Effect.* New York: Rider. Philip Zimbardo versucht seit über 40 Jahren zu verstehen und untersucht, wie sich gewöhnliche Menschen grausam verhalten können. Er hat wichtige Beiträge bei vielen Arbeitsgruppen auf Kongressen geleistet, wobei er Grausamkeit in verschiedenen Bereichen des Lebens, und besonders beim Militär und in jüngerer Zeit bei den Misshandlungen im Irak untersucht hat. Es ist in vielerlei Hinsicht ein erschütterndes Buch, in dem er Erfahrungen und Beobachtungen seiner langjährigen Forschungen zusammengestellt hat.

Milgram, S., *Das Milgram-Experiment: Zur Gehorsamsbereitschaft gegenüber Autorität.* Reinbek bei Hamburg: Rowohlt, 1995. Dieses Buch hatte eine enorme Wirkung, als es erschien, denn es zeigte, wie sich viele Menschen in hohem Maß unterwürfig gegenüber einer Autorität verhalten und Grausamkeiten begehen, wenn sie dazu aufgefordert werden. Es gab (besorgte) Beschwerden von einigen Leuten, Milgrams Forschung sei unmoralisch. Leider hat man zugelassen, dass einige der Lehren, die man durch diese Forschung in den 1960er und 1970er Jahren gewonnen hat, mittlerweile verblassten. Wir scheinen jetzt immer wieder zu staunen, wie leicht Menschen zu grausamem und unmoralischem Verhalten übergehen können, einfache Erklärungen vorziehen und nicht verstehen, wie *wir* die Bedingungen für Grausamkeit selbst herstellen. Ein hervorragendes Buch, das diese Themen auch anspricht, ist Dixon, N. F. (1987). *Our Own Worst Enemy.* London: Routledge.

Ein etwas kontroverser Artikel über Zimbardos Arbeit und Ideen ist Haslam, S. A., und Reicher, S. D. (2008). „The banality of evil". *The Psychologist*, 21, 16 – 19.

7 Gilbert, P. (2005). „Compassion and cruelty: A biopsychosocial approach". In P. Gilbert (ed.). *Compassion: Conceptualisations, research and use in psychotherapy.* London: Routledge, pp. 9 – 74.

8 Kelman, H. C. und Hamilton, V. L. (1989). *Crimes of Obedience.* New Haven, CT: Yale University Press. Als jemand, der an den Pathologien und Problemen, die mit unserem untergeordneten und unterwürfigen Verhalten verbunden sind, interessiert

ist, kann ich dieses Buch sehr empfehlen. Nur wenn wir uns der Tatsache stellen, dass wir in hohem Grad unterwürfig sind, können wir uns davon befreien – ein Thema, das vor über 50 Jahren von Erich Fromm in seinem Buch *Die Furcht vor der Freiheit* (Zürich: Steinberg, 1945) aufgegriffen wurde.

9 Dixon, N. F. (1987). *Our Own Worst Enemy.* London: Routledge. Ein hervorragendes Buch, das auch diese Themen, und daneben die Tatsache anspricht, dass eine wichtige Quelle unserer Probleme die Weise ist, wie unser altes und unser neue Gehirn zusammenwirken. Wir nutzen unsere Intelligenz oft, um den Impulsen primitiver Emotionen zu folgen.

10 Kettle, M. (1998). „US honours hero who defied Vietnam atrocity". *Guardian,* 5 March, p. 2.

11 Siehe Anmerkung 6.

12 Cockburn, P. (2006). *The Occupation: War and resistance in Iraq.* London: Verso. Dieses Buch macht deutlich, dass der Krieg mit einer Mischung von übertriebenem Ehrgeiz und reiner Inkompetenz bei der Planung der Zeit nach der Invasion geführt wurde. Es gibt Momente, in denen man gegenüber der erschreckenden Qualität der Führer in der westlichen Welt, ihrer moralischen Unfähigkeit und ihrer Art, Geschäft und Geld zu manipulieren, nur Verzweiflung empfinden kann.

13 Ich habe für ein Buch mit dem Titel *Living Like Crazy* ein Kapitel über Grausamkeit geschrieben. Es wurde nie veröffentlicht, aber einen Teil des Manuskripts kann man von der Webseite zu Compassionate Mind (www.compassionatemind.co.uk) herunterladen, darunter auch dieses Kapitel über Grausamkeit.

14 Abbott, G. (1993). *Rack, Rope and Red-Hot Pincers: A history of torture and its instruments.* London: Headline.

Kapitel 13: Mitfühlendes Denken zum Ausdruck bringen

1 Begley, S. (2009). *The Plastic Mind.* London: Constable.

Wie schon bemerkt, waren Richard Davidson und seine Kollegen bei der Untersuchung der Frage, wie Meditation sich auf unser Gehirn und unseren Körper auswirkt, in vorderster Reihe. Davidson, R. J., Kabat-Zinn, J., Schumacher, J., Rosenkranz, M., Muller, D. et al. (2003). „Alterations in brain and immune function produced by mindfulness meditation". *Psychosomatic Medicine,* 65, 564 – 70. Lutz, A., Brefczynski-Lewis, J., Johnstone, T. und Davidson, R. J. (2008). „Regulation of the neural circuitry of emotion by compassion meditation: Effects of meditative expertise". *Public Library of Science*, 3, 1 – 5.

Rein, G., Atkinson, M. und McCraty, R. (1995). „The physiological and psychological effects of compassion and anger". *Journal for the Advancement of Medicine*, 8, 87 – 105. Diese Forscher kamen zu dem Ergebnis, dass Bilder und Phantasien von Wut eine schädliche Wirkung auf die Funktion des Immunsystems hatten, während Phantasien und Bilder, die sich auf Mitgefühl richteten, eine sehr positive Wirkung hatten. Sie finden in Begleys Buch auch eine Übersicht und Besprechung einer Reihe von Untersuchungen darüber, wie sich Training des Geistes und des Denkens auf den Körper auswirkt.

2 Einhorn, S., *Die Kunst, ein freundlicher Mensch zu sein.* Hamburg: Hoffmann und Campe, 2007.

3 Gottman, J. M., Driver, J. und Tabares, A. (2002). „Building the sound marital house: An empirically derived couple therapy". In A. S. Gurman und N. S. Jacobson (Hrsg.). *Clinical Handbook of Couple Therapy.* New York: Guilford Press, pp. 373 – 99.

4 Carnegie, D., *Wie man Freunde gewinnt: Die Kunst, beliebt und einflussreich zu werden.* Frankfurt am Main: Fischer, 2011.

Dies ist ein an Einsichten sehr reiches Buch und stellt in den Mittelpunkt, wie wichtig es ist, sich ganz dem anderen Menschen zuzuwenden, wenn man Beziehungen aufbauen und erhalten möchte, so dass sie gedeihen können. Es wurde lange vor dem Auftauchen positiver Psychologie verfasst (1937)!

5 Nancy Eisenberg ist eine der führenden Autoritäten auf dem Gebiet der Entwicklung prosozialen Verhaltens bei Kindern. Eine gute Übersicht über ihre Arbeit findet man in Eisenberg, N. „Empathy- related emotional responses, altruism, and their socialization". In R. Davidson und A. Harrington (Hrsg.) (2002): *Visions of Compassion: Western scientists and Tibetan Buddhists examine human nature.* New York: Oxford University Press, pp. 131 – 64. Siehe auch Eisenberg, N. und Mussen, P. N. (1989). „*The Roots of Prosocial Behavior in Children*". New York: Cambridge University Press.

Um Fragen moralischer und prosozialer Entwicklung geht es auch in drei Sammelbänden, die Arbeiten einer Reihe wichtiger Autoren enthalten: Kurtines, W. M. und Gewirtz, J. L. (Hrsg.) (1991). *Handbook of Moral Behavior and Development. Vol. 1: Theory. Vol. 2: Research. Vol. 3: Applications.* Hillsdale, NJ: Lawrence Erlbaum Associates. Einen Überblick aus jüngerer Zeit enthält Bierhoff, H. W. „The psychology of compassion and prosocial behaviour". In P. Gilbert (ed.) (2005). *Compassion: Conceptualisations, research and use in psychotherapy.* London: Routledge, pp. 148 – 67.

6 Hoffman, M. L. „Empathy, social cognition and moral action". In Kurtines, W. M.

und Gewirtz, J. L. (Hrsg.) (1991). *Handbook of Moral Behavior and Development. Vol. 1: Theory.* Hillsdale, NJ: Lawrence Erlbaum Associates, pp. 275 – 301.

7 Emler, N. und Hogan, R. „Moral psychology and public policy". In W. M. Kurtines und J. L. Gewirtz (Hrsg.) (1991). *Handbook of Moral Behavior and Development. Vol. 3: Application.* Hillsdale, NJ: Lawrence Erlbaum Associates. Wilkinson, R. (2005). *The Impact of Inequality: How to make sick societies healthier.* London: New Press.

8 Gilmour, I. I. (1993). *Dancing with Dogma: Britain under Thatcherism.* London: Simon & Schuster, p. 340.

9 Es gibt viele Webseiten, auf denen die Natur des Bewusstseins diskutiert wird – einige sind extrem technisch, und man kann sich leicht in ihnen verlieren. Vielleicht interessiert sie Ricard, M. und Thuan, T. X., *Quantum und Lotus: Vom Urknall zur Erleuchtung.* München: Goldmann, 2008. Oder auch Goswami, A., *Das bewusste Universum: Wie Bewusstsein die materielle Welt erschafft.* Stuttgart: Lüchow, 2007. Seien Sie sich bewusst, dass dies heiß diskutierte Themen sind!

10 Hinde, R. A. (1999). *Why Gods Persist: A scientific approach to religion.* London: Routledge.

Ein anderes faszinierendes Buch, in dem der in der Evolution entstandene psychische Mechanismus behandelt wird, der religiöse Überzeugungen und Erfahrungen unterstützt, ist Wenegrat, B. (1990). *The Divine Archetype. The sociobiology and psychology of religion.* New York: Free Press. Es gibt natürlich viele Arbeiten über die Funktionen von Religion, wie sie aus der Evolution unserer Fähigkeit erwachsen sind, zu imaginieren und darüber, wie gefährlich und tragisch das Leben ist, nachzudenken – und wie wir versuchen, darin Sinn zu finden. Andere Autoren betonen die Rolle der Notwendigkeit und des Bedürfnisses, ein Zugehörigkeitsgefühl, Verbundenheit zu empfinden und sich fürsorglich wahrgenommen zu fühlen, und besonders ein Einssein als eine Möglichkeit zu empfinden, mit dem Tod als dem Ende umzugehen. Siehe Kirkpatrick, L. A. (2005). *Attachment, Evolution, and the Psychology of Religion.* New York: Guilford.

11 Eine vollständige Fassung von Präsident Obamas Antrittsrede findet man leicht im Internet.

Weiterführende Literatur und CDs und Hinweise auf Webseiten

Bücher

Meditation

Zwei nützliche Bücher in Verbindung mit CDs:

- Kornfield, J., *Meditation für Anfänger.* München: Goldmann, 2005.
  Eine schöne Einführung.
- Dagsay Tulku Rinpoche, *Praxis der tibetischen Meditation: Die buddhistische Geistesschule.* Darmstadt: Schirner, 2009.
  Dieses Buch enthält Beschreibungen einer Reihe sehr nützlicher Körperhaltungen und Übungen und eine CD mit Mantras und Anleitungen.

Achtsamkeit

Es gibt viele Bücher über Achtsamkeit. Dies sind zwei Klassiker:

- Thich Nhat Hanh, *Das Wunder der Achtsamkeit.* Stuttgart: Theseus, 2008.
- Kabat-Zinn, J., *Zur Besinnung kommen.* Freiburg: Arbor, 2008.

Der Dalai Lama

Der Dalai Lama ist der spirituelle Kopf des tibetischen Buddhismus, dessen Lehre man sowohl als spirituellen Ansatz als auch als eine grundlegende Psychologie betrachten kann. Er ist besonders wegen seiner Psychologie und seiner Einsichten nützlich, die auf einer langen Tradition der Meditation und introspektiven Beobachtung aufbauen.

- Dalai Lama, *Mit dem Herzen denken: Mitgefühl und Intelligenz sind die Basis menschlichen Miteinanders.* Frankfurt am Main: Fischer, 2006.
- Dalai Lama, *Mit weitem Herzen: Mitgefühl leben* (hrsg. v. N. Vreeland). Berlin: Theseus, 2002.

Weitere Bücher

Diese zwei Bücher habe ich besonders anregend gefunden,
und sie sind schön geschrieben:

- Bhikshu Sangharakshita (2008). *Living with Kindness: The Buddha's teaching on metta.* London: Windhorse Publications.
- Hopkins, J., *Mitgefühl und Liebe: Meditationstechniken und buddhistische Sichtweise.* München: Goldmann, 2002.

Einen eher technischen Ansatz finden Sie hier:

- Paul Gilbert (2005). *Compassion: Conceptualisations, research and use in psychotherapy.* London: Routledge (pp. 148 – 67)
- Richard J. Davidson und Anne Harrington (Hrsg.) (2002). *Visions of Compassion: Western scientists and Tibetan Buddhists examine human nature.* New York: Oxford University Press.

Danksagung

Ich freue mich, so vielen Menschen für alles danken zu können, was sie zu diesem Buch beigetragen haben. Ich muss bei den vielen Patienten anfangen, mit denen ich in den letzten 30 Jahren psychotherapeutisch gearbeitet habe – ich danke ihnen für ihren Mut und ihre Einsichten in das, was es ihnen schwer macht, Mitgefühl mit sich zu haben, und für ihre Bemühungen, Selbstmitgefühl zu entwickeln. In meiner Arbeit mit diesen Patienten festigte sich bei mir die Überzeugung, dass ein „Mangel an Freundlichkeit und an Wärme für sich selbst“ für so viele innere Zustände psychischen Leidens zentral ist.

Wir haben versucht, dies in einiger Ausführlichkeit zu untersuchen – besonders im Hinblick auf Themen, die mit Scham und entwertender Selbstkritik zu tun haben. Hier möchte ich meinem Forschungskollegen Chris Irons danken, der viele Jahre lang mit mir an verschiedenen Modellen von Mitgefühl gearbeitet hat. Ich danke ebenfalls der derzeitigen wunderbaren Koordinatorin meines Forschungsteams Corrine Gale und der Forscherin und Datenanalytikerin Kirsten McEwan für ihren phantastischen Einsatz und ihre Hingabe. Besonderer Dank gilt auch Helen Rockliffe für ihren Enthusiasmus und ihre intensive Arbeit, seit sie bei uns ist. Meine Sekretärinnen – seit vielen Jahren Diane Woollands (jetzt pensioniert – tut mir leid, wenn ich Sie überstrapaziert habe) und seit Kurzem Sue Brannigan und Lesley Fulter – haben hervorragende Unterstützung mit der Korrektur der Druckfahnen und Überprüfung der Anmerkungen geleistet. Besonderer Dank gilt auch Keith Wilshere für sein meisterhaftes Management unserer Forschungsgruppe und dafür, dass er uns über Wasser gehalten und mich dazu gebracht hat, wieder Gitarre zu spielen und eine Aufnahme mit den „Still Minds“ zu machen.

2007 habe ich eine wohltätige Organisation gegründet, die Forschung und therapeutische Arbeit mit Mitgefühl voranbringen soll – die Compassionate Mind Foundation (www.compassionatemind.co.uk). Deshalb ist es für mich eine Freude, den derzeitigen Trustees Jean Gilbert, Chris Gillespie und Tom Schroder zu danken. Dank gebührt auch unseren Vorstandsmitgliedern Diane Woollands (die auch Koordinatorin der Stiftung ist), Ken Goss, Deborah Lee, Mary Welford, Ian Lowens und Chris Irons. Sie alle arbeiten seit einer Reihe von Jahren an diesen Ideen und haben in ihren eigenen Fachgebieten – darunter die Arbeit mit Essstörungen, Angststörungen, Trauma und Psychose – einen therapeutischen Ansatz entwickelt, bei dem Patienten Mitgefühl entwickeln und für sich nutzen lernen. Ich bin auch meinen klinischen Kollegen Sue Procter, Sophie Mayhew, Sharon Pallant und Andrew Rayner zu Dank verpflichtet, mit denen ich klinisch gearbeitet habe und daran, Daten über die Ergebnisse von Therapien zu sammeln, die mit dem Fokus auf Mitgefühl durchgeführt wurden. Dank gilt auch dem Team des Tageszentrums Duffield Road für ihre beständige Arbeit mit diesem therapeutischen Ansatz und dafür, dass sie Räume für unsere regelmäßigen vierzehntägigen Supervisionsgruppen bereitgestellt haben – eine Quelle der Leidenschaft und ein Raum, in dem Ideen und Forschungsergebnisse ausgetauscht werden können. Michael Townsend und Louis Spry von der University of Derby waren sehr unterstützend und haben dabei geholfen, die Ausbildung voranzubringen. Wir hoffen, dass wir in Kürze eine strukturierte Ausbildung vorstellen können.

Ich möchte auch meinem Freund, Professor Meinrad Perrez, dafür danken, dass er mir viele Jahre lang eine Gastprofessur an der Universität Fribourg in der Schweiz ermöglicht hat und mich an seiner faszinierenden Arbeit über die Regulierung von Emotionen in Familien hat teilhaben lassen. Dank gilt auch meinem Freund, Professor Jose Gouveia von der Universität Coimbra in Portugal, dafür, dass er mir wieder eine Gastprofessur angeboten hat und dass er wichtige Forschung über Scham und Mitgefühl angeregt hat. Dank gilt auch seinen Studenten Paula Castilho, Marcella Matos und Alexandra Dinis. Besonderer Dank gilt Giovanni Liotti für seine Einsichten und seine langjährige Arbeit über

Bindungstheorie und Therapie und Führung. Ich verdanke auch John Price und Professor Leon Sloman viel, die die Theorie der Rolle sozialen Ranges bei affektiven Störungen entwickelt haben, Anthony Stevens für seine Hinführung zur Theorie der Archetypen und den Professoren Michael McGuire und Dan Wilson für ihr beträchtliches Wissen über evolutionäre Ansätze zum Verständnis psychischer Störungen.

Die Mental Health Research Unit (Forschungsgruppe Psychische Gesundheit) wurde 1996 als ein gemeinsames Projekt der University of Derby und dem (jetzigen) Derbyshire Mental Health Trust gegründet. Ohne ihre Unterstützung wären unsere Forschung und unser neuer Ansatz nicht möglich, deshalb bin ich ihrer Vision und Ermutigung über lange Zeit äußerst dankbar. Ich möchte auch der British Association of Behavioural and Cognitive Psychotherapies danken, die mir immer ein Gefühl der Zugehörigkeit und des Willkommens vermittelt und mich im Jahr 2003 zu ihrem Präsidenten berufen hat. Hier sind Leute, die sich der Erforschung sowohl des Prozesses als auch des Ergebnisses gewidmet haben und die mit allen zeitgenössischen Psychotherapien unzufrieden sind und sie verbessern wollen. Obwohl ich mehr auf biologische Prozesse und den Prozess der Evolution – mit ausgiebigen Seitenblicken auf die Bindungstheorie, auf Jungs Archetypen und die nicht bewussten Prozesse – spezialisiert bin als manche andere Kollegen, haben sie mich immer freundlich behandelt und mir viele Bühnen eröffnet, von denen aus ich meine Ansichten darstellen konnte. Ohne ihre Unterstützung und Offenheit wären wir nicht da, wo wir heute sind. Es ist nicht klar, ob sich angesichts psychologischer Forschung eine unserer gegenwärtigen Schulen und Richtungen am Leben erhalten kann oder ob sie nicht einfach zu „evidenzbasierten psychologischen Therapien“ werden. Wer weiß, was es in Zukunft geben wird, wenn sich die Dinge so schnell verändern wie jetzt? Besonderer Dank gilt Professor Bob Leahy, Kognitiver Verhaltenstherapeut und Kollege aus New York, für sein Stipendium, seine Freundschaft und seine Leidenschaft für Leidenschaft (Emotionen) in der Therapie – ich habe versprochen, das Singen im Pub nicht zu erwähnen.

Nick Robinson von Constable & Robinson hat dieses Buch als Verleger begeistert unterstützt. Ich hätte mir keinen hilfsbereiteren Verleger, Freund und Führer wünschen können. Er kannte sich auch mit Rotwein aus. Vielen Dank auch an Fritha Saunders, die Cheflektorin, die enthusiastisch, unglaublich effizient und immer hilfsbereit und sehr freundlich war. Sie hat mich immer wieder beruhigt, wenn ich wegen Terminen in Angstzustände geriet. Wie Nancy Duin, die freie Mitarbeiterin und Lektorin für dieses Buch, einen schwer verständlichen Text in etwas Lesbares verwandelte, war wunderbar. Nicht nur, dass sie fast jeden Satz verbesserte, sie bearbeitete auch noch intensiv meine Korrekturen und Ergänzungen. Sie verschob ganze Absätze, um das Verständnis des Textes zu erleichtern, und überprüfte im Internet Sachverhalte, die ich selbst hätte prüfen sollen (sie ersparte mir jedenfalls ein paar peinliche Irrtümer). Wenn Sie verstehen, was ich geschrieben habe, dann liegt das in nicht geringem Maß an Nancys Brillanz. Ihr gilt meine tiefe Dankbarkeit. Für alle verbliebenen Fehler bin ich natürlich allein verantwortlich; am Ende des Buches werden Sie aber, was Vergebung und Verzeihen angeht, fortgeschritten sein!

Wie immer geht meine Liebe zu meinen Kindern Hannah und James, die mich so viel über die Macht der Liebe in der Familie gelehrt haben. Auch Liebe für Jean – meine Frau, Trinkgenossin, Kricketfan wie ich, Forscherin an meiner Seite und Liebe meines Lebens seit gut über 30 Jahren. Sind wir schon so alt? Da der NHS keine Sabbatjahre für Buchprojekte gewährt, musste ich in den letzten Jahren um 5 Uhr aufstehen – und dabei versuchen, meine Liebste nicht aufzuwecken.

Einige Monate vor Abschluss dieses Buch starb Simon Thomas, ein langjähriger Kollege, Klinischer Psychologe und Therapeut, an Krebs; ein wahrhaft liebenswerter Mann, den wir alle herzlich gern hatten – er wurde nur 48 Jahre alt. Und dann bekam mein Vater einen schnell wachsenden Krebs, der in kurzer Zeit aus einem aktiven Mann mit strahlenden Augen einen verwirrten Mann machte, der allen Lebensmut verloren hatte. Glücklicherweise konnte ich während der letzten Tage bei ihm sein. Diese Ereignisse zeigten mir deutlich, worum es bei Mitgefühl geht: Begegnung mit den Realitäten und Schicksalsschlägen des Lebens. Sie ließen mich verstehen, warum ich die frühen Morgenstunden mit Schreiben verbrachte. Deshalb widme ich dieses Buch allen, die Freude am Leben haben, aber darunter leiden, dass sie lebendig sind.

Literatur aus dem Arbor Verlag

Rick Hanson mit Richard Mendius

Das Gehirn eines Buddha

Die angewandte Neurowissenschaft
von Glück, Liebe und Weisheit

Das Gehirn eines Buddha weist uns wirksame Wege, wie wir Liebe, Weisheit und wahres Glück in unserem Leben erfahren können, und erklärt uns auch physiologisch, wie und warum das funktioniert.
Der Strom unserer Gedanken formt unser Gehirn und vermag uns so, neue Möglichkeiten, Handlungsräume und Gefühlswelten zu eröffnen – oder auch zu verschließen. Demgemäß lautet die grundlegende Botschaft aktueller neurobiologischer Forschung: „Indem du dein Gehirn verändern kannst, kannst du dein Leben ändern."
Gestützt auf jüngste Forschungsergebnisse zeigt uns *Das Gehirn eines Buddha* auf, wie wir unser Gehirn stimulieren und stärken können, um zu erfüllenderen Beziehungen und zu einem stärkeren Gefühl von innerem Vertrauen und Wert zu finden.

ISBN 978-3-86781-025-8

Christopher Germer

Der achtsame Weg zur Selbstliebe

Wie man sich von destruktiven Gedanken und Gefühlen befreit

Das Leben ist hart, vieles kann enorm schieflaufen.
Oft schämen wir uns dann und werden selbstkritisch. Wir fragen uns: „Warum schaffe ich es nicht?“ oder „Warum ich?“. Vielleicht setzen wir auch alles daran, uns selbst wieder „in Ordnung zu bringen“, und machen damit alles nur noch schlimmer.
Doch wir können lernen, mit Kummer und Leid auf eine andere, gesündere Art und Weise umzugehen. Anstatt schwierigen Gefühlen mit erbittertem Widerstand zu begegnen, können wir unseren Schmerz anschauen, beobachten und mit Freundlichkeit und Verständnis darauf reagieren. Das ist Selbstliebe: Wenn wir uns voller Mitgefühl so um uns selbst kümmern, wie wir es bei einem geliebten Menschen tun würden. Bereits ein Augenblick, in dem wir mitfühlend und liebevoll mit uns selbst umgehen, kann unseren Tag verändern und viele solcher Momente können unserem Leben eine ganz neue Richtung geben. Die Befreiung aus der Falle destruktiver Gedanken und Gefühle durch mitfühlende Selbstliebe kann unsere Selbstachtung von innen heraus stärken und sogar Depressionen und Ängste vertreiben.
Erfahren Sie, wie Sie sich dieses Mitgefühl und diese Liebe entgegenbringen können, wenn Sie sie am dringendsten brauchen: Wenn Sie vor Scham fast vergehen, wenn Sie vor Wut oder Angst die Fäuste ballen oder sich zu verletzlich fühlen, um ein weiteres Familientreffen zu überstehen.

„In diesem wichtigen Buch erhellt Christopher Germer die unendliche Vielzahl von Synergien, die zwischen Achtsamkeit und Mitgefühl bestehen. Er zeigt effektive Wege auf, wie wir auf geschickte Weise sicherstellen können, dass wir uns selbst einladen, im liebevollen Herzen des Gewahrseins selbst zu verweilen.“

Jon Kabat-Zinn

ISBN 978-3-86781-011-1

Daniel J. Siegel

Das achtsame Gehirn

Was bedeutet es eigentlich, im „Hier und Jetzt" zu leben, gegenwärtig zu sein und „ganz da" zu sein?
Der Psychologe Daniel J. Siegel erschließt uns erstmals das wissenschaftliche Verständnis der spezifischen Funktionsweise eines achtsamen Gehirns. Im Mittelpunkt seiner visionären Synthese von Wissenschaft und Praxis steht die Idee, dass die Art und Weise, in der wir uns unserer momentanen und gleichsam fortlaufenden Erfahrung bewusst sind, in uns selbst eine Art von Einstimmung oder Resonanz bewirkt, die spezifische soziale oder emotionale „Schaltkreise" des Gehirns „verkabelt". Diese "Resonanzschaltkreise„ werden durch Achtsamkeitspraxis zum Wachstum angeregt. Ein Wachstum, das den nur momenthaften Status eines achtsamen Gehirns in dauerhafte Resilienz wandelt.
Diese grundlegende Transformation unseres körperlichen und geistigen Lebens kultiviert Wohlbefinden. Einen Geisteszustand also, der unser emotionales Gleichgewicht stabilisiert, der die Funktion von Herz und Immunsystem positiv unterstützt und uns zudem einen verfeinerten Sinn für Mitgefühl und Selbsterkenntnis erschließt. Ermöglicht wird dies durch eine sehr weitgehende, lebenslange Anpassungsfähigkeit des Gehirns, die erst vor kurzem entdeckte „Neuroplastizität".
Siegel erschließt uns in „Das achtsame Gehirn" eine neue Wahrnehmung unserer inneren Welt, unserer interpersonellen Beziehungen und der Entwicklung von Wohlsein und Glück in unserem täglichen Leben. Dabei zeigt er uns auf, wie die erlernbare Fähigkeit der Achtsamkeit unser Leben bereichern kann und wie wir dank ihrer Hilfe den Herausforderungen des Lebens ungewohnt gelassen und klar begegnen können.

Eine provokante, höchst originelle und brillante Theorie, die in diesem Feld das wissenschaftliche Denken der kommenden Jahre prägen wird.

Daniel Goleman

ISBN 978-3-936855-88-3

Bonnie Badenoch

Gehirn und Psyche

Interpersonelle Neurobiologie als Grundlage einer erfolgreichen therapeutischen Praxis

Gehirn und Psyche integriert die wissenschaftlichen Grundlagen interpersoneller Neurobiologie in die Kunst der Psychotherapie.
Indem sie Fortschritte der Neurowissenschaften in klinische Anwendungen übersetzt, gelingt es Bonnie Badenoch, in enormer Dichte Neurowissenschaften und Psychotherapie geradezu miteinander zu verweben.
Ein Buch, das für eine wissenschaftlich fundierte Langzeit-Psychotherapie plädiert und neueste Erkenntnisse der Neurowissenschaften in die tägliche Praxis des Therapeuten trägt.

Mit einem Vorwort von Daniel Siegel – Autor von *Das achtsame Gehirn* und Begründer der Interpersonellen Neurobiologie.

ISBN 978-3-86781-010-4

Andreas Knuf

Ruhe da oben!

Der Weg zu einem gelassenen Geist

Manchmal führt unser Geist sein eigenes Leben.
Unendlich vielfältig schwirren uns dann die Gedanken durch den Kopf, ziehen uns in ihren Bann und begeistern uns für neue Welten. Doch dann finden sie mal wieder kein Ende und es wird des Guten zu viel. Wenn nachts um vier unser rastloser Geist seine eigenen Wege geht, können wir erleben, wie uns unsere Gedanken und Gefühle fest im Griff haben. Wie eingefroren wird es uns dann unmöglich, diesen Augenblick zu genießen.

Zurück zur Energie des einfachen Seins.
Doch in Wirklichkeit sind wir weit mehr: Wir sind die beglückende Freude, die entsteht, wenn wir einfach nur in der Gegenwart sind, und von der wir gar nicht recht wissen, woher sie eigentlich kommt. Wir sind unser offenes Herz, das alles annehmen kann, uns selbst mit unseren kleinen Macken und Schwächen, aber auch die Menschen um uns herum. Wir sind die innere Stärke und Gelassenheit, die auch mit schwierigen Situationen zurechtkommt. Und wir ahnen: In der Welt jenseits der Gedanken können wir zurück „nach Hause" finden, zu uns selbst.
Ruhe da oben! ist ein Buch für alle, die ihrem umherirrenden Geist auf die Schliche kommen möchten und bereit sind, sich von der Energie des einfachen Seins anstecken zu lassen.

ISBN 978-3-86781-032-6

Elizabeth Hamilton

**Und immer plappert der Papagei –
Zen als Lebenskunst**

oder wie es ihnen gelingen kann,
das nimmermüde Tierchen zu zähmen

Und immer plappert der Papagei ist der würzige Praxis-Mix einer erfahrenen Zenlehrerin.
Elisabeth Hamilton hilft uns, die Verstrickungen unseres konditionierten Geistes auf frische Art und auf neuen Wegen zu untersuchen. Übungen, Erzählungen und Anekdoten voller Leben und Humor verweben sich hier mit der tiefen Weisheit des Zen-Weges.
Trotz oder gerade wegen seiner Leichtherzigkeit ein ungewöhnlich ergiebiges Arbeitsbuch für die tägliche Meditationspraxis.

„Vieles von dem, was ich an mir selbst für einzigartig gehalten hatte, erwies sich als die Versponnenheit eines gut dressierten Papageis, als tief eingefahrene, konditionierte Sichtweisen, die ich mir wie jeder andere im Laufe des Versuchs angeeignet hatte, ein Jemand zu sein. Das ist nichts Schlimmes; aber dummerweise klammern wir uns an dieses Evangelium vom eigenen Selbst wie an ein Rettungsboot."

ISBN 978-3-936855-84-5

Online.

Umfangreiche Informationen zu unseren Themen, ausführliche Leseproben aller unserer Bücher, einen versandkostenfreien Bestellservice und unseren kostenlosen Newsletter. All das und mehr finden Sie auf unserer Website.

www.arbor-verlag.de

Mehr von Paul Gilbert:

www.arbor-verlag.de/paul-gilbert